16	3	2	13
5	10	11	8
9	6	7	12
4	15	14	1

coleção TRANS

Gilbert Simondon

A INDIVIDUAÇÃO À LUZ DAS NOÇÕES DE FORMA E DE INFORMAÇÃO

Tradução
Luís Eduardo Ponciano Aragon e Guilherme Ivo

editora■34

EDITORA 34

Editora 34 Ltda.
Rua Hungria, 592 Jardim Europa CEP 01455-000
São Paulo - SP Brasil Tel/Fax (11) 3811-6777 www.editora34.com.br

Copyright © Editora 34 Ltda. (edição brasileira), 2020
L'Individuation à la lumière des notions de forme et d'information
© Gilbert Simondon, 1958

A FOTOCÓPIA DE QUALQUER FOLHA DESTE LIVRO É ILEGAL E CONFIGURA UMA
APROPRIAÇÃO INDEVIDA DOS DIREITOS INTELECTUAIS E PATRIMONIAIS DO AUTOR.

Capa, projeto gráfico e editoração eletrônica:
Bracher & Malta Produção Gráfica

Revisão:
Alberto Martins
Diana Szylit
Beatriz de Freitas Moreira

1ª Edição - 2020 (1ª Reimpressão - 2022)

CIP - Brasil. Catalogação-na-Fonte
(Sindicato Nacional dos Editores de Livros, RJ, Brasil)

Simondon, Gilbert, 1924-1989

S390i   A individuação à luz das noções de forma
e de informação / Gilbert Simondon; tradução de
Luís Eduardo Ponciano Aragon e Guilherme Ivo.
— São Paulo: Editora 34, 2020 (1ª Edição).
624 p. (Coleção TRANS)

ISBN 978-85-7326-755-6

Tradução de: L'Individuation à la lumière
des notions de forme et d'information

1. Filosofia. 2. Ciência. I. Aragon,
Luís Eduardo Ponciano. II. Ivo, Guilherme
(1989-2018). III. Título. IV. Série.

CDD - 190

A INDIVIDUAÇÃO
À LUZ DAS NOÇÕES
DE FORMA E DE INFORMAÇÃO

Nota sobre a tradução 7

Introdução 13

Primeira parte
A INDIVIDUAÇÃO FÍSICA

Primeiro capítulo — Forma e matéria 39

I. Fundamentos do esquema hilemórfico.
Tecnologia da tomada de forma 39
II. Significação física da tomada de forma técnica 59
III. Os dois aspectos da individuação 73

Segundo capítulo — Forma e energia 85

I. Energia potencial e estruturas 85
II. Individuação e estados de sistema 101

Terceiro capítulo — Forma e substância 135

I. Contínuo e descontínuo 135
II. Partícula e energia 153
III. O indivíduo não substancial.
Informação e compatibilidade 174

Segunda parte
A INDIVIDUAÇÃO DOS SERES VIVOS

Primeiro capítulo — Informação e ontogênese:
a individuação vital 227

I. Princípios para um estudo da individuação do vivente 227
II. Forma específica e substância viva 244
III. Informação e individuação vital 280
IV. Informação e ontogênese 303

Segundo capítulo — A individuação psíquica 345

I. A individuação das unidades perceptivas e a significação 345

II. Individuação e afetividade 366

III. Problemática da ontogênese e individuação psíquica 390

Terceiro capítulo — Os fundamentos do transindividual e a individuação coletiva 435

I. O individual e o social, a individuação de grupo 435

II. O coletivo como condição de significação 456

Conclusão 471

Repertório bibliográfico 503

COMPLEMENTO

Nota complementar sobre as consequências da noção de individuação 507

SUPLEMENTOS

Análise dos critérios da individualidade 549

Alagmática 559

Forma, informação e potenciais 573

Índice das matérias 609

Índice onomástico 614

Sobre o autor 621

Sobre os tradutores 623

NOTA SOBRE A TRADUÇÃO

Esta é a primeira tradução em língua portuguesa da grande tese de doutorado do filósofo francês Gilbert Simondon, defendida em 1958 sob orientação de Jean Hyppolite. A primeira parte da tese, intitulada *O indivíduo e sua gênese físico-biológica*, foi publicada em 1964 (Paris, PUF) e, depois, em 1995 (Grenoble, Jérôme Millon). A segunda parte apareceu em 1989, porém incompleta — com apenas os últimos capítulos da versão original —, sob o título *A individuação psíquica e coletiva* (Paris, Aubier). Apenas em 2005 a tese foi publicada integralmente (pela Jérôme Millon), mas ainda não se encontrava em conformidade com o plano apresentado pelo exemplar de defesa, em 1958. Finalmente, a reedição de 2013 (a partir da qual foi feita esta tradução) respeita a divisão original da tese, com duas partes: "A individuação física" e "A individuação dos seres vivos".*

Abaixo vão algumas informações a respeito da tradução:

As edições de 2005 e 2013 contêm alguns textos anexos, divididos em duas categorias: Complementos e Suplementos. Os Complementos são dois grandes textos: "Nota complementar sobre as consequências da noção de individuação" e "História da noção de indivíduo". Com a anuência dos editores franceses, optou-se por incluir na edição brasileira apenas o primeiro desses dois textos. Já os Suplementos ("Análise dos critérios da individualidade", "Alagmática" e "Forma, informação e potenciais")

---

* A edição de 2005 apresentava o texto dividido em quatro partes: "A individuação física", "A individuação dos seres vivos", "A individuação psíquica" e "Os fundamentos do transindividual e a individuação coletiva".

foram integralmente traduzidos. Todos se encontram após o "Repertório bibliográfico".

Os acréscimos textuais feitos pelos editores franceses estão sinalizados entre setas (<...>), e os acréscimos feitos pelos tradutores, entre colchetes ([...]).

As notas em algarismos arábicos são do autor, exceto quando seguidas pela anotação (N. do E.), ou seja, nota dos editores franceses.

Todos os acréscimos dos tradutores virão entre colchetes, e as notas da tradução serão chamadas sempre pela sigla NT.

A paginação da edição francesa foi incluída, entre colchetes, no corpo do texto traduzido.

Ao final, foi incluído um índice onomástico que se refere tanto à tese quanto ao Complemento e aos Suplementos.

A respeito da tradução dos termos *relation* e *rapport*, o uso minucioso que Simondon faz desses conceitos, replicados e complicados ao longo de todo este livro, não apenas exigiu que traduzíssemos *rapport* à contramão do que se costuma fazer, ou seja, como "nexo" e não como "relação", assim rompendo com o idiomático das línguas para encontrar um rigor conceitual que o texto original explora, mas também exigiu que respeitássemos a regência preposicional de cada uma dessas palavras em todas as ocorrências, mantendo no texto as implicações sintáticas aos termos envolvidos em cada uso. Assim: *relation à*, *relation avec*, *relation entre* = relação a, relação com, relação entre; *rapport à*, *rapport avec*, *rapport entre* = nexo a, nexo com, nexo entre. Confiamos que o próprio texto e a filosofia de Simondon sustentam essas opções.

Isso dito, um pormenor ainda sobre a expressão *par rapport à*: por ser locução fixa na língua francesa, foi traduzida neste livro por "relativamente a", ou por alguma outra fortuita solução, não tendo ela ligação com o conceito de *rapport*/nexo.

A tradução optou por respeitar as características da escrita de Simondon no tocante ao uso ou não de hifens; assim, um mesmo termo pode aparecer grafado de maneiras distintas, *psico-social* e *psicossocial*. O emprego de maiúsculas e minúsculas segue o mesmo critério.

As fórmulas químicas presentes no texto foram mantidas integralmente, tal como o autor as registrou.

Os tradutores gostariam de agradecer ao professor Luiz B. L. Orlandi, pelo incentivo ao projeto de tradução e o apoio incondicional durante todo o processo; a Anne Sauvagnargues, pela inestimável ajuda, pondo-nos em contato com a família do autor; e a Nathalie Simondon, pelo pronto acolhimento e suporte a esta tradução.

Luís Eduardo Ponciano Aragon e Guilherme Ivo

Post scriptum

A nota acima já estava redigida quando, em outubro de 2018, Guilherme Ivo, meu amigo, colega e parceiro nesta tradução, faleceu de forma absolutamente inesperada. Com sua erudição, competência e dedicação, sem prescindir do humor, ele ensinou muito sobre o ofício de traduzir, e este trabalho deve muito de suas eventuais qualidades ao Guilherme. A ele agradeço de coração.

Luís Eduardo Ponciano Aragon

A INDIVIDUAÇÃO À LUZ DAS NOÇÕES DE FORMA E DE INFORMAÇÃO

À memória de Maurice Merleau-Ponty

INTRODUÇÃO
[23]

Existem duas vias segundo as quais a realidade do ser como indivíduo pode ser abordada: uma via substancialista, que considera o ser como consistente em sua unidade, dado por si próprio, fundado sobre si mesmo, não engendrado, resistente ao que não é ele mesmo; e uma via hilemórfica, que considera o indivíduo como engendrado pelo encontro de uma forma e de uma matéria. O monismo do pensamento substancialista, centrado em si mesmo, opõe-se à bipolaridade do esquema hilemórfico. No entanto, há algo em comum nessas duas maneiras de abordar a realidade do indivíduo: ambas supõem que exista um princípio de individuação anterior à própria individuação, suscetível de explicá-la, de produzi-la, de conduzi-la. A partir do indivíduo constituído e dado, esforçam-se para remontar às condições da existência dele. Essa maneira de colocar o problema da individuação, partindo da constatação da existência de indivíduos, esconde uma pressuposição que deve ser elucidada, pois ela acarreta um aspecto importante das soluções que está se propondo e se infiltra na busca do princípio de individuação: é o indivíduo, enquanto indivíduo constituído, que é a realidade interessante, a realidade a ser explicada. O princípio de individuação será buscado como um princípio suscetível de dar conta dos caráteres do indivíduo, sem relação necessária com outros aspectos do ser que poderiam ser correlativos do aparecimento de um real individuado. *Tal perspectiva de busca concede um privilégio ontológico ao indivíduo constituído.* Portanto, ela corre o risco de não operar uma verdadeira ontogênese, de não recolocar o indivíduo no sistema de realidade em que a individuação se produz. *O que a busca do princípio de individuação postula é que a individuação tenha um princípio.* Nessa própria noção de princípio, há certo caráter que prefigura a individualidade constituída, com as propriedades que ela terá quando estiver constituída; a noção de *princípio de individuação*, em certa medida, deriva de uma gênese às avessas, de uma ontogênese *revertida*: para dar conta da gênese do indivíduo, com seus caráteres definitivos, é necessário supor a existência de um termo primeiro, o princípio, que traz em si aquilo que explicará que o indivíduo seja indivíduo e que dará a razão de sua ecceidade. Mas faltaria, precisamente, mostrar que a ontogênese pode ter, como condição primeira, um termo primeiro; um termo já é um indivíduo ou pelo menos algo individualizável, e pode ser fonte de ecceidade, pode cunhar-se em ecceidades múltiplas; tudo o que pode ser suporte de relação já é do mesmo modo de ser que o indivíduo, quer seja o átomo, partícula indivisível e eterna, a matéria-prima ou a forma: o átomo pode entrar em relação com outros átomos pelo *clinamen* e, assim, constituir um indivíduo, viável ou não, através do vazio infinito e do devir sem fim. A matéria pode receber uma forma, e nessa relação matéria-forma jaz a ontogênese. Se não houvesse *[24]* certa inerência da ecceidade ao átomo, à matéria e também à forma, não haveria possibilidade de encontrar nessas realidades invocadas um princípio de individuação. *Procurar o princípio de individuação numa realidade que precede a própria individuação é considerar a individuação unicamente como ontogênese*. Nesse caso, o princípio de individuação é fonte de ecceidade. De fato, tanto o substancialismo atomista quanto a doutrina hilemórfica evitam a descrição direta da própria ontogênese; o *atomismo* descreve a gênese do composto, como o corpo vivo, que apenas tem uma unidade precária e perecível, que resulta de um encontro do acaso e se dissolverá novamente em seus elementos quando uma força maior que a força de coesão dos átomos atacá-lo em sua unidade de composto. As próprias forças de coesão, que poderiam ser consideradas como princípio de individuação do indivíduo composto, voltam a ser lançadas na estrutura das partículas elementares, que existem pela eternidade afora e são os verdadeiros indivíduos. No atomismo, o princípio de individuação é a própria existência da infinidade de átomos: ele já está lá sempre que o pensamento quer tomar consciência de sua natureza — a individuação é um fato; para cada átomo, é sua própria existência dada e, para cada composto, é o fato de ser o que é, em virtude de um encontro do acaso. Segundo o *esquema hilemórfico*, ao contrário, o ser individuado ainda não está dado quando se considera a matéria e a forma que se tornarão o σύνολον:[NT] não assistimos à ontogênese porque sempre nos colocamos antes dessa tomada de forma que é a ontogênese; logo, o princípio de individuação não é apreendido na própria individuação como operação, mas naquilo que essa operação necessita para poder existir, a saber, uma matéria e uma forma: supõe-se que o princípio esteja contido na matéria ou na forma porque supõe-se que a operação de individuação não é capaz de *aportar* o próprio princípio, mas unicamente de *operá-lo*. A busca do princípio de individuação completa-se antes ou depois da individuação, conforme o modelo seja físico (para o atomismo substancialista) ou tecnológico e vital (para o esquema hilemórfico). Mas, em ambos os casos, existe uma *zona obscura* que recobre a operação de individuação. Essa operação é considerada como coisa a ser explicada, e não como aquilo em que a explicação deve ser encontrada: daí a noção de princípio de individuação. E a operação é considerada como coisa a ser explicada porque o pensamento é tensionado para o ser individuado completo, do qual é preciso dar conta, passando pela etapa da individuação para chegar ao indivíduo após esta operação. Logo, há suposição da existência de uma sucessão temporal: primeiro, existe o princípio de individuação; em seguida, esse princípio efetua uma operação de individuação; por fim, o indivíduo constituído aparece. Se, ao contrário, se supusesse que a individuação não produz apenas o indivíduo, não se procuraria passar rapidamente pela etapa de individuação para chegar a esta realidade última que é o indivíduo: ten-

---

[NT] [A noção grega σύνολον (forma neutra de σύνολος), geralmente traduzida por "composto", é junção de duas palavras: σύν (com, junto) e ὅλος (tudo); literalmente, teríamos a expressão "tudo-junto". Na filosofia aristotélica, tal noção entra na definição da substância enquanto composta por matéria e forma (cf. *Metafísica* VII, 1.037a 30-32: "οὐσία ἐστὶ τὸ εἶδος τὸ ἐνόν, ἐξ οὗ καὶ τῆς ὕλης ἡ σύνολος λέγεται οὐσία" — "A substância é a forma imanente, da qual se diz que é, com a matéria, substância composta".)]

Introdução

tar-se-ia apreender a ontogênese em todo o desenrolar de sua realidade e *conhecer o indivíduo pela individuação muito mais do que a individuação a partir do indivíduo*.

Gostaríamos de mostrar que é necessário operar uma reviravolta na busca do princípio de individuação, considerando como primordial a operação de individuação, a partir da qual o indivíduo vem a existir e da qual ele reflete em seus caráteres o desenrolar, o regime e, por fim, as modalidades. Assim, o indivíduo seria apreendido como uma realidade relativa, uma certa fase do ser que supõe, antes dela, uma realidade pré-individual, e que não existe completamente só, mesmo depois da individuação, pois a individuação *[25]* não esgota de uma única vez os potenciais da realidade pré-individual e, além disso, o que ela faz aparecer é não só o indivíduo, mas o par indivíduo-meio.[1] Dessa maneira, o indivíduo é relativo em dois sentidos: porque ele não é todo o ser e porque resulta de um estado do ser no qual ele não existia nem como indivíduo, nem como princípio de individuação.

Assim, enquanto operação do ser completo, somente a individuação é considerada como ontogenética. A individuação deve, então, ser considerada como resolução parcial e relativa, manifestando-se num sistema que abriga potenciais e que abrange certa incompatibilidade relativamente a si mesmo, incompatibilidade feita tanto de forças de tensão como da impossibilidade de uma interação entre termos extremos das dimensões.

A palavra *ontogênese* ganha todo o seu sentido se, em vez de lhe concedermos o sentido, restrito e derivado, de "gênese do indivíduo" (em oposição a uma gênese mais vasta, por exemplo, a da espécie), fizermos com que ela designe o caráter de devir do ser, aquilo por que o ser devém enquanto é, como ser. A oposição do ser e do devir só pode ser válida no interior de certa doutrina que supõe que o próprio modelo do ser é a substância. Mas também é possível supor que o devir é uma dimensão do ser, que ele corresponde a uma capacidade do ser de se defasar relativamente a si

---

[1] O meio, aliás, pode não ser simples, homogêneo e uniforme, mas originalmente atravessado por uma tensão entre duas ordens extremas de grandeza que o indivíduo medeia quando vem a ser.

mesmo, de se resolver enquanto se defasa; *o ser pré-individual é o ser no qual não existe fase*; o ser em cujo seio se completa uma individuação é aquele em que, ao ser repartido em fases, aparece uma resolução — isso é o devir; o devir não é um quadro no qual o ser existe; ele é dimensão do ser, modo de resolução de uma incompatibilidade inicial, rica em potenciais.[2] *A individuação corresponde ao aparecimento de fases no ser, as fases do ser*; ela não é uma consequência disposta ao lado do devir, isolada, mas é essa própria operação se cumprindo; só se pode compreendê-la a partir dessa supersaturação inicial do ser homogêneo e sem devir que, em seguida, estrutura-se e devém, fazendo aparecer indivíduo e meio, de acordo com o devir, que é uma resolução de tensões primeiras e uma conservação dessas tensões sob forma de estrutura; em certo sentido, poder-se-ia dizer que o único princípio pelo qual se pode guiar é *aquele da conservação do ser através do devir*; essa conservação existe através das trocas entre estrutura e operação, procedendo por saltos quânticos através dos equilíbrios sucessivos. Para pensar a individuação, é necessário considerar o ser não como substância, ou matéria, ou forma, mas como sistema tenso, supersaturado, acima do nível da unidade, que não consiste unicamente em si mesmo e não pode ser adequadamente pensado mediante o princípio do terceiro excluído; o ser concreto, ou ser completo, isto é, o ser pré-individual, é um ser que é mais que uma unidade. A unidade, característica do ser individuado, e a identidade, que autoriza o uso do princípio do terceiro excluído, não se aplicam ao ser pré-individual, e isso explica a impossibilidade de se recompor o mundo posteriormente, com mônadas, mesmo acrescentando outros princípios como o de razão suficiente, para ordená-las em universos; a unidade e a identidade só se aplicam a uma das fases do ser, posterior à operação *[26]* de individuação; essas noções não podem ajudar a descobrir o princípio de individuação; elas não se aplicam à ontogênese, entendida no senti-

---

[2] E constituição, entre termos extremos, de uma ordem de grandeza mediata; o próprio devir ontogenético, em certo sentido, pode ser considerado mediação.

Introdução

do pleno do termo, isto é, ao devir do ser enquanto ser que se desdobra e se defasa individuando-se.

A individuação não pôde ser adequadamente pensada e descrita porque só se conhecia uma única forma de equilíbrio, o equilíbrio estável; não se conhecia o equilíbrio metaestável; implicitamente, supunha-se o ser em estado de equilíbrio estável; ora, o equilíbrio estável exclui o devir, pois corresponde ao mais baixo nível possível de energia potencial; é o equilíbrio atingido num sistema quando todas as transformações possíveis foram realizadas e não existe mais nenhuma força; todos os potenciais foram atualizados, e o sistema, tendo atingido o seu nível energético mais baixo, não pode se transformar novamente. Os Antigos só conheciam a instabilidade e a estabilidade, o movimento e o repouso, não conheciam clara e objetivamente a metaestabilidade. Para definir a metaestabilidade, é necessário fazer intervir a noção de energia potencial de um sistema, a noção de ordem e a de aumento da entropia;[3] com isso, é possível definir esse estado metaestável do ser — muito diferente do equilíbrio estável e do repouso — que os Antigos não podiam fazer intervir na busca do princípio de individuação porque, para eles, nenhum paradigma físico preciso podia esclarecer o seu emprego.[4] Tentaremos, portanto, apresentar inicialmente a *individuação física como um caso de resolução de um sistema metaestável*, a partir de um *estado de sistema*, como o

[3] Redação anterior, no exemplar da defesa de tese: "Para definir a metaestabilidade, é necessário fazer intervir a noção de energia potencial de um sistema, a noção de ordem, a noção de aumento da entropia, e a noção de informação de um sistema; a partir dessas noções e, mais particularmente, da noção de informação que a física e a tecnologia pura moderna nos oferecem (noção de informação concebida como negentropia), assim como a noção de energia potencial, que toma um sentido mais preciso quando atrelada à noção de negentropia". (N. do E.)

[4] Havia, entre os Antigos, equivalentes intuitivos e normativos da noção de metaestabilidade; mas, como a metaestabilidade geralmente supõe a presença simultânea de duas ordens de grandeza e a ausência de comunicação interativa entre elas, esse conceito deve muito ao desenvolvimento das ciências.

da superfusão ou da supersaturação, que preside a gênese dos cristais. A cristalização é rica em noções bem estudadas e que podem ser empregadas como paradigmas noutros domínios; ela não esgota, no entanto, a realidade da individuação física. Assim, devemos nos perguntar se não é possível interpretar, mediante essa noção de devir do ser em estado metaestável, certos aspectos da microfísica e, particularmente, o caráter de complementaridade dos conceitos nela utilizados sob forma de pares (onda-corpúsculo, matéria-energia). Talvez essa dualidade provenha do fato de que o conceitualismo científico supõe a existência de um real feito de termos entre os quais existem relações, sendo que essas relações não modificariam a estrutura interna dos termos.[5]

Ora, pode-se também supor que a realidade é primitivamente, nela mesma — como a solução supersaturada e, ainda mais completamente, no regime pré-individual —, *mais que unidade e mais que identidade*, capaz de se manifestar como onda ou corpúsculo, matéria ou energia, pois toda operação, e toda relação no interior de uma operação, é uma individuação que desdobra, defasa o ser pré-individual, correlacionando valores extremos, ordens de grandeza primitivamente sem mediação. A complementaridade seria, então, a repercussão epistemológica da metaestabilidade primitiva *[27]* e original do real. Nem o *mecanicismo*, nem o *energetismo*, teorias da identidade, dão conta da realidade de maneira completa. A teoria dos campos, somada à dos corpúsculos, e a teoria da interação entre campos e corpúsculos ainda são parcialmente dualistas, mas *encaminham-se para uma teoria do pré-individual*. A teoria dos *quanta*, por outra via, apreende *este regime do pré-individual* que ultrapassa a unidade: uma troca de energia se faz por quantidades elementares, como se houvesse uma individuação da energia na relação entre as partículas, as quais, em certo sentido, podem ser consideradas como indivíduos físicos. Talvez seja nesse sentido que se possa ver convergir as duas novas teorias que, até hoje, mantiveram-se impenetráveis uma à outra, a dos *quanta* e a da mecânica ondulatória: elas poderiam ser consi-

---

[5] Passagem retirada na edição de 1964 [a partir de "Assim, devemos nos perguntar..."]. (N. do E.)

Introdução

deradas como *duas maneiras de exprimir o pré-individual* através das diferentes manifestações em que ele intervém como pré-individual. Por baixo do contínuo e do descontínuo, há o quântico e o complementar metaestável (o mais que unidade), que é o verdadeiro pré-individual. A necessidade de corrigir e de acoplar os conceitos de base na física talvez traduza o fato *dos conceitos serem adequados apenas à realidade individuada*, e não à realidade pré-individual.

Compreender-se-ia, então, o valor paradigmático do estudo da gênese dos cristais como processo de individuação: ele permitiria apreender, numa escala macroscópica, um fenômeno que repousa sobre estados de sistema pertencentes ao domínio microfísico, molecular e não molar; ele apreenderia a atividade *que está no limite* do cristal em decurso de formação. Uma tal individuação não é o encontro de uma forma e de uma matéria prévias, existindo como termos separados anteriormente constituídos, mas uma resolução que surge no seio de um sistema metaestável rico em potenciais: *forma, matéria e energia preexistem no sistema*. Nem a forma nem a matéria são suficientes. O verdadeiro princípio de individuação é mediação, geralmente supondo dualidade original de ordens de grandeza e ausência inicial de comunicação interativa entre elas e, depois, comunicação entre ordens de grandeza e estabilização.

Ao mesmo tempo que uma energia potencial (condição de ordem *superior* de grandeza) se atualiza, uma matéria se ordena e se reparte (condição de ordem *inferior* de grandeza) em indivíduos estruturados numa ordem *média* de grandeza, desenvolvendo-se por um processo mediato de amplificação.

É o regime energético do sistema metaestável que conduz à cristalização e a sustenta, mas a forma dos cristais exprime certos caráteres moleculares ou atômicos da espécie química constituinte.

No domínio do vivente, a mesma noção de metaestabilidade pode ser utilizada para caracterizar a individuação; mas a individuação não se produz mais, como no domínio físico, apenas de maneira *instantânea*, quântica, brusca e definitiva, deixando atrás de si uma dualidade do meio e do indivíduo, o meio empobrecido do indivíduo que ele não é, e o indivíduo não tendo mais a dimensão do meio. Sem dúvida, tal individuação existe também para o vivente como origem absoluta, mas a ela se junta uma individuação perpetuada que é a própria vida, segundo o modo fundamental do devir: *o vivente conserva em si uma atividade de individuação permanente*; ele não é somente resultado de individuação, como o cristal ou a molécula, mas teatro de individuação. Assim, a atividade do vivente não está toda concentrada em seu limite, como a do indivíduo físico; existe nele um regime mais completo de *ressonância interna*, que exige comunicação permanente e que mantém *[28]* uma metaestabilidade que é condição de vida. Mas não é esse o único caráter do vivente, nem se pode assimilar o vivente a um autômato que manteria certo número de equilíbrios ou buscaria compatibilidade entre várias exigências, segundo uma fórmula de equilíbrio complexo, este composto de equilíbrios mais simples; o vivente é também o ser que resulta de uma individuação inicial e que amplifica essa individuação, coisa que o objeto técnico — que o mecanismo cibernético gostaria de assimilar funcionalmente — não faz. No vivente, há *uma individuação pelo indivíduo*, e não apenas um funcionamento resultante de uma individuação já completa, comparável a uma fabricação; o vivente resolve problemas não só adaptando-se, isto é, modificando sua relação ao meio (como uma máquina pode fazer), mas modificando a si mesmo, inventando novas estruturas internas, introduzindo-se completamente na axiomática dos problemas vitais.[6] *O indivíduo vivo é sistema de individuação, sistema individuante e sistema individuando-se*; a ressonância interna e a tradução do nexo a si em informação estão nesse sistema do vivente. No domínio físico, a ressonância interna caracteriza o limite do indivíduo ao *se individuar*; no domínio do vivente, ela devém o critério de todo indivíduo enquanto indivíduo; ela existe no sistema do indivíduo, e não apenas naquele que o indivíduo forma com seu meio; a estrutura interna do organismo já não resulta (como a do cristal) unicamente da atividade que se completa e da modulação que se ope-

---

[6] É por essa introdução que o vivente faz obra informacional, ele próprio devindo um núcleo de comunicação interativa entre uma ordem de realidade superior à sua dimensão e uma ordem inferior a esta, que ele organiza.

ra no limite entre o domínio da interioridade e o domínio da exterioridade; o indivíduo físico, perpetuamente excentrado, perpetuamente periférico relativamente a si mesmo, ativo no limite de seu domínio, não tem verdadeira interioridade; o indivíduo vivo, ao contrário, tem uma verdadeira interioridade, porque a individuação se completa dentro; no indivíduo vivo, o interior também é constituinte, enquanto no indivíduo físico só o limite é constituinte, e o que é topologicamente interior é geneticamente anterior. O indivíduo vivo é contemporâneo a si mesmo em todos os seus elementos, e isso o indivíduo físico não é, este último comporta um passado radicalmente passado, mesmo enquanto ainda está crescendo. O vivente, em seu próprio interior, é um núcleo de comunicação informativa; ele é sistema num sistema, comporta *em si mesmo* mediação entre duas ordens de grandeza.[7]

Enfim, pode-se fazer uma hipótese, análoga à dos *quanta* em física, análoga também à da relatividade dos níveis de energia potencial: pode-se supor que a individuação não esgota toda a realidade pré-individual e que um regime de metaestabilidade não só é mantido pelo indivíduo, mas é portado por ele, de maneira que o indivíduo constituído transporta consigo certa carga associada de realidade pré-individual, animada por todos os potenciais que a caracterizam; uma individuação é relativa como uma mudança de estrutura num sistema físico; certo nível de potencial se mantém e as individuações ainda são possíveis. Essa natureza pré-individual que permanece associada ao indivíduo é uma fonte de estados metaestáveis futuros, de onde poderão sair novas individuações. Segundo essa hipótese, seria possível [29] considerar *toda verdadeira relação como tendo posto de ser* e *como se desenvolvendo no interior de uma nova individuação*; a relação não surge entre dois termos que já seriam indivíduos; ela é um aspecto da *ressonância interna de um sistema de individuação*; faz parte de um estado de sistema. Esse vivente, que é de uma só vez mais e menos que a uni-

---

[7] Essa mediação interior pode intervir como um relé quanto à mediação externa que o indivíduo vivo realiza, o que permite ao vivente fazer comunicar uma ordem de grandeza cósmica (por exemplo, a energia luminosa solar) e uma ordem de grandeza inframolecular.

dade, comporta *uma problemática interior* e *pode entrar como elemento numa problemática mais vasta que seu próprio ser.* A participação, para o indivíduo, é o *fato de ser elemento numa individuação mais vasta* por intermédio da *carga de realidade pré-individual que o indivíduo contém*, isto é, graças aos potenciais que ele abriga.

Torna-se possível, então, pensar a relação interior e exterior ao indivíduo como participação, sem apelar para novas substâncias. O psiquismo e o coletivo são constituídos por individuações que vêm depois da individuação vital. *O psiquismo é prosseguimento da individuação vital num ser que, para resolver sua própria problemática,* é ele próprio obrigado a intervir como elemento do problema pela sua ação, como *sujeito*; o sujeito pode ser concebido como a unidade do ser enquanto vivente individuado e enquanto ser que representa para si sua ação através do mundo, como elemento e dimensão do mundo; os problemas vitais não estão fechados sobre si mesmos; sua axiomática aberta só pode ser saturada por uma sequência indefinida de individuações sucessivas, que engajam cada vez mais a realidade pré-individual e a incorporam na relação ao meio; afetividade e percepção se integram em emoção e em ciência, que supõem um recurso a novas *dimensões.* No entanto, o ser psíquico não pode resolver em si mesmo sua própria problemática; sua carga de realidade pré-individual, ao mesmo tempo que se individua como ser psíquico que ultrapassa os limites do vivente individuado e incorpora o vivente num sistema do mundo e do sujeito, permite a participação sob forma de condição de individuação do coletivo; a individuação sob forma de coletivo faz do indivíduo um indivíduo de grupo, associado ao *grupo* pela realidade pré-individual que ele porta em si e que, reunida à de outros indivíduos, *individua-se em unidade coletiva.* As duas individuações, psíquica e coletiva, são recíprocas uma relativamente à outra; elas permitem definir uma categoria do transindividual que tende a dar conta da unidade sistemática da individuação interior (psíquica) e da individuação exterior (coletiva). O mundo psicossocial do transindividual não é o social bruto nem o interindividual; ele supõe uma verdadeira operação de individuação a partir de uma realidade pré-individual, associada aos indiví-

Introdução

duos e capaz de constituir uma nova problemática, que tem sua própria metaestabilidade; ele exprime uma condição quântica, correlativa a uma pluralidade de ordens de grandeza. O vivente é apresentado como *ser problemático*, de uma só vez superior e inferior à unidade. Dizer que o vivente é problemático é considerar o devir como uma dimensão do vivente: o vivente é segundo o devir, que opera uma mediação. O vivente é agente e teatro de individuação; seu devir é uma individuação permanente, ou melhor, *uma sequência de acessos de individuação*, avançando de metaestabilidade em metaestabilidade; assim, o indivíduo não é nem substância, nem simples parte do coletivo: o coletivo intervém como resolução da problemática individual, o que significa que a base da realidade coletiva já está parcialmente contida no indivíduo, sob a forma da realidade pré-individual que permanece associada à realidade individuada; o que geralmente se considera como *relação*, por causa da substancialização da realidade individual, é de fato uma dimensão da individuação, através da qual o indivíduo devém: a relação, ao mundo e ao coletivo, *[30]* é uma *dimensão da individuação* da qual o indivíduo participa a partir da *realidade pré-individual* que se individua etapa por etapa.

Assim, psicologia e teoria do coletivo estão ligadas: é a ontogênese que indica o que é a participação no coletivo e também o que é a operação psíquica, concebida como resolução de uma problemática. A individuação que é a vida é concebida, numa situação conflitante, como descoberta de uma nova axiomática que incorpora e unifica em sistema, sendo que o indivíduo contém todos os elementos dessa situação. Para compreender o que é a atividade psíquica no interior da teoria da individuação, enquanto resolução do caráter conflitante de um estado metaestável, é preciso descobrir as verdadeiras vias de instituição dos sistemas metaestáveis na vida; nesse sentido, tanto a noção de *relação adaptativa do indivíduo com o meio*[8] quanto a noção crítica de *relação do su-*

---

[8] Particularmente, a relação ao meio não poderia ser considerada, antes e durante a individuação, como relação a um meio único e homogêneo: o próprio meio é *sistema*, agrupamento sintético de dois ou vários escalões de realidade, sem intercomunicação antes da individuação.

jeito cognoscente com o objeto conhecido devem ser modificadas; o conhecimento não se edifica de maneira abstrativa a partir da sensação, mas de maneira problemática a partir de *uma primeira unidade tropística, par de sensação e de tropismo, orientação do ser vivo num mundo polarizado*; também aqui é preciso destacar--se do esquema hilemórfico; não há uma sensação que seria uma matéria constituindo um dado *a posteriori* para as formas *a priori* da sensibilidade; as formas *a priori* são uma primeira resolução, por descoberta de axiomática, das tensões resultantes do confronto das *unidades tropísticas primitivas*; as formas *a priori* da sensibilidade não são as obtidas por abstração *a priori* nem *a posteriori*, e sim as estruturas de uma axiomática que aparece numa operação de individuação. Na unidade tropística, já há o mundo e o vivente, mas o mundo figura unicamente como *direção*, como polaridade de um gradiente que situa o ser individuado numa *díade indefinida*, a qual se alastra a partir dele e na qual ele ocupa o ponto mediano. A percepção e, depois, a ciência continuam a resolver essa problemática, não só pela invenção de quadros espaçotemporais, mas também pela constituição da noção de objeto, que devém *fonte* de gradientes primitivos e que os ordena entre si segundo um *mundo*. A distinção entre *a priori* e *a posteriori*, repercussão do esquema hilemórfico na teoria do conhecimento, vela com sua obscura zona central a verdadeira operação de individuação, que é o centro do conhecimento. A própria noção de série qualitativa ou intensiva merece ser pensada segundo a teoria das fases do ser: ela *não é relacional* e sustentada por uma preexistência de termos extremos, mas se desenvolve a partir de um estado médio primitivo que localiza o vivente e o insere no gradiente que dá um sentido à unidade tropística: a série é uma visão abstrata do sentido segundo o qual a unidade tropística se orienta. É preciso partir da individuação, do ser apreendido em seu centro segundo a espacialidade e o devir, e não de um *indivíduo* substancializado diante de um *mundo* estranho a ele.[9] *[31]*

[9] Queremos dizer com isso que o *a priori* e o *a posteriori* não se encontram no conhecimento; não são forma nem matéria do conhecimento, pois não são conhecimento, mas termos extremos de uma díade pré-individual e,

O mesmo método pode ser empregado para explorar a afetividade e a emotividade, que constituem a ressonância do ser relativamente a si próprio e atrelam o ser individuado à realidade pré--individual que lhe está associada, assim como a unidade tropística e a percepção o atrelam ao meio. O psiquismo é feito de sucessivas individuações, permitindo que o ser resolva os estados problemáticos correspondentes à permanente comunicação que se dá entre o maior e o menor que ele.

Contudo, o psiquismo não pode resolver-se unicamente no nível do ser individuado; ele é a base para a participação numa individuação mais vasta, a do coletivo; sozinho, o ser individual, colocando-se em questão, não pode ir além dos limites da angústia, operação sem ação, emoção permanente que não consegue resolver a afetividade, experiência pela qual o ser individuado explora suas dimensões de ser sem poder ultrapassá-las. *Ao coletivo, tomado como axiomática que resolve a problemática psíquica, corresponde a noção de transindividual.*

Tal conjunto de reformas das noções é sustentado pela hipótese de que uma informação nunca é relativa a uma realidade única e homogênea, mas a duas ordens em estado de *disparação*: a informação, seja no nível da unidade tropística, seja no nível do transindividual, nunca é depositada numa forma que pode ser dada; ela é a tensão entre dois reais díspares, é *a significação que surgirá quando uma operação de individuação descobrir a dimensão segundo a qual dois reais díspares podem devir sistema*; portanto, a informação é um encetante de individuação, uma *exigência de individuação*, jamais uma coisa dada; não há unidade e identidade da informação, pois a informação não é um *termo*; ela supõe

consequentemente, pré-noética. A ilusão de formas *a priori* provém da preexistência, no sistema pré-individual, de *condições de totalidade*, cuja dimensão é superior à do indivíduo em vias de ontogênese. Inversamente, a ilusão do *a posteriori* provém da existência de uma realidade cuja ordem de grandeza, no que diz respeito às modificações espaço-temporais, é inferior à do indivíduo. Um conceito não é nem *a priori* nem *a posteriori*, mas *a præsenti*, pois é uma comunicação informativa e interativa entre o que é maior e o que é menor que o indivíduo.

tensão de um sistema de ser; só pode ser inerente a uma problemática; a informação é *aquilo pelo qual a incompatibilidade do sistema não resolvido devém dimensão organizadora na resolução*; a informação supõe uma *mudança de fase de um sistema*, pois ela supõe um primeiro estado pré-individual que se individua segundo a organização descoberta; a informação é a fórmula da individuação, fórmula que não pode preexistir a essa individuação; poder-se-ia dizer que a informação está sempre no presente, atual, porque ela é o sentido segundo o qual um sistema se individua.[10]

A concepção do ser sobre a qual repousa este estudo é a seguinte: o ser não possui uma unidade de identidade, que é a do estado estável, na qual nenhuma transformação é possível; o ser possui uma *unidade transdutiva*, isto é, ele pode defasar-se relativamente a si mesmo, transbordar a si mesmo de um lado e de outro de *seu centro*. O que se toma por *relação* ou *dualidade de princípios* é, de fato, alastramento do ser, que é mais que unidade e mais que identidade; o devir é uma dimensão do ser, e não o que lhe advém segundo uma sucessão que seria sofrida por um ser primitivamente dado e substancial. A individuação deve ser apreendida como devir do ser, e não como modelo do ser, o que esgotaria sua significação. O ser individuado não é todo o ser, nem o ser primeiro; *em vez de apreender a individuação a partir do ser individuado, [32] é preciso apreender o ser individuado a partir da individuação, e a individuação a partir do ser pré-individual*, repartido segundo várias ordens de grandeza.

A intenção deste estudo, portanto, é estudar as *formas, modos e graus da individuação* a fim de recolocar o indivíduo no ser

---

[10] Essa afirmação não implica contestar a validez das teorias quantitativas da informação e das medidas da complexidade, mas supõe um estado fundamental — o do ser pré-individual — anterior a qualquer dualidade do emissor e do receptor e, portanto, a qualquer mensagem transmitida. Desse estado fundamental, o que resta, no caso clássico da informação transmitida como mensagem, não é a fonte da informação, mas a condição primordial sem a qual não há efeito de informação — logo, nada de informação: a metaestabilidade do receptor, seja ele ser técnico, seja indivíduo vivo. Podemos nomear essa informação de "informação primeira".

Introdução

de acordo com os três níveis: físico, vital, psicossocial. Em vez de supor substâncias para dar conta da individuação, tomamos os diferentes regimes de individuação como fundamento de domínios como matéria, vida, espírito, sociedade. A separação, o escalonamento, as relações desses domínios aparecem como aspectos da individuação segundo suas diferentes modalidades; as noções de substância, de forma e de matéria são substituídas pelas noções mais fundamentais de informação primeira, de ressonância interna, de potencial energético, de ordens de grandeza.

No entanto, para que essa modificação de noções seja possível, é preciso fazer com que intervenham de uma só vez um novo método e uma nova noção. O método consiste em não tentar compor a essência de uma realidade mediante uma relação *conceitual* entre dois termos extremos e em considerar que toda verdadeira relação tem posto de ser. A relação é uma modalidade do ser; ela é simultânea aos termos dos quais assegura a existência. Uma relação deve ser apreendida como relação no ser, relação do ser e maneira de ser, e não como simples nexo entre dois termos que se poderia conhecer adequadamente mediante conceitos, pois eles teriam uma existência efetivamente separada. Por serem os termos concebidos como substâncias é que a relação é nexo de termos, e o ser é separado em termos porque é concebido, de início, antes de qualquer exame da individuação, como substância. Em contrapartida, se a substância deixa de ser o modelo do ser, é possível conceber a relação como não-identidade do ser relativamente a si mesmo, como inclusão no ser de uma realidade que não é apenas idêntica a ele, de maneira que o ser enquanto ser, antes de qualquer individuação, pode ser apreendido como mais que unidade e mais que identidade.[11] Tal método supõe um postulado de natureza ontológica: no nível do ser apreendido antes de qualquer individuação, o princípio do terceiro excluído e o princípio de identidade não se aplicam; esses princípios aplicam-se tão somente ao ser já individuado, e definem um ser empobrecido, separado em

---

[11] Particularmente, a pluralidade das ordens de grandeza, a ausência primordial de comunicação interativa entre essas ordens, faz parte de tal apreensão do ser.

meio e indivíduo; assim, não se aplicam ao todo do ser, isto é, ao conjunto formado ulteriormente por indivíduo e meio, mas somente àquilo que, do ser pré-individual, deveio indivíduo. Nesse sentido, a lógica clássica não pode ser empregada para pensar a individuação, pois ela nos obriga a pensar a operação de individuação com conceitos e com nexos entre conceitos, os quais só se aplicam aos resultados da operação de individuação, considerados de maneira parcial.

Do emprego desse método, que considera o princípio de identidade e o princípio do terceiro excluído como excessivamente estreitos, desprende-se uma noção que possui múltiplos aspectos e domínios de aplicação: a de *transdução*. Por transdução, entendemos uma operação — física, biológica, mental, social — pela qual uma atividade se propaga de próximo em próximo no interior de um domínio. A transdução funda essa propagação sobre uma estruturação do domínio operada de lugar em lugar: cada região de estrutura constituída serve de princípio de constituição para a região seguinte, de modo que uma modificação se estende progressivamente, ao mesmo tempo que essa operação estruturante. Um cristal que, a partir de um germe muito pequeno, cresce e se estende por todas as direções em sua água-mãe, *[33]* fornece a imagem mais simples da operação transdutiva: cada camada molecular já constituída serve de base estruturante à camada que está se formando; o resultado é uma estrutura reticular amplificante. A operação transdutiva é uma individuação em progresso; no domínio físico, ela pode efetuar-se da maneira mais simples, sob forma de iteração progressiva; mas em domínios mais complexos, como os domínios de metaestabilidade vital ou de problemática psíquica, ela pode avançar com um passo constantemente variável e estender-se num domínio de heterogeneidade; há transdução quando há atividade, estrutural e funcional, partindo de um centro do ser e estendendo-se em diversas direções a partir desse centro, como se múltiplas dimensões do ser aparecessem em torno desse centro; a transdução é aparecimento correlativo de dimensões e de estruturas num ser em estado de tensão pré-individual, ou seja, num ser que é mais que unidade e mais que identidade, e que ainda não está defasado relativamente a si mesmo em dimensões múltiplas. Os

Introdução 29

termos extremos alcançados pela operação transdutiva não preexistem a essa operação; seu dinamismo provém da primitiva tensão do sistema do ser heterogêneo, que se defasa e que desenvolve dimensões segundo as quais ele se estrutura; ele não vem de uma tensão entre os termos que serão alcançados e depositados nos limites extremos da transdução.[12] A transdução pode ser uma operação vital; ela exprime particularmente o sentido da individuação orgânica; pode ser operação psíquica e procedimento lógico efetivo, ainda que não seja de jeito algum limitada ao pensamento lógico. No domínio do saber, ela define o verdadeiro andamento da invenção, que não é indutivo nem dedutivo, mas transdutivo, isto é, corresponde a uma descoberta das dimensões segundo as quais uma problemática pode ser definida; é a operação analógica no que ela tem de válida. Essa noção pode ser empregada para pensar os diferentes domínios de individuação, pois se aplica a todos os casos em que uma individuação se realiza, manifestando a gênese de um tecido de nexos fundados sobre o ser. A possibilidade de empregar uma transdução analógica para pensar um domínio de realidade indica que esse domínio é efetivamente a sede de uma estruturação transdutiva. A transdução corresponde a essa existência de nexos que nascem quando o ser pré-individual se individua; ela exprime a individuação e permite pensá-la; é, portanto, uma noção a uma só vez metafísica e lógica; *aplica-se à ontogênese e é a própria ontogênese.* Objetivamente, ela permite compreender as condições sistemáticas da individuação, a ressonância interna,[13] a problemática psíquica. Logicamente, ela pode ser empregada como fundamento de uma nova espécie de paradigmatis-

[12] Ele exprime, sim, a heterogeneidade primordial de duas escalas de realidade, uma maior que o indivíduo — o sistema de totalidade metaestável — e outra menor, como uma matéria. O indivíduo se desenvolve, entre essas duas ordens primordiais de grandeza, por um processo de comunicação amplificante, sendo a transdução o modo mais primitivo existente na individuação física.

[13] A ressonância interna é o modo mais primitivo da comunicação entre realidades de ordens diferentes; ela contém um duplo processo de amplificação e de condensação.

mo analógico, para passar da individuação física à individuação orgânica, da individuação orgânica à individuação psíquica, e da individuação psíquica ao transindividual subjetivo e objetivo, o que define o plano desta pesquisa.

Poder-se-ia afirmar, sem dúvida alguma, que a transdução não poderia ser apresentada como procedimento lógico que tem valor de prova; mesmo porque não queremos dizer *[34]* que a transdução é um procedimento lógico no sentido corrente do termo; ela é um procedimento mental e, mais ainda que um procedimento, ela é um andamento do espírito que descobre. Esse andamento consiste em *seguir o ser em sua gênese*, cumprir a gênese do pensamento ao mesmo tempo que se cumpre a gênese do objeto. Nesta pesquisa, a transdução é chamada para desempenhar um papel que a dialética não poderia desempenhar, porque o estudo da operação de individuação não parece corresponder ao aparecimento do negativo como segunda etapa, mas a uma imanência do negativo na condição primeira, sob forma ambivalente de tensão *e* de incompatibilidade; é o que há de mais positivo no estado do ser pré-individual, a saber, a existência de potenciais, que é também a causa da incompatibilidade e da não-estabilidade desse estado; o negativo é primeiro como incompatibilidade ontogenética, mas ele é a outra face da riqueza em potenciais; logo, ele não é um negativo substancial; ele nunca é etapa ou fase, e a individuação não é síntese, retorno à unidade, mas defasagem do ser a partir de seu centro pré-individual de incompatibilidade potencializada. O próprio tempo, nessa perspectiva ontogenética, é considerado como expressão da *dimensionalidade do ser individuando-se*.

A transdução, portanto, não é apenas andamento do espírito; é também intuição, visto que ela é aquilo pelo qual uma estrutura, num domínio de problemática, aparece como o que aporta a resolução dos problemas postos. Mas, inversamente à *dedução*, a transdução não vai procurar alhures um princípio para resolver o problema de um domínio: ela tira a estrutura resolutiva das próprias tensões desse domínio, assim como a solução supersaturada cristaliza-se graças a seus próprios potenciais e segundo a espécie química que ela abrange, e não pelo aporte de alguma forma estrangeira. Ela também não é comparável à *indução*, pois, embora

Introdução

a indução certamente conserve os caráteres dos termos de realidade compreendidos no domínio estudado, tirando as estruturas da análise desses mesmos termos, ela conserva apenas o que há de positivo, isto é, *o que há de comum* a todos os termos, eliminando o que eles têm de singular; a transdução, ao contrário, é uma descoberta de dimensões que o sistema faz comunicar, dimensões essas de cada um dos termos, de tal maneira que a realidade completa de cada um dos termos do domínio possa vir a se ordenar sem perda, sem redução, nas novas estruturas descobertas; a transdução resolutiva *opera a inversão do negativo em positivo*: aquilo pelo qual os termos não são idênticos uns aos outros; aquilo pelo qual são *díspares* (no sentido que esse termo ganha na teoria da visão[NT]) é integrado ao sistema de resolução e devém condição de significação; não há empobrecimento da informação contida nos termos; a transdução caracteriza-se pelo fato do resultado dessa operação ser um tecido concreto que compreende todos os termos iniciais; o sistema resultante é feito concretamente e compreende todo o concreto; a ordem transdutiva conserva todo o concreto e caracteriza-se pela *conservação da informação*, ao passo que a indução necessita de uma perda de informação; assim como o andamento dialético, a transdução conserva e integra os aspectos opostos; à diferença do andamento da dialética, a transdução não supõe a existência de um tempo prévio como quadro no qual a gênese se desenrola, o próprio tempo sendo solução, dimensão da sistemática descoberta: *o tempo sai do pré-individual como as outras dimensões segundo as quais a individuação se efetua.*[14] *[35]*

[NT] [Para uma explicitação dessa terminologia, ver nota 15 da p. 304 desta edição.]

[14] Essa operação é paralela à da individuação vital: com a energia luminosa recebida na fotossíntese, um vegetal institui uma mediação entre uma ordem cósmica e uma ordem inframolecular, classificando e repartindo as espécies químicas contidas no solo e na atmosfera. Ele é um núcleo interelementar e desenvolve-se como ressonância interna desse sistema pré-individual feito de duas camadas de realidade primitivamente sem comunicação. O núcleo interelementar faz um trabalho intraelementar.

Ora, para pensar a operação transdutiva, que é o fundamento da individuação em seus diversos níveis, a noção de forma é insuficiente, pois faz parte do mesmo sistema de pensamento que a noção de substância, ou que a noção de nexo como relação posterior à existência dos termos: tais noções foram elaboradas a partir dos resultados da individuação; elas só podem apreender um real empobrecido, sem potenciais e, portanto, incapaz de se individuar.

A noção de forma deve ser substituída pela de informação, a qual supõe a existência de um sistema em estado de equilíbrio metaestável que pode individuar-se; a informação, diferentemente da forma, nunca é um termo único, mas é a significação que surge de uma disparação. A antiga noção de forma, tal como oferecida pelo esquema hilemórfico, é independente por demais de qualquer noção de sistema e de metaestabilidade. Já a conferida pela Teoria da Forma comporta, ao contrário, a noção de sistema, e é definida como o estado para o qual o sistema tende enquanto encontra seu equilíbrio: ela é uma resolução de tensão. Infelizmente, um paradigmatismo físico sumário demais levou a Teoria da Forma a considerar apenas o equilíbrio estável como estado de equilíbrio de um sistema que pode resolver tensões: a Teoria da Forma ignorou a metaestabilidade. Desejaríamos retomar a Teoria da Forma e mostrar, mediante a introdução de uma condição quântica, que os problemas levantados por ela não podem ser diretamente resolvidos pela noção de equilíbrio estável, mas apenas pela de equilíbrio metaestável; então, a Boa Forma não seria mais a forma simples, a forma geométrica pregnante, mas *a forma significativa*, isto é, aquela que estabelece uma ordem transdutiva no interior de um sistema de realidade que comporta potenciais. Essa boa forma é a que mantém o nível energético do sistema, conserva seus potenciais, compatibilizando-os: ela é a estrutura de compatibilidade e de viabilidade, é a dimensionalidade inventada segundo a qual há compatibilidade sem degradação.[15] A noção de Forma merece, então, ser substituída pela de informação. No curso dessa substituição, a noção de informação jamais deve ser reduzida aos sinais,

---

[15] Assim, a forma aparece como a comunicação ativa, a ressonância interna que opera a individuação: ela aparece com o indivíduo.

Introdução

suportes ou veículos de informação numa mensagem, *como a teoria tecnológica da informação, inicialmente extraída por abstração da tecnologia das transmissões, tende a fazer*. Logo, a noção pura de forma deve ser salva duas vezes de um paradigmatismo tecnológico sumário demais: uma primeira vez relativamente à cultura antiga, por causa do uso redutor que é feito desta noção no *esquema hilemórfico*, e uma segunda vez, no estado de noção de informação, para salvar a informação como significação da *teoria tecnológica* da informação, na cultura moderna. Pois, nas sucessivas teorias do hilemorfismo, da Boa Forma e, em seguida, da informação, a perspectiva é exatamente a mesma: a que busca descobrir a inerência das significações ao *ser*; gostaríamos de descobri-la na operação de individuação.

Assim, um estudo da individuação pode tender para uma reforma das noções filosóficas fundamentais, pois é possível considerar a individuação como aquilo que, do ser, deve ser primeiramente conhecido. Antes mesmo de se perguntar se é ou não *[36]* legítimo formular juízos sobre os seres, pode-se considerar que o ser se diz em dois sentidos: num primeiro sentido, fundamental, o ser é enquanto é; mas num segundo sentido, sempre sobreposto ao primeiro na teoria lógica, o ser é o ser enquanto individuado. Se for verdade que a lógica só incide sobre as enunciações relativas ao ser após a individuação, uma teoria do ser anterior a toda lógica deve ser instituída; essa teoria poderia servir de fundamento para a lógica, porque nada prova, de antemão, que o ser seja individuado de uma única maneira possível; se existissem diversos tipos de individuação, deveriam existir também diversas lógicas, cada uma correspondendo a um tipo definido de individuação. A classificação das ontogêneses permitiria *pluralizar a lógica* com um fundamento válido de pluralidade. Quanto à axiomatização do conhecimento do ser pré-individual, ela não pode estar contida numa lógica prévia, pois nenhuma norma, assim como nenhum sistema destacado de seu conteúdo, pode ser definida: só a individuação do pensamento pode, cumprindo-se, acompanhar a individuação de seres outros que não o pensamento; portanto, não é nem um conhecimento imediato, nem um conhecimento mediato que podemos ter da individuação, mas um conhecimento que é uma operação paralela à operação conhecida; não podemos, no sentido habitual do termo, *conhecer a individuação*; podemos somente individuar, individuar-nos e individuar em nós; portanto, essa apreensão, à margem do conhecimento propriamente dito, é uma analogia entre duas operações, o que é um certo modo de comunicação. A individuação do real, exterior ao sujeito, é apreendida pelo sujeito graças à individuação analógica do conhecimento no sujeito; mas é *pela individuação do conhecimento*, e não só pelo conhecimento, que a individuação dos seres não sujeitos é apreendida. Os seres podem ser conhecidos pelo conhecimento do sujeito, mas a individuação dos seres só pode ser apreendida pela individuação do conhecimento do sujeito.

Primeira parte

A INDIVIDUAÇÃO FÍSICA

[37]

Primeiro capítulo
FORMA E MATÉRIA
[39]

I. FUNDAMENTOS DO ESQUEMA HILEMÓRFICO.
TECNOLOGIA DA TOMADA DE FORMA

1. As condições da individuação

As noções de forma e de matéria só podem ajudar a resolver o problema da individuação se forem primeiras relativamente à sua posição. Caso se descubra, em contrapartida, que o sistema hilemórfico exprime e contém o problema da individuação, seria preciso, sob pena de se fechar numa petição de princípio, considerar a busca do princípio de individuação como logicamente anterior à definição da matéria e da forma.

É difícil considerar as noções de forma e de matéria como ideias inatas. Contudo, no momento em que se tenta assinalar-lhes uma origem tecnológica, fica-se paralisado com a notável capacidade de generalização que essas noções possuem. Não é somente a argila e o tijolo, o mármore e a estátua que podem ser pensados segundo o esquema hilemórfico, mas também um grande número de fatos de formação, de gênese e de composição, no mundo vivo e no domínio psíquico. A força lógica desse esquema é tal que Aristóteles pôde utilizá-lo para sustentar um sistema universal de classificação que se aplica ao real, tanto segundo uma via lógica como segundo uma via física, assegurando o acordo da ordem lógica e da ordem física e autorizando o conhecimento indutivo. O próprio nexo da alma e do corpo pode ser pensado segundo o esquema hilemórfico.

Uma base tão estreita quanto a da operação tecnológica dificilmente parece poder sustentar um paradigma que tenha uma for-

Forma e matéria

ça de universalidade como essa. Convém, pois, para examinar o fundamento do esquema hilemórfico, apreciar o sentido e o alcance do papel desempenhado em sua gênese pela experiência técnica.

O caráter tecnológico da origem de um esquema não invalida esse esquema, sob condição, todavia, de que a operação que serve de base à formação dos conceitos utilizados passe inteiramente e se exprima sem alteração no esquema abstrato. Se, ao contrário, a abstração se efetua de maneira infiel e sumária, mascarando um dos dinamismos fundamentais da operação técnica, o esquema é falso. Em vez de ter um verdadeiro valor paradigmático, ele não passa de uma comparação, uma aproximação mais ou menos rigorosa, a depender dos casos.

Ora, na operação técnica que faz nascer um objeto com forma e matéria, como um tijolo de argila, o dinamismo real da operação está bem longe *[40]* de poder ser representado pelo par forma-matéria. A forma e a matéria do esquema hilemórfico são uma forma e uma matéria abstratas. O ser definido que se pode mostrar, este tijolo secando sobre esta prancha, não resulta da reunião de uma matéria qualquer e de uma forma qualquer. Que peguemos areia fina, molhando-a e colocando-a num molde de tijolos: na desmoldagem, obteremos um monte de areia, e não um tijolo. Que peguemos argila, passando-a no laminador ou na fieira: nem placa nem fio obteremos, mas um amontoado de lâminas quebradas e de curtos segmentos cilíndricos. A argila, concebida como suporte de uma plasticidade indefinida, é a matéria abstrata. O paralelepípedo retângulo, concebido como forma do tijolo, é uma forma abstrata. O tijolo concreto não resulta da união da plasticidade da argila e do paralelepípedo. Para que possa haver *um* tijolo paralelepipédico, um indivíduo existindo realmente, é preciso que uma *operação* técnica efetiva institua uma mediação entre uma determinada massa de argila e essa noção de paralelepípedo. Ora, a operação técnica de moldagem não basta a si mesma; ademais, ela não institui uma mediação direta entre uma massa determinada de argila e a forma abstrata do paralelepípedo;[1] a media-

---

[1] Isto é, entre a realidade de uma ordem de grandeza superior ao futuro indivíduo, abrigando as condições energéticas da moldagem, e a realida-

ção é preparada por duas cadeias de operações prévias que fazem matéria e forma convergirem para uma operação comum. Dar uma forma à argila não é impor a forma paralelepipédica à argila bruta: é amassar argila preparada num molde fabricado. Quando se parte das duas extremidades da cadeia tecnológica, o paralelepípedo e a argila no barreiro, tem-se a impressão de realizar, na operação técnica, um encontro entre duas realidades de domínios heterogêneos e de instituir uma mediação, por comunicação, entre uma ordem interelementar, macrofísica, maior que o indivíduo, e uma ordem intraelementar, microfísica, menor que o indivíduo.

Precisamente, na operação técnica, é preciso considerar a própria mediação: ela consiste, no caso escolhido, em fazer com que um bloco de argila preparada preencha sem vazio um molde e, após a desmoldagem, seque, conservando sem fissuras nem pulverulência esse contorno definido. Ora, a preparação da argila e a construção do molde já são uma mediação ativa entre a argila bruta e a forma geométrica imponível. O molde é construído de maneira a poder ser aberto e fechado sem danificar seu conteúdo. Certas formas de sólidos, geometricamente concebíveis, só devieram realizáveis com artifícios muito complexos e sutis. A arte de construir os moldes, até nossos dias, é um dos aspectos mais delicados da fundição. O molde, aliás, não é apenas construído; ele também é preparado: um revestimento definido, uma polvilhação seca evitarão que a argila úmida adira às paredes no momento da desmoldagem, desagregando-se ou formando rachaduras. Para dar uma forma, é preciso construir *tal* molde *definido*, preparado de *tal* jeito, com *tal* espécie de matéria. Existe, pois, um primeiro encaminhamento, que vai da forma geométrica ao molde concreto, material, paralelo à argila, existindo da mesma maneira que ela, posto ao lado dela, na ordem de grandeza do manipulável. Quanto à argila, ela também é submetida a uma preparação; enquanto matéria bruta, ela é o que a pá levanta do veio às bordas do charco, com [41] raízes de junco, grãos de cascalho. Seca, triturada, peneirada, molhada, longamente amassada, ela devém aquela pasta ho-

de-matéria, que é, grão por grão, em sua disponibilidade, de uma ordem de grandeza inferior à do futuro indivíduo, o tijolo real.

Forma e matéria

mogênea e consistente que tem uma plasticidade grande o bastante para poder esposar os contornos do molde no qual é prensada, e firmeza suficiente para conservar esse contorno durante o tempo necessário para que a plasticidade desapareça. Além da purificação, a preparação da argila tem por fim obter a homogeneidade e o melhor grau de umidade escolhido para conciliar plasticidade e consistência. Há na argila bruta uma aptidão para devir massa plástica na dimensão do futuro tijolo, em razão das propriedades coloidais dos hidrossilicatos de alumínio: são essas propriedades coloidais que tornam eficazes os gestos da semicadeia técnica que resulta na argila preparada; a realidade molecular da argila e da água que ela absorve ordena-se pela preparação de maneira a poder se conduzir ao curso da individuação como uma totalidade homogênea no escalão do tijolo que está aparecendo. A argila preparada é aquela na qual cada molécula será efetivamente posta em comunicação, seja qual for seu lugar relativamente às paredes do molde, com o conjunto das pressões exercidas por essas paredes. Cada molécula intervém no nível do futuro indivíduo, entrando assim em comunicação interativa com a ordem de grandeza superior ao indivíduo. Por sua vez, a outra semicadeia técnica decai para o futuro indivíduo; a forma paralelepipédica não é uma forma como qualquer outra; ela já contém um certo esquematismo que pode dirigir a construção do molde, que é um conjunto de coerentes operações contidas no estado implícito; a argila não é apenas passivamente deformável; ela é ativamente plástica, porque coloidal; sua faculdade de receber uma forma não se distingue da faculdade de guardar tal forma, pois receber e guardar são uma coisa só: sofrer uma deformação sem fissura e com coerência das cadeias moleculares. A preparação da argila é a constituição desse estado de igual distribuição das moléculas, desse arranjo em cadeias; a formatação já começou no momento em que o artesão mexe a pasta antes de introduzi-la no molde. É que a forma não é apenas o fato de ser paralelepipédico; ela é também o fato de ser sem fissura no paralelepípedo, sem bolha de ar, sem rachadura: a fina coesão é o resultado de uma formatação, e essa formatação é tão somente a exploração dos caráteres coloidais da argila. Antes de qualquer elaboração, a argila, no pântano, já está em forma, pois já é coloidal. O trabalho do artesão utiliza essa forma elementar, sem a qual nada seria possível e que é homogênea relativamente à forma do molde: nas duas semicadeias técnicas, há somente uma mudança de escala. No charco, a argila tem, sim, suas propriedades coloidais, mas lá elas são molécula por molécula, ou grão por grão; isso já é forma, e é isso que mais tarde manterá o tijolo homogêneo e bem moldado. A qualidade da matéria é fonte de forma, elemento de forma que a operação técnica faz mudar de escala. Na outra semicadeia técnica, a forma geométrica se concretiza, devém dimensão do molde, madeiras juntadas, madeiras polvilhadas ou madeiras molhadas.[2] A operação técnica prepara duas semicadeias de transformações que se encontram num certo ponto, enquanto os dois objetos elaborados têm caráteres compatíveis, estão na mesma *[42]* escala; esse relacionamento não é único e incondicional; ele pode ser feito por etapas; frequentemente, o que se considera como formatação única é apenas o último episódio de uma série de transformações; quando o bloco de argila recebe a deformação final que lhe permite preencher o molde, suas moléculas não se reorganizam totalmente e de uma vez só; elas pouco se deslocam umas relativamente às outras; sua topologia se mantém, trata-se apenas de uma última deformação global. Ora, essa deformação global não é somente uma formatação da argila pelo seu contorno. A argila dá um tijolo porque essa deformação opera sobre massas nas quais as moléculas já estão arranjadas umas relativamente às outras, sem ar, sem grão de areia, com um bom equilíbrio coloidal; se o molde não governasse, numa última deformação, todo aquele arranjo anterior já constituído, ele não daria forma alguma; pode-se dizer que a forma do molde só opera na forma da argila, não na matéria argila. O molde mais limita e estabiliza do que impõe uma forma: ele dá fim à deformação,

---

[2] O molde, assim, não é somente o molde, mas o termo da cadeia técnica interelementar, comportando vastos conjuntos que abarcam o futuro indivíduo (obreiro, oficina, prensa, argila) e que contêm energia potencial. O molde totaliza e acumula essas relações interelementares, como a argila preparada totaliza e acumula as interações moleculares intraelementares dos hidrossilicatos de alumínio.

Forma e matéria

ele acaba a deformação ao interrompê-la segundo um contorno definido: ele *modula* o conjunto dos filetes já formados: o gesto do obreiro que preenche o molde e amassa a terra continua o gesto anterior de malaxagem, de estiragem, de amassamento: o molde faz o papel de um conjunto fixo de mãos modeladoras, agindo como mãos amassadoras detidas. Poder-se-ia fazer um tijolo sem molde, com as mãos, prolongando-o amassamento por uma feitura que o continuaria sem ruptura. A matéria é matéria porque abriga uma propriedade positiva que lhe permite ser modelada. Ser modelada não é sofrer deslocamentos arbitrários, mas ordenar sua plasticidade segundo forças definidas que estabilizam a deformação. A operação técnica é *mediação* entre um conjunto interelementar e um conjunto intraelementar. A forma pura já contém gestos, e a matéria-prima é capacidade de devir; os gestos contidos na forma encontram o devir da matéria e o modulam. Para que a matéria possa ser modulada em seu devir, é preciso que ela seja (como a argila no momento em que o obreiro prensa-a no molde) realidade deformável, isto é, realidade que não tem uma forma definida, mas todas as formas indefinidamente, dinamicamente, pois essa realidade, ao mesmo tempo que possui inércia e constância, é depositária de força, ao menos durante um instante, e identifica-se ponto por ponto a essa força; para que a argila preencha o molde, não basta que ela seja plástica: é preciso que transmita a pressão que o obreiro lhe imprime, e que cada ponto de sua massa seja um centro de forças; a argila se impele no molde que ela preenche; ela propaga consigo, em sua massa, a energia do obreiro. Durante o tempo do preenchimento, uma energia potencial se atualiza.[3] É preciso que a energia que impele a argila exista, no sistema molde-mão-argila, sob forma potencial, a fim de que a argila preencha todo o espaço vazio, desenvolvendo-se em qualquer direção, detida apenas pelas bordas do molde. Então, as paredes do molde não intervêm de jeito algum como estruturas geométricas materia-

---

[3] Essa energia exprime o estado macroscópico do sistema que contém o futuro indivíduo; ela é de origem interelementar; ora, ela entra em comunicação interativa com cada molécula da matéria, e é dessa comunicação que a forma sai, contemporânea do indivíduo.

lizadas, e sim ponto por ponto enquanto lugares fixos que não deixam a argila em expansão avançar e que opõem à pressão que ela desenvolve uma força igual e de sentido contrário (princípio da reação), sem efetuar trabalho algum, pois elas não se deslocam. As paredes do molde, relativamente a um elemento [43] de argila, desempenham o mesmo papel que um elemento dessa argila desempenha relativamente a um outro elemento vizinho: a pressão de um elemento relativamente a um outro, no seio da massa, é quase tão forte quanto a de um elemento de parede relativamente a um elemento da massa; a única diferença reside nesse fato de que a parede não se desloca, enquanto os elementos da argila podem se deslocar uns relativamente aos outros e relativamente às paredes.[4] Uma energia potencial, traduzindo-se no seio da argila por forças de pressão, atualiza-se durante o preenchimento. Atualizando-se, a matéria veicula consigo a energia potencial; a forma, representada aqui pelo molde, desempenha um papel informante ao exercer forças sem trabalho, forças que limitam a atualização da energia potencial da qual a matéria é momentaneamente portadora. Essa energia pode, com efeito, atualizar-se segundo tal ou qual direção, com tal ou qual rapidez: a forma limita. A relação entre matéria e forma não se faz, pois, entre matéria inerte e forma que vem de fora: há operação comum e num mesmo nível de existência entre matéria e forma; esse nível comum de existência é o da *força*, que provém de uma energia momentaneamente veiculada pela matéria, mas tirada de um estado do sistema interelementar total de dimensão superior, e que exprime as limitações individuantes. A operação técnica constitui duas semicadeias que, a partir da matéria bruta e da forma pura, encaminham-se uma em direção à outra e se reúnem. Essa reunião torna-se possível pela congruência dimensional das duas extremidades da cadeia; os elos sucessivos de elaboração transferem caráteres sem que novos sejam criados: eles estabelecem apenas mudanças de ordem de grandeza, de níveis e de estado (por exemplo, a passagem do estado molecular

---

[4] Assim, o indivíduo se constitui por esse ato de comunicação, no seio de uma sociedade de partículas em interação recíproca, entre todas as moléculas e a ação de moldagem.

ao estado molar, do estado seco ao estado úmido); o que há na extremidade da semicadeia material é a aptidão da matéria para veicular ponto por ponto uma energia potencial que pode provocar um movimento num sentido indeterminado; o que há na extremidade da semicadeia formal é a aptidão de uma estrutura para condicionar um movimento sem cumprir um trabalho, por um jogo de forças que não deslocam seu ponto de aplicação. Entretanto, essa afirmação não é rigorosamente verdadeira; para que o molde possa limitar a expansão da terra plástica e dirigir estaticamente essa expansão, é preciso que as paredes do molde desenvolvam uma força de reação igual à pressão da terra; a terra reflui e se esmaga, preenchendo os vazios, enquanto a reação das paredes do molde é ligeiramente mais elevada que as forças exercidas noutros sentidos, no interior da massa de terra; quando o molde está completamente preenchido, ao contrário, as pressões internas são, em toda parte, iguais às forças de reação das paredes, de modo que já nenhum movimento pode ser operado. A reação das paredes, portanto, é a força estática que dirige a argila no curso do preenchimento, proibindo a expansão para certas direções. No entanto, as forças de reação só podem existir pela sequência de uma flexão elástica bem pequena das paredes; pode-se dizer que, do ponto de vista da matéria, a parede formal é o limite a partir do qual um deslocamento num sentido determinado só é possível ao preço de um acréscimo muito grande de trabalho; mas, para que essa condição do acréscimo de trabalho seja eficaz, é preciso que ela comece a ser realizada antes do equilíbrio se romper e antes da matéria tomar outras direções, nas quais ela não está limitada, impelida pela energia que ela veicula consigo e atualiza ao avançar; é preciso, pois, que exista um *[44]* leve trabalho das paredes do molde, trabalho que corresponde ao fraco deslocamento do ponto de aplicação das forças de reação. Mas esse trabalho *não se acrescenta* ao produzido pela atualização da energia veiculada pela argila, e tampouco é suprimido por ele: não interfere nele; aliás, esse trabalho pode ser tão reduzido quanto se queira; um molde em madeira fina deforma-se notavelmente sob a pressão brusca da argila, depois retorna progressivamente ao lugar; um molde em madeira espessa desloca-se menos; um molde em sílex ou fundido des-

46   A individuação física

loca-se extremamente pouco. Ademais, o trabalho positivo de re-colocação compensa, em grande parte, o trabalho negativo de deformação. O molde pode ter uma certa elasticidade; ele só não deve ser plástico. São enquanto *forças* que matéria e forma são colocadas em presença. A única diferença entre o regime dessas forças, para a matéria e para a forma, reside no fato de as forças da matéria provirem de uma energia veiculada pela matéria e sempre disponível, ao passo que as forças da forma são forças que só produzem um trabalho muito fraco, intervindo como limites da atualização da energia da matéria. Não é no instante infinitamente curto, mas no devir, que forma e matéria diferem; a forma não é veículo de energia potencial; a matéria só é matéria informável porque ela pode ser, ponto por ponto, o veículo de uma energia que se atualiza;[5] o tratamento prévio da matéria bruta tem por função tornar a matéria suporte homogêneo de uma energia potencial definida; é por essa energia potencial que a matéria devém; já a forma, ela não devém. Na operação instantânea, as forças que são as da matéria e as forças que provêm da forma não diferem; elas são homogêneas umas relativamente às outras e fazem parte do mesmo sistema físico instantâneo; mas elas não fazem parte do mesmo conjunto temporal. Os trabalhos exercidos pelas forças de deformação elástica do molde nada mais são depois da moldagem; são anulados ou se degradam em calor, e nada produziram na ordem de grandeza do molde. Ao contrário, a energia potencial da matéria atualizou-se na ordem de grandeza da massa de argila, dando uma repartição das massas elementares. Eis por que o tratamento prévio da argila prepara essa atualização: ele torna a molécula solidária às outras moléculas, e torna o conjunto deformá-

---

[5] Ainda que essa energia seja uma energia de estado, uma energia do sistema interelementar; é nessa interação das duas ordens de grandeza, no nível do indivíduo, como encontro de forças, que consiste a comunicação entre ordens de grandeza, sob a égide de uma singularidade, princípio de forma, encetante de individuação. Aqui, a singularidade mediadora é o molde; noutros casos, na Natureza, ela pode ser a pedra que enceta a duna, o cascalho que é o germe de uma ilha num rio que carreia aluviões: ela ocupa um nível intermediário entre a dimensão interelementar e a dimensão intraelementar.

Forma e matéria

vel, para que cada parcela participe igualmente da energia potencial cuja atualização é a moldagem; é essencial que todas as parcelas, sem descontinuidade nem privilégio, tenham as mesmas chances de se deformar no sentido que for; um grumo, uma pedra, são domínios de não participação nessa potencialidade que se atualiza localizando seu suporte: eles são singularidades parasitas.

O fato de que haja um molde, isto é, limites da atualização, cria na matéria um estado de reciprocidade das forças que conduzem ao equilíbrio; o molde não age de fora, impondo uma forma; sua ação se reverbera em toda a massa pela ação de molécula a molécula, de parcela a parcela; a argila, no fim da moldagem, é a massa na qual todas as forças de deformação encontram, em todos os sentidos, forças iguais e de sentido contrário, que lhe dão equilíbrio. *O molde traduz sua existência [45] no seio da matéria, fazendo-a tender para uma condição de equilíbrio.* Para que esse equilíbrio exista, é preciso que, ao fim da operação, subsista uma certa quantidade de energia potencial ainda não-atualizada, contida em todo o sistema. Não seria exato dizer que a forma desempenha um papel estático, enquanto a matéria desempenha um papel dinâmico; de fato, para que haja sistema único de forças, é preciso que matéria e forma desempenhem ambas um papel dinâmico; mas essa igualdade dinâmica só é verdadeira no instante. A forma não evolui, não se modifica, pois ela não abriga potencialidade alguma, ao passo que a matéria evolui. Ela é portadora de potencialidades uniformemente espalhadas e repartidas nela; a homogeneidade da matéria é a homogeneidade de seu possível devir. Cada ponto tem tantas chances quanto os outros; a matéria tomando forma está em estado de completa *ressonância interna*; o que se passa num ponto repercute sobre todos os outros, o devir de cada molécula repercute sobre o devir de todas as outras em todos os pontos e em todas as direções; a matéria é aquilo cujos elementos não estão isolados uns dos outros, nem são heterogêneos uns relativamente aos outros; toda heterogeneidade é condição de não-transmissão das forças, logo, de não-ressonância interna. A plasticidade da argila é sua capacidade de estar em estado de ressonância interna assim que submetida a uma pressão num recinto. O molde como limite é aquilo pelo qual o estado de ressonância interna é provocado, mas o molde não é aquilo através do qual a ressonância interna é realizada; o molde não é aquilo que, no seio da terra plástica, transmite uniformemente em todos os sentidos as pressões e os deslocamentos. Não se pode dizer que o molde dê forma; é a terra que toma forma segundo o molde, pois ela se comunica com o obreiro. A *positividade* dessa tomada de forma pertence à terra e ao obreiro; ela é essa ressonância interna, o trabalho dessa ressonância interna.[6] O molde intervém como condição de fechamento, limite, parada de expansão, direção de mediação. A operação técnica institui a ressonância interna na matéria que toma forma, mediante condições energéticas e condições topológicas; as condições topológicas podem ser nomeadas forma, e as condições energéticas exprimem o sistema inteiro. A ressonância interna é um *estado de sistema* que exige essa realização das condições energéticas, das condições topológicas e das condições materiais: a ressonância é troca de energia e de movimentos num recinto determinado, comunicação entre uma matéria microfísica e uma energia macrofísica a partir de uma singularidade de dimensão média, topologicamente definida.

2. Validez do esquema hilemórfico; a zona obscura do esquema hilemórfico; generalização da noção de tomada de forma; modelagem, moldagem, modulação

A operação técnica de tomada de forma pode, pois, servir de paradigma, contanto que se solicite a essa operação indicar as verdadeiras relações que ela institui. Ora, essas relações não são estabelecidas entre a matéria bruta e a forma pura, mas entre a matéria preparada e a forma materializada: a operação de tomada de forma não supõe apenas matéria bruta e forma, mas também energia; a forma materializada é *[46]* uma forma que pode agir como

---

[6] Nesse instante, a matéria não é mais matéria pré-individual, matéria molecular, mas já é indivíduo. A energia potencial que se atualiza exprime um estado de sistema interelementar mais vasto que a matéria.

Forma e matéria

limite, como fronteira topológica de um sistema. A matéria preparada é aquela que pode veicular os potenciais energéticos que lhe são carregados pela manipulação técnica. A forma pura, para desempenhar um papel na operação técnica, deve devir sistema de pontos de aplicação das forças de reação, enquanto a matéria bruta devém veículo homogêneo de energia potencial. A tomada de forma é operação comum da forma e da matéria num sistema: a condição energética é essencial, e não é aportada somente pela forma; é todo o sistema que é a sede da energia potencial, precisamente porque a tomada de forma é uma operação em profundidade e em toda a massa, consecutiva a um estado de reciprocidade energética da matéria relativamente a si mesma.[7] É a repartição da energia que é determinante na tomada de forma, e a conveniência mútua da matéria e da forma é relativa à possibilidade de existência e aos caráteres desse sistema energético. A matéria é aquilo que veicula essa energia, e a forma é aquilo que modula a repartição dessa mesma energia. A unidade matéria-forma, no momento da tomada de forma, está no regime energético.

O esquema hilemórfico retém apenas as extremidades daquelas duas semicadeias que a operação técnica elabora; o esquematismo da própria operação é velado, ignorado. Há um buraco na representação hilemórfica, fazendo com que desapareça a verdadeira mediação, a própria operação, que atrela uma à outra as duas semicadeias, instituindo um sistema energético, um estado que evolui e deve existir efetivamente para que um objeto apareça com sua ecceidade. O esquema hilemórfico corresponde ao conhecimento de um homem que permanece no exterior da oficina e só considera aquilo que entra e que sai de lá; para conhecer a verdadeira relação hilemórfica, não basta nem mesmo penetrar na oficina e trabalhar com o artesão: seria preciso penetrar no próprio molde para seguir a operação de tomada de forma nos diferentes escalões de grandeza da realidade física.

---

[7] Essa reciprocidade causa uma permanente disponibilidade energética: num espaço muito limitado, um trabalho considerável pode ser efetuado, se nele uma singularidade encetar uma transformação.

Apreendida em si mesma, a operação de tomada de forma pode efetuar-se de várias maneiras, segundo diferentes modalidades, aparentemente muito diferentes umas das outras. A verdadeira tecnicidade da operação de tomada de forma ultrapassa amplamente os limites convencionais que separam os ofícios e os domínios do trabalho. Assim, devém possível, pelo estudo do regime energético da tomada de forma, aproximar a moldagem de um tijolo do funcionamento de um relé eletrônico. Num tubo eletrônico de tipo triodo, a "matéria" (veículo de energia potencial que se atualiza) é a nuvem de elétrons saindo do cátodo no circuito cátodo--ânodo-efetuador-gerador. A "forma" é o que limita, no gerador, essa atualização da energia potencial em reserva, isto é, o campo elétrico criado pela diferença de potencial entre a grade de comando e o cátodo, que se opõe ao campo cátodo-ânodo, criado pelo próprio gerador; esse contracampo é um limite para a atualização da energia potencial, como as paredes do molde são um limite para a atualização da energia potencial do sistema argila-molde, veiculado pela argila em seu deslocamento. A diferença entre os dois casos reside no fato de que, para a argila, a operação de tomada de forma é finita no tempo: ela tende bem lentamente (em alguns segundos) a um estado de equilíbrio, e daí o tijolo é desmoldado; ao desmoldá-lo, utiliza-se o estado de equilíbrio quando este é atingido. No [47] tubo eletrônico, emprega-se um suporte de energia (a nuvem de elétrons num campo) de uma inércia bem fraca, tanto que o estado de equilíbrio (adequação entre a repartição dos elétrons e o gradiente do campo elétrico) é obtido num tempo extremamente curto relativamente ao anterior (alguns bilionésimos de segundo num tubo de grande dimensão, algumas dezenas de bilionésimos de segundo nos tubos de pequena dimensão). Nessas condições, o potencial da grade de comando é utilizado como *molde variável*; a repartição do suporte de energia segundo esse molde é tão rápida, que ela se efetua sem atraso apreciável para grande parte das aplicações: o molde variável serve, então, para fazer variar no tempo a atualização da energia potencial de uma fonte; não se detém quando o equilíbrio é atingido, mas continua-se modificando o molde, isto é, a tensão da grade; a atualização é quase instantânea, nunca há parada para desmoldagem, pois a cir-

Forma e matéria

culação do suporte de energia equivale a uma *desmoldagem permanente*; um modulador é um *molde temporal contínuo*. Nisso, a "matéria" é quase unicamente suporte de energia potencial; ela sempre conserva, no entanto, uma inércia definida, que impede o modulador de ser infinitamente rápido. No caso do molde de argila, o que é, ao contrário, tecnicamente utilizado é o estado de equilíbrio que se pode conservar desmoldando: aceita-se então uma viscosidade suficientemente grande da argila para que a forma seja conservada ao longo da desmoldagem, ainda que essa viscosidade lentifique a tomada de forma. Num modulador, ao contrário, diminui-se o máximo possível a viscosidade do portador de energia, pois não se busca conservar o estado de equilíbrio depois que as condições de equilíbrio tenham cessado: é mais fácil modular a energia portada pelo ar comprimido do que pela água sob pressão; mais fácil ainda modular a energia portada por elétrons em trânsito do que pelo ar comprimido. O molde e o modulador são casos extremos, mas a operação essencial de tomada de forma cumpre-se do mesmo jeito; ela consiste no estabelecimento de um regime energético, durável ou não. Moldar é modular de maneira definitiva; modular é moldar de maneira contínua e perpetuamente variável.

Um grande número de operações técnicas utiliza uma tomada de forma que possui caráteres intermediários entre a modulação e a moldagem; assim, uma fieira, um laminador, são moldes de regime contínuo, criando por etapas sucessivas (os passes)[NT] um perfil definitivo; neles, a desmoldagem é contínua, como num modulador. Poder-se-ia conceber um laminador que modularia realmente a matéria e fabricaria, por exemplo, uma barra ameada ou denteada; os laminadores que produzem a chapa estriada *modulam* a matéria, ao passo que um laminador liso somente a *modela*. *Moldagem* e *modulação* são os dois casos-limite, e a *modelagem* é o caso médio.

[NT] [Passe é um termo da mecânica que se refere a sequências de movimentos maquínicos aplicados sobre um material, por exemplo, uma chapa de metal, no processo de laminação.]

Queríamos mostrar que o paradigma tecnológico não é desprovido de valor e que, até certo ponto, ele permite pensar a gênese do ser individuado, mas sob a condição expressa de que se retenha como esquema essencial a relação da matéria e da forma *através do sistema energético* da tomada de forma. Matéria e forma devem ser apreendidas *durante a tomada de forma*, no momento em que a unidade do devir de um sistema energético constitui essa relação no nível da homogeneidade das forças entre a matéria e a forma. O que é essencial e central é a operação energética, supondo potencialidade energética e limite da atualização. A iniciativa da gênese da substância não remete nem à matéria bruta, enquanto passiva, nem à forma, enquanto pura: é o *sistema completo* que engendra, e ele engendra porque é um sistema de atualização de energia potencial, reunindo numa mediação *[48]* ativa duas realidades, de diferentes ordens de grandeza, numa ordem intermediária.

A individuação, no sentido clássico do termo, não pode ter seu princípio na matéria ou na forma; nem a forma nem a matéria bastam à tomada de forma. O verdadeiro princípio de individuação é a própria gênese se operando, isto é, o sistema devindo enquanto a energia se atualiza. O verdadeiro princípio de individuação não pode ser buscado naquilo que existe antes da individuação produzir-se, nem naquilo que permanece depois que a individuação está cumprida; é o sistema energético que é individuante, na medida em que realiza em si essa ressonância interna da matéria tomando forma, e uma mediação entre ordens de grandeza. O princípio de individuação é a única maneira pela qual se estabelece a ressonância interna *dessa* matéria tomando *essa* forma. O princípio de individuação é uma operação. O que faz com que um ser seja ele mesmo, diferente de todos os outros, não é nem sua matéria nem sua forma, mas é a operação pela qual sua matéria tomou forma num certo sistema de ressonância interna. O princípio de individuação do tijolo não é o barro nem o molde: desse monte de barro e desse molde sairão outros tijolos além daquele, cada um possuindo sua ecceidade, mas é a operação pela qual o barro — num momento dado, num sistema energético que compreendia os menores detalhes do molde, assim como os menores

Forma e matéria

amontoados dessa terra úmida — tomou forma, sob tal pressão, assim repartida, assim difundida, assim atualizada: houve um momento em que a energia da pressão transmitiu-se em todos os sentidos de cada molécula para todas as outras, do barro para as paredes e das paredes para o barro: o princípio de individuação é a operação que realiza uma troca energética entre a matéria e a forma, até que o conjunto chegue a um estado de equilíbrio. Poder-se-ia dizer que o princípio de individuação é a *operação alagmática comum da matéria e da forma através da atualização da energia potencial*. Essa energia é energia de um sistema; ela pode produzir efeitos em todos os pontos do sistema igualmente, ela está disponível e se comunica. Essa operação apoia-se na singularidade ou nas singularidades do *hic et nunc* concreto; ela as envolve e as amplifica.[8]

3. LIMITES DO ESQUEMA HILEMÓRFICO

Todavia, não se pode estender, de maneira puramente analógica, o paradigma tecnológico à gênese de todos os seres. A operação técnica é completada num tempo limitado; após a atualização, ela deixa um ser parcialmente individuado, mais ou menos estável, que tira sua ecceidade dessa operação de individuação, tendo constituído sua gênese num tempo bem curto; o tijolo, ao cabo de alguns anos ou de alguns milhares de anos, volta a virar pó. A individuação é completada de uma só vez; o ser individuado nunca é mais perfeitamente individuado do que quando ele sai das mãos do artesão. Existe, assim, uma certa exterioridade da operação de individuação relativamente ao seu resultado. Muito pelo contrário, no ser vivo, a individuação não é produzida por uma única operação, confinada no tempo; para si mesmo, o ser vivo é parcialmente seu próprio princípio de individuação; ele continua sua individuação, e o *[49]* resultado de uma primeira operação de

---

[8] Essas singularidades reais, ocasião da operação comum, podem ser nomeadas *informação*. A forma é um dispositivo para produzi-las.

individuação, em vez de ser apenas um resultado que progressivamente se degrada, devém princípio de uma individuação ulterior. A operação individuante e o ser individuado não estão na mesma relação que no interior do produto do esforço técnico. O devir do ser vivo, em vez de ser um devir pós-individuação, é sempre um devir entre duas individuações; o individuante e o individuado estão no vivente em relação alagmática prolongada. No objeto técnico, essa relação alagmática existe apenas num instante, quando as duas semicadeias são soldadas uma noutra, isto é, quando a matéria toma forma: nesse instante, o individuado e o individuante coincidem; quando essa operação acaba, eles se separam; o tijolo não traz seu molde consigo,[9] e ele se destaca do obreiro ou da máquina que o prensou. O ser vivo, após ter sido encetado, continua a se individuar; ele é, ao mesmo tempo, sistema individuante e resultado parcial de individuação. Um novo regime de ressonância interna se institui no vivente cuja tecnologia não fornece o paradigma: uma ressonância através do tempo, criada pela recorrência do resultado que remonta ao princípio e que, por sua vez, devém princípio. Como na individuação técnica, uma permanente ressonância interna constitui a unidade organísmica. Mas, além disso, sobrepõe-se a essa ressonância do simultâneo uma ressonância do sucessivo, uma alagmática temporal. O princípio de individuação do vivente é sempre uma operação, como a tomada de Forma técnica, mas essa operação é de duas dimensões, a de simultaneidade e a de sucessão, através da ontogênese sustentada pela memória e pelo instinto.

Pode-se perguntar, então, se o verdadeiro princípio de individuação não seria mais bem indicado pelo vivente do que pela operação técnica, e se a operação técnica não poderia ser conhecida como individuante sem o paradigma implícito da vida que existe em nós, que conhecemos a operação técnica e a praticamos com nosso esquema corporal, nossos hábitos, nossa memória. Essa questão é de um grande alcance filosófico, pois conduz a se per-

---

[9] Ele manifesta somente as singularidades do *hic et nunc* que constituem as condições de informação de sua moldagem particular: estado de desgaste do molde, cascalho, irregularidades.

Forma e matéria

guntar se uma verdadeira individuação pode existir fora da vida. Para saber isso, não é a operação técnica, antropomórfica e, consequentemente, zoomórfica que se tem de estudar, mas os processos de formação natural das unidades elementares que a natureza apresenta fora do reino definido como vivo.

Assim, o esquema hilemórfico, saindo da tecnologia, é insuficiente sob suas espécies habituais, pois ele ignora o centro mesmo da operação técnica de tomada de forma e conduz, nesse sentido, a que se ignore o papel desempenhado pelas condições energéticas da tomada de forma. Ademais, mesmo restabelecido e completado sob forma de tríade matéria-forma-energia, o esquema hilemórfico corre o risco de objetivar abusivamente um aporte do vivente na operação técnica; é a intenção fabricadora que constitui o sistema graças ao qual a troca energética se estabelece entre matéria e energia na tomada de forma; esse sistema não faz parte do objeto individuado; ora, o objeto individuado é pensado pelo homem como tendo uma individualidade enquanto objeto fabricado, em referência à fabricação. A ecceidade desse tijolo como tijolo não é uma ecceidade absoluta, não é a ecceidade desse objeto preexistente ao fato dele ser um tijolo. É a ecceidade do objeto como tijolo: ela comporta uma referência à intenção de uso e, através dessa intenção, à intenção fabricadora e, portanto, ao gesto humano que [50] constituiu as duas semicadeias reunidas em sistema para a operação de tomada de forma.[10] Nesse sentido, talvez apenas aparentemente é que o sistema hilemórfico seja tecnológico: ele é o reflexo dos processos vitais numa operação abstratamente conhecida, a qual tira sua consistência do fato de ser feita por um ser vivo para seres vivos. Com isso, explicar-se-ia o enorme poder paradigmático do esquema hilemórfico: vindo da vida, ele retorna a ela e nela se aplica, mas com um déficit que vem do

[10] A individualidade do tijolo, pela qual esse tijolo exprime certa operação que existiu *hic et nunc*, envolve as singularidades desse *hic et nunc*, prolonga-as, amplifica-as; ora, a produção técnica busca reduzir a margem de variabilidade, de imprevisibilidade. A informação real que modula um indivíduo aparece como parasita; ela é aquilo pelo qual o objeto técnico permanece, em alguma medida, inevitavelmente natural.

fato de que a tomada de consciência que o explicitou apreendeu-lhe através do caso particular abusivamente simplificado da tomada de forma técnica; ele mais apreende tipos do que indivíduos, exemplares de um modelo mais do que realidades. O dualismo matéria-forma, apreendendo apenas os termos extremos do maior e do menor que o indivíduo, deixa na escuridão a realidade que é da mesma ordem de grandeza que o indivíduo produzido, e sem a qual os termos extremos permaneceriam separados: uma operação alagmática desdobrando-se a partir de uma singularidade.

Contudo, para descobrir o verdadeiro princípio de individuação, não basta criticar o esquema hilemórfico e restituir uma relação mais exata no desenrolar da tomada de forma técnica. Tampouco basta supor, no conhecimento que se adquire da operação técnica, um paradigma que, em primeiro lugar, é biológico: mesmo que a relação matéria-forma, na tomada de forma técnica, seja facilmente conhecida (adequada ou inadequadamente), graças ao fato de que somos seres vivos, não deixa de ser verdade que a referência ao domínio técnico nos é necessária para esclarecer, explicitar, objetivar essa noção implícita que o sujeito porta consigo. Se o vital experimentado é a condição do técnico representado, o técnico representado devém, por sua vez, condição para o conhecimento do vital. E assim se é enviado de uma ordem à outra, de modo que o esquema hilemórfico parece dever sua universalidade principalmente ao fato de que ele institui uma certa reciprocidade entre o domínio vital e o domínio técnico. Tal esquema, aliás, não é o único exemplo de uma correlação como essa: o automatismo, sob suas diversas formas, foi utilizado com maior ou menor sucesso para penetrar as funções do vivente mediante representações oriundas da tecnologia, desde Descartes até a cibernética atual. Entretanto, surge uma dificuldade importante na utilização do esquema hilemórfico: ele não indica qual é o princípio de individuação do vivente, precisamente por conceder aos dois termos uma existência anterior à relação que os une, ou pelo menos porque ele não pode se permitir pensar essa relação nitidamente; ele só pode representar a mistura, ou o atrelamento parte por parte; *o esquema hilemórfico não torna suficientemente precisa a maneira pela qual a forma informa a matéria.* Utilizar o esquema hilemórfico é su-

Forma e matéria

por que o princípio de individuação está na forma ou, então, na matéria, mas não na relação das duas. O dualismo das substâncias — alma e corpo — está em germe no esquema hilemórfico, e é possível se perguntar se esse dualismo saiu mesmo das técnicas.

Para aprofundar esse exame, é necessário considerar todas as condições que cercam uma tomada de consciência nocional. Se houvesse apenas o ser *[51]* individual vivo e a operação técnica, talvez o esquema hilemórfico não pudesse se constituir. De fato, certamente parece que o termo médio entre o domínio vivo e o domínio técnico, na origem do esquema hilemórfico, foi a vida social. O que o esquema hilemórfico reflete, em primeiro lugar, é uma representação socializada do trabalho e uma representação igualmente socializada do ser vivo individual; a coincidência entre essas duas representações é o fundamento comum da extensão do esquema de um domínio ao outro e a garantia de sua validez numa cultura determinada. A operação técnica que *impõe uma forma a uma matéria passiva e indeterminada* não é apenas uma operação abstratamente considerada pelo espectador que está vendo o que entra na oficina e o que sai dela, sem conhecer a elaboração propriamente dita. É essencialmente a operação comandada pelo homem livre e executada pelo escravo; o homem livre escolhe a matéria, indeterminada porque basta designá-la genericamente pelo nome de substância, sem vê-la, sem manipulá-la, sem aprontá--la: o objeto será feito de madeira, ou de ferro, ou de terra. A verdadeira passividade da matéria é sua disponibilidade abstrata por trás da ordem dada, que outros executarão. A passividade é a da mediação humana que obterá a matéria. A forma corresponde àquilo que o homem que comanda pensou consigo mesmo e que ele deve exprimir de maneira positiva enquanto dá suas ordens: logo, a forma é *da ordem do exprimível*; ela é eminentemente ativa porque é aquilo que se impõe àqueles que manipularão a matéria; ela é o próprio conteúdo da ordem, pelo qual esta governa. O caráter ativo da forma, o caráter passivo da matéria, ambos respondem às condições da transmissão da ordem que supõe hierarquia social: é no conteúdo da ordem que a indicação da matéria é um indeterminado, enquanto a forma é determinação, exprimível e lógica. É também através do condicionamento social que a alma se opõe ao corpo; não é pelo corpo que o indivíduo é cidadão, que ele participa dos juízos coletivos, das crenças comuns, sobrevive na memória de seus concidadãos: a alma se distingue do corpo assim como o cidadão do ser vivo humano. A distinção entre a forma e a matéria, entre a alma e o corpo, reflete uma cidade que contém cidadãos por oposição aos escravos. Deve-se notar bem, no entanto, que os dois esquemas, tecnológico e cívico, ajustando-se para distinguir os dois termos, não lhes assinalam o mesmo papel nos dois pares: a alma não é pura atividade, plena determinação, enquanto o corpo seria passividade e indeterminação. O cidadão é individuado como corpo, mas ele é também individuado como alma.

As vicissitudes do esquema hilemórfico provêm do fato dele não ser nem diretamente tecnológico, nem diretamente vital: ele é da operação tecnológica e da realidade vital, mediadas pelo social, isto é, pelas condições já dadas — na comunicação interindividual — de uma recepção eficaz de informação, nesse caso, da ordem de fabricação. Essa comunicação entre duas realidades sociais, essa operação de recepção que é a condição da operação técnica, mascara aquilo que, no seio da operação técnica, permite aos termos extremos — forma e matéria — entrarem em comunicação interativa: a informação, a singularidade do *"hic et nunc" da operação*, acontecimento puro na dimensão do indivíduo que está aparecendo. *[52]*

II. SIGNIFICAÇÃO FÍSICA
DA TOMADA DE FORMA TÉCNICA

1. Condições físicas da tomada de forma técnica

Entretanto, o condicionamento psico-social do pensamento, se ele é capaz de explicar as vicissitudes do esquema hilemórfico, pode explicar bem pouco sua permanência e sua universalidade na reflexão. Essa permanência através dos sucessivos aspectos, essa universalidade que recobre domínios infinitamente diversos, ambas parecem requerer um fundamento menos facilmente modificável que a vida social. É à análise física das condições de possibilidade da tomada de forma que é preciso perguntar pela descoberta desse fundamento incondicional. A própria tomada de forma demanda matéria, forma e energia, singularidade. Mas para que de uma matéria bruta e de uma forma pura possam partir duas semicadeias técnicas, as quais a tomada de informação singular reunirá, é preciso que a matéria bruta, já antes de toda elaboração, contenha algo que possa formar um sistema conveniente ao ponto de chegada da semicadeia, cuja origem é a forma pura. É *no mundo natural*, antes de qualquer elaboração humana, que essa condição deve ser buscada. É preciso que a matéria seja estruturada de um certo jeito, que ela já tenha propriedades que sejam a condição da tomada de forma. Poder-se-ia dizer, num certo sentido, que a matéria abriga a coerência da forma antes da tomada de forma; ora, essa coerência já é uma configuração que tem função de forma. A tomada de forma técnica utiliza tomadas de formas naturais anteriores a ela, que criaram aquilo que se poderia nomear uma ecceidade da matéria bruta. Um tronco de árvore no canteiro de obras é matéria bruta abstrata enquanto se o considera como volume de madeira a ser utilizado; só a essência a que ele pertence aproxima-se do concreto, indicando que certa condução da matéria será encontrada, provavelmente, no momento da tomada de forma: um tronco de pinheiro não é um tronco de abeto. Mas esta árvore aqui, este tronco, tem uma ecceidade em sua totalidade e em cada uma de suas partes, até um escalão definido de pequenez; ele tem uma ecceidade em sua totalidade nesse sentido de que é reto ou curvo, quase cilíndrico ou regularmente cônico, de seção mais ou menos redonda ou fortemente achatada. Essa ecceidade do conjunto é certamente aquilo pelo qual esse tronco se distingue de todos os outros; ela não é apenas aquilo pelo qual se pode reconhecer esse tronco perceptivamente, mas aquilo que é tecnicamente princípio de escolha quando a árvore é empregada em sua totalidade — por exemplo, para fazer uma viga; tal tronco convém melhor que aquele outro em tal lugar, em virtude de seus caráteres particulares que já são caráteres de forma, e de forma válida para a técnica de carpintaria, ainda que essa forma seja apresentada pela matéria bruta e natural. Uma árvore na floresta pode ser reconhecida por um olhar experimentado que busca o tronco que convenha melhor a um uso preciso: o carpinteiro ia para dentro da floresta. Em segundo lugar, a existência das formas implícitas manifesta-se no momento em que o artesão elabora a matéria bruta; um segundo nível de ecceidade manifesta-se então. Um tronco fasquiado na serra circular ou na de fita dá duas vigas mais regulares, porém menos sólidas, que as oriundas do mesmo tronco fasquiado por rebentação, mediante cunhas; todavia, as quatro massas de madeira assim produzidas são sensivelmente iguais, seja qual for o procedimento empregado para fasquiá-las. A diferença consiste em que a serra mecânica corta *abstratamente* a madeira segundo um plano geométrico, sem respeitar as lentas ondulações das fibras ou sua torção em hélice de passo bem alongado: a serra corta as [53] fibras, enquanto a cunha separa-as apenas em dois semitroncos: a fissura caminha respeitando a continuidade das fibras, encurvando-se em torno de um nó, seguindo o cerne da árvore, guiada pela forma implícita que o esforço das cunhas revela.[11] Outrossim, um pedaço de madeira torneada ganha, com essa operação, uma forma geométrica de revolução; mas o torneamento corta um certo número de fibras, tanto que o envoltório geométrico da figura obtida por revolução pode não coincidir com o perfilamento das fibras; as verdadeiras formas implícitas não são geométricas, mas topológicas; o gesto técnico deve respeitar essas formas topológicas que constituem uma ecceidade parcelar, uma informação possível que não falha em ponto algum. A fragilidade extrema das madeiras desfiadas, proibindo seu emprego em camada única não colada, provém do fato de que esse procedimento, que combina a serragem linear e o torneamento, embora certamente dê uma folha de madeira, não respeita o sentido das fibras sobre um comprimento suficiente: a forma explíci-

[11] Essa forma implícita, expressão das singularidades antigas do crescimento da árvore — e, através delas, singularidades de toda ordem: ação dos ventos, dos animais —, devém informação quando ela guia uma nova operação.

Forma e matéria

ta produzida pela operação técnica não respeita, nesse caso, a forma implícita. Saber utilizar uma ferramenta não é apenas ter adquirido a prática dos gestos necessários; é também saber reconhecer, através dos sinais que chegam ao homem pela ferramenta, a forma implícita da matéria que está sendo elaborada, no preciso local que a ferramenta ataca. A plaina não é apenas aquilo que levanta uma apara mais ou menos espessa; é também aquilo que permite sentir se a apara levanta-se finamente, sem estalos, ou se ela começa a ficar rugosa, o que significa que o sentido das linhas da madeira é contrariado pelo movimento da mão. O que faz com que certas ferramentas muito simples, como o desbastador, permitam fazer um trabalho excelente, é que, em razão de sua não-automaticidade, do caráter não-geométrico de seu movimento, inteiramente suportado pela mão e não por um sistema de referência exterior (como o carro do torno), essas ferramentas permitem uma tomada contínua e precisa de sinais, tomada que convida a seguir as formas implícitas da matéria trabalhável.[12] A serra mecânica e o torno violentam a madeira, menosprezam-na: esse último caráter da operação técnica (que se poderia nomear conflito dos níveis de formas) reduz o número possível das matérias brutas que se pode utilizar para produzir um objeto; todas as madeiras podem ser trabalhadas com o desbastador; algumas já são difíceis de se trabalhar com a plaina; mas pouquíssimas madeiras convêm ao torno, máquina que extrai uma apara segundo um sentido que não leva em conta a forma implícita da madeira, a ecceidade particular de cada parte; madeiras que seriam excelentes para as ferramentas de corte orientável e modificável, no curso de trabalho, devêm inutilizáveis no torno, que as ataca irregularmente e dá uma superfície rugosa, esponjosa, arrancando feixes de fibras. Só convêm ao torno as madeiras de grão fino, quase homogêneas, e nas quais o sistema das fibras é duplicado por um sistema de ligações transversais ou oblíquas entre feixes; ora, essas madeiras de estrutura

---

[12] As formas implícitas são informação na operação de tomada de forma: aqui, são elas que modulam o gesto e dirigem parcialmente a ferramenta, impelida globalmente pelo homem.

não-orientada não são necessariamente aquelas que oferecem a maior resistência e a maior elasticidade num esforço de flexão. A madeira tratada no torno perde o benefício de sua informação implícita; ela não apresenta vantagem alguma relativamente a uma matéria homogênea, como uma matéria plástica moldada; ao contrário, sua forma implícita corre o risco de entrar *[54]* em conflito com a forma explícita que se lhe quer dar, o que cria um incômodo ao agente da operação técnica. Enfim, no terceiro grau, existe uma ecceidade elementar da matéria trabalhável, que intervém de maneira absoluta na elaboração, impondo formas implícitas, que são limites que não podem ser ultrapassados; não é a matéria enquanto realidade inerte, mas a matéria portadora de formas implícitas que impõe limites prévios à operação técnica. Na madeira, esse limite elementar é a célula ou, às vezes, o amontoado diferenciado de células, se a diferenciação está por demais avançada; assim, um vaso, resultado de uma diferenciação celular, é um limite formal que não pode ser transgredido: não se pode fazer um objeto em madeira cujos detalhes seriam de uma ordem de grandeza inferior à das células ou dos conjuntos celulares diferenciados, enquanto existem. Caso se queira, por exemplo, construir um filtro feito de uma lâmina fina de madeira perfurada com buracos, não se pode fazer buracos menores que os canais que já se encontram naturalmente formados na madeira; as únicas formas que se pode impor pela operação técnica são aquelas de uma ordem de grandeza superior às formas elementares implícitas da matéria utilizada.[13] A descontinuidade da matéria intervém como forma e, no nível do elemento, ocorre aquilo que se passa no nível da ecceidade dos conjuntos: o carpinteiro busca na floresta uma árvore que tenha a forma desejada, pois ele mesmo não pode endireitar ou encurvar consideravelmente uma árvore, e deve dirigir-se para

---

[13] A operação técnica mais perfeita — produzindo o indivíduo mais estável — é a que utiliza as singularidades como informação na tomada de forma, como a madeira fendida na fita. Isso não coage o gesto técnico a permanecer no nível, quase microfísico, desta ou daquela singularidade, pois as singularidades, utilizadas como informação, podem agir numa escala maior, modulando a energia aportada pela operação técnica.

Forma e matéria

as formas espontâneas. Outrossim, o químico ou o bacteriologista que deseje um filtro de madeira ou de terra não poderá furar uma placa de madeira ou de argila: ele escolherá o pedaço de madeira ou a placa de argila cujos poros naturais são da dimensão que deseja; a ecceidade elementar intervém nessa escolha; não há duas placas porosas de madeira exatamente semelhantes, pois cada poro existe em si mesmo; só se pode estar certo do calibre de um filtro após tentar usá-lo, pois os poros são resultados de uma tomada de forma elaborada antes da operação técnica; esta última, que é de modelagem, de lixação, de serragem, adapta funcionalmente o suporte dessas formas implícitas elementares, mas não cria as formas implícitas elementares: é preciso cortar a madeira perpendicularmente às fibras para se ter madeira porosa, ao passo que é preciso cortá-la longitudinalmente (paralelamente às fibras) para se ter madeira elástica e resistente. Essas mesmas formas implícitas que são as fibras podem ser utilizadas seja como poros (pela seção transversal), seja como estruturas elásticas resistentes (pela seção longitudinal).

Poder-se-ia dizer que os exemplos técnicos continuam manchados por um certo relativismo zoomórfico, enquanto as formas implícitas distinguem-se unicamente em relação ao uso que delas pode ser feito. Porém, deve-se notar que a instrumentação científica apela, de maneira totalmente semelhante, às formas implícitas. A descoberta da difração dos raios X, e depois dos raios gama, pelos cristais, fundou de uma maneira objetiva a existência das formas implícitas da matéria bruta, lá onde a intuição sensorial só apreendia um contínuo homogêneo. As malhas moleculares agem como uma rede traçada à mão sobre uma placa de metal: mas essa rede natural tem uma malha menor que a das redes mais finas que se [55] pode fabricar, mesmo com microferramentas; o físico age, então, na outra extremidade da escala das grandezas, como o carpinteiro que vai buscar a árvore conveniente na floresta: para analisar os raios X deste ou daquele comprimento de onda, o físico escolhe o cristal que constituirá uma rede cuja malha é da ordem de grandeza do comprimento de onda da irradiação a ser estudada; e o cristal será cortado segundo tal eixo para que se possa utilizar melhor essa rede natural que ele forma, ou então ele será atacado pelo feixe de raios segundo a melhor direção. Ciência e técnica não mais se distinguem no nível da utilização das formas implícitas; essas formas são objetivas e podem ser estudadas pela ciência assim como podem ser empregadas pela técnica; ademais, o único meio [*moyen*]^{NT} que a ciência possui para estudá-las indutivamente é implicá-las num funcionamento que as revela; dado um cristal desconhecido, pode-se descobrir sua malha enviando sobre ele feixes de raios X ou gama de comprimento de onda conhecida, para poder observar as figuras de difração. A operação técnica e a operação científica se juntam no modo de funcionamento que elas suscitam.

2. Formas físicas implícitas e qualidades

O esquema hilemórfico é insuficiente, na medida em que não dá conta das formas implícitas, distinguindo entre a forma pura (nomeada forma) e a forma implícita, esta confundida com outros caráteres da matéria sob o nome de qualidade. Com efeito, um número bem grande de qualidades atribuídas à matéria são, de fato, formas implícitas; e essa confusão não implica apenas uma imprecisão; ela dissimula também um erro: as verdadeiras qualidades não comportam ecceidade, ao passo que as formas implícitas comportam ecceidade no ponto mais elevado.[14] A porosidade não é uma qualidade global que um pedaço de madeira ou de terra poderia adquirir ou perder sem relação de inerência à matéria que o

---

^{NT} [Em francês, *moyen* é um recurso, um procedimento que permite a realização de algo. Em nossa tradução, a expressão *au moyen de* (por meio de) será sempre traduzida pela preposição "mediante", e as ocorrências isoladas do substantivo *moyen* serão traduzidas por "meio", com o francês incluído entre parênteses. Isso porque não se pode confundi-lo com outro substantivo, *milieu*, traduzido também por "meio", sem o acréscimo do francês. *Milieu* é um termo topológico e cronológico, muito importante enquanto componente do conceito de individuação.]

[14] Elas são informação, poder de modular as diferentes operações de maneira determinada.

Forma e matéria

constitui; a porosidade é o aspecto sob o qual se apresenta, à ordem de grandeza da manipulação humana, o funcionamento de todas essas formas implícitas elementares que são os poros da madeira tais como existem de fato; as variações de porosidade não são mudanças de qualidade, mas modificações dessas formas implícitas: os poros estreitam-se ou dilatam-se, obstruem-se ou liberam-se. A forma implícita é real e existe objetivamente; a qualidade resulta frequentemente da escolha que a elaboração técnica faz das formas implícitas; a mesma madeira será permeável ou impermeável segundo a maneira como ela é cortada, perpendicularmente ou paralelamente às fibras.

A qualidade, utilizada para descrever ou caracterizar uma espécie de matéria, só chega a um conhecimento aproximativo, de certa maneira estatístico: a porosidade de uma essência de madeira é a chance maior ou menor que se tem de encontrar tal número de vasos não tapados por centímetro quadrado e tal número de vasos de tal diâmetro. Um número bem grande de qualidades, em particular aquelas relativas aos estados de superfície, como o liso, o granuloso, o polido, o rugoso, o aveludado, designam formas implícitas estatisticamente previsíveis: nessa qualificação, só há uma avaliação global da ordem de grandeza de uma tal forma implícita, geralmente apresentada por tal matéria. Descartes cumpriu um grande esforço para reconduzir as qualidades a [56] estruturas elementares, pois ele não dissociou matéria e forma, e considerou a matéria como podendo ser essencialmente portadora de formas em todos os níveis de grandeza, tanto no nível de extrema pequenez dos corpúsculos de matéria sutil como no nível dos turbilhões primários de onde saíram os sistemas siderais. Os turbilhões de matéria sutil que constituem a luz ou que transmitem as forças magnéticas são, em pequena escala, aquilo que os turbilhões cósmicos são em grande escala. A forma não está atada a uma determinada ordem de grandeza, como se tenderia a crer a partir da elaboração técnica que resume arbitrariamente, sob forma de qualidades da matéria, as formas que a constituem como ser já estruturado antes de qualquer elaboração.

Pode-se, portanto, afirmar que a operação técnica revela e utiliza formas naturais já existentes e, ademais, delas constitui outras em maior escala, que empregam as formas naturais implícitas; a operação técnica mais integra as formas implícitas do que impõe uma forma totalmente estranha e nova a uma matéria que permaneceria passiva diante dessa forma; a tomada de forma técnica não é uma gênese absoluta de ecceidade; a ecceidade do objeto técnico é precedida e sustentada por vários níveis de ecceidade natural que ela sistematiza, revela, explicita, e que comodulam a operação de tomada de forma. Eis por que se pode supor que as primeiras matérias elaboradas pelo homem não eram matérias absolutamente brutas, mas matérias já estruturadas numa escala vizinha à escala das ferramentas humanas e das mãos humanas: os produtos vegetais e animais, já estruturados e especializados pelas funções vitais, como a pele, o osso, a casca, a madeira leve do ramo, os cipós flexíveis, foram sem dúvida utilizados em vez da matéria absolutamente bruta; essas matérias aparentemente primeiras são os vestígios de uma ecceidade viva, e é por isso que elas se apresentam já elaboradas na operação técnica, que só precisa acomodá-las. O odre romano é uma pele de cabra, costurada na extremidade das patas e do pescoço, mas conservando ainda o aspecto do corpo do animal; assim são também o casco de tartaruga da lira, ou o crânio de boi ainda acompanhado dos chifres, que sustenta a barra na qual são fixadas as cordas do instrumento musical primitivo. A árvore podia ser modelada enquanto estava viva, enquanto crescia desenvolvendo-se numa direção que lhe era dada; é a cama de Ulisses, feita de uma oliveira cujos ramos Ulisses recurvou ao rés do chão, quando a árvore ainda era jovem; a árvore, ao crescer, perece, e Ulisses, sem desenraizá-la, faz dela o estrado de sua cama, construindo o quarto ao redor do local em que a árvore brotou.[NT] Aqui, a operação técnica acolhe a forma viva e a desvia parcialmente a seu proveito, deixando à espontaneidade vital o cuidado de cumprir a obra positiva de crescimento. Outrossim, a distinção da forma e da matéria não resulta, sem dúvida, das técnicas pastorais ou agrícolas, mas antes de certas operações artesanais limitadas, como as da cerâmica e da fabricação dos ti-

[NT] [Cf. canto 23 da *Odisseia* de Homero.]

Forma e matéria

jolos de terra barrenta. A metalurgia não se deixa pensar inteiramente mediante o esquema hilemórfico, pois a matéria-prima, raramente no estado nativo puro, deve passar por uma série de estados intermediários antes de receber a forma propriamente dita; depois de receber um contorno definido, ela continua submetida a uma série de transformações que lhe adicionam qualidades (por exemplo, a têmpera). Nesse caso, a tomada de forma não se cumpre num só instante de maneira visível, mas em várias operações sucessivas; não se pode distinguir estritamente a tomada de forma da transformação qualitativa; a forja e a têmpera de um aço são, respectivamente, anterior e posterior àquilo que se poderia nomear a tomada de forma propriamente dita; forja e têmpera são, todavia, constituições de objetos. É só dominando as técnicas aplicadas às [57] matérias tornadas plásticas pela preparação que se pode assegurar, ao esquema hilemórfico, uma aparência de universalidade explicativa, pois essa plasticidade suspende a ação das singularidades históricas aportadas pela matéria. Mas trata-se aí de um caso-limite, que mascara a ação da informação singular na gênese do indivíduo.

3. A AMBIVALÊNCIA HILEMÓRFICA

Nessas condições, pode-se perguntar sobre o que repousa a atribuição do princípio de individuação antes à matéria do que à forma. A individuação pela matéria, no esquema hilemórfico, corresponde àquele caráter de obstáculo, de limite, que é a matéria na operação técnica; aquilo pelo qual um objeto é diferente de outro, é o conjunto dos limites particulares que, variando de caso a caso, fazem esse objeto possuir sua ecceidade; é a experiência do recomeço da construção dos objetos, quando saem da operação técnica, que dá a ideia de atribuir à matéria as diferenças que fazem com que um objeto seja individualmente distinto de outro. O que se conserva num objeto é a matéria; o que o faz ser ele próprio é que o estado em que sua matéria está resume todos os acontecimentos que esse objeto sofreu; a forma, que é apenas intenção fabricadora, vontade de disposição, não pode envelhecer nem devir;

ela é sempre a mesma, de uma fabricação a outra; e, pelo menos enquanto intenção, ela é a mesma para a consciência daquele que pensa e dá a ordem de fabricação; ela é a mesma abstratamente, para aquele que comanda a fabricação de mil tijolos: ele espera que todos sejam idênticos, de mesma dimensão e segundo a mesma figura geométrica. Daí resulta o fato de que, se aquele que pensa não é aquele que trabalha, em seu pensamento há apenas, na realidade, uma única forma para todos os objetos de uma mesma coleção: a forma é genérica, não logicamente nem fisicamente, mas socialmente: uma única ordem é dada para todos os tijolos de um mesmo tipo; não é essa ordem, portanto, que pode diferenciar enquanto indivíduos distintos os tijolos efetivamente moldados após fabricação. Isso se dá de todo um outro jeito quando se pensa a operação do ponto de vista daquele que a cumpre: tal tijolo é diferente daquele outro, não somente em função da matéria que se toma para fazê-lo (se a matéria foi convenientemente preparada, ela pode ser homogênea o bastante para não introduzir espontaneamente diferenças notáveis entre as sucessivas moldagens), mas também e sobretudo em função do caráter único do desenrolar da operação de moldagem: os gestos do obreiro nunca são exatamente os mesmos; o esquema talvez seja um único esquema, do início até o fim do trabalho, mas cada moldagem é governada por um conjunto de acontecimentos psíquicos, perceptivos e somáticos, particulares; a verdadeira forma, aquela que dirige a disposição do molde, da pasta, o regime dos gestos sucessivos, muda de um exemplar para outro como outras tantas variações possíveis em torno do mesmo tema; a fadiga, o estado global da percepção e da representação intervêm nessa operação particular e equivalem a uma existência única de uma forma particular de cada ato de fabricação, traduzindo-se na realidade do objeto; a singularidade, o princípio de individuação, estariam então na informação.[15] Numa civilização que divide *[58]* os homens em dois grupos, os que dão ordens e os que as executam, poder-se-ia dizer que o princípio de

---

[15] O molde é um dispositivo para produzir sempre uma mesma informação a cada moldagem.

Forma e matéria

individuação, a partir do exemplo tecnológico, é necessariamente atribuído à forma ou à matéria, mas nunca aos dois juntos. O homem que dá ordens de execução, mas não as cumpre e só controla o resultado, tem tendência a encontrar o princípio de individuação na matéria, fonte da quantidade e da pluralidade, pois esse homem não experimenta o renascimento de uma forma nova e particular a cada operação fabricadora; assim, Platão estima que o tecelão, ao quebrar uma naveta, fabrica uma nova não com os olhos do corpo fixados nos pedaços da naveta quebrada, mas contemplando com os da alma a forma da naveta ideal que ele encontra em si. Os arquétipos são únicos para cada tipo de ser; há uma única naveta ideal para todas as navetas sensíveis, passadas, presentes e futuras. Muito pelo contrário, o homem que cumpre o trabalho não vê um princípio suficiente de individuação na matéria, pois para ele a matéria é a matéria preparada (ao passo que ela é a matéria bruta para aquele que ordena sem trabalhar, pois ele mesmo não a prepara); ora, a matéria preparada é precisamente aquela que, por definição, é homogênea, já que deve ser capaz de tomar forma. Portanto, o que introduz, para o homem que trabalha, uma diferença entre os objetos sucessivamente preparados é a necessidade de renovar o esforço do trabalho a cada nova unidade; na série temporal dos esforços da jornada, cada unidade se inscreve como um instante próprio: o tijolo é fruto desse esforço, desse gesto trêmulo ou firme, apressado ou cheio de lassidão; ele traz consigo a marca de um momento de existência do homem, ele concretiza essa atividade exercida sobre a matéria homogênea, passiva, esperando ser empregada; ele sai dessa singularidade.

Ora, existe uma enorme subjetividade tanto no ponto de vista do mestre como no do artesão; a ecceidade do objeto assim definida só atinge aspectos parciais; aquela que o mestre percebe atinge o fato de que os objetos são múltiplos; o número deles é proporcional à quantidade de matéria empregada; ele resulta do fato de que esta massa de matéria deveio este objeto, aquela massa de matéria deveio aquele objeto; o mestre reencontra a matéria no objeto, como aquele tirano que, com a ajuda de Arquimedes, descobriu a fraude do ourives que misturou uma certa massa de prata ao ouro que lhe fora confiado para que fizesse um assento cerimonial:[NT] o assento, para o tirano, é assento feito deste ouro, deste ouro aqui; sua ecceidade está prevista e é esperada antes mesmo do gesto de fabricação, pois o artesão, a quem comanda sem trabalhar, é o homem que possui técnicas para transformar a matéria sem modificá-la, sem mudar sua substância. Para o tirano, o que individualiza o assento não é a forma que o ourives lhe dá, mas a matéria que já tem uma quidade antes de sua transformação: aquele ouro, e não qualquer outro metal ou qualquer outro ouro. Na prática, ainda em nossos dias, a busca da ecceidade na matéria existe no homem que comanda o artesão. Para um proprietário de floresta, o fato de ele dar madeira a uma serraria para que ela a corte supõe que a madeira não será trocada pela de um outro proprietário e que os produtos da operação de serragem serão feitos da madeira fornecida. Contudo, essa substituição de matéria não seria uma fraude como no caso do ourives, que misturou prata ao ouro para poder conservar consigo certa quantidade de ouro fino. Mas o apego do proprietário à conservação de sua matéria repousa em motivos irracionais, entre os quais se encontra, sem dúvida, o fato da ecceidade não recobrir apenas um caráter objetivo destacado do sujeito, mas ter o valor de uma pertença e de uma origem. Só um pensamento comercialmente abstrato poderia [59] não fixar preço à ecceidade da matéria, e não buscar nisso um princípio de individuação. O homem que dá a matéria a ser elaborada valoriza o que ele conhece, o que está ligado a ele, que ele vigiou e viu crescer; para ele, o concreto primitivo é a matéria enquanto ela é dele e lhe pertence, e essa matéria deve prolongar-se nos objetos; por sua quantidade, essa matéria é princípio do número dos objetos que resultarão da tomada de forma. Esta árvore devirá esta e aquela tábua; são todas as árvores, tomadas individualmente uma por uma, que devirão este monte de tábuas; há passagem da ecceidade das árvores à ecceidade das tábuas. O que exprime essa passagem é a permanência daquilo que o sujeito reconhece dele nos objetos; aqui, a expressão do eu é a

[NT] [Embora Simondon se refira a um assento cerimonial, a doxografia nos relata, sobre esse episódio, que se tratava de uma coroa de ouro.]

Forma e matéria

relação concreta de propriedade, o liame de pertencimento. Colocando a ecceidade na informação, o artesão não age de outro jeito; mas como ele não é proprietário da matéria sobre a qual está trabalhando, ele não conhece essa matéria como coisa singular; ela lhe é estranha e não está na história individual dele, no seu esforço, enquanto matéria; ela é apenas aquilo sobre o qual ele está trabalhando; ele ignora a origem da matéria e a elabora de maneira preparatória até ela não refletir mais sua origem, até que ela esteja homogênea, pronta para tomar forma como qualquer outra matéria que possa convir ao mesmo trabalho; a operação artesanal nega, de certa maneira, a historicidade da matéria naquilo que ela tem de humano e de subjetivo; essa historicidade, ao contrário, é conhecida por quem aportou a matéria, e é valorizada por ser depositária de algo subjetivo, por exprimir a existência humana. A ecceidade buscada na matéria repousa sobre um apego vivido a esta matéria que foi associada ao esforço humano e que deveio o reflexo desse esforço. A ecceidade da matéria não é puramente material; ela é também uma ecceidade relativamente ao sujeito. O artesão, ao contrário, exprime-se em seu esforço, e a matéria trabalhável é apenas o suporte, a ocasião desse esforço; poder-se-ia dizer que, do ponto de vista do artesão, a ecceidade do objeto só começa a existir com o esforço de pôr em forma; como esse esforço coincide temporalmente com o início da ecceidade, é natural que o artesão atribua o fundamento da ecceidade à informação, ainda que a tomada de forma talvez seja apenas um acontecimento concomitante ao advento da ecceidade do objeto, sendo que o verdadeiro princípio é a singularidade do *hic et nunc* da operação completa. Outrossim, a ecceidade começa a existir, para o proprietário da matéria, com o ato de compra ou com o fato de plantar uma árvore. O fato de que mais tarde essa árvore será matéria para uma operação técnica ainda não existe; não é enquanto matéria futura, mas enquanto objeto ou visada de uma operação que essa árvore tem uma ecceidade. Mais tarde, ela a conservará para o proprietário, mas não para o artesão, que não plantou a árvore e não a comprou enquanto árvore. O artesão que assina sua obra e coloca uma data nela ata à ecceidade dessa obra o sentido de seu esforço definido; para ele, a historicidade desse esforço é a fonte dessa ecceidade; ela é a origem primeira e o princípio de individuação desse objeto. Pelo trabalho, a forma foi fonte de informação.

Ora, se a questão do fundamento da individuação pode ser colocada legitimamente, e se esse princípio é buscado tanto na forma quanto na matéria, segundo o tipo de individuação tomado como modelo de inteligibilidade, é provável que os casos tecnológicos de individuação, nos quais forma e matéria têm um sentido, sejam ainda casos bem particulares, e nada prova que as noções de forma e de matéria sejam generalizáveis. Em contrapartida, o que faz com que a crítica do esquema hilemórfico apareça, a existência, entre forma e matéria, de uma zona de dimensão média e intermediária — aquela [60] das singularidades que são o encetante do indivíduo na operação de individuação —, deve sem dúvida ser considerado como um caráter essencial da operação de individuação. É no nível dessas singularidades que matéria e forma se encontram na individuação técnica, e é nesse nível de realidade que se acha o princípio de individuação, sob forma do encetante da operação de individuação: pode-se, pois, perguntar se a individuação em geral não poderia ser compreendida a partir do paradigma técnico obtido por uma refundição do esquema hilemórfico, deixando, entre forma e matéria, um lugar central à singularidade, esta desempenhando um papel de informação ativa.

III. OS DOIS ASPECTOS DA INDIVIDUAÇÃO

1. REALIDADE E RELATIVIDADE DO FUNDAMENTO DA INDIVIDUAÇÃO

<A individuação dos objetos não é inteiramente independente da existência do homem; o objeto individuado é um objeto individuado para o homem: há no homem uma necessidade de individuar os objetos, que é um dos aspectos da necessidade de se reconhecer e de se reencontrar nas coisas, e de nelas se reencontrar como ser que tem uma identidade definida, estabilizada por um

papel e uma atividade. A individuação dos objetos não é absoluta; ela é uma expressão da existência psicossocial do homem. No entanto, ela não pode ser arbitrária; é preciso um suporte que a justifique e a receba. Apesar da relatividade do princípio de individuação tal como ele é invocado, a individuação não é arbitrária; ela se ata a um aspecto dos objetos, aspecto que ela considera, talvez erroneamente, que tenha sozinho uma significação: mas esse aspecto é realmente reconhecido; o que não é conforme ao real é a exclusão dos outros pontos de vista, nos quais seria possível colocar-se para achar outros aspectos da individuação. Subjetiva é a atribuição única e exclusiva do princípio de individuação a este ou àquele tipo de realidade. Mas a noção mesma de individuação e a busca de individuação, tomada nela mesma como algo que exprime uma necessidade, não são desprovidas de significação. A subjetividade da individuação para o homem e a tendência a individuar os objetos não devem fazer com que se conclua que a individuação não existe e a nada corresponde. Uma crítica da individuação não deve necessariamente conduzir a que se esvaeça a noção de individuação; é fazendo uma análise epistemológica que se é conduzido a uma apreensão verdadeira da individuação.>[16]

A análise epistemológica e crítica não pode se confinar à indicação de uma possível relatividade da busca do princípio de individuação e à sua significação subjetiva, psicossocial. É ainda preciso submeter ao estudo o conteúdo da noção de individuação, para ver se ele exprime algo de subjetivo e se a dualidade entre as condições de atribuição desse princípio à forma ou à matéria volta a ser encontrada no próprio conteúdo da noção. Sem buscar o princípio da individuação, pode-se colocar a seguinte questão: o que é a individuação? Ora, aqui aparece uma divergência importante entre dois grupos de noções. Pode-se perguntar por que um indivíduo é o que ele é. Pode-se também perguntar por que um indivíduo é diferente de todos os outros e não pode ser confundido com eles. Nada prova que os dois aspectos da individuação sejam idênticos. Confundi-los é supor que um indivíduo é o *[61]* que ele

---

[16] Passagem retirada na edição de 1964. (N. do E.)

é, no interior de si mesmo, em si mesmo relativamente a si mesmo, pois entretém um nexo definido com os outros indivíduos, e não com este ou aquele outro, mas com todos os outros. No primeiro sentido, a individuação é um conjunto de caráteres intrínsecos; no segundo sentido, um conjunto de caráteres extrínsecos, de relações. Mas como essas duas séries de caráteres podem se ajustar uma à outra? Em que sentido o intrínseco e o extrínseco formam uma unidade? Os aspectos extrínsecos e intrínsecos deveriam ser realmente separados e considerados como efetivamente intrínsecos e extrínsecos ou deveriam ser considerados como indicativos de um modo de existência mais profundo, mais essencial, que se exprime nos dois aspectos da individuação? Mas, então, pode-se ainda dizer que o princípio de base é certamente o princípio de individuação com seu conteúdo habitual, isto é, supondo que haja reciprocidade entre o fato de que um ser é o que ele é e o fato de que ele é diferente dos outros seres? Parece que o verdadeiro princípio deve ser descoberto no nível da compatibilidade entre o aspecto positivo e o aspecto negativo da noção de individuação. Talvez então a representação do indivíduo terá de ser modificada, como o esquema hilemórfico incorporando a informação.

Como o próprio de um indivíduo poderia estar ligado àquilo que esse indivíduo seria se ele não possuísse o que ele propriamente possui? Deve-se perguntar se a singularidade ou as singularidades de um indivíduo desempenham um papel real na individuação ou, então, se são aspectos secundários da individuação, adicionados a ela, porém sem papel positivo.

Colocar o princípio de individuação na forma ou na matéria é supor que o indivíduo pode ser individuado por alguma coisa que preexiste à sua gênese e que abriga em germe a individuação. O princípio de individuação precede à gênese do indivíduo. Quando se busca um princípio de individuação que existe antes do indivíduo, fica-se coagido a colocá-lo na matéria ou na forma, pois só a matéria e a forma preexistem; como estão separadas uma da outra, e sendo contingente sua reunião, não se pode fazer com que o princípio de individuação resida no sistema de forma e de matéria enquanto sistema, pois este último é constituído apenas no momento em que a matéria toma forma. Qualquer teoria que queira

Forma e matéria

fazer com que o princípio de individuação preexista à individuação deve necessariamente atribuí-lo à forma ou à matéria, e exclusivamente a uma ou a outra. Nesse caso, o indivíduo nada é além da reunião de uma forma e de uma matéria, e ele é uma realidade completa. Ora, o exame de uma operação de tomada de forma tão incompleta quanto a que realiza a operação técnica mostra que a tomada de forma, mesmo que formas implícitas já preexistam, só pode ser efetuada se matéria e forma forem reunidas num único sistema por uma condição energética de metaestabilidade. Essa condição, nomeamo-la ressonância interna do sistema, instituindo uma relação alagmática no curso da atualização da energia potencial. O princípio de individuação, nesse caso, é o estado do sistema individuante, esse estado de relação alagmática no interior de um complexo energético que inclui todas as singularidades; o verdadeiro indivíduo só existe num instante durante a operação técnica; ele existe enquanto a tomada de forma durar.[17] Depois dessa operação, o que subsiste é um resultado que vai se degradando, não um verdadeiro indivíduo; é mais um ser individuado que um indivíduo real, isto é, um indivíduo individuante, um indivíduo individuando-se. O verdadeiro indivíduo é aquele que conserva [62] consigo seu sistema de individuação, amplificando singularidades. O princípio de individuação está nesse sistema energético de ressonância interna; a forma só é forma do indivíduo se for forma para o indivíduo, isto é, se ela convir à singularidade desse sistema constituinte; a matéria só é matéria do indivíduo se for matéria para o indivíduo, isto é, se ela estiver implicada nesse sistema, se nele entrar como veículo de energia, repartindo-se segundo a repartição da energia. Ora, o aparecimento dessa realidade do sistema energético não mais permite dizer que há um aspecto extrínseco e um aspecto intrínseco da individuação; é ao mesmo tempo, e pelos mesmos caráteres, que o sistema energético é o que ele é e se distingue dos outros. Forma e matéria, realidades anteriores ao indivíduo e separadas uma da outra, podem ser definidas sem

---

[17] É enquanto o sistema está em estado de equilíbrio metaestável que ele é modulável pelas singularidades e é o teatro do processo de amplificação, de soma, de comunicação.

que se considere sua relação ao resto do mundo, pois não são realidades que tenham referência à energia. Mas o sistema energético no qual se constitui um indivíduo não é mais intrínseco, relativamente a esse indivíduo, do que extrínseco: ele se lhe associa, é seu meio associado. O indivíduo, por suas condições energéticas de existência, não está somente no interior de seus próprios limites; ele se constitui no limite de si mesmo e existe no limite de si mesmo; ele sai de uma singularidade. A relação, para o indivíduo, tem valor de ser; não se pode distinguir o extrínseco do intrínseco; o que é verdadeira e essencialmente o indivíduo é a relação ativa, a troca entre o extrínseco e o intrínseco; há extrínseco e intrínseco relativamente àquilo que é primeiro. O que é primeiro é esse sistema da ressonância interna, singular, da relação alagmática entre duas ordens de grandeza.[18] Quanto a essa relação, há intrínseco e extrínseco, mas o que é verdadeiramente o indivíduo é essa relação, e não o intrínseco, que é apenas um dos termos concomitantes: o intrínseco, a interioridade do indivíduo não existiria sem a operação relacional permanente, que é individuação permanente. O indivíduo é realidade de uma relação constituinte, e não interioridade de um termo constituído. É só quando se o considera resultado da individuação cumprida (ou supostamente cumprida) que se pode definir o indivíduo como ser que possui uma interioridade, e relativamente ao qual existe uma exterioridade. O indivíduo se individua e é individuado antes de qualquer distinção possível do extrínseco e do intrínseco. A terceira realidade, que nomeamos meio, ou sistema energético constituinte, não deve ser concebida como um novo termo que se adicionaria à forma e à matéria: é a atividade mesma da relação, a realidade da relação entre duas ordens que se comunicam através de uma singularidade.

O esquema hilemórfico não é inadequado apenas para o conhecimento do princípio de individuação; ele conduz, aliás, a uma representação da realidade individual que não é justa: ele faz do

---

[18] Nem a forma, nem a matéria são estritamente intrínsecas, mas a singularidade da relação alagmática num estado de equilíbrio metaestável, meio associado ao indivíduo, está imediatamente ligada ao nascimento do indivíduo.

indivíduo o termo possível de uma relação, enquanto o indivíduo é, ao contrário, teatro e agente de uma relação; só acessoriamente ele pode ser termo, pois é essencialmente teatro ou agente de uma comunicação interativa. Querer caracterizar o indivíduo em si mesmo ou relativamente a outras realidades é fazer dele termo de relação, de uma relação consigo mesmo ou de uma relação com outra realidade; primeiro, é preciso achar o ponto de vista a partir do qual se pode apreender o indivíduo como atividade da relação, e não como termo *[63]* dessa relação; o indivíduo, propriamente falando, não está em relação nem consigo mesmo, nem com outras realidades; ele é o ser *da* relação, e não ser *em* relação, pois a relação é operação intensa, centro ativo.

Eis por que o fato de buscar se o princípio de individuação é aquilo que faz com que o indivíduo seja positivamente ele próprio, ou se é aquilo que faz com que ele não seja os outros, não corresponde à realidade individual. O princípio do indivíduo é o próprio indivíduo em sua atividade, que é relacional em si mesma, como centro e mediação singular.

2. O FUNDAMENTO ENERGÉTICO DA INDIVIDUAÇÃO: INDIVÍDUO E MEIO

Queríamos mostrar que o princípio de individuação não é uma realidade isolada, localizada em si mesma, preexistindo ao indivíduo como um germe já individualizado do indivíduo; que o princípio de individuação, no sentido estrito do termo, é o sistema completo no qual se opera a gênese do indivíduo; que, ademais, esse sistema sobrevive a si mesmo no indivíduo vivo, sob a forma de um meio associado ao indivíduo, no qual a individuação continua a se operar; que, assim, a vida é uma individuação perpetuada, uma individuação continuada através do tempo, prolongando uma singularidade. Aquilo que falta ao esquema hilemórfico é a indicação da condição de comunicação e de equilíbrio metaestável, isto é, da condição de ressonância interna num meio determinado, que pode ser designada pelo termo físico sistema. A noção de sistema é necessária para definir a condição energética, pois só há energia potencial relativamente às transformações possíveis num sistema definido. Os limites desse sistema não são arbitrariamente recortados pelo conhecimento que o sujeito toma dele; eles existem relativamente ao próprio sistema.

Segundo essa via de pesquisa, o indivíduo constituído não poderia aparecer como um ser absoluto, inteiramente destacado, conforme ao modelo da substância, como o σύνολον puro. A individuação seria apenas um dos possíveis devires de um sistema, podendo aliás existir em vários níveis e de maneira mais ou menos completa; o indivíduo como ser definido, isolado, consistente, seria apenas uma das duas partes da realidade completa; em vez de ser o σύνολον, ele seria o resultado de um certo acontecimento organizador sobrevindo no seio do σύνολον e repartindo-o em duas realidades complementares: o indivíduo e o meio associado após a individuação; o meio associado é o complemento do indivíduo relativamente ao todo original. *Sozinho, pois, o indivíduo não é o tipo mesmo do ser; por essa razão, ele não pode sustentar relação enquanto termo com um outro termo simétrico.* O indivíduo separado é um ser parcial, incompleto, que só pode ser adequadamente conhecido se for recolocado no σύνολον de onde ele tira sua origem. O modelo do ser é o σύνολον antes da gênese do indivíduo, ou então o par indivíduo-meio associado após a gênese do indivíduo. Em vez de conceber a individuação como uma síntese de forma e de matéria, ou de corpo e de alma, representá-la-emos como um desdobramento, uma resolução, uma repartição não simétrica sobrevinda numa totalidade, a partir de uma singularidade. Por essa razão, o indivíduo não é um concreto, um ser completo, na medida em que ele é só uma parte do ser, depois da individuação resolutiva. O indivíduo não pode dar conta de si mesmo a partir de si mesmo, pois ele não é o todo do ser, na medida em que é a expressão de uma resolução. Ele é somente o símbolo complementar de um outro [64] real, o meio associado (a palavra símbolo é tomada aqui, como em Platão, no sentido original, que se reporta ao uso das relações de hospitalidade: uma pedra quebrada em duas metades dá um par de símbolos; cada fragmento, conservado pelos descendentes daqueles que firmaram relações de hospitalidade, pode ser aproximado de sua complementaridade de maneira a reconstituir a unidade primitiva da pedra fendida; cada metade é um símbolo relativamente à outra; ela é complementar à outra relativamente ao todo primitivo. Aquilo que é símbolo não é cada metade relativamente aos homens que a produziram por ruptura, mas cada metade relativamente à outra metade com a qual ela reconstitui o todo. A possibilidade de reconstituição de um todo não é uma parte da hospitalidade, mas uma expressão da hospitalidade: ela é um signo). A individuação será, assim, apresentada como umas das possibilidades do devir do ser, respondendo a certas condições definidas. O método empregado consiste em não dar, de primeira, o indivíduo realizado que se trata de explicar, mas em tomar a realidade completa antes da individuação. Com efeito, tomar o indivíduo depois da individuação é conduzir-se ao esquema hilemórfico, pois no indivíduo individuado só restam esses dois aspectos visíveis de forma e de matéria; mas o indivíduo individuado não é uma realidade completa, e a individuação não é explicável mediante os únicos elementos que a análise do indivíduo depois da individuação pode descobrir. O jogo da condição energética (condição de um estado do sistema constituinte) não pode ser apreendido no indivíduo constituído. É por essa razão que ela foi ignorada até hoje; com efeito, os diferentes estudos da individuação quiseram apreender no indivíduo constituído um elemento capaz de explicar a individuação desse indivíduo: isso só seria possível se o indivíduo fosse, e sempre tivesse sido, um sistema completo a si mesmo. Não se pode, porém, induzir a individuação a partir do individuado: o que se pode é seguir, etapa por etapa, a gênese do indivíduo num sistema; qualquer andamento regressivo que vise remontar, a partir das realidades individuadas, à individuação, descobrirá num certo ponto uma realidade outra, uma realidade suplementar, que pode ser diversamente interpretada segundo as pressuposições do sistema de pensamento no qual se efetua a busca (por exemplo, pelo recurso ao esquema da criação, para pôr a matéria e a forma em nexo, ou, então, nas doutrinas que desejam evitar o criacionismo, pelo *clinamen* dos átomos e pela força da natureza que os impele a se encontrar, com um esforço implícito: *conata est nequiquam* [é conhecida em vão], diz Lucrécio sobre a Natureza).

A diferença essencial entre o estudo clássico da individuação e o que apresentamos é a seguinte: a individuação não será considerada unicamente na perspectiva da explicação do indivíduo individuado; ela será apreendida, ou pelo menos se dirá que ela deve ser apreendida, antes e durante a gênese do indivíduo separado; a individuação é um acontecimento e uma operação no seio de uma realidade mais rica que o indivíduo que dela resulta.[19] Além disso, a separação encetada pela individuação no seio do sistema pode não conduzir ao isolamento do indivíduo; daí então a individuação ser estruturação de um sistema sem separação do indivíduo e de seu complementar, de modo que a individuação introduz um novo regime do sistema, mas não quebra o sistema. Nesse caso, o indivíduo deve ser conhecido, não abstratamente, mas remontando-se à individuação, isto é, remontando-se ao estado a partir do qual é possível *[65]* apreender geneticamente o conjunto da realidade que compreende o indivíduo e seu complemento de ser. O princípio do método que propomos consiste em supor que há conservação de ser e que é preciso pensar apenas a partir de uma realidade completa. Eis por que é preciso considerar a transformação de um domínio completo de ser, desde o estado que precede a individuação até o estado que a segue ou a prolonga.

Esse método não visa fazer com que a consistência do ser individual esvaeça, mas apenas apreendê-la no sistema de ser concreto no qual se opera sua gênese. Se o indivíduo não for apreendido nesse conjunto sistemático completo do ser, ele será tratado segundo duas vias divergentes igualmente abusivas: ou devirá um absoluto, e será confundido com o σύνολον, ou então será de tal modo reportado ao ser em sua totalidade, que perderá sua consistência e será tratado como uma ilusão. De fato, o indivíduo não é uma realidade completa; mas tampouco tem ele por complementar a natureza inteira, diante da qual ele deviria uma realidade ínfima; o indivíduo tem por complemento uma realidade de mesma

---

[19] Essa realidade, por outro lado, comporta ordens de grandeza diferentes daquela do indivíduo e da singularidade que o enceta, de modo que o indivíduo faz um papel de mediador relativamente às diferentes ordens de realidade.

Forma e matéria

ordem que a sua, como o ser de um par relativamente ao outro ser com o qual ele forma o par; ao menos, é pelo intermédio desse meio associado que ele se atrela ao que é maior que ele e ao que é menor que ele.

<Num certo sentido, há uma oposição completa entre a mônada de Leibniz e o indivíduo de Espinosa, pois o mundo de Leibniz é feito de indivíduos, enquanto o de Espinosa, propriamente falando, compreende apenas um indivíduo, a natureza; mas essa oposição provém, de fato, da falta de relatividade do indivíduo relativamente a uma realidade complementar de mesma ordem que a sua; Leibniz fragmenta a individuação até os limites extremos da pequenez, concedendo a individualidade até mesmo aos menores elementos de um corpo vivo; Espinosa, ao contrário, engrandece a individuação até os limites do todo, aquilo pelo qual Deus é natureza naturante sendo a própria individuação. Nem num nem noutro existe, relativamente ao indivíduo, meio associado, sistema de mesma ordem de grandeza, no seio do qual o indivíduo possa receber uma gênese. O indivíduo é tomado pelo ser, é considerado como coextensivo ao ser. Nessas condições, o indivíduo considerado como coextensivo ao ser não pode estar situado: toda realidade é ao mesmo tempo pequena demais e grande demais para receber o estatuto de indivíduo. Tudo pode ser indivíduo, e nada pode sê-lo completamente.>[20] Se, ao contrário, o indivíduo é apreendido, não como termo de uma relação, mas como resultado de uma operação e como teatro de uma atividade relacional que se perpetua nele, então ele se define relativamente ao conjunto que ele constitui com seu complementar, que é de mesma ordem de grandeza que ele e está no mesmo nível dele depois da individuação. A natureza, em seu conjunto, não é feita de indivíduos, e tampouco ela é um indivíduo: ela é feita de domínios de ser que podem comportar ou não comportar individuação. Há na natureza dois modos de realidade que não são do indivíduo: os domínios que não foram o teatro de uma individuação e aquilo que resta de um domínio concreto pós-individuação, quando se retira o indiví-

---

[20] Passagem retirada na edição de 1964. (N. do E.)

duo. Esses dois tipos de realidade não podem ser confundidos, pois o primeiro designa uma realidade completa, enquanto o segundo designa uma realidade incompleta, que só pode ser explicada pela gênese, a partir do sistema de que é oriunda.

Caso se aceite conhecer o indivíduo relativamente ao conjunto sistemático no qual sua gênese se opera, descobrir-se-á que existe uma função do indivíduo relativamente ao sistema concreto considerado segundo seu devir; a individuação exprime uma mudança [66] de fase de ser desse sistema, evitando sua degradação, incorporando sob forma de estruturas os potenciais energéticos desse sistema, compatibilizando os antagonismos, resolvendo o conflito interno do sistema. A individuação perpetua o sistema através de uma mudança topológica e energética; a verdadeira identidade não é a identidade do indivíduo relativamente a si mesmo, mas a identidade da permanência concreta do sistema através de suas fases. A verdadeira ecceidade é uma ecceidade funcional, e a finalidade acha sua origem nesse embasamento de ecceidade que ela traduz em funcionamento orientado, em mediação amplificante entre ordens de grandeza primitivamente sem comunicação.

Assim, a insuficiência da relação forma-matéria para fornecer um conhecimento adequado das condições e do processo da individuação física conduz-nos a analisar o papel desempenhado pela energia potencial na operação de individuação, sendo essa energia condição da metaestabilidade.

Forma e matéria

Segundo capítulo
FORMA E ENERGIA
[67]

I. ENERGIA POTENCIAL E ESTRUTURAS

1. Energia potencial e realidade do sistema; equivalência das energias potenciais; dissimetria e trocas energéticas

A noção de energia potencial, em Física, não é absolutamente clara e não corresponde a uma extensão rigorosamente definida; assim, seria difícil precisar se a energia térmica armazenada num corpo aquecido deve ser considerada como energia potencial; sua natureza potencial está ligada a uma possibilidade de transformação do sistema por modificação de seu estado energético. Um corpo cujas moléculas possuíssem todas a mesma quantidade de energia sob forma de agitação térmica não possuiria quantidade alguma de energia térmica potencial; com efeito, esse corpo teria, assim, atingido *seu estado mais estável*. Em contrapartida, um corpo que possuísse a mesma quantidade total de calor, porém de maneira tal que, numa região, suas moléculas fossem de uma temperatura maior e, numa outra região, de uma temperatura menor, possuiria certa quantidade de energia potencial térmica. Aliás, não se pode considerar essa quantidade de energia como se ela viesse acrescentar-se à energia não potencial contida no corpo; ela é *a fração da energia total do corpo, que pode dar lugar a uma transformação, reversível ou não*; essa relatividade do caráter potencial da energia se manifesta com nitidez caso se suponha, por exemplo, que um corpo aquecido de maneira homogênea — não possuindo, portanto, nenhuma energia potencial térmica, se ele sozinho tem de constituir um sistema — pode servir para que apareça uma energia potencial se for colocado em presença de um outro corpo de temperatura diferente. Para uma energia, a capacidade de ser potencial está estreitamente ligada à presença de uma relação de heterogeneidade, de dissimetria relativamente a um outro suporte energético; podemos, com efeito, retomando o exemplo anterior, considerar um caso-limite particularmente demonstrativo: se um corpo estava aquecido de maneira tal que ele continha algumas moléculas numa temperatura maior e outras numa temperatura menor, não agrupadas em duas regiões separadas, mas misturadas ao acaso, esse corpo ainda conteria, para um observador microfísico, a mesma quantidade de energia potencial de quando as moléculas estavam agrupadas em região quente e em região fria, pois a soma das energias potenciais, apresentadas por todos os pares formados por uma molécula quente e por uma molécula fria, seria numericamente igual à energia potencial apresentada pelo sistema formado pelo [68] grupo de todas as moléculas quentes e o grupo de todas as moléculas frias; todavia, essa soma das energias potenciais dos pares moleculares não corresponderia a realidade física alguma, a nenhuma energia potencial do sistema global; seria preciso, para tanto, poder ordenar a desordem separando as moléculas quentes das moléculas frias; é o que mostra a interessantíssima hipótese do demônio de Maxwell, retomada e discutida por Norbert Wiener em *Cibernética*. A consideração atenta do tipo de realidade representada pela energia potencial é extremamente instrutiva para a determinação de um método apropriado à descoberta da individuação. Com efeito, a reflexão sobre a energia potencial nos ensina que há uma ordem de realidade que não podemos apreender nem pela consideração de uma quantidade, nem pelo recurso a um simples formalismo; a energia potencial não é uma simples maneira de ver, uma consideração arbitrária do espírito; ela certamente corresponde a uma capacidade de transformações *reais* num sistema, e a própria natureza do sistema é mais do que um agrupamento arbitrário dos seres operado pelo pensamento, pois o fato, para um objeto, de fazer parte de um sistema define para esse objeto a possibilidade de ações mútuas relativamente aos outros objetos constituintes do sistema, fazendo com que a pertença a um sistema se defina por uma reciprocidade virtual de ações entre os termos do sistema. Mas a realidade da energia potencial não é a de um objeto ou a de uma substância que consiste em si mesma, "não tendo necessidade de nenhuma outra coisa para existir"; ela tem necessidade, com efeito, de um sistema, isto é, pelo menos de outro termo. Talvez seja preciso aceitar ir contra o hábito que nos leva a conceder o mais alto grau de ser à substância concebida como realidade absoluta, isto é, sem relação. A relação não é puro epifenômeno; ela é *convertível em termos substanciais*, e essa conversão é reversível, como a da energia potencial em energia atual.[1]

Figura I

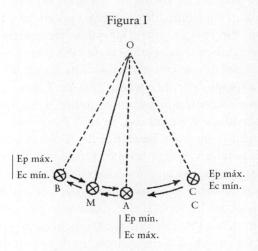

Se uma distinção de termos é útil para fixar os resultados da análise das significações, pode-se nomear relação a disposição dos elementos de um sistema com um alcance que ultrapassa uma simples visão arbitrária do espírito, e reservar o termo nexo para uma relação arbitrária, fortuita, não convertível em termos substanciais; a relação seria um nexo tão real e importante quanto os próprios termos; poder-se-ia dizer, consequentemente, que uma ver-

---

[1] Além do mais, geralmente, a energia potencial encontra-se ligada à ordem de grandeza superior de um sistema considerado em seus grandes conjuntos classificados, separados, hierarquizados.

Forma e energia

dadeira relação entre dois termos equivale, de fato, a um nexo entre três termos.

Partiremos deste postulado: *a individuação necessita de uma verdadeira relação*, que só pode ser dada num estado de sistema que abarca *[69]* um potencial. A consideração da energia potencial não é útil apenas porque nos ensina a pensar a realidade da relação; ela também nos oferece uma possibilidade de medida pelo método de convertibilidade recíproca; consideremos, por exemplo, uma série de pêndulos cada vez mais complicados, e tentemos notar as transformações de energia das quais eles são a sede, no curso de um período de oscilação: veremos ser possível afirmar, não apenas a convertibilidade da energia potencial em energia cinética, depois em energia potencial que se reconverte em energia cinética, mas também a equivalência de duas formas diferentes de energia potencial que se convertem uma na outra através de uma determinada quantidade de energia cinética. Como exemplo, peguemos primeiramente um pêndulo simples OM, que oscila no campo de gravidade terrestre (fig. I); se A é o ponto da trajetória mais próximo ao centro da Terra, e se B e C são as posições extremas simétricas relativamente ao eixo OA, em A a energia potencial é mínima e a energia cinética é máxima; ao contrário, em B e C, a energia potencial é máxima e a energia cinética é mínima. Caso se tome o plano horizontal que passa pelo ponto A como superfície equipotencial de referência, e também como sistema de referência para a medida dos deslocamentos dos eixos de coordenadas imóveis relativamente ao ponto O, poder-se-á dizer que a energia potencial é nula em A e a energia cinética é nula em B e C: essas duas formas de energia, portanto, transformam-se completamente uma na outra, caso se negligencie a degradação da energia por atrito. Tomemos agora o caso de um pêndulo como o que Holweck e Lejay realizaram para permitir o estabelecimento da rede gravimétrica na França (fig. II). Ele se compõe de uma lâmina elástica de elinvar[NT] encastrada em sua parte inferior, trazendo, na

---

[NT] [O elinvar (contração do francês "elasticité invariable", "elasticidade invariável") é uma liga de aço e níquel com um módulo de elasticidade que quase não varia com a temperatura.]

Figura II

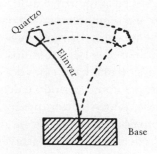

Figura III

Fio de acoplamento

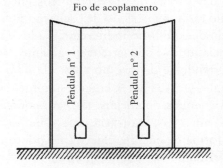

Figura IV

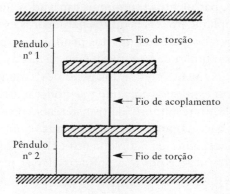

Forma e energia

parte superior, uma massa de quartzo. O conjunto é colocado num tubo preparado a vácuo para reduzir o amortecimento. O princípio do funcionamento é o seguinte: quando o pêndulo é distanciado de sua posição de equilíbrio, os momentos das forças elásticas e das forças de gravidade agem em sentidos opostos, e pode-se, com uma regulagem adequada, levar esses dois momentos a serem muito pouco diferentes; como o período é determinado pela diferença desses momentos, pode-se dizer que foi realizado um sistema que permite a conversão de uma forma de energia potencial numa outra forma de energia potencial, através de certa quantidade de energia cinética equivalente à diferença quantitativa entre essas duas energias potenciais; se as duas energias potenciais (a que se exprime em momentos das forças elásticas e a que se exprime em momentos das forças de gravidade) fossem rigorosamente iguais, o pêndulo teria um período de oscilação infinita, isto é, estaria num estado de equilíbrio indiferente. Tudo se passa como se a energia potencial que se converte efetivamente em energia cinética — reconvertendo-se depois, no curso de uma oscilação, em energia potencial — fosse uma energia resultante da diferença entre duas outras energias potenciais. *[70]* Ao contrário, o mesmo pêndulo, virado em 180°, realizaria uma soma de duas energias potenciais sob forma de energia cinética no ponto mais baixo da trajetória percorrida pela massa de quartzo.

Poder-se-ia, enfim, constituir um sistema mais complexo de pêndulos acoplados sem amortecimento (pêndulos gravíticos ou pêndulos de torção) (fig. III e IV). Nesse caso, observar-se-ia, em cada pêndulo, batimentos tanto mais espaçados quanto mais fraco fosse o acoplamento. Os próprios batimentos estão em quadratura, isto é, parece que cada um dos pêndulos para quando o outro está em sua amplitude máxima; a energia das oscilações é transferida alternativamente de um dos pêndulos ao outro. Numa experiência como essa, será que ainda se poderia estimar que o período da oscilação resultante (da transferência de energia) corresponde a uma energia potencial determinada? Sim, pois designando por K o coeficiente de acoplamento entre os osciladores, que são os dois pêndulos, e por ω a pulsação desses pêndulos, supostamente a mesma para ambos, o período dos batimentos sobre os dois pêndulos é dado pela expressão $T = 2\pi/K\omega$. A energia potencial, aqui, reside no fato de que, na origem, um dos dois pêndulos é animado por um movimento, ao passo que o outro está imóvel; é essa dissimetria que causa a passagem de energia de um pêndulo ao outro. Se pêndulos de mesma frequência própria, animados por oscilações sincrônicas e de mesma fase, fossem acoplados, o período próprio resultante não seria o mesmo que o período de oscilação de cada um dos pêndulos separados, mas nenhuma troca de energia aconteceria. Há batimento quando a dissimetria das condições iniciais de excitador e de ressoante pode ser anulada e transformada em seu inverso, voltando depois ao estado inicial.

Poder-se-ia multiplicar os casos, cada vez mais complexos, de trocas energéticas: descobrir-se-ia que a energia potencial aparece sempre como *ligada ao estado de dissimetria de um sistema*; nesse sentido, um sistema contém energia potencial quando não está em seu estado de maior estabilidade. Quando essa dissimetria inicial produz uma troca de energia no interior do sistema, a modificação produzida pode *[71]* se transformar numa outra forma de energia; nesse caso, o sistema não retorna imediatamente ao seu estado inicial: é preciso, para que ele o faça, que a transformação precedente seja reversível; aí então o sistema oscila. Essa oscilação estabelece a igualdade de duas formas de energia potencial. No caso da energia potencial, já podemos, pois, distinguir a identidade de dois estados energéticos da igualdade de dois estados energéticos: duas energias potenciais são idênticas quando correspondem ao mesmo estado físico do sistema, com apenas uma diferença de medida, que poderia ser suprimida por um deslocamento conveniente dos eixos de referência; assim, enquanto o pêndulo da figura I oscila, ele estabelece a convertibilidade recíproca da energia potencial correspondente à posição B e da correspondente à posição C; como a medida da energia potencial do sistema pêndulo-Terra depende apenas da posição da massa M relativamente às superfícies equipotenciais, que nesse caso são os planos horizontais, a determinação da posição B ou da posição C depende apenas do sentido escolhido para a medida da elongação; a inversão desse sentido permite identificar os estados físicos correspondentes aos estados B e C, para a medida da energia potencial.

Forma e energia

Consideremos, em contrapartida, o exemplo do pêndulo Holweck-Lejay; já não é possível identificar, por um simples deslocamento das convenções de medida, os estados de energia potencial correspondentes aos pares das forças de gravidade e os que correspondem às forças elásticas provenientes da flexão da lâmina de elinvar. A oscilação estabelece, contudo, a convertibilidade recíproca dessas duas formas de energia, e isso conduz a considerá-las como iguais quando o estado de equilíbrio indiferente do pêndulo encontra-se realizado: a energia potencial define as condições formais reais do estado de um sistema.[2]

2. Diferentes ordens de energia potencial; noções de mudanças de fase, de equilíbrio estável e de equilíbrio metaestável de um estado; teoria de Tammann

As energias potenciais dos três sistemas físicos que acabamos de considerar podem ser ditas de mesma ordem, não apenas porque são mutuamente convertíveis no curso de um período de oscilação do sistema, mas também porque essa conversão se dá de maneira contínua; é essa continuidade da conversão que permite, à conversão, ser uma oscilação no sentido próprio do termo, isto é, efetuar-se segundo uma lei sinusoidal em função do tempo. Importa, com efeito, distinguir cuidadosamente uma verdadeira oscilação, no curso da qual há conversão de uma forma de energia numa outra forma de energia (o que define um período que depende dos potenciais postos em jogo e da inércia do sistema), de um fenômeno simplesmente recorrente, no curso do qual um fenômeno não recorrente por si mesmo, como a descarga de um condensador através de uma resistência, ao cumprir-se desencadeia um outro fenômeno, que reduz o sistema ao seu estado primitivo. Este último caso é o dos fenômenos de relaxação, nomeados, de uma ma-

---

[2] Essas condições, por si sós, são suficientes para encetar uma transformação: um pêndulo distanciado de sua posição de equilíbrio, e atado, não se move antes de ser liberado.

neira talvez abusiva, como oscilações de relaxação, e cujos exemplos mais correntes encontram-se, em eletrônica, nas montagens "osciladores", que utilizam os tiratrons, ou *[72]* nos multivibradores, ou ainda, na natureza, sob a forma de fontes intermitentes. Ora, se a existência de oscilações verdadeiras nos sistemas físicos pode permitir que se defina como energias potenciais, equivalentes pela sua forma, energias que podem ser submetidas a transformações reversíveis e que, assim, são suscetíveis de serem iguais pela sua quantidade, existem também sistemas nos quais uma irreversibilidade das transformações manifesta uma diferença de ordem entre as energias potenciais. A mais conhecida das irreversibilidades é aquela ilustrada pelas pesquisas da Termodinâmica e que o segundo princípio dessa ciência (princípio de Carnot-Clausius) enuncia para as transformações sucessivas de um sistema fechado. Segundo esse princípio, a entropia de um sistema fechado aumenta no curso das transformações sucessivas.[3] A teoria do rendimento teórico máximo dos motores térmicos está em conformidade com esse princípio e o verifica, na medida em que uma teoria pode ser validada pela fecundidade das consequências que dela se tira. Mas talvez essa irreversibilidade das transformações da energia mecânica em energia calorífica não seja a única que existe. Ademais, o aspecto aparentemente hierárquico, implicado neste nexo de uma forma nobre a uma forma degradada da energia, corre o risco de velar a natureza mesma dessa irreversibilidade. Aqui, temos de lidar com uma mudança da ordem de grandeza e do número dos sistemas nos quais existe essa energia; de fato, a energia pode não mudar de natureza e, todavia, mudar de ordem; é o que se passa quando a energia cinética de um corpo em movimento se transforma em calor, como no exemplo, frequentemente empregado em física, da bala de chumbo encontrando um plano indeformável e transformando toda sua energia em calor: a quantidade de energia cinética permanece a mesma, mas o que era energia da bala em seu conjunto, considerada relativamente a eixos de referência para os quais o plano indeformável é imóvel, de-

---

[3] Salvo no caso particular ideal de transformações inteiramente reversíveis, em que a entropia permanece constante.

vém energia de cada molécula em deslocamento relativamente a outras moléculas no interior da bala. É a estrutura do sistema físico que mudou; se essa estrutura pudesse ser transformada em sentido inverso, a transformação da energia também deviria reversível. A irreversibilidade, aqui, está na passagem de uma estrutura macroscópica unificada a uma estrutura microscópica fragmentada e desordenada;[4] a noção de desordem exprime, aliás, a própria fragmentação microfísica; com efeito, se os deslocamentos moleculares fossem ordenados, o sistema estaria de fato unificado; pode-se considerar o sistema macroscópico, formado pela bala em deslocamento relativamente a um plano indeformável e por esse plano, como um conjunto ordenado de moléculas animadas de movimentos paralelos; um sistema microscópico ordenado é, de fato, de estrutura macroscópica.

Ora, se considerarmos as trocas de energia implicadas nas mudanças de estados, como a fusão, a vaporização, a cristalização, veremos aparecerem casos particulares de irreversibilidade ligada a mudanças de estrutura do sistema. No domínio da estrutura cristalina, por exemplo, vê-se como a antiga noção dos *elementos* deve ceder o passo a uma teoria ao mesmo tempo estrutural e energética: a continuidade dos estados líquido e gasoso permite reunir esses dois estados no domínio [73] comum do fluido em estado homogêneo; em contrapartida, esse domínio do estado homogêneo está nitidamente separado, pela fronteira que é a curva de saturação, dos estados não homogêneos.

Entre os estados cristalino e amorfo, manifesta-se uma descontinuidade que podemos aproximar da que existe entre uma energia de ordem macroscópica e uma energia igual, em valor absoluto, mas de ordem microscópica, como a energia térmica na qual a anterior pôde se degradar no curso de uma transformação irreversível. Com efeito, segundo a hipótese de Tammann, o estado cristalino seria caracterizado pela existência, nas substâncias

---

[4] Poder-se-ia dizer que a energia passou de um *sistema formal* de suportes (ordem de dimensões superior àquela do teatro das transformações, que é a bala) a um *sistema material*, de ordem dimensional inferior àquela do teatro das transformações, as diferentes moléculas da bala.

cristalizadas, de direções privilegiadas. As propriedades dessas substâncias apresentam valores diferentes segundo a direção considerada; tais são as propriedades esclarecidas pelo estudo da forma geométrica dos cristais e pelas manifestações diversas da anisotropia cristalina; o estado amorfo, ao contrário, compreendendo os estados gasoso, líquido, ou sólido amorfo (vítreo), é caracterizado pela ausência de direções privilegiadas; as propriedades das substâncias amorfas apresentam valores que não dependem da direção considerada. Um corpo no estado amorfo não possui forma geométrica determinada e é isotrópico. Só uma ação exterior, como uma pressão não uniforme, uma tração, uma torção, a existência de um campo elétrico ou magnético, pode levar um corpo amorfo e, particularmente, um corpo vítreo a ser temporariamente anisotrópico. Caso se represente um corpo amorfo como um corpo no qual as partículas constitutivas estão dispostas de maneira desordenada, poder-se-á supor que o cristal é, ao contrário, um corpo no qual as partículas elementares, átomos ou grupos de átomos, estão dispostas segundo arranjos ordenados, nomeados redes cristalinas. Bravais admite uma repartição dos diversos elementos ou grupos químicos de um cristal segundo um sistema de pontos regulares, onde cada um representa o centro de gravidade desses diversos elementos ou grupos químicos. (Essa expressão simplificada supõe como imóvel o elemento ou o grupo químico; se ele for animado por uma vibração, o ponto regular representará a posição média em torno da qual o elemento vibra; é sua posição de equilíbrio.) Todos esses sistemas de pontos regulares podem ser obtidos pela justaposição de redes paralelepipédicas contendo tão somente elementos ou grupos químicos de mesma natureza que se dispõem, de acordo com suas simetrias, nos trinta e dois grupos clássicos de cristais. A anisotropia do cristal é então compreendida, já que essas redes podem ser repartidas em sistemas de planos que passam pelos diversos pontos regulares da rede considerada, cada sistema sendo constituído por um conjunto de planos paralelos entre si e equidistantes uns dos outros: esses sistemas de planos correspondem às direções privilegiadas segundo as quais as superfícies limitantes dos cristais podem ser dispostas. Aceitando a teoria de Bravais, Tammann completa essa representação das di-

Forma e energia

ferenças entre estados da matéria, ao assimilar os sólidos amorfos a líquidos dotados de uma viscosidade e de uma rigidez enormes; ele mostra que existe uma verdadeira continuidade entre os estados sólido e líquido de um corpo vítreo; o vidro, por exemplo, na temperatura corrente de utilização, apresenta uma grande rigidez; quando o soprador de vidro eleva sua temperatura, a rigidez, seguida pela viscosidade do vidro, diminuem progressivamente, até que se tenha, em alta temperatura, um verdadeiro líquido. A fusão pastosa, característica dos sólidos amorfos, nunca mostra duas fases distintas. Tammann considera, portanto, o sólido amorfo como um líquido cuja rigidez e viscosidade atingiram, por conta de uma redução suficiente da temperatura, valores enormes. A consequência teórica da hipótese *[74]* de Tammann é importante: um líquido que sofre uma redução de temperatura sem poder passar ao estado cristalino transforma-se de maneira contínua num corpo vítreo. Portanto, ele está em estado de superfusão. Experiências sobre a piperina, $C_{17}H_9O_3N$, e o betol, $C_{10}H_7CO_2C_6H_4OH$, substâncias que fundem respectivamente a $128°$ e a $95°$, permanecendo facilmente em superfusão, confirmaram essa hipótese. Mas a consideração apenas das estruturas correspondentes aos diversos estados é incompleta e deixa subsistir uma indeterminação; deve-se completá-la pelo estudo dos *diferentes níveis energéticos* ligados a cada estado e das trocas de energia que se produzem no curso das mudanças de estado.

É por conduzir a um estudo da correlação entre as mudanças estruturais e as trocas energéticas que a teoria de Tammann tem um valor exemplar. Ela permite, com efeito, determinar as condições e os limites de estabilidade dos estados cristalino e amorfo. Existem numerosos corpos que podem se apresentar no estado cristalino ou no estado amorfo; assim, segundo as condições de temperatura e de pressão, ora o estado cristalino é estável, e o estado amorfo, metaestável, ora o estado cristalino é metaestável, e o estado amorfo, estável. A passagem do estado metaestável ao estado estável dá lugar a um determinado efeito térmico e a um determinado efeito volumétrico. Essa importante consequência da teoria de Tammann pode ser representada pela figura V. Se partirmos de uma substância líquida no estado de equilíbrio estável, sob uma

Figura V
Domínios de estabilidade dos diferentes estados

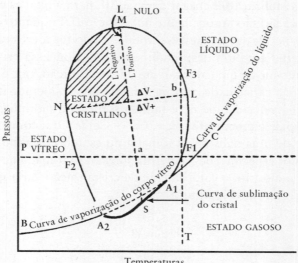

[75] pressão P, e se reduzirmos progressivamente a temperatura, mantendo essa pressão constante, os pontos representativos se deslocarão da direita para a esquerda sobre a paralela F_1P, no eixo das temperaturas. Se o ponto representativo penetrar no domínio de estabilidade do estado cristalino, o líquido considerado estará no estado metaestável. Nesse estado, o líquido superfundido pode passar para o estado cristalino, e essa passagem depende de dois fatores: o poder de cristalização espontânea que esse líquido apresenta, definido pelo número de germes cristalinos que, num tempo dado, aparecem espontaneamente no seio de um volume dado do líquido, e, por outro lado, a velocidade de cristalização, isto é, a velocidade com a qual um germe cristalino se desenvolve. O estado de superfusão é fácil de ser realizado se os máximos desses dois fatores (em função da temperatura) estiverem bastante distanciados um do outro, para que o máximo de um dos fatores corresponda a um valor praticamente nulo do outro fator; então, co-

mo esses dois fatores tendem ambos a zero quando a temperatura continua a decrescer, é possível transpor muito rapidamente a região II, que corresponde a uma probabilidade fraca, porém não nula, de cristalização, e chegar à região III, para a qual as chances de cristalização são praticamente nulas (fig. VI). Enquanto o líquido estiver no estado metaestável, pode-se encetar a cristalização, que se efetua com um desprendimento de calor. Essa cristalização permite medir um calor latente de cristalização, que é a diferença entre a capacidade calorífica da massa considerada no estado amorfo e considerada no estado cristalizado, multiplicada pela variação de temperatura: $dL = (Ca - Cc)dt$. Ora, como o calor específico de uma substância tomada no estado cristalino é inferior ao calor específico dessa mesma substância tomada no estado líquido, ou amorfo, o calor latente de cristalização varia no mesmo sentido que a temperatura.

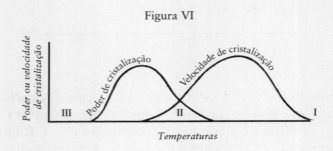

Figura VI

Ele diminui quando a temperatura é reduzida; portanto, poderá ocorrer que, para uma redução suficiente da temperatura, o calor latente de cristalização se anule, depois mude de sinal. A linha MS da figura V representa o lugar dos pontos representativos para os quais o calor latente de cristalização é nulo, segundo os diversos valores que a pressão, constante para uma mesma experiência, pode tomar. Consideremos agora a mesma substância líquida no estado estável de temperatura T, no domínio de estabilidade do estado líquido; se a pressão cresce, penetra-se no domínio de estabilidade do estado cristalino. Se o líquido estiver, então, no estado metaestável, a cristalização possível corresponderá, para cada pressão considerada, a uma variação ΔV do volume que acompanha essa transformação. Se Vc e Va são os *[76]* volumes respectivos da massa considerada da substância, seja no estado cristalizado, seja no estado amorfo, tem-se: $d\Delta V = d Va - d Vc$. Caso se afete a variação de volume no sentido de uma contração do sinal +, verificar-se-á que, como no caso do calor latente de fusão, ΔV diminui quando a pressão cresce, pois uma substância tomada no estado amorfo é mais compressível que no estado cristalizado. Para um acréscimo suficiente da pressão, ΔV pode anular-se e depois mudar de sinal. A curva LN da figura V é o lugar dos pontos representativos para os quais a variação de volume é nula. Abaixo dessa curva, ΔV é positivo (contração); acima dela, ΔV é negativo (dilatação). Dos limites de variações do calor latente de cristalização e do volume, pode-se deduzir a forma da curva de fusão-cristalização: segundo essa curva, existem dois pontos triplos, A_1 e A_2, para os quais o cristal, o corpo amorfo e o gás poderiam coexistir em equilíbrio mútuo. Em A, a curva de fusão-cristalização encontra, ao mesmo tempo, a curva de sublimação A_2SA_1 do cristal e a curva de vaporização A_1B do corpo vítreo; essa curva de vaporização prolonga a curva de vaporização A_1C do líquido. Além disso, a cada pressão corresponderiam dois pontos de fusão-cristalização em que o cristal poderia coexistir ou com o líquido, ou com o corpo vítreo (para a pressão P, por exemplo, esses dois pontos seriam F_1 e F_2). Em temperaturas inferiores a este segundo ponto de cristalização, o ponto representativo da substância penetraria novamente no domínio de estabilidade do estado amorfo. Então, o estado vítreo seria um estado estável, e o estado cristalino, um estado metaestável relativamente ao corpo vítreo. Sem dúvida, nessas baixas temperaturas, as velocidades de transformação seriam tão fracas a ponto de serem praticamente nulas; mas essa reversibilidade teórica dos estados estável e metaestável guarda, contudo, toda sua importância; tampouco foi possível pôr em evidência, pela experiência, o ponto L, de máximo da temperatura de fusão, nem o ponto M, de máximo da pressão de fusão, mas a experiência mostrou que todas as curvas de fusão têm sua concavidade voltada para as temperaturas decrescentes e que, para a água e algumas outras substâncias, encontramo-nos, desde o ponto triplo

Forma e energia

A_1, na porção da curva de fusão ascendente no sentido das temperaturas decrescentes.

O interesse da hipótese de Tammann, para o estudo da individuação, está em estabelecer a existência de condições de equilíbrio indiferente entre dois estados físicos, sendo um amorfo e outro cristalino, isto é, que se opõem por suas estruturas, não ordenadas no primeiro, ordenadas no segundo. A relação entre dois estados estruturais ganha, assim, um sentido energético: com efeito, é a partir das considerações relativas ao calor latente de cristalização e à variação de volume em função da pressão, isto é, a um trabalho, que a existência e a posição dos pontos triplos são determinadas. Os limites do domínio de estabilidade de um tipo estrutural são determinados por considerações energéticas. É por essa razão que quisemos, para abordar o estudo da individuação física propriamente dita, definir o aspecto energético da relação entre duas estruturas físicas. A toda estrutura está ligado um caráter energético; inversamente, porém, a toda modificação das condições energéticas de um sistema físico pode corresponder uma modificação do caráter estrutural desse sistema.

O fato, para um sistema físico, de ele ter esta ou aquela estrutura acarreta a posse de uma determinação energética. Essa determinação energética pode ser *[77]* assimilada a uma energia potencial, pois ela só se manifesta numa transformação do sistema. Porém, à diferença das energias potenciais estudadas mais acima, suscetíveis de transformações progressivas e parciais segundo um processo contínuo, as energias potenciais ligadas a uma estrutura só podem ser transformadas e liberadas por uma modificação das condições de estabilidade do sistema que as abriga; elas estão, portanto, ligadas à própria existência da estrutura do sistema; por essa razão, diremos que as energias potenciais que correspondem a duas estruturas diferentes são de ordem diferente. O único ponto em que elas são contínuas, uma relativamente à outra, é o ponto em que se anulam, como nos pontos A_1 e A_2, F_1 e F_2 da figura V. Ao contrário, no caso de um pêndulo em que duas energias potenciais realizam uma conversão mútua contínua, como no pêndulo Holweck-Lejay (fig. II), a soma dessas duas energias e da energia cinética permanece constante no curso de uma transformação. O mesmo ainda se dá no caso mais complexo representado pela figura III. Ao contrário, as mudanças de estado sofridas pelo sistema nos obrigam a considerar certa energia ligada à estrutura, que é certamente uma energia potencial, mas que não é suscetível de uma transformação contínua; por essa razão, ela não pode ser considerada como se entrasse no caso de identidade ou de igualdade, definidos mais acima. Ela só pode ser medida numa mudança de estado do sistema; enquanto o estado subsiste, ela se confunde com as próprias condições de estabilidade desse estado. Por essa razão, nomearemos energias potenciais estruturais as energias que exprimem os limites de estabilidade de um estado estrutural, que constituem a fonte real das condições formais das gêneses possíveis.

II. INDIVIDUAÇÃO E ESTADOS DE SISTEMA

1. Individuação e formas alotrópicas cristalinas; ser e relação

Esforçar-nos-emos para mostrar a validez da noção de energia potencial estrutural, empregando-a como instrumento para estudar casos em que a noção de individuação física é de um uso bem delicado e que, no entanto, constituem um notabilíssimo exemplo liminar: as formas alotrópicas cristalinas de uma mesma substância. Com efeito, num caso semelhante, será possível apreender a individuação no nível mais primitivo, sendo, porém, o mais isento de qualquer inferência lógica inessencial. Se é possível determinar caráteres da individuação nesse nível, tais caráteres serão anteriores a toda ideia de substância (pois trata-se do mesmo corpo), de qualidade e de qüididade. Ora, se pegamos, por exemplo, um estudo da cristalização do enxofre, vemos que ele pode existir no estado sólido, sob várias formas alotrópicas, cujas duas principais são: o enxofre cristalizado no sistema ortorrômbico (enxofre octaédrico) e o enxofre cristalizado no sistema monoclínico (enxofre prismático). Em temperatura ordinária, o enxofre octaédrico

Forma e energia

está num estado estável; em certos terrenos terciários, encontram-se cristais octaédricos de enxofre natural; os que preparamos permanecem límpidos de um jeito indefinido. Ao contrário, a forma prismática é metaestável relativamente à forma octaédrica; um cristal daquela forma, límpido quando foi recentemente preparado, devém opaco quando é abandonado a si próprio; o cristal guarda sua forma exterior, mas um exame microscópico revela que ele se fragmentou num mosaico de cristais octaédricos [78] justapostos,[5] donde resulta a opacidade observada. Nomeia-se superfusão cristalina o estado metaestável do enxofre prismático. Essa relação entre os estados cristalinos prismático e octaédrico existe para as temperaturas inferiores a 95,4°, mas inverte-se a partir de 95,4°, até 115°, temperatura de fusão. Com efeito, neste último intervalo, é o enxofre prismático que está em equilíbrio estável e o enxofre octaédrico, em equilíbrio metaestável. Sob a pressão atmosférica, 95,4° é a temperatura de equilíbrio entre essas duas variedades cristalinas.

Pode-se perguntar, então, em que consiste a individualidade de cada uma dessas duas formas. Em que se firma a estabilidade dessas formas, fazendo com que ambas possam existir numa temperatura determinada? Quando uma ou outra dessas duas formas se encontra em estado de metaestabilidade, ela tem necessidade, para se transformar noutra forma estável, de um germe, isto é, de um ponto de partida para a cristalização sob a forma estável. Tudo se passa como se o equilíbrio metaestável só pudesse ser rompido pelo aporte local de uma singularidade contida num germe cristalino e capaz de romper esse equilíbrio metaestável; uma vez encetada, a transformação se propaga porque a ação que se exerceu no início, entre o germe cristalino e o corpo metaestável, é exercida em seguida, de próximo em próximo, entre as partes já

---

[5] Deve-se notar que a formação de novos cristais no interior do cristal prismático se faz numa escala menor que a do cristal prismático, desempenhando o papel de meio primitivo, de sistema que enquadra, que abriga em seu estado estrutural as condições formais do devir. Aqui, a forma é estrutura macrofísica do sistema enquanto ela condiciona energeticamente as transformações posteriores.

transformadas e as partes ainda não transformadas.[6] Ordinariamente, os físicos empregam uma palavra tomada do vocabulário biológico para designar a ação de aportar um germe: dizem que a substância é semeada mediante um germe cristalino. Uma experiência particularmente demonstrativa consiste em colocar enxofre superfundido num tubo em U, depois semear cada um dos braços do tubo em U mediante um germe cristalino que, de um lado, é octaédrico e, do outro, prismático; o enxofre contido em cada braço do tubo cristaliza-se segundo o sistema cristalino determinado pelo germe depositado; na parte mediana do tubo, as duas formas alotrópicas do enxofre cristalizado estão, portanto, em contato perfeito. Segundo a temperatura, dois casos são, então, possíveis: se ela for inferior a 95,4°, o enxofre permanece transparente no braço que contém a variedade octaédrica, enquanto ele devém opaco no braço que contém a variedade prismática. A opacidade começa a se manifestar com o contato dessas duas variedades alotrópicas, e ela se propaga de próximo em próximo até invadir todo o braço que contém o enxofre prismático. Se a temperatura, ao contrário, for mantida entre 95,4° e 115°, o sentido da transformação é invertido: o braço que contém o enxofre prismático permanece transparente, e o braço que contém o enxofre octaédrico devém opaco, a partir da linha de contato entre as duas variedades cristalinas. Enfim, na temperatura de 95,4°, a velocidade de propagação dessas transformações é nula. Existe, portanto, uma temperatura de equilíbrio entre essas duas variedades cristalinas. Tal experiência consiste em criar, de certa maneira, uma competição entre dois sistemas de cristalização para uma quantidade finita de substância. Para qualquer outra temperatura que não a de equilíbrio (e inferior à temperatura de fusão do [79] enxofre octaédrico), uma das formas ocupa toda a substância cristalizável, e a outra desaparece inteiramente.[7]

---

[6] Essa propagação de próximo em próximo constitui o modo mais primitivo e mais fundamental da amplificação, a transdução amplificante, que empresta sua energia do meio em que se dá a propagação.

[7] A temperatura imposta faz parte das condições formais de cada sub-

Tocamos, aqui, o aspecto primeiro e fundamental da individuação física. A individuação como operação não está ligada à identidade de uma matéria, mas a uma modificação de estado. Um tanto de enxofre conserva seu sistema cristalino enquanto uma singularidade não se apresentar para fazer com que a forma menos estável desapareça. Uma substância conserva sua individualidade quando está no estado mais estável, em função das condições energéticas que são as suas. Essa estabilidade do estado se manifesta pelo fato de que, se as condições energéticas permanecem as mesmas, esse estado não pode ser modificado pela introdução de um germe que apresente um encetante de estrutura diferente; relativamente a substâncias que estão num estado diferente, essa substância pode, ao contrário, fornecer germes capazes de acarretar uma modificação do estado dessas substâncias. A individualidade estável, portanto, é feita do encontro de duas condições: a um certo estado energético do sistema deve corresponder uma certa estrutura. Essa estrutura, porém, não é diretamente produzida pelo estado energético sozinho, ela é distinta deste último; o encetamento da estruturação é crítico; amiúde, na cristalização, germes são aportados de fora. Há, pois, um aspecto histórico do advento de uma estrutura numa substância: é preciso que o germe estrutural apareça. O puro determinismo energético não basta para que uma substância atinja seu estado de estabilidade. O início da individuação estruturante é um acontecimento para o sistema em estado metaestável. Assim, na mais simples individuação entra, em geral, uma relação do corpo considerado com a existência temporal dos seres exteriores a ele, que intervêm como condições acontecimentais de sua estruturação. O indivíduo constituído abarca em si a síntese de condições energéticas e materiais e de uma condição informacional, geralmente não imanente. Se esse encontro das três condições não se dá, a substância não atinge seu estado estável; ela então permanece num estado metaestável. Notemos, contudo, que essa definição genética da individuação pelo encontro de três condições necessárias desemboca na noção de relatividade hierár-

conjunto do sistema, definindo em cada um a presença, ou a ausência, e o grau de uma energia potencial.

quica dos estados de individuação. Com efeito, quando existe um hiato muito grande entre o estado energético de uma substância[8] e seu estado estrutural (enxofre em estado de superfusão, por exemplo), se um germe estrutural se apresentar, ele pode acarretar uma mudança de estado estrutural da substância sem levá-la, no entanto, ao seu estado de estabilidade absoluta. Se um tanto de enxofre superfundido, numa temperatura de 90°, recebe um germe cristalino prismático, ele muda de estado estrutural e devém enxofre cristalizado no sistema prismático. Ele passou de um primeiro estado metaestável a um segundo estado metaestável; o segundo é mais estável que o primeiro. Porém, se um segundo germe estrutural sobrevém, a saber, um cristal de enxofre octaédrico, o estado estrutural muda novamente, e toda a massa devém enxofre octaédrico. Assim, compreende-se por que a superfusão cristalina constitui um estado menos precário que a superfusão líquida: um germe estrutural já foi encontrado, mas ele aportou uma estrutura incapaz de absorver, na estruturação operada, toda a energia potencial representada pelo estado de superfusão. *[80]* A individuação completa é a individuação que corresponde a um emprego total da energia contida no sistema antes da estruturação; ela chega a um estado estável; ao contrário, a individuação incompleta é aquela que corresponde a uma estruturação que não absorveu toda energia potencial do estado inicial não estruturado; ela chega a um estado ainda metaestável. Quanto mais tipos de estruturas possíveis houver para uma mesma substância, mais níveis hierárquicos de metaestabilidade haverá; para o fósforo, por exemplo, esses níveis são três. Ademais, é importante notar que os níveis de individuação são perfeitamente descontínuos uns relativamente aos outros; a existência de condições energéticas de equilíbrio entre dois níveis que se sucedem imediatamente na escala hierárquica não pode mascarar a descontinuidade não apenas estrutural, mas também energética, desses dois níveis; assim, para retomar o

---

[8] É a natureza da substância que contém as condições materiais, particularmente ao determinar o número e a espécie dos diferentes sistemas de individuação que aí poderão se desenvolver. Nesse sentido, o estado energético de uma substância é um par de condições formais e materiais.

Forma e energia

exemplo do enxofre, quando um tanto de enxofre octaédrico é levado a 95,4°, sob pressão atmosférica, é preciso fornecer-lhe 2,5 calorias por grama para que ele se transforme em enxofre prismático; existe, pois, um calor latente específico de transformação do enxofre octaédrico em enxofre prismático. Essa descontinuidade energética se encontra no fato de que o ponto de fusão da variedade metaestável é sempre inferior ao da variedade mais estável, para todas as espécies químicas.

Assim, na mudança das formas alotrópicas de um elemento, a individuação aparece como suscetível de vários níveis; apenas um deles corresponde a uma individuação completa; esses estados são de número finito e descontínuos uns relativamente aos outros, tanto pelas suas condições energéticas quanto pelas suas condições estruturais. A existência efetiva de um estado individualizado resulta do fato de que duas condições independentes encontram-se simultaneamente preenchidas: uma condição energética e material, resultante de um estado atual do sistema, e uma condição acontecimental, fazendo intervir frequentemente uma relação nas séries de acontecimentos que provêm dos outros sistemas. Nesse sentido, a individuação de uma forma alotrópica parte de uma singularidade de natureza histórica. De duas torrentes de lava vulcânica de mesma composição química, uma pode estar num ponto de cristalização e a outra, num outro ponto: são as singularidades locais da erupção que, através da gênese particular dessa cristalização, traduzem-se na individuação da forma alotrópica encontrada. Por essa razão, todos os caráteres que, para uma substância, resultam deste duplo condicionamento, energético e histórico, fazem parte de sua individualidade. O geólogo, graças aos estudos da físico-química, sabe interpretar, em função da história das rochas, o tamanho relativo dos cristais que as constituem. Uma pasta aparentemente amorfa, porém finamente cristalizada, indica um esfriamento rápido da substância; grandes cristais dos quais só a forma exterior subsiste, e cuja matéria foi toda dividida em cristais microscópicos de um outro sistema, indicam ter havido duas cristalizações sucessivas, sendo que a primeira forma deveio metaestável relativamente à segunda. Do simples ponto de vista das formas alotrópicas, um exame das rochas metamórficas é tão rico em ensinamentos sobre as condições históricas e energéticas dos fenômenos geológicos quanto o exame dos magmas de origem eruptiva: os calxistos, os quartzitos, xistos, gnaisse, micaxistos, correspondem, fragmento por fragmento, a tal modalidade particular do endometamorfismo ou do exometamorfismo para uma determinada pressão, temperatura e grau de umidade. Vemos, assim, que a consideração das condições energéticas e das singularidades, na gênese de um indivíduo físico, não conduz de maneira alguma a que se reconheçam apenas espécies, e não indivíduos; ao contrário, ela explica como, no interior dos limites de um [81] domínio, a infinidade de valores particulares — que podem tomar as grandezas que exprimem essas condições — conduz a uma infinidade de resultados diferentes (por exemplo, a dimensão dos cristais) para um mesmo tipo estrutural. Sem fazer empréstimo algum ao domínio da biologia, e sem aceitar as noções de gênero comum e de diferença específica, que seriam metafóricas demais aqui, é possível definir, graças às descontinuidades das condições, tipos correspondentes a domínios de estabilidade ou de metaestabilidade; daí, no interior desses tipos, seres particulares que diferem uns dos outros por conta daquilo que, no interior dos limites do tipo, é suscetível de uma variação mais fina, em certos casos contínua, como a velocidade de esfriamento. Nesse sentido, a individualidade de um ser particular abrange rigorosamente tanto o tipo quanto os caráteres suscetíveis de variar no interior de um tipo. Jamais devemos considerar tal ser particular como pertencente a um tipo. É o tipo que pertence ao ser particular e, pela mesma razão, são os detalhes que mais o singularizam, pois a existência do tipo, nesse ser particular, resulta das mesmas condições que aquelas que estão na origem dos detalhes que singularizam o ser. É porque essas condições variam de maneira descontínua, delimitando domínios de estabilidade, que existem tipos; mas porque certas grandezas, fazendo parte das condições, variam de maneira mais fina no interior desses domínios de estabilidade, cada ser particular é diferente de um certo número de outros seres. A particularidade original de um ser não é diferente, em natureza, de sua realidade tipológica. O ser particular não *possui* mais seus caráteres singulares, tampouco seus caráteres tipológicos. Tanto uns como outros

Forma e energia

são *individuais*, já que resultam do encontro de condições energéticas e de singularidades, sendo estas últimas históricas e locais. Se, no interior de um mesmo domínio de estabilidade, as condições ainda variáveis não são suscetíveis de uma infinidade de valores, mas apenas de um número finito, dever-se-á admitir que o número de seres particulares efetivamente diferentes que podem aparecer é finito. Então, numa certa quantidade de substância, poderá haver vários seres idênticos, que aparecem como indiscerníveis. É certo que, no nível macrofísico, quase não se encontram, mesmo em cristalografia, vários indivíduos indiscerníveis; além disso, uma substância em superfusão cristalina acaba por se transformar na forma estável relativamente à qual ela é metaestável; mas não devemos nos esquecer de que, se nos achamos em presença de uma grande quantidade de elementos, nada pode garantir a pureza absoluta de uma forma alotrópica. No seio de uma substância que aparece numa única forma, pode existir um certo número de germes da forma alotrópica estável. Condições locais particulares podem equivaler a esse germe estrutural (traço de impureza química, por exemplo). Portanto, é preciso posicionar-se do ponto de vista microscópico, a fim de considerar substâncias simples. Nesse nível, parecem poder existir verdadeiros indiscerníveis.

No nível em que a individualidade aparece como a menos acentuada, nas formas alotrópicas de um mesmo elemento, ela não está ligada apenas à identidade de uma substância, à singularidade de uma forma ou à ação de uma força. Um substancialismo puro, uma pura Teoria da Forma ou um dinamismo puro seriam igualmente impotentes diante da necessidade de dar conta da individuação físico-química. Buscar o princípio de individuação na matéria, na forma ou na força é condenar-se a só poder explicar a individuação em casos particulares que parecem simples, como aquele da molécula ou do átomo. Isso, em vez de fazer a gênese do indivíduo, é supor tal gênese já feita em elementos [82] formais, materiais ou energéticos, e, graças a esses elementos já portadores de individuação, engendrar por composição uma individuação que, de fato, é mais simples. É por essa razão que não quisemos empreender o estudo do indivíduo começando pela partícula elementar, a fim de não corrermos o risco de tomar por simples o caso complexo. Escolhemos o aspecto mais precário da individuação como termo primeiro do exame. E, desde o início, pareceu-nos que essa individuação era uma operação resultante do encontro e da compatibilidade de uma singularidade e das condições energéticas e materiais. Poder-se-ia dar o nome de alagmática a um método genético como esse, que visa apreender os seres individuados como o desenvolvimento de uma singularidade que une, numa ordem média de grandeza, as condições energéticas globais e as condições materiais; devemos notar bem, com efeito, que esse método não faz intervir um puro determinismo causal, pelo qual um ser seria explicado logo que se pudesse dar conta de sua gênese no passado. De fato, o ser prolonga no tempo o encontro dos dois grupos de condições que ele exprime; ele não é apenas resultado, mas também agente, ao mesmo tempo meio desse encontro e prolongamento dessa compatibilidade realizada. Em termos de tempo, o indivíduo não está no passado, mas no presente, pois ele só continua conservando sua individualidade na medida em que essa reunião constitutiva de condições se prolonga e é prolongada pelo próprio indivíduo. O indivíduo existirá enquanto o misto de matéria e de energia que o constitui estiver no presente.[9] É isso que se pode nomear consistência ativa do indivíduo. É por essa razão que todo indivíduo pode ser condição de devir: um cristal estável pode ser germe para uma substância metaestável em estado de superfusão cristalina ou líquida. Só o dinamismo não pode dar conta da individuação, pois o dinamismo quer explicar o indivíduo por um único dinamismo fundamental; ora, o indivíduo não abriga apenas um encontro hilemórfico; ele provém de um processo de amplificação provocado numa situação hilemórfica por uma singularidade, e ele prolonga essa singularidade. Pode-se, com efeito, nomear assaz legitimamente situação hilemórfica aquela na qual existe uma certa quantidade de matéria agrupada em subconjuntos de um sistema isolados uns relativamente aos outros, ou uma certa quantidade de matéria cujas condições energéticas e cuja

[9] É por isso que o indivíduo pode fazer um papel de singularidade quando ele penetra num sistema em estado de equilíbrio metaestável, encetando uma estruturação amplificante.

Forma e energia

repartição espacial são tais que o sistema está em estado metaestável. O estado que contém forças de tensão, uma energia potencial, pode ser nomeado forma do sistema, pois são as suas dimensões, sua topologia, seus isolamentos internos que mantêm essas forças de tensão; a forma é o sistema enquanto macrofísico, enquanto realidade que enquadra uma individuação possível; a matéria é o sistema considerado ao nível microfísico, molecular.

Uma situação hilemórfica é uma situação na qual só há forma e matéria, logo, dois níveis de realidade sem comunicação. A instituição dessa comunicação entre níveis — com transformações energéticas — é o encetante da individuação; ela supõe o aparecimento de uma singularidade, que se pode nomear informação, seja vindo de fora, seja subjacente.

<Ora,[10] o indivíduo abriga dois dinamismos fundamentais, um energético, outro estrutural. A estabilidade do indivíduo é a estabilidade de sua associação. A partir de agora, *[83]* pode-se colocar a questão do grau de realidade a que uma investigação como essa pode pretender: será preciso considerá-la como capaz de atingir um real? Não estaria ela submetida, ao contrário, a esta relatividade do saber que parece caracterizar as ciências experimentais? Para responder a essa preocupação de crítico, é preciso distinguir o conhecimento dos fenômenos do conhecimento das relações entre os estados. O fenomenismo relativista é perfeitamente válido na medida em que indica nossa incapacidade de conhecer absolutamente um ser físico, sem refazer sua gênese e à maneira pela qual conhecemos ou acreditamos conhecer o sujeito, no isolamento da consciência de si. Porém, no fundo da crítica do conhecimento, fica este postulado, de que o ser é fundamentalmente substância, isto é, em si e por si. A crítica da razão pura é endereçada essencialmente ao substancialismo de Leibniz e de Wolff; através deles, ela atinge todos os substancialismos e, particularmente, os de Descartes e de Espinosa. O númeno kantiano não está sem relação com a substância das teorias racionalistas e realistas. Porém, caso se recuse a admitir que o ser seja fundamentalmente

[10] O texto entre setas foi retirado na edição de 1964 e substituído pelas doze linhas precedentes. (N. do E.)

substância, a análise do fenômeno já não pode conduzir ao mesmo relativismo; com efeito, as condições da experiência sensorial certamente interditam um conhecimento da realidade física apenas pela intuição. Mas não se pode deduzir, tão definitivamente quanto Kant o faz, um relativismo da existência das formas *a priori* da sensibilidade. Se, com efeito, os númenos não são pura substância, mas consistem igualmente em *relações* (como trocas de energia, ou passagens de estruturas de um domínio de realidade a um outro domínio de realidade), e *se a relação tem o mesmo posto de realidade que os próprios termos*, como tentávamos mostrar nos exemplos anteriores, pois a relação não é um *acidente* relativamente a uma substância, mas uma *condição constitutiva, energética e estrutural, que se prolonga na existência dos seres constituídos*, então as formas *a priori* da sensibilidade, que permitem apreender relações porque são um poder de ordenar segundo a *sucessão* ou segundo a *simultaneidade*, não criam uma irremediável relatividade do conhecimento. Se, com efeito, a relação tem valor de verdade, a relação no interior do *sujeito* e a relação entre o *sujeito* e o objeto podem ter valor de realidade. O conhecimento verdadeiro é uma relação, não um simples nexo formal, comparável ao nexo de duas figuras entre si. O conhecimento verdadeiro é o que corresponde à maior estabilidade possível nas condições dadas da *relação sujeito-objeto*. Nisso pode haver diferentes níveis de conhecimento, assim como pode haver diferentes graus de estabilidade de uma relação. Pode haver um tipo de conhecimento mais estável, possível para tal condição subjetiva e tal condição objetiva; sobrevindo uma modificação ulterior das condições subjetivas (por exemplo, a descoberta de novas relações matemáticas) ou das condições objetivas, o antigo tipo de conhecimento pode devir metaestável relativamente a um novo tipo de conhecimento. O nexo do inadequado ao adequado é, de fato, o do metaestável relativamente ao estável. A verdade e o erro não se opõem como duas substâncias, mas como uma relação fechada num estado *estável* a uma relação fechada num estado *metaestável*. O conhecimento não é um nexo entre uma substância objeto e uma substância sujeito, mas *relação entre duas relações*, uma estando no domínio do objeto e outra no domínio do sujeito.

Forma e energia

O postulado epistemológico deste estudo é que a relação entre duas relações é, ela própria, uma relação. Tomamos aqui a palavra relação no sentido que foi definido mais acima e que, opondo a relação ao simples nexo, lhe dá valor de *ser, [84]* pois a relação se prolonga nos seres sob forma de condição de estabilidade, e define sua individualidade como resultante de uma operação de individuação. Caso se aceite esse postulado do método de estudo das relações constitutivas, será possível compreender a existência e a validez de um conhecimento aproximado. O conhecimento aproximado não é de outra natureza que a do conhecimento exato: ele é apenas menos estável. Toda doutrina científica pode, num certo momento, devir metaestável relativamente a uma doutrina que deveio possível por uma mudança das condições do conhecimento. Não é por isso que a doutrina anterior deve ser considerada como falsa; tampouco ela é *logicamente negada* pela nova doutrina: seu domínio é apenas submetido a uma nova estruturação, que a conduz à estabilidade. Essa doutrina não é uma forma do *pragmatismo* nem do novo *empirismo lógico*, pois ela não supõe o uso de critério algum que seja exterior a essa relação que é o conhecimento, como a utilidade intelectual ou a motivação vital; nenhuma comodidade é requerida para validar o conhecimento. Ele não é nem *nominalista* nem *realista*, pois o nominalismo ou o realismo só podem ser compreendidos nas doutrinas que supõem que o absoluto é a forma mais elevada do ser, e que tentam conformar todo conhecimento ao conhecimento do absoluto substancial. Esse postulado de que o ser é o absoluto acha-se no próprio fundo da querela dos universais concebida como crítica do conhecimento. Ora, Abelardo apercebeu-se plenamente da possibilidade de separar o conhecimento dos termos do conhecimento da relação; apesar das incompreensíveis chacotas de que ele foi objeto, através dessa distinção ele aportou um princípio extremamente fecundo, que ganha todo seu sentido com o desenvolvimento das ciências experimentais: *nominalismo* para o conhecimento dos termos, *realismo* para o conhecimento da relação. Esse é o método que podemos retirar da doutrina de Abelardo para aplicá-lo universalizando-o. Esse realismo da relação pode, pois, ser tomado como postulado de pesquisa. Se esse postulado é válido, é legítimo pedir à análise de um ponto particular das ciências experimentais que nos revele o que é a individuação física. O conhecimento que as ciências nos dão é válido, com efeito, como conhecimento da relação, e ele só pode dar à análise filosófica um ser que consiste em relações. Porém, se precisamente o indivíduo é um ser assim, tal análise pode nos revelar isso. Poder-se-ia objetar que escolhemos um caso particular, e que essa reciprocidade entre o *postulado epistemológico* e o *objeto conhecido* impede que se legitime do exterior essa escolha arbitrária, mas acreditamos precisamente que todo pensamento, na medida em que precisamente ele é real, é uma *relação*, isto é, comporta um aspecto histórico em sua gênese. Um pensamento real é *autojustificativo*, porém não justificado, antes de ser estruturado: ele comporta uma individuação e é individuado, possuindo seu próprio grau de estabilidade. Para que um pensamento exista, é preciso não apenas de uma condição lógica, mas também de um postulado relacional que lhe permita cumprir sua gênese. Se podemos, com o paradigma que constitui a noção de individuação física, resolver outros problemas, noutros domínios, poderemos considerar essa noção como estável; senão, ela será apenas metaestável, e definiremos essa metaestabilidade relativamente às formas mais estáveis que pudermos descobrir: ela então conservará o valor eminente de um *paradigma elementar*.> *[85]*

2. A INDIVIDUAÇÃO COMO GÊNESE DAS FORMAS CRISTALINAS A PARTIR DE UM ESTADO AMORFO

Essa maneira de considerar a individualidade, seria ela ainda válida para definir a diferença das formas cristalinas relativamente ao estado amorfo? Se apenas as condições energéticas fossem consideradas, a resposta seria imediatamente positiva, pois a passagem do estado amorfo ao estado cristalino é sempre acompanhada de uma troca de energia; a passagem, em temperatura e pressão constantes, do estado cristalino ao estado líquido é sempre acompanhada de uma absorção de calor; diz-se que existe para a substância cristalina um calor latente de fusão, sempre positivo. Se, por outro lado, apenas as condições estruturais fossem re-

Forma e energia

queridas, nenhuma nova dificuldade se apresentaria: poder-se-ia assimilar a gênese da forma cristalina mais vizinha do estado amorfo a qualquer passagem de uma forma alotrópica cristalina para uma outra forma alotrópica cristalina. Contudo, quando se considera a diferença entre uma substância no estado amorfo e a mesma substância no estado cristalino, parece que a definição anterior da individuação física só pode ser aí aplicada com certo número de transformações, ou de precisões. Essas modificações ou precisões vêm de não se poder tratar como indivíduo o estado amorfo, e do fato da gênese absoluta do estado individuado ser mais difícil de definir do que sua gênese relativa por passagem de uma forma metaestável a uma forma estável. O caso anteriormente estudado devém, então, um caso particular diante desse caso mais geral.

A passagem para o estado cristalino a partir de um estado amorfo pode ser feita de diferentes maneiras: uma solução que se evapora até a saturação, vapores que se condensam sobre uma parede fria (sublimação), o lento esfriamento de uma substância fundida podem levar à formação de cristais. Será possível afirmar que a descontinuidade entre o estado amorfo e o estado cristalino basta para determinar o caráter individuado desse estado? Isso seria supor que existe certa simetria e equivalência entre o estado amorfo e o estado cristalino, o que nada prova. De fato, enquanto os cristais estão em via de formação, bem se observa um patamar na variação das condições físicas (por exemplo, a temperatura), indicando que uma troca energética se produz. Mas é importante notar que essa descontinuidade pode ser fracionada, e não dada em bloco, em certos casos como os das substâncias orgânicas de moléculas complexas, do tipo do azoxyanisol; esses corpos, nomeados cristais líquidos pelo físico Lehmann, que os descobriu, apresentam, segundo G. Friedel, estados mesomorfos, intermediários entre o estado amorfo e o estado cristalino puro. Em estados mesomorfos, essas substâncias são líquidas, mas apresentam propriedades de anisotropia, por exemplo, a anisotropia óptica, como mostrado pelo Sr. Mauguin. Por outro lado, é possível obter o mesmo tipo de cristais a partir de uma solução que se concentra, de um líquido fundido que se deixa esfriar ou de uma sublimação. Portanto, não é pelo seu nexo à substância amorfa que o cristal se encontra individualizado. É no dinamismo das relações entre situação hilemórfica e singularidade que se deve buscar a verdadeira gênese de um cristal como indivíduo. Consideremos, com efeito, a propriedade dada como característica do estado cristalino: a anisotropia. O cristal possui dois tipos de anisotropia totalmente diferentes. O primeiro é a anisotropia contínua: certas propriedades vetoriais dos cristais variam de maneira contínua com a direção; é o caso das propriedades elétricas, magnéticas, [86] elásticas, de dilatação térmica, de condutibilidade calorífica, de velocidade de propagação da luz. Porém, ao lado disso, notam-se propriedades que variam de um jeito descontínuo com a direção: elas se traduzem pela existência de direções de reta ou de plano que possuem propriedades particulares, enquanto as direções vizinhas não as possuem em grau algum. Assim, o cristal só pode ser limitado exteriormente por certas direções de planos e de retas, segundo a lei enunciada por Romé de l'Isle em 1783: os ângulos diedros que as faces naturais de um cristal fazem entre si são constantes para uma mesma espécie. Outrossim, a coesão, tal como é revelada pelos planos de clivagem ou pelas figuras de choque, manifesta uma anisotropia descontínua. Enfim, o mais belo exemplo de anisotropia descontínua é o da difração dos raios X. Um feixe de raios X, atingindo um cristal, reflete-se sobre um número limitado de planos de orientações bem determinadas. Ora, essas propriedades de anisotropia descontínua provêm da gênese do cristal como indivíduo, e não como exemplar de uma espécie; é cada indivíduo que se estruturou dessa maneira. Num conglomerado de cristais juntados sem ordem, cada cristal definiu suas faces, seus ângulos diedros, suas arestas segundo uma *direção* do conjunto, a qual se explica por circunstâncias *exteriores*, mecânicas ou químicas, mas segundo *nexos internos* rigorosamente fixos, a partir da gênese singular. O fato de ser indivíduo, para o cristal, consiste nele ter se *desenvolvido* assim, relativamente *a si próprio*. Existe um indivíduo cristal, no fim da gênese, porque um conjunto ordenado foi desenvolvido em torno de um germe cristalino, incorporando uma matéria primitivamente amorfa e rica em potenciais, estruturando-a segundo uma disposição própria de todas as partes, umas relativamente às outras. Existe aqui uma verdadeira interioridade do cristal,

Forma e energia

que consiste no fato de que a ordem das partículas elementares é universal no interior de um cristal determinado; a unicidade dessa estrutura, para todos os elementos de um mesmo indivíduo, designa a existência inicial de um germe que não apenas encetou a cristalização enquanto mudança de estado, mas também foi o princípio único da estruturação do cristal em sua particularidade. Esse germe estrutural foi a origem de uma orientação ativa que se impôs a todos os elementos progressivamente incluídos no cristal à medida que ele crescia; uma historicidade interna, estendendo-se ao longo da gênese, desde o germe microfísico até os limites últimos do edifício macrofísico, cria uma homogeneidade toda particular: a estrutura inicial do germe não pode acarretar positivamente a cristalização de um corpo amorfo se este último não estiver em equilíbrio metaestável: é preciso uma certa energia, na substância amorfa, que receba o germe cristalino; porém, estando o germe presente, ele possui o valor de um princípio: sua estrutura e sua orientação submetem essa energia do estado metaestável; o germe cristalino, aportando apenas uma energia bem fraca, é todavia capaz de conduzir a estruturação de uma massa de matéria milhares de vezes superior à sua. Sem dúvida, essa modulação é possível porque as etapas sucessivas do cristal se desenvolvendo servem de relé a essa singularidade estruturante primitiva. Mas continua verdadeiro que a passagem do germe inicial ao cristal resultante da estruturação de uma única camada de moléculas em torno desse germe marcou a capacidade de amplificação do conjunto constituído pelo germe e pelo meio amorfo. Na sequência, o fenômeno de crescimento é automático e indefinido; nele, todas as camadas sucessivas do cristal têm a capacidade de estruturar o meio amorfo que as cerca, enquanto esse meio permanecer metaestável; nesse sentido, um cristal é dotado de um poder indefinido de crescimento; um cristal pode ter seu [87] crescimento detido, mas nunca acabado, e ele pode continuar crescendo sempre, caso seja recolocado num meio metaestável que ele possa estruturar. Importa notar, particularmente, que o caráter de exterioridade ou de interioridade das condições é modificado pela própria gênese. No momento em que o cristal ainda não está constituído, pode-se considerar as condições energéticas como exteriores ao germe cristalino, enquanto as condições estruturais são portadas por esse mesmo germe. Ao contrário, tendo o cristal crescido, ele incorporou, ao menos parcialmente, massas de substância que, no tempo em que eram amorfas, constituíam o suporte da energia potencial do estado metaestável. Não se pode, pois, falar de energia exterior ao cristal, pois essa energia é portada por uma substância que é incorporada ao cristal em seu próprio acrescimento. Essa energia é apenas provisoriamente exterior.[11] Além disso, a interioridade da estrutura do germe cristalino não é absoluta e não governa de maneira autônoma a estruturação da massa amorfa; para que essa ação moduladora possa se exercer, é preciso que o germe estrutural aporte uma estrutura correspondente ao sistema cristalino, no qual a substância amorfa possa cristalizar; não é necessário que o germe cristalino seja da mesma natureza química que a substância amorfa cristalizável, mas é preciso que haja identidade entre os dois sistemas cristalinos, para que a submissão da energia potencial, contida na substância amorfa, possa ser operada. A diferença entre o germe e o meio amorfo cristalizável não é, pois, constituída pela presença ou pela ausência absoluta de uma estrutura, mas pelo estado de atualidade ou de virtualidade dessa estrutura. A individuação de um sistema resulta certamente do encontro de uma condição principalmente estrutural e de uma condição principalmente energética. Mas esse encontro não é necessariamente fecundo. Aliás, para que ele tenha valor constitutivo, é preciso que a energia possa ser atualizada pela estrutura em função das condições materiais locais. Essa possibilidade não depende nem da condição estrutural sozinha, nem da condição energética sozinha, mas da compatibilidade dos sistemas cristalinos do germe e da substância que constituem o meio desse germe. Manifesta-se, pois, uma terceira condição, que não poderíamos ter percebido no ca-

---

[11] Como em toda operação de modulação, três energias estão em presença: a forte energia potencial da substância amorfa em estado metaestável, a fraca energia aportada pelo germe cristalino (energia modulante, informação) e, enfim, uma energia de acoplamento da substância amorfa e do germe cristalino, que se confunde com o fato de a substância amorfa e o germe formarem um sistema físico.

Forma e energia

so anterior, pois ela estava necessariamente preenchida, já que o germe estrutural e a substância metaestável eram de mesma natureza química. Aqui já não se trata mais da quantidade escalar da energia potencial, nem das puras propriedades vetoriais da estrutura portada pelo germe, mas de um nexo de um terceiro tipo, que pode ser nomeado analógico, entre as estruturas latentes da substância ainda amorfa e a estrutura atual do germe. Essa condição é necessária para que possa haver aí uma verdadeira relação amplificadora entre essa estrutura do germe e essa energia potencial portada por uma substância amorfa. Essa relação não é nem puramente quantitativa, nem puramente qualitativa; ela é outra, e não um nexo de qualidades ou um nexo de quantidades; ela define a *interioridade* mútua de uma estrutura e de uma energia potencial no interior de uma singularidade. Essa interioridade não é espacial, pois estamos vendo aqui a ação de um germe estrutural sobre o seu ambiente; ela não é uma equivalência de termos, pois os termos, estática e dinamicamente, são dissimétricos. *[88]* Empregamos a palavra analogia para designar essa relação, porque o conteúdo do pensamento platônico, relativo ao paradigmatismo em seus fundamentos ontológicos, parece-nos o mais rico, neste sentido, para consagrar a introdução de uma relação que envolve quantidade energética e quantidade estrutural. Essa relação é informação; a singularidade do germe é eficaz quando ela chega numa situação hilemórfica tensionada. Uma análise fina da relação entre um germe estrutural e o meio que ele estrutura nos faz compreender que essa relação exige a possibilidade de uma polarização da substância amorfa pelo germe cristalino. O raio de ação dessa polarização pode ser bem fraco: assim que uma primeira camada de substância amorfa devém cristal em torno do germe, ela faz o papel de germe para uma outra camada, e assim o cristal pode se desenvolver de próximo em próximo. A relação de um germe estrutural à energia potencial de um estado metaestável se faz nessa polarização da matéria amorfa. É aqui, pois, que é preciso buscar o fundamento de uma gênese constituinte do indivíduo. Primeiramente, de um ponto de vista macrofísico, o indivíduo aparece sempre como *portador* de polarização; é notável, com efeito, que a polarização seja uma propriedade transitiva: ela é uma con-

118   A individuação física

sequência e uma causa ao mesmo tempo; um corpo constituído por um processo de polarização exerce uma série de funções polarizantes, sendo que a capacidade de se acrescer, que o cristal possui, é apenas uma das manifestações.[12] Talvez seja possível generalizar as consequências físicas dos estudos de Pierre Curie sobre a simetria, conhecidos em 1894. As leis de Curie podem ser enunciadas sob duas formas; a primeira utiliza conceitos correntes: um fenômeno possui todos os elementos de simetria das causas que o produzem, a dissimetria de um fenômeno se reencontra nas causas. Por outro lado, os efeitos produzidos podem ser mais simétricos que as causas, o que significa que a recíproca da primeira lei não é verdadeira. Dá no mesmo dizer que, se um fenômeno apresenta uma dissimetria, essa dissimetria deve ser reencontrada nas causas; é essa dissimetria que cria o fenômeno. Porém, o interesse particular das leis de Curie aparece, sobretudo, em seu preciso enunciado: um fenômeno pode existir num meio que possui sua simetria característica ou a de um dos subgrupos dessa simetria. Ele não se manifestará num meio mais simétrico. A simetria característica de um fenômeno é a simetria máxima compatível com a existência desse fenômeno. Essa simetria característica deve ser definida, para cada um dos fenômenos, como o campo elétrico, o campo magnético, o campo eletromagnético característico da propagação de uma onda luminosa. Ora, percebe-se que o número de grupos de simetria que apresentam um ou vários eixos de isotropia é limitado, e os cristalógrafos determinaram a possibilidade de apenas sete grupos: 1º) a simetria da esfera; 2º) a simetria direta da esfera (a de uma esfera preenchida por um líquido dotado de poder rotatório); 3º) a simetria do cilindro de revolução (é a de um corpo isótropo comprimido numa direção, qual seja: a do eixo do cilindro); 4º) a simetria direta do cilindro, isto é, de um cilindro preenchido por um líquido dotado de poder rotatório; 5º) a simetria do tronco do cone; 6º) a simetria de um cilindro girando em torno de seu eixo; 7º) a simetria do tronco de cone girante. Os dois

---

[12] Essa função polarizante, graças à qual cada nova camada é novamente uma singularidade a desempenhar um papel de informação para a matéria amorfa contígua, explica a amplificação por propagação transdutiva.

Forma e energia

primeiros sistemas apresentam mais de um eixo de isotropia, e os cinco últimos, um [89] único eixo. Graças a esses sistemas, percebe-se que a simetria característica do campo elétrico é a de um tronco de cone, ao passo que a simetria característica do campo magnético é a de um cilindro girante. Pode-se, então, compreender em quais condições um indivíduo físico, cuja gênese foi determinada por uma polarização correspondente a uma estrutura caracterizada por este ou aquele tipo de simetria, pode produzir um fenômeno que apresente uma polarização determinada.

Assim, um fenômeno observado por Novalis, e celebrado na evocação poética do cristal "tira-cinzas" (a turmalina), pode ser compreendido a partir do sistema de simetria do tronco de cone. A simetria da turmalina é a de uma pirâmide triangular. Um cristal de turmalina aquecido revela uma polaridade elétrica na direção de seu eixo ternário. A turmalina já é polarizada na temperatura ordinária, mas um lento deslocamento das cargas elétricas compensa essa polarização; o aquecimento modifica apenas o estado de polarização, de maneira tal que a compensação não acontece durante certo tempo; mas a estrutura do cristal não foi modificada. Outrossim, a polarização rotatória magnética está ligada à simetria característica do campo magnético, a do cilindro girante. Enfim, a interpretação fica particularmente interessante no caso do fenômeno de piezoeletricidade, descoberto por Jacques e Pierre Curie. Ele consiste no aparecimento de cargas elétricas por compressão ou dilatação mecânica de certos cristais; como o fenômeno consiste no aparecimento de um campo elétrico, a simetria do sistema que produz esse campo (cristal e forças de compressão) deve ser, além do mais, a do tronco de cone. Disso resulta que os cristais piroelétricos podem ser piezoelétricos; ao se comprimir um cristal de turmalina seguindo o eixo ternário piroelétrico, constata-se efetivamente o aparecimento de cargas elétricas de sinal contrário. Em contrapartida, cristais como os do quartzo, tendo apenas uma simetria ternária (as extremidades dos eixos binários não são equivalentes), não são piroelétricos, mas piezoelétricos, pois, quando se exerce uma pressão segundo um eixo binário, o único elemento de simetria comum ao cristal e à compressão é esse eixo binário; essa simetria, subgrupo da simetria do tronco de cone, é compatível com o aparecimento de um campo elétrico segundo esse eixo. Num cristal como esse, a polarização elétrica também pode ser determinada por uma compressão normal nas faces do prisma; o único elemento de simetria comum à simetria do cristal e à simetria cilíndrica da compressão é o eixo binário perpendicular à direção da força de compressão. Resulta disso que os cristais, não tendo centro de simetria, podem ser piezoelétricos. É o caso do sal de Seignette, ortorrômbico, com a hemiedria enantiomorfa, e cuja composição química é indicada pela fórmula CO_2K—CHOH—CHOH—CO_2Na.

O hábito que nos leva a pensar segundo os gêneros comuns, as diferenças específicas e os caráteres próprios é tão forte que não podemos evitar o uso de termos que implicam uma classificação natural implícita; feita essa reserva, caso se consinta em retirar da palavra propriedade o sentido que ela ganha numa classificação natural, diremos que, segundo a análise anterior, as propriedades de um indivíduo cristalino exprimem e atualizam, prolongando-a, a polaridade ou o feixe de polaridades que presidiram em sua gênese. Um cristal, matéria estruturada, pode devir ser estruturante; ele é ao mesmo tempo consequência e causa dessa polarização da matéria, sem a qual não existiria. Sua estrutura é uma estrutura recebida, pois foi preciso um germe; mas o germe não é substancialmente distinto do cristal; ele permanece incluído no cristal, que *[90]* devém como que um germe mais vasto. Aqui, o soma é coextensível ao germe, e o germe ao soma. O germe devém soma; sua função é coextensiva ao *limite* do cristal que se desenvolve. Esse poder de estruturar um meio amorfo é, de certa maneira, uma propriedade do limite do cristal;[13] esse limite exige a dissimetria entre o estado interior do cristal e o estado de seu meio. As propriedades genéticas de um cristal manifestam-se eminentemente em sua superfície; são propriedades de limite. Não se pode, pois, caso se queira ser rigoroso, nomeá-las "propriedades do cristal"; elas são antes modalidades da relação entre o cristal e o corpo amorfo. É por ser perpetuamente inacabado, em estado de gênese mantida

---

[13] A relação entre o germe e a substância amorfa é um processo de informação do sistema.

Forma e energia

em suspenso, que o cristal possui o que se nomeia singularmente "propriedades"; essas propriedades são, de fato, o permanente desequilíbrio que se manifesta por relações com os campos polarizados ou pela criação, no limite do cristal e em torno dele, de um campo que tenha uma polaridade determinada pela estrutura do cristal. Generalizando as leis de Curie, achar-se-ia que uma substância puramente amorfa não criaria campos polarizados, a não ser que fosse tornada anisótropa por condições particulares polarizantes, como uma compressão segundo uma direção determinada, ou um campo magnético.[14] Uma singularidade é polarizada. As verdadeiras propriedades do indivíduo estão no nível de sua gênese e, por essa mesma razão, no nível de sua relação com os outros seres, pois, se o indivíduo é o ser sempre capaz de continuar sua gênese, é em sua relação com os outros seres que reside esse dinamismo genético. A operação ontogenética de individuação do cristal se cumpre em sua superfície. As camadas interiores representam uma atividade passada, mas são as camadas superficiais que são depositárias desse poder de fazer crescer, enquanto estão em relação com uma substância estruturável. É o limite do indivíduo que está no presente; é esse limite que manifesta seu dinamismo e que faz existir essa relação entre estrutura e situação hilemórfica. Um ser totalmente simétrico em si mesmo, e simétrico relativamente aos seres que o limitariam, seria neutro e sem propriedades. *As propriedades não são substanciais, e sim relacionais*; elas só existem pela interrupção de um devir. A temporalidade, enquanto exprime ou constitui o mais perfeito modelo da assimetria (o presente não é simétrico do passado, pois o sentido do percurso é irreversível), acha-se necessária à existência do indivíduo. Aliás, talvez haja reversibilidade perfeita entre individuação e temporalidade, o tempo sendo sempre o tempo de uma relação, que só pode existir no limite de um indivíduo. Segundo essa doutrina, poder-se-ia dizer que o tempo é relação, e que não há verdadeira re-

---

[14] A saturação de uma solução talvez crie, ao nível microfísico, uma polaridade que torne a substância amorfa sensível à ação do germe cristalino. A supersaturação, com efeito, é uma coação físico-química, que cria uma metaestabilidade.

lação que não seja assimétrica. O tempo físico existe como relação entre um termo amorfo e um termo estruturado, o primeiro sendo portador de energia potencial, e o segundo, de uma estrutura assimétrica. Igualmente resulta, desta maneira de ver, que toda estrutura é ao mesmo tempo estruturante e estruturada; pode-se apreendê-la sob seu duplo aspecto quando ela se manifesta no presente da relação, entre um estado potencializado amorfo e uma substância estruturada no passado. Então, a relação entre o porvir e o passado seria aquela mesma que apreendemos entre o meio amorfo e o cristal; o presente, relação entre o porvir e o passado, é como o limite assimétrico, polarizante, entre o cristal [91] e o meio amorfo. Esse limite não pode ser apreendido nem como potencial nem como estrutura; ele não é interior ao cristal, mas tampouco faz parte do meio amorfo. Todavia, num outro sentido, ele é parte integrante de ambos os termos, pois é provido de todas as propriedades deles. Os dois aspectos anteriores, a saber, a pertença e a não-pertença do limite aos termos limitados, que se opõem como a tese e a antítese de uma tríade dialética, permaneceriam artificialmente distintos e opostos sem seu caráter de princípio constitutivo: essa relação dissimétrica, com efeito, é o princípio da gênese do cristal, e a dissimetria se perpetua ao longo da gênese; disso resulta o caráter de indefinidade do crescimento do cristal; *o devir não se opõe ao ser; ele é relação constitutiva do ser enquanto indivíduo*. Podemos dizer, por consequência, que o indivíduo físico-químico constituído por um cristal está em devir, enquanto indivíduo. E é mesmo por conta dessa escala média — entre o conjunto e a molécula — que o verdadeiro indivíduo físico existe. Certamente, pode ser dito, num sentido derivado, que esta ou aquela massa de enxofre é individualizada pelo fato dela se apresentar sob uma forma alotrópica determinada. Mas esse estado determinado do conjunto global apenas exprime, no nível macroscópico, a realidade subjacente e mais fundamental da existência, na massa, de indivíduos reais que possuem uma comunidade de origem. O caráter individualizado do conjunto é apenas a expressão estatística da existência de um certo número de indivíduos reais. Se um conjunto abrange um grande número de indivíduos físicos de origens diversas e de estruturas diferentes, ele é uma mistura e permanece

Forma e energia

fracamente individualizado. O verdadeiro suporte da individualidade física é certamente a operação de individuação elementar, mesmo que ela só apareça indiretamente no nível da observação.

<A[15] belíssima meditação que Platão nos oferece no *Parmênides* sobre o nexo do ser e do devir, retomando ou anunciando a meditação do *Filebo*, não chega a encontrar um misto do ser e do devir; a dialética permanece antítese, e o conteúdo do τρίτον τι [algum terceiro] não pode aparecer de outro jeito que não sob forma de postulação insatisfeita. É que Platão não podia encontrar, na ciência helena, a noção de um devir em suspenso, assimétrico e, no entanto, imutável. A alternativa entre o ser estático e o escoamento sem consistência da γένεσις [gênese] e da φθορά [corrupção] não podia ser evitada pela introdução de misto algum. A participação entre as ideias, e mesmo entre as ideias-números, tal como as descobrimos no *Epínomis* ou as reconstruímos a partir dos livros M e N da *Metafísica* de Aristóteles, com a teoria do μέτριον [medida], conserva ainda a noção da superioridade do uno e do imóvel sobre o múltiplo e o movente. O devir permanece concebido como movimento, e o movimento, como imperfeição. Entretanto, através dessa infinita alvorada que é o pensamento de Platão no declínio de sua vida, pode-se adivinhar a busca de um misto real do ser e do devir, antes pressentido que definido no sentido da ética: *imortalizar-se no sensível*, logo, também no devir. Se o *Timeu* houvesse sido escrito nesse momento, talvez tivéssemos, desde o quarto século, uma doutrina mista do ser e do devir. Depois desse esforço ter-se mantido infecundo, aparentemente por causa do caráter esotérico do ensinamento de Platão, a meditação filosófica de inspiração platônica, com Espeusipo e depois com Xenócrates, retorna ao dualismo fundado por Parmênides — esse pai do pensamento sobre *[92]* o qual Platão se autorizava a colocar uma mão sacrílega para dizer que, de certa maneira e sob certo nexo, o ser não é e o não-ser é. O divórcio aceito entre a física e o pensamento reflexivo deveio uma atitude filosófica declarada a

---

[15] O texto entre setas foi retirado para a edição de 1964 e substituído pelas doze linhas precedentes. (N. do E.)

partir de Sócrates, que, decepcionado pela física de Anaxágoras, desejava reconduzir a filosofia "do céu sobre a Terra". Certamente, a obra de Aristóteles marca um grande esforço enciclopédico, e a física é reintroduzida. Porém, não era *esta* física, desprovida de formulação matemática após o repúdio das estruturas-arquétipos, e mais preocupada com classificação do que com medidas, que podia fornecer paradigmas a uma reflexão. A síntese do ser e do devir, em falta no nível do ser inerte, não podia ser efetuada com solidez no nível do vivente, pois teria sido necessário conhecer a gênese do vivente, o que ainda hoje é objeto de pesquisa. Por conseguinte, a tradição filosófica ocidental é quase inteiramente substancialista. Ela negligenciou o conhecimento do indivíduo real, pois não podia apreendê-lo em sua gênese. Molécula indivisível e eterna, ou ser vivo ricamente organizado, o indivíduo era apreendido como uma realidade dada, útil para explicar a composição dos seres ou para descobrir a finalidade do cosmos, mas não como uma realidade em si mesma cognoscível.

Com este trabalho, queremos mostrar que o indivíduo pode agora ser objeto de ciência, e que a oposição afirmada por Sócrates entre a Física e o pensamento reflexivo e normativo deve ter fim. Esse andamento implica que a relatividade do saber científico não mais seja concebida no interior de uma doutrina empirista. E devemos notar que o empirismo faz parte da teoria da indução pela qual o concreto é o sensível, e o real, idêntico ao concreto. A teoria do conhecimento deve ser modificada até as suas raízes, isto é, a teoria da percepção e da sensação. A sensação deve aparecer como relação de um indivíduo vivo ao meio em que ele se encontra. Ora, mesmo que o conteúdo dessa relação não constitua, de saída, uma ciência, ele já possui um valor enquanto relação. A fragilidade da sensação vem, antes de tudo, do fato de lhe ser exigido revelar substâncias, coisa que ela não pode fazer por causa de sua função fundamental. Se há um certo número de descontinuidades da sensação à ciência, não é uma descontinuidade como a que existe ou que supostamente existe entre os gêneros e as espécies, mas como a que existe entre diferentes estados metaestáveis hierarquizados. A presunção de empirismo, relativa ao ponto de partida escolhido, só vale numa doutrina substancialista. Co-

Forma e energia

mo essa epistemologia da relação só pode ser exposta ao se supor definido o ser individual, era-nos impossível indicá-la antes dela ser utilizada; é por essa razão que começamos o estudo por um paradigma emprestado da física: é a seguir, somente, que *derivamos* consequências reflexivas a partir desse ponto de partida. Este método pode parecer bem primitivo: ele é, com efeito, semelhante ao dos "fisiólogos" iônicos; mas ele se apresenta, aqui, como postulado, pois visa fundar uma epistemologia que seria anterior a toda lógica.>

3. Consequências epistemológicas: realidade da relação e noção de substância

Que modificação devemos aportar à concepção da individuação física, passando pela individuação das formas alotrópicas àquela outra, mais fundamental, do cristal relativamente à substância amorfa? Permaneceu sem modificação a ideia de que a individuação consiste *[93]* numa operação, mas pudemos precisar que a relação que estabelece essa operação[16] pode tanto ser atualmente operante quanto estar em suspenso, ganhando então todos os caráteres aparentes da estabilidade substancial. A relação é aqui observável como um limite ativo, e seu tipo de realidade é o de um limite. Podemos, nesse sentido, definir o indivíduo como um ser *limitado*, mas sob a condição de entender, com isso, que um ser limitado é um ser polarizante, ser que possui um dinamismo indefinido de crescimento relativamente a um meio amorfo. O indivíduo não é substância, pois a substância não é limitada por coisa alguma que não si mesma (o que conduziu Espinosa a concebê-la como infinita e como única). Todo substancialismo rigoroso exclui a noção de indivíduo, como pode ser visto em Descartes — que não podia explicar à princesa Elisabeth em que consiste a união

---

[16] Relação tornada possível pela existência de um nexo analógico entre a substância amorfa e o germe estrutural, o que dá no mesmo dizer que o sistema constituído pela substância amorfa e pelo germe abriga informação.

das substâncias no Homem — e, melhor ainda, em Espinosa, que considera o indivíduo como uma aparência. O ser *finito* é o contrário mesmo do ser *limitado*, pois *o ser finito é confinado por si mesmo*, já que não possui uma quantidade suficiente de ser para crescer sem fim; ao contrário, neste ser indefinido que é o indivíduo, o dinamismo de acrescimento não se detém, pois as sucessivas etapas de acrescimento são como outros tantos relés, graças aos quais quantidades cada vez maiores de energia potencial são submetidas para ordenarem e incorporarem massas cada vez mais consideráveis de matéria amorfa. Assim, os cristais visíveis a olho nu já são, relativamente ao germe inicial, edifícios consideráveis: um domínio cúbico de diamante, de 1 μm de lado, abrange mais de 177.000.000.000 de átomos de carbono. Pode-se pensar, pois, que o germe cristalino já cresceu enormemente ao atingir o tamanho de um cristal visível no limite do poder separador dos microscópios ópticos. Porém, sabe-se ademais que é possível "alimentar" um cristal artificial, numa solução supersaturada mantida cuidadosamente em condições de lento crescimento, de maneira a obter um indivíduo cristalino pesando vários quilogramas. Nesse caso, mesmo que se suponha que o germe cristalino, relativamente aos átomos dos quais ele se formou, já é um edifício de grandes dimensões, achar-se-ia que um cristal de um decímetro cúbico de volume tem uma massa um milhão de bilhões de vezes superior à de um germe cristalino de supostamente 1 μm^3 de volume. Os cristais de tamanho corrente, que constituem quase a totalidade da crosta terrestre, como os de quartzo, de feldspato e de mica, de que o granito é composto, têm uma massa igual a vários milhões de vezes a massa do germe deles. Portanto, é preciso supor, com toda necessidade, a existência de um processo de submissão por relés sucessivos, o qual permite, à fraquíssima energia contida no limite do germe, estruturar uma massa tão considerável de substância amorfa. De fato, é o limite do cristal, durante o acrescimento, que é o germe, e esse limite se desloca à medida que o cristal se acresce; ele é feito de átomos sempre novos, mas permanece dinamicamente idêntico a si mesmo, e se acresce em superfície ao conservar as mesmas características locais de acrescimento. Esse papel primordial do limite é posto particularmente em relevo por fe-

Forma e energia

nômenos tais como o das figuras de corrosão e, sobretudo, o da epitaxia, que constituem uma notável contraprova. As figuras de corrosão, obtidas no ataque de um cristal por um reativo, manifestam pequenas depressões de contornos regulares, que se poderia nomear [94] cristais negativos. Ora, esses cristais negativos são de forma diferente segundo a face do cristal sobre a qual aparecem; a fluorita pode ser atacada pelo ácido sulfúrico; ora, a fluorita cristaliza sob forma de cubos que, pelo choque, dão faces paralelas às do octaedro regular. Pela corrosão, numa face do cubo, vê-se aparecerem pequenas pirâmides quadrangulares e, numa face do octaedro, pequenas pirâmides triangulares. Todas as figuras que aparecem numa mesma face têm uma mesma orientação. A epitaxia é um fenômeno produzido quando se toma um cristal como suporte de uma substância em via de cristalização. Os cristais nascentes são orientados pela face cristalina (de uma substância química diferente) sobre a qual se os coloca. A simetria ou dissimetria do cristal aparece nesses dois fenômenos. Assim, a calcita e a dolomita, CO_3Ca e $(CO_3)2CaMg$, atacadas pelo ácido nítrico diluído, numa face de clivagem, apresentam figuras de corrosão simétricas, para a calcita, e dissimétricas, para a dolomita. Esses exemplos mostram que os caráteres do limite do indivíduo físico podem se manifestar em todo ponto desse indivíduo que tornou a devir limite (aqui, por exemplo, pela clivagem). O indivíduo pode assim desempenhar um papel de informação e conduzir-se, mesmo que localmente, como singularidade ativa, capaz de polarizar. Todavia, pode-se perguntar se tais propriedades e, em particular, a homogeneidade que acabamos de notar, ainda existem em escala bem pequena: haveria um limite inferior dessa individuação cristalina? Haüy formulou em 1784 a teoria reticular dos cristais, confirmada em 1912 por Laue, graças à descoberta da difração dos raios X pelos cristais, que se comportam como uma rede. Haüy estudava a calcita, que se apresenta sob formas bem variadas; ele descobriu que todos os cristais de calcita podem dar, por clivagem, um mesmo romboedro, paralelepípedo cujas seis faces são losangos iguais, formando entre si um ângulo de 105° 5'. Pode-se, pelo choque, tornar esses romboedros cada vez menores, visíveis apenas ao microscópio. Mas a forma não muda. Haüy supôs um limite para essas divisões sucessivas e imaginou os cristais de calcita como empilhamentos desses romboedros elementares. Pelo método de Laue, pôde-se medir, graças aos raios X, as dimensões desse romboedro elementar cuja altura é igual a 3,029 x 10^{-8} cm. O sal-gema, que possui três clivagens retangulares, é feito de cubos elementares indivisíveis cuja aresta mede 5,628 x 10^{-8} cm. Pode-se considerar, então, que um cristal de sal-gema é constituído por partículas materiais (moléculas de cloreto de sódio) dispostas nos nós de uma rede cristalina constituída por três famílias de planos reticulares que se cortam em ângulo reto. O cubo elementar é nomeado malha cristalina. A calcita será constituída por três sistemas de planos reticulares, formando entre si um ângulo de 105° 5', separados pelo intervalo constante de 3,029 x 10^{-8} cm. Pode-se considerar todo cristal como constituído por uma rede de paralelepípedos. Essa estrutura reticular dá conta não apenas da estratificação paralela às clivagens, mas também de vários modos de estratificação. Assim, na rede cúbica, que explica a estrutura do sal-gema, pode-se colocar em evidência uma estratificação paralela aos planos diagonais do cubo. Essa estratificação se manifesta na blenda. Os nós da rede cúbica podem ser arranjados em planos reticulares paralelos às faces do octaedro regular: vimos mais acima a clivagem da fluorina, que corresponde a uma estratificação assim. Essa noção de estratificação múltipla merece ser particularmente meditada, pois ela dá um conteúdo ao mesmo tempo inteligível e real à ideia de limite. O limite é constitutivo quando ele é, não a confinança material de um ser, mas sua estrutura, constituída pelo conjunto dos pontos análogos a um ponto qualquer do [95] meio cristalino. O meio cristalino é um meio periódico. Para conhecer completamente o meio cristalino, basta conhecer o conteúdo da malha cristalina, isto é, a posição dos diferentes átomos; submetendo estes últimos a translações, segundo três eixos de coordenadas, achar-se-ão todos os pontos análogos que lhes correspondem no meio. O meio cristalino é um meio triplamente periódico, cujo período é definido pela malha. Segundo o Sr. Wyart, "pode-se fazer uma imagem, pelo menos no plano, da periodicidade do cristal, comparando-o ao *motivo*, indefinidamente repetido, de um papel de parede" (*Cours de Cristallographie pour le*

Forma e energia

Certificat d'Études Supérieures de Minéralogie, Centro de Documentação Universitária, p. 10). O Sr. Wyart acrescenta: "Esse motivo é reencontrado em todos os nós de uma rede de paralelogramos; os lados do paralelogramo elementar não têm existência alguma, exatamente como a *malha elementar* do cristal". O limite, portanto, não está predeterminado; ele consiste em estruturação; assim que um ponto arbitrário é escolhido nesse meio triplamente periódico, a malha elementar acha-se determinada, como um conjunto de limites espaciais. De fato, a fonte comum do limite e da estruturação é a periodicidade do meio. Reencontramos aqui, com um conteúdo mais racional, a noção já indicada de possibilidade indefinida de crescimento; o cristal pode crescer conservando todos os seus caráteres, porque ele possui uma estrutura periódica; o crescimento, portanto, é sempre idêntico a si mesmo; um cristal não tem centro que permita medir o distanciamento de um ponto do seu contorno exterior relativamente a esse centro; seu limite não está, relativamente à estrutura do cristal, mais distanciado do centro do que os outros pontos; o limite do cristal está virtualmente em cada ponto, e ele pode, realmente, aparecer em cada qual por uma clivagem. As palavras interioridade e exterioridade não podem, com seu sentido habitual, ser aplicadas a essa realidade que é o cristal. Consideremos, ao contrário, uma substância amorfa: ela deve estar confinada por um envoltório, e sua superfície pode ter propriedades que pertençam propriamente à superfície. Assim, uma gota d'água produzida por um conta-gotas ganha, no curso de sua formação, um certo número de aspectos sucessivos que a mecânica estuda; esses aspectos dependem do diâmetro do tubo, da força de atração devida à gravidade, da tensão superficial do líquido; aqui, o fenômeno é extremamente variável segundo a ordem de grandeza adotada, pois o envoltório age enquanto envoltório, e não enquanto limite. Notemos bem, aliás, que os corpos amorfos podem, em certos casos, ganhar formas regulares, como a das gotas d'água que constituem a névoa; mas não se pode falar da individuação de uma gota d'água como se fala da individuação de um cristal, pois ela não possui, pelo menos de maneira rigorosa e na totalidade da sua massa, uma estrutura periódica. Uma gota d'água de grandes dimensões não é exatamente idêntica, em todas as suas propriedades, a uma gota d'água de pequenas dimensões.[17]

A individuação que acabamos de caracterizar pelo exemplo do cristal não pode existir sem uma descontinuidade elementar de escala mais restrita; é preciso um edifício de átomos para constituir uma malha cristalina, e essa estruturação dificilmente seria concebível sem uma descontinuidade elementar. Descartes, é verdade, querendo explicar todos os efeitos físicos por "figura e movimento", buscou fundar [96] a existência das formas noutra coisa que não a descontinuidade elementar, inconcebível num sistema em que o vazio absoluto é excluído, pois o extenso é substancializado e devém *res extensa*; por conseguinte, Descartes considerou com muito cuidado os cristais, e até mesmo observou finamente a gênese dos cristais artificiais numa solução supersaturada de sal marinho, tentando explicá-la por figura e movimento. Mas Descartes experimenta uma grande dificuldade para descobrir o fundamento das estruturas; ele se esforça, no início dos *Meteoros*, em mostrar uma gênese de confinanças espaciais a partir da oposição dos sentidos de rotação de dois turbilhões vizinhos; é o movimento que individua de maneira primordial as regiões do espaço; numa mecânica sem forças vivas, o movimento pode parecer, com efeito, uma determinação puramente geométrica. Porém, num espaço-matéria contínuo, o movimento não pode, sozinho, constituir facilmente uma anisotropia das propriedades físicas; a tentativa que Descartes fez para explicar o campo magnético por figura e movimento, a partir de verrumas oriundas dos polos do ímã que rodopiam sobre si mesmas, permanece infrutífera: pode-se certamente explicar, mediante essa hipótese, como dois polos de mesmo nome se repelem, ou então como dois polos de nomes contrários se atraem. Porém, não se pode explicar a coexistência dessas duas propriedades, pois tal coexistência exige uma anisotropia, en-

---

[17] Na natureza, esses indivíduos imperfeitos são frequentemente formados por um cristal em torno do qual uma substância amorfa se fixa, em certas condições (névoa, neve). As condições de formação desses indivíduos imperfeitos são comparáveis às condições de supersaturação: espalhando-se cristais, pode-se encetar a formação de chuva ou de neve num ar saturado.

Forma e energia

quanto o espaço-matéria de Descartes é isótropo. O substancialismo só consegue explicar os fenômenos de isotropia. A polarização, condição mais elementar da relação, permanece incompreensível num substancialismo rigoroso. Assim, Descartes esforçou-se por explicar, mediante o mecanicismo da matéria sutil, todos os fenômenos nos quais um campo manifesta grandezas vetoriais. Ele concedeu uma viva atenção aos cristais, pois lhe apresentavam uma clara ilustração da realidade das figuras; eles são formas geométricas substancializadas; mas o sistema de Descartes, excluindo o vazio, tornava impossível o reconhecimento daquilo que há de fundamental no estado cristalino, a saber, a individuação genética da estrutura periódica, logo descontínua, oposta ao contínuo ou à desordem do estado amorfo.

Ora, para ser plenamente rigoroso, não se deve dizer que, se o estado cristalino é descontínuo, o estado amorfo é contínuo; uma mesma substância, com efeito, pode se apresentar no estado amorfo ou no estado cristalino, sem que suas partículas elementares se modifiquem. Porém, mesmo que composta de elementos descontínuos como moléculas, uma substância pode se comportar como contínua, assim que um número suficiente de partículas elementares esteja implicado na produção do fenômeno. Com efeito, uma multidão de ações desordenadas, isto é, não obedecendo nem a uma polarização, nem a uma repartição periódica no tempo, tem somas médias que se repartem num campo isótropo. Assim são, por exemplo, as pressões num gás comprimido. O exemplo do movimento browniano, colocando em evidência a agitação térmica das grandes moléculas, ilustra também essa condição dos meios isótropos: com efeito, caso se pegue partículas visíveis cada vez maiores para observar esse movimento, os movimentos dessas partículas acabam por devir imperceptíveis; é que a soma instantânea das energias recebidas em cada face por parte das moléculas em estado de agitação é cada vez mais fraca relativamente à massa da partícula observável; quanto mais volumosa é essa partícula, mais o número de choques por unidade de tempo, em cada face, é elevado; como a repartição desses choques se faz ao acaso, as forças por unidade de superfície são tão mais constantes no tempo quanto maiores são as superfícies consideradas, e uma partícula observável bastante volumosa permanece praticamente em *[97]* repouso. Para durações e ordens de dimensões suficientes, o descontínuo desordenado equivale ao contínuo; ele é funcionalmente contínuo. O descontínuo pode, portanto, manifestar-se tanto como contínuo quanto como descontínuo, segundo seja desordenado ou ordenado. O contínuo, porém, não pode se apresentar funcionalmente como descontínuo, pois ele é isótropo.

Continuando nesta via, descobriríamos que o aspecto de continuidade pode se apresentar como um caso particular da realidade descontínua, ao passo que a recíproca dessa proposição não é verdadeira. O descontínuo é primeiro relativamente ao contínuo. É por essa razão que o estudo da individuação, apreendendo o descontínuo enquanto descontínuo, possui um enorme valor epistemológico e ontológico: ele nos convida a perguntar como se cumpre a ontogênese, a partir de um sistema que comporta potenciais energéticos e germes estruturais; não é de uma *substância*, mas de um sistema, que há individuação, e é essa individuação que engendra aquilo que se nomeia uma substância, a partir de uma singularidade inicial.

Entretanto, concluir dessas observações um primado ontológico do indivíduo seria perder de vista todo o caráter de fecundidade da relação. O indivíduo físico que é o cristal é um ser de estrutura periódica, que resulta de uma gênese na qual são reencontradas, numa relação de compatibilidade, uma condição estrutural e uma condição hilemórfica, contendo matéria e energia. Ora, para que a energia pudesse ter sido submetida por uma estrutura, seria preciso que ela fosse dada sob forma potencial, isto é, espalhada num meio primitivamente *não polarizado*, comportando-se como um contínuo. A gênese do indivíduo exige o descontínuo do germe estrutural e o contínuo funcional do meio amorfo prévio. Uma energia potencial, mensurável por uma grandeza escalar, pode ser submetida por uma estrutura, feixe de polaridades representáveis de maneira vetorial. A gênese do indivíduo se opera pela relação dessas grandezas vetoriais e dessas grandezas escalares. Portanto, não é preciso substituir o substancialismo por um monismo do indivíduo constituído. Um pluralismo monadológico continuaria sendo um substancialismo. Ora, todo substancialismo é um mo-

Forma e energia

nismo, unificado ou diversificado, no sentido que ele só retém um dos aspectos do ser: os termos sem a relação operatória. O indivíduo físico integra em sua gênese a operação comum do contínuo e do descontínuo, e sua existência é o devir dessa gênese continuada, prolongada na atividade, ou em suspenso.

Isso supõe que a individuação exista num nível intermediário entre a ordem de grandeza dos elementos particulares e a do conjunto molar do sistema completo; nesse nível intermediário, a individuação é uma operação de estruturação amplificante que faz passarem, no nível macrofísico, as propriedades ativas da descontinuidade primitivamente microfísica; a individuação se enceta no escalão em que a descontinuidade da molécula singular é capaz — num meio em "situação hilemórfica" de metaestabilidade — de modular uma energia cujo suporte já faz parte do contínuo, de uma população de moléculas aleatoriamente dispostas, logo, de uma ordem de grandeza superior, em relação com o sistema molar. A singularidade polarizante enceta, no meio amorfo, uma estruturação cumulativa que transpõe as ordens de grandeza primitivamente separadas: a singularidade, ou informação, é aquilo no qual há comunicação entre ordens de grandeza; encetante do indivíduo, ela conserva-se nele. *[98]*

Terceiro capítulo
FORMA E SUBSTÂNCIA[1]
[99]

I. CONTÍNUO E DESCONTÍNUO

1. Papel funcional da descontinuidade

A injunção socrática, pela qual o pensamento reflexivo era reconduzido da Física à Ética, não foi aceita em todas as tradições filosóficas. Os "filhos da terra", segundo a expressão de Platão, obstinaram-se em buscar no conhecimento da natureza física os únicos princípios sólidos para a ética individual. Leucipo e Demócrito já haviam mostrado o caminho. Epicuro funda sua doutrina moral sobre uma física, e esse mesmo andamento se encontra no grande poema didático e épico de Lucrécio. Todavia, um traço notável da relação da Filosofia e da Física entre os Antigos é que a conclusão ética já está pressuposta no princípio físico. A física já é ética. Os atomistas definem necessariamente sua ética em sua física quando fazem do átomo um ser substancial e limitado, atravessando sem se alterar as diferentes combinações. O composto tem um nível de realidade inferior ao simples, e esse composto que é o homem será sábio se conhecer e aceitar sua própria limitação temporal, espacial e energética. Foi dito que os atomistas cunharam o ser eleático: e, com efeito, o Σφαῖρος[NT] arredondado, feliz

---

[1] Este capítulo III, que figurava no texto da defesa da tese (1958), havia sido retirado em 1964 para a primeira publicação. Apenas as últimas páginas, "Topologia, cronologia e ordem de grandeza da individuação física", haviam sido conservadas. (N. do E.)

[NT] [Em grego antigo, Σφαῖρος (*Sphairos*) é substantivo masculino forem sua plenitude circular, que o poema de Parmênides nos apresenta, relato de sua iniciação ao Ser, fragmenta-se ao infinito nos átomos: mas é sempre a matéria imutável, una ou múltipla, que detém o ser. A relação entre os átomos de ser — tornada possível graças à introdução do vazio, que substitui a negatividade do devir parmenidiano — não tem interioridade verdadeira. Oriunda sem lei dos inumeráveis lances do acaso, ela conserva ao longo de sua existência a precariedade essencial de suas condições constitutivas. Para os atomistas, a relação depende do ser e, no ser, nada a funda substancialmente. Oriunda de um *"clinamen"* sem finalidade, ela permanece puro acidente, e só o número infinito dos encontros, na infinidade do tempo escoado, pôde conduzir a algumas formas viáveis. O composto humano, portanto, não pode alcançar em caso algum a substancialidade; mas ele pode evitar as relações necessariamente destrutivas, porque sem fundamentos, que lhe arrancam esse pouco tempo que ele tem para existir, levando-o a pensar na morte, que não tem [100] realidade substancial alguma. O estado de ataraxia é aquele que concentra o máximo possível em si mesmo o composto humano, conduzindo-o ao estado mais vizinho da substancialidade que lhe for possível alcançar. Os *templa serena philosophiæ* ["templos serenos da filosofia"] permitem a construção não de uma verdadeira individualidade, mas do estado do composto mais semelhante ao simples que se possa conceber.

Um postulado simétrico encontra-se na doutrina estoica. Tampouco lá o homem é um verdadeiro indivíduo. O verdadeiro indivíduo é, só ele, único e universal: ele é o cosmos. Só ele é substancial, uno, perfeitamente ligado pela tensão interna do πῦρ τεχνικὸν ὁ διέχει πάντα ["fogo artífice que separa todas as coisas"]. Esse fogo artesão, nomeado também de "fogo semente", πῦρ σπερματικόν, é o princípio da imensa pulsação que anima o mundo. O homem, órgão desse grande corpo, só pode encontrar uma vida verdadeiramente individual no acordo com o ritmo do

mado a partir do feminino σφαῖρα, literalmente "bola", ou "esfera". Na cosmologia parmenidiana, o Σφαῖρος, que talvez poderíamos traduzir por "Esfero", é a condição física total do Universo (κόσμος).]

todo. Esse acordo, concebido como a ressonância que os *luthiers* realizam pela igualdade de tensão de duas cordas de igual peso e igual comprimento, é uma participação da atividade da parte na atividade do todo. A finalidade, recusada pelos atomistas, desempenha um papel essencial no sistema dos Estoicos. É que, para os Estoicos, a relação é essencial, pois eleva a parte que é o homem até o todo que é o indivíduo-cosmos; ao contrário, entre os Atomistas, a relação tão somente distancia o homem do indivíduo, que é o elemento, engajando-o numa participação ainda mais desmedida por suas dimensões.

A intenção ética, pois, recorreu à física em dois sentidos opostos. Para os Atomistas, o verdadeiro indivíduo está infinitamente abaixo da ordem de grandeza do homem; para os Estoicos, ele está infinitamente acima. O indivíduo não é buscado na ordem de grandeza do ser humano, mas nas duas extremidades da escala das grandezas concebíveis. Nos dois casos, o indivíduo físico é buscado com um rigor e uma força que indicam o quanto o homem sente sua vida engajada nessa busca. E talvez seja essa mesma intenção que levou os Epicuristas e os Estoicos a não quererem tomar por modelo do indivíduo um ser comum e corrente. O átomo e o cosmos são absolutos em sua consistência porque são os termos extremos daquilo que o homem pode conceber. O átomo é absoluto como não-relativo ao grau atingido pelo processo de divisão; o cosmos é absoluto como não-relativo ao processo de adição e de busca da definição por inclusão, pois ele é o termo que compreende todos os outros. A única diferença, importantíssima pelas suas consequências, é que o absoluto do todo abarca a relação, enquanto o absoluto do indivisível a exclui.

Talvez seja preciso ver, nessa busca de um indivíduo absoluto fora da ordem humana, uma vontade de busca não submetida a preconceitos provenientes da integração do homem no grupo social; a cidade fechada é negada nessas duas descobertas do indivíduo físico absoluto: por redobramento sobre si, no epicurismo, por ultrapassamento e universalização no estoicismo do civismo cósmico. Precisamente por essa razão, nenhuma das doutrinas chega a pensar a relação sob sua forma geral. A relação entre os átomos é precária e termina na instabilidade do composto; a relação da

Forma e substância

parte ao todo absorve a parte no todo. Assim, a relação do homem ao homem, nas duas doutrinas, é quase semelhante; o sábio estoico permanece αὐτάρκης καὶ ἀπαθής ["autossuficiente e impassivo"]. Ele considera suas relações com os outros como parte das τὰ οὐκ ἐφ᾽ ἡμῖν ["coisas que não são de nosso encargo"]. O *Manual* de Epiteto compara as relações familiares à colheita ocasional de um bulbo de jacinto que um marujo encontra ao fazer uma curta caminhada numa ilha; se o mestre de tripulação grita que estão zarpando, não é mais o momento de se demorar nessa colheita; o marujo correria o risco *[101]* de ser impiedosamente abandonado na ilha, pois o mestre não espera. O livro IV do *De rerum natura* [*Sobre a natureza das coisas*, de Lucrécio] trata da mesma maneira as paixões humanas fundadas sobre os instintos, e restringe parcialmente o sentido delas a um nexo de posse. A única verdadeira relação, no Epicurismo, é do homem consigo mesmo e, no Estoicismo, do homem com o cosmos.

Assim, a busca do indivíduo físico fundamental permanecia infecunda entre os Antigos, pois era por demais unicamente tensionada, por motivos éticos, para a descoberta de um absoluto substancial. Nesse sentido, talvez o pensamento moral do Cristianismo tenha prestado um serviço, bastante indiretamente, à busca do indivíduo na física; tendo dado um fundamento não físico à ética, ele retirou da busca do indivíduo na física seu aspecto de princípio moral, o que a liberou.

Desde o fim do século XVIII, um papel funcional é dado a uma descontinuidade da matéria: a hipótese de Haüy sobre a constituição reticular dos cristais é um exemplo disso. Na química, igualmente, a molécula devém centro de relações, e não é mais apenas depositária da materialidade. O século XIX não inventou a partícula elementar, mas ele continuou a enriquecê-la em relações à medida que a empobrecia em substância. Essa via conduz a que se considere a partícula como ligada a um campo. A última etapa dessa busca esteve completa quando foi possível medir, em termos de variação de nível energético, uma mudança de estrutura do edifício constituído pelas partículas em relação mútua. A variação de massa, ligada a uma liberação ou a uma absorção de energia, portanto a uma mudança de estrutura, concretiza profundamente aquilo que é a relação como equivalente ao ser. Uma troca assim, que permite enunciar o nexo que mede a equivalência de uma quantidade de matéria e de uma quantidade de energia, portanto de uma mudança de estrutura, não pode deixar subsistir uma doutrina que atrele as modificações da substância à substância como puros acidentes contingentes, a despeito das quais a substância permanece inalterada. No indivíduo físico, substância e modos estão no mesmo nível de ser. A substância consiste na estabilidade dos modos, e os modos, em mudanças do nível de energia da substância.

A relação pôde ser colocada no posto do ser a partir do momento em que a noção de quantidade descontínua foi associada à noção de partícula; uma descontinuidade da matéria, que consistiria apenas numa estrutura granular, deixaria subsistir a maior parte dos problemas que a concepção do indivíduo físico na Antiguidade levantava.

A noção de descontinuidade deve devir essencial à representação dos fenômenos para que uma teoria da relação seja possível: ela deve se aplicar não apenas às massas, mas também às cargas, às posições de estabilidade que partículas podem ocupar, às quantidades de energia absorvidas ou cedidas numa mudança de estrutura. O *quantum* de ação é o correlativo de uma estrutura que muda por saltos bruscos, sem estados intermediários.

2. A antinomia do contínuo e do descontínuo

Poder-se-ia objetar, entretanto, que o advento de uma física quântica não conseguiria fazer com que se esquecesse da necessidade de manter uma onda associada a cada corpúsculo, necessidade que só se compreende numa hipótese de continuidade da propagação e de continuidade das trocas de energia implicadas no fenômeno. Parece que o efeito fotoelétrico resume sozinho essa antinomia da necessidade das quantidades descontínuas [102] e da igual necessidade de uma repartição contínua da energia: há um limiar de frequência dos "fótons", como se cada fóton devesse aportar uma quantidade de energia ao menos igual à energia de saída de um elétron para fora do metal. Mas, além disso, não há limiar de intensidade, como se cada fóton pudesse ser considerado como uma onda cobrindo uma superfície de dimensão indeterminada e, todavia, capaz de fornecer toda sua energia num ponto perfeitamente localizado.

Talvez essa antinomia parecesse menos acentuada caso se pudesse reter o resultado das análises precedentes a fim de aplicá-las a esse caso mais geral. Já não temos aqui, como no caso do cristal, a distinção entre uma região descontínua, estruturada, periódica, e uma região amorfa, contínua, suporte de grandezas escalares. Mas ainda temos, sintetizadas no mesmo ser, portadas pelo mesmo suporte, uma grandeza estruturada e uma grandeza amorfa, puro potencial. O descontínuo está no modo de relação, que opera por saltos bruscos, como entre um meio periódico e um meio amorfo, ou entre dois meios de estrutura periódica; aqui, a estrutura é a mais simples possível, ela é a unicidade da partícula. Uma partícula é partícula, não enquanto ocupa espacialmente tal lugar, mas enquanto troca sua energia apenas quanticamente com outros suportes de energia. A descontinuidade é uma modalidade da *relação*. É possível apreender, aqui, aquilo que se nomeia como duas "representações complementares do real" e que são, talvez, não somente complementares, mas realmente unas. Essa necessidade de reunir duas noções complementares vem, talvez, do fato de que esses dois aspectos do ser individuado foram separados pelo substancialismo, e de que temos que fazer um esforço intelectual para reuni-los, por causa de um certo hábito imaginativo. O que é, para uma partícula, o campo associado que somos obrigados a lhe adjungir para dar conta dos fenômenos? É a possibilidade, para ela, de estar em relação estrutural e energética com outras partículas, mesmo que tais partículas se comportem como um contínuo. Quando uma placa de um metal alcalino é iluminada por um feixe luminoso, há relação entre os elétrons livres contidos no metal e a energia luminosa; aqui, os elétrons livres se comportam como seres equivalentes ao contínuo enquanto se repartem ao acaso na placa, enquanto não recebem uma quantidade de energia suficiente para poder sair da placa; essa energia corresponde ao potencial de saída e varia com a espécie química do metal empregado. Os elétrons intervêm aqui como suportes de uma grandeza contínua, escalar, não correspondendo a um campo polarizado. Eles são como as moléculas de um corpo amorfo em estado de agitação térmica. O lugar deles, supondo que fossem localizáveis, não teria importância. O mesmo vale para as partículas da fonte de luz: a posição delas no instante em que a energia luminosa foi emitida não conta. Pode-se produzir o efeito fotoelétrico com a luz de uma estrela que não existe mais. Em contrapartida, os elétrons se comportam como seres estruturados enquanto são suscetíveis de sair da placa. A essa mudança da relação deles com as outras partículas que constituem o meio metálico corresponde uma quantidade de energia mensurável por um certo número de *quanta*. Outrossim, as mudanças de estado de cada partícula constituinte da fonte de luz intervêm na relação sob forma de frequência do fóton. A individualidade das mudanças de estrutura que ocorreram na fonte se conserva sob forma de energia do "fóton", isto é, sob a forma da capacidade da energia luminosa para operar uma mudança de estrutura, mudança que exige uma quantidade determinada de energia num ponto preciso. Sabe-se, com efeito, que o limiar de frequência do efeito fotoelétrico corresponde à necessidade, para cada elétron, *[103]* de receber uma quantidade de energia ao menos igual à sua energia de saída. É-se conduzido a pôr a noção de "fóton" para explicar não apenas essa regra do limiar de frequência, mas também o fato importantíssimo da repartição, ou antes, da disponibilidade da energia luminosa em cada um dos pontos da placa iluminada: não há limiar de intensidade; ora, se o elétron se comporta como partícula no sentido de que cada elétron necessita do aporte de uma quantidade determinada de energia para sair da placa, poder-se-ia pensar que ele se comportará como partícula também no sentido de que receberá uma quantidade de energia luminosa proporcional à abertura do ângulo sob o qual ele é visto da fonte de luz (segundo a lei do fluxo). É isso, todavia, o que a experiência desmente; quando decresce a quantidade de luz recebida pela placa sobre cada unidade de superfície, deveria chegar um momento em que a quantidade de luz seria fraca demais para que cada elétron recebesse uma quantidade de luz equivalente à sua energia de saída. Ora, esse momento não chega; só o nú-

Forma e substância

mero de elétrons, extraídos por unidade de tempo, é que diminui proporcionalmente à quantidade de luz. Toda a energia recebida pela placa de metal alcalino age sobre essa partícula 50 mil vezes menor que o átomo de hidrogênio. É por isso que se é conduzido a considerar que toda a energia veiculada pela onda luminosa está concentrada num ponto, como se houvesse um corpúsculo de luz.

3. O MÉTODO ANALÓGICO

Contudo, será que se deveria conceder valor de realidade à noção de fóton? Talvez ela seja plenamente válida numa *física do como se*, mas devemos nos perguntar se ela constitui um indivíduo físico real. Há necessidade dela pela maneira como se efetua a relação entre a energia luminosa e os elétrons, isto é, finalmente, entre as mudanças de estado das partículas da fonte de luz e as mudanças de estado das partículas do metal alcalino. Com efeito, talvez seja perigoso considerar a energia luminosa sem considerar a fonte de que ela provém. Ora, se queremos apenas descrever a relação entre a fonte de luz e os elétrons livres do metal alcalino, veremos que não é absolutamente necessário fazer com que indivíduos de luz intervenham, e que é ainda menos necessário recorrer a uma "onda de probabilidade" para dar conta da repartição da energia luminosa veiculada por aqueles fótons na superfície da placa de metal. Parece mesmo que a hipótese do fóton seja difícil de conservar no caso em que uma quantidade de luz extremamente fraca chega a uma superfície suficientemente grande de metal alcalino. A saída dos elétrons, então, é sensivelmente descontínua, o que se traduz por um "ruído de fundo", ou ruído de granalha, caracterizado quando se amplifica e se transforma em sinais sonoros as correntes produzidas num circuito pelos elétrons que saem do metal, e captadas num ânodo graças a uma diferença de potencial criada entre esse ânodo e a placa de metal fotoemissiva que deveio cátodo. Caso diminua-se ainda mais a intensidade do fluxo luminoso, aumentando-se, porém, a superfície da placa de metal alcalino, o número de elétrons saindo por unidade de tempo permanecerá constante quando as duas variações se compensarem, isto é, quando o produto da superfície iluminada pela intensidade da luz permanecer constante. Ora, a probabilidade de encontro entre um fóton e um elétron livre diminui quando a superfície da placa aumenta e a intensidade da luz decresce. Com efeito, ao admitir que o número de elétrons livres por unidade de superfície permanece constante seja qual for a superfície, descobre-se que o número de fótons *[104]* diminui quando a superfície aumenta e a quantidade total de luz recebida por unidade de tempo, sobre toda a superfície, permanece constante. É-se conduzido, portanto, a considerar o fóton como podendo estar presente em toda parte e a todo instante na superfície da placa de metal alcalino, pois o efeito só depende do número de fótons recebidos por unidade de tempo, e não da concentração ou da difusão da luz sobre uma superfície maior ou menor. O fóton encontra um elétron *como se* ele tivesse uma superfície de vários centímetros quadrados, mas ele troca energia com o elétron *como se* ele fosse um corpúsculo da ordem de grandeza do elétron, isto é, 50 mil vezes menor que o átomo de hidrogênio. E isso o fóton pode fazer, mesmo permanecendo capaz de aparecer num outro efeito, realizado ao mesmo tempo e nas mesmas condições, como que ligado a uma transmissão de energia sob forma ondulatória: pode-se obter franjas de interferências no cátodo da célula fotoelétrica sem perturbar o fenômeno fotoelétrico. Talvez seja preferível, então, dar conta dos aspectos contraditórios do efeito fotoelétrico por um outro método. Com efeito, considerando-se o fenômeno sob o aspecto de descontinuidade temporal que ele apresenta quando a quantidade de energia recebida por unidade de superfície é extremamente fraca, percebe-se que a saída dos elétrons se produz quando o iluminamento da placa fotoemissiva durou por certo tempo: tudo se passa como se uma soma qualquer da energia luminosa se produzisse na placa. Poder-se-ia supor, por consequência, que a energia luminosa é transformada, na placa, numa energia potencial que permite a modificação do estado de relação de um elétron com as partículas constituintes do metal. Isso permitiria compreender que o lugar dos elétrons livres não intervém na determinação do fenômeno, nem tampouco a densidade dos "fótons" por unidade de superfície da placa metálica. Seríamos então reconduzidos ao caso

Forma e substância

da relação entre uma estrutura e uma substância amorfa, que se manifesta como um contínuo mesmo que não seja contínua em sua composição. Aqui, com efeito, os elétrons se manifestam como uma substância contínua, pois obedecem a uma repartição conforme à lei dos grandes números na placa de metal. Esse conjunto, constituído pelos elétrons e pela placa metálica na qual se encontram repartidos ao acaso, pode ser estruturado pela adjunção de uma quantidade suficiente de energia que permitirá aos elétrons saírem da placa. O conjunto desordenado terá sido ordenado. Entretanto, essa tese, tão sumariamente apresentada, deveria atrair a crítica. Com efeito, existem outras maneiras de acrescer a energia potencial da placa metálica, por exemplo, esquentando-a; é então que se vê, com efeito, a partir de temperaturas situadas entre 700° e 1.250°, produzir-se um fenômeno nomeado efeito termoiônico, mais bem nomeado como efeito termoeletrônico: elétrons saem espontaneamente de um pedaço de metal aquecido. Quando esse metal é revestido de óxidos cristalizados, o fenômeno ocorre em temperatura mais baixa. Aqui, a mudança de repartição ocorre com a intervenção de apenas uma condição, a da elevação da temperatura, ao menos em aparência. Entretanto, a condição energética, a saber, a temperatura do metal que constitui um "cátodo quente", não é plenamente suficiente; a estrutura da superfície do metal entra igualmente em jogo: nesse sentido, diz-se que um cátodo pode ser "ativado" pela adjunção de traços de metal, de estrôncio ou de bário, por exemplo; até mesmo no efeito termoeletrônico, portanto, existem condições estruturais da emissão de elétrons. Só que as condições estruturais do efeito termoeletrônico — como no caso de uma substância amorfa que passa ao estado cristalino por aparecimento espontâneo, até os dias de hoje inexplicado, de germes cristalinos em sua massa — [105] estão sempre presentes, nas condições ordinárias, quando também lá estão as condições energéticas. Elas lá estão ao menos em grande escala, para um "cátodo quente" que tem uma superfície emissiva suficiente; mas lá estão de maneira muito mais descontínua, em pequena escala. Ao projetar numa tela fluorescente, mediante um dispositivo de concentração (lentícula eletrostática ou eletromagnética), os elétrons emitidos no mesmo instante pelos diferentes pontos de um cátodo

144   A individuação física

quente, de maneira a obter uma imagem óptica aumentada do cátodo, vê-se que a emissão de elétrons, para cada ponto, é muito variável segundo os instantes sucessivos. Formam-se como que crateras sucessivas de intensa atividade, crateras que são eminentemente instáveis: a corrente total recolhida, caso se instale na proximidade do cátodo, num recinto vazio, um ânodo, com uma diferença de potencial suficiente entre ânodo e cátodo, para captar todos os elétrons emitidos (corrente de saturação), mostra flutuações que provêm dessas intensas variações locais da intensidade do fenômeno termoeletrônico. Quanto maior a superfície do cátodo, mais fracas são essas variações locais relativamente à intensidade total; num tubo eletrônico de cátodo bem pequeno, esse fenômeno é sensível. Ele foi, bem recentemente, estudado sob o nome de cintilação ou *flicker*. Ora, todos os pontos de um cátodo estão nas mesmas condições energéticas térmicas, à exceção de pequeninas diferenças, por conta da elevada condutividade térmica dos metais. Mesmo que se supusessem ligeiras diferenças de temperatura entre diferentes pontos da superfície de um cátodo, não se poderia com isso explicar as bruscas e importantes mudanças de intensidade da emissão de elétrons entre dois pontos vizinhos. É que o efeito termoeletrônico, portanto, depende ao menos de uma outra condição, além da condição energética que sempre está presente. As brilhantes e fugazes crateras, observadas no dispositivo óptico eletrônico descrito mais acima, correspondem ao aparecimento, ou ao desaparecimento, dessa condição de atividade na superfície do cátodo, em tal ponto determinado. O estudo desse fenômeno não está suficientemente avançado para que se possa tornar precisa a natureza desses *germes de atividade*. Mas é importante notar que eles são funcionalmente comparáveis aos germes cristalinos que aparecem numa solução amorfa supersaturada. A natureza desses germes ainda é misteriosa; mas sua existência é certa. Ora, devemos nos perguntar se, no efeito fotoelétrico, a luz somente age aumentando a energia dos elétrons. É interessante observar que os elétrons saem normalmente na superfície da placa de metal alcalino. É bastante lamentável que as temperaturas elevadas, necessárias para se obter o efeito termoeletrônico, não sejam compatíveis com a conservação dos cátodos de zinco,

Forma e substância

de césio ou de cádmio; poder-se-ia tentar ver se, para temperaturas pouquíssimo inferiores àquela em que o efeito termoelétrico começa a se manifestar, a frequência mínima da luz que produz o efeito fotoeletrônico se encontraria abaixada, o que mostraria que a energia de saída teria diminuído. Se assim fosse, poder-se-ia concluir disso que existem dois termos na energia de saída do elétron: um termo estrutural e um termo representando, de fato, um potencial. Todavia, mesmo na ausência de experiências mais precisas, é possível tirar deste exemplo certo número de conclusões provisórias, relativas ao estudo da individuação física. Vemos, com efeito, um tipo bastante notável de relação no efeito fotoelétrico: do ponto de vista energético, todos os elétrons livres que se encontram na placa de metal iluminada são *como uma única substância*. Senão, não se poderia compreender como é possível haver efeito de soma da energia luminosa que chega na *[106]* placa, até que a quantidade de energia necessária à saída de um elétron tivesse sido recebida. Há casos, com efeito, em que não se pode considerar o fenômeno como instantâneo; nesses casos, é preciso, portanto, que a energia luminosa tenha sido previamente posta em reserva; por outro lado, essa energia supõe uma comunicação entre todos os elétrons livres, pois dificilmente se pode conceber que a energia tenha sido aportada por um fóton que, para agir sobre o elétron, teria dedicado um tempo maior do que a velocidade da luz permite calcular. Se a relação entre a luz e um elétron se faz mais lentamente do que a velocidade da luz autoriza, é porque não há relação direta entre a luz e o elétron, mas relação por intermédio de um terceiro termo. Se a interação entre o "fóton" e a luz é direta, ela deve ser suficientemente curta para que o fóton, entre o início e o fim da interação, ainda esteja praticamente no mesmo lugar. Restringimo-nos aqui a refazer, para o deslocamento do fóton, o raciocínio que conduziu a que adotássemos a ideia de que o fóton pode se manifestar em todo ponto iluminado. Porém, admitindo-se que o fóton pode manifestar sua presença, em toda parte e no mesmo instante, sobre um plano perpendicular na direção de deslocamento, não se pode admitir que ele possa permanecer no mesmo local durante todo o tempo que dura uma transformação. Se, por exemplo, uma transformação dura $1/100.000°$ de segundo, o fóton teria tido tempo, entre o início e o fim dessa transformação, para percorrer 3 mil metros. Essa dificuldade é evitada caso se suponha que, entre a luz e o elétron, há soma de energia no meio em que os elétrons se encontram. Essa soma poderia ser feita, por exemplo, sob forma de aumento da amplitude de uma oscilação ou da frequência de uma rotação. Neste último caso, por exemplo, a frequência da luz interviria diretamente como frequência, e não como quantidade escalar. Admitindo-se, com efeito, um papel direto da frequência, já não é necessário representar-se um fóton cuja energia seria representada pela medida de uma frequência: a frequência é a condição estrutural sem a qual o fenômeno de estruturação não pode se efetuar. Mas a energia intervém como quantidade escalar no número de elétrons extraídos por unidade de tempo. Segundo essa representação, seria necessário considerar um campo eletromagnético como possuidor de um elemento estrutural e de um elemento puramente energético: a frequência representa esse elemento estrutural, ao passo que a intensidade do campo representa seu elemento energético. Dizemos que a frequência *representa* o elemento estrutural, mas não que ela o constitui, pois noutras circunstâncias esse elemento intervirá como comprimento de onda no curso de uma propagação num meio determinado ou no vazio. Uma difração pela rede cristalina faz com que essa estrutura intervenha enquanto comprimento de onda, em nexo com o comprimento geométrico da malha cristalina.

O interesse de uma representação da estrutura como que ligada à frequência não é apenas o de um realismo maior, mas também o de uma universalidade muito mais vasta, que evita criar categorias arbitrárias de campos eletromagnéticos (o que daria num substancialismo aparente bastante paralisante). A continuidade entre as diferentes manifestações de campos eletromagnéticos de frequências variadas é estabelecida não apenas pela teoria, mas também pela experiência científica e técnica. Se as diferentes descobertas e experiências que permitiram medir uma frequência eletromagnética forem inscritas em vista de uma escala logarítmica das frequências, como o faz Louis de Broglie em *Ondes, corpuscules, mécanique ondulatoire*, na prancha I (entre a página 16 e a página 17), perceber-se-á que a continuidade foi inteiramente estabe-

Forma e substância 147

lecida entre os seis domínios primeiramente considerados [107] como distintos: as ondas hertzianas, o infravermelho, o espectro visível, o ultravioleta, os raios X e os raios γ. Enquanto os técnicos estendiam para as frequências baixas o domínio das ondas descobertas teoricamente por Maxwell e efetivamente produzidas por Hertz, em 1886, com um oscilador decimétrico, Righi, físico italiano de Bolonha, estabelece a existência de ondas de 2,5 cm. Numa obra publicada em 1897, ele mostra que essas ondas são intermediárias entre a luz visível e as ondas hertzianas; elas possuem todos os caráteres da luz visível. O título dessa obra, *Óptica das oscilações elétricas*, é importantíssimo, porque mostra um esforço para unificar dois domínios até então experimentalmente separados, ainda que tenham sido conceitualmente reunidos na notável teoria eletromagnética da luz de Maxwell: a óptica e a eletricidade. Na via aberta por Righi, Bose e Lêbedev engajam-se, mediante o aparelho construído em 1897 por Bose, para repetir as experiências de Hertz sobre a refração, a difração e a polarização das ondas eletromagnéticas; esses dois pesquisadores conseguem produzir ondas eletromagnéticas de 6 milímetros. Em 1923, Nichols consegue produzir ondas de 0,29 milímetro. Um ano depois, Glagoleva-Arkadieva alcança 0,124 milímetro. Ora, por métodos ópticos, Rubens e Baeyer, em 1913, tinham podido isolar e medir, em radiações infravermelhas, uma radiação de 0,343 milímetro de comprimento de onda. Ultrapassando a simples analogia das propriedades de propagação, as duas formas de energia, outrora isoladas como dois *gêneros* ou, pelo menos, duas *espécies*, recobriam-se parcialmente em extensão (de 0,343 a 0,124 milímetro de comprimento de onda) e identificavam-se em compreensão, tanto para a gênese como para o estudo de "propriedades", mostrando a fragilidade do pensamento que procede por gênero comum e diferenças específicas. O gênero comum e as diferenças específicas estão, aqui, exatamente no mesmo nível de ser: ambas consistem em frequências. A extensão e a compreensão igualmente se recobrem, pois o enunciado dos limites da extensão emprega os caráteres mesmos da definição por compreensão. O andamento intelectual que a progressiva descoberta da continuidade entre as ondas hertzianas e o espectro visível manifesta não é nem indutivo nem dedutivo: ele é *transdutivo*; com efeito, a luz visível e as ondas hertzianas não são duas espécies de um gênero comum que seria o das *ondas eletromagnéticas*. Nenhuma diferença específica pode ser indicada para permitir que se passe da definição das ondas eletromagnéticas à das ondas hertzianas ou da luz visível; na definição das ondas hertzianas ou da luz, não há nada a mais do que na definição das ondas eletromagnéticas. A extensão e a compreensão não variam em sentido inverso, como na indução. Além disso, tampouco se pode dizer que esse pensamento procede, como a dedução, por "transferência de evidência": as propriedades das radiações eletromagnéticas luminosas não são deduzidas a partir das propriedades das ondas eletromagnéticas hertzianas. Elas são constituídas a partir da própria medida, que permite estabelecer uma distinção ao mesmo tempo que uma continuidade: a da frequência. É porque sua única distinção é a da frequência e de seu inverso, o comprimento de onda, que essas duas realidades físicas não são nem *idênticas* nem *heterogêneas*, mas *contíguas*: esse método de *transdução* permite estabelecer uma *topologia* dos seres físicos que não estuda nem gêneros nem espécies. O critério que permite estabelecer limites para cada domínio permite também definir aquilo que, em linguagem indutiva, devíria as subespécies, sem acrescentar nenhum caráter distintivo *novo*, e simplesmente por uma precisão dada ao caráter universal da compreensão; [108] assim, no exemplo precedente, caso se queira dar conta das diferenças que existem entre as ondas eletromagnéticas ditas centimétricas e as ondas eletromagnéticas decamétricas, recorrer-se-á a esse caráter que, igualmente, permitirá dizer por que o poder separador de um microscópio óptico é maior em luz violeta do que em luz vermelha: mostrar-se-á que a reflexão, a refração, a difração de uma onda eletromagnética têm, por condição, o nexo entre a ordem de grandeza do comprimento de onda e a dos elementos da substância constituinte do espelho, do dioptro ou da rede. Para a reflexão, por exemplo, a condição para que esse fenômeno se produza é que as irregularidades do espelho sejam pequenas relativamente ao comprimento de onda eletromagnética a ser refletido. O "polimento óptico" da prata ou do mercúrio é necessário para refletir a luz violeta de curto comprimento de onda. A luz vermelha,

Forma e substância

em contrapartida, já é convenientemente refletida por uma superfície metálica polida mais grosseiramente; as radiações infravermelhas podem ser refletidas por uma placa de cobre levemente oxidada; as ondas centimétricas do radar se refletem sobre uma superfície metálica não polida. As ondas decimétricas se refletem sobre uma grade metálica de malhas finas. As ondas métricas se refletem sobre uma treliça de barras metálicas. Uma treliça de malhas grossas, feita de cabos suspensos em pilares, ou mesmo uma fileira de pilares, basta para a reflexão das ondas decamétricas ou hectométricas. Outrossim, precisa-se da fina estrutura de uma rede cristalina para difratar os raios X, ao passo que uma rede feita de linhas delicadamente gravadas à mão sobre uma placa de metal basta para assegurar a difração da luz visível. As ondas métricas da televisão difratam-se sobre os cumes ameados das Sierras, rede natural de malhas grossas. Propriedades mais complexas, como o nexo entre a quantidade de energia refletida e a quantidade de energia refratada para cada comprimento de onda que encontra um obstáculo semicondutor, como a camada de Kennelly-Heaviside, de estrutura complexa, podem ser interpretadas mediante um método semelhante, que não é nem indutivo nem dedutivo. A palavra analogia parece ter ganhado um sentido pejorativo no pensamento epistemológico. Contudo, dever-se-ia não confundir o verdadeiro raciocínio analógico com o método totalmente sofístico, que consiste em inferir a identidade a partir das propriedades de dois seres que têm em comum um caráter qualquer. O método de *semelhança* pode ser confuso e pouco honesto na mesma medida em que o verdadeiro método analógico é racional. A verdadeira analogia, segundo a definição do Padre de Solages, é uma identidade de nexos, e não um nexo de identidade. O progresso transdutivo do pensamento consiste, com efeito, em estabelecer identidades de nexos. Essas identidades de nexos não se apoiam, de jeito algum, em semelhanças, mas, ao contrário, em diferenças, e elas têm por escopo explicá-las: elas tendem à diferenciação lógica, e de maneira nenhuma à assimilação ou à identificação; assim, as propriedades da luz parecem bem diferentes das propriedades das ondas hertzianas, mesmo num caso preciso e limitado como o da reflexão sobre um espelho; uma grade não reflete a luz e reflete ondas hertzianas, enquanto um pequeno espelho, perfeitamente polido, reflete bem a luz e praticamente não reflete uma onda hertziana métrica ou decamétrica e, com mais forte razão ainda, hectométrica. Dar conta dessas semelhanças ou dessas diferenças é recorrer à identidade de nexos existente entre todos os fenômenos de reflexão; a quantidade de energia é grande quando, sobre o trajeto da onda eletromagnética, interpõe-se um obstáculo, constituído por uma substância cujas irregularidades são pequenas relativamente ao comprimento de onda da energia eletromagnética. [109] Há identidade de nexos entre, de um lado, o comprimento da onda luminosa e a dimensão das irregularidades da superfície do espelho e, de outro lado, o comprimento da onda hertziana e o comprimento da malha da grade sobre a qual ela se reflete. O método transdutivo, portanto, é a aplicação do verdadeiro raciocínio analógico; ele exclui as noções de gênero e de espécie. Ao contrário, um uso ilegítimo do raciocínio por semelhança é marcado nas tentativas que foram feitas para *assimilar* a propagação da luz à do som, a partir de algumas semelhanças, como suas reflexões sobre os mesmos espelhos (colocava-se um relógio no foco de um espelho parabólico; um segundo espelho, semelhante ao primeiro, permitia obter uma "imagem" auditiva do relógio no foco do segundo espelho). Foi preciso a força de espírito de Fresnel para deter essa identificação abusiva, mostrando que havia entre a propagação do som e a propagação da luz uma diferença capital: as elongações são sempre transversais para a luz, enquanto são sempre longitudinais para o som que se propaga num gás; as diferenças entre o som e a luz, nos fenômenos de polarização, tinham sido menosprezadas em proveito de uma identificação fundada em semelhanças mais exteriores, porém mais impressionantes. Essa facilidade, que leva a raciocinar por identificação a partir de semelhanças, faz parte dos hábitos substancialistas, que nos levam a descobrir gêneros comuns ainda desconhecidos, graças a uma transferência casual de propriedades. Assim, a noção de éter, inventada para tornar mais perfeita a semelhança entre a propagação do som e a das ondas eletromagnéticas, sobreviveu por muito tempo à experiência de Michelson e Morley e à síntese pouco lógica de propriedades físicas que ela comportava. Preferir-se-ia su-

Forma e substância

por a existência de um fluido imponderável e sem viscosidade alguma, no entanto bem mais elástico que o aço, para poder conservar a identidade do som e da luz. O pensamento científico não é uma pura indução rematando-se por uma classificação fundada sobre as diferenças; mas ele tampouco é uma identificação a qualquer preço; ele é antes a *distribuição* do real segundo uma medida, critério comum da extensão e da compreensão.

Seria fácil completar essa análise, mostrando como a mesma aplicação do raciocínio transdutivo permitiu unificar o domínio inteiro das radiações eletromagnéticas ao instaurar continuidades experimentais entre os outros domínios, segundo um encadeamento completo. Schumann, Lyman e depois Millikan estabeleceram a continuidade entre o espectro visível e os raios X (de 0,4 a 0,0438 milésimos de milímetro, de 4.000 a 438 Å). Assim, começaram a ser conhecidos os raios X intermediários, compridos demais para se difratarem sobre as redes naturais que são os cristais, cuja malha mede habitualmente alguns Å. E, enfim, os domínios dos raios X e dos raios γ foram encontrados em estado de continuidade e mesmo de recobrimento suficientemente importante, pois os raios γ do polônio têm um comprimento de onda de 2,5 Å, o que os identifica aos raios X moles ordinários. Eles constituem a mesma realidade física e, caso se lhes conserve um nome particular, é apenas para lembrar seu modo de produção. Todavia, poder-se-ia nomeá-los também de raios X. O quadro geral das radiações eletromagnéticas, tal como é dado por Louis de Broglie, estende-se de 10^{-3} Å a 3×10^{14} Å, isto é, de 10^{-10} milímetros a cerca de 30 mil metros. É possível passar, sem nenhuma solução de continuidade, dos mais penetrantes raios γ às mais longas ondas da telegrafia sem fio. O conhecimento da unidade e da diversidade desse fenômeno tão largamente alastrado numa escala numérica é um dos mais belos sucessos desse método transdutivo, que é o fundamento do progresso da *[110]* física. Ora, esse imenso monumento de lógica também está em estreita coincidência com o real, e isso até nas técnicas mais finas: o termômetro eletromagnético do Massachusetts Institute of Technology, recebendo, à maneira de um receptor radioelétrico de ondas curtíssimas, as perturbações eletromagnéticas emitidas pelos astros, permitiu medir as temperaturas do sol (10.000° K), da lua (292° K), do espaço negro do céu (menos de 10° K). O teodolito radioelétrico permite que a posição do Sol seja marcada por tempo coberto. O radar, dez a vinte vezes mais sensível que o olho, pode detectar a passagem dos meteoros invisíveis aos instrumentos de óptica.

Entretanto, devemos nos perguntar se esse edifício intelectual não exige, como condição de estabilidade, uma transdutividade absoluta de todas as propriedades e de todos os termos. Sem essa perfeita coerência, a noção de gênero reapareceria, com toda a latente obscuridade que ela traz consigo. Uma noção não pode ser forjada para dar conta de um fenômeno relativo, por exemplo, a uma frequência determinada, sendo depois abandonada para as outras frequências. No interior de um domínio de transdutividade, deve haver continuidade de todas as propriedades, com variações relativas apenas à variação das grandezas que permitem ordenar a transdutividade. No caso do domínio das radiações eletromagnéticas, não se pode aceitar a realidade do fóton para uma banda de frequência determinada, abandonando-a para as outras. Ora, a noção de fóton, este *quantum* de energia que se propaga na velocidade da luz, é notavelmente útil quando se precisa interpretar o efeito fotoelétrico. Mas ela já não é tão interessante quando se trata do infravermelho ou das ondas hertzianas. Ela deveria, no entanto, ser utilizável nesse domínio dos grandes comprimentos de onda.

II. PARTÍCULA E ENERGIA

1. Substancialismo e energetismo

É essa impossibilidade de colocar direta e exclusivamente o caráter corpuscular da luz que Louis de Broglie tão bem exprimiu na teoria da Mecânica ondulatória, rematada por Bohr com a noção de complementaridade entre o aspecto ondulatório e o aspecto corpuscular. Queríamos mostrar que essa maneira de conceber

Forma e substância

o indivíduo físico pode ser notavelmente integrada na teoria geral do indivíduo como ser que é geneticamente constituído por uma relação entre uma condição energética e uma condição estrutural que prolongam sua existência no indivíduo, o qual pode a todo instante comportar-se como germe de estruturação ou como contínuo energético; sua relação é diferente conforme ele entre em relação com um meio que equivale a um contínuo ou com um meio já estruturado. O princípio de complementaridade, indicando que o indivíduo físico se conduz ora como onda e ora como corpúsculo, mas não das duas maneiras ao mesmo tempo no mesmo fenômeno, teria de ser interpretado, na doutrina que apresentamos, como o resultado da assimetria de toda relação: o indivíduo pode desempenhar ora um, ora outro papel dos dois papéis possíveis na relação, mas não os dois papéis ao mesmo tempo. Suporíamos, pois, que, quando um indivíduo físico se comporta como corpúsculo, o ser com o qual ele está em relação se comporta como onda, e, quando ele se comporta como onda, o ser com o qual está em relação se *[111]* comporta como corpúsculo. De modo mais geral, em toda relação, haveria sempre um termo contínuo e um termo descontínuo. Isso exige que cada ser tenha, ele mesmo, integrado uma condição contínua e uma condição descontínua.

No curso do século XIX, o substancialismo da partícula e o energetismo da onda tinham se desenvolvido independentemente um do outro, pois correspondiam, no início, a domínios de pesquisas distanciados o bastante para autorizar a independência teórica dos princípios de explicação. As condições históricas da descoberta da mecânica ondulatória são de extrema importância para uma epistemologia *alagmática*, cujo escopo é estudar as modalidades do pensamento transdutivo, como o único verdadeiramente adequado para o conhecimento do desenvolvimento de um pensamento científico que quer conhecer a individuação do real que ele estuda. Esse estudo epistemológico da formação da mecânica ondulatória e do princípio de complementaridade de Bohr queria mostrar que, na medida em que se tratou de pensar o problema do indivíduo físico, o pensamento dedutivo puro e o pensamento indutivo puro foram colocados em xeque, e que, desde a introdução do *quantum* de ação até o princípio de complementaridade de

Bohr, foi uma lógica transdutiva que permitiu o desenvolvimento das ciências físicas.

Nesse sentido, tentaremos mostrar que a "síntese" das noções complementares de onda e de corpúsculo não é, de fato, uma síntese lógica pura, mas o encontro epistemológico de uma noção obtida por indução e de uma noção obtida por dedução; as duas noções não são verdadeiramente sintetizadas, como a tese e a antítese no término de um movimento dialético, mas postas em *relação* graças a um movimento transdutivo do pensamento; elas conservam nessa relação seu caráter funcional próprio. Para que pudessem ser sintetizadas, seria preciso que fossem simétricas e homogêneas. Na dialética de ritmo ternário, com efeito, a síntese *envolve* a tese e a antítese *transmontando* a contradição; a síntese, pois, é *hierarquicamente, logicamente e ontologicamente* superior aos termos que ela reúne. A relação obtida ao término de uma transdução rigorosa mantém, ao contrário, a assimetria característica dos termos. Isso tem por consequência que o pensamento científico relativo ao indivíduo, físico primeiramente, biológico em seguida, como tentaremos mostrar, não pode proceder segundo o ritmo ternário da dialética para a qual a síntese é tese de uma tríade mais elevada: é por extensão da transdutividade que o pensamento científico avança, não por elevação de planos sucessivos segundo um ritmo ternário. Em razão do princípio de complementaridade, a *relação*, que deveio funcionalmente simétrica, não pode apresentar, relativamente a um outro termo, uma assimetria que possa ser o motor de um encaminhamento dialético ulterior. Em termos de pensamento reflexivo, a contradição, depois do exercício do pensamento transdutivo, deveio interior ao resultado da síntese (pois ela é relação na medida em que é assimétrica). Portanto, não pode haver aí uma nova contradição entre o resultado dessa síntese e um outro termo que seria sua antítese. No pensamento transdutivo, *não há resultado da síntese, mas apenas uma relação sintética complementar*; a síntese não se efetua; ela nunca é acabada; não há ritmo sintético, porque a operação de síntese, jamais sendo efetuada, não pode devir o fundamento de uma nova tese.

Segundo a tese epistemológica que defendemos, a relação entre os diferentes domínios do pensamento é horizontal. Ela é ma-

Forma e substância

téria de transdução, isto é, *[112]* não de identificação nem de hierarquização, mas de repartição contínua segundo uma escala indefinida.

Os princípios que vamos tentar depreender do exame epistemológico deverão, portanto, ser considerados como válidos se forem transdutíveis a outros domínios, como o dos objetos técnicos e o dos seres vivos. A própria ética deverá aparecer como um estudo da relação própria aos seres vivos (empregamos aqui a expressão "própria aos seres vivos", quando na realidade não há, rigorosamente, relação direta aos seres vivos: seria melhor dizer, para ser exato: "à medida dos seres vivos", para indicar que esses caráteres, sem serem próprios aos seres vivos, manifestam-se de maneira muito mais importante neles que em qualquer outro ser, dado que eles correspondem a variáveis cujos valores ou sistemas de valores passam por um máximo para esses seres). É certo que, numa doutrina assim, os problemas relativos às fronteiras entre os "reinos" da Natureza e, com mais forte razão, entre as espécies, são muito menos capitais que numa teoria que utilize as noções de gênero e de espécie. Pode-se, com efeito, conceber ora uma transição contínua entre dois domínios que só poderão ser separados pela escolha bastante arbitrária de grandezas médias, ora limiares (como o limiar de frequência do efeito fotoelétrico) que manifestam não uma distinção entre duas espécies, mas simplesmente uma condição quântica de produção de um efeito determinado. O limite, então, não é mais dotado de propriedades singulares e misteriosas; ele é quantificável e constitui apenas um ponto crítico, cuja determinação permanece perfeitamente imanente ao fenômeno estudado, ao grupo de seres analisados.

2. O PROCESSO DEDUTIVO

É essa tese que tentaremos demonstrar, ou pelo menos ilustrar, pela análise das condições nas quais a ciência física foi conduzida a definir o indivíduo físico como uma associação complementar de onda e de corpúsculo.

A noção de onda parece ter surgido no término de um notável esforço dedutivo, particularmente voltado para a elucidação dos problemas energéticos, aos quais ela aportou um meio [*moyen*] de cálculo notavelmente racional. Ela prolonga e renova a tradição de uma física dedutiva, recorrendo, desde Descartes, às claras representações da geometria analítica. Além disso, ela está ligada, ao menos historicamente, ao estudo dos fenômenos macroscópicos. Ela, enfim, tem um papel *teórico* eminente, permitindo pensar, sob princípios comuns, conjuntos vastíssimos de fatos anteriormente separados em categorias distintas. A noção de corpúsculo apresenta, ao contrário, caráteres opostos.

A noção de onda desempenhou papéis sensivelmente idênticos na interpretação dos fenômenos luminosos e dos fenômenos relativos aos deslocamentos das partículas eletrificadas (ou das cargas elétricas); é por isso que ela permitiu a eclosão da teoria eletromagnética da luz por Maxwell. O primeiro trabalho se concretiza em torno dos estudos de Fresnel. O segundo, em torno da descoberta de Maxwell, verificada experimentalmente mais tarde por Hertz. Fresnel, abordando em 1814 o estudo dos fenômenos de difração, tinha atrás de si pelo menos dois séculos de pesquisas experimentais e teóricas. Huygens, em particular, já havia estudado o fenômeno de dupla refração do espato, descoberto por Bartholin, e ele igualmente sabia que o quartzo [113] possui a mesma propriedade de birrefringência. Huygens já havia exposto uma teoria e métodos racionais, acompanhados de construções geométricas que permaneceram clássicas; ele havia observado fenômenos de polarização. Esse espírito de astrônomo e de geômetra tinha aportado um espírito teórico aos problemas de Física, particularmente sensível em seu *Cosmotheoros* e em sua *Dióptrica*. Ele emitiu a ideia de que a luz é constituída não por corpúsculos em movimento, mas por ondas propagando-se através do espaço. Entretanto, essa teoria não era tão satisfatória para Huygens quanto a solução que ele havia dado ao problema da catenária ou da curva de aproximações iguais: ela não podia explicar o fenômeno da propagação em linha reta dos raios luminosos. O problema posto pela natureza era mais difícil de resolver do que os propostos por Galileu e Leibniz. A obra de Descartes, com o enunciado das leis de propagação, manifestava sempre o interesse de uma óptica corpus-

Forma e substância

cular para a explicação da propagação em linha reta dos raios luminosos. Entretanto, a teoria de Huygens não podia ser abandonada, e o próprio Newton, embora partidário da teoria corpuscular, tendo descoberto um novo fenômeno, o das interferências, tinha sido obrigado a completar a teoria corpuscular com a dos *acessos*: os corpúsculos de luz passariam periodicamente, quando atravessassem meios materiais, por acessos de fácil reflexão e de fácil transmissão, o que permitiria explicar o fenômeno dos anéis coloridos. Notemos, aliás, que a hipótese segundo a qual a luz comportaria elementos periódicos, mesmo que ela seja de natureza corpuscular, já está expressa na obra de Descartes: a *Dióptrica* explica que o prisma dispersa a luz branca (policromática) porque cada corpúsculo de luz é tanto mais desviado quanto menos rápido é seu movimento de rotação sobre si mesmo. Essa ideia da rotação dos corpúsculos de luz, atrelada à hipótese cosmológica dos turbilhões primitivos, conduz Descartes a um erro, pois ela o obriga a atribuir aos turbilhões de matéria sutil, constituintes da luz vermelha, uma frequência de rotação superior à dos corpúsculos de luz violeta; isso proviria, segundo Descartes, do fato de que os corpúsculos constituintes da luz vermelha seriam turbilhões de matéria sutil que têm um diâmetro mais reduzido que o dos corpúsculos constituintes da luz violeta. Apesar do erro relativo às frequências comparadas do vermelho e do violeta, Descartes teve o mérito de reunir duas noções assimétricas numa associação muito fecunda. Ademais, seria falso supor que Descartes representava exatamente a luz como feita de corpúsculos; não há vazio em seu sistema e, consequentemente, nenhum átomo, nem tampouco, propriamente falando, corpúsculos; há tão somente turbilhões de *res extensa* em movimento. Diante desse afrontamento de duas tradições, Fresnel conduziu suas pesquisas de maneira a estender o campo de aplicação de uma teoria que, desde Huygens, só tinha servido para explicar alguns fenômenos, a saber, a teoria ondulatória. A dupla refração só era conhecida para duas espécies cristalinas: Fresnel buscou saber se essa propriedade encontrava-se noutros cristais; tendo criado dispositivos experimentais próprios para pôr em evidência a dupla refração em todos os cristais em que ela poderia existir, ele constatou que ela existia em quase todos os cristais, e explicou isso pela composição desigual que os elementos lineares dos cristais, tomados em diversos sentidos, deviam apresentar, o que é conforme à teoria de Haüy sobre as redes cristalinas. Então, Fresnel estendeu essa explicação teórica aos casos em que um corpo amorfo é polarizado por uma causa exterior; ele descobriu que um prisma de vidro devém birrefringente quando comprimido. Essa extensão do objeto científico, [114] isto é, do domínio de validez de uma teoria, ilustra perfeitamente o que se pode nomear de método transdutivo. Além disso, em colaboração com Arago, Fresnel estudava a polarização da luz. Arago havia descoberto a polarização cromática; Fresnel completou essa descoberta com a da polarização circular, produzida mediante um cristal birrefringente convenientemente talhado. Ora, explicar esse fenômeno de polarização era impossível caso se apelasse a uma representação que assimilaria a onda luminosa a uma onda sonora propagando-se num gás; Fresnel supôs que, nas ondas luminosas, as vibrações são transversais, isto é, ocorrem perpendicularmente à direção de propagação. Então, não é somente a polarização, mas também a dupla refração que se encontra explicada. Fresnel já havia demonstrado que a hipótese das ondas permite explicar, assim como a hipótese dos corpúsculos, o fenômeno da propagação retilínea dos raios luminosos. Os resultados dos trabalhos de Malus e de Arago vinham confirmar essa teoria. Malus havia descoberto que a luz refletida sempre se polariza parcialmente, e que a refração simples através do vidro igualmente polariza, em parte, a luz. (Dissertação intitulada: *Sur une propriété de la lumière réfléchie par les corps diaphanes* ["Sobre uma propriedade da luz refletida pelos corpos diáfanos"], 1809.) A teoria de Fresnel foi verificada e recebeu uma ampliação, a partir de suas bases experimentais, graças aos trabalhos de Arago, que construiu um fotômetro graças ao qual o princípio descoberto dedutivamente por Fresnel (complementaridade da luz refletida e da luz refratada) recebeu uma confirmação experimental. Tendo construído o polariscópio, ele pôde controlar com precisão todos os caráteres da polarização cromática. Assim se encontrava amplamente justificado o pensamento de Huygens, que em 1690, em seu *Tratado sobre a luz*, escrevia: "Na verdadeira filosofia, concebe-se a causa de todos os

Forma e substância

efeitos naturais por razões de mecânica. Isto a meu ver é o que deve ser feito, ou renunciar a toda esperança de algum dia compreender, na Física, nada que seja" (texto citado por Haas em *La Mécanique ondulatoire et les nouvelles théories quantiques* [*A mecânica ondulatória e as novas teorias quânticas*], tradução [francesa] de Bogros e Esclangon, p. 1).

Além disso, uma nova etapa do racionalismo dedutivo, fundado na hipótese do contínuo como resposta a uma preocupação energética, é alcançada por Maxwell. Com efeito, é para poder aplicar o princípio da conservação da energia no sistema unitário formado pela reunião das diferentes leis, descobertas separadamente nos domínios da eletricidade, que Maxwell formou a noção das "correntes de deslocamento", talvez muito mal nomeada, mas ancestral à atual noção de onda eletromagnética e prolongamento unificador da realidade física nomeada luz.

Antes da comunicação da grande dissertação de Maxwell sobre a teoria eletromagnética, quatro leis resumiam todas as descobertas anteriores relativas às eletricidades "estática" e "dinâmica" e ao magnetismo, assim como à relação entre as correntes e os campos. Às quatro leis separadas, que exprimiam esses resultados, Maxwell substituiu o seguinte sistema:

Tomando-se:

$\vec{B}$ = indução magnética

$\vec{b}$ = indução elétrica

$\vec{H}$ = campo magnético

$\vec{h}$ = campo elétrico

$\vec{i}$ = densidade de corrente

ρ = densidade de carga *[115]*

Pode-se escrever:

I) $-\dfrac{1}{c}\dfrac{\delta B}{\delta c} = \text{rot}\,\vec{h}$ Lei da indução de Faraday

II) $\text{div}\,\vec{B} = 0$ Inexistência dos polos magnéticos isolados

III) $\dfrac{1}{c} \dfrac{\delta \vec{b}}{\delta c} = \operatorname{rot} \vec{H} - \dfrac{4\pi \vec{i}}{c}$ Teorema de Ampère sobre as relações entre os campos magnéticos e as correntes

IV) $\operatorname{div} \vec{b} = 4\pi\rho$ Lei das ações eletrostáticas (teorema de Gauss)

A terceira equação exprime o teorema de Ampère sobre as relações entre os campos magnéticos e as correntes; porém, a fim de poder escrever que há conservação de energia (aqui, conservação de eletricidade), Maxwell completou esse teorema pela introdução da corrente de deslocamento, representada pela expressão V, e que se acrescenta à corrente de condução i. Então, pode-se deduzir dessa equação VI, que exprime a conservação da eletricidade. Essa expressão da conservação seria impossível sem o termo em VII.

V) $\dfrac{1}{c} \dfrac{\delta \vec{b}}{\delta c}$

VI) $\dfrac{\delta \rho}{\delta t} + \operatorname{div} \vec{i} = 0$

VII) $\dfrac{\delta b}{\delta t}$

Uma outra consequência teórica importantíssima desse sistema de equação é que, quando a indução magnética pode ser confundida com o campo magnético, e a indução elétrica com o campo elétrico (que é o caso do vazio), os campos eletromagnéticos se propagam sempre com a velocidade c; essa expressão (que mede o nexo da unidade eletromagnética de carga elétrica com a unidade eletrostática de carga elétrica, quando os campos e induções magnéticas são expressos em unidades eletromagnéticas, ao passo que os campos e induções elétricas, as cargas e as correntes são expressas em unidades eletrostáticas) tem um valor finito: ela permite o cálculo teórico da velocidade da luz no vazio. Essa propagação pode ser analisada como resultante da propagação de um conjunto de ondas planas monocromáticas.

Foi nesse momento que apareceu a segunda etapa da fecunda aplicação do método transdutivo: Maxwell notou, com efeito,

Forma e substância

a analogia real, isto é, a identidade de nexos entre a propagação da luz no vazio e a propagação dos campos eletromagnéticos; ele supôs, então, que a luz é constituída por perturbações de natureza eletromagnética e corresponde apenas a um certo intervalo de comprimentos de onda, o do espectro visível, de vibrações eletromagnéticas. A constante c, descoberta a partir de considerações que tinham em vista a conservação da energia em eletricidade, é *transdutível* na medida da velocidade da luz no vazio, assim como a velocidade da luz no vazio é transdutível na constante c. Essa afirmação de uma transdutividade vai muito mais longe que a descoberta de uma simples igualdade entre duas medidas, igualdade que poderia provir de uma escolha arbitrária de unidades: *ela supõe a identidade física do fenômeno medido*, identidade que pode mascarar a diferença dos aspectos, segundo os valores particulares escolhidos na vasta gama conhecida. Notemos bem que não se trata, aqui, de uma generalização ou de uma subsunção: a luz visível não é uma "espécie" particular de perturbações eletromagnéticas, pois a "diferença específica" que se poderia tentar invocar para distinguir essa espécie de seu gênero próximo, a saber, o comprimento de onda de sua propagação no vazio ou, mais precisamente, os limites superior e inferior da medida desse comprimento de onda, faz parte da definição *[116]* do próprio gênero próximo; não se pode conceber um campo eletromagnético que não teria nenhum comprimento de onda de propagação no vazio. Enquanto campo eletromagnético, ele já é "especificado" e só pode existir e ser pensado como raio γ, raio X, raio ultravioleta, luz visível, raio infravermelho, onda hertziana. O número das espécies ou subespécies que se poderiam descobrir num domínio de transdutividade como as ondas eletromagnéticas tem a *potência do contínuo*. Das ondas hertzianas longas aos raios γ mais penetrantes, há uma infinidade de campos eletromagnéticos de diferentes comprimentos de onda, e cujas propriedades variam com esses comprimentos de onda; entre a luz visível vermelha e a luz visível violeta, ainda há uma infinidade de comprimentos de onda; o próprio violeta pode ser diferenciado tanto quanto se queira; então, os critérios das subespécies são homogêneos relativamente aos critérios das espécies, e o critério de uma espécie está contido na compreensão do gênero próximo; é somente em razão de usos vitais ou técnicos que descontinuidades, limites de pseudoespécies, podem ser introduzidas; pode-se falar do vermelho e do violeta, pode-se até mesmo falar de luz visível; mas é porque foi então introduzida a consideração de um ser vivo que percebe; a descontinuidade aparente não provém da escala contínua dos comprimentos de onda eletromagnéticos, mas do nexo entre as funções fisiológicas do ser vivo e esses comprimentos de onda: um olho sem cristalino percebe um ultravioleta mais longínquo que aquele percebido por um olho normal, sob o aspecto de um clarão cinza: a abelha percebe o ultravioleta. Os gregos e os latinos não recortavam, como nós, o espectro visível, e parece que a percepção humana se modificou em direção à extremidade do espectro situado ao lado dos comprimentos curtos de onda, como mostra o uso do adjetivo ἁλιπόρφυρος nos escritos homéricos;[NT] distinguimos várias cores lá onde os companheiros de Ulisses viam apenas uma, como hoje em dia certos povos do Extremo-Oriente. São necessidades técnicas que conduziram a que se recortassem em bandas de 9 mil hertz, nomeadas canais, as ondas hertzianas, pois essas larguras de banda correspondem a um compromisso útil entre as necessidades de uma transmissão fiel o bastante, em modulação de amplitude, e o número total de emissores distintos em funcionamento simultâneo, podendo ser recebidos com uma suficiente seletividade. Se são distinguidas ondas longas, médias, pequenas, curtas, curtíssimas, é ao mesmo tempo por causa das diferenças bastante importantes entre as montagens capazes de as produzir ou suscetíveis de as receber, e entre as condições de propagação que as caracterizam; portanto, é definitivamente em função dos caráteres pertencentes não a esses campos eletromagnéticos, tomados em si mesmos, mas em função dos limites no interior dos quais seus nexos variam com condições técnicas de produção ou atmosféricas

---

[NT] [Cf. *Odisseia*, canto VI, 53 e canto XIII, 108: ἁλιπόρφυρος refere-se a um tom púrpura característico do mar, um púrpura marinho ou, ainda, na tradução brasileira de Trajano Vieira (Homero, *Odisseia*, São Paulo, Editora 34, 2011), salino-púrpura, pois de ἅλς (sal) e πόρφυρος (de cor purpúrea) deriva o adjetivo.]

Forma e substância

e estratosféricas de propagação. Assim, nomear-se-ão ondas hertzianas longas aquelas que vão de 20.000 metros a 800 metros, pois se refletem sempre sobre uma das camadas de Kennelly-Heaviside, as quais apresentam para elas um índice negativo de refração, o que faz com que sofram uma verdadeira reflexão metálica sobre a primeira camada ionizada que elas encontrarem, fenômeno posto em evidência pela sondagem ionosférica de Sir Edward Appleton. Nomear-se-ão ondas hertzianas médias aquelas que, de 800 a 80 metros, penetrando mais profundamente na camada de Kennelly-Heaviside, refletem-se bem de noite, mas são parcialmente absorvidas de dia, por causa das variações da camada ionizada, cuja altitude e grau de ionização estão em relação com a altitude e a atividade variável do sol. Essas [117] diferenças, pois, vêm de um nexo entre as ondas hertzianas e outras coisas que não elas próprias, por exemplo, a camada ionizada da alta atmosfera, ou os meios [moyens] práticos de produzi-las ou de conduzi-las, por tubos eletrônicos simples ou de modulação de velocidade, por linha coaxial ou guia de ondas. Essas distinções nunca são fundadas na própria natureza do fenômeno considerado; propriamente falando, não existem segundo a ciência física, mas apenas segundo a técnica. Eis por que aparece uma dependência de todas essas distinções técnicas relativamente a cada técnica: os construtores de aparelhos de eletrônica separam as ondas cujo comprimento é superior a dez metros daquelas que são mais curtas, pois, abaixo de dez metros, a extrema brevidade do tempo de trânsito dos elétrons, entre cátodo e ânodo, obriga os construtores a prever dispositivos especiais na arquitetura interna de um tubo eletrônico; além disso, o Serviço de Previsões Ionosféricas, que tem por escopo assegurar o melhor rendimento das transmissões, não estabelece as mesmas distinções. Finalmente, certo número de conceitos *industriais* é criado, nascido de um acordo mais ou menos precário entre os "domínios especiais" de todas as técnicas que se organizam numa mesma indústria. Esses conceitos industriais acabam por devir *comerciais* e *administrativos*, perdendo mais e mais qualquer caráter científico, pois são relativos a um *uso* e têm apenas um *sentido pragmático*; é aqui, pelo encontro que deveio habitual e coletivo, reconhecido pela lei ou por um regramento administrativo, dos limites de especialidade de numerosas técnicas, que se constitui uma *especificidade completa*, desprovida de *significação científica*, mas possuidora de um *valor psicossocial*, essencialmente qualitativo, emotivo e institucional. Assim, o domínio da televisão é *específico*; ele só corresponde a um ser concreto por sua existência psicossocial. Essa instituição tem seus técnicos, animados de um espírito de corpo, seus artistas, seu orçamento, seus amigos e seus inimigos; ela tem, *da mesma maneira*, suas bandas de frequência. Ora, há contaminação mútua desses diferentes caráteres próprios duns para os outros, após uma delimitação que resulta de um afrontamento com as outras instituições. A determinação dos comprimentos de onda da televisão é o resultado de uma expulsão — para fora do domínio já ocupado pela radiodifusão e pelas telecomunicações — de uma nova técnica que, por causa da largura de banda necessitada pela riqueza da quantidade de informação a ser transmitida por unidade de tempo, é bastante dificultosa. Recuada em direção às altíssimas frequências, a transmissão da televisão é reduzida a um primeiro domínio de especialidade, relativo às propriedades das camadas ionosféricas; a propagação da onda de televisão será feita à vista aberta, em linha reta desde a antena de emissão até a antena de recepção, pois não haverá reflexão alguma sobre a camada de Kennelly-Heaviside. Consequentemente, o emissor e o receptor deverão pertencer à mesma área de povoamento, isto é, a uma aglomeração densa e homogênea; a televisão, não podendo ser requisitada para levar uma verdadeira informação para longe, chega num centro de povoamento já saturado de informação e de espetáculos artísticos; ela, então, só pode devir um meio de distração. Além disso, esse recuo em direção às altíssimas frequências, deixando campo livre a uma grande largura de banda de transmissão e encontrando-se com a qualidade de provincialismo urbano de uma capital, que é sua primeira consequência, lança numa via de pesquisa do aperfeiçoamento orientado para a qualidade técnica da imagem transmitida, isto é, para a adoção de uma alta definição. Favorecida pelas circunstâncias iniciais, tal adoção de certo *[118] código de valores* cria uma normatividade que reforça as condições que a fizeram nascer, legitimando-as logo em seguida: a alta definição tornará ainda mais alea-

Forma e substância

tória a transmissão correta a grande distância. Exigindo dos construtores um cuidado muito maior, no extremo limite das possibilidades de uma técnica comercializável, ela conduz à produção de aparelhos custosos, que só podem ser comprados por um público suficientemente rico e, ademais, atingido por uma publicidade intensiva, condições essas que são todas mais urbanas do que rurais. Chega-se, então, a uma morfologia e a uma dinâmica psicossociais que resumem e estabilizam o *conceito* e a *instituição* da televisão; da capital aos grandes centros lançam-se feixes dirigidos, modulados em frequência e sobre ondas decimétricas, que transmitem programas de distração, por cima dos campos e das cidades de segunda ordem, impotentes para participar dessa rede estrelada. Os verdadeiros limites do *conceito* de televisão são, portanto, psicossociais; eles são definidos pelo *fechamento* de um ciclo de *causalidades recorrentes*, criando uma espécie de meio interior psicossocial, dotado de homeostasia graças a uma certa regulação interna por assimilação e desassimilação de técnicas, de procedimentos, de artistas, recrutando-se por cooptação, e ligados entre si por um mecanismo de autodefesa comparável ao das diversas sociedades fechadas. Mitos particulares, autojustificativos, são elaborados: a busca pela fineza da imagem se dá como superior, em valor, à busca da cor, tentada por outras nações, e, para se justificar, ela invoca os traços distintivos do gênio francês, apaixonado pela nitidez, pela precisão, e desdenhoso do mau gosto dos cromos, bom para primitivos ou crianças. Aqui, a contradição lógica é aceita, pois esse pensamento é governado por temas afetivos e emotivos; assim, a superioridade da fineza sobre a cor é invocada em nome da perfeição técnica, enquanto um simples cálculo da quantidade de informação necessária para transmitir uma imagem colorida e uma imagem acromática e um exame do grau de complicação dos dispositivos empregados nos dois casos conduzem ao resultado inverso. Pode-se, pois, pensar a onda de televisão de duas maneiras absolutamente diferentes; se aceitarmos um modo de pensamento fundado na validez do esquema gênero-espécie, a onda de televisão devém uma *espécie* do gênero onda eletromagnética, tendo por diferença específica não seu comprimento de onda, mas sua *pertença* à instituição que é a televisão; aí, então, será um decreto administrativo (Conferência de Haia) que criará essa atribuição e que fundará esse vínculo de participação. Ao contrário, segundo um pensamento transdutivo, os comprimentos de onda da televisão virão se inserir entre limites numéricos que não correspondem a caráteres físicos nítidos; eles não serão uma *espécie*, mas um setor, uma banda mais ou menos larga de um domínio de transdutividade, o das ondas eletromagnéticas. Uma consequência importante, e talvez capital para a epistemologia, dessa diferença entre um pensamento transdutivo e um pensamento que procede por gêneros, espécies e relações de inclusão é que os caráteres genéricos não são transdutíveis. Assim, existem na França duas bandas atualmente exploradas pela televisão; uma em torno de 46 mega-hertz, a outra em torno de 180 mega-hertz; entre essas duas bandas, a aviação, a polícia, têm bandas particulares ou partilhadas; não se pode inferir, de uma propriedade que caracteriza as ondas de televisão numa banda "baixa", a existência da mesma propriedade na banda "alta"; o liame de comum subsunção não cria nenhuma verdadeira propriedade física comum. O único liame é o da propriedade administrativa do domínio. Eis por que essa relação de participação cria um certo regime de *[119]* propriedade, com cessões e retomadas possíveis, como se se tratasse de um terreno que não porta a marca de seu proprietário, mas que cria um vínculo de obrigação ou de vassalagem para o eventual explorador: a Televisão Francesa, atualmente não podendo explorar sua "banda baixa" em toda sua largura, emprestou certa extensão dessa banda (em torno de 47,2 mega-hertz) aos Escoteiros da França, que a utilizam para transmissões de telegrafia ou de telefonia. Essa sub-banda possui os caráteres de um objeto emprestado a título precário, podendo ser imediatamente retirado, e sem aviso prévio; pelos seus caráteres físicos, ela tem propriedades transdutíveis naquelas bandas que têm comprimentos de onda imediatamente superiores ou inferiores.

Assim aparece o tipo de realidade física que se pode nomear de domínio ou de campo de transdutividade, e sua distinção com todo ser psicossocial, cognoscível por conceitos, justificando o uso do pensamento que se serve das noções de gênero e de espécie, apoiando-se na relação de participação, concretizada ou não em

Forma e substância

relação de propriedade ou de parentesco. O verdadeiro pensamento transdutivo faz uso do raciocínio por *analogia*, mas nunca do raciocínio por *semelhança*, isto é, de identidade afetiva e emotiva parcial. A própria palavra domínio, que aqui empregamos, é perigosa, pois a relação de posse parece reconduzir ao pensamento por participação; seria preciso poder dizer: "pista de transdutividade", recortada em "bandas" e "sub-bandas" de transdutividade (em vez das espécies e das subespécies). O pensamento transdutivo estabelece uma topologia do real, nada idêntica a uma hierarquização em gêneros e espécies.

Portanto, para determinar os critérios do indivíduo físico, não será preciso apelar a um exame das relações entre o gênero e a espécie, e daí entre a espécie e o indivíduo. O jogo do pensamento transdutivo, cuja fecundidade nós vimos na descoberta de um imenso domínio de transdutividade, interdita a utilização desse método.

Contudo, se o método transdutivo é necessário, nada garante que ele seja suficiente e que permita apreender o indivíduo físico. Pode ser que o indivíduo físico só possa ser apreendido no ponto de encontro e de compatibilidade de dois métodos opostos e complementares, ambos igualmente incapazes, em seu isolamento, de apreender essa realidade. Não se pode considerar como um indivíduo físico uma onda eletromagnética, que não tem nenhuma consistência nem nenhum limite próprio que a caracterize; o contínuo puro do domínio transdutivo não permite que se conceba o indivíduo; obtido ao término de um processo dedutivo fundado nas considerações energéticas, ele é perfeitamente racional e compenetrável em toda parte na intelecção geométrica da figura e do movimento. Mas ele não fornece critério para recortar essa virtualidade contínua; ele não pode dar o concreto da existência completa. Sozinho, ele não permite que se apreenda o indivíduo físico. Ora, se o indivíduo físico só pode ser apreendido por dois conhecimentos complementares, a questão crítica será a da validez da *relação* entre esses dois conhecimentos, e de seu fundamento ontológico no próprio indivíduo.

3. O processo indutivo

A segunda via de pesquisa que conduziu à posição da mecânica ondulatória e do princípio de complementaridade é aquela que, ao término de um processo indutivo, [120] afirmou a natureza *descontínua* da realidade física. Ela apresenta, do indivíduo físico, uma definição bem diferente da que se poderia retirar da pesquisa dedutiva de base ondulatória.

Que tipo de necessidade se encontra na origem das concepções corpusculares ou descontinuístas das mesmas realidades físicas que acabamos de examinar, a saber, a eletricidade e a luz? É essencialmente a necessidade de uma representação estrutural capaz de servir de fundamento a uma pesquisa indutiva.

A noção de uma estrutura descontínua da eletricidade apareceu em 1833, quando Faraday, no curso de suas pesquisas sobre a eletrólise, descobriu que na decomposição de um composto hidrogenado, por exemplo, o aparecimento no cátodo de uma dada quantidade de hidrogênio estava ligado à passagem de uma dada quantidade de eletricidade na solução, seja qual fosse o composto hidrogenado empregado. Ademais, a quantidade de eletricidade desprendida por um grama de hidrogênio depositava sempre 107,1 gramas de prata. Nesse sentido, a condição da descoberta da descontinuidade da eletricidade é sua *participação* em *ações* descontínuas; ela *desempenha um papel* no domínio do descontínuo e, em particular, nas mudanças de estrutura da matéria. Admitindo-se a validez da concepção atômica da matéria, dever-se-á admitir que a própria eletricidade, que participa das ações descontínuas que caracterizam as propriedades atômicas da matéria, possui uma estrutura descontínua. Faraday descobriu, com efeito, que todos os átomos univalentes dos químicos, isto é, aqueles que se combinam com um átomo de hidrogênio, aparecem como que *associados* à mesma quantidade de eletricidade; todos os átomos bivalentes, ao dobro da quantidade da precedente; todos os átomos trivalentes, ao triplo dessa quantidade. Chega-se, então, à conclusão de que a eletricidade, positiva e negativa, se decompõe em partículas elementares que se comportam como verdadeiros átomos elétricos. É a conclusão de Helmholtz, em 1881. A palavra "elétron",

Forma e substância

empregada pela primeira vez por G. J. Stoney, designa a unidade natural da eletricidade, isto é, a quantidade de eletricidade que deve atravessar uma solução eletrolítica para depositar, num dos elétrodos, um átomo de um elemento univalente. É por sua associação ao átomo que a eletricidade é apreendida em sua descontinuidade, e é ainda por essa associação que a carga do elétron foi calculada. Com efeito, sabendo-se que, por um lado, uma quantidade de eletricidade determinada é necessária para a eletrólise de um mol (ou molécula-grama) de um corpo determinado, e sabendo-se, além disso, quantos átomos esse mol contém (a partir do número de Avogadro), será possível, tendo em conta a valência dos elementos, calcular a carga associada a cada átomo.

Essa primeira descoberta indutiva foi seguida de uma segunda, que manifesta o mesmo método e chega ao mesmo resultado. Depois de 1895, data da descoberta dos raios X, mostrou-se que esses raios podem tornar condutores os gases, ao criar uma condutibilidade idêntica à condutibilidade eletrolítica, na qual cargas elétricas são transportadas por íons, provindo, dessa vez, não da decomposição de uma molécula, mas da decomposição dos próprios átomos, pois tais íons existem até mesmo num gás monoatômico como o argônio ou o neônio. Essa decomposição permite que a indução dê um passo a mais na busca das estruturas: o elétron de Stoney continuava a ser uma quantidade de eletricidade associada a uma partícula física indivisível; agora, ele devém mais substancial, porque a ionização dos gases exige uma representação estrutural em que a carga elétrica negativa é liberada desse pesado suporte que era o íon eletrolítico. Enfim, a descoberta das estruturas pôde percorrer, [121] dois anos mais tarde, uma nova etapa. Restringindo-se a medir as quantidades de eletricidade que passam através de uma coluna de gás ionizado, pode-se conceber a independência do elétron relativamente a toda partícula material pesada. Mas essa independência permanece abstrata; ela é o princípio experimental que permite salvar os fenômenos. Se a pesquisa experimental, ao contrário, for levada adiante, tentando analisar fisicamente o conteúdo do tubo de descarga quando a pressão do gás diminui, obtém-se o espaço escuro de Crookes, que invade todo o tubo quando a pressão cai para $1/100°$ de milímetro de mercúrio; esse espaço, que se desenvolveu a partir do cátodo, muito progressivamente, ao passo que a pressão decrescia, realiza de certa maneira a análise física do conjunto primitivamente contínuo que era o gás ionizado, no qual não se podia discernir os elétrons livres das outras cargas elétricas, a saber, as cargas positivas, portadas pelos íons. Pôde-se, então, supor que o espaço escuro de Crookes continha elétrons livres em trânsito. As experiências sobre os "raios catódicos" foram consideradas experiências sobre os elétrons livres. Certamente, poder-se-ia dizer que, nesta última experiência, a descontinuidade dos elétrons desaparecia ao mesmo tempo que desaparecia sua associação com um fenômeno tal como a ionização de um líquido ou de um gás, na qual eles se manifestam como cargas de grandeza fixa associada a partículas. Todas as experiências sobre os raios catódicos feitas naquele momento eram macrofísicas e mostravam a existência de cargas elétricas em trânsito no tubo, sem indicar uma estrutura microfísica descontínua; não se podia fazer a experiência num único elétron; a luminescência do tubo de vidro, a normalidade dos raios relativamente ao cátodo, sua propagação retilínea, seus efeitos caloríficos e químicos, o fato de que transportam cargas elétricas negativas, seu desvio sob a influência de um campo elétrico de um campo magnético são outros tantos efeitos macrofísicos de aparência contínua. Contudo, em razão do próprio andamento indutivo ao término do qual essa descoberta foi obtida, era necessário supor que esses raios catódicos eram feitos de partículas descontínuas de eletricidade, pois assim se dava conta da estrutura da experiência: os elétrons do gás ionizado, mas ainda indiferenciado na descarga disruptiva, são *idênticos*, de acordo com a estrutura da experiência, àqueles que ocupam o espaço escuro de Crookes; estes últimos são *idênticos* àqueles que formam os raios catódicos. Os elétrons da ionização de um gás, no momento da descarga disruptiva ou não disruptiva, são idênticos àqueles veiculados pelos íons negativos na eletrólise de um corpo.

Será que podemos considerar o método indutivo seguido nessas três interpretações de experiência como transdutivo? Ele não é idêntico àquele que se manifesta na formação da noção de onda. Com efeito, a noção de onda foi formada para permitir a introdução do pensamento dedutivo num domínio cada vez mais vasto, por um alargamento do objeto; ela corresponde a um primado da representação teórica; ela permite a síntese de vários resultados, até então separados: ao contrário, a noção de corpúsculo de eletricidade é introduzida para permitir a *representação* de um fenômeno experimentalmente constatado mediante uma estrutura inteligível; no início, ela não ultrapassa a lei formulável numericamente, mas lhe dá uma *subestrutura representativa* graças à qual o fenômeno pode ser duplicado por um esquema inteligível. Quando se passa de uma experiência para outra, como, por exemplo, da eletrólise para a ionização de um gás monoatômico, transporta-se o *mesmo esquema*; descobre-se um novo caso de aplicação do [122] esquema anteriormente descoberto; mas é *experimentalmente* que o caso é novo, não por uma extensão do objeto: o elétron é sempre o mesmo, e é por ele ser o mesmo que a indução é possível. Ao contrário, quando se estabelece a continuidade entre as ondas hertzianas e a luz visível, não é dito que a luz é feita de ondas hertzianas; define-se, ao contrário, o limite que separa e reúne essas duas bandas do domínio de transdutividade que está sendo explorado.

O pensamento que conduziu, das leis de Faraday, ao cálculo da massa e da carga do elétron operou uma *transferência de identidade*. O pensamento que conduziu, das leis da eletricidade e das fórmulas de Fresnel, à teoria eletromagnética de Maxwell operou o *desenvolvimento de um domínio* que se abre numa infinidade contínua de valores. Podemos, agora, separar melhor aquilo que é apenas dedutivo, no esforço de Maxwell, do que é realmente transdutivo; Maxwell fez obra dedutiva quando escreveu a fórmula da corrente de deslocamento para poder dar conta da conservação da eletricidade e, assim, ligar num só sistema de equações as quatro leis que resumem toda a ciência dos fenômenos elétricos. Mas ele fez uma verdadeira transdução quando ligou a teoria das correntes de deslocamento à teoria da propagação ondulatória da luz. A necessidade do contínuo é uma consequência direta da aplicação do método dedutivo. Só que, como uma invenção dedutiva é necessária para que um progresso transdutivo possa ser realizado, temos, de fato, no exame do nascimento da teoria ondulatória, um misto de método dedutivo e de método transdutivo, mais do que um exemplo absolutamente puro do método transdutivo. É até mesmo possível achar alguns traços do método transdutivo no desenvolvimento da noção de corpúsculo eletrificado: a descoberta dos raios formados de corpúsculos negativos de eletricidade incitou a que também se buscasse raios formados de partículas positivas, ou de partículas materiais positivamente carregadas: com um tubo de raios catódicos, que tem um cátodo perfurado de buracos, obteve-se não elétrons positivos, mas raios positivos formados por íons que provinham do gás contido no tubo; isso está no princípio do estudo dos isótopos com o espectrógrafo de massa de Aston. Essa pesquisa chega a uma verdadeira descoberta de um vasto domínio de transdutividade, quando a interpretação da isotopia vem notavelmente confirmar e completar a classificação periódica dos elementos estabelecida em 1869 por Mendelêiev. Essa própria classificação era o resultado de uma vasta indução fundada na consideração dos pesos atômicos, e de um esforço de transdutividade orientado para a periodicidade das propriedades dos elementos conhecidos, dispostos por ordem de pesos atômicos crescentes. Devemos notar, porém, que existe uma diferença entre um domínio de transdutividade obtido ao término de um processo essencialmente dedutivo e um domínio de transdutividade obtido ao término de um processo essencialmente indutivo: o primeiro está aberto nas duas extremidades; ele é composto por um espectro contínuo de valores diversos classificados e ordenados; o segundo, ao contrário, está fechado sobre si mesmo e seu alastramento é de estrutura periódica. Este compreende um número finito de valores. *[123]*

Forma e substância

III. O INDIVÍDUO NÃO SUBSTANCIAL. INFORMAÇÃO E COMPATIBILIDADE

1. Concepção relativista e noção de individuação física

Um dos problemas mais difíceis do pensamento reflexivo é o da relação que se pode instituir entre esses dois resultados da transdutividade. Se a transdutividade conduzida a partir da dedução chegasse aos mesmos resultados daquela que se pode conduzir a partir da indução, a reflexão poderia se reduzir a uma busca da compatibilidade entre esses dois tipos de resultados, conhecidos como homogêneos por direito. Se, ao contrário, um hiato subsiste entre essas duas espécies de resultados, a reflexão tem diante de si esse hiato como problema, pois ele não se deixa nem classificar numa transdutividade contínua, nem localizar numa transdutividade periódica. A invenção de uma transdutividade reflexiva será, então, necessária.

A quarta etapa da pesquisa indutiva, relativa ao corpúsculo de eletricidade negativa, apresenta o mesmo caráter que as três precedentes; mas ela põe em jogo, de certa maneira, a quantidade elementar de eletricidade no estado individual, não em sua realidade corpuscular visível, mas pelo efeito descontínuo que ela produz quando se junta a uma partícula material finíssima. Ainda aqui, vemos a descontinuidade da eletricidade sendo manifestada por uma situação em que se efetuam variações de carga de partículas materiais. O elétron não é apreendido diretamente em si mesmo como partícula individualizada. A experiência de Millikan, com efeito, consiste em introduzir entre os platôs de um condensador finíssimas gotas de um líquido não volátil (óleo, mercúrio). Essas gotas são eletrificadas pela sua passagem no vaporizador que as produz. Na ausência de campo entre as armaduras do condensador, elas caem lentamente. Quando existe um campo, o movimento encontra-se acelerado ou retardado, e pode-se medir a variação de velocidade. Ora, ionizando o ar compreendido entre os platôs, constata-se que a velocidade de uma dada gota sofre, de tempo em tempo, bruscas variações. Interpreta-se essas variações admitindo que a carga da gota varia quando ela encontra um dos íons do gás. As medidas mostram que as cargas capturadas são múltiplos simples de uma carga elementar, equivalente a $4,802.10^{-10}$ unidades eletrostáticas. Acrescentam-se, a esta experiência, aquelas em que o elétron intervém pela descontinuidade de sua carga.

Notemos, contudo, que essa descoberta da natureza corpuscular da eletricidade deixava subsistir um mistério: a dissimetria entre a eletricidade positiva e a eletricidade negativa, que nada permitia prever indutivamente na teoria corpuscular: a eletricidade positiva nunca se apresentava no estado livre, enquanto a eletricidade negativa se apresentava no estado livre. Com efeito, nenhuma razão estrutural existe para que um corpúsculo seja positivo ou negativo. Pode-se facilmente conceber uma qualificação do corpúsculo; a qualidade aparece nos diferentes modos de possíveis combinações dos corpúsculos elementares, mas não pode ser facilmente concebida no nível desse elemento estrutural simples que é o corpúsculo. Tocamos aqui num dos limites do pensamento indutivo; sua necessidade de estruturas representativas simples o leva a considerar a qualidade como um irracional. A qualidade resiste à identificação indutiva. Ora, a experiência, desde o século XVIII, havia indicado as diferenças qualitativas da eletricidade "vitrosa" e da eletricidade "resinosa". Para poder absorver o elemento de irracionalidade, seria preciso poder transformar a diferença específica *[124]* qualitativa numa diferença estrutural clara. Mas como, além disso, a indução tende para o elemento simples, ela também tende para a identificação de todos os elementos uns relativamente aos outros: após a descoberta do fato de que a eletricidade negativa é um constituinte universal da matéria, pôde-se acreditar que toda a matéria é feita de eletricidade. Aí, então, a indução por identificação teria acabado a ciência; a química e a física teriam devindo uma eletrônica generalizada. Mas a redução à identidade absoluta foi impossível porque ela não podia absorver a dissimetria entre as duas formas ou "espécies" de eletricidade. Certamente, foi possível considerar que uma carga de eletricidade positiva é apenas um "buraco de potencial" criado pela partida de um elé-

Forma e substância

tron. A partícula, então, devém uma função de partícula, que se comporta como uma partícula realmente existente. Porém, de um lado, ultrapassamos então os limites da indução que busca o elemento estrutural simples e, do outro lado, supomos a realidade de um suporte material feito de uma outra substância que não a eletricidade negativa. É que, se toda matéria fosse constituída de eletricidade negativa, a partida de um elétron jamais poderia criar um "buraco de potencial" que se manifestasse como uma carga positiva, igual em valor absoluto ao elétron, porém de sinal contrário. O verdadeiro limite da indução é a pluralidade sob sua forma mais simples e mais difícil de ser transposta: a *heterogeneidade*. É a partir do momento em que o pensamento indutivo está em presença dessa heterogeneidade que ele deve recorrer ao pensamento transdutivo. Mas, então, ele encontra resultados do pensamento dedutivo, o qual em certo momento também encontra seus limites. O pensamento indutivo está em xeque quando uma representação do descontínuo puro é insuficiente. O pensamento dedutivo está em xeque quando uma representação do contínuo puro está igualmente em xeque. Por essa razão, nenhum desses dois modos de pensamento pode chegar a uma representação completa do indivíduo físico: o pensamento físico, então, recorre à invenção dos diferentes *sistemas de compatibilidade* para os métodos ou resultados. É através dessa compatibilidade que o indivíduo físico pode ser conhecido. Mas tais condições epistemológicas acarretam uma necessária crítica do conhecimento, destinada a determinar qual grau de realidade pode ser apreendido através da invenção de um sistema de compatibilidade.

Esse início de uma descoberta de compatibilidade entre o método indutivo e o método dedutivo, entre a representação do contínuo e a do descontínuo, encontramo-lo na introdução da mecânica relativista no domínio do elétron livre.

Outros meios [*moyens*] de produção dos elétrons livres tinham sido descobertos: no tubo de raios catódicos viera adjungir--se o efeito nomeado "termoiônico", depois a emissão β dos corpos radioativos. Sabia-se determinar as trajetórias dos elétrons no espaço ao serem notados seus pontos de impacto sobre telas fluorescentes ou placas fotográficas suscetíveis de receberem impressões por esse impacto. A câmara de distensão de Wilson,[NT] da qual foi dito que constituía a "mais bela experiência do século", permite seguir o trajeto de uma partícula eletrificada. Ao término dos estudos efetuados por Perrin, Villard e Lenard, podia-se representar o elétron como um corpúsculo, isto é, um pequeníssimo objeto localizável no espaço e obedecendo às leis da dinâmica do ponto material (Louis de Broglie, *Ondes, corpuscules, mécanique ondulatoire*, pp. 18-9). Num campo elétrico, o elétron, tendo uma carga negativa, é submetido a uma força elétrica. Num campo magnético, quando está em movimento, o elétron se comporta como um pequeno elemento de uma corrente de condução e é submetido a uma força eletrodinâmica do tipo de Laplace, normal[NT] ao mesmo tempo na direção do campo magnético e na direção *[125]* instantânea do movimento, e numericamente igual ao produto vetorial da velocidade do elétron pelo campo magnético, multiplicado pela carga. Sob a ação dessa força

$$f = \frac{e}{c} \, [\vec{v} \times \vec{H}]$$

o movimento do elétron se executa como deve fazê-lo o movimento de um ponto material de massa $0,9.10^{-29}$ g. A experiência de Rowland, em 1876, tinha estabelecido que um deslocamento de cargas elétricas produz um campo magnético, como se se tratasse de uma corrente de condução produzida por um gerador num condutor fixo.

O valor indutivo dessa concepção descontínua da eletricidade manifestava-se particularmente no sentido em que permitia reconduzir o estudo do movimento dos elétrons à Mecânica do ponto material, teoria há muito clássica.

A nova mecânica permanecia teórica enquanto aplicada aos corpos estudados pela macrofísica; com efeito, a mecânica relativista é válida para todos os corpos materiais; ela já havia obtido

---

[NT] [Mais usualmente conhecida, em português e inglês, como câmara de nuvens (*cloud chamber*) e, em francês, como câmara de névoa (*chambre à brouillard*).]

[NT] [Um vetor, ou linha normal, é perpendicular a uma superfície em dado ponto.]

Forma e substância

êxito em explicar "os três fenômenos em 10^{-8}" que a mecânica clássica não conseguia explicar: o deslocamento do periélio do planeta Mercúrio, constatado há muito tempo, explicado pela teoria da relatividade, dava-lhe muita força. O desvio da luz pelo sol, observado num eclipse, confirmava o princípio da relatividade restrita. A mudança de cor das fontes de luz em movimento chegava à mesma confirmação. Entretanto, essa teoria da relatividade, que é uma mecânica dos movimentos extremamente rápidos, ainda podia ser contestada nos domínios da macrofísica. Le Châtelier, na obra intitulada *L'Industrie, la science et l'organisation au XXe siècle*, falando da teoria da relatividade, declara o seguinte: "Semelhantes especulações podem interessar ao filósofo, mas não devem reter, por um instante que seja, a atenção dos homens de ação que pretendem comandar a natureza, dirigir suas transformações". Mais adiante, o autor acrescenta: "Hoje em dia, a probabilidade de ver as leis de Newton e de Lavoisier sendo postas como falhas não chega à ordem nem do bilionésimo. Logo, é loucura preocupar-se com semelhantes eventualidades, falar delas e mesmo deter-se nelas por um instante que seja". Le Châtelier apoiava sua argumentação no fato de que a teoria relativista só dá resultados diferentes daqueles da mecânica clássica para os corpos animados de velocidades superiores a 10.000 quilômetros por segundo. "Ora, sobre a terra, não sabemos produzir velocidades superiores a 1 quilômetro, a dos projéteis da famosa Bertha.[NT] Só o planeta Mercúrio mesmo é que possui uma velocidade suficiente para justificar as especulações relativistas. Mesmo nesse caso, as perturbações previstas são tão fracas que ainda não se conseguiu pôr-se de acordo sobre sua grandeza." O segundo argumento é que: "no que concerne à transmutação do rádio em hélio, todos os cientistas que trabalharam esse problema ainda não conseguiram produzir juntos 10 miligramas desse gás. Ora, sobre os milhões de toneladas de matérias que a indústria transforma todos os dias, nunca uma exceção à lei de Lavoisier pôde ser constatada". De um ponto de

[NT] [Obus utilizado pela artilharia alemã para bombardear Paris em 1918.]

vista macroscópico e pragmático, Le Châtelier talvez tivesse razão, pelo menos aparentemente; ele podia, com verossimilhança, acusar os partidários da relatividade de corromperem, pelo seu "ceticismo" a respeito da lei da gravitação de Newton e da lei da conservação dos elementos de Lavoisier, os estudantes demasiadamente inclinados a seguir os esnobes e os filósofos que proclamam que essas duas leis fundamentais da ciência são apenas os vestígios de um passado em desuso, como outrora Aristófanes acusava Sócrates de "καινολογία" ["linguajar estranho ou fraseologia"], em *As nuvens*, diante do público ateniense inquieto por estar vendo novas ideias se espalharem. No entanto, já havia sobre a *[126]* terra, e em simples montagens realizáveis com os aparelhos de física de um estabelecimento de ensino — na época em que Le Châtelier se levantava contra "a negação de todo bom senso" para "pôr os pingos nos is e explicar-se claramente" —, corpos animados de velocidades superiores a 10.000 quilômetros por segundo: os elétrons em trânsito num tubo de raios catódicos; esses corpúsculos pertenciam à microfísica pela sua dimensão, mas, num tubo de algumas dezenas de centímetros de comprimento, e com a energia que pode ser recolhida nas extremidades do secundário de uma bobina de Ruhmkorff, é possível comunicar-lhes uma velocidade superior à dos corpos celestes mais rápidos: aqui, há encontro de grandezas que, na habitual classificação dos fenômenos, não eram da mesma *espécie*. Um corpúsculo 1.836 vezes mais leve que o átomo de hidrogênio se conduz como um planeta, no curso de uma experiência que é da ordem de grandeza do corpo humano, e que exige uma potência comparável à de nossos músculos.

A mecânica da relatividade modifica profundamente a noção da existência individual da partícula física; o elétron não pode ser concebido quando se desloca em grande velocidade, como outrora se concebia um átomo. Desde os antigos atomistas, o átomo era um ser substancial. A quantidade de matéria que ele constituía era fixa. A invariância da massa era um aspecto dessa invariância substancial do átomo. O átomo é o corpúsculo que não é modificado pela relação na qual está engajado. O composto resulta inteiramente dos átomos que o constituem, mas esses elementos primeiros, os *primordia rerum* ["coisas primordiais"], não são modifica-

Forma e substância

179

dos pelo composto que constituem. A relação permanece frágil e precária: ela não tem poder sobre os termos; *ela resulta dos termos, que de maneira alguma são modos da relação.*

Com o elétron considerado pela teoria da relatividade, a massa do corpúsculo é variável em função da velocidade, segundo a lei de Lorentz, que se enuncia na seguinte fórmula:

$$m = \frac{m_0}{\sqrt{1 - \dfrac{v^2}{c^2}}}$$

em que m_0 é a massa do elétron em repouso, isto é, $0,9.10^{-27}$ g, e c é a velocidade da luz no vazio, sendo v a velocidade do corpúsculo considerado. A dinâmica da relatividade nos apresenta, pois, um corpúsculo que não apenas não pode ser caracterizado por uma massa rigorosamente fixa, representando a substancialidade de uma matéria imutável, suporte imodificado de relações acidentais, mas que nem mesmo pode receber limite superior para um acréscimo possível da massa e, consequentemente, da energia veiculada e das transformações que podem ser produzidas nos outros corpos por essa partícula. É todo um conjunto de princípios do pensamento atomístico, procurando a clareza indutiva das estruturas corpusculares, que a lei de Lorentz põe em questão. Com efeito, do ponto de vista em que se está para considerar cada partícula nela mesma, já se produz uma profunda mudança, uma vez que caráteres fundamentais, como a massa e a quantidade de energia transportada, devem ser concebidos como *não confinados superiormente*: a massa tende ao infinito quando a velocidade v tende ao limite c, que mede a velocidade da luz no vazio. O indivíduo não tem mais aquele caráter essencial do átomo dos antigos, que é o de ser *estreitamente limitado* pela sua dimensão, sua massa, sua forma e, por consequência, ser dotado de uma *rigorosa identidade* através do tempo, identidade que lhe confere a eternidade. Mas a consequência teórica dessa mudança, na concepção do indivíduo físico, é bem mais importante ainda ao se considerar a relação mútua entre as partículas; se uma partícula pode, em certas condições, adquirir uma energia que tende ao infinito, já não há mais limite *[127]* à ação possível de uma partícula sobre outra ou sobre um conjunto, tão grande quanto se o queira, de outras partículas. A descontinuidade das partículas já não impõe o caráter *finito* das modificações possíveis. O menor elemento de uma totalidade pode abrigar tanta energia quanto todas as outras partículas tomadas conjuntamente. O caráter essencialmente igualitário do atomismo não pode ser conservado. É a relação mesma da parte ao todo que se encontra transformada, pois a relação da parte à parte é completamente modificada, a partir do instante em que uma parte pode exercer sobre as outras partes uma ação mais forte que todos os outros elementos do todo tomados conjuntamente: sendo cada indivíduo físico *potencialmente ilimitado*, nenhum indivíduo em nenhum momento pode ser concebido como estando ao abrigo da ação possível de um outro indivíduo. Esse mútuo isolamento dos átomos, que para os antigos atomistas era uma garantia de substancialidade, não pode ser considerado como absoluto; o *vazio*, preciosa condição de isolamento energético e de independência estrutural, que para Lucrécio era a garantia mesma e a condição da individualidade dos átomos e de sua eternidade, não pode mais assegurar essa função, pois a distância só é uma condição de independência se apenas a ação por contato for eficaz. Nesse atomismo substancialista, o choque pode modificar o estado de repouso ou de movimento de um átomo, mas não seus caráteres próprios, como a massa; ora, se a massa varia com a velocidade, um choque pode modificar a massa de uma partícula, modificando sua velocidade; *o encontro acidental, totalmente fortuito, afeta a substância*. Passividade e atividade não são mais do que os dois aspectos simétricos das trocas de energia; a passividade, potencial ou atual, da substância é tão essencial quanto sua atividade, potencial ou atual. O devir está integrado no ser. A relação, que abriga a troca de energia entre duas partículas, abrange a possibilidade de uma verdadeira troca de ser. A relação tem valor de ser porque é *alagmática*; se a operação permanecesse distinta da estrutura, que seria seu suporte imodificável, o substancialismo da partícula poderia tentar dar conta das trocas de energia por uma modificação do nexo mútuo das partículas, deixando imodificados os caráteres próprios de cada partícula. Porém, como toda modificação da *relação* de uma partícula às outras é também uma modificação de seus caráteres internos, não existe *interioridade subs-*

Forma e substância

tancial da partícula. O verdadeiro indivíduo físico, aqui mais uma vez, como no caso do cristal, não é *concêntrico a um limite de interioridade que constitui o domínio substancial do indivíduo*, mas está no limite mesmo do ser. Esse limite é relação, atual ou potencial. Talvez uma crença imediata na interioridade do ser enquanto indivíduo venha da intuição do corpo próprio, que parece estar, na situação de um homem reflexivo, separado do mundo por um envoltório material que oferece uma certa consistência e que delimita um domínio fechado. Na realidade, uma análise psicobiológica suficientemente profunda revelaria que a relação ao meio exterior, para um ser vivo, não está somente distribuída na superfície externa de si mesmo. Sozinha, a noção de meio interior, formada por Claude Bernard para as necessidades da investigação biológica, indica, pela mediação que ela constitui entre o meio exterior e o ser, que a substancialidade do ser não pode ser confundida com sua interioridade, mesmo no caso do indivíduo biológico. A concepção de uma interioridade física da partícula elementar manifesta um biologismo sutil e tenaz, sensível até no mecanicismo mais teoricamente rigoroso dos antigos atomistas. Com o aparecimento da teoria da relatividade no plano da experiência física corrente, esse biologismo dá lugar a uma concepção mais rigorosamente física da individuação. Contudo, notemos bem que, se a possibilidade de acréscimo da massa de um [128] corpúsculo tivesse um limite, poder-se-ia retornar a um atomismo substancialista simplesmente modificado por um dinamismo lógico. A mônada de Leibniz ainda é eminentemente um átomo, pois seus estados de desenvolvimento e de involução são regidos por um rigoroso determinismo interno da *noção individual concreta*; não importa que ela possua em si, como microcosmo, sob forma de pequenas percepções, um resumo das modificações das mônadas do universo inteiro. De fato, do ponto de vista da causalidade das modificações, ela tira suas modificações apenas de si mesma e permanece absolutamente isolada no devir; os limites de suas determinações sucessivas são rigorosamente fixados pelo sistema da compossibilidade universal. Ao contrário, o indivíduo físico, pensado segundo a relatividade, não tem limites próprios definidos de uma vez por todas por sua essência: *ele não está confinado*. Por isso mesmo, não pode ser determinado por um princípio de individuação comparável ao que a dinâmica leibniziana lhe assinala. O limite, e consequentemente a relação do indivíduo, nunca é uma confinança; ele faz parte do próprio ser.

Essa afirmação, no entanto, não poderia ser tomada como um recurso ao pragmatismo. Quando dizemos que para o indivíduo físico a relação é do ser, não entendemos com isso que a relação *exprime* o ser, mas que ela o constitui. O pragmatismo ainda é dualista e substancialista demais; ele quer se fiar apenas nas manifestações da atividade como critério do ser; isso é supor que existe um ser distinto da operação, uma interioridade que a exteriorização da ação autentica e exprime, manifestando-a. A ação, no pragmatismo, é a transposição de um limite. Ora, segundo a doutrina que apresentamos aqui, esse limite não pode nem dissimular a realidade, nem ser transposto pela ação, pois ele não separa dois domínios, o da exterioridade e o da interioridade. Tampouco essa doutrina relativista pode conduzir a uma forma mais sutil do pragmatismo, como o "comodismo" de Poincaré, que desemboca num nominalismo científico. Ela é realista sem ser substancialista, e postula que o conhecimento científico é uma relação ao ser; ora, numa doutrina assim, a relação tem posto de ser. Só que o realismo do conhecimento não deve ser concebido como uma substancialização do conceito; o realismo é a direção desse conhecimento como relação; aqui, com a teoria da relatividade, vemo-la ir do racional ao real; noutros casos, ela segue a direção inversa, e aí então é o encontro e a compatibilidade dessas duas direções epistemológicas que consagram a validez da relação sujeito-objeto. O realismo do conhecimento está no acréscimo progressivo da densidade do nexo que liga o termo sujeito e o termo objeto. Só se pode descobri-lo buscando o sentido dessa derivação.

Essa é a primeira etapa, na pesquisa indutiva, da descoberta de transdutividade pela qual o corpúsculo recebe uma definição não substancialista de sua individualidade. Entretanto, na aplicação da teoria da relatividade ao elétron, resta um elemento que constitui um *liame substancial* entre os diferentes momentos sucessivos, quando a massa do elétron varia, mesmo que ela sempre aumente, tendendo ao infinito, cada vez que a velocidade tende para a velocidade da luz no vazio: a *continuidade* entre as diferentes medidas sucessivas da massa e da energia. A relação não estará inteiramente no mesmo nível que o ser enquanto as grandezas substanciais, massa e energia, forem postas como suscetíveis de variações contínuas.

Aqui, falta apresentar e precisar um importantíssimo ponto de doutrina, antes de evocar os caráteres epistemológicos da teoria quântica. A teoria quântica, com efeito, supõe que as trocas energéticas entre corpúsculo e onda, ou entre corpúsculo [129] e corpúsculo, sempre ocorreram por quantidades finitas, múltiplos de uma quantidade elementar, o *quantum*, menor quantidade de energia que pode ser trocada. Existiria, portanto, um limite inferior da quantidade de energia que pode ser trocada. Mas devemos nos perguntar em qual sentido a fórmula de Lorentz pode ser afetada *a priori* pela introdução de uma teoria quântica, e como devemos considerar a possibilidade de acréscimo indefinido da massa de um corpúsculo quando sua velocidade tende para a da luz. Se partimos de uma velocidade inicial bem fraca, que aumenta progressivamente, veremos no início, quando a massa pode ser confundida com a massa no repouso, que o acréscimo de energia cinética equivalente a um *quantum* corresponde a um notável acréscimo da velocidade: pode-se, pois, representar a velocidade como aumentando por saltos bruscos; ao contrário, quando a velocidade está próxima da velocidade da luz, o aumento de energia cinética correspondente à adição de um *quantum* traduz-se por um fraco acréscimo da velocidade. Quando a velocidade tende para a velocidade da luz, a adição de um *quantum* de energia traduz-se por um acréscimo de velocidade que tende a zero: os saltos das sucessivas adições de *quanta* são cada vez mais mínimos: o modo de variação da velocidade *tende para um regime contínuo*.

Portanto, a importância das descontinuidades quânticas é variável com a velocidade da partícula. Esse resultado dedutivo é importante, pois mostra que uma partícula como um elétron tende para um regime de continuidade quando sua velocidade tende para a da luz; ela é, então, funcionalmente macroscópica. Mas deve-se perguntar se essa conclusão é plenamente válida. Qual é, com efeito, o verdadeiro sentido desse limite, a saber, a velocidade da luz? Não é, absolutamente, a medida exata dessa velocidade que importa, e sim a existência de um limite que não pode ser atingido. Ora, o que se passaria se um elétron atingisse uma velocidade vizinha da velocidade da luz? Não existe um limiar, para além do qual o fenômeno mudaria completamente de aspecto? A física já apresentou pelo menos um importantíssimo exemplo da existência de um limite que não se podia prever por simples extrapolação: pode-se traçar as curvas que dão as resistividades dos metais em função da temperatura, e essas curvas são bastante regulares num intervalo de várias centenas de graus. A teoria mostra que, na vizinhança do zero absoluto, a resistividade de um metal deve tender a zero. Ora, a experiência mostra que para certos corpos a resistividade, em vez de decrescer pouco a pouco, cai bruscamente abaixo de todo valor mensurável; é a supracondutibilidade. Esse fenômeno se produz a $7,2°$ absolutos para o chumbo, $3,78°$ para o estanho, $1,14°$ para o alumínio (experiência de Kamerlingh Onnes). Os modernos aceleradores de partículas permitem lançar os elétrons a velocidades bastante avizinhadas das velocidades da luz. A energia pode, então, devir considerável, como no bétatron de 100 milhões de elétrons volts de Schenectady, sem que as previsões conformes à teoria da relatividade sejam, de maneira alguma, postas como falhas; contudo, pode-se supor que exista um limiar ainda não atingido, para além do qual o fenômeno mudaria se pudéssemos atingi-lo. Por consequência, existe atualmente um limite empírico para a aplicação do princípio da relatividade ao elétron; é difícil conceber que esse limite possa ser suprimido, pois não se pode comunicar uma energia infinita a um elétron. Além disso, parecem existir certas necessidades teóricas de se conceber um limite superior a grandezas características do elétron, como a do campo elétrico que reina sobre o raio do elétron (na representação clássica); ora, *[130]* buscando-se a temperatura de um corpo negro cuja densidade de energia de radiação seria devida à propagação desse campo máximo, acha-se uma temperatura superior à ordem de 10^{12} graus Kelvin. Essa temperatura é a que parece reinar no centro de certas estrelas anãs brancas. Não se conhecem nem temperaturas mais elevadas, nem campos eletromagnéticos mais intensos (de acordo com Y. Rocard, *Electricité*, p. 360).

Forma e substância

Não podemos, pois, fundar o andamento reflexivo sobre a possibilidade de acréscimo indefinido, *teórico* e *absoluto*, da massa ou da energia de uma partícula como o elétron, pois sempre ficará faltando para o pensamento reflexivo rigoroso uma distinção entre um empirismo muito estendido e um empirismo universal; a margem de inexplorado entre as altíssimas energias atingidas e uma energia infinita permanecerá infinita. Por essa razão, é muito difícil falar daquilo que seria um elétron indo à velocidade da luz no vazio; parece difícil até mesmo de precisar se se deve conceber a possibilidade da existência de um limiar superior de velocidade, para além do qual o elétron não deveria mais ser considerado como elétron. Essa margem de imprecisão no conhecimento não pode ser reduzida pela adoção da teoria quântica, uma vez que o acréscimo de massa e o acréscimo de energia fazem com que o regime dinâmico do corpúsculo tenda para o contínuo quando sua velocidade tende para a da luz. Se existisse um limiar superior de energia e de velocidade, ele não poderia ser determinado por considerações quânticas.

Reencontramos aqui um domínio de opacidade epistemológica que pode projetar sua sombra sobre uma teoria reflexiva da individuação física, marcando a existência de uma restrição epistemológica à transdutividade. Portanto, a consequência agnosticista, que disso resultaria, seria ela própria relativizada pela restrição que marcaria o início de seu domínio de aplicação, cuja estrutura não poderia ser interiormente conhecida. Essa topologia da transdutividade, se ela própria é uma relação, pode ser transdutível a um outro tipo de individualidade.

2. A TEORIA QUÂNTICA: NOÇÃO DE OPERAÇÃO FÍSICA ELEMENTAR, INTEGRANDO OS ASPECTOS COMPLEMENTARES DE CONTÍNUO E DE DESCONTÍNUO

Primeiramente, tentaremos exprimir em que medida a adoção de um princípio quântico modifica essa concepção da individuação corpuscular e prolonga a conversão da noção de indivíduo que começou na concepção relativista. Com efeito, mesmo que não exista uma rigorosa anterioridade epistemológica de uma das concepções sobre a outra enquanto teorias físicas, manifesta-se uma anterioridade lógica para a concepção da individuação. O indivíduo pode, com efeito, ser concebido como tendo uma massa variável segundo a relação com os outros elementos do sistema de que ele faz parte; conceber essas variações como contínuas ou descontínuas é constituir uma precisão suplementar aportada à teoria da relatividade. Entretanto, esse ponto de vista ainda é formal demais; com efeito, a quantificação descontínua dos graus de massa e dos níveis possíveis de energia aporta um tipo novo de relação entre os indivíduos de mesma espécie. Graças à quantificação, uma nova condição de estabilidade é aportada na própria mudança; a existência de sucessivos níveis correspondentes a energias cada vez maiores para o mesmo corpúsculo é a verdadeira síntese da continuidade e da descontinuidade; além disso, intervém aqui uma possibilidade de distinguir, num só instante, os indivíduos que fazem parte de um mesmo sistema, graças às diferenças atuais de estados quânticos que existem *[131]* entre eles, como faz o princípio de Pauli, chave de uma nova lógica do indivíduo, e que assim é enunciado: "os elétrons, postulados como idênticos, ao ponto de nada mais poder distingui-los num sistema, não podem ter, todavia, num átomo ou num gás, seus quatro números quânticos respectivamente iguais; dito de outro jeito, quando um elétron se acha num daqueles estados quadruplamente quantificados, ele exclui, para qualquer outro elétron, a possibilidade de achar-se no mesmo estado (daí seu nome de princípio de exclusão)" (Stéphane Lupasco, *Le Principe d'antagonisme et la logique de l'énergie*, pp. 41-2). De certa maneira, a teoria quântica, quando completada mediante tal princípio, recria um princípio de individuação e de estabilidade dos seres discerníveis que a teoria da relatividade poria a perder ao destruir a substancialidade imutável da massa, clássico fundamento da identidade do ser numa teoria corpuscular. Uma nova via para apreender a realidade do indivíduo está aberta com a teoria quântica, cujo poder de transdutividade é tão grande que permite estabelecer uma relação viável entre uma física indutiva do descontínuo e uma teoria energética, e dedutiva, do contínuo.

Forma e substância

Foi em 1900, em seus trabalhos sobre a irradiação negra, isto é, sobre a irradiação emitida pela superfície de um corpo perfeitamente absorvente, mantido a uma temperatura determinada, que Planck introduziu a ideia do *quantum* de Ação. A irradiação negra pode ser decomposta por uma análise do tipo clássico a partir de Fourier, numa soma de irradiações monocromáticas. Caso se queira conhecer a energia que corresponde a um intervalo de frequência $v \rightarrow v + \delta v$, na irradiação negra, é preciso determinar a função $\rho(v,T)$ ou densidade espectral tal que $\rho(v,T)\delta v$ dê a quantidade de energia contida na unidade de volume e correspondente ao intervalo espectral δv, se T designa a temperatura das paredes de um recinto fechado as quais, assim como todos os corpos materiais que ele pode conter, são mantidas a uma certa temperatura absoluta uniforme. Encontramo-nos aqui no ponto de encontro de uma teoria energética, a termodinâmica, e de uma pesquisa estrutural; com efeito, foi a termodinâmica que permitiu a Kirchhoff mostrar que essa irradiação de equilíbrio não depende de modo algum da natureza das paredes do recinto ou dos corpos que nele estão presentes, mas unicamente da temperatura T. Outras irradiações termodinâmicas permitem demonstrar que a quantidade de energia contida na unidade de volume da irradiação negra deve crescer como a quarta potência da temperatura absoluta T: é a lei de Stefan que a experiência verifica (Louis de Broglie, *Ondes, corpuscules, mécanique ondulatoire*, pp. 33-4). Enfim, foi ainda a termodinâmica que permitiu a Wien demonstrar que se deve ter $\rho(v,T) = v^3 F\ ^v/_T$, onde F é uma função da variável $^v/_T$ que o raciocínio termodinâmico é impotente para determinar.

A pesquisa termodinâmica, pois, dava aqui a indicação de seus próprios limites e convidava o pensamento científico a ir mais longe para uma análise *das relações energéticas* entre a matéria e a irradiação no interior de um recinto de temperatura determinada. Era, portanto, um encontro necessário entre a teoria dos corpúsculos e a da irradiação eletromagnética definida por Maxwell, entre o ponto de chegada das pesquisas que competem à teoria do descontínuo e o das pesquisas que competem à teoria do contínuo. Eis como Louis de Broglie, na página 35 da obra citada acima, apresenta a situação epistemológica naquele momento: "Além dis-

188   A individuação física

so, essa análise parecia bastante fácil, pois a teoria dos elétrons fornecia então um esquema muito bem definido para os fenômenos de emissão e de absorção da irradiação pela matéria: bastava *[132]* supor que as paredes do recinto continham elétrons, estudar como esses elétrons absorviam, por um lado, uma parte da energia da irradiação negra ambiente, restituindo-lhe, por outro lado, uma certa quantidade de energia por processos de irradiação, e, depois, finalmente exprimir que os processos de absorção e de emissão se compensavam estatisticamente de tal maneira que a composição espectral da irradiação de equilíbrio permanecia em média constante. O cálculo foi feito por Lord Rayleigh e por Planck, e refeito mais tarde por Jeans e Henri Poincaré. Ele necessariamente conduz à seguinte conclusão: a função $\rho(v,T)$ deve ter, por expressão,

$$\rho(v,T) = \frac{8\pi k}{c^3} v^2 T$$

onde k é uma certa constante que intervém nas teorias estatísticas da Física e cujo valor numérico é bem conhecido". (Trata-se da constante de Boltzmann, $k = 1,37.10^{-16}$, em unidades c.) Essa lei teórica, dita de Rayleigh-Jeans, dá um crescimento de ρ com v representado por uma parábola crescente indefinidamente sem máximo; essa lei conduz à conclusão de que a energia total da irradiação negra seria infinita. Essa lei só se ajusta com a experiência para os pequenos valores de v numa dada temperatura. A experiência permite traçar uma curva em sino representando as variações de ρ em função de v para uma dada temperatura. A partir dessa nova curva, a quantidade total de energia $\int_0^\infty \rho(v,T)\delta v$ contida na irradiação negra tem um valor finito, dado pela área compreendida entre o eixo das abscissas e a curva em sino, segundo a fórmula empírica a seguir, devida a Wien: $\rho(v,T) = Av^3 e^{-Bv/T}$ (figura VII).

Faltava descobrir a justificação teórica da fórmula de Wien. A teoria corpuscular clássica se articulava à teoria energética clássica da seguinte maneira, que marcava um privilégio da continuidade sobre a descontinuidade: um elétron, animado por um movimento periódico de frequência v, pode emitir e absorver, continuamente, irradiação eletromagnética de frequência v. Ora, essa

Forma e substância

189

Figura VII

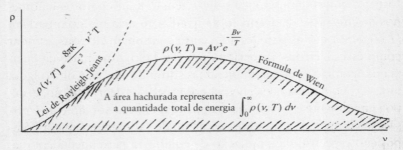

concepção seria válida caso se supusesse que a *relação*, que constitui a troca de energia entre o corpúsculo e a onda eletromagnética, permanece *independente* do indivíduo corpuscular. Porém, concebendo-se que a relação tem valor de ser, ela aparece como que prolongando, nos estados do corpúsculo, a energia da onda, e traduzindo, nos níveis de energia da onda, a realidade individual do corpúsculo. O fato dessa relação ser assimétrica, isto é, de ela pôr em nexo um campo eletromagnético *[133]* (pensável segundo o contínuo) e um corpúsculo (pensável segundo o descontínuo), acarreta para a relação a necessidade de exprimir, simultaneamente, a descontinuidade em termos energéticos e a continuidade em termos estruturais. Nessa condição, *ela não é um simples nexo, mas uma relação, tendo valor de ser*. O caráter quântico da *relação* define um modo de realidade diferente da *estrutura* e da energia contínua: a *operação*, que integra em si os caráteres complementares do contínuo e do descontínuo — nela, o caráter de continuidade devém *ordem* dos estados quânticos, hierarquizáveis em série crescente a partir de uma quantidade inferior absoluta; e o caráter de estruturação e de consistência individual nela devém o aspecto complementar dessa hierarquia, isto é, o caráter de quantificação da troca. A operação aparece como uma relação real, ou transdução real mútua, entre um termo contínuo e um termo descontínuo, entre uma estrutura e uma energia.

Uma teoria substancialista da partícula conduzia a uma representação contínua das trocas energéticas entre a partícula e a irradiação. Planck supôs, ao contrário, que era preciso admitir que um elétron, animado por um movimento periódico de frequência v, só pode emitir ou absorver a energia radiante se for por *quantidades finitas* de valor hv, onde h é uma constante. De acordo com essa hipótese, a função $\rho(v,T)$ deve ter a forma:

$$\rho(v,T) = \frac{8\pi h v^3}{c^3} \frac{1}{e^{\frac{hv}{kT}}-1}$$

sendo k sempre a mesma constante da lei de Rayleigh, e h a nova constante introduzida. Para os pequenos valores de v/T, essa fórmula de Planck se confunde com a fórmula de Rayleigh, ao passo que, para os grandes valores desse quociente, ela conduz à fórmula empírica de Wien. Essa fórmula está igualmente em acordo com as leis da Termodinâmica, pois ela dá, para a energia total da irradiação, uma quantidade finita proporcional a T', como o quer a lei de Stefan; e ela é da fórmula $\rho(v,T) = v'F\, v/T$, como o exige a lei de Wien. A constante h (constante de Planck) tem as dimensões do produto de uma energia por um tempo, ou ainda de uma quantidade de movimento por um comprimento; ela tem, pois, as dimensões da grandeza nomeada, na Mecânica, ação; ela desempenha o papel de uma unidade de ação. "A constante h desempenha o papel de uma espécie de unidade de ação, o papel, pode-se dizer, de um átomo de Ação. Planck mostrou, por considerações que não desenvolverei, que é bem esse o sentido profundo da constante h. Daí o nome '*quantum* de Ação' que ele atribui a ela" (Louis de Broglie, *Ondes, corpuscules, mécanique ondulatoire*, p. 39).

Aqui intervém um elemento importante, válido tanto para a história das ideias quanto para a pesquisa do próprio ser individual físico; com efeito, a introdução, em Física, do *quantum* de Ação foi considerada por Louis de Broglie, em 1923-1924, como devendo ser incorporada à fusão das noções de onda e de corpúsculo que ele realizava no quadro das concepções clássicas sobre as representações espaçotemporais e sobre a causalidade. Essa concepção, que Louis de Broglie nomeou "teoria da dupla solução", foi exposta no número de maio de 1927 do *Journal de Physique*.[NT]

[NT] [O artigo de Louis de Broglie chama-se "La Mécanique ondulatoire

Forma e substância

Ora, essa teoria visa, ao lado das soluções contínuas das equações da Mecânica ondulatória habitualmente visadas e que eram consideradas como tendo uma significação estatística, outras soluções que comportem uma singularidade e permitam definir a posição de um corpúsculo no espaço, corpúsculo este que ganha então um sentido individual muito mais bem definido, em razão dessa singularidade mesma. O sentido dessas soluções não é mais estatístico como o das primeiras. Contra essa teoria [134] erguiam-se Born, Bohr, Heisenberg, Pauli, Dirac, que rejeitavam o determinismo da Física clássica e propunham da Física ondulatória uma interpretação puramente probabilista, em que as leis de probabilidade tinham um caráter primário e não resultavam de um determinismo oculto; esses autores se apoiavam sobre a descoberta das "relações de incerteza", devidas a Heisenberg, e sobre as ideias de Bohr relativas à "complementaridade". O Conselho de Física Solvay de outubro de 1927 marcou o conflito entre as representações determinista e indeterminista; lá, Louis de Broglie expôs sua doutrina sob a forma (que ele qualifica, em 1953, de "edulcorada") da onda piloto; daí, diz ele, "diante da reprovação quase unânime que acolheu minha exposição, desencorajei-me e aderi à interpretação probabilista de Born, Bohr e Heisenberg, à qual permaneci fiel por vinte e cinco anos". Ora, em 1953, Louis de Broglie se pergunta se essa fidelidade era plenamente justificada; ele constata, com efeito, que David Bohm, físico americano, retomou "suas antigas ideias sob a forma truncada e pouco defensável da onda piloto". Ele também constata que J. P. Vigier assinalou uma analogia profunda entre a teoria das ondas de singularidades e as tentativas de Einstein para representar as partículas materiais como singularidades do campo, no quadro da Relatividade generalizada. Os corpúsculos materiais, e igualmente os fótons, são representados como singularidades no seio de um campo espaçotemporal de caráter ondulatório, cuja estrutura faz intervir o *quantum* de ação de Planck. Aí então poderiam ser unidas a concepção de Einstein sobre as partículas e as de Louis de Broglie expostas na

et la structure atomique de la matière et du rayonnement" ("A mecânica ondulatória e a estrutura atômica da matéria e da irradiação").]

192   A individuação física

teoria da dupla solução: assim seria realizada uma "síntese grandiosa" da Relatividade e dos *Quanta*.

Para o estudo da individuação em Física, essa doutrina apresenta um interesse todo particular, pois ela parece indicar que o indivíduo físico, o corpúsculo, pode ser representado como associado a um campo sem o qual ele jamais existe, e que esse campo não é uma pura expressão da probabilidade de que o corpúsculo se encontre neste ou naquele ponto a tal ou qual instante ("onda de probabilidade"), mas que o campo é uma verdadeira grandeza física, associada às outras grandezas que caracterizam o corpúsculo; o campo, sem fazer absolutamente parte do indivíduo, estaria centrado em torno dele e exprimiria, assim, uma propriedade fundamental do indivíduo, a saber, a polaridade, que aí se teria sob sua forma mais simples, pois um campo é precisamente feito de grandezas polarizadas, geralmente representáveis por sistemas de vetores. Segundo essa maneira de ver a realidade física, a dualidade onda-corpúsculo não seria de modo algum a apreensão de duas "faces complementares da realidade", no sentido que Bohr dá a essa expressão, e sim a apreensão de duas realidades igual e simultaneamente dadas no objeto. A onda já não seria necessariamente uma onda contínua. Com isso, compreender-se-ia aquela singular atomicidade da ação que é o fundamento da teoria dos *quanta*. Com efeito, o problema fundamental que a mecânica ondulatória põe para uma teoria do indivíduo físico é o seguinte: no complexo onda-corpúsculo, como a onda é ligada ao corpúsculo? Pertence essa onda, seja como for, ao corpúsculo? Pois a dualidade onda-corpúsculo é também um par onda-corpúsculo.

Partindo-se do estudo da onda, o aspecto quântico da emissão ou da absorção da irradiação acarreta, também, a ideia de que a energia da irradiação, durante sua propagação, está concentrada em *quanta* hv; daí, então, a própria energia irradiante está concentrada em grãos, e assim se chega a uma primeira maneira de conceber uma [135] associação da onda e do corpúsculo, quando o corpúsculo é tão somente um *quantum*. Se a irradiação é quantificada, a energia irradiante está concentrada em grãos, em *quanta* de valor hv. Essa concepção é necessária para interpretar o efeito fotoelétrico e o efeito Compton, assim como a existência de um

Forma e substância

limite nítido por parte das grandes frequências, no fundo contínuo dos raios X emitidos por um anticátodo submetido a um bombardeio de elétrons, no tubo de Crookes ou de Coolidge (o que permite calcular experimentalmente a constante h); ela fornece uma base para construir uma teoria satisfatória do átomo e das raias espectrais, segundo a representação de Rutherford, à qual Bohr aplicou uma teoria da irradiação que deriva da teoria dos *quanta*. O átomo quantificado de Rutherford-Bohr tinha, então, uma sequência descontínua de estados quantificados possíveis, sendo o estado quantificado um estado estável ou estacionário do elétron: segundo Bohr, nos estados quantificados, o elétron não irradia; a emissão das raias espectrais se produz quando da passagem de um estado estacionário a outro. Entretanto, essa doutrina obriga que se considerem os elétrons como corpúsculos que podem ganhar apenas certos movimentos quantificados. No que concerne à interpretação do limiar de frequência do efeito fotoelétrico e da lei que dá a energia cinética dos fotoelétrons, $T = K(v - v_0)$, onde v é a frequência incidente e v_0 a frequência limiar, Einstein propôs em 1905 que se voltasse, sob uma forma nova, à velha teoria corpuscular da luz, supondo que, numa onda luminosa monocromática de frequência v, a energia é enovelada sob a forma de corpúsculo de energia hv, sendo h a constante de Planck. Existe, pois, segundo essa teoria, grãos de energia iguais a hv na irradiação. Então, o limiar de frequência do efeito fotoelétrico está dado pela fórmula da frequência limiar $v_0 = w_0/h$, sendo w_0 o trabalho de saída do elétron.

A constante K da lei experimental citada mais acima deve ser igual à constante de Planck, h, pois o elétron sairá com uma energia cinética igual a $T = hv - w_0 = h(v - v_0)$, igualdade que verifica o estudo experimental da luz visível, dos raios X e γ, como mostraram em particular as experiências de Millikan, com uma superfície de lítio, depois de sódio, recebendo a luz emitida por um arco em mercúrio, as de Maurice de Broglie para os raios X e, enfim, as de Thibaud e Ellis para os raios γ.

Na teoria dos fótons, a individualidade dos fótons não é puramente a de um corpúsculo, pois sua energia, dada pela expressão $E = hv$, faz intervir uma frequência v, e toda frequência pressupõe a existência de uma periodicidade que de jeito algum está implicada na definição de um corpúsculo, o qual consiste numa certa quantidade de matéria abarcada em seus limites espaciais. A quantidade de movimento dos fótons é dirigida no sentido de sua propagação e igual a $h\nu/c$. Relativamente ao limite superior do fundo contínuo dos raios X emitidos por um anticátodo, a lei de Duane e Hunt mede essa frequência máxima pela expressão vm = $T/h = eV/h$. Ora, essa lei pode ser diretamente interpretada ao se admitir que, no momento de lentificação de um elétron incidente sobre a matéria do anticátodo, os raios X são emitidos por fótons. A maior frequência possível de ser emitida é a que corresponde ao caso em que um elétron perde, de uma só vez, a totalidade de sua energia cinética: T = eV, e a frequência máxima do espectro é dada por $\nu_m = T/h = eV/h$, conforme à lei de Duane e Hunt. *[136]*

Enfim, a teoria do fóton foi corroborada pela descoberta do efeito Raman e do efeito Compton. Em 1928, Raman mostrou que, ao se iluminar uma substância como o benzeno por uma radiação monocromática visível de frequência v, obtinha-se uma luz difusa contendo, fora da própria frequência v, outras frequências da forma $v - v_{ik}$, onde v_{ik} são frequências infravermelhas que podem ser emitidas pelas moléculas do corpo difusor, assim como frequências da forma $v + v_{ik}$, com uma intensidade muito menor. A explicação é facilitada com a teoria dos fótons: se as moléculas do corpo difusor são suscetíveis de emitir uma radiação de frequência

$$v_{ik} = \frac{-E_i - E_k}{h}$$

porque são suscetíveis de dois estados quantificados de energia E_i e $E_k < E_i$, o corpo iluminado com fótons de energia hv emitirá fótons difundidos após o choque entre os fótons e as moléculas; a troca de energia entre a molécula e o fóton de energia hv se traduzirá por um aumento da frequência, se o fóton ganhou energia, e por uma redução, se ele a perdeu. Se uma molécula cede a um fóton a energia $E_i - E_k$, passando do estado quantificado E_i ao estado quantificado E_k, a energia do fóton após o choque será hv + E_i - E_k = h(v + v_{ik}). No caso inverso, a energia do fóton difundido será hv - (E_i - E_k) = h(v - v_{ik}). No primeiro caso, a frequência do fóton será $v + v_{ik}$ e, no segundo caso, $v - v_{ik}$.

Forma e substância

O efeito Compton, produzindo-se com os raios X e os raios γ, consiste numa difusão da irradiação pela matéria, mas no efeito Compton as mudanças de frequência que correspondem a essa difusão não dependem da natureza do corpo difusor e só dependem da direção na qual a difusão é observada. Interpreta-se esse efeito dizendo que os fótons X e γ encontram, no corpo difusor, elétrons livres, ou sensivelmente livres, que estão em repouso, ou quase em repouso. A variação de comprimento de onda do fóton é devida a uma troca de energia com um elétron; pode-se detectar, mediante a câmara de Wilson, as trajetórias do fóton e do elétron após essa troca de energia que é um verdadeiro choque, enquanto o fóton, depois de chocar-se com o elétron, ainda está produzindo o nascimento de um fotoelétron porque encontrou uma molécula de gás; o trajeto do elétron é diretamente visível na câmara de Wilson, graças à ionização que ele produz. (Experiência de Compton e Simon.)

Para esclarecer essa relação da onda e do corpúsculo, Louis de Broglie recorreu a uma crítica do conceito de corpúsculo tal como utilizado pelos físicos, e ele opõe duas concepções do corpúsculo. A primeira é a que faz do corpúsculo "um pequeno objeto bem localizado, que descreve no espaço, no curso do tempo, uma trajetória sensivelmente linear sobre a qual ele ocupa, a cada instante, uma posição bem definida e é animado por uma velocidade bem determinada". Mas existe uma segunda concepção, segundo a qual se pode dizer "que um corpúsculo é uma unidade física caracterizada por certas constantes (massa, carga etc.) e suscetível de produzir efeitos localizados em que ele intervém totalmente e nunca por fração", como, por exemplo, o fóton no efeito fotoelétrico ou no efeito Compton. Ora, segundo Louis de Broglie, a segunda definição é uma consequência da primeira, mas o inverso não é verdadeiro: "pode-se, com efeito, imaginar que existam unidades físicas suscetíveis de produzir efeitos locais, mas que não possam ser constantemente identificadas com pequenos objetos que descrevem no espaço trajetórias lineares" (*Ondes, corpuscules, mécanique ondulatoire*, p. 73). Ora, é a partir desse momento que se precisa escolher entre as maneiras de definir a relação da onda e do [137] corpúsculo. Qual o termo mais real? Tanto um quanto outro são reais? Seria a onda apenas um tipo de campo de probabilidade que, para o corpúsculo, é a probabilidade de manifestar localmente sua presença por uma ação observável neste ou naquele ponto? Louis de Broglie mostra que três interpretações são logicamente possíveis. O autor quis aceitar aquela que permitiria a síntese mais vasta das noções de onda e de corpúsculo; tendo partido, como tentamos indicar, de dois casos em que a necessidade dessa ligação era aparente, o do fóton e o dos movimentos quantificados dos corpúsculos, ele quis tornar essa ligação possível para os elétrons e outros elementos da matéria ou da luz, religando, por fórmulas em que necessariamente figuraria a constante h de Planck, os aspectos de onda e de corpúsculo indissoluvelmente ligados um no outro.

A primeira espécie de relação entre a onda e o corpúsculo é a de Schrödinger, que consiste em negar a realidade do corpúsculo. Só as ondas teriam uma significação física análoga à das ondas das teorias clássicas. Em certos casos, a propagação das ondas daria margem a aparências corpusculares, mas seriam apenas aparências. "No início, para tornar essa ideia precisa, o Sr. Schrödinger havia querido assimilar o corpúsculo a um pequeno trem de ondas, mas essa interpretação não pode se sustentar, quando mais não seja porque um trem de ondas tem sempre uma tendência de se alastrar rapidamente e sem parar no espaço, e, por conseguinte, não poderia representar um corpúsculo dotado de uma estabilidade prolongada" (Louis de Broglie, *Communication à la séance de la Société Française de Philosophie* [*Comunicação à sessão da Sociedade Francesa de Filosofia*], sessão de 25 de abril de 1953).

Louis de Broglie não admite essa negação da realidade do corpúsculo; ele declara querer admitir "como um fato físico" a dualidade onda-corpúsculo.

A segunda interpretação admite como real a dualidade onda-corpúsculo, querendo dar-lhe uma significação concreta, conforme às ideias tradicionais da Física, e considera o corpúsculo como uma singularidade no seio de um fenômeno ondulatório do qual ele seria o centro. Porém, diz Louis de Broglie, a dificuldade é saber por que a Mecânica ondulatória faz uso, com sucesso, de ondas contínuas sem singularidades do tipo das ondas contínuas da teoria clássica da luz.

Forma e substância

Enfim, a terceira interpretação consiste em considerar apenas as ideias de corpúsculo e de onda contínua, enxergando-as como faces complementares da realidade, no sentido que Bohr dá a essa expressão; essa interpretação é qualificada por Louis de Broglie como "ortodoxa".

A segunda interpretação era no início a de Louis de Broglie, em 1924, logo após sua defesa de tese: ele considerava o corpúsculo como uma singularidade no seio de um fenômeno ondulatório estendido, o todo formando apenas uma única realidade física. "O movimento da singularidade, estando ligado à evolução do fenômeno ondulatório de que ela era o centro, dependeria de todas as circunstâncias que esse fenômeno ondulatório encontrasse em sua propagação no espaço. Por essa razão, o movimento do corpúsculo não seguiria as leis da Mecânica clássica, que é uma Mecânica puramente pontual, em que o corpúsculo sofre somente a ação das forças que se exercem sobre ele ao longo de sua trajetória, sem sofrer repercussão alguma da existência dos obstáculos que podem se achar ao longe, fora de sua trajetória: em minha concepção, ao contrário, o movimento da singularidade sofreria a influência de todos os obstáculos que influiriam sobre a propagação do fenômeno ondulatório de que ela é solidária e, assim, estaria explicada a existência das interferências [138] e da difração" (Louis de Broglie, *Communication à la Société Française de Philosophie*, sessão de 25 de abril de 1953).

Ora, a Mecânica ondulatória, diz Louis de Broglie, desenvolveu-se considerando unicamente soluções contínuas, sem singularidades, equações de propagação, soluções que usualmente se designam pela letra grega ψ. Quando se associa a propagação de uma onda (de uma onda ψ plana e monocromática) ao movimento retilíneo e uniforme, esbarra-se numa dificuldade: a fase da onda que permite definir a frequência e o comprimento de onda associados ao corpúsculo parece ter certamente um sentido físico direto, enquanto a amplitude constante da onda parece apenas poder ser uma representação estatística das posições possíveis do corpúsculo. "Nisso havia uma mistura do individual e da estatística que me intrigava e que me parecia urgente esclarecer", diz Louis de Broglie na mesma comunicação. É então que o autor, em 1927, num artigo publicado em maio no *Journal de Physique* (t. VIII, 1927, p. 225), postulou que toda solução contínua das equações da Mecânica ondulatória é, de certa sorte, duplicada por uma solução de singularidade u que comporta uma singularidade em geral móvel, o corpúsculo, e tem a mesma fase que a solução ψ. Entre a solução u e a solução ψ, tendo ambas a forma de uma onda, não há diferença de fase (a fase tendo a mesma função de x, y, z, t), mas há uma considerável diferença de amplitude, pois a solução de u comporta uma singularidade, enquanto a de ψ é contínua. Se a equação de propagação é supostamente a mesma para u e para ψ, pode-se então demonstrar um teorema fundamental: a singularidade móvel de u deve, no curso do tempo, descrever uma trajetória tal que, em cada ponto, a velocidade seja proporcional ao gradiente da fase. "Assim traduzir-se-ia, podia-se dizer, a reação da propagação do fenômeno ondulatório sobre a singularidade que formava seu centro. Eu mostrava também que essa reação podia se exprimir considerando o corpúsculo-singularidade como submetido a um 'potencial quântico', que era precisamente a expressão matemática da reação da onda sobre ele." Pode-se assim interpretar a difração da luz pela borda de uma tela, dizendo que o corpúsculo de luz sofre uma ação dessa borda de tela, sendo por conseguinte desviado de sua rota retilínea, como o afirmam os partidários da antiga teoria corpuscular da luz, porém considerando que a ação da borda de tela sobre o corpúsculo ocorreu pelo intermédio desse "potencial quântico", que é a expressão matemática da reação da onda sobre o corpúsculo; a onda serviria, assim, de meio [*moyen*] de troca de energia entre o corpúsculo e a borda de tela. Nessa interpretação, a onda u, com sua singularidade móvel, constitui assim, ao mesmo tempo, o corpúsculo e o fenômeno ondulatório que o cerca, isto é, uma única realidade física. É a onda u que descreve a realidade física, e não a onda ψ, que não tem nenhuma significação física real; com a onda ψ tendo supostamente a mesma fase que a onda u, e com o corpúsculo-singularidade deslocando-se sempre segundo o gradiente de fase, as trajetórias possíveis do corpúsculo coincidiam com as curvas ortogonais nas superfícies de igual fase de ψ; isso conduzia a que se considerasse a probabilidade de achar o corpúsculo num ponto como que igual

Forma e substância

ao quadrado da amplitude, à intensidade da onda ψ. Esse princípio já havia sido admitido desde há muito em Mecânica ondulatória, pois ele era necessário para dar a teoria da difração dos elétrons. Einstein, em 1905, já havia mostrado que a probabilidade de que um fóton estivesse presente num ponto do espaço era proporcional ao quadrado da amplitude da onda luminosa que lhe estivesse associada; encontra-se aí um dos princípios essenciais da teoria ondulatória da [139] luz: a densidade da energia radiante é dada pelo quadrado da amplitude da onda luminosa; nesse caso, a onda ψ aparece como uma onda puramente fictícia, simples representação de probabilidades. Mas convém notar que esse caráter formal e, de certa sorte, nominal da onda ψ só era assim porque, em concordância de fase com ela, existia a onda *u* de singularidade, que descrevia realmente o corpúsculo como centro de um fenômeno ondulatório estendido; e Louis de Broglie conclui assim, em 1953, sua exposição retrospectiva: "Caso se pudesse ter a impressão de que a onda ψ bastava para descrever inteiramente o comportamento do corpúsculo tal como se podia observar experimentalmente, seria em razão dessa coincidência das fases, que era a chave de minha teoria" (*Bulletin de la Société Française de Philosophie*, outubro-dezembro de 1952-1953, p. 146). Essa teoria, para ser então recebida, teria exigido que se refizesse a teoria dos fenômenos de interferência, por exemplo, o dos buracos de Young, utilizando unicamente a onda *u* de singularidade. Teria sido necessário, outrossim, interpretar com ajuda das ondas *u* a Mecânica ondulatória dos sistemas de corpúsculos desenvolvida no quadro do espaço de configuração por Schrödinger. Porém, em 1953, Louis de Broglie propõe uma modificação da definição da onda *u*: "Em 1927, eu a considerava como uma solução com singularidade das equações lineares admitidas pela Mecânica ondulatória para a onda ψ. Diversas considerações e, em particular, a aproximação com a teoria da Relatividade generalizada, da qual falarei mais adiante, fizeram-me pensar que a verdadeira equação de propagação da onda *u* poderia ser não linear, como as que se encontram na teoria da gravitação de Einstein, equação não linear que admitiria como forma aproximativa a equação da Mecânica ondulatória quando os valores de *u* fossem fracos o bastante. Se esse ponto de vista fosse exato, poder-se-ia até mesmo admitir que a onda u não comporta uma singularidade móvel, no sentido estrito da palavra singularidade, mas simplesmente uma pequeníssima região singular móvel (de dimensões talvez da ordem de 10^{-13} cm), no interior da qual os valores de u seriam grandes o bastante para que a aproximação linear não fosse mais válida, ainda que ela fosse válida em todo o espaço fora dessa pequeníssima região. Infelizmente, essa mudança de ponto de vista não facilita a resolução dos problemas matemáticos que se colocam, pois, se o estudo das soluções de singularidade das equações lineares é frequentemente difícil, o das soluções das equações não lineares é mais difícil ainda" (mesma obra, p. 147). Louis de Broglie tentou simplificar sua teoria para o Conselho Solvay de 1927, introduzindo a noção de "onda piloto", que era essencialmente a onda ψ considerada como guia do corpúsculo segundo a fórmula "velocidade proporcional ao gradiente da fase". Sendo o movimento do corpúsculo definido pelo gradiente da fase que é comum às soluções u e ψ, tudo se passa aparentemente como se o corpúsculo fosse guiado pela onda contínua ψ. O corpúsculo devinha, então, uma realidade independente. Essa representação não foi bem acolhida no Conselho Solvay, e Louis de Broglie lamenta por ter, naquele momento, simplificado sua teoria no sentido de um certo formalismo que desemboca no nominalismo: "a teoria da onda piloto chega a esse resultado inaceitável de fazer com que o movimento do corpúsculo seja determinado por uma grandeza, a onda contínua ψ, que não tem nenhuma significação física real, que depende do estado dos conhecimentos daquele que a emprega, e que deve variar bruscamente quando uma informação vem modificar esses conhecimentos. Se as concepções que enunciei em 1927 devessem algum dia ressuscitar das cinzas, só poderia ser sob a forma sutil da dupla solução, e não sob a forma truncada e inaceitável da *[140]* onda-piloto" (obra citada, p. 148). Louis de Broglie considera que a primeira forma de sua teoria, comportando a onda u e a onda ψ, embora difícil de se justificar matematicamente, seja muito superior à da onda piloto, pois é suscetível, em caso de sucesso, de oferecer uma visão bem profunda da constituição da matéria e da dualidade das ondas e dos corpúsculos, e talvez até mesmo de per-

Forma e substância

mitir uma aproximação das concepções quânticas e das concepções relativistas. Ora, essa aproximação é ardentemente desejada por Louis de Broglie, que a considera como "grandiosa".

É por essa razão que Louis de Broglie de novo considera como devendo ser estudada a teoria da dupla solução (onda u e onda ψ) a partir do momento em que vê Bohm e Vigier retomarem esse ponto de vista. Vigier estabelece, na sequência da tentativa de Bohm, uma aproximação entre a teoria da dupla solução e um teorema demonstrado por Einstein. Einstein, depois de ter desenvolvido as grandes linhas da Relatividade generalizada, preocupara-se com a maneira pela qual se poderia representar a estrutura atômica da matéria por singularidades do campo de gravitação. Ora, na Relatividade generalizada, admite-se que o movimento de um corpo é representado no espaço-tempo curvo por uma geodésica desse espaço-tempo; esse postulado tinha permitido a Einstein encontrar o movimento dos planetas em torno do Sol, interpretando além disso o deslocamento secular do periélio de Mercúrio. Daí, então, caso se queira definir as partículas elementares da matéria pela existência de singularidades no campo de gravitação, deveria ser possível demonstrar, partindo apenas das equações do campo de gravitação, que o movimento das singularidades ocorre segundo as geodésicas do espaço-tempo, sem ter de introduzir esse resultado como postulado independente. Isso foi demonstrado em 1927 por Einstein, trabalhando em colaboração com Grommer, e depois a demonstração foi retomada e estendida de diversas maneiras por Einstein e seus colaboradores Infeld e Hoffmann. A demonstração do teorema de Einstein apresenta, diz Louis de Broglie em 1953, certa analogia com a que ele mesmo deu, em 1927, para provar que um corpúsculo deve sempre ter sua velocidade dirigida segundo o gradiente da fase da onda u da qual ele constitui uma singularidade. "O Sr. Vigier, com bastante ardor, prossegue fazendo tentativas para precisar essa analogia, buscando introduzir as funções de onda u na definição da métrica do espaço-tempo. Embora tais tentativas não tenham ainda chegado em seu pleno acabamento, é certo que a via na qual ele se engajou é muito interessante, pois ela poderia conduzir a uma unificação das ideias da Relatividade generalizada e da Mecânica ondulatória" (obra citada, p. 156). Sendo os corpúsculos materiais e os fótons considerados como regiões singulares na métrica do espaço-tempo, rodeados por um campo ondulatório de que fariam parte e cuja definição introduziria a constante de Planck, ficaria possível, segundo Louis de Broglie, unir as concepções de Einstein sobre as partículas e as da teoria da dupla solução. Essa "grandiosa síntese" da Relatividade e dos *Quanta* teria, entre tantas outras vantagens, a de evitar o "subjetivismo", aparentado, diz Louis de Broglie, ao idealismo no sentido dos filósofos, que tende a negar a existência física independente do observador. "Ora, o físico permanece instintivamente, como Meyerson não há muito sublinhou fortemente, um realista, e para isso ele tem algumas boas razões: as interpretações subjetivistas sempre lhe causarão uma impressão de mal-estar, e acredito que ele finalmente ficaria feliz por se livrar delas" (obra citada, p. 156). Mas essa síntese, voltando a dar uma significação profunda *[141]* e realista à teoria da dupla solução, teria também uma outra vantagem: as zonas singulares dos diversos corpúsculos podem, com efeito, encavalar uma sobre a outra a partir de uma certa escala; esse encavalamento não é suficientemente nítido e importante na escala atômica (10^{-8} a 10^{-11} cm) para atrapalhar a interpretação "ortodoxa", mas isso não se dá necessariamente na escala nuclear (10^{-13} cm). Nessa escala, pode ser que zonas singulares dos corpúsculos se encavalem, e que estes últimos não possam mais ser considerados como isolados. Assim, vemos aparecer um novo modo de cálculo da relação entre os indivíduos físicos, o qual faria intervir uma consideração de densidade e também de caráteres individuais, definidos como singularidade da onda u. A teoria dos fenômenos nucleares e, em particular, das forças que mantêm a estabilidade do núcleo poderia ser abordada por essa nova via. A Física poderia definir uma estrutura das partículas, o que não é possível com a onda ψ, que exclui toda representação estrutural das partículas por causa de seu caráter estatístico. Os novos tipos de mésons que estão sendo descobertos poderiam, assim, ser providos de uma imagem estrutural, graças a esse retorno às imagens espaçotemporais. A onda ψ estatística já não poderia, então, ser considerada uma representação completa da realidade; e o indeterminismo que acompanha essa concepção, assim como

Forma e substância

a impossibilidade de representar com alguma precisão, por variáveis que nos estariam ocultas, as realidades da escala atômica no quadro do espaço e do tempo, deveria ser considerado incompatível com essa nova representação da realidade física.

3. A TEORIA DA DUPLA SOLUÇÃO EM MECÂNICA ONDULATÓRIA

Ora, é muito importante notar que — aceitando-se como ponto de partida não considerar o indivíduo físico como uma realidade limitada a si mesma e definida por seus limites espaciais, mas como a singularidade de uma onda, isto é, como uma realidade que não pode se definir pela inerência a seus próprios limites, mas que é também definida pela interação que ela tem à distância com outras realidades físicas — a consequência dessa largura inicial na definição do indivíduo é que essa noção permanece afetada de um coeficiente de realismo. Muito pelo contrário, se a noção de indivíduo é definida no ponto de partida, *stricto sensu*, como uma partícula limitada por suas dimensões, então esse ser físico perde sua realidade, e o formalismo probabilista substitui o realismo da teoria precedente. É precisamente nas teorias probabilistas (que aceitam como ponto de partida a noção clássica de indivíduo) que essa noção, por conseguinte, se esfuma na teoria da onda de probabilidade; os corpúsculos devêm, segundo a expressão de Bohr citada por Louis de Broglie, "unsharply defined individuals within finite space-time limits" ["indivíduos inacentuadamente definidos em limites finitos de espaço-tempo"].[NT] Também a onda perde toda significação física realista; ela já não passa, segundo a expressão de Destouches, de uma representação de probabilidade, dependendo dos conhecimentos adquiridos por aquele que a emprega. "Ela é pessoal e subjetiva assim como as repar-

[NT] [Essa frase aparece no texto "The Quantum Postulate and the Recent Development of Atomic Theory", publicado em 1928 na revista *Nature* (nº 121) e, mais tarde, na obra *Atomic Theory and the Description of Nature* (Cambridge, Cambridge University Press, 1934).]

tições de probabilidade e, como estas, modifica-se bruscamente quando o utilizador adquire novas informações: foi isso que o Sr. Heisenberg chamou de 'redução do pacote de ondas pela medida', redução que por si só bastaria para demonstrar o caráter não físico da onda ψ" (obra citada, p. 150). Essa probabilidade não resulta de uma ignorância; [142] ela é pura contingência; e assim é a "probabilidade pura", que não resulta de um determinismo oculto definido e, de direito, calculável a partir dos parâmetros ocultos; os parâmetros ocultos não existiriam.

O indivíduo físico, o corpúsculo, nas teorias de Bohr e Heisenberg, devém um conjunto de potencialidades afetadas por probabilidades; ele não passa de um ser que se manifesta a nós de um jeito fugidio, ora sob um aspecto, ora sob outro, conforme à noção de complementaridade que faz parte da teoria de Bohr, e segundo as relações de incerteza de Heisenberg, fundamento de uma teoria indeterminista e probabilista. Em geral, não se pode atribuir ao corpúsculo nem posição, nem velocidade, nem trajetória bem determinadas: ele pode apenas se revelar, no momento em que é feita uma observação ou medida, como tendo tal posição ou tal velocidade. Ele possui, por assim dizer, a cada instante toda uma série de posições ou de estados de movimento possíveis, essas diversas potencialidades que podem se atualizar, no momento da medida, com certas probabilidades. A onda ψ associada é uma representação do conjunto das potencialidades do corpúsculo com suas respectivas probabilidades. A extensão da onda ψ no espaço representa a indeterminação da posição do corpúsculo, que pode se revelar presente num ponto qualquer da região ocupada pela onda com uma probabilidade proporcional ao quadrado da amplitude da onda naquele ponto. O mesmo se dá para os estados de movimento: a onda ψ tem uma decomposição espectral em série, ou integral de Fourier, e essa decomposição representa todos os estados possíveis de uma medida da quantidade de movimento, sendo que a probabilidade de cada resultado possível de tal medida está dada pelo quadrado do coeficiente correspondente da decomposição de Fourier. Essa teoria tem a chance de encontrar diante de si, já pronto para lhe servir de meio [moyen] de expressão, um formalismo matemático perfeitamente adequado: teoria das fun-

Forma e substância

ções e valores próprios, desenvolvimentos em série de funções próprias, matrizes, espaço de Hilbert; assim, todos os recursos da análise linear são imediatamente utilizáveis. A teoria da dupla solução não está tão bem servida pelo estado atual do desenvolvimento do formalismo matemático; parece que certa irregularidade no desenvolvimento do pensamento matemático, segundo as diversas vias, conduziu a uma facilidade muito maior de expressão para a teoria indeterminista e probabilista que para a teoria da dupla solução; mas o privilégio assim dado por um certo estado do desenvolvimento matemático a uma das interpretações da relação onda-corpúsculo não deve ser considerado como um índice de superioridade da doutrina facilmente formulável, no que concerne ao valor da representação que ela dá da realidade física. É preciso dissociar a perfeição formal e a fidelidade ao real. Essa fidelidade ao real se traduz por certo poder de descoberta e uma fecundidade na pesquisa. Ora, a teoria indeterminista e probabilista da relação entre onda e corpúsculo parece ter perdido esse poder de descoberta, tendo-se fechado num formalismo autoconstrutivo cada vez mais notável (matrizes S, comprimento mínimo, campos não localizáveis) que, todavia, não permite resolver, por exemplo, os problemas relativos à estabilidade do núcleo.

Louis de Broglie considera essa oposição entre as duas concepções da relação onda-corpúsculo como residindo essencialmente no postulado determinista ou indeterminista. Poder-se-ia também considerar que o que está em questão é a representação do indivíduo físico, elementar primeiramente e, em seguida, em todos os níveis. A teoria probabilista só pode ser probabilista porque considera que o indivíduo físico é aquilo que aparece na relação com o sujeito mensurador; há [143] como que uma recorrência das probabilidades que se instalam no ser mesmo do indivíduo físico, apesar da contingência da relação que o acontecimento de medida faz intervir. Ao contrário, na base da teoria da dupla solução, há a ideia de que a relação tem valor de ser, encontra-se atada ao ser, realmente faz parte do ser. Pertence ao indivíduo essa onda de que ele é centro e singularidade; é o indivíduo que porta o instrumento pelo qual se estabelece a relação, quer seja ela a de uma medida ou de algum outro acontecimento que comporte uma troca de energia. A relação tem valor de ser; ela é operação individuante. Na teoria indeterminista e probabilista, subsiste no sujeito do indivíduo físico certo substancialismo estático; o indivíduo pode muito bem ser um dos termos da relação, mas a relação é independente dos termos; no limite, a relação nada é, ela é apenas a probabilidade para que a relação entre os termos se estabeleça aqui ou ali. A relação não é de mesma natureza que os termos; ela é coisa puramente formal, também artificial no sentido profundo do termo quando há medida, isto é, relação do sujeito e do objeto. Esse formalismo e essa artificialidade, vindos de uma definição demasiadamente estreita da individuação física, ressurgem então na definição de uso do indivíduo que, praticamente, é definido apenas pela relação: ele devém então aquele "unsharply defined individual" ["indivíduo inacentuadamente definido"]. Precisamente, porém, o indivíduo não pode ser "sharply defined" ["acentuadamente definido"] no início, antes de qualquer relação, pois ele porta em torno de si sua possibilidade de relação, ele é essa possibilidade de relação. Individuação e relação são inseparáveis; a capacidade de relação faz parte do ser e entra em sua definição e na determinação de seus limites: não há limite entre o indivíduo e sua atividade de relação; a relação é contemporânea do ser; ela faz parte do ser energicamente e espacialmente. A relação existe, ao mesmo tempo que o ser, sob forma de campo, e o potencial que ela define é verdadeiro, não formal. Não é porque uma energia está sob forma potencial que ela não existe. Responder-se-á que não se pode definir o potencial fora de um sistema; isso é verdade, mas precisamente pode ser que seja preciso postular que o indivíduo é um ser que só pode existir como indivíduo em relação com um real não individuado. Na concepção probabilista, postula-se que o indivíduo pode estar só, e ele se encontra, em seguida, incapaz de incorporar a relação, que parece acidental e indeterminada. A relação não deve ser concebida nem como imanente ao ser, nem como exterior a ele e acidental; essas duas teorias se juntam em sua mútua oposição no sentido em que supõem que o indivíduo poderia estar só de direito. Se, ao contrário, for posto que o indivíduo faz parte de, no mínimo, *um* sistema, a relação devém tão real quanto o indivíduo enquanto ser, que poderia, abs-

Forma e substância

207

tratamente, ser concebido como isolado. O indivíduo é *ser e relação*; ele é centro de atividade, mas essa atividade é transdutiva; ela se exerce através e por um campo de forças que modifica todo o sistema em função do indivíduo e o indivíduo em função de todo o sistema. A relação existe sempre sob forma de potencial, mas em certo instante ela pode ou não estar modificando correlativamente indivíduo e sistema. As leis quânticas parecem indicar que essa relação só opera de grau em grau, e não continuamente, o que assegura tanto ao sistema como ao indivíduo estados estáveis ou metaestáveis, apesar da conservação dos potenciais. O formalismo supõe que o indivíduo seja concebido antes da relação, a qual permanece então calculável de maneira pura, sem estar sujeita às condições dos estados energéticos do indivíduo; o estado do indivíduo e suas mudanças de estado não são concebidos como princípio e origem da relação; no formalismo, a relação não se confunde com sua modalidade energética. Ao *[144]* contrário, no realismo, a relação é sempre troca energética que implica operação da parte do indivíduo; estrutura do indivíduo e operação do indivíduo estão ligadas; toda relação modifica a estrutura e toda mudança de estrutura modifica a relação, ou antes, *é* relação, pois toda mudança de estrutura do indivíduo modifica seu nível energético e implica, por consequência, troca de energia com outros indivíduos constituintes do sistema no qual o indivíduo recebeu sua gênese.

Louis de Broglie estima que esse realismo exige um retorno às representações cartesianas do espaço e do tempo, em que tudo se faz por "figura e movimento". Reservas devem ser feitas sobre esse ponto; Descartes recusa, com efeito, considerar como possível a ação à distância, só admitindo como possível a ação por contato; para que um indivíduo aja num ponto, é preciso que ele lá esteja presente; a representação cartesiana da individuação identifica precisamente o indivíduo aos seus limites geométricos caracterizados por sua figura. Parece, ao contrário, que a concepção que considera o indivíduo como a singularidade de uma onda, que consequentemente faz intervir um campo, não admite a representação cartesiana da individuação, mesmo que admita sua concepção do determinismo. Há, para retomar a expressão de Bachelard, uma epistemologia não cartesiana, não no sentido do determinismo ou do indeterminismo, mas naquilo que concerne o modo de ação de um indivíduo sobre outro, por contato ou pelo intermédio de um campo (o que Bachelard nomeia de "eletrismo"). Seria mais por causa de uma definição da individuação, cartesiana no ponto de partida, que a física probabilista chega ao indeterminismo. E é essa definição inicial da individuação que é o postulado de base de toda teoria física. Para Descartes, a relação não faz parte do indivíduo, não o exprime, não o transforma; ela é acidente relativamente à substância. A teoria indeterminista conserva essa definição do indivíduo, ao menos implicitamente, pois calcula as probabilidades de presença num ponto sem levar em conta o indivíduo que lá deve estar presente; ela é apenas um determinismo que postula que os parâmetros ocultos não existem; mas o que há de idêntico nesse determinismo e nesse indeterminismo é a determinação, que é sempre acontecimento para o indivíduo, e não operação relacional. Aqui, a determinação é nexo e não relação, verdadeiro ato relacional. Eis por que vale mais não afirmar tanto a possibilidade de um retorno às concepções cartesianas do espaço e do tempo. O sistema de Einstein, como aliás Louis de Broglie diz em várias ocasiões, convém muito mais a essa concepção da individualização do que qualquer outro, inclusive o de Descartes; um corpúsculo que pode ser representado como a singularidade de um campo não é concebível no geometrismo cartesiano, pois não se pode introduzir singularidade naquele espaço que é *res extensa*, substância extensa, sem modificar bastante a geometria e a mecânica cartesiana.

Pode-se perguntar, em última análise, se não é preciso considerar a teoria das singularidades como não podendo entrar nem no quadro de uma física indeterminista, nem naquele de uma física determinista, mas como o fundamento de uma nova representação do real que abarque as duas outras como casos particulares, e que se deveria nomear teoria do tempo transdutivo ou teoria das fases do ser.

Essa definição de uma nova maneira de pensar o devir, que comporta o determinismo e o indeterminismo como casos-limite, aplica-se a outros domínios de realidade além do domínio dos corpúsculos elementares; assim, pôde-se obter a difração de feixes de

Forma e substância

moléculas pelas superfícies cristalinas (Stern, em 1932, obteve a difração [145] de raios moleculares de hidrogênio e de hélio, verificando a relação de Louis de Broglie entre o comprimento de onda e a velocidade, $\lambda = h/mv$, próximo a 1%).

Contudo, parece difícil generalizar esse método aplicando-o a todas as ordens de grandeza sem operar uma refundição daquilo que se poderia nomear de topologia e de cronologia da axiomática física, isto é, sem repensar a cada vez o problema da individuação do conjunto no qual o fenômeno se cumpre; por essa razão, pode-se colocar duas questões: quais são os limites de emprego da noção de fóton como indivíduo físico? O que se poderia considerar como fonte real de luz, nos casos em que o caráter contínuo, ondulatório da luz entra em jogo para produzir um fenômeno? Nesses dois casos, parece ser preciso considerar o sistema físico em sua totalidade.

Suponhamos que um campo, por exemplo, magnético, exista e seja constante. Pode-se falar da existência do campo e medir sua intensidade num ponto determinado, assim como é possível definir sua direção. Suponhamos agora que o que produzia esse campo, por exemplo, uma corrente num solenoide, venha a cessar. O campo também cessará, não brusca e simultaneamente em todos os pontos, mas segundo uma perturbação que se propaga a partir da origem do campo, do solenoide, com a velocidade de uma onda eletromagnética. Será que se poderia considerar como um fóton essa perturbação que se propaga, ou pelo menos como um grão de energia? Caso se tratasse de um campo magnético alternativo, esse ponto de vista seria normal, e seria possível definir uma frequência e um comprimento de onda caracterizando a propagação desse campo magnético alternativo. Não seria preciso, então, caracterizar a presença do campo magnético contínuo em cada ponto como um potencial que é uma relação entre o solenoide e os corpos suscetíveis de transformar essas variações do campo magnético numa corrente, por exemplo? Mas pode-se supor que o solenoide desapareça no instante em que se corta a corrente que conservava o campo magnético contínuo; essa perturbação não se propagará menos, como se o solenoide ainda existisse, e será capaz de produzir os mesmos efeitos de indução nos outros corpos; aí já não será uma relação entre dois indivíduos físicos, pois um deles terá desaparecido, no momento em que a perturbação chegar num ponto determinado distanciado de sua origem. Da mesma maneira, parece bem difícil dar a individualidade do fóton às modificações de um campo eletromagnético qualquer. Desde as ondas radioelétricas com comprimento de dez quilômetros (telegrafia internacional e submarina) até os raios γ mais penetrantes, uma analogia de fórmula e uma verdadeira continuidade nos modos de produção, como nas propriedades físicas, ligam todas as relações eletromagnéticas. Ora, a natureza granular dessas radiações é bem aparente para os curtos comprimentos de onda, mas ela devém muito vaga para os grandes comprimentos de onda, e pode-se tensionar, caso se deseje, até um comprimento de onda infinito, correspondente a uma frequência nula, sem que a realidade do campo elétrico e do campo magnético seja, por conta disso, anulada. Uma perturbação que se produzisse nesses campos se propagaria na velocidade da luz; mas se nenhuma perturbação se produz, nada se propaga e, todavia, os campos continuam a existir, porque é possível medi-los enquanto campos contínuos. Será preciso distinguir do campo contínuo a perturbação que, caso aparecesse, poderia se propagar? Pode-se, também, interpretar a continuidade do campo em cada ponto como uma informação indicando que a fonte ainda existia num instante determinado. Porque o campo é real, seria preciso [146] supor como real uma onda de comprimento infinito que corresponderia a essa frequência nula. Mas, então, a individualidade do grão de energia perde sua significação fora dos seres físicos que irradiam ou recebem essa energia. Por isso, parece que ainda falta tornar precisa uma definição da individualidade física. Talvez não fosse preciso falar da individualidade do grão de energia como da individualidade do grão de matéria; há uma fonte do fóton e da perturbação eletromagnética. A concepção do espaço teria de ser recolocada em questão; é duvidoso que a concepção cartesiana possa convir sem ser completada. Notemos bem, enfim, que um formalismo quantitativo não basta para resolver essa dificuldade de relação entre o espaço e o tempo: o cessamento de um campo magnético não é idêntico ao estabelecimento do campo magnético; mesmo que os efei-

Forma e substância

tos de indução que as duas variações de fluxo podem provocar num circuito sejam, no cessamento e no estabelecimento, quase iguais ao sentido da corrente, a presença do campo magnético constante corresponde a uma possibilidade de troca de energia entre, por exemplo, o solenoide que o cria e um circuito que se faz girar a uma certa distância, de maneira a fazer penetrar, por uma das fases, um fluxo constantemente variável. Quando o campo não existe mais, essa possibilidade de acoplamento energético também não existe; o regime das trocas possíveis de energia no sistema mudou; pode-se dizer que a topologia do sistema mudou por causa do desaparecimento de um campo constante que, no entanto, não transportava energia quando nenhuma variação de fluxo induzido ocorria. Com isso, aparece a realidade de relações outras que não as dos acontecimentos entre indivíduos (tais que uma teoria das probabilidades pode fazer com que apareçam).

Enfim, seria muito importante saber se a nova via, na qual Louis de Broglie deseja ver a Mecânica ondulatória se engajando, suprime ou conserva a indiscernibilidade dos indivíduos de mesmas características, por exemplo, dos elétrons. De acordo com Kahan e Kwal (*La Mécanique ondulatoire*, p. 161 e seguintes), ainda empregando os métodos probabilistas, é preciso postular que a probabilidade de achar dois elétrons em dois estados definidos, quando estão em interação, é independente da maneira de os numerar; essa indiscernibilidade das partículas idênticas produz a degenerescência de troca do problema que busca os respectivos níveis de energia. Pode-se também perguntar se o princípio de exclusão de Pauli ainda é válido.

Uma dificuldade de mesma ordem, relativa à individuação dos sistemas físicos, aparece no fenômeno de interferências: quando se considera uma experiência qualquer de interferências de campo não localizado, faz-se a teoria dessa experiência (buracos de Young considerados como meio [*moyen*] de produzir não uma difração, mas dois osciladores sincrônicos, espelhos de Fresnel, lentícula de Billet) ao dizer que as ondas luminosas são emitidas por duas fontes sincrônicas, sincrônicas porque recebem sua luz de uma única fonte, e que elas mesmas são apenas fontes secundárias, dispostas a distâncias iguais de uma fonte primária. Ora, se consideramos atentamente a estrutura e a atividade dessa fonte primária, damo-nos conta de que é possível obter um fenômeno bem nítido de interferência, com extinção praticamente completa nas franjas sombreadas, mesmo que seja utilizada uma fonte primária que abranja um número muito grande de átomos; uma fonte constituída, por exemplo, por um segmento de filamento de tungstênio de 0,5 mm de comprimento e 0,2 mm de diâmetro contém necessariamente várias dezenas de milhares de átomos. Mais do que isso: pode-se pegar uma fonte bem volumosa, como um arco de carvão no qual a luz emana de uma cratera e de uma ponta cuja superfície ativa *[147]* (aquela de que parte a coluna de vapor luminoso) é da ordem do centímetro quadrado para uma forte intensidade. Ora, a luz que emana dessa forte região luminosa, tendo passado através de um diafragma de pequena superfície que serve de fonte primária, é capaz de produzir o fenômeno de interferência, como se ela fosse produzida por um pequeníssimo segmento de filamento incandescente. Existiria, então, um sincronismo real entre as moléculas e os átomos dessas grandes superfícies luminosas? A cada instante, um número muito grande de osciladores não sincronizados emitem luz; pareceria normal considerar o fenômeno como um resultado conforme às leis da estatística; dever-se-ia supor, então, que o fenômeno de interferência será tanto mais vago quanto maior for o número de osciladores não sincronizados (queremos dizer, com isso, não frequências diferentes, mas em nexo de fase qualquer) para constituir a fonte primária; e parece que a experiência não verifica essa previsão. Porém, dada a ordem de grandeza das fontes que se emprega, mesmo as menores fontes já contêm um grande número de osciladores elementares que parecem não poder estar em fase. Esses osciladores não podem estar em fase quando têm frequências diferentes; ora, o fenômeno se produz sempre, ainda que apenas as franjas centrais sejam nítidas, pois as franjas relativas a cada frequência se superpõem menos quanto mais distanciadas da franja central. Qual é o sincronismo de fase que pode existir entre ondas emitidas por osciladores de mesma frequência? Esse sincronismo se segura na unidade do sistema que os contém? Haveria um acoplamento que se produz entre esses osciladores colocados a pouca distância uns dos outros? Mas, se uma

Forma e substância

fonte primária fosse constituída mediante um dispositivo óptico que reunisse os raios emitidos por duas fontes bem distintas, esse sincronismo de fase subsistiria? Ou será, então, que o fenômeno é independente de todo sincronismo de fase? Talvez não seja sem interesse atrelar o estudo da luz ao da fonte que a produz. A individualidade do fóton não pode ser considerada absolutamente independente do oscilador que o produz, nem do sistema de que esse oscilador eventualmente faz parte. Assim, todos os osciladores, compreendidos num mesmo sistema energético, teriam entre si um certo acoplamento que poderia realizar o sincronismo não apenas de frequência, mas de fase entre esses osciladores, de maneira tal que a individualidade dos fótons fosse afetada, marcada de certo modo por essa comunidade sistemática de origem. Notemos, enfim, que a luz proveniente de uma estrela pode ainda ocasionar um fenômeno de interferência, como se a fonte realmente fosse de pequeníssimo diâmetro real; parece, no entanto, impossível considerar uma estrela como um único oscilador, mesmo que ele se apresente sob um diâmetro aparentemente menor que toda grandeza assinalável; a extrema pequenez desse diâmetro aparente não pode, em princípio, mudar o nexo de fase dos diferentes fótons que chegam ao interferômetro; podem chegar nesse interferômetro fótons que provêm de partes bastante distanciadas uma da outra (relativamente ao comprimento de onda) sobre a estrela que é tomada como fonte. Donde provém então o sincronismo? Sem dúvida do aparelho em que se produzem as interferências; mas ele mesmo não é uma verdadeira fonte. Ou então é preciso supor que cada fóton é cortado em duas quantidades de energia que seriam como semifótons, e que cada metade do fóton viria a interferir com a outra metade, sobre a tela em que se produz o fenômeno; essa suposição não parece nada aceitável, precisamente por causa do caráter individual do fóton. Por todas essas razões, parece que não se pode conceder individualidade física ao fóton [148] do mesmo jeito que se o faz para um corpúsculo material; a individualidade do fóton seria apenas proporcional à sua frequência, à quantidade de energia hv que ele transporta, sem que essa individualidade jamais possa estar completa, pois então seria preciso que essa frequência fosse infinita, e oscilador nenhum pode produzir uma frequência infinita. Um fóton que tivesse uma frequência infinita poderia ser assimilado a um verdadeiro grão de matéria. Devemos ainda notar que talvez exista um limiar para além do qual seria possível dizer que a frequência do fóton corresponde a uma verdadeira individualidade: aquela pela qual a energia do fóton é ou seria igual à de uma partícula material cuja transformação em energia daria, precisamente, a quantidade de energia que seria a daquele fóton de altíssima frequência. Esse fóton seria, então, funcionalmente equivalente a uma parcela de matéria.

4. TOPOLOGIA, CRONOLOGIA E ORDEM DE GRANDEZA DA INDIVIDUAÇÃO FÍSICA

Se, além do mais, visa-se diretamente a realidade microfísica, uma interpretação da individuação a partir dos fenômenos de mudança de estrutura visaria considerar o devir como essencialmente ligado às operações de individuação que se cumprem nas sucessivas transformações; o determinismo permaneceria aplicável como caso-limite quando o sistema considerado não fosse o teatro de nenhuma individuação, isto é, quando nenhuma troca se cumprisse entre estrutura e energia, vindo a modificar as estruturas do sistema e deixando-o topologicamente idêntico ao que ele era em seus estados anteriores; ao contrário, o indeterminismo apareceria como caso-limite quando uma mudança completa de estrutura se manifestasse num sistema, com transição de uma ordem de grandeza a uma outra ordem de grandeza; é o caso, por exemplo, das modificações aportadas a um sistema pela fissão de um núcleo atômico: energias intranucleares, fazendo parte até então do sistema interno desse núcleo, são liberadas pela fissão e podem agir, sob forma de um fóton gama ou de um nêutron, sobre corpos que fazem parte de um sistema situado a um escalão superior ao do núcleo atômico. Nada, num sistema macroscópico, permite prever em que instante do tempo macroscópico se situará uma fissão liberadora de uma energia que será, no entanto, eficaz em nível macroscópico. O indeterminismo não está ligado apenas à medida; ele também provém do fato de que a realidade física comporta es-

Forma e substância

calões de grandeza imbricados uns nos outros, topologicamente, e cada um deles tendo, todavia, seu devir próprio, sua cronologia particular. O indeterminismo existiria no estado puro se não houvesse nenhuma correlação entre a topologia e a cronologia dos sistemas físicos. Essa ausência de correlação nunca é absolutamente completa; só abstratamente é que se pode falar de um indeterminismo absoluto (realizável por uma ressonância interna completa) ou de um determinismo absoluto (realizável por uma independência completa entre cronologia e topologia). O caso geral é o de um certo nível de correlação entre cronologia e topologia de um sistema, nível aliás variável em função das vicissitudes de seu próprio devir; um sistema reage sobre si mesmo não apenas no sentido do princípio da entropia, pela lei geral de suas transformações energéticas internas, mas também modificando sua própria estrutura através do tempo. O devir de um sistema é a maneira pela qual ele se individua, isto é, essencialmente a maneira pela qual ele próprio se condiciona segundo as diferentes estruturas e operações sucessivas pelas quais ele se reverbera em si mesmo e se defasa relativamente ao seu *[149]* estado inicial. O determinismo e o indeterminismo são apenas casos-limite, pois há um devir dos sistemas: esse devir é o de sua individuação; existe uma reatividade dos sistemas relativamente a eles mesmos. A evolução de um sistema seria determinada se não houvesse nenhuma ressonância interna do sistema, isto é, nenhuma troca entre os diferentes escalões que ele abrange e que o constituem; nenhuma mudança quântica de estrutura seria possível, e poder-se-ia conhecer o devir desse sistema em teoria do contínuo, ou segundo as leis dos grandes números, como o faz a Termodinâmica. O indeterminismo puro corresponderia a uma ressonância interna tão elevada que toda modificação, sobrevindo a um escalão determinado, repercutiria imediatamente em todos os níveis sob forma de uma mudança de estrutura. De fato, o caso geral é o dos limiares quânticos de ressonância: para que uma modificação, produzindo-se num dos níveis, atinja os outros níveis, é preciso que ela seja superior a um certo valor; a ressonância interna só se cumpre de maneira descontínua e com certo atraso de um escalão a outro; o ser físico individuado não é totalmente simultâneo relativamente a si mesmo. Sua topologia e sua cronologia estão separadas por uma certa distância, variável segundo o devir do conjunto individuado; a substância seria um indivíduo físico totalmente ressoante relativamente a si mesmo e, por consequência, totalmente idêntico a si mesmo, perfeitamente coerente consigo próprio e uno. O ser físico deve ser considerado, ao contrário, como mais que unidade e mais que identidade, rico em potenciais; o indivíduo está em via de individuação a partir de uma realidade pré-individual que o subtende; o indivíduo perfeito, totalmente individuado, substancial, empobrecido e vazio de seus potenciais, é uma abstração; o indivíduo está em via de devir ontogenético, ele tem, relativamente a si mesmo, uma relativa coerência, uma relativa unidade e uma relativa identidade. O indivíduo físico deve ser pensado como um conjunto cronotopológico, cujo devir complexo é feito de crises sucessivas de individuação; o devir do ser consiste nessa não-coincidência da cronologia e da topologia. A individuação de um conjunto físico seria, então, constituída pelo encadeamento dos regimes sucessivos desse conjunto.

Tal concepção, portanto, consideraria os regimes energéticos e os estados estruturais como convertíveis uns nos outros através do devir de um conjunto; graças à noção de ordens de grandeza e à noção de limiar nas trocas, ela afirmaria que a individuação existe entre o contínuo puro e o descontínuo puro; a noção de limiar e de troca quântica, com efeito, é uma mediação entre o contínuo puro e o descontínuo puro. Ela faria intervir a noção de informação como um caráter fundamental da individuação, concebida segundo dimensões cronológicas e topológicas de uma só vez. Poder-se-ia, então, falar de um nível de individuação mais ou menos elevado: um conjunto possuiria um nível de individuação tanto mais elevado quanto mais ele abarcasse e compatibilizasse, em sua sistemática cronológica e topológica, realidade pré-individual dada, ou ainda ordens de grandeza mais afastadas uma da outra.

Tal hipótese supõe que não haja indivíduo elementar, indivíduo primeiro e anterior a toda gênese; há individuação num conjunto; a realidade primeira é pré-individual, mais rica que o indivíduo entendido como resultado da individuação; o pré-individual é a fonte da dimensionalidade cronológica e topológica. Portanto, as oposições entre contínuo e descontínuo, partícula e energia, ex-

Forma e substância   217

primiriam não tanto os aspectos complementares do real quanto as dimensões que surgem no real quando ele se individua; a complementaridade, no nível da realidade individuada, seria a tradução do fato de que a individuação aparece, por um lado, *[150]* como ontogênese e, por outro lado, como operação de uma realidade pré-individual que não apenas dá o indivíduo, modelo da substância, mas também a energia ou o campo associado ao indivíduo; só o par indivíduo-campo associado dá conta do nível de realidade pré-individual.

É essa suposição do caráter pré-individual da realidade primeira que, além disso, permite considerar o indivíduo físico como sendo, de fato, um conjunto; o indivíduo corresponde a uma certa dimensionalidade do real, isto é, a uma topologia e a uma cronologia associadas; o indivíduo é edifício sob sua forma mais corrente, isto é, sob a forma que ele nos aparece, cristal ou molécula. Como tal, ele não é um absoluto, mas uma realidade que corresponde a um certo estado de equilíbrio, em geral metaestável, e fundado sobre um regime de trocas entre as diferentes ordens de grandeza, regime que pode ser modificado, seja pelo devir interno, seja por um acontecimento exterior aportando uma certa condição nova ao regime interno (por exemplo, uma condição energética, quando o nêutron proveniente de uma fissão de núcleo provoca a fissão de outro núcleo). Há, pois, uma certa consistência do indivíduo, mas não uma antitipia absoluta, uma impenetrabilidade com um sentido substancial. A consistência do edifício individual ainda está fundada em condições quânticas; ela depende de limiares.

Por conseguinte, os próprios limites do indivíduo físico são metaestáveis; um conjunto de núcleos fissionáveis não é um conjunto realmente individuado se o número de núcleos, levando-se em conta a radioatividade média dos núcleos, for suficientemente pequeno para que a fissão de um núcleo tenha poucas chances de provocar a fissão de outro núcleo;[1] tudo se passa como se cada

---

[1] Nesse caso, a comunicação entre ordens de grandeza (aqui, cada núcleo e a população total dos núcleos) é insuficiente.

núcleo estivesse isolado dos outros; cada um tem sua cronologia própria, e a fissão advém para cada núcleo como se ele estivesse só; ao contrário, se uma grande quantidade de matéria fissionável é ajuntada, aumenta-se a probabilidade, para os resultados da fissão de um núcleo, de ao menos uma outra ser provocada: quando essa probabilidade atinge a unidade, a cronologia interna de cada núcleo muda bruscamente: em vez de consistir em si mesma, ela forma uma rede de ressonância interna com as ressonâncias de todos os outros núcleos suscetíveis de fissão: o indivíduo físico, então, é toda a massa de matéria fissionável, e não mais cada núcleo; a noção de massa crítica dá o exemplo daquilo que se pode nomear um limiar relativo de individuação: a cronologia do conjunto devém bruscamente coextensiva à topologia do conjunto;[2] há individuação porque há troca entre o nível microfísico e o nível macrofísico; a capacidade de recepção de informação do conjunto aumenta bruscamente. É modificando as condições topológicas que se pode utilizar a energia nuclear, seja para efeitos bruscos (por aproximação de várias massas, cada uma delas inferior à massa crítica), seja para efeitos contínuos moderados (por controle da troca entre os núcleos fissionáveis, mediante um dispositivo regulável que mantém o conjunto abaixo do coeficiente unitário de amplificação, por exemplo, por absorção maior ou menor da irradiação). Pode-se dizer, por consequência, que o grau de individuação de um conjunto depende da correlação entre cronologia e topologia do sistema; esse grau de individuação pode, também, *[151]* ser nomeado nível de comunicação interativa, pois ele define o grau de ressonância interna do conjunto.

Desse ponto de vista, parece possível compreender por que as representações antagonistas do contínuo e do descontínuo, da matéria e da energia, da estrutura e da operação, só são utilizáveis sob forma de pares complementares; é porque essas noções definem os aspectos opostos e extremos das ordens de realidade entre as quais a individuação se institui; mas a operação de individua-

---

[2] Numa montagem assim, pode-se dizer que uma individuação se produz a partir do momento em que o sistema pode *divergir*, ou seja, é capaz de receber informação.

Forma e substância

ção é o centro ativo dessa relação; é ela que é sua unidade, desdobrando-se em aspectos que para nós são complementares, enquanto no real estão acoplados pela unidade contínua e transdutiva do ser intermediário, que nomeamos aqui de ressonância interna; os aspectos complementares do real são aspectos extremos que definem a dimensionalidade do real. Como só podemos apreender a realidade por suas manifestações, isto é, quando ela muda, só percebemos os aspectos complementares extremos; mas o que percebemos são mais as dimensões do real do que o real; nós apreendemos sua cronologia e sua topologia de individuação sem poder apreender o real pré-individual que subtende essa transformação.

A informação, entendida como a vinda de uma singularidade que cria uma comunicação entre ordens de realidade, é aquilo que mais facilmente podemos pensar, ao menos em alguns casos particulares, como a reação em cadeia, livre ou limitada. Contudo, essa intervenção de uma noção de informação não permite que se resolva o problema do nexo dos diferentes níveis de individuação. Um cristal se compõe de moléculas; para que uma solução supersaturada cristalize, é preciso a reunião de condições energéticas (metaestabilidade) e de condições estruturais (germe cristalino); poderia um ser individuado, como uma molécula, que já é um edifício, intervir como germe estrutural desse edifício maior que é um cristal? Ou, então, seria preciso um germe estrutural que já seja de uma ordem de grandeza superior à da molécula para que a cristalização pudesse começar? É difícil, no estado atual dos conhecimentos, aportar uma resposta generalizável a essa questão. Pode-se apenas dizer que o problema dos nexos da matéria inerte e da vida seria mais claro se fosse possível mostrar que o vivente se caracteriza pelo fato de que ele descobre, em seu próprio campo de realidade, condições estruturais que lhe permitem resolver suas próprias incompatibilidades, a distância entre as ordens de grandeza de sua realidade, enquanto a matéria inerte não tem esse poder de autogênese das estruturas; é preciso uma singularidade para que a solução supersaturada cristalize; será que isso significaria que a matéria inerte não aumenta seu capital de singularidades, enquanto a matéria viva aumenta esse capital, sendo este aumento precisamente a ontogênese do vivente, capaz de adaptação e de invenção? É só a título de hipótese metodológica que essa distinção pode se dar; parece não ser preciso opor uma matéria viva e uma matéria não viva, mas antes uma individuação primária em sistemas inertes e uma individuação secundária em sistemas vivos, precisamente segundo as diferentes modalidades dos regimes de comunicação no curso dessas individuações; haveria, então, entre o inerte e o vivente, uma diferença quântica de capacidade de recepção de informação, mais do que uma diferença substancial: a continuidade entre o inerte e o vivente, se ela existe, deveria ser buscada no nível que se situa entre a realidade microfísica e a realidade macrofísica, isto é, no nível da individuação dos sistemas como as grandes moléculas da química orgânica, suficientemente complexas para que nelas possam existir regimes variáveis de recepção de informação, e suficientemente restritos em *[152]* dimensões, para que as forças microfísicas intervenham nelas como portadoras de condições energéticas e estruturais.

Segundo essa concepção, poder-se-ia dizer que a bifurcação entre o vivente e o não-vivo se situa num certo nível dimensional, o das macromoléculas; os fenômenos de uma ordem de grandeza inferior, que se nomeia microfísicos, de fato não seriam nem físicos nem vitais, mas pré-físicos e pré-vitais; o físico puro, não vivo, só começaria no escalão supramolecular; é nesse nível que a individuação dá o cristal ou a massa de matéria protoplásmica.

Nas formas macrofísicas de individuação, distingue-se bem o vivente do não-vivo; enquanto um organismo assimila diversificando-se, o cristal se acresce pela iteração de uma adjunção de camadas ordenadas, em número indefinido. Porém, no nível das macromoléculas, não dá para dizer se o vírus filtrante está ou não vivo. Adotar a noção de recepção de informação como expressão essencial da operação de individuação seria afirmar que a individuação se opera num certo escalão dimensional (topológico e cronológico); abaixo desse escalão, a realidade é pré-física e pré-vital, porque pré-individual. Acima desse escalão, há individuação *física* quando o sistema é capaz de receber informação de uma única vez, e depois, individuando-se de maneira não autolimitada, ele desenvolve e amplifica essa singularidade inicial. Se o sistema é capaz de receber sucessivamente vários aportes de informação, de

Forma e substância

compatibilizar várias singularidades, em vez de iterar por efeito cumulativo e por amplificação transdutiva a singularidade única e inicial, a individuação é de tipo vital, autolimitada, organizada.

É habitual que se veja, nos processos vitais, uma complexidade maior que nos processos não vitais, físico-químicos. No entanto, para ser fiel, mesmo nas conjecturas mais hipotéticas, à intenção que anima esta pesquisa, suporíamos que a individuação vital não venha *depois* da individuação físico-química, mas durante essa individuação, antes de seu acabamento, suspendendo-a no momento em que ela não atingiu seu equilíbrio estável e tornando-a capaz de se estender e de se propagar antes da iteração da estrutura perfeita, capaz apenas de se repetir, o que conservaria no indivíduo vivo algo da tensão pré-individual, da comunicação ativa, sob forma de ressonância interna, entre as ordens extremas de grandeza.

Segundo essa maneira de ver, a individuação vital viria inserir-se na individuação física suspendendo o curso desta, lentificando-a, tornando-a capaz de propagação no estado incoativo. O indivíduo vivo seria, de certa maneira, em seus níveis mais primitivos, um cristal no estado nascente, amplificando-se sem se estabilizar.

Para aproximar esse esquema de interpretação de noções mais correntes, pode-se apelar para a ideia de neotenia e generalizar esse tipo de nexos entre classes de indivíduos, supondo, na categoria dos viventes, uma cascata de possíveis desenvolvimentos neotênicos. A individuação animal pode, num certo sentido, ser considerada mais complexa que a individuação vegetal. Entretanto, pode-se também considerar o animal como um vegetal incoativo, desenvolvendo-se e organizando-se ao mesmo tempo que conserva as possibilidades motoras, receptoras, reacionais que aparecem na reprodução dos vegetais. Supondo-se que a individuação vital retém e dilata a fase mais precoce da individuação física — de modo que o vital seria o físico em suspensão, lentificado em seu processo e indefinidamente dilatado — pode-se também supor que a individuação animal se alimenta na fase mais primitiva da individuação [153] vegetal, retendo em si algo de anterior ao desenvolvimento como vegetal adulto e mantendo, em particular, durante um tempo maior, a capacidade de receber informação.

Compreender-se-ia, assim, por que essas categorias de indivíduos cada vez mais complexas, mas também cada vez mais inacabadas, cada vez menos estáveis e autossuficientes, têm necessidade, como meio associado, das camadas de indivíduos mais acabados e mais estáveis. Os viventes, para viver, têm necessidade dos indivíduos físico-químicos; os animais têm necessidade dos vegetais, que são, para eles, no sentido próprio do termo, a Natureza, assim como, para os vegetais, os compostos químicos.

Segunda parte

A INDIVIDUAÇÃO DOS SERES VIVOS

[155]

Primeiro capítulo
INFORMAÇÃO E ONTOGÊNESE:
A INDIVIDUAÇÃO VITAL
[157]

I. PRINCÍPIOS PARA UM ESTUDO
DA INDIVIDUAÇÃO DO VIVENTE

1. Individuação vital e informação;
os níveis de organização;
atividade vital e atividade psíquica

A fisiologia coloca o difícil problema dos níveis da individualidade, segundo as espécies e os momentos da existência de cada ser; o mesmo ser, com efeito, pode existir em níveis diferentes: o embrião não está individualizado do mesmo jeito que o ser adulto; além do mais, em espécies bastante vizinhas, pode-se encontrar condutas que correspondem a uma vida mais individualizada ou menos individualizada segundo as espécies, sem que essas diferenças pareçam estar necessariamente ligadas a uma superioridade ou a uma inferioridade da organização vital.

Para aportar alguma clareza, seria bom definir uma medida dos níveis da individuação; porém, se o grau de individualidade está submetido a variações numa mesma espécie segundo as circunstâncias, fica difícil medir de maneira absoluta essa individualidade. Seria preciso, então, definir o tipo de realidade no qual se opera a individuação, dizendo com qual regime dinâmico ela é permutável quando o nível de organização não varia no conjunto do sistema que abriga a unidade vital. Daí, então, obteríamos uma possibilidade de medir o grau de individualidade.[1] Segundo o pos-

---

[1] Aqui, "medida" é tomada no sentido de "estimação de níveis": tra-

tulado metodológico que acabamos de definir, seria bom recorrer ao estudo da integração nos sistemas de organização. A organização pode, com efeito, ser feita tanto em cada ser quanto pela relação orgânica que existe entre os diferentes seres. Neste último caso, a integração interna é duplicada no ser por uma integração externa; o grupo é integrador. A única realidade concreta é a unidade vital, que em certos casos pode ser reduzida a um único ser e que corresponde, noutros casos, a um grupo bem diferenciado de seres múltiplos.[2]

Além disso, para um indivíduo, o fato de ser mortal e não divisível por cisão ou regenerável por troca de protoplasma corresponde a um nível de individuação que indica a existência de limiares. Diferentemente da individuação física, a individuação [158] biológica admite a existência do todo da espécie, da colônia ou da sociedade; ela não é indefinidamente extensível como a individuação física. Se a individuação física é ilimitada, devemos procurar onde se encontra a transição entre a individuação física e a individuação biológica. Ora, o ilimitado biológico se encontra na espécie ou no grupo. O que se nomeia indivíduo em biologia é, na realidade, de certa maneira, muito mais um subindivíduo do que um indivíduo; em biologia, parece que a noção de individualidade é aplicável a vários estágios, ou segundo diferentes níveis sucessivos de inclusão. Analogicamente, porém, seria preciso considerar o indivíduo físico como uma sociedade biológica, e apenas para si mesmo é que ele seria a imagem de uma totalidade, embora bem simples.

A primeira consequência dessa maneira de ver faz com que o nível de organização contido num sistema físico seja inferior ao de um sistema biológico, mas também faz com que um indivíduo físico possa eventualmente possuir um nível de organização superior ao de um sistema individual biológico integrado num conjun-

ta-se de uma avaliação de nível, logo, de uma medida quântica, e não de uma medida quantitativa contínua.

[2] Assim, os cupins constroem os mais complexos edifícios do reino animal, apesar da relativa simplicidade de sua organização nervosa: eles agem quase como um organismo único, trabalhando em grupo.

to mais vasto. Nada se opõe teoricamente a que haja uma possibilidade de trocas e de alternâncias entre um sistema físico e um sistema biológico; porém, se essa hipótese é válida, será preciso supor que uma unidade individual física se transforma num grupo biológico e que, de certa maneira, é a suspensão do desenvolvimento do ser físico, e sua análise (e não uma relação sintética, reunindo indivíduos físicos acabados), que faz o vivente aparecer. Se assim é, devemos dizer que apenas os edifícios físicos bem complexos podem se transmutar em seres vivos, o que limita bastante os casos possíveis de geração espontânea. Segundo essa visão, a unidade de vida seria o grupo completo, organizado, não o indivíduo isolado.

Essa doutrina não é um materialismo, já que ela supõe um encadeamento a partir da realidade física até as formas biológicas superiores, sem estabelecer distinção de classes e de gêneros; mas ela deve, se for completa e satisfatória, poder explicar por que e em que sentido há possibilidade de observar indutivamente a relação espécie-gênero, ou ainda indivíduo-espécie. Essa distinção deve ser disposta numa realidade mais vasta, que possa dar conta tanto da continuidade como das descontinuidades entre as espécies. Essa descontinuidade parece poder ser reportada ao caráter quântico que aparece na física. O critério de sincristalização que permite reconhecer espécies químicas, indicando em qual sistema elas cristalizam, indica um tipo de nexos de analogia real fundada numa identidade de dinamismo ontogenético; o processo de formação do cristal é o mesmo nos dois casos; pode haver aí encadeamento no curso do crescimento de um cristal feito de várias espécies químicas diferentes, de modo que o crescimento é contínuo, apesar da heterogeneidade específica das diferentes camadas. A unidade criada pela continuidade de uma operação de individuação, envolvendo espécies que parecem heterogêneas umas relativamente às outras, segundo uma classificação indutiva, indica uma realidade profunda, pertencente à natureza dessas espécies tão rigorosamente quanto aquilo que se nomeia caráteres específicos; a possibilidade de sincristalização, todavia, não indica a existência de um gênero, pois não se pode, a partir do critério de sincristalização, descer novamente aos caráteres particulares de cada corpo

Informação e ontogênese: a individuação vital

sincristalizável, acrescentando diferenças específicas. Uma propriedade como essa, que indica a existência de um processo de informação no curso de uma operação de individuação, não faz parte da sistemática dos gêneros e das espécies; ela indica outras propriedades *[159]* do real, as propriedades que ele oferece quando se o considera relativamente à possibilidade das ontogêneses espontâneas que podem ser efetuadas nele segundo suas próprias estruturas e seus próprios potenciais.

São essas as propriedades que se pode pesquisar para caracterizar o vivente, em vez da forma específica, que não permite descer novamente até o indivíduo, pois foi obtida por abstração, logo, por redução. Tal pesquisa supõe que se considere como legítimo o emprego, em biologia, de um paradigma tirado do domínio das ciências físicas e, particularmente, dos processos de morfogênese que se cumprem nesse domínio. Para tanto, é preciso supor que os níveis elementares da ordem biológica abriguem uma organização que é da mesma ordem que abrigam os sistemas físicos mais perfeitamente individuados, por exemplo, aqueles que os cristais engendram, ou as grandes moléculas metaestáveis da química orgânica. Certamente, uma semelhante hipótese de pesquisa pode parecer por demais surpreendente; o costume leva, com efeito, a pensar que os seres vivos não podem provir dos seres físicos, pois são superiores a estes últimos graças à sua organização. Contudo, essa atitude mesma é a consequência de um postulado inicial, segundo o qual a natureza inerte não pode abrigar uma organização elevada.[3] Ao contrário, caso seja colocado como ponto de partida que o mundo físico já é altamente organizado, esse erro primitivo, ao provir de uma desvalorização da matéria inerte, não poderia ser cometido; no materialismo, há uma doutrina dos valores que supõe um espiritualismo implícito: a matéria é dada como menos ricamente organizada que o ser vivo, e o materialismo busca mostrar que o superior pode sair do inferior. Ele constitui uma ten-

---

[3] Isso seria verdadeiro caso se considerasse o mundo físico como matéria e como substância; mas isso já não é verdadeiro se ele for visado como contendo sistemas onde existem energias potenciais e relações, suportes de informação. O materialismo não dá conta da informação.

tativa de redução do complexo ao simples. Mas se, desde o início, estima-se que a matéria constitui sistemas providos de um altíssimo nível de organização, não é tão facilmente que se pode hierarquizar vida e matéria. Talvez seja preciso supor que a organização se conserva e, todavia, se transforma na passagem da matéria à vida. Assim, seria preciso supor que a ciência nunca será acabada, pois essa ciência é uma relação entre seres que, por definição, têm o mesmo grau de organização: um sistema material e um ser vivo organizado que tenta pensar esse sistema mediante a ciência. Sendo verdade que a organização não se perde nem se cria, chegar-se-ia à consequência de que a organização só pode se transformar. Um tipo de relação direta entre o objeto e o sujeito se manifesta nessa afirmação, pois a relação entre o pensamento e o real devém relação entre dois reais organizados que podem ser analogicamente ligados por sua estrutura interna.

Todavia, mesmo que a organização se conserve, é falso dizer que a morte nada é; pode haver morte, evolução, involução, e a teoria do nexo entre a matéria e a vida deve poder dar conta dessas transformações.

Segundo essa teoria, haveria um nível determinado de organização em cada sistema, e seria possível achar esses mesmos níveis num ser físico e num ser vivo. Por essa razão, seria preciso supor que, quando seres como um animal são compostos de várias fileiras superpostas de relés e de sistemas de integração, neles não há uma organização única que não teria nem causa, nem origem, nem equivalente exterior: sendo limitado o nível de organização pertencente a cada sistema, pode-se *[160]* pensar que, se um ser parece possuir um alto nível de organização, é porque ele, na realidade, integra elementos já informados e integrados, e que sua tarefa integradora própria é bastante limitada. A própria individualidade seria, então, reduzida a uma organização bastante restrita, e a palavra natureza, aplicada ao que no indivíduo não é o produto de sua atividade, teria um sentido importantíssimo, pois cada indivíduo seria devedor, por sua natureza, da rica organização que ele parece possuir como próprio. Poder-se-ia supor, então, que a riqueza externa da relação ao meio é igual à riqueza interna da organização contida num indivíduo.

Informação e ontogênese: a individuação vital

A integração interna é tornada possível pelo caráter quântico da relação entre os meios (exterior e interior) e o indivíduo enquanto estrutura definida. Os relés e os integradores característicos do indivíduo não poderiam funcionar sem esse regime quântico das trocas. O grupo, relativamente a esses subindivíduos, existe como integrador e diferenciador. A relação entre o ser singular e o grupo é a mesma que entre o indivíduo e os subindivíduos. Nesse sentido, é possível dizer que existe uma homogeneidade de relação entre os diferentes escalões hierárquicos de um mesmo indivíduo, e igualmente entre o grupo e o indivíduo. O nível total de informação seria então medido pelo número de estágios de integração e de diferenciação, assim como pela relação entre a integração e a diferenciação, que pode ser nomeada transdução, no vivente. No ser biológico, a transdução não é direta, mas indireta, conforme uma dupla cadeia ascendente e descendente; ao longo de cada uma dessas cadeias, é a transdução que permite os sinais de informação passarem, mas essa passagem, em vez de ser um simples transporte da informação, é integração ou diferenciação, e é produzido um trabalho prévio, graças ao qual a transdução final é tornada possível, enquanto essa transdução, no domínio físico, existe num sistema como uma ressonância interna elevada ou fraca;[4] se apenas a integração e a diferenciação fossem reais, a vida não existiria, pois é preciso que a ressonância exista também, mas trata-se aí de uma ressonância de tipo particular, a qual admite uma atividade prévia que exige uma elaboração.

Se empregarmos termos psicológicos para descrever essas atividades, veremos que a integração corresponde ao uso da representação, e a diferenciação ao uso da atividade que distribui no tempo energias adquiridas progressivamente e colocadas em reserva, ao passo que a representação coloca em reserva a informação adquirida por saltos bruscos segundo as circunstâncias, de maneira a realizar um contínuo. Enfim, a transdução é operada pela afetividade e por todos os sistemas que desempenham, no organismo,

[4] Essa ressonância é a analogia ativa, ou acoplamento de termos não simétricos, que existe num sistema em via de individuação, como entre a solução e o germe cristalino.

o papel de transdutores em diversos níveis. O indivíduo, portanto, seria sempre um sistema de transdução, mas essa transdução, sendo direta e estando em um só nível no sistema físico, é indireta e hierarquizada no ser vivo. Seria falso pensar que só a transdução existe num sistema físico, pois nele também existem uma integração e uma diferenciação, mas elas estão situadas nos limites mesmos do indivíduo, e são detectáveis apenas quando ele se acresce. Essa integração e essa diferenciação nos limites encontram-se num indivíduo vivo, mas elas então caracterizam sua relação ao grupo ou ao mundo, e podem ser relativamente independentes das que operam no interior do vivente. Tal afirmação não permite que se compreenda como esses dois grupos [161] de integração e de diferenciação se ligam. As que agem no exterior causam mudanças de estrutura do conjunto no qual elas se produzem, mudanças comparáveis às de um corpúsculo que absorve ou emite energia de uma maneira quântica, passando de um estado mais excitado a um estado menos excitado, ou inversamente. Talvez a relação entre os dois tipos de processos seja a base dessa variação de níveis do indivíduo, acompanhada de uma mudança de estrutura que é o correlativo interno de uma troca de informação ou de energia com o exterior. Notemos, com efeito, que o esforço não tem apenas aspectos motores, mas também aspectos afetivos e representativos; seus caráteres afetivos são a ponte entre seus caráteres motores e seus caráteres representativos; o caráter quântico do esforço, cobrindo ao mesmo tempo uma continuidade e uma descontinuidade, representa muito nitidamente essa integração e essa diferenciação em relações mútuas de um agrupamento interior a um agrupamento exterior.

O problema da individuação estaria resolvido se soubéssemos o que é a informação em seu nexo às outras grandezas fundamentais, como a quantidade de matéria ou a quantidade de energia.

A homeostasia do ser vivo não existe no ser puramente físico, porque a homeostasia se reporta às condições externas de transdução, graças às quais o ser utiliza a equivalência às condições exteriores como garantias de sua própria estabilidade e de sua transdução interna. O caráter transdutivo heterogêneo, em física, só aparece nas margens dessa realidade física; ao contrário, a in-

Informação e ontogênese: a individuação vital 233

terioridade e a exterioridade estão em toda parte no ser vivo; o sistema nervoso e o meio interior fazem com que essa interioridade esteja, em toda parte, em contato com uma exterioridade relativa. É o equilíbrio entre a integração e a diferenciação que caracteriza a vida; mas a homeostasia não é toda a estabilidade vital. O caráter quântico da ação descontínua vem opor-se ao caráter contínuo do conhecimento construtor de sínteses para constituir esse misto de contínuo e de descontínuo, misto que se manifesta nas qualidades reguladoras que servem ao nexo entre a integração e a diferenciação. As qualidades aparecem na reatividade pela qual o vivente aprecia sua própria ação; ora, essas qualidades não permitem que se reduza esse nexo a uma simples consciência da decalagem entre o escopo e o resultado, logo, a um simples sinal. É o que falta ao autômato para ser um ser vivo; o autômato pode apenas adaptar-se de uma maneira convergente a um conjunto de condições, reduzindo mais e mais a distância existente entre sua ação e o escopo predeterminado; mas ele não inventa e não descobre escopos no curso de sua ação, pois não realiza nenhuma verdadeira transdução, sendo a transdução o alargamento de um domínio inicialmente bastante restrito, que cada vez mais ganha estrutura e extensão; as espécies biológicas estão dotadas dessa capacidade de transdução, graças à qual elas podem se estender indefinidamente. Os cristais também estão dotados desse poder de se acrescer indefinidamente; mas, enquanto o cristal tem toda sua potência de se acrescer localizada em seu limite, esse poder está reservado, na espécie, a um conjunto de indivíduos que por si mesmos se acrescem, do interior assim como do exterior, e que são limitados no tempo e no espaço, mas que se reproduzem e são ilimitados graças à sua capacidade de se reproduzir. A mais eminente transdução biológica, pois, é essencialmente o fato de que cada indivíduo reproduz análogos. A espécie avança no tempo, como uma modificação químico-física que iria de próximo em próximo, com um recobrimento bastante fraco das gerações, como camadas moleculares ativas na borda de um cristal [162] em via de formação.[5]

[5] Nesse sentido, pode-se dizer que existe, no sistema natural, uma relação de informação entre a espécie e o meio.

Em alguns casos, um edifício comparável ao do cristal é depositado pelas gerações que se sucedem.[6] Além disso, o acrescimento do indivíduo vivo é uma transdução de tipo permanente e localizado, que não tem análogo em física; uma individualidade particular se acrescenta à individualidade específica.

A vida estaria, portanto, condicionada pela recorrência de causalidade, graças à qual um processo de integração e um processo de diferenciação podem receber um acoplamento, mesmo permanecendo distintos em suas estruturas. Assim, a vida não é uma substância distinta da matéria; ela supõe processos de integração e de diferenciação que não podem, de maneira alguma, ser dados por outra coisa que não estruturas físicas. Existiria, nesse sentido, uma profunda trialidade do ser vivo, pela qual se encontrariam nele duas atividades complementares e uma terceira, que realiza a integração das anteriores ao mesmo tempo que a diferenciação delas, mediante a atividade de recorrência causal; a recorrência, com efeito, não acrescenta uma terceira função às anteriores, mas a qualificação que ela autoriza e constitui aporta uma relação entre atividades que não poderiam ter nenhuma outra comunidade. Portanto, a base da unidade e da identidade afetiva está na polaridade afetiva graças à qual pode haver relação do uno e do múltiplo, da diferenciação e da integração. É a relação de dois dinamismos que a qualificação constitui; ela já é essa relação no nível mais baixo, e assim permanece no nível da afetividade superior dos sentimentos humanos. Desde o prazer e a dor, apreendidos em seu caráter concretamente orgânico, a relação se manifesta como fechamento do arco reflexo, que sempre é qualificado e orientado; mais acima, na qualidade sensível, uma semelhante polaridade, integrada sob forma de constelação global e particularmente densa, caracteriza a personalidade adquirida e permite reconhecê-la. Quando um sujeito quer exprimir seus estados internos, é a essa relação que ele recorre, por intermédio da afetividade, princípio da arte e de toda comunicação. Para caracterizar uma coisa exterior que não se pode mostrar, é pela afetividade que se

[6] Entre os Pólipos, por exemplo.

Informação e ontogênese: a individuação vital

passa da totalidade contínua do conhecimento à unidade singular do objeto a ser evocado, e isso é possível porque a afetividade está presente e disponível para instituir a relação. Toda associação de ideias passa por essa relação afetiva. Portanto, há dois tipos possíveis de utilização da relação já constituída, indo da unidade do conhecimento à pluralidade da ação, ou da multiplicidade da ação à unidade do conhecimento; esses dois andamentos complementares são reunidos em certos simbolismos, como o simbolismo poético, e, graças a essa dupla relação, o simbolismo poético pode fechar-se sobre si próprio na recorrência estética, que não serve à integração de todo o sujeito, pois ela já está, de fato, virtualmente contida nas premissas do objeto-símbolo a ser contemplado e atuado, misto de atividade e de conhecimento.

O estudo anatomofisiológico dos processos vitais mostra a distinção dos órgãos receptores e motores, até na disposição das áreas corticais e no funcionamento do cérebro; mas também sabemos que o cérebro não é composto apenas de áreas de projeção; uma grande parte dos lobos frontais serve para a associação entre as áreas receptoras e motoras; a prática neurocirúrgica da lobotomia, que consiste em enfraquecer a recorrência de causalidade ligando a integração à [163] diferenciação, modifica profundamente a afetividade do sujeito, enquanto, em princípio, essa intervenção lobotômica deixa perfeitamente intactos o ou os centros da afetividade, situados na região do infundíbulo do tálamo, isto é, em regiões bem diferentes daquelas que constituem o neopálio; seria preciso, segundo essa hipótese, distinguir entre a afetividade instantânea, que talvez seja, com efeito, localizável na região do infundíbulo do tálamo, e a afetividade relacional, incidindo sobre os produtos elaborados da atividade integradora e da atividade diferenciadora, e que se poderia nomear afetividade ativa, caracterizando o indivíduo em sua vida singular, não na sua relação à espécie. A região do arquipálio concerniria, então, muito mais à regulação dos instintos que à da afetividade elaborada; ela se manifestaria na relação entre as tendências do sujeito e as qualidades que ele descobre no meio, mais que na elaboração consciente dessa transdução característica da atividade do neopálio, e que é a afetividade do indivíduo enquanto indivíduo.

Por isso, igualmente, compreender-se-ia que a afetividade é a única função capaz, graças a seu aspecto relacional, de dar um sentido à negatividade: o nada de ação, como o nada de conhecimento, são inapreensíveis sem um contexto positivo no qual eles intervêm como uma limitação ou uma falta pura; em contrapartida, para a afetividade, o nada pode se definir como o contrário de uma outra qualidade; como Platão observou, toda qualidade realizada aparece como que inserida, segundo uma medida, numa díade indefinida de qualidades contrárias e absolutas; as qualidades vão em pares de opostos, e essa bipolaridade de toda relação qualitativa se constitui como uma permanente possibilidade de orientação para o ser qualificado e qualificante; o nada tem um sentido na afetividade, porque dois dinamismos nele se enfrentam a todo instante; a relação da integração à diferenciação nele se constitui como o conflito bipolar no qual as forças se trocam e se equilibram. É graças a essa orientação do ser relativamente a si mesmo, a essa polarização afetiva de todo conteúdo e de todo constituinte psíquico, que o ser conserva sua identidade. A identidade parece estar fundada na permanência dessa orientação no curso da existência, orientação que se espraia graças à qualificação da ação e do conhecimento. Certas intuições muito profundas dos filósofos pré-socráticos mostram como um dinamismo qualitativo troca as estruturas e as ações na existência, seja no interior de um ser, seja de um ser a outro. Heráclito e Empédocles, em particular, definiram uma relação da estrutura e da operação que supõe uma bipolaridade do real segundo uma multidão de vias complementares. A afetividade realiza um tipo de relação que, em termos de ação, seria conflito e, em termos de conhecimento, incompatibilidade; essa relação só pode existir no nível da afetividade, porque sua bipolaridade lhe permite fazer a unidade do heterogêneo; a qualidade é transdutiva por natureza, pois todo espectro qualitativo liga e distingue termos que não são nem idênticos nem estranhos uns aos outros; a identidade do sujeito é precisamente de tipo transdutivo, em particular através da primeira de todas as transdutividades, a do tempo, que pode, tanto quanto se queira, ser fragmentada em instantes ou apreendida como uma continuidade; cada instante está separado daqueles que o seguem ou que o pre-

Informação e ontogênese: a individuação vital

cedem por aquilo mesmo que o liga a esses instantes e constitui sua continuidade relativamente a eles; distinção e continuidade, separação e relação são os dois aspectos complementares do mesmo tipo de realidade. O tipo fundamental de transdução vital é a série temporal, de uma só vez integradora e diferenciadora; [164] a identidade do ser vivo é feita de sua temporalidade. Cometer-se-ia um erro ao conceber a temporalidade como pura diferenciação, como necessidade de escolha permanente e sempre recomeçada; a vida individual é diferenciação na medida em que ela é integração; há aqui uma relação complementar que não pode perder um de seus dois termos sem que ela mesma deixe de existir comutando-se numa falsa diferenciação, que na realidade é uma atividade estética pela qual, no interior de uma personalidade dissociada, cada escolha é conhecida como escolha pela consciência do sujeito e devém uma informação a ser integrada, ao passo que ela era uma energia a ser diferenciada: é a escolha que é escolhida, mais do que o objeto da escolha; a orientação afetiva perde seu poder relacional no interior de um ser cuja escolha constitui toda a atividade relacional, tomando apoio, de certa forma, sobre si própria em sua reatividade. A escolha deve ser eminentemente descontínua para representar uma verdadeira diferenciação; uma escolha contínua, num sujeito consciente do fato de que ele escolhe, é na realidade um misto de escolha e de informação; dessa simultaneidade da escolha e da informação resulta a eliminação do elemento de descontinuidade característico da ação; uma ação misturada de informação por uma recorrência dessa espécie devém, na realidade, uma existência mista, contínua e descontínua de uma só vez, quântica, procedendo por saltos bruscos que introduzem um reviramento na consciência; uma ação desse tipo não pode terminar numa verdadeira afetividade construtiva, mas apenas numa estabilidade precária, na qual uma ilusão de escolha é dada por uma recorrência que termina em oscilações de relaxamento. O relaxamento difere da escolha construtiva porque a escolha jamais reconduz o sujeito a estados anteriores, ao passo que o relaxamento reconduz periodicamente o sujeito a um estado neutro que é o mesmo que os estados neutros anteriores; um sentimento tal como o do absurdo vazio (que procuramos distinguir do absurdo misterioso) corresponde precisamente a esse estado de retorno ao nada, no qual toda reatividade ou recorrência é abolida por uma inatividade e uma ausência de informação absolutas; é que, nesse estado, a atividade valoriza a informação, e a ausência de atividade causa um vazio completo da informação: se elementos de informação se apresentam, então, como vindos do exterior, eles são rejeitados como absurdos porque não valorizados; não estão qualificados, porque a afetividade direta do sujeito não está mais atuando e foi substituída por uma recorrência da informação e da ação. Essa existência é o caráter de todo esteticismo; o sujeito em estado de esteticismo é um sujeito que substituiu sua afetividade por uma reatividade da ação e da informação segundo um ciclo fechado, incapaz de admitir uma nova ação ou uma nova informação. Num certo sentido, poder-se-ia tratar o esteticismo como uma função vicariante da afetividade; mas o esteticismo destrói o recurso à afetividade, constituindo um tipo de existência que elimina as circunstâncias nas quais uma verdadeira ação ou uma verdadeira informação poderiam nascer; a série temporal é substituída por uma série de unidades ciclocrônicas que se sucedem sem se continuar e realizam um fechamento do tempo, segundo um ritmo iterativo. Toda artificialidade, renunciando ao aspecto criador do tempo vital, devém condição de esteticismo, mesmo que esse esteticismo não empregue a construção do objeto para realizar o retorno de causalidade da ação à informação, e se contente mais simplesmente com um recurso a uma ação que modifique, de maneira iterativa, as condições de apreensão do mundo. *[165]*

2. Os níveis sucessivos de individuação: vital, psíquico, transindividual

Como o psíquico e o vital se distinguem um do outro? Segundo essa teoria da individuação, o psíquico e o vital não se distinguem como duas substâncias, nem mesmo como duas funções paralelas ou sobrepostas; o psíquico intervém como uma lentificação da individuação do vivente, uma amplificação neotênica do estado primeiro dessa gênese; há psiquismo quando o vivente não se concretiza completamente, conservando uma dualidade interna. Se o ser vivo pudesse ficar inteiramente apaziguado e satisfeito em si mesmo, no que ele é enquanto indivíduo individuado, no interior de seus limites somáticos e pela relação ao meio, não haveria apelo ao psiquismo; mas é quando a vida, em vez de poder recobrir e resolver em unidade a dualidade da percepção e da ação, devém paralela a um conjunto composto pela percepção e pela ação que o vivente se problematiza. Nem todos os problemas do vivente podem ser resolvidos pela transdutividade simples da afetividade reguladora; quando a afetividade já não pode intervir como poder de resolução, quando ela já não pode operar essa transdução, que é uma individuação perpetuada no interior do vivente já individuado, a afetividade abandona seu papel central no vivente e se arranja próximo às funções perceptivo-ativas; uma problemática perceptivo-ativa e uma problemática afetivo-emocional ocupam então o vivente; o apelo à vida psíquica é como uma lentificação do vivente, que o conserva em estado metaestável e tensionado, rico em potenciais.[7] A diferença essencial entre a simples vida e o psiquismo consiste em que a afetividade não desempenha o mesmo papel nesses dois modos de existência; na vida, a afetividade tem um valor regulador; ela transmonta as outras funções e assegura essa individuação permanente que é a vida mesma; no psiquismo, a afetividade é transbordada; ela coloca problemas em vez de resolvê-los e deixa não resolvidos os problemas das funções per-

---

[7] Isso não significa que haja seres apenas vivos e outros vivos e pensantes: é provável que os animais se encontrem por vezes em situação psíquica. Só que essas situações que conduzem a atos de pensamento são menos frequentes entre os animais. O homem, dispondo de possibilidades psíquicas mais extensas, em particular graças aos recursos do simbolismo, apela mais frequentemente ao psiquismo; é a situação puramente vital que, nele, é excepcional, e pela qual ele se sente mais desmunido. Mas nisso não há uma natureza, uma essência que permita fundar uma antropologia; simplesmente, um limiar é transposto: o animal está mais bem equipado para viver do que para pensar, e o homem para pensar do que para viver. Mas tanto um como o outro vivem e pensam, de feitio corrente ou excepcional.

ceptivo-ativas. A entrada na existência psíquica manifesta-se essencialmente como o aparecimento de uma nova problemática, mais elevada, mais difícil, que não pode receber nenhuma verdadeira solução no interior do ser vivo propriamente dito, concebido no interior de seus limites como ser individuado; a vida psíquica não é, pois, nem uma solicitação, nem um rearranjo superior das funções vitais, que continuam existindo sob ela e com ela, mas sim um novo mergulho na realidade pré-individual, seguido de uma individuação mais primitiva. Entre a vida do vivente e o psiquismo, há o intervalo de uma nova individuação; o vital não é uma matéria para o psíquico; ele não é necessariamente retomado e reassumido pelo psiquismo, pois o vital já tem sua organização, e o psiquismo não pode muito senão desregulá-lo, tentando intervir nele. Um psiquismo que tenta se constituir assumindo o vital e tomando-o como matéria a fim de lhe dar forma só termina em malformações e numa ilusão de funcionamento. *[166]*

De fato, o verdadeiro psiquismo aparece quando as funções vitais já não podem resolver os problemas colocados ao vivente, quando essa estrutura triádica das funções perceptivas, ativas e afetivas já não é utilizável. O psiquismo aparece, ou pelo menos é postulado, quando o ser vivo já não tem, em si mesmo, suficiente ser para resolver os problemas que lhe são colocados. Não se deve impressionar-se ao encontrar, na base da vida psíquica, motivações puramente vitais: mas deve-se notar que elas existem a título de problemas, e não de forças determinantes ou diretoras; não exercem, portanto, um determinismo construtivo sobre a vida psíquica que elas chamam a existir; elas a provocam, mas não a condicionam positivamente. O psiquismo aparece como um novo estágio de individuação do ser, que tem por correlativo, no ser, uma incompatibilidade e uma supersaturação que lentificam os dinamismos vitais e, fora do ser enquanto indivíduo limitado, um recurso a uma nova carga de realidade pré-individual, capaz de aportar ao ser uma nova realidade; o vivente se individua mais precocemente, e ele não pode se individuar sendo para si mesmo sua própria matéria, como a larva que se metamorfoseia alimentando-se de si própria; o psiquismo exprime o vital e, correlativamente, uma certa carga de realidade pré-individual.

Informação e ontogênese: a individuação vital

Tal concepção do nexo entre a individuação vital e a individuação psíquica conduz a que se represente a existência do vivente como desempenhando o papel de uma cepa para a individuação psíquica, mas não de uma matéria relativamente à qual o psiquismo seria uma forma. Ela exige, além disso, que se levante a seguinte hipótese: a individuação não obedece a uma lei de tudo ou nada: ela pode se efetuar de maneira quântica, por saltos bruscos, e uma primeira etapa de individuação deixa em torno do indivíduo constituído, associada a ele, certa carga de realidade pré-individual, que pode ser nomeada natureza associada e que ainda é rica em potenciais e em forças organizáveis.

Entre vital e psíquico existe, portanto, quando o psíquico aparece, uma relação que não de matéria a forma, mas de individuação a individuação; a individuação psíquica é uma dilatação, uma expansão precoce da individuação vital.

Resulta, de uma hipótese como essa, que a entrada na via da individuação psíquica obriga o ser individuado a se ultrapassar; a problemática psíquica, apelando para a realidade pré-individual, chega a funções e a estruturas que não acabam no interior dos limites do ser individuado vivo; caso se nomeie indivíduo o organismo vivo, o psíquico chega a uma ordem de realidade transindividual; com efeito, a realidade pré-individual associada aos organismos vivos individuados não está repartida como eles e não recebe limites comparáveis aos dos indivíduos vivos separados; quando essa realidade é apreendida numa nova individuação encetada pelo vivente, ela conserva uma relação de participação que atrela cada ser psíquico aos outros seres psíquicos; o psíquico é transindividual nascente; ele pode aparecer durante certo tempo como psíquico puro, realidade última que poderia consistir em si mesma; mas o vivente não pode tomar emprestado da natureza associada potenciais que produzam uma nova individuação sem entrar numa ordem de realidade que o faz participar de um conjunto de realidade psíquica que ultrapassa os limites do vivente; a realidade psíquica não está fechada em si mesma. A problemática psíquica não pode se resolver de maneira intraindividual. A entrada na realidade psíquica é uma entrada numa via transitória, pois a resolução da problemática psíquica intraindividual (a da percepção e a da afetividade) leva ao nível do transindividual; as estruturas e as funções completas resultantes da individuação da *[167]* realidade pré-individual associada ao indivíduo vivo só se cumprem e só se estabilizam no coletivo. A vida psíquica vai do pré-individual ao coletivo. Uma vida psíquica que quisesse ser intraindividual não conseguiria transmontar uma disparação fundamental entre a problemática perceptiva e a problemática afetiva.[8] O ser psíquico, isto é, o ser que cumpre o mais completamente possível as funções de individuação, não limitando a individuação àquela primeira etapa do vital, resolve a disparação de sua problemática interna na medida em que participa da individuação do coletivo. Esse coletivo, realidade transindividual obtida por individuação das realidades pré-individuais associadas a uma pluralidade de viventes, distingue-se do social puro e do interindividual puro; o social puro existe, com efeito, nas sociedades animais; ele não necessita, para existir, de uma nova individuação que dilate a individuação vital; ele exprime a maneira pela qual os viventes existem em sociedade; é a unidade vital em primeiro grau que é diretamente social; a informação que está atada às estruturas e funções sociais (por exemplo, a diferenciação funcional dos indivíduos na solidariedade orgânica das sociedades animais) falta aos organismos individuados enquanto organismos. Essa sociedade supõe como condição de existência a heterogeneidade estrutural e funcional dos diferentes indivíduos em sociedade. Ao contrário, o coletivo transindividual agrupa indivíduos homogêneos; mesmo que esses indivíduos apresentem alguma heterogeneidade, é enquanto eles têm uma homogeneidade de base que o coletivo os agrupa, e não enquanto são complementares uns relativamente aos outros numa unidade funcional superior. Sociedade e transindividualidade podem, aliás, existir sobrepondo-se no grupo como o vital e o psíquico se sobrepõem na vida individual. O coletivo se distingue do interindividual à medida que o interindividual não necessita de nova individuação nos indivíduos entre os quais ele se institui, mas apenas de um certo regime de reciprocidade e de trocas que supõem ana-

---

[8] É essa disparação que é tratada como informação e que o psiquismo faz aparecer.

Informação e ontogênese: a individuação vital

logias entre as estruturas intraindividuais, e não um questionamento das problemáticas individuais. O nascimento do interindividual é progressivo e não supõe que se coloque em jogo a emoção, capacidade do ser individuado de se desindividuar provisoriamente para participar de uma individuação mais vasta. A interindividualidade é uma troca entre realidades individuadas que permanecem no mesmo nível de individuação e que buscam nos outros indivíduos uma imagem de sua própria existência paralela a essa existência. A adjunção de um certo coeficiente de interindividualidade a uma sociedade pode dar a ilusão de transindividualidade, mas o coletivo só existe verdadeiramente se uma individuação o instituir. Ele é histórico.

II. FORMA ESPECÍFICA E SUBSTÂNCIA VIVA

1. Insuficiência da noção de forma específica; noção de indivíduo puro; caráter não unívoco da noção de indivíduo

A vida pode existir sem que os indivíduos estejam separados uns dos outros, anatômica e fisiologicamente, ou apenas fisiologicamente. Como tipo desse gênero de existência, podemos pegar os Celenterados, no reino animal; esses *[168]* seres se caracterizam pelo fato de não terem cavidade geral; a que escava o corpo deles e se prolonga em canais mais ou menos complicados é uma cavidade digestiva. Sua simetria é radial, os órgãos se repetem em torno do eixo que passa pela boca. A maior parte dos Celenterados está apta a brotar e formar colônias; os indivíduos formados por brotamento são nomeados blastozoides e podem ficar em comunicação com o ser inicial, nomeado oozoide, pois nascido de um ovo; os Corais, os Hidroides, as Gorgônias formam colônias bastante numerosas. Ora, formações contínuas podem aparecer entre os indivíduos, constituindo uma unidade material sólida da colônia; é o que se vê entre os Pólipos reunidos em colônia, quando o cenênquima preenche os espaços, separando os indivíduos; esse depósito calcário, compacto ou esponjoso, faz o Pólipo perder sua forma ramosa e lhe dá um aspecto massivo; os indivíduos passam a aparecer apenas pelos seus cálices abertos no nível da superfície comum da colônia. Um cenossarco reúne, então, os indivíduos de uma mesma colônia, fazendo os novos indivíduos nascerem por brotamento e secretando o cenênquima. Em certas formações em colônia, os indivíduos manifestam uma diferenciação que termina por fazer deles, de certa maneira, órgãos: uns têm um papel nutritivo, outros um papel defensivo, outros um papel sexual, e poder--se-ia afirmar, de certa maneira, que a verdadeira individualidade se encontra transferida à colônia, se não subsistisse um resíduo inexpugnável de individualidade nos seres diferenciados que compõem a colônia, a saber, a ausência de sincronismo nos nascimentos e nas mortes particulares; temporalmente, permanece uma distinção entre os indivíduos que o alto grau de solidariedade de suas relações complementares não abole. Certamente, poder-se-ia dizer que também existe, num organismo superior, nascimentos e mortes particulares de células; mas o que nasce e o que morre sem sincronismo, nesse animal superior, não é o órgão, mas o constituinte do órgão, a célula elementar.[9] Gostaríamos de mostrar que o critério que permite reconhecer a individualidade real, aqui, não é a ligação ou a separação material, espacial, dos seres em sociedade ou em colônia, mas a possibilidade de vida à parte, de migração fora da unidade biológica primeira. A diferença que existe entre um organismo e uma colônia reside no fato de que os indivíduos de uma colônia podem morrer um após o outro e ser substituídos sem que a colônia periclite; é a não-imortalidade que faz a individualidade; cada indivíduo pode ser tratado como um *quantum* de existência viva; a colônia, ao contrário, não possui esse caráter quântico; ela é, de certa maneira, contínua em seu desenvolvimento e em sua existência. É o caráter tanatológico que marca a individualidade. Por conta disso, dever-se-ia dizer que a Ameba, assim como um grande número de Infusórios, não são, estritamen-

---

[9] O que supõe três níveis de composição: organismo, órgão, célula.

Informação e ontogênese: a individuação vital

te falando, verdadeiros indivíduos; esses seres são capazes de regeneração por troca de um núcleo com outro ser, e durante muito tempo podem se reproduzir por cisão em duas partes; certas Holotúrias podem igualmente se dividir numa pluralidade de segmentos quando as condições de vida ficam ruins, cada segmento reconstituindo, na sequência, uma unidade completa, isto é, uma Holotúria semelhante à anterior. Nesse caso, não há, propriamente falando, distinção entre os indivíduos e a espécie; os indivíduos não morrem, e sim dividem-se. A individualidade só aparece com a morte dos seres; ela é o correlativo desta. Um estudo da vida pré-individual apresenta um interesse teórico, pois a passagem desses sistemas pré-individuais [169] de existência aos sistemas individuais permite apreender o ou os correlativos da individuação e sua significação biológica; em particular, o vasto domínio dos Celenterados manifesta uma zona de transição entre os sistemas não individuados de vida e os sistemas totalmente individuados; o estudo desses mistos permite estabelecer preciosas equivalências funcionais entre sistemas individuados e sistemas não individuados num mesmo nível de organização biológica e em circunstâncias quase equivalentes, seja numa mesma espécie, seja de uma espécie a outra bastante vizinha.

Um ponto interessante, que merece ser observado antes de um estudo geral, é o seguinte: é a reprodução sexuada que parece estar mais diretamente associada ao caráter tanatológico individual, a partir desse nível: com efeito, as colônias de Celenterados botam, em certos casos, ovos que dão Medusas, e é por essas Medusas que a reprodução está assegurada; porém, em certos casos, é um indivíduo que se destaca por inteiro da colônia, e que vai botar ovos longe dela após ter levado uma vida destacada, daí morre, enquanto uma nova colônia se funda por brotamento sobre um indivíduo-cepa saído desse ovo; assim, existe um indivíduo livre, podendo morrer, entre duas colônias suscetíveis de um desenvolvimento indefinido no tempo; o indivíduo desempenha aqui, relativamente às colônias, um papel de propagação transdutiva; em seu nascimento ele emana de uma colônia, antes de sua morte ele engendra o ponto de partida de uma nova colônia, após certo deslocamento no tempo e no espaço. O indivíduo não faz parte de uma colônia; ele se insere entre duas colônias sem estar integrado em nenhuma delas, e seu nascimento e seu fim se equilibram na medida em que ele emana de uma comunidade mas engendra outra; *ele é relação*.[10] Ora, tal função é bem difícil de ser percebida no nível superior e altamente diferenciado, pois o indivíduo, nas formas individuadas dos sistemas de vida, é de fato um misto: ele resume em si duas coisas: o caráter de pura individualidade, comparável ao que se vê em operação na relação entre duas colônias, e o caráter de vida contínua, que corresponde à função de simultaneidade organizada, tal como a vemos em operação numa colônia; os instintos do indivíduo e suas tendências definem a distinção entre essas duas funções, que poderiam não ser representadas juntas no ser; os instintos, com efeito, são relativos ao indivíduo puro, enquanto ele é aquilo que transmite a atividade vital através do tempo e do espaço; as tendências, ao contrário, cotidianas e contínuas, não possuem aquele aspecto de irreversibilidade da natureza criadora que os instintos definem por sucessivos "golpes de aguilhão", os quais deslocam o indivíduo constituído e podem estar em contradição com suas tendências; as tendências são algo contínuo, algo comum também, pois pode facilmente haver sinergia entre as tendências, comuns a um número bem grande de indivíduos, ao passo que os instintos podem ser muito mais atípicos na própria medida em que correspondem a uma função de transferência do indivíduo, e não a uma integração na comunidade vital; os instintos podem ser, em aparência, até mesmo desvitalizantes, pois, precisamente, não fazem parte da continuidade cotidiana da existência; os instintos se manifestam geralmente pelo seu caráter de consequência sem premissas; fazem aparecer, com efeito, um dinamismo transdutivo que nada toma emprestado da continuidade das tendências, e que pode até mesmo inibi-la; as comunidades humanas edificam todo um sistema de defesa contra as pulsões instintivas, buscando definir as tendências e os instintos *[170]* em termos unívocos, como se fossem de mesma natureza; é

---

[10] Essa relação é amplificadora, pois uma colônia pode gerar vários indivíduos capazes de engendrar uma colônia completa.

Informação e ontogênese: a individuação vital

aí que está o erro; com efeito, se as tendências e os instintos são de mesma natureza, torna-se impossível distinguir o caráter transdutivo[11] do caráter da pertença a uma sociedade; as manifestações do instinto sexual, por exemplo, são tratadas como o testemunho da existência de uma tendência, e chega-se então a falar de uma necessidade sexual; o desenvolvimento de certas sociedades talvez incite a que se confunda necessidades e tendências no indivíduo, pois a hiperadaptação à vida comunitária pode se traduzir pela inibição dos instintos em proveito das tendências; as tendências, com efeito, sendo do contínuo e, consequentemente, do estável, são integráveis à vida comunitária e constituem até mesmo um meio [moyen] de integração do indivíduo, que é incorporado à comunidade por suas necessidades nutritivas, defensivas e por aquilo que faz dele um consumidor e um utilizador. A doutrina de Freud não distingue com suficiente nitidez os instintos das tendências. Ela parece considerar o indivíduo de maneira unívoca, e embora distinga nele, do ponto de vista estrutural e dinâmico, um certo número de zonas, ela deixa subsistir a ideia de que o indivíduo pode chegar a uma completa integração pela construção do supereu, como se o ser pudesse descobrir uma condição de unidade absoluta na passagem ao ato de suas virtualidades; hilemórfica demais, essa doutrina só pode dar conta de uma dualidade essencial ao indivíduo pelo recurso a uma alienação inibidora, o nexo à espécie não podendo ser concebido senão como inclusão do indivíduo; mas a enteléquia aristotélica não pode dar conta de todo o sentido do indivíduo, e ela deixa de lado o aspecto propriamente instintivo, pelo qual o indivíduo é uma transdução que se opera, e não uma virtualidade que se atualiza. Mesmo que se deva dizer que o metafísico é ainda algo fisiológico, é preciso reconhecer o aspecto de dualidade do indivíduo e caracterizar, por sua funcionalidade transcomunitária, essa existência das pulsões instintivas. O caráter tanatológico do indivíduo é incompatível com as tendências cotidia-

---

[11] Que é, no indivíduo, a expressão da descontinuidade, da singularidade original traduzida em comportamento, e essencialmente o instrumento do poder amplificador por propagação transdutiva, que caracteriza a individuação.

nas, que podem dissimular esse caráter ou diferir sua existência manifesta, mas não anulá-la. Eis por que uma análise psíquica deve levar em conta o caráter complementar das tendências e dos instintos no ser que nomeamos indivíduo, e que é, de fato, em todas as espécies individuadas, um misto de continuidade vital e de singularidade instintiva, transcomunitária. As "duas naturezas" que os moralistas clássicos encontram no homem não são um artefato, nem a tradução de um dogma criacionista mitológico no plano da observação corrente; de fato, aqui a facilidade estaria do lado do monismo biológico das tendências, segundo um pensamento operatório que acredita ter feito o bastante ao definir o indivíduo como o ser não analisável, que só pode ser objeto de consciência por sua inclusão na espécie. De fato, a doutrina de Aristóteles, protótipo de todos os vitalismos, provém de uma interpretação da vida centrada nas espécies "superiores", isto é, totalmente individuadas; não poderia ser de outro jeito num tempo em que as espécies ditas inferiores eram dificilmente observáveis. Aristóteles leva em conta certas espécies de Celenterados e de Vermes, mas sobretudo para discutir os caráteres de inerência da alma ao corpo, segundo a totalidade ou parte por parte, nos anelídeos marinhos que podem se regenerar após uma secção acidental, e cujos dois segmentos continuam a viver. De fato, o modelos dos viventes está nas *[171]* formas superiores e, como "os seres não querem ser mal governados",[NT] a aspiração de todos os seres para uma forma única incita Aristóteles a levar em conta, antes de tudo, formas superiores. Não é o vitalismo propriamente dito que conduziu à confusão entre os instintos e as tendências, mas um vitalismo fundado numa inspeção parcial da vida e que valoriza as formas mais próximas da espécie humana, constituindo um antropocentrismo de fato, mais do que um vitalismo propriamente dito.

Além do mais, um vitalismo que ignora a distinção entre as funções relativas às tendências e as que são relativas ao instinto não pode estabelecer diferença entre as funções nelas mesmas e os dinamismos estruturais que permitem o exercício dessas funções,

---

[NT] [Final do capítulo XII (Λ) da *Metafísica*.]

Informação e ontogênese: a individuação vital

mantendo a estabilidade desses caráteres vitais; assim, "o instinto de morte"[12] não pode ser considerado como o simétrico do instinto de vida; ele é, com efeito, o limite dinâmico do exercício desse instinto, e não um outro instinto; ele aparece como a marca de uma fronteira temporal para além da qual esse instinto positivo não mais se exerce, pois o papel transdutivo do indivíduo isolado está acabado, seja porque se completou, seja porque fracassou e o *quantum* de duração do indivíduo puro esgotou-se; ele marca o fim do dinamismo do indivíduo puro. A tendência do ser em perseverar em seu ser, no sentido do *conatus* espinosista, faz parte de um conjunto instintivo que conduz ao "instinto de morte". É nesse sentido que se pode descobrir uma relação do instinto genésico e do instinto de morte, pois eles são funcionalmente homogêneos. O instinto genésico e o instinto de morte, ao contrário, são heterogêneos relativamente às diferentes tendências, que são do contínuo e da realidade socialmente integrável.[13] Nas espécies superiores, a alternância do estágio individual e da colônia dá lugar à simultaneidade da vida individual e da sociedade, o que complica o indivíduo, colocando nele um duplo feixe de funções individuais (instinto) e sociais (tendências).

2. O INDIVÍDUO COMO POLARIDADE; FUNÇÕES DE GÊNESE INTERNA E DE GÊNESE EXTERNA

O método que se depreende dessas considerações preliminares exige, primeiramente, que não se fique preocupado em ordenar hierarquicamente os níveis dos sistemas vitais, mas que se os

---

[12] Essa expressão é frequentemente empregada por Freud, sobretudo depois da guerra de 1914-1918.

[13] Desse ponto de vista, seria interessante considerar as formas animais superiores como provindo da *neotenização* das espécies inferiores em que o estágio de vida individual corresponde à função de reprodução amplificadora, enquanto o estado de vida *em colônia* corresponde ao aspecto homeostático, contínuo. Nas espécies superiores, são os indivíduos que vivem em sociedade: os dois estágios e as duas maneiras de ser devêm simultâneos.

250   A individuação dos seres vivos

distinga para ver quais são as equivalências funcionais que permitem apreender a realidade vital através desses diferentes sistemas, desenvolvendo todo o leque dos sistemas vitais, em vez de classificar para hierarquizar. Segundo nossa hipótese inicial, a vida se espraia por transferência e neotenização; a evolução é mais uma transdução que um progresso contínuo ou dialético. As funções vitais devem ser estudadas segundo um método de equivalência que estabelece o princípio segundo o qual pode haver equivalência de estruturas e de atividades funcionais. Uma relação de equivalência pode ser detectada, das formas pré-individuais às formas individualizadas, passando pelas formas mistas que comportam individualidade e transindividualidade alternantes, segundo as condições exteriores ou interiores da vida. Deve-se supor, *[172]* por outro lado, que exista uma relativa solidariedade das espécies, tornando bastante abstrata uma hierarquização, ao menos quando ela só dá conta dos caráteres anatomofisiológicos do indivíduo; um estudo racional das espécies deveria integrar uma sociologia de cada uma das espécies.

É certamente difícil definir, de alguma maneira no abstrato, um método para o estudo da individuação vital; contudo, parece que essa hipótese da dualidade funcional permite dar conta dos dois tipos de relações e dos dois gêneros de limites que se descobrem no indivíduo; num primeiro sentido, o indivíduo pode ser tratado como ser particular, parcelar, membro atual de uma espécie, fragmento destacável ou não atualmente destacável de uma colônia; num segundo sentido, o indivíduo é aquilo capaz de transmitir a vida da espécie, e que constitui o depositário dos caráteres específicos, mesmo se nunca for chamado a atualizá-los em si mesmo; portador de virtualidades que, para ele, não ganham necessariamente um sentido de atualidade, ele é limitado no espaço e limitado também no tempo; ele constitui, então, um *quantum* de tempo para a atividade vital, e seu limite temporal é essencial à sua função de relação. Amiúde, esse indivíduo está livre no espaço, pois ele assegura o transporte dos germes específicos da espécie, e sua brevidade temporal tem por contrapartida sua extrema mobilidade espacial. Segundo a primeira forma de existência, ao contrário, o indivíduo é uma parcela de um todo atualmente existen-

Informação e ontogênese: a individuação vital

te, no qual ele se insere e que o limita espacialmente; como ser parcelar, o indivíduo possui uma estrutura que lhe permite acrescer-se; ele é *polarizado* no interior de si mesmo e sua organização lhe permite incorporar matéria alimentar, seja por autotrofia, seja partindo de substâncias já elaboradas; é enquanto ser parcelar que o indivíduo possui certo esquema corporal segundo o qual ele se acresce por diferenciação e especialização, que determinam as partes no curso de seu acrescimento progressivo a partir do ovo ou do broto primitivo; certos estudos sobre a regeneração e, particularmente, os que foram consagrados à Planária d'água doce mostram que a capacidade de regeneração provém de elementos que conservam uma capacidade germinativa mesmo quando o indivíduo é adulto, e que esses elementos têm um parentesco com as células sexuais; contudo, a capacidade de desenvolvimento não basta para explicar a regeneração, mesmo fazendo intervir a ação de uma substância hipotética como o organismo, destinada a explicar a indução exercida por um elemento terminal, por exemplo, uma cabeça que se pode enxertar em qualquer lugar do corpo de um Platelminto; para que essa indução possa se exercer, é preciso que um certo número de elementos secundários, incluindo, sem dúvida, mecanismos físicos e dinamismos hormonais, estejam presentes; mas é preciso, sobretudo, que intervenha desde a segmentação do ovo um princípio de organização e de determinação que resulte na produção dos diferentes órgãos do ser. É esse princípio de determinação espacial que não pode ser confundido com o princípio de produção para fora de outros seres, seja por brotamento, seja por reprodução sexuada; mesmo que certas células possam servir indistintamente à regeneração do ser particular ou engendrar outros seres, mesmo que haja ligação entre a regeneração e a reprodução, uma diferença de orientação intervém na maneira pela qual se exerce essa atividade fundamental, seja para o interior, seja para o exterior; é esse mesmo o critério que permite distinguir a pré-individualidade da individualidade propriamente dita, pois no estado de pré-individualidade essas duas funções estão soldadas, e pode-se considerar o mesmo ser como organismo, sociedade ou colônia; a reprodução por cissiparidade é um fenômeno [173] ao mesmo tempo de modificação do esquema corporal do indivíduo parcelar e de reprodução; o brotamento é ainda bastante parcialmente um misto dos dois tipos de geração, crescimento e reprodução propriamente dita; mas quando se galga na série animal, essa distinção entre as duas gerações devém cada vez mais nítida: no nível dos mamíferos, por exemplo, a distinção devém tão nítida que ela é compensada por uma relação de exterioridade entre a cria e o genitor, bastante semelhante a uma parasitagem, primeiro interna e em seguida externa, pela gestação e depois pelo aleitamento; a fêmea é um ser apto a ser parasitado, e uma parasitagem qualquer pode criar, num macho, o aparecimento de caráteres sexuais fêmeos, como mostrou o estudo do Caranguejo saculinado. Tudo se passa como se as formas complexas necessitassem de uma rigorosa distinção entre as funções de gênese externa e as de gênese interna. A gênese externa, ou reprodução, faz intervir, com efeito, uma função amplificadora eminentemente ligada à operação de individuação; o simples crescimento, ao contrário, podendo existir em regime contínuo, pertence à colônia e não necessita da individuação.

Essa distinção é realizada pelo destacamento extremamente precoce da cria que, em vez de se desenvolver como um broto, é um ser independente, parasita do genitor, mas inteiramente distinto dele em sua organização interna; a gestação corresponde a essa separação anatômica compensada por uma relação nutritiva; a quantidade de matéria organizada que se destaca do corpo de um Mamífero para formar um ovo é menos considerável que aquela que se destaca de um Pássaro. A gestação, permitindo a separação anatômica da cria, mantendo a relação alimentar, autoriza a lentificação do crescimento da cria e acentua a fetalização, segundo a hipótese de Bolk, que vê nesse princípio uma das razões da evolução; a maturação menos rápida do indivíduo lhe permite consagrar-se a uma formação por aprendizado mais longa, no tempo em que os centros nervosos ainda estão receptivos, isto é, antes da idade adulta. Ora, se considerarmos esses diversos caráteres das organizações vitais, veremos que as duas funções do indivíduo conservam sua distinção, e que essa distinção se acusa quando o indivíduo se aperfeiçoa; numa organização vital simples, essas funções são antagonistas; apenas sucessivamente é que elas podem ser preenchidas, ou confiadas a formas diferentes;[14] quando o indivíduo está suficientemente desenvolvido, ele pode assegurar o cumprimento simultâneo das duas funções, graças a uma separação mais completa das operações relativas a cada uma; então a reprodução devém o fato de todos os indivíduos, que possuem igualmente o exercício das outras funções. O indivíduo, portanto, é o sistema de compatibilidade dessas duas funções antagonistas que correspondem, uma, à integração na comunidade vital, e a outra, à atividade amplificadora do indivíduo, pela qual ele transmite a vida engendrando crias. A organização interna corresponde a um outro tipo de ser, que não a reprodução; nas espécies totalmente individualizadas, a organização atual e a reprodução estão reunidas no mesmo ser; funções somáticas e funções germinais encontram-se compatibilizadas na existência individual, tendo desaparecido o estágio da vida em colônia.

Por essas diferentes razões, distinguiremos três sistemas vitais: a vida pré-individual pura, na qual as funções somáticas e germinais não são distintas, [174] como em certos Protozoários e, em parte, nos Espongiários; as formas metaindividuais, nas quais as funções somáticas e germinais são distintas, mas necessitam, para se cumprirem, de uma especialização da ação individual que engaja uma especialização do indivíduo segundo as funções somáticas ou as funções germinais; enfim, as formas totalmente individualizadas, nas quais as funções germinais são devolvidas aos mesmos indivíduos que exercem as funções somáticas; portanto, não há mais colônia, mas uma comunidade ou sociedade. Pode-se encontrar formas transitórias entre esses três grupos, em particular nas sociedades de insetos, que são frequentemente constituídas graças à diferenciação orgânica de seus membros, dos quais alguns são reprodutores, outros guerreiros, outros operários; em certas sociedades, a idade intervém no desenvolvimento individual como princípio de seleção entre as diferentes funções que, assim, são sucessivamente cumpridas, e isso é um princípio de unidade que exige

[14] Pode-se fazer uma aproximação entre a pluralidade de estágios de desenvolvimento do indivíduo (larva, ninfa, estágio imaginal) e a alternância indivíduo-colônia.

uma menor complexidade das estruturas individuais do que quando o indivíduo cumpre simultaneamente as funções somáticas e as funções germinais. Nesse sentido, pode-se considerar as formas de vida representadas unicamente por seres individuais como equivalentes a formas alternantes (colônia e indivíduo separado), nas quais a passagem ao estágio da colônia jamais se produzirá, o indivíduo separado engendrando outros indivíduos em vez de fundar uma colônia que gerará indivíduos separados. Na forma alternante, a colônia é como o acabamento do indivíduo; o indivíduo é *mais jovem* que a colônia, e a colônia é o estado adulto *depois* do indivíduo, comparável, *mutatis mutandis, a uma larva de colônia*. Daí, então, quando o indivíduo, em vez de fundar uma colônia, se reproduz sob forma de indivíduo, as funções vitais de continuidade (nutrição, crescimento, diferenciação funcional) devem ser preenchidas por uma nova camada de comportamentos do indivíduo, os comportamentos sociais.

3. Individuação e reprodução

A função essencial do indivíduo vivo enquanto indivíduo, distinto de uma colônia, é a amplificação, a propagação descontínua, por exemplo, com mudança de lugar. Pode-se então perguntar qual o sentido da reprodução. O indivíduo imortal pode existir? A morte é a conclusão fatal de todo organismo pluricelular, mas ela resulta de seu funcionamento, e não de uma propriedade intrínseca da matéria viva. Para Rabaud, a propriedade intrínseca da matéria viva reside nesse "incessante processo de destruição e de reconstrução em função das trocas com o exterior, que constitui o metabolismo" (*Zoologie biologique*, parte IV, p. 475). Se, num organismo celular, a reconstrução compensasse a destruição, o processo efetuando-se de tal sorte que os produtos não assimilados não se acumulassem a ponto de atrapalhar o funcionamento, o organismo permaneceria indefinidamente comparável a si mesmo.

Contudo, segundo Rabaud, essa ilusão do indivíduo imortal corresponde apenas a uma construção do espírito; dois fatos modificam o indivíduo: o primeiro é que o metabolismo se efetua em condições constantemente cambiantes; da reconstrução da matéria viva não resultam, forçosamente, novas massas de protoplasma idênticas às anteriores, pois a quantidade e a qualidade dos materiais colocados em presença, a intensidade e a natureza das influências externas, variam sem trégua. O segundo fato é que os nexos que existem entre os elementos componentes da [175] massa individual mudam ao sabor das influências, e sua mudança termina, às vezes, numa espécie de desequilíbrio; é esse, em particular, o nexo nucleoplásmico, isto é, aquele que se estabelece entre a massa do núcleo e a do citoplasma.[15]

É esse nexo que governa a reprodução. Rabaud quer mostrar que a reprodução do indivíduo não faz intervir finalidade alguma, e se explica de maneira puramente causal. Convém estudar essa explicação, para apreciar em que medida o desequilíbrio que causa a morte difere do desequilíbrio que causa a reprodução. Pois convém notar que a profunda modificação que afeta o indivíduo na reprodução não é a mesma que na morte; mesmo que, por uma cisão em dois novos indivíduos de igual tamanho, o indivíduo perca sua identidade, ele devém outro, pois dois indivíduos substituem agora o indivíduo único, mas este não morre; nenhuma matéria orgânica se decompõe; não há cadáver, e a continuidade entre o indivíduo único e os dois indivíduos que ele fez nascer é completa. Aqui, não há um fim, mas uma transformação da topologia do ser vivo, que faz aparecer dois indivíduos no lugar de um só.

Rabaud estabelece que é unicamente o valor do nexo nucleoplásmico que faz com que a célula se divida em duas partes independentes, seja qual for o volume da célula, sem nenhuma intervenção de uma influência misteriosa. Uma análise da reprodução nos Metazoários permite afirmar isso claramente, em razão da relativa simplicidade anatômica dos indivíduos que os constituem.

A esquizogonia se efetua como uma divisão celular: o indivíduo se divide em duas partes, iguais ou desiguais, e cada parte, devindo independente, constitui um novo indivíduo; o núcleo atravessa, com variações múltiplas, a série das fases habituais que com-

---

[15] É na mudança desse nexo, talvez, que seria preciso ver a expressão inicial do processo de amplificação prolongando-se na reprodução.

preendem sua divisão em fragmentos, os cromossomos (muito pouco nítidos nos Protozoários), depois a divisão desses cromossomos e sua separação em dois grupos iguais, e ao fim a cisão do citoplasma, no sentido transversal para os Infusórios e longitudinal para os Flagelados. Cada um dos novos indivíduos se completa; ele regenera uma boca, um flagelo etc.

Noutros casos, o indivíduo primeiramente secreta um envoltório de celulose, no interior do qual ele se divide numa série de indivíduos de tamanho bastante reduzido, assemelhando-se ao indivíduo inicial, ou diferindo dele, mas retomando rapidamente, na sequência, o aspecto específico. A esquizogonia consiste nesse fato de que o indivíduo se multiplica isoladamente, sem que intervenha a ação fecundante de um outro indivíduo de mesma espécie.

Noutros casos, ao contrário, a multiplicação só começa depois da união de dois indivíduos. Essa conjugação ou acoplamento pode ser temporária, como nos Infusórios, em função das condições de meio. Os dois indivíduos, depois de terem-se acolado por uma parte de sua superfície, trocam cada um com seu parceiro um pronúcleo, depois se separam e se multiplicam por simples divisão. Nos Infusórios, os dois modos de reprodução, gamogonia e esquizogonia, alternam segundo as condições de meio. Ademais, na gamogonia, os dois indivíduos são perfeitamente semelhantes; não se pode qualificá-los como macho ou fêmea. A conjugação pode, assim, terminar na fusão não mais apenas de dois pronúcleos, mas de dois indivíduos inteiros, que estão em estado de fusão total, pelo menos por um tempo; aliás, é bem difícil dizer se a individualidade dos dois seres que fusionam é conservada; [176] o núcleo deles sofre, com efeito, duas divisões sucessivas; todos os produtos da divisão degeneram, salvo um; os dois restos não degenerados dos dois núcleos fusionam, mas esse núcleo comum logo se divide, e a massa fusionada, por sua vez, se divide, dando dois novos indivíduos completos. Será que houve conservação da identidade individual dos dois Infusórios nas massas não degeneradas dos núcleos, no momento da fusão dos dois núcleos? É difícil responder a essa questão. Esse exemplo é tirado do caso do Actinófris. A fusão pode ser ainda mais completa na Ameba, em particular na *Amœba diploidea*, que normalmente possui dois núcleos.

Informação e ontogênese: a individuação vital

Os núcleos de cada indivíduo, depois os dois indivíduos, fusionam, mas cada núcleo se divide separadamente, perdendo uma parte de sua substância; depois, o resto de cada um dos núcleos se aproxima do resto do núcleo do outro indivíduo, sem fusionar; então um só indivíduo binucleado se forma, depois se multiplica. Nesse caso, de cada indivíduo primitivo subsiste esse núcleo, ou antes esse resto de núcleo, nos indivíduos que vêm da multiplicação por divisão do indivíduo binucleado intermediário. Nesse procedimento, não é possível distinguir macho de fêmea.

O aparecimento da distinção entre macho e fêmea se faz nas Vorticelas, Infusórios fixados. O gameta macho é um indivíduo de tamanho reduzido, provindo de uma Vorticela que sofreu, lance a lance, duas divisões sucessivas. Esse indivíduo se acola a uma Vorticela fixada e fusiona inteiramente com ela. Após o desaparecimento dos macronúcleos, divisão e degeneração dos micronúcleos — salvo num fragmento que subsiste e dá um pronúcleo —, os pronúcleos, que constituem o único resto dos micronúcleos primitivos, se trocam, e depois os pronúcleos machos degeneram, e o próprio gameta macho é absorvido; o núcleo se fragmenta em oito partes iguais, das quais sete constituem os macronúcleos e uma, a oitava, o micronúcleo. Acontece dessa gamogonia alternar com uma esquizogonia, segundo um verdadeiro ciclo evolutivo. São esses os Esporozoários e, particularmente, os Hematozoários e os Coccídeos. O ciclo dos Hematozoários comporta primeiramente uma Ameba, fixada num glóbulo do sangue humano; esse indivíduo se divide seguindo planos radiais de divisão; os novos indivíduos (merozoítos) se espalham no sangue e vão se fixar em novos glóbulos vermelhos; ao fim de certo tempo, esses merozoítos param de se multiplicar, o que deve ser atribuído, segundo Rabaud, a uma modificação do hospedeiro sob a ação do parasita. Às vezes, mudam de forma. Em contrapartida, se uma modificação do meio se produz (absorção por um Mosquito), esses merozoítos devêm macrogametócitos ou microgametócitos; os macrogametócitos, rejeitando uma parte de seu núcleo, devêm macrogametas; os microgametócitos geram prolongamentos que, tomados conjuntamente, abrangem toda a substância do núcleo e são microgametas. A conjugação dos macrogametas e dos microgametas dá um elemento cercado por uma fina membrana que se acresce e se divide em esporoblastos, donde nascem elementos alongados nomeados esporozoítos, que o Mosquito inocula num Homem, o que faz o ciclo recomeçar. Portanto, tem-se aqui alternância de um certo número de formas e de dois tipos de reprodução. A reprodução dos Coccídeos se produz da mesma maneira, mas sem hospedeiro intermediário. Nos Gregaríneos, a reprodução agâmica quase não existe, e a sexualidade é marcada de maneira particularmente nítida. Também aqui, na fusão de dois indivíduos que se encistam juntos, somente uma parte do núcleo toma parte na reprodução. Os indivíduos encistados (macrogametócito e microgametócito) se dividem e formam macrogametas e microgametas; o ovo, fecundado, multiplica-se dividindo-se em esporos, e esses esporos dividem-se em oito [177] esporozoítos que se desenvolvem ulteriormente em Gregaríneos adultos. Nesse caso, os dois procedimentos de reprodução estão imbricados um no outro a ponto de constituírem um único processo complexo; parece que a gamogonia absorveu a esquizogonia, pois existe, no grupo formado por dois Gregaríneos encistados juntos, uma verdadeira esquizogonia que passa dos microgametócitos e do macrogametócito que constituem esses dois Gregaríneos aos microgametas e aos macrogametas; os esporos dividem-se igualmente em esporozoítos.

Segundo Rabaud, a reprodução consiste essencialmente na esquizogonia. Essa esquizogonia geralmente dá duas partes iguais, salvo em certos casos. A esquizogonia continua indefinidamente num meio constantemente renovado, como mostraram as pesquisas de Baitsell, Woodruff, Chatton e Metálnikov. A sexualidade aparece sob a ação do meio: uma diferenciação se estabelece entre os indivíduos e mais nenhuma divisão se produz sem prévia conjugação de dois indivíduos e fusão de seus núcleos. Rabaud não aceita as conclusões do estudo de Maupas, que supõe que a esquizogonia demasiadamente prolongada acarreta a morte dos indivíduos, ao passo que a sexualidade permitiria um rejuvenescimento; a sexualidade seria, assim, um processo obrigatório. Maupas igualmente supõe que a conjugação só se efetua entre indivíduos de linhagens diferentes. A essa tese, Rabaud opõe os trabalhos de Jennings, os quais mostram que a conjugação também se efetua entre indivíduos que são parentes bem próximos. Ademais, a reprodução assexuada não acarreta de jeito nenhum o envelhecimento dos indivíduos, nem sua morte. As pesquisas experimentais do Sr. e da Sra. Chatton mostram que a sexualidade se estabelece ou não se estabelece segundo a qualidade das trocas nutritivas às quais os Infusórios são submetidos. Rabaud afirma ser possível provocar a conjugação de *Colpidium colpoda* ou de *Glaucoma scintillans* adicionando à infusão em que esses Protozoários vivem certa quantidade de Cl_2Ca [cloreto de cálcio] e alimentando-os com *Bacterium fluorescens*. Para Rabaud, a sexualidade aparece "não como um processo indispensável, mas como uma complicação que não traz consigo nenhuma vantagem evidente". A fusão de dois protoplasmas totalmente comparáveis, igualmente velhos e cansados, ou supostamente assim, não pode terminar num rejuvenescimento.

Enfim, Rabaud não quer admitir a ideia segundo a qual a multiplicação sexuada seria superior à multiplicação assexuada por dar lugar à combinação de substâncias oriundas de dois geradores independentes e engendrar, assim, um organismo verdadeiramente novo, dotado de caráteres que propriamente lhe pertenceriam, ao passo que a reprodução assexuada seria apenas a continuação de um mesmo indivíduo, fragmentado num grande número de partes distintas. A multiplicação assexuada não faz nascerem indivíduos que se assemelham até à identidade. Segundo Woodruff, existe uma verdadeira refundição do aparelho nuclear que, produzindo-se periodicamente ao fim de um certo número de gerações, indica que o organismo, mesmo no caso da reprodução assexuada, longe de permanecer semelhante a si mesmo, sofre modificações mais ou menos importantes.

A sexualidade, segundo Rabaud, não aporta aos Protozoários nada de particularmente útil à existência; a multiplicação cissípara continua sendo o processo mais direto, colocando em evidência o caráter fundamental da reprodução. A divisão do núcleo, com efeito, é sempre igual, mas algumas vezes a divisão se faz de tal maneira que a fragmentação do corpo celular dá partes bastante desiguais; a pequena célula, ou célula filha, que se separa da grande, ou célula mãe, é uma parte qualquer desta, capaz de reproduzir um indivíduo semelhante a ela. A sexualidade *[178]* é só um caso particular de um fenômeno geral, caso em que o elemento oriundo de um indivíduo só se multiplica após união com um elemento oriundo de outro indivíduo. Notaremos, no entanto, que o que se multiplica é o elemento oriundo de dois indivíduos.

Nos Metazoários, os processos são os mesmos, mas eles põem o problema da individuação de uma maneira mais complexa, pois aí o fenômeno de reprodução é dificilmente destacável da associação e da dissociação, podendo intervir em graus variados e criando, assim, todo um tecido de nexos entre os indivíduos descendentes, ou entre ascendentes e descendentes, ou entre o conjunto formado pelos ascendentes e pelos descendentes. A reprodução já não é, como nos Protozoários, apenas gênese de um indivíduo por um processo que Rabaud reduz à esquizogonia; nos Metazoários, ela é perpetuação de condições intermediárias e de estados mediatos entre a separação completa de indivíduos independentes e um modo de vida em que só haveria acrescimento sem reprodução nem aparecimento de indivíduos novos; é necessário, pois, estudar essas formas de vida, que são uma transição entre a franca individuação por esquizogonia e a vida sem individuação, a fim de se apreender se as condições da individuação ontogenética são possíveis nesse nível. Subsiste em nosso estudo, todavia, um preconceito de método: procuramos apreender os critérios da individualidade em biologia definindo as condições da individuação para espécies em que o estado individuado e o estado não individuado estão num nexo variável. Esse método genético pode deixar subsistir algum caráter que não terá sido apreendido; só poderemos julgá-lo pelos seus resultados e, para o momento, supomos que a gênese possa dar conta do ser, e a individuação, do indivíduo.

A cisão de um indivíduo, adulto ou não, em duas partes iguais que se completam cada uma por sua conta, isto é, a esquizogonia, existe em numerosos Metazoários, em que ela é comparável, apesar das aparências, à que existe nos Protozoários. Segundo Rabaud, a única verdadeira diferença é que o processo incide sobre um fragmento que comporta numerosas células; mas essas células formam um todo tão coerente que poderiam ser os componentes de um Protozoário: "Nos dois casos, a divisão resulta de um pro-

Informação e ontogênese: a individuação vital 261

cesso que interessa a unidades fisiológicas perfeitamente comparáveis" (*op. cit.*, p. 486). Em certos casos, o indivíduo se cinde em duas partes sensivelmente iguais; é o caso que mais se aproxima da esquizogonia observada nos Protozoários. Esse caso se apresenta em diversos Celenterados: a Hidra d'água doce, várias Actínias; o plano de cisão passa pelo eixo longitudinal do corpo e, às vezes, mais raramente, pelo eixo transversal; ele é encontrado também em certas Medusas (*Stomobrachium mirabile*). Essa ruptura dura de uma a três horas; a das Actínias começa no nível do pé, depois avança subindo ao longo de todo o corpo e penetra em sua espessura; as duas metades se separam, as bordas da chaga se aproximam, as células desnudadas se multiplicam e dão partes novas que substituem as partes ausentes: a esquizogonia implica a regeneração. Esse processo existe em diversos Equinodermos, Astérias (*Asterias tenuispina*), Ofiúros (*Ophiactis, Ophiocoma, Ophiotela*). O plano de cisão passa por dois inter-rádios e divide o animal em duas partes sensivelmente iguais, com todavia um braço a mais em um, quando o número de braços é ímpar (caso da Astéria pentâmera); após a separação, cada fragmento do disco arredonda-se, o líquido da cavidade geral aflui no nível da chaga, coagula-se e fecha-a; o tegumento cicatriza-se, e os tecidos subjacentes, proliferando ativamente, dão nascimento a dois ou três braços e fazem, dos dois fragmentos, dois indivíduos completos. Essa divisão pode dar quatro [179] indivíduos completos, nas Holotúrias tais como *Cucumaria lactea* e *Cucumaria planci*; um primeiro seccionamento, transversal, dá duas metades, e essas duas metades novamente se seccionam, dando assim quatro indivíduos semelhantes ao primeiro.

Rabaud reduz à cissiparidade (caso em que a cisão dá partes iguais ou subiguais) os casos em que os fragmentos que se separam são desiguais, ou mesmo bastante desiguais. "Esses casos, com efeito, só diferem da cissiparidade pela importância relativa e pelo número de partes que se separam; os processos de regeneração e o resultado final continuam os mesmos: a multiplicação dos indivíduos às expensas de um só" (p. 487). No entanto, talvez se pudesse notar, no caso da cissiparidade, que não há resto após a divisão; o indivíduo não morre, propriamente falando; ele se multiplica; ao contrário, um indivíduo como um peixe bota ovos um certo número de vezes, depois morre. O que importa aqui não é, evidentemente, o nexo de dimensões entre as diferentes partes que aparecem ao longo da reprodução; é o fato das duas partes serem ou não contemporâneas uma da outra; se, numa divisão em duas partes iguais, uma das partes era viável e a outra era não viável, seja na sequência, seja algum tempo depois, seria preciso dizer que esse processo é diferente da cissiparidade na qual as duas metades são contemporâneas uma da outra, têm a mesma idade. O verdadeiro limite se situa, pois, entre todos os processos de divisão engendrando indivíduos de mesma idade e os processos de divisão que engendram um indivíduo jovem e deixam um indivíduo mais velho que não se renova quando engendra seres mais jovens. Os animais que possuem a reprodução por cissiparidade podem, geralmente, fragmentar-se de maneira tal que apenas um naco se destaca e volta a dar um novo indivíduo. Actínias, como *Aiptasia lacerata* ou *Sagartioides*, dilaceram-se; noutros, os tentáculos se destacam de maneira espontânea, por exemplo, nos *Boloceroides* (estudados por Okada e Komori),[NT] e esses fragmentos se regeneram. Um Madreporário, *Schizocyathus fissilis*, divide-se longitudinalmente em seis segmentos iguais, que regeneram e dão seis indivíduos completos. Os braços de várias Astérias, separados do corpo, brotam um animal completo, depois de ter passado pelo estado dito "cometa", caracterizado pelo fato dos braços jovens serem menores que o antigo braço. Para certas espécies (*Linckia multifora*, *Ophidiaster*, *Brinsinga*, *Labidiaster*, *Asterina tenuispina*, *Asterina glacialis*), é preciso que um fragmento do disco permaneça atado ao braço para que a regeneração aconteça. Planárias, tais como *Policelis cornuta*, Vermes oligoquetas, tais como *Lumbriculus*, Poliquetas, como *Syllis gracilis*, e ainda outros, deslocam-se, sob certas condições, num número variável de fragmentos. Os

---

NT [Trata-se do estudo "Reproduction asexuelle d'une actinie (*Boloceroides*) et sa régéneration aux dépens d'un tentacule" (*Bulletin Biologique de la France et de la Belgique*, 66, 1932, pp. 164-99), dos biólogos japoneses Yô K. Okada e Seiichi Komori.]

Informação e ontogênese: a individuação vital

Tunicados multiplicam-se constantemente por fragmentação transversal de seu pós-abdômen; o coração, que está neste segmento terminal, desaparece e volta a se formar a cada segmentação. Na Hidra d'água doce, uma fatia de tentáculo regenera se ela representar pelo menos 1/200° do peso total; abaixo desse peso, uma fatia regenera menos facilmente. O mesmo se dá para um fragmento de Planária ou de Oligoqueta. Quando a amputação é bem mínima, a reprodução toma, do ponto de vista do animal que permanece quase intacto, a aparência de uma simples reconstituição (Rabaud, *op. cit.*, p. 489). Rabaud afirma que a autotomia — caso em que o animal se mutila espontaneamente na sequência de uma excitação externa, depois voltando a se completar, enquanto o fragmento destacado se desagrega sem proliferar — é um caso particular da esquizogonia. É possível que a autotomia e a esquizogonia, do ponto de vista do antigo indivíduo, tenham consequências idênticas, a saber, a necessidade de regeneração para substituir o fragmento destacado. Mas o mesmo não se dá do ponto [180] de vista do fragmento destacado; há numerosos casos de autotomia nos quais o fragmento destacado não pode de jeito nenhum se regenerar de maneira a dar um novo indivíduo. A autotomia, em geral, é um processo de defesa. No Fasmídeo *Carausius morosus*, por exemplo, a autotomia se produz quando um membro é pinçado; essa autotomia se produz em regiões determinadas, onde se encontram músculos especiais que, quando o membro é excitado por pressão num ponto particular, contraem-se bruscamente e rompem o membro. Esses fragmentos de membro não dão um novo *Carausius morosus*; a cauda do Lagarto, partida por autotomia reflexa, não dá um novo Lagarto. Bem parece que o reflexo de autotomia faz parte de uma conduta defensiva e não se atrela diretamente, como um caso particular, à reprodução esquizogônica. Notemos ainda que a autotomia, provocada sistematicamente no Fasmídeo e noutros insetos por desencadeamento do reflexo, produz um grau de mutilação tal que toda regeneração devém impossível, o animal podendo, por exemplo, ser privado de todas as suas patas; nesse caso, a autotomia conduz à morte do indivíduo, sem nenhuma reprodução; ela é, portanto, um reflexo do indivíduo que destaca um artículo ou um membro, mas que não divide o indivíduo enquanto indivíduo e não comporta colocar em jogo a função essencial de amplificação.

A existência da esquizogonia como fato fundamental e esquema fundamental da reprodução ganha grande importância no que concerne à natureza do indivíduo relativamente à linhagem específica. Segundo Weismann, no conjunto do corpo do indivíduo haveria duas partes: uma delas, perecível, estritamente ligada ao indivíduo, é o soma; a outra, contínua sem interrupção de uma geração à outra, tão longe quanto se prolonga a linhagem, é o germe. A cada geração, segundo Weismann, o germe produz um novo soma e lhe dá seus caráteres próprios; por essência, ele é hereditário; nunca o soma produz nem a menor parcela de germe, e uma modificação sofrida pelo soma não se repercute sobre o germe, mas permanece individual. O indivíduo, assim, é estritamente distinguido da espécie; o soma é apenas portador do germe que continua a propagar a espécie sem nada reter de sua passagem através dos diferentes indivíduos sucessivos.

Segundo Rabaud, ao contrário, o exame da esquizogonia permite refutar essa distinção injustificada entre soma e germe. Todas as partes de um ser capaz de esquizogonia são soma e germe; elas são soma e germe uma relativamente à outra; são feitas da mesma substância: "Todos os tentáculos, todos os fragmentos de tentáculo de uma Hidra produzem outras tantas Hidras semelhantes entre si, pois todos esses tentáculos são feitos da mesma substância. Se um deles experimentasse isoladamente, e sob uma ação local, a menor modificação, os outros tentáculos não experimentariam a mesma modificação. Separado do corpo, o tentáculo modificado produziria talvez um indivíduo portador de uma nova disposição; mas os outros tentáculos seguramente produziriam crias inteiramente comparáveis à Hidra original. Todos esses tentáculos são, pela mesma razão, *substância hereditária*" (Rabaud, *Zoologie biologique*, pp. 491-2).

Toda reprodução, para Rabaud, é uma regeneração; ela parte, portanto, do próprio indivíduo que, em todas as suas partes, é substância hereditária. O modo esquizogônico de reprodução é o modo fundamental; ele dá a regeneração em estado puro, isto é, a proliferação intensa dos elementos que constituem os germes esquizogônicos. Com efeito, é com esse nome de germes que se pode, segundo Rabaud, qualificar os fragmentos que proliferam e se completam separados do genitor, mesmo que se trate das duas [181] metades de uma Actínia ou de um Equinodermo; nenhuma particularidade essencial se prende às dimensões dos fragmentos, pois os processos de regeneração não mudam com o tamanho. De um mesmo animal separam-se fragmentos bem desiguais em tamanho e que, no entanto, regeneram-se da mesma maneira, como se vê, por exemplo, para a Planária. Portanto, há continuidade entre o caso em que o animal corta-se em duas metades e o caso em que ele só perde um fragmento bem pequeno que volta a devir, no entanto, um indivíduo completo. Esses fragmentos, que se pode nomear germes esquizogônicos e que às vezes merecem, por causa de uma formação particular, o nome de brotos, provêm de uma parte qualquer do corpo. A propriedade de regeneração, graças à qual eles se transformam num indivíduo completo, não é, portanto, privilégio de determinados elementos do corpo, nos quais o germe residiria, à exclusão dos outros, que seriam puro soma. Todos os elementos do corpo, indiferentemente, e sob certas condições, gozam da mesma propriedade. A regeneração seria, assim, o modo vital fundamental da amplificação.

Essa conclusão, relativa à natureza esquizogônica de toda reprodução, já que toda reprodução é uma regeneração, é da maior importância para a noção de indivíduo. Esta perdia a substancialidade hereditária na tese de Weismann; o indivíduo devinha apenas um simples acidente sem importância e sem verdadeira densidade ao longo da série genealógica. De acordo com a teoria que reduz toda reprodução a uma regeneração esquizogônica, o indivíduo devém substancial e não acidental; é de maneira real, indivisa, completa, que nele reside a capacidade de reproduzir-se, e não num germe ao abrigo de qualquer mistura e de qualquer investida, que estaria sendo portado pelo indivíduo sem ser do indivíduo. O indivíduo, no pleno sentido do termo, é substância viva; seu poder de regeneração, princípio da reprodução, exprime a base do processo de amplificação que os fenômenos vitais manifestam.

Noutros casos, é interessante considerar um modo de reprodução agâmico de grande importância, pois ele utiliza um indivíduo único e destacado como elo entre duas colônias; nesse caso, tudo se passa como se a individuação aparecesse de maneira simples entre dois estados em que ela é difusa porque reside, de uma só vez, no todo e em cada uma das partes mais ou menos autônomas; poder-se-ia dizer, então, que a individuação se manifesta no indivíduo puro, sendo este a forma que opera a transição de uma colônia a uma outra colônia.

As Esponjas geram gêmulas, e os Briozoários, estatoblastos; nos dois casos, trata-se de brotos que não diferem de outros brotos quaisquer; todavia, o estatoblasto carrega-se de substâncias inertes, separa-se da cepa e passa o inverno sem se modificar sensivelmente: é certamente um "broto dormente", por exemplo, na *Stolonica socialis*, a partir dos estudos de M. de Selys-Longchamps. Rabaud não aceita o papel nutritivo dos enclaves[NT] nesse caso; mas ele cita outros casos, por exemplo, o das Plumatellas, Briozoários Ectoproctos, formando estatoblastos que caem na cavidade geral e são liberados apenas pela morte do genitor.[16] As gêmulas que nascem dos Espongilídeos (Esponjas d'água doce) e das *[182]* Esponjas marinhas acalcárias são amontoados de células embrionárias a abrangerem uma grande quantidade de enclaves, o todo cercado por um envoltório. Essas gêmulas se formam no interior da Esponja por um ajuntamento de células livres oriundas das diferentes regiões da Esponja, e que se acumulam por locais. Em torno delas, outras células se dispõem em membranas epiteliais, secretam um envoltório de espongina e desaparecem; a gêmula permanece incluída nos tecidos da Esponja até a morte do genitor. Em certos casos, as gêmulas têm uma massa central feita de tecidos di-

---

[NT] [Em embriologia, quando um corpo estranho reside temporária ou definitivamente no citoplasma.]

[16] Aqui, o indivíduo aparece particularmente como aquilo que corresponde a condições de crise, de descontinuidade, de transferência, de amplificação por propagação ao longe, implicando risco, mobilidade, concentração, independência provisória relativamente à comida, à autonomia, à liberdade temporária. Esse nexo entre o indivíduo e a colônia é da mesma ordem que o do grão ao vegetal.

Informação e ontogênese: a individuação vital

ferenciados; elas ganham o nome de sorites. É o caso das Hexactinellidas, das Tethyidas, das Desmacidionidas. Esse procedimento de reprodução pode não existir. Mas convém notar que, nas colônias em que ele existe, tanto por seu modo de formação quanto por seu papel, ele representa e substitui a colônia em sua totalidade; só entra em jogo em caso de morte da colônia, acontecimento que pode nunca ocorrer; o estatoblasto, portanto, é uma forma concentrada, individualizada, que é depositária do poder de reproduzir a colônia.

Pode-se enfim notar que, mesmo no curso da reprodução agâmica, é operada uma redução complexa do organismo que leva à formação dos gametas; talvez seja mesmo todo o organismo que se reproduz, mas ele se reproduz através dos seres individuados elementares: os gametas e, particularmente, os espermatozoides são comparáveis às menores unidades vivas que podem existir no estado autônomo; há passagem da reprodução do organismo complexo por uma fase de individuação elementar, com um destino autônomo, evidentemente bastante limitado no tempo e situado sob a dependência das condições de meio bioquímico, mas constituindo, no entanto, uma fase de individuação elementar. Talvez se pudesse, por essas diferentes razões, temperar o dualismo da oposição soma-germe, assim como o monismo da teoria de Rabaud, segundo a qual o indivíduo é substância hereditária; certamente, o indivíduo é substância hereditária, mas de maneira absoluta somente como gameta; ora, o gameta, na reprodução sexuada dos organismos complexos, não é gameta único: ele é gameta relativamente a um parceiro; é o par de gametas que, ao mesmo tempo, é substância hereditária e realidade capaz de ontogênese.

4. Indiferenciação e desdiferenciação como condições da individuação reprodutora

Por um tipo de lei de oposição que aparece em todo problema concernente ao ser individuado, o que o indivíduo ganha em densidade e em substancialidade quando se define a reprodução como uma regeneração — e não como uma transmissão do germe de soma a soma — ele perde em independência relativamente aos outros indivíduos. As espécies nas quais a substancialidade do indivíduo é a mais evidente e sólida, indo até a capacidade de nunca morrer, uma vez que cada indivíduo pode se dividir sem restos, são também aquelas nas quais as fronteiras do indivíduo são as mais difíceis de serem traçadas, porque nelas todos os modos de associação existem, e porque a reprodução dá margem, frequentemente, a formas intermediárias entre um organismo e uma sociedade, aos quais não se sabe que nome aplicar, pois efetivamente são mistos.

Esse desaparecimento da independência do indivíduo pode produzir-se a título provisório, no brotamento, ou a título definitivo, e obtém-se então uma colônia; na própria colônia, diversos graus de independência são possíveis. *[183]*

O brotamento produz indivíduos independentes, mas só os produz lentamente, e os diversos fragmentos primeiro proliferam, antes de se separarem uns dos outros, como se a regeneração fosse, então, anterior à esquizogonia, em vez de segui-la. Essa regeneração prévia por proliferação faz nascer uma massa de contornos indefinidos que se salienta, primeiro fracamente, depois mais e mais, e que se nomeia broto: a amplificação é contemporânea ao início do processo.

A região em que se produz o broto, em geral, está localizada de uma maneira mais ou menos estreita, o que não implica, segundo Rabaud, propriedades de natureza especial, opondo-a a todas as outras regiões (e que a designariam como suporte de um germe possível). A localização atém-se "seguramente a alguma disposição secundária que repercute sobre o metabolismo local" (Rabaud, *op. cit.*, p. 492); ela é um "incidente secundário". Apenas é preciso notar que as partes do corpo que são mais capazes de se destacar e de proliferar, como os tentáculos na Hidra d'água doce, desempenhando papel de germe, não são o local de nascimento dos brotos. Ao contrário, é a parede do corpo que produz brotos facilmente, separando-se ulteriormente de seu ponto de origem. Só as condições locais, puramente contingentes, segundo Rabaud, é que restringiriam a certos elementos do corpo uma possibilidade absolutamente geral "em sua essência". Essa possibilidade de proliferação não seria privilégio de certos elementos do corpo à exclusão de outros.

O que há de comum aos dois modos de reprodução, por esquizogonia e por brotamento, é a existência de elementos indiferenciados ou desdiferenciados, que desempenham o papel de elementos reprodutores, mesmo sendo elementos quaisquer do corpo: antes da proliferação do germe esquizogônico, como no momento da formação de um broto, os elementos que servem à formação desse germe ou desse broto conservam ou recuperam propriedades embrionárias, isto é, permanecem indiferenciados ou se desdiferenciam.[17]

A localização do brotamento e suas características essenciais manifestam-se nos Celenterados do grupo dos Hidroides; na Hidra d'água doce, o broto é um divertículo da parede, que se alonga, se incha, depois se fura em sua extremidade livre, onde aparecem os tentáculos; o broto parece provir de células indiferenciadas que se multiplicam ativamente e se insinuam entre os elementos da endoderme e entre os da ectoderme, aos quais elas se substituem; essas células, portanto, não seriam desdiferenciadas, mas não diferenciadas; elas desempenham o papel de verdadeiras células geradoras. É a repartição delas sob o epitélio tegumentário, devida a influências desconhecidas, que faria esse brotamento localizado nascer. A substancialidade de todo o indivíduo não provocaria nenhuma dúvida caso se pudesse afirmar que a desdiferenciação é o único procedimento de brotamento; ela é menos nítida no caso, como o da Hidra d'água doce, em que é de uma indiferenciação que se trata. Mas Rabaud faz notar que esses elementos indiferenciados não estão reunidos em órgãos especiais; são elementos dispersos que pertencem, originalmente, aos tegumentos com os quais se encontram em contato.

Notemos que para esclarecer totalmente essa questão dos elementos indiferenciados, e para conhecer o papel deles na reprodução, seria bom ver se existe uma diferença entre as propriedades

---

[17] Esse fato, teoricamente importantíssimo, poderia contribuir para escorar a hipótese, apresentada mais acima, de uma *neotenização* como condição de uma individuação.

esquizogônicas e as propriedades relativas ao brotamento *[184]* do germe esquizogônico; esse germe, quando de tamanho notável, como o braço de uma Astéria ou de um Ofiúro, integra-se ao novo indivíduo sem se renovar; esse novo indivíduo, portanto, tem uma parte de seu corpo que é antiga, ao passo que as outras são novas. Teria essa parte antiga, no curso de uma nova esquizogonia, as mesmas propriedades que as que foram formadas mais recentemente? Será que ela ainda pode fazer um novo indivíduo nascer por regeneração? Parece que experiências sistemáticas nesse sentido não foram tentadas na perspectiva de um estudo da *neotenização*.

A localização do brotamento é igualmente bem marcada nos Hidroides marinhos. Em certos Hidroides, formam-se estolões, que são brotos não diferenciados; o cenossarco se afina e finalmente se separa do ramo original, enquanto o estolão se alonga; o perissarco se afina e o broto, propágulo ou frústula, devém livre, com um substrato ao qual ele adere e sobre o qual rasteja lentamente; é tão só nesse momento que ele prolifera num ponto de seu comprimento; a proliferação aumenta rapidamente segundo uma direção perpendicular ao eixo longitudinal da frústula e, em 48 horas, transforma-se em hidranto. A mesma frústula produz, assim, vários hidrantos que permanecem ligados entre si. Devemos notar, nesse procedimento de reprodução, que há uma verdadeira síntese da esquizogonia e do brotamento; com efeito, a formação do estolão começa como um brotamento; mas em vez de proliferar, esse broto se destaca, o que corresponde a uma esquizogonia; daí o broto destacado põe-se a proliferar, o que corresponde a um brotamento; devemos ainda notar que essa síntese da esquizogonia e do brotamento conduz a uma forma de vida que é intermediária entre a individualização pura e uma vida a tal ponto coletiva, com tão fortes ligações entre os indivíduos, que eles seriam tão somente órgãos diferentes de um todo único, constituinte do verdadeiro indivíduo. Caso interessante, outros Celenterados, como as Campanulárias, produzem uma frústula que, destacando-se do hidrocaule, arrasta consigo o hidranto, embaixo do qual ela se formou; mas esse hidranto é reabsorvido e desaparece, à medida que a frústula gera brotos; tudo se passa como se a atividade de brotamento que

Informação e ontogênese: a individuação vital

engendra um conjunto novo fosse incompatível com a conservação de um indivíduo já formado. Talvez seja preciso ver nesse desaparecimento do hidranto uma consequência da desdiferenciação que vimos operar em toda atividade reprodutora, seja por esquizogonia, seja por formação de um broto.

O brotamento existe igualmente nos Tunicados, em que ele se complica pelo fato de que o broto se desenvolve na ponta de um estolão, germinando na parte inferior do corpo, sobre um tecido indiferenciado, pertencente ao mesênquima, e muito estreitamente localizado, na região do pós-abdômen.

Esse estolão é um tubo limitado pela ectoderme e dividido em duas partes, segundo seu comprimento, por um septo de mesênquima; a cepa gera vários brotos que crescem e dão uma Clavelina independente. A parte ativa do broto é um massivo de células mesenquimatosas oriundas do septo; é às expensas dessas células que o indivíduo inteiro se diferencia; outros elementos são reabsorvidos. Nesse caso, portanto, o procedimento conserva algo do brotamento; é um brotamento à distância, que se faz pelo intermédio do estolão; todavia, é um brotamento porque a separação só se efetua após a diferenciação. [185]

O brotamento se apresenta sob um outro aspecto, que coloca o problema da relação entre o indivíduo cepa e o indivíduo cria, dentre os Vermes oligoquetas aquáticos, do grupo dos Naidimorfos. Com efeito, o brotamento se produz numa zona muito estreitamente localizada na parte posterior do Verme, atrás de um dissepimento. Nesse nível, os elementos do tegumento externo se multiplicam a partir da face ventral, e dele resulta um espessamento que se propaga em torno do anel, ao mesmo tempo que aparece, segundo um plano mediano transversal, um estrangulamento superficial, manifestando uma relativa descontinuidade morfológica entre os dois indivíduos; as células não diferenciadas do intestino multiplicam-se, tal como fazem elementos do mesoderma que atapetam a cavidade do segmento. No seio do tecido embrionário formado por essas células diferenciam-se os diversos órgãos de um novo indivíduo, um zooide, a cabeça aparecendo na parte anterior do broto, ao imediato contato dos tecidos do genitor. Frequentemente, esse novo zooide, antes de se separar de seu genitor, brota por sua vez da mesma maneira; constitui-se então uma cadeia de vários indivíduos dispostos em fila, uns atrás dos outros. Cada indivíduo brota de um jeito quase contínuo; ocorre até mesmo que uma segunda zona de proliferação se produza num dos segmentos situados à frente do segmento posterior. Pode ocorrer, ademais, que a zona indiferenciada se estabeleça não no último anel, mas mais acima; então, os anéis seguintes, já diferenciados antes do estabelecimento da zona indiferenciada, não se desdiferenciam para formar o novo indivíduo; eles fazem imediatamente parte integrante do zooide e se ajustam aos tecidos homólogos oriundos do broto; a cepa regenera as partes retiradas.

Portanto, é definitivamente uma zona indiferenciada que separa os indivíduos que permanecem agregados em cadeia; esses indivíduos podem continuar ligados por bastante tempo para devirem quase adultos; é o que se vê em certos Turbelários rabdocélios, Vermes não segmentados vizinhos das Planárias. Podemos ver, com isso, o quanto importa o modo de reprodução na relação do indivíduo aos outros indivíduos; a relação de independência ou de dependência exprime, em grande parte, a maneira pela qual o indivíduo foi engendrado, tanto que um aspecto importante da relação interindividual é uma forma da reprodução, mesmo quando ela se prolonga durante toda a vida de cada indivíduo.

É isso que é particularmente importante de estudar nos casos em que os diversos modos e graus de individuação se manifestam nas colônias.

O brotamento colonial não se estabelece constantemente segundo o mesmo modo. De fato, encontram-se todas as transições entre a proliferação que é tão somente um acréscimo de substância e a proliferação que, fazendo nascerem indivíduos anatômica e fisiologicamente distintos, deixa-os, no entanto, agrupados numa unidade mecânica. Os dois casos-limite podem ser representados mediante a Clavelina e as Esponjas. A Clavelina representa o caso-limite em que os indivíduos, embora se separando uns dos outros, todavia permanecem muito estreitamente agrupados; as Esponjas representam, ao contrário, o caso-limite em que uma proliferação ativa dá um simples acréscimo de substância, enquanto as partes novas parecem ser outros tantos indivíduos; contudo,

Informação e ontogênese: a individuação vital   273

mesmo nesse caso, o estado individuado não é totalmente abolido; ele pode se manifestar se o modo de reprodução muda; vê-se que ele reaparece temporariamente se a Esponja produz um broto que se destaca, o que às vezes acontece; isso confirmaria a hipótese segundo a qual existe um liame entre o aparecimento do indivíduo vivo bem caracterizado e as funções de reprodução amplificante: o indivíduo *[186]* é essencialmente portador da capacidade de reproduzir (não necessariamente de *se* reproduzir, pois ele pode, ao contrário, reproduzir uma colônia que de modo algum lhe é comparável).

A reprodução das Clavelinas se faz, nós vimos, por um estolão; esse estolão se alonga fixando-se sobre um substrato, depois sua extremidade se desenvolve num indivíduo, que se destaca da cepa, mas se fixa no mesmo lugar. Todos os estolões oriundos de mesma cepa se comportam da mesma maneira e produzem um certo número de brotos: segue-se disso um agrupamento de indivíduos fixados lado a lado, porém independentes uns dos outros.

Ao contrário, a Esponja, primeiramente simples, ramifica-se, e cada ramificação ganha o aspecto da Esponja inicial, com um novo ósculo e poros inalantes; essas novas partes, morfologicamente, parecem representar uma série de indivíduos; mas aqui o critério morfológico externo é defeituoso e se mostra insuficiente; essas ramificações permanecem em continuidade completa e definitiva com a massa da Esponja; nenhuma delas tem o valor de um broto; as diversas regiões da Esponja formam uma massa de um único detentor, de que nenhum elemento possui uma verdadeira autonomia. Notemos, contudo, que o conjunto da Esponja não pode tanto ser dito indivíduo com mais razão do que cada uma das partes; as diversas partes não são órgãos do indivíduo que seria a Esponja, pois essas diversas partes são não apenas contínuas, mas também homogêneas; o aparecimento de novas partes é um acréscimo da quantidade de matéria viva da Esponja, mas não aporta uma diferenciação apreciável. Como não há nada a mais no todo do que nas partes, é difícil chamar o todo de *indivíduo* simplesmente porque ele é o todo. Esse todo de modo algum é indivisível; quando se retira uma parte dessa Esponja que se multiplicou, não se está mutilando-a, mas apenas diminuindo-a. Aqui, estamos diante de uma ausência de estrutura que não mais permite dar nem ao todo nem às partes o nome de indivíduo, nem retirá-lo das partes para dá-lo ao todo, pois o todo é tão somente a soma das partes, o amontoado que elas formam. De fato, esse caso extremo é aquele em que a individualidade pertence, de maneira igual, às partes e ao todo; as partes não têm uma verdadeira individualidade porque não são independentes; mas elas, no entanto, têm uma forma definida, com um ósculo e poros inalantes e uma certa orientação relativamente ao conjunto, mais pronunciada em certas espécies. Não há, portanto, uma continuidade absolutamente completa entre as diversas partes, e uma relativa unidade pertence a cada parte por falta de independência; cada parte é completa por si mesma e poderia se bastar; ela possui, portanto, uma certa individualidade virtual que o modo de reprodução não valoriza. Além disso, também o todo possui uma relativa individualidade, complementar da individualidade das partes; essa individualidade é feita do rudimento de orientação que parece governar a gênese das novas partes: elas não vêm absolutamente ao acaso relativamente às antigas, mas segundo certas direções privilegiadas de crescimento. Os estudos feitos até aqui não são suficientes para que se possa dizer com certeza por qual força o todo age sobre as partes de maneira a orientá-las, o que produz, apesar do acaso da proliferação, conjuntos não organizados, porém ordenados, primeiro grau da individuação, antes do qual só existe a pura continuidade. O que é bastante notável, com efeito, é que a individualidade do todo só se manifesta, aqui, como uma forma, não como uma organização; mas essa existência de uma forma não é negligenciável, uma vez que a individualidade do todo é feita precisamente daquilo que, das partes, é retirado de *[187]* sua liberdade e de sua capacidade de acrescimento em todos os sentidos; por mais fraca que seja essa influência, ela todavia é uma subordinação da geração das partes, e de seu crescimento, à existência e à disposição do todo; ela é o encetante de uma estrutura. Portanto, o mais fraco aparecimento da individualidade é contemporâneo da manifestação de uma estrutura dinâmica no processo de reprodução de um ser, reprodução que, aliás, ainda não se distingue do acrescimento.

Informação e ontogênese: a individuação vital

Notemos, além do mais, que se duas Esponjas são vizinhas uma da outra, o brotamento que elas geram marca bem uma distinção entre os dois indivíduos-grupos; essa estrutura dinâmica de crescimento não passa de um indivíduo a outro; os prolongamentos de cada Esponja permanecem distintos e não influem uns nos outros, como se essa dominância morfológica, exercida pelo todo sobre suas partes, estivesse reservada só a estas e não se transmitisse, mesmo pela proximidade mais estreita. Portanto, o critério morfológico é importante, pois ele aparece logo no primeiro grau de individualidade, num estado em que a individualidade ainda está repartida e só existe no todo de maneira dificilmente sensível. Tudo se passa como se a individualidade fosse uma grandeza que pudesse se repartir entre as partes e o todo; quanto mais individualizado é o todo, menos as partes o são; ao contrário, se as partes são indivíduos quase completos, virtualmente destacáveis sem depois terem necessidade de regeneração, o todo é pouco individualizado; entretanto, ele existe como inibidor ou acelerador do crescimento das partes; por sua dominância, exercida sobre a reprodução, ele desempenha um papel morfológico. Devemos lamentar que os estudos sobre a gênese das formas não estejam suficientemente desenvolvidos para que se possa dizer por qual agente se exercem tais influências aceleradoras ou inibidoras, elas que constituem um verdadeiro campo de crescimento, no qual o indivíduo se desenvolve e que ele mesmo entretém. O mesmo tipo de fenômenos é observado no mundo vegetal: os Liquens, associação de uma alga e de um fungo, não se desenvolvem anarquicamente; em certas espécies as extremidades são cornadas, providas de indurações; quando a luz é pouco abundante, as formas devêm comparáveis às das folhas dos vegetais, de modo que se poderia tomar essa associação de vegetais por uma única planta viva no mesmo tipo de meio (Carex, Samambaias).

Entre as duas formas extremas da Clavelina e da Esponja existe uma multidão de graus de individualização do conjunto, isto é, segundo nossa hipótese, uma multidão de valores de nexo entre o grau de individualização das partes e o grau de individualização do todo. Outras Clavelinas dão estolões irradiados de maneira mais ou menos regular, mas sem túnica própria; eles se ramificam e se intrincam na túnica particularmente espessa do genitor e brotam no interior dessa túnica; ao se desenvolverem, os brotos emergem parcialmente; a região do tórax, compreendendo a faringe e a câmara peribranquial, possui uma túnica própria que ultrapassa a túnica do genitor. Uma vez inteiramente desenvolvidos, os adultos permanecem em continuidade com o estolão original, mas perdem toda relação funcional com ele; só a túnica comum os reúne e os mantém. Existe, contudo, certa regularidade de agrupamento: o simples fato de haver uma túnica, e sobretudo uma origem comum, basta para que se defina, para todos esses brotos desenvolvidos, certa incorporação na individualidade do todo. Como, por sua vez, cada indivíduo brota, a colônia, abrangendo os produtos de várias gerações, estende-se e pode adquirir dimensões bem grandes. Notemos, no entanto, que essa estrutura dinâmica do conjunto parece ter um certo limite; não é toda a *[188]* colônia que está organizada por um só detentor; quando grande, ela é formada por vários grupos repartidos ao acaso; mas cada grupo apresenta uma certa ordem; tais grupos, que indicam verdadeiramente a dimensão da individualidade de grupo para a espécie considerada, são nomeados cenóbios.

Um processo semelhante de reprodução acontece no *Heterocarpa glomerata*, que engendra estolões que são reabsorvidos quando o novo indivíduo nasce; só a túnica subsiste, agora estreitamente ligados entre si os produtos de várias gerações sucessivas. Portanto, sim, também aqui é o modo de reprodução que determina este ou aquele grau de individualidade, ligando o regime da individuação ao da reprodução. Nos Botryllus, a reprodução, que acontece de maneira diferente, resulta num regime diferente de individuação: a reprodução se faz por um estolão bem curto (enquanto nos Polystyelinados[NT] ele alcança 1,5 cm), que se transfor-

---

[NT] [Esse termo, *Polystyélinés*, remete a uma publicação do biólogo Marc de Selys-Longchamps à qual Simondon tinha acesso: "Sur le bourgeonnement des polystyélinés Stolonica et Heterocarpa: avec quelques notes sur l'anatomie de ces deux genres" (*Bulletin Scientifique de la France et de la Belgique*, 1917). Atualmente, a distribuição taxonômica em biologia reúne tanto as espécies *Stolonica socialis* e *Heterocarpa glomerata* (ou *Distomus va-*

ma integralmente num indivíduo; os brotos, então, formam cenóbios nitidamente delimitados: toda a colônia deriva de um primeiro indivíduo que começa a brotar antes de ter atingido a idade adulta. Em seguida, esse brotamento se produz de maneira simétrica, até que somente quatro brotos da mesma geração subsistam (tendo sido reabsorvidos os que lhes portavam); esses brotos são dispostos em cruz, de tal sorte que suas cloacas convirjam e se confundam numa cloaca comum, em torno da qual se agrupam as gerações sucessivas de brotos à medida que as gerações mais antigas vão desaparecendo: disso resulta uma importante aglomeração de indivíduos que possuem por completo todos os órgãos (especialmente o coração) que tornam possível uma vida autônoma.

Ora, a autonomia dos indivíduos não é inteira: eles conservam entre si relações vasculares; um vaso circular cerca o cenóbio. Todavia, cada indivíduo tem um coração cujo batimento não é síncrono ao batimento dos outros. Assim, esse regime de reprodução, no qual se manifesta uma nítida dominância morfológica do todo sobre as partes, por uma simetria bastante rigorosa no brotamento e, depois, pela forma circular do cenóbio em curso de desenvolvimento, corresponde a uma colônia na qual a individualidade do todo é muito nitidamente marcada, a ponto de criar relações vasculares entre os indivíduos.

Nos Celenterados, a formação de colônias é um fenômeno corrente. A maior parte dos Hidroides produz numerosos estolões, que nascem abaixo do hidranto, depois se alongam e se ramificam sem destacar-se da cepa; ao se ramificarem, eles geram brotos laterais que se transformam em hidrantos e germinam, por sua vez, um estolão. Essa ramificação é *indefinida*, e ao processo *indefinido* de reprodução corresponde uma colônia igualmente indefinida. Deve-se notar, contudo, um fato importantíssimo que, porém, não foi suficientemente estudado para que apenas nele se pudesse fundar uma teoria: rupturas são produzidas nessa ramificação indefinida, rupturas que conduzem a indivíduos coletivos, a colônias

riolosus) quanto o gênero Botryllus — todos mencionados por Simondon — como pertencentes à família Styelidae, à qual provavelmente se vincula o antigo nome "Polystyelinados".]

limitadas, como nos casos anteriores em que se via a colônia dar, por proliferação, não uma colônia única de dimensões indefinidas, mas cenóbios de dimensões limitadas: tudo se passa como se um certo limite quantitativo produzisse uma indução morfológica elementar, que reparte a colônia em grupos restritos; certo fenômeno de individuação parece, pois, nascer no seio mesmo dos processos de acrescimento que, aqui, não estão separados dos processos de reprodução. Essas rupturas são consideradas por Rabaud (*op. cit.*, p. 510) como acidentais e não fisiológicas. O autor separa-as das rupturas dos estolões curtos, que ele qualifica de "rupturas [189] fisiológicas"; mas as condições dessas "rupturas fisiológicas" são tão pouco conhecidas quanto as que interrompem a continuidade do desenvolvimento. Não há razão peremptória, portanto, que nos obrigue a opor as rupturas ditas acidentais às rupturas fisiológicas; talvez ambas dependam uma da outra, pela mesma razão do processo de reprodução considerado em sua estrutura dinâmica, que preside o estabelecimento da estrutura anatômica e fisiológica da colônia ou dos agrupamentos de indivíduos. No interior de um dos grupos de hidrantos, um cenossarco permanece contínuo ao longo de todo o hidrocaule, relacionando todos os hidrantos pelo sistema de canais que o atravessa; assim, liames fisiológicos e, em particular, uma comunidade nutritiva, são estabelecidos por essa continuidade morfológica que é acompanhada, também ela, por uma continuidade no processo da reprodução. Todavia, o caráter indireto dessa continuidade deixa aos hidrantos certo grau de autonomia funcional.

Em geral, a forma da colônia é correlativa do modo de reprodução: assim, noutros Celenterados, as Hydracítnias, o estolão rasteja e se ramifica ao permanecer em estreito contato com o substrato; ele forma, assim, uma rede sem nenhum ramo erguido; os brotos nascem e se acrescem perpendicularmente a essa rede, transformando-se em hidrantos alongados.

Nos Hexacoraliários, os brotos nascem diretamente às expensas da parede do corpo, por cima do esqueleto que serve de ponto de apoio. As colônias assumem formas bem variadas, mas tais formas estão em relação com o modo de geração e permitem reconhecer a espécie. A existência de uma polaridade nas imensas

Informação e ontogênese: a individuação vital

colônias de Madreporários, que formam os recifes de corais, é notável. O desenvolvimento afeta frequentemente a forma de ramagens bastante ramificadas, que obedecem a uma orientação de conjunto, indicando uma relativa individualidade morfológica da colônia. O aspecto estético dessas ramificações corálicas parece indicar que essa morfologia não é arbitrária. Ela poderia ser aproximada da maneira pela qual certas eflorescências complexas se formam, como as do gelo, que não é independente dos caráteres do substrato sobre o qual ela se forma, mas que, no entanto, ostenta formas de acordo com as leis da cristalização. Talvez fosse preciso buscar, no parentesco das formas, as analogias funcionais que ligam um grande número de processos de individuação pertencentes a domínios bastante diferentes; um aspecto seria comum a todos: a identidade do processo de acrescimento, que seria criação de conjuntos organizados a partir de um esquema autoconstitutivo que compete a um dinamismo de acrescimento, e de dados iniciais que dependem do acaso; uma mesma lei poderia, então, ser encontrada no acrescimento de uma eflorescência, no desenvolvimento de uma árvore, na formação de uma colônia, até mesmo na gênese de imagens mentais, como se uma dominância dinâmica desse uma estrutura a conjuntos a partir de uma singularidade. Uma analogia morfológica poderia revelar uma identidade de processos de formação das individualidades coletivas; em todos os casos, a estrutura do indivíduo estaria ligada ao esquema de sua gênese, e o critério, talvez o próprio fundamento do ser individuado, residiria na autonomia desse esquema genético. *[190]*

III. INFORMAÇÃO E INDIVIDUAÇÃO VITAL

1. Individuação e regimes de informação

Pode então ser colocada uma questão, que talvez seja mais formal do que profunda, pois a ela só se pode responder por uma refundição dos conceitos habituais: consistiria o brotamento colonial num simples acrescimento, em proporções desmedidas, de um só indivíduo? Daria ele, ao contrário, nascimento a indivíduos distintos, embora ligados entre si? Numa palavra, o que é um indivíduo? A essa questão, responderemos que não se pode, com todo rigor, falar de indivíduo, mas de individuação; é à atividade, à gênese que é preciso remontar, em vez de tentar apreender o ser já feito para descobrir os critérios mediante os quais se saberá se ele é ou não um indivíduo. O indivíduo não é um ser, mas um ato, e o ser é indivíduo como agente desse ato de individuação pelo qual ele se manifesta e existe. A individualidade é um aspecto da geração, explica-se pela gênese de um ser e consiste na perpetuação dessa gênese; o indivíduo é o que foi individuado e continua a se individuar; ele é relação transdutiva de uma atividade, a uma só vez resultado e agente, consistência e coerência dessa atividade pela qual foi constituído e pela qual ele constitui; ele é a substância hereditária, segundo a expressão de Rabaud, pois transmite a atividade que recebeu; ele é o que faz passar tal atividade, através do tempo, sob forma condensada, como informação. Ele armazena, transforma, reatualiza e exerce o esquema que o constituiu; ele propaga tal esquema ao se individuar. O indivíduo é o resultado de uma formação; ele é resumo exaustivo e pode voltar a dar um conjunto vasto; a existência do indivíduo é essa operação de transferência amplificante. Por essa razão, o indivíduo está sempre em relação dupla e anfibológica com aquilo que o precede e aquilo que o segue. O acrescimento é a mais simples e a mais fundamental dessas operações de transferência que estabelecem a individualidade. O indivíduo condensa a informação, transporta-a, depois modula um novo meio.

O indivíduo assimila uma gênese e, por sua vez, a exerce. Quando o sistema nervoso está suficientemente desenvolvido, essa gênese pode ser assimilada pelo sistema nervoso e se desabrochar em atos criadores, como a imagem que o ser inventa segundo uma lei de desenvolvimento, lei que tem germes na experiência, mas que não existiria sem uma atividade autoconstitutiva. O aprendizado não difere profundamente da gênese, mas ele calha de ser uma gênese que exige uma formação somática muito complexa. É em função dessa atividade de transferência amplificante,

Informação e ontogênese: a individuação vital 281

gênese ativa e não sofrida, que o indivíduo é o que ele é; os graus de individualidade são relativos à densidade dessa atividade. Só este critério é fundamental, a saber, o exercício de uma atividade amplificante e transdutiva. Se essa atividade é repartida entre o todo de uma colônia e as partes dessa colônia, é preciso dizer que as partes são indivíduos incompletos, mas não se deve considerar o todo como um organismo cujos indivíduos seriam apenas os órgãos; esses indivíduos incompletos, com efeito, são mais incompletos quanto mais dependentes forem uns dos outros e quanto menos destacáveis forem virtualmente; pode-se notar, aliás, que a interdependência dos indivíduos incompletos, na própria morfologia, é marcada pela importância das funções de relação mútua que pertencem ao todo. Se essa relação entre as partes do todo é unicamente nutritiva, pode-se considerar a individualidade das partes como ainda apreciável; para esses [191] indivíduos, o fato de se abastecerem do mesmo meio interior estabelece entre eles um liame, mas esse liame, no entanto, deixa subsistir certa independência. Ao contrário, se filetes nervosos ligam as diferentes partes umas às outras, o funcionamento dessas diferentes partes está ligado por uma solidariedade muito mais estreita; com a comunidade de informação, existe a estreita ligação funcional; a individualidade das partes devém fraquíssima. Não é, portanto, somente o critério morfológico, mas o critério morfológico e o critério funcional, que se precisa fazer intervir para determinar o grau de individualidade. Por exemplo, como indica Rabaud (*op. cit.*, p. 511), as células de um organismo como um Metazoário são definidas por contornos bem determinados, mas elas não são indivíduos, pois cada uma só funciona sob a influência direta, constante e inelutável de suas vizinhas; cada uma contrai estreitíssimos nexos de dependência com as outras, tais que sua atividade funcional é apenas um elemento da atividade funcional do conjunto. Essa perda da autonomia funcional produz um nível muito baixo de individualidade. A individualidade, portanto, pode ser apresentada, independentemente de qualquer gênese, como caracterizada pela autonomia funcional; mas isso só é verdadeiro se for dada à palavra autonomia seu sentido pleno: regulação por si mesmo, fato de obedecer apenas sua própria lei, de se desenvolver segundo sua própria estrutura; esse critério coincide com a substancialidade hereditária; é autônomo o ser que rege ele mesmo seu desenvolvimento, que armazena ele mesmo a informação, regendo sua ação mediante essa informação. O indivíduo é o ser capaz de conservar ou de aumentar um conteúdo de informação. Ele é o ser autônomo quanto à informação, pois nisso é que está a verdadeira autonomia.[1] Se indivíduos, ligados entre si por um cenossarco, só tivessem em comum a comida, ainda seria possível nomeá-los indivíduos. Mas se com essa comida passam mensagens químicas de um indivíduo a outro e, por consequência, se há um estado do todo que rege as diferentes partes, então a autonomia da informação devém fraquíssima em cada parte e a individualidade abaixa correlativamente. É o regime da informação que se deve estudar num ser para saber qual o grau de individualidade das partes relativamente ao todo; o indivíduo se caracteriza como unidade de um sistema de informação; quando um ponto do conjunto recebe uma excitação, essa informação se reflete no organismo e volta sob forma de reflexo motor ou secretório mais ou menos generalizado; essa reflexão da informação se dá, às vezes, na mesma parte em que a excitação foi produzida, ou numa parte que constitui com esta uma mesma unidade orgânica; mas esse reflexo, no entanto, é colocado sob a dependência de um centro, se o todo for individualizado; esse centro cria facilitação ou inibição. Há, nesse caso, um centro onde o indivíduo armazena a informação passada e mediante o qual ele comanda, vigia, inibe ou facilita ("controla", no vocabulário inglês) a passagem de uma informação centrípeta a uma reação centrífuga. É a existência desse centro, pelo qual o ser se governa e modula seu meio, que define a individualidade. Quanto mais forte esse controle, mais fortemente individualizado é o todo, e menos as partes podem ser consideradas indivíduos autônomos. Um regime da informação parcelar mostra uma fraca individualização do todo. Nos animais cujas partes são bem diferenciadas, como os Mamíferos, o regime da informação é bem centrali-

---

[1] Por essa razão, uma semente deve ser considerada como indivíduo, pois ela porta uma mensagem específica completa e é dotada, por um certo tempo (geralmente vários anos), de uma autonomia absoluta.

Informação e ontogênese: a individuação vital

zado; a informação recebida por uma parte qualquer do corpo repercute imediatamente *[192]* no sistema nervoso central, e todas as partes do corpo respondem num tempo bastante curto com uma reação apropriada, pelo menos aquelas que estão diretamente colocadas sob a dependência do sistema nervoso central. Nos animais que têm um sistema nervoso pouco centralizado, a relação entre as diferentes partes se estabelece mais lentamente; a unidade do sistema de informação existe, mas com menos rapidez. Podemos ter uma noção dessa individualidade menos coerente, menos rigorosamente unificada, analisando o que seria nossa individualidade se só existissem em nós os sistemas simpático e parassimpático: subsistiria uma unidade da informação, mas as reações seriam mais lentas, mais difusas e menos perfeitamente unificadas; essa diferença entre os dois regimes da informação é tão grande que, às vezes, temos dificuldade para fazer coincidir em nós a repercussão de uma informação no sistema nervoso central com sua repercussão no sistema simpático, e por vezes essa dificuldade pode ir até o desdobramento, como se fosse mesmo um regime de informação que definisse a individualidade; um ser que tivesse dois regimes de informação totalmente independentes teria duas individualidades. O que complica o problema, no caso das colônias de Metazoários, é o fato de que toda relação alimentar também é relação química, e de que a importância das mensagens químicas é tanto maior quanto mais elementar é o ser; essa sensibilidade química é que faz a unidade e assegura a individualidade de uma planta, permitindo a autorregulação das trocas em função das necessidades, a abertura e o fechamento dos poros, a sudação, os movimentos da seiva, como mostraram os estudos de Sir Bose. Pode-se, pois, supor que a existência de uma comunidade de informação química, no animal, enfraquece o nível de individualidade das partes, deixando subsistir, porém, certa individualidade. Em resumo, é o regime da informação que define o grau de individualidade; para apreciá-lo, é preciso estabelecer um nexo entre a velocidade de propagação da informação e a duração do ato ou do acontecimento a que essa informação é relativa. A partir daí, se a duração de propagação da informação é pequena relativamente à duração do ato ou do acontecimento, uma região importante do ser, quiçá todo o ser, poderá tomar as atitudes e realizar as modificações convenientes a esse ato; caso contrário, o acontecimento ou o ato permanecerá uma realidade local, mesmo que depois a repercussão exista para o conjunto da colônia; a individualidade é marcada relativamente a um tipo de ato ou de acontecimento determinado pela possibilidade de reação — portanto, de controle —, de utilização da informação em função do estado do organismo e, por consequência, de autonomia; a zona autônoma, isto é, a zona na qual a informação tem o tempo de se propagar num sentido centrípeto, depois num sentido centrífugo bastante rápido para que a autorregulação do ato possa acontecer eficazmente, é a zona que faz parte de uma mesma individualidade. É a recorrência da informação centrípeta, depois centrífuga, que marca os limites da individualidade. Esse limite é funcional por natureza; mas ele pode ser anatômico, pois os limites anatômicos podem impor um atraso crítico à informação. Esse critério se aplica às colônias. Uma colônia cujas partes são ligadas tão somente por vias circulatórias só dispõe de meios [moyens] químicos para veicular a informação. As mensagens químicas se propagam, seja por convecção (e a velocidade então depende da velocidade das correntes, em geral alguns centímetros por segundo), seja por difusão das moléculas no líquido; essa difusão depende da temperatura e dos corpos em presença, mas ela é suficientemente lenta, quase da mesma ordem de grandeza que a velocidade do movimento anterior; em pequenos organismos, esse modo de transmissão [193] da informação pode ser bastante rápido; em organismos de vários centímetros, ele devém bem lento. Daí, então, a maior parte dos atos de defesa e de captura só poderem receber uma autorregulação, base da autonomia, se a informação for veiculada por nervos, no interior dos quais a velocidade de condução do influxo nervoso é, em geral, de vários metros por segundo, logo, em torno de cem vezes mais rápida que a condução por via química. Praticamente, para os atos da vida de relação entre os animais, os limites do indivíduo são também os limites do sistema nervoso. Contudo, é sempre necessário precisar que é tão somente para os atos da vida de relação que essa individualidade é limitada pelo sistema nervoso. Outras atividades podem exigir reações bastante lentas para que a colônia se conduza, então, como um indivíduo; é o caso, por exemplo, quando uma substância tóxica vem a ser captada por uma parte individualizada de uma colônia. Essa captura fez intervir apenas um processo local, por exemplo, um reflexo de contração ou de distensão quando o corpo tóxico excitou a parte individualizada; mas, alguns segundos depois, as mensagens químicas produzem uma reação global de toda a colônia, que interrompe ou reverte o movimento de bombeamento da água, ou retrai todos os seus hidrantos, sem que o contato com o tóxico tenha acontecido em algum lugar que não na parte em que o reflexo de captura foi cumprido. Dever-se-á dizer, nesse caso, que a colônia é um indivíduo alimentar, mas uma sociedade para as outras funções. A individualidade está essencialmente ligada ao regime da informação para cada subconjunto das atividades vitais.

Graças a esse critério, pode-se ver a individualidade estabelecer-se progressivamente: nos Oligoquetas naidimorfos, as partes novas, que permanecem por muito tempo atadas à cepa, ganham a aparência de um verme completo, ao passo que o brotamento continua e outras partes se diferenciam, de modo que uma cadeia de zooides se forma; o novo gânglio cerebroide se enxerta nas fatias da cadeia ventral preexistente. O sistema nervoso forma um todo contínuo ao longo de toda a cadeia, que comporta várias cabeças com seus respectivos gânglios; outrossim, o novo tubo intestinal se intercala com partes antigas.

A atividade fisiológica é perfeitamente coordenada; sozinho, o tubo intestinal da cepa funciona; todos os movimentos do animal estão perfeitamente ligados: as ondas peristálticas do intestino se propagam regularmente de frente para trás, sem descontinuidade. A circulação pertence, em comum, à fila inteira; as cerdas, sobre todo o conjunto, são animadas por oscilações síncronas: vê-se, então, que esse conjunto de zooides comporta, no todo e por tudo, uma única zona de autonomia, coextensiva ao sistema nervoso. Esse conjunto, portanto, é um único indivíduo.

Ao contrário, quando os liames anatômicos que ligam as partes começam a se dissolver, os tecidos entram em histólise, seguindo a própria linha em que o sistema nervoso da cepa se solda aos novos gânglios cerebroides. Daí, a coordenação muscular pouco a pouco se extingue; as contrações devêm discordantes e as discordâncias aceleram a separação. Pode-se então dizer que cada zooide já possuía antes da separação sua individualidade própria, com sua autonomia funcional e particularmente sua autonomia nervosa. Não é a separação anatômica que cria, aqui, a individualidade; é a individualidade que primeiramente se manifesta sob forma de independência do regime da informação, e que acelera a separação quando os movimentos se contrariam. É interessante notar que as conexões nervosas, circulatórias, ainda existiam parcialmente no instante em que as contrações já devinham antagonistas. Portanto, não é a independência, mesmo a das *[194]* vias nervosas, que cria a individualidade, mas sim o regime da informação condicionada por essas vias; é porque o sistema nervoso do zooide está suficientemente desenvolvido para ter sua atividade rítmica própria e inibir os influxos nervosos os quais lhe chegam do sistema nervoso da cepa, que a individualização pode prosseguir; é o regime recorrente de sinais de informação[2] no sistema nervoso do zooide que é a marca e o fundamento da individualização; é preciso certa individualização para que essa recorrência seja possível, mas, assim que é possível, ela se instala e acelera a individualização; pode-se datar a individualização do zooide no instante em que ele consegue inibir as mensagens nervosas vindas de seu genitor. Notemos que uma atividade cíclica como a de uma oscilação é o tipo mesmo do funcionamento nervoso que pode ser produzido pela recorrência de sinais num elemento de sistema nervoso, ou em qualquer outra rede em que sinais se propaguem. A independência anatômica, portanto, está bem longe de constituir o critério da individualidade; é a independência, ou melhor ainda, a autonomia funcional que constitui o critério da individualidade; com

---

[2] Essa expressão, "sinais de informação", é empregada para manter a diferença entre a informação propriamente dita — que é uma maneira de ser de um sistema que supõe potencialidade e heterogeneidade — e os sinais de informação, em geral nomeados como informação, enquanto são apenas um instrumento não necessário, particularmente desenvolvido quando as partes que formam um sistema são distanciadas uma da outra, como é o caso num macro-organismo ou numa sociedade.

efeito, autonomia não é sinônimo de independência; a autonomia existe antes da independência, pois a autonomia é a possibilidade de funcionar segundo um processo de ressonância interna que pode ser inibidor quanto às mensagens recebidas do resto da colônia, e que pode criar a independência.

Aliás, a independência dos indivíduos, uns relativamente aos outros, é rara e quase impossível: mesmo quando indivíduos não têm liame anatômico entre si, eles sofrem a influência do meio que os cerca e, dentre essas influências, existem aquelas que provêm dos outros indivíduos, componentes do meio; cada indivíduo determina, em alguma medida, as reações do vizinho; essa interação, permanente e inelutável, estabelece um certo nexo; mas os indivíduos continuam autônomos; não há coordenação funcional entre eles; a informação não passa de um indivíduo a outro; a zona de conservação e de recorrência da informação está limitada aos indivíduos; seja qual for a intensidade da ação recíproca, cada indivíduo reage à sua maneira, mais cedo ou mais tarde, mais lenta ou mais rapidamente, mais demorada ou mais brevemente; para que a informação pudesse passar de um indivíduo a outro, seria preciso que os sinais centrípetos de informação, tendo desencadeado sinais centrífugos de informação num indivíduo, fossem recebidos como centrífugos pelos outros indivíduos;[3] ora, toda informação que emana de um indivíduo é recebida como centrípeta por um outro indivíduo, que lhe responde por sua reação centrífuga própria; para que a interação devenha comunicação, seria preciso que um dos indivíduos governasse os outros, isto é, que os outros perdessem sua autonomia e que os sinais centrífugos de informação, emanados de um indivíduo, permanecessem centrífugos nos que os recebem; essa organização, que implica que um indivíduo devenha chefe, não parece existir nas colônias. *[195]*

Quando obstáculos materiais persistem e limitam os deslocamentos dos indivíduos, organismos funcionais autônomos, anatomicamente distintos, porém materialmente solidários, permane-

---

[3] Um sinal centrípeto de informação é do tipo daqueles que os órgãos dos sentidos aportam. Um sinal centrífugo é aquele que suscita uma reação, uma postura, um gesto.

cem atados ao mesmo suporte: no entanto, são indivíduos; mesmo que estejam atados um ao outro, desempenham, um relativamente ao outro, o papel de um substrato.

Como conclusão à tentativa de determinação desse critério funcional da individualidade, pode-se dizer que os hidrantos de uma colônia de Celenterados possuem a individualidade das reações locais e rápidas, tais como as contrações e os movimentos de cílios; não existe sistema nervoso que estabeleça um sincronismo funcional entre os hidrantos. Em contrapartida, pertence à colônia a individualidade das reações lentas; os hidrantos comunicam entre si pelo sistema de canais escavado no cenossarco, canais que desembocam diretamente nas diversas cavidades gástricas e, por isso, estabelecem entre os hidrantos uma dependência funcional evidente:[4] os produtos da digestão e da assimilação dos hidrantos se despejam numa espécie de circulação comum; cada hidranto se alimenta e alimenta também o conjunto dos outros.

Em certos casos, a individualidade das partes de uma colônia pode devir temporariamente completa; é o caso dos Millepora e dos Hydrocoraliários: todos os hidrantos estão ligados por um sistema de canais intrincados numa rica rede escavada na massa calcária; porém, como os hidrantos não param de eliminar calcário que se acumula em torno deles, de tempo em tempo eles se descolam do fundo do nicho, sobem novamente ao seu orifício e perdem toda relação com o sistema de canais; mas logo recomeçam a proliferar e a produzir em torno de si uma série de brotos ligados entre si por um novo sistema de canais. Daí, então, cada hidranto devém o centro de um cenóbio, este associado a outros cenóbios, todos provindo da individualização, completa, porém passageira, de hidrantos destacados de cenóbios mais antigos.

Nas colônias de Briozoários, pode haver ora simples justaposição de indivíduos, ora unidade circulatória do conjunto, cada Briozoário estando desprovido de coração.

---

[4] Um macro-organismo pode ter individualidades localizadas: reflexos, reação de pigmentação da pele aos raios ultravioleta, eriçamento local dos pelos, reações locais de defesa contra uma invasão microbiana.

Informação e ontogênese: a individuação vital

Nas colônias de Tunicados e de Botryllus, a individualidade das partes é completa, apesar da existência de uma cloaca comum nos Botryllus; a cloaca comum não pode, com efeito, veicular uma informação de maneira regular.

2. REGIMES DE INFORMAÇÃO E NEXOS ENTRE INDIVÍDUOS

Estaria a individualização ligada à especialização? Essa questão pode ser colocada ao se considerar as colônias polimorfas.

O polimorfismo é frequentemente uma consequência do brotamento e, caso se estime que a individualidade depende das condições da reprodução, bem parece ser preciso considerar o polimorfismo como ligado à individualidade. Ocorre, com efeito, que os diversos brotos numa colônia de Celenterados não se desenvolvam todos da mesma maneira. A colônia, então, se compõe de indivíduos diferentes uns dos outros pela forma e pelo modo de funcionamento. Em alguns Hidrários, *[196]* como *Hydractinia* e *Clava*, a hidrorriza se alastra sobre um suporte (concha habitada por um Paguro), numa rede bem serrada e em camadas superpostas; os hidrantos nascem diretamente desse estolão rastejante e levantam-se verticalmente; nos *Clava*, um curto hidrocaule serve de pedúnculo aos hidrantos. Uma parte dos hidrantos tem uma boca e tentáculos; são os gastrozooides, ou indivíduos nutridores. Outros, sem boca, são estéreis e bastante contráteis, contorcendo-se em espiral (zooides espirais ou dactilozooides), depois se distendendo e esbarrando nos corpos do entorno com sua extremidade que abrange nematocistos; eles seriam os defensores da colônia; outros, curtos, estéreis, em forma de espinho, são nomeados acantozoides e considera-se que servem de abrigo; outros, os gonozooides, dão os produtos sexuais. Essas diversas partes formam um todo contínuo; o cenossarco, sulcado de canais, preenche a hidrorriza e se liga aos hidrantos diversos, sem solução de continuidade. Nos Millepora, distinguem-se igualmente gastrozooides, dactilozooides e gonozooides. Nos Sifonóforos, o polimorfismo é ainda mais avançado: são colônias flutuantes cujos elementos diversos nascem às expensas de uma Medusa inicial, cujo manúbrio se alonga e brota; encontram-se nectozoides, gastrozooides providos de um largo orifício bucal e de tentáculos bem longos; os dactilozooides, aos quais se atribui um papel defensivo; os gonozooides; às vezes estima-se que uma lâmina achatada ou bráctea, ou filozoide, proteja o conjunto. Segundo Rabaud, a finalidade indicada nos nomes é acentuada demais; o papel dos zooides não é tão nítido (*op. cit.*, p. 517). Não se pode dizer que esse polimorfismo resulte de uma "divisão fisiológica do trabalho"; com efeito, a maior parte das funções foram atribuídas sem verdadeiro exame do modo de vida dessas colônias; os acantozooides são totalmente inúteis e faltam na maior parte das espécies; os "aviculários" dos Briozoários do grupo dos Quilostomídeos são apenas simples variações anormais, e não órgãos defensivos. Rabaud conclui dizendo que o polimorfismo dos Celenterados se reconduz a variações localizadas, dependentes do metabolismo geral do Sifonóforo ou da Hydractinia; assim, a diferença é fraca entre a vida de uma colônia polimorfa e a vida de uma colônia não polimorfa; a diferença de aspecto é considerável, mas o modo de vida e as propriedades funcionais são quase as mesmas. O polimorfismo não provém da influência dos indivíduos uns sobre os outros, nem da necessidade da existência, nem de uma outra influência a determinar o polimorfismo; só os gastrozooides e os gonozooides são indivíduos a cumprirem uma função; todos os outros resultam apenas de um déficit.

É possível se perguntar, além disso, se a relação dos indivíduos entre si permite definir diferentes graus da individualidade. Relativamente à reprodução, a gestação, a viviparidade, a ovoviparidade representam diferentes modos e diferentes tipos de relação. É importante notar que essas relações se encontram nos casos concernentes não à reprodução, mas a uma certa forma de associação, como o parasitismo. Existe até uma analogia funcional profunda entre a gestação dos vivíparos e casos de parasitismo como o do Monstrilídeo[NT] ou da Sacculina. Também existem casos

---

[NT] [Conhecidos como copépodes, espécie metazoária de Crustáceos, muito pequenos e presentes no mar numa quantidade incomensurável (mais

Informação e ontogênese: a individuação vital

de associação que são constituídos por um parasitismo recíproco de dois animais contemporâneos um do outro. Esses casos são preciosos para a teoria dos sistemas de informação; de certa maneira, eles permitem escrever identidades (concernindo ao regime da informação na relação interindividual) lá onde um exame morfológico só encontraria semelhanças superficiais que dificilmente se ousaria qualificar como analogias, pois a identidade dos nexos, constitutiva da analogia, [197] não apareceria com suficiente nitidez. Segundo essa via, fica possível caracterizar um grande número de relações relativamente a um tipo único de nexos interindividuais tomados como base, o da reprodução. Trataremos, a título de hipótese, as formas elementares da associação (parasitismo) como complementos da reprodução. Com efeito, quando um indivíduo devém completamente autônomo, como um alevino que nada por seus próprios meios [moyens] e que se alimenta sozinho, ele é um novo indivíduo que nasceu absolutamente; quando, em contrapartida, uma relação entre o genitor e a cria continua a existir sob forma de solidariedade humoral, nutritiva — como quando o óvulo fecundado vem implantar-se segundo um modo definido de placentação, até o nascimento propriamente dito —, uma fase de associação, que diminui o grau de individualização do embrião, vem intercalar-se entre a reprodução propriamente dita (divisão do ovo) e o momento de plena individualidade. Mesmo depois do nascimento, é preciso considerar o indivíduo jovem como ainda imperfeitamente individualizado: a relação ao genitor se prolonga durante um tempo mais ou menos longo, sob forma de aleitamento, às vezes de transporte permanente (bolsa marsupial; morcego), que ainda é da ordem do parasitismo com fixação externa. Devemos notar, aliás, que certos casos de parasitismo tornaram-se possíveis pelo fato de que vários animais possuem órgãos, pregas ou apêndices destinados a permitir uma fácil fixação das crias; pode haver, então, substituição da cria por um indivíduo de outra espécie, e nesse caso produz-se, em vez do processo homofisário, constituído pela reunião do genitor e da cria, um complexo hete-

de onze mil indivíduos por litro), em águas continentais e mesmo em charcos temporários, podendo parasitar principalmente Anelídeos.]

rofisário, constituído pela junção de um indivíduo e de seu hospedeiro parasita. As modificações do metabolismo, bem como as modificações morfológicas que o acompanham, são quase as mesmas no caso do complexo heterofisário e no caso do complexo homofisário: um Caranguejo macho saculinado ganha uma forma comparável à de uma fêmea. Uma fêmea grávida tem as mesmas reações que um animal parasitado. Além do mais, a relação assimétrica do parasitismo conduz o parasita a uma regressão; na maior parte das espécies parasitas, é impossível falar de uma "adaptação" ao parasitismo, pois essa adaptação é uma destruição dos órgãos que asseguram a autonomia individual do ser: a perda do intestino, por exemplo, é frequente nos animais que, após terem buscado um hospedeiro, neste se fixam e se alimentam às expensas de seu hospedeiro; não se trata de uma adaptação, no sentido absoluto do termo, mas de uma regressão do nível de organização do parasita, que termina por fazer do complexo heterofisário inteiro um ser que não tem um nível de organização superior ao de um verdadeiro indivíduo. Parece até que o nível de organização do complexo heterofisário é inferior ao de um único indivíduo, pois ele, no ser parasitado, não tem progresso, mas antes fenômenos de anamorfose;[5] talvez fosse preciso dizer, nesse caso, que o nível geral de informação do complexo heterofisário é igual à diferença entre o do indivíduo parasitado e o do parasita.[6] Esse parasita, aliás, pode ser uma sociedade de indivíduos; quando a diferença tende a zero, o complexo heterofisário [198] não é mais viável e se dissocia, seja pela morte do ser parasitado e pela liberação do parasita, seja pela morte do parasita. Seria preciso, pois, considerar

[5] Esse termo é empregado sobretudo para os vegetais, mas pode-se empregá-lo para designar a regressão morfológica dos constituintes do complexo heterofisário.

[6] Com efeito, quanto mais vigoroso e bem adaptado é o parasita, mais ele maltrata seu hospedeiro, mais o diminui, pois não respeita sua autonomia funcional. Se o parasita se desenvolve demais, ele acaba por destruir seu hospedeiro, podendo, assim, destruir a si próprio, como o Visco, que faz perecer a árvore sobre a qual está fixado.

Informação e ontogênese: a individuação vital

um complexo heterofisário como *menos* que um indivíduo completo. Será preciso considerar da mesma maneira o complexo homofisário? Rabaud tende a fazê-lo, ao assimilar a gestação a uma verdadeira doença; contudo, esse ponto merece exame; com efeito, enquanto a queda do nível de organização está quase estável, no caso de um complexo heterofisário, essa queda não é sempre a mesma ao longo da duração do complexo homofisário; o estado grávido pode corresponder, em certos casos, a uma maior resistência às doenças infecciosas, ao frio, como se uma verdadeira exaltação das funções vitais se manifestasse; a sensibilidade aos agentes químicos é maior, e as reações mais vivas, o que parece indicar um aumento e uma polarização adaptativa da atividade sensorial. A atividade motora pode igualmente ser exaltada, o que parece paradoxal em razão do aumento de peso do corpo e do maior gasto de energia produzida. Parece, então, que a relação, nesse caso, possa ser tanto aditiva quanto subtrativa, segundo as circunstâncias e segundo o metabolismo do embrião e da mãe.

Enfim, deve-se distinguir do parasitismo assimétrico as formas simétricas de associação que são uma simbiose, como aquela que se vê nos Liquens, compostos de uma Alga que "parasita" um Fungo e de um Fungo que "parasita" uma Alga. Nesse caso, com efeito, a qualidade total de organização dos seres assim constituídos ultrapassa a de um único indivíduo; a regressão morfológica de cada um dos dois seres é muito menor que no caso do parasitismo puro, pois uma causalidade recíproca liga os dois seres segundo uma reação positiva; a atividade de cada um dos seres se traduz por uma capacidade maior de atividade para o parceiro;[7] ao contrário, o parasitismo está fundado sobre uma reação negativa que constitui uma inibição mútua ou, pelo menos, uma inibição exercida pelo parasita sobre o hospedeiro (assim, no caso em que um macho parasitado apresenta os caráteres de uma fêmea, essa analogia é devida à influência inibidora exercida pelo parasi-

---

[7] A Alga verde efetua a síntese clorofílica e, decompondo o gás carbônico do ar, fornece alimentos ao Cogumelo. O Cogumelo retém a umidade e fixa o Líquen sobre o suporte; ele fornece água à Alga verde.

ta sobre seu hospedeiro; os caráteres sexuais secundários parecem ser devidos a um dimorfismo resultante de uma inibição, na fêmea, dos caráteres correspondentes que se desenvolvem apenas no macho; essa inibição — por exemplo, aquela que atravanca o desenvolvimento dos fâneros — manifesta-se no parasitismo).[8] Na associação recíproca de simbiose, como a de uma Alga e de um Cogumelo, essa dupla inibição não se manifesta; aqui, a causalidade recorrente é positiva, o que conduz a um aumento das capacidades do conjunto formado; os Liquens conseguem germinar e prosperar, lá onde nem Alga nem Cogumelo germinam, com grande viço, como sobre um bloco de cimento liso, exposto à geada e ao sol ardente numa atmosfera seca, sofrendo entre o inverno e o verão distâncias de temperatura da ordem de 60° C, assim como distâncias bem consideráveis do estado higrométrico do ar.[9] São ainda Liquens [199] viçosos que se encontram na tundra, onde a neve recobre o solo durante vários meses. Descrevem-se associações dessa espécie também entre o Paguro metido numa concha e Anêmonas-do-mar que se instalam sobre a concha; as Anêmonas teriam uma influência sobre as presas, seja porque as atraem com suas cores vivas, seja porque as paralisam com seus elementos urticantes e assim facilitam a captura pelo Paguro, que é pouquíssimo móvel quando está numa concha. Além disso, e inversamente, as sobras da comida do Paguro são consumidas pelas Anêmonas-do-mar; este último detalhe é mais certo do que aquele que concerne à utilidade das Anêmonas para o Paguro. Contudo, deve-se notar que o Paguro tem tendência de colocar Anêmonas sobre a concha na qual ele se abriga e, mais geralmente, todos os objetos, vivos ou não, que ele encontra e que têm uma cor viva; em cativeiro, esse Caranguejo apreende todos os tecidos ou folhas de cor que lhe são ofe-

[8] É o caso do Caranguejo macho parasitado pela Saculina.

[9] Essa associação subsiste no modo de reprodução — naquilo que se pode nomear de estado estritamente individuado do Líquen: com efeito, os Liquens se reproduzem pelos esporos do Cogumelo cujo micélio vem cercar os grãos verdes da Alga. Tal unidade reprodutora, o sorédio, é o equivalente de um grão.

Informação e ontogênese: a individuação vital

recidos e os coloca sobre suas costas; será preciso considerar esse reflexo como finalizado? É bastante difícil dizê-lo. Entretanto, parece que é o próprio Caranguejo que constitui a associação, talvez por conduta de mimetismo (é assim que certos zoólogos interpretam o reflexo que faz com que o Caranguejo ponha objetos de cor viva sobre as costas), mas deve-se reconhecer, nesse caso, que o mimetismo é muito grosseiro, pois sobre um fundo de areia cinza ou negra o Paguro aceita recobrir-se de vermelho ou amarelo, tornando-o bem visível; de fato, pode-se supor, sem irracionalidade, que o Paguro constitui essa associação, e que, uma vez dentro desse ciclo de causalidade (seja qual for o tipo de reflexo ou de tropismo que faz o Caranguejo agir), a Anêmona-do-mar se desenvolve graças às condições de vida mais ricas que lhe são oferecidas pela comida do Caranguejo; enfim, é preciso notar que não há nisso um verdadeiro parasitismo; a Anêmona-do-mar não degenera, mas, ao contrário, desenvolve-se notavelmente; ela se alimenta, com efeito, não graças a sugadores ou ventosas que aspirariam a substância de seu hospedeiro, mas de maneira normal e habitual; o que a proximidade das pinças do Caranguejo e de seus palpos faz é apenas colocá-la num meio nutritivo mais rico em pequenos resíduos assimiláveis; mas ela permanece um indivíduo separado, sem continuidade fisiológica com o Caranguejo. Além do mais, o Caranguejo não se serve das substâncias elaboradas pela Anêmona--do-mar que está sobre a concha elegida pelo Caranguejo, assim como poderia estar sobre qualquer outra concha ou sobre um rochedo. Entre o Caranguejo e a Anêmona, há a concha e a água, e é por isso que temos, nesse caso, uma verdadeira sociedade; cada indivíduo permanece indivíduo, mas modifica o meio no qual vivem os dois indivíduos; é pelo meio exterior que se estabelece a relação entre indivíduos que formam uma sociedade, e por isso existe uma grande diferença do regime da causalidade e da troca de informação entre os casos de parasitismo e os de associação. O regime da causalidade interindividual é bem diferente. Devemos igualmente notar que uma Alga e um Cogumelo associados sob forma de Líquen são, de fato, um para o outro, elementos do meio exterior, e não do meio interior; de acordo com a teoria de Schwendener, a Alga assimila o carbono, graças à sua clorofila, o que é proveitoso para o Cogumelo, e o Cogumelo protege a Alga contra o dessecamento, mediante seus filamentos que a abrigam e lhe permitem viver lá onde, sozinha, ela certamente teria perecido.[10] Essa relação de dois seres que são, *[200]* um relativamente ao outro, um equivalente de meio exterior, pode comportar diferentes modalidades topológicas, mas sempre com o mesmo papel funcional; o talo se diferencia dos apotécios; em certas espécies, os filamentos do Cogumelo podem ser mais serrados na periferia, constituindo aquilo que se nomeia "crosta" do Líquen, enquanto o centro é a "moela", a região intermediária devindo aquela que contém os gonídios, células verdes de Algas análogas às da terra e dos rochedos; esse Líquen é dito heterômero. Nos Liquens homeômeros, ao contrário, tais como os Liquens gelatinosos, a repartição dos filamentos de Cogumelo e das células de Alga é homogênea. Enfim, deve-se notar que essa associação vai até os elementos reprodutores, comportando os dois tipos de vegetais: os sorédios contêm, ao mesmo tempo, células de Alga e filamentos de Cogumelo; esses fragmentos se destacam do Líquen e servem à sua multiplicação; em contrapartida, as frutificações parecem pertencer apenas ao Cogumelo: são compostas de um himênio como nos Cogumelos ascomicetos, cujas células são os ascos entremisturados de outras células estéreis, as paráfises, e nas quais se formam os esporos. A associação constitui, aqui, como que uma segunda individualidade que se sobrepõe à individualidade dos seres que se associam, sem destruí-la; há aqui um sistema reprodutor da sociedade enquanto sociedade, e um sistema reprodutor do Cogumelo enquanto Cogumelo; a associação não destrói as individualidades dos indivíduos que a constituem; ao contrário, a relação do tipo do parasitismo diminui a individualidade dos seres; a da placentação é intermediária; ela pode evoluir nos dois sentidos, tanto no da sociedade quanto no do parasitismo; ademais, é eminentemente evolu-

---

[10] No Líquen, o Cogumelo é como um meio exterior para a Alga verde (tais Algas se desenvolvem nos rochedos ou nas terras úmidas), e a Alga dá ao Cogumelo alimentos que ele só poderia encontrar num meio vegetal, pois é privado de clorofila.

Informação e ontogênese: a individuação vital

tiva e, nesse sentido, se transforma; a associação, como o parasitismo, é estática; importa notar esse aspecto tanto no caso dos estados estáveis quanto no da placentação, parasitismo homofisário que tende a devir uma sociedade temporária. Nesse sentido, parece ser possível considerar todas as formas da associação como mistos do parasitismo e da sociedade perfeita, que desemboca na formação de uma verdadeira individualidade social secundária, composta como aquela que se manifesta no agrupamento Alga-Cogumelo; não há associação que seja isenta de um certo parasitismo e, por consequência, de uma certa regressão, diminuindo a individualidade dos seres que se agrupam; mas, além disso, o parasitismo puro é raro, dado que ele tende a ser destruído por uma espécie de necrose interna que ele desenvolve no grupo em que acontece o parasitismo, fazendo com que a organização desse grupo tombe a um nível baixíssimo. O grupo concreto pode ser considerado como intermediário entre a sociedade completa e o puro parasitismo, em que o nível de organização que caracteriza o grupo é a diferença entre o nível do parasitado e o do parasita.

3. Individuação, informação e estrutura do indivíduo

Uma questão importantíssima que ainda se coloca é aquela que consiste em saber qual a estrutura da individualidade: onde reside o dinamismo organizador do indivíduo? Seria ele consubstancial a todo o indivíduo? Ou estaria localizado em alguns elementos fundamentais que governariam o conjunto do organismo individual? Essa é a questão que se coloca para todos os indivíduos e também, particularmente, para os que sofrem metamorfoses, tipo de reprodução do ser a partir de si mesmo, [201] reprodução sem multiplicação, reprodução da unidade e da identidade, mas sem similitude, no curso da qual o ser devém outro permanecendo um indivíduo, o que parece mostrar que a individualidade não reside na semelhança a si mesmo e no fato de não se modificar, e conduz a que se exclua a ideia de uma individualidade inteiramente consubstancial a todo o ser.

As pesquisas dos biólogos incidiram seja sobre o desenvolvimento do ovo (estudos de Dalcq, sobre o ovo e seu dinamismo organizador), seja sobre as metamorfoses de certos animais e, particularmente, dos insetos nos quais a passagem pelo estado de ninfa implica uma importante reorganização do organismo após uma desdiferenciação bastante avançada. No primeiro caso, parece que a diferenciação precede de longe o aparecimento de regiões anatômica e citologicamente distintas; no estágio da divisão em macrômeros e micrômeros, uma ablação de uma parte do ovo já produz o desaparecimento ou a atrofia desta ou daquela parte do corpo, enquanto acreditar-se-ia que estivesse operando sobre uma massa contínua: o contínuo já é heterogêneo, como se uma verdadeira polaridade se desenhasse no ovo que mal começou a se segmentar. Na ninfa, alguns "discos imaginais" dirigem a reorganização de uma massa que sofreu uma profunda desdiferenciação. A estrutura individual, portanto, pode se reduzir a alguns elementos, a partir dos quais ela ganha toda a massa. Essa teoria dos "organizadores" parece indicar que a matéria viva pode ser a sede de certos campos que mal se conhece e que não se pode medir nem detectar por nenhum procedimento atualmente conhecido; só se pode compará-los à formação dos cristais ou, antes, das figuras cristalinas num meio supersaturado ou que esteja noutras condições favoráveis à cristalização;[11] mas esse caso não é absolutamente análogo, pois o cristal, em princípio, é indefinido em seu crescimento, enquanto o indivíduo parece ter limites; para dizer a verdade, a formação dos cristais seria antes comparável ao acrescimento de uma colônia, que não se desenvolve em qualquer direção e seja lá como, mas segundo direções que ela mesma privilegia no curso de seu desenvolvimento; no fundo desses dois processos há uma orientação, uma polaridade que faz com que o ser individual seja aquilo que é capaz de crescer e até de se reproduzir com uma certa polaridade, isto é, analogicamente para consigo mesmo, a partir de seus germes organizadores, de maneira transdutiva, pois essa propriedade de analogia não se esgota; a analogia relativamente a si

---

[11] A superfusão, por exemplo.

Informação e ontogênese: a individuação vital

é característica do ser individual, e ela é a propriedade que permite reconhecê-lo.[12] Há uma preparação da individualidade todas as vezes que uma polaridade se cria, todas as vezes que uma qualificação assimétrica, uma orientação e uma ordem aparecem; a condição da individuação reside nessa existência de potenciais que permite à matéria, inerte ou viva, ser polarizada; aliás, há reversibilidade entre a condição de polaridade e a existência de potenciais; todo campo faz com que polaridades apareçam em meios primitivamente não orientados, como um campo de forças mecânicas numa massa de vidro, que modifica suas propriedades ópticas, por exemplo. Ora, até este dia, as pesquisas sobre a polarização da matéria, por interessantes e sugestivas que sejam, permaneceram fragmentárias e parcialmente descoordenadas; está para ser feita uma teoria de conjunto da polarização que talvez esclareceria melhor os nexos *[202]* daquilo que se nomeia matéria viva (ou matéria organizada) e a matéria inerte ou inorgânica;[13] bem parece, com efeito, que a matéria não viva já é organizável e que essa organização precede toda passagem à vida funcional, como se a organização fosse uma espécie de vida estática intermediária entre a realidade inorgânica e a vida funcional propriamente dita. Esta última seria aquela em que um ser se reproduz, ao passo que na matéria não viva o indivíduo produz, sim, efeitos sobre outros indivíduos, mas geralmente não produz indivíduos semelhantes a ele: o indivíduo físico não veicula outra mensagem que não sua própria capacidade de crescer; ele não é "substância hereditária", para empregar a expressão pela qual Rabaud designa o indivíduo vivo; assim, um fotoelétron, caindo sobre um alvo, pode emitir elétrons secundários que são vários para um só fotoelétron; mas esses elétrons secundários não são os descendentes do elétron primário, ou fotoelétron; eles são outros elétrons, que são emitidos no momento do choque do fotoelétron contra uma placa de metal (cé-

[12] O poder que o indivíduo possui de fundar uma colônia, logo de transportar uma informação eficaz, é da mesma ordem.

[13] "Colóquio Internacional do CNRS" [Centro Nacional de Pesquisa Científica, em francês] sobre a polarização da matéria, abril de 1949.

lula com multiplicador de elétrons) ou contra uma molécula de gás (célula a gás).

Nessas condições, a individualidade e a proveniência do elétron primário não contam muito; pode se tratar de um fotoelétron, mas também de um termoelétron (tiratron) ou de um elétron emitido por algum outro procedimento, por exemplo, por ionização de um gás (tubo contador de Geiger-Müller): o resultado não muda para a emissão dos elétrons secundários, e não existe, por exemplo, nenhum meio [*moyen*] de discriminar os elétrons secundários (provenientes da multiplicação dos elétrons da corrente de obscuridade de uma célula a gás ou com multiplicador de elétrons) dos que provêm dos verdadeiros fotoelétrons; não há marcação individual dos elétrons e nem mesmo marcação específica em função da origem deles, pelo menos não com os procedimentos de medida de que dispomos. Essa marcação, ao contrário, é possível em fisiologia e parece constituir um dos cáracteres profundos da individualidade, que liga o indivíduo à sua gênese particular. A regeneração, que supõe uma imanência do esquema organizador a cada indivíduo e uma conservação, nele, do dinamismo pelo qual foi produzido, parece não existir em física; um cristal serrado não se regenera quando se o recoloca numa água-mãe; ele continua a crescer, mas sem favorecer o lado da amputação; ao contrário, um ser vivo é ativado ou perturbado por uma secção, e seu crescimento se faz muito mais ativamente do lado da amputação do que nas superfícies mantidas intactas, como se a imanência de um dinamismo organizador distinguisse a superfície que sofreu uma secção.

Quiçá não seja possível prever o ponto sobre o qual deveriam incidir as pesquisas para que se esclareça essa relação entre a individualidade e a polarização; contudo, um outro aspecto da questão começa a vir à tona, diferente do anterior, mas talvez conexo; uma possível via de estudo se situaria no intervalo que separa essas duas direções e no setor que elas delimitam sem estruturá-lo; essa segunda pesquisa é a que se ocupa em determinar a relação entre os *quanta* e a vida. O aspecto quântico da física se reencontra em biologia, e é talvez um dos cáracteres da individuação; pode ser que um dos princípios da organização seja uma lei quântica funcional, definindo limiares de funcionamento dos órgãos e

Informação e ontogênese: a individuação vital

servindo, assim, à organização: o sistema nervoso, seja qual for seu grau de complexidade, não se compõe apenas de um conjunto de condutores químicos; *[203]* entre esses condutores eletroquímicos existe um sistema de relação de vários níveis, sistema de relação que oferece características de funcionamento vizinhas daquilo que, em física, nomeia-se relaxação, e que às vezes é nomeado, em fisiologia, de "tudo ou nada"; os biólogos e neurologistas anglo-americanos empregam de bom grado a expressão *to fire*, descarregar-se como um fuzil, para caracterizar esse funcionamento que supõe que uma certa quantidade de energia potencial seja acumulada e, depois, exerça seu efeito de uma só vez e completamente, não de maneira contínua. Não apenas os diferentes efetuadores se manifestam como que funcionando segundo essa lei, mas os próprios centros, organizados como uma interconexão de relés que se facilitam ou se inibem uns aos outros, são regidos por essa lei. Assim, embora num organismo tudo esteja ligado a tudo, fisiologicamente falando, regimes diversos e estruturados de causalidade podem se estabelecer graças às leis dos funcionamentos quânticos. Uma quantidade que não atinge certo limiar, estando como que nula para todos os relés que estão temporariamente num certo nível de desencadeamento, a mensagem que essa informação veicula se orienta somente nas vias em que a passagem é possível com um funcionamento de relés que têm um limiar inferior no nível energético da mensagem considerada; essas características de funcionamento podem, aliás, ser outras que não a pura quantidade de energia; uma modulação temporal pode intervir — por exemplo, uma frequência — mas talvez menos universalmente do que pensava Lapicque no momento em que ele estabeleceu a teoria dos relés sinápticos com a noção de cronaxia. Pareceria que esse funcionamento, criando um regime estruturado da informação num indivíduo, devesse exigir uma diferenciação morfológica prévia, com um sistema nervoso em particular. Ora, precisamente, pode ser que as ações quânticas, exercendo-se no nível das grandes moléculas da química orgânica, encontrem uma facilitação ou uma inibição em certas direções, segundo uma lei de limiares fundada sobre propriedades quânticas das trocas de energia, e nisso haveria uma raiz da organização sob forma de uma heterogeneidade das vias de troca numa massa todavia contínua. Antes de qualquer diferenciação anatômica, o contínuo heterogêneo aporta os primeiros elementos de um regime do condicionamento, por uma fraca quantidade de energia, do exercício de uma quantidade mais forte de energia potencial, o que é o ponto de partida de um regime da informação num meio, e torna possíveis os processos de amplificação.

Talvez a separação entre o indivíduo físico e o indivíduo vivo pudesse ser estabelecida mediante o seguinte critério: a informação, na operação de individuação física, não é distinta dos suportes da energia potencial que se atualiza nas manifestações da organização; nesse sentido, sem vida não haveria relé à distância; ao contrário, a individuação no vivente estaria fundada sobre a distinção entre as estruturas moduladoras e os suportes da energia potencial implicada nas operações que caracterizam o indivíduo; a estrutura e o dinamismo do relé seriam, assim, essenciais ao indivíduo vivo; eis por que, segundo essa hipótese, seria possível definir diferentes níveis no regime da informação para o indivíduo físico e para o indivíduo vivo: o vivente é ele próprio um modulador; ele tem uma alimentação em energia, uma entrada ou uma memória e um sistema efetuador; o indivíduo físico tem necessidade do meio como fonte de energia e como carga de efetuador; ele aporta a informação, a singularidade recebida. *[204]*

IV. INFORMAÇÃO E ONTOGÊNESE

1. Noção de uma PROBLEMÁTICA ONTOGENÉTICA

A ontogênese do ser vivo não pode ser pensada apenas a partir da noção de homeostasia, ou manutenção mediante autorregulações de um equilíbrio metaestável perpetuado. Essa representação da metaestabilidade poderia convir para descrever um ser inteiramente adulto, que apenas se mantém na existência, mas ela

Informação e ontogênese: a individuação vital

não poderia bastar para explicar a ontogênese.[14] É preciso adjungir a essa primeira noção uma outra, de uma problemática interna do ser. O estado de um vivente é como um problema a ser resolvido, cujo indivíduo devém a solução através das sucessivas montagens de estruturas e de funções. O jovem ser individuado poderia ser considerado como um sistema portador de informação, sob forma de pares de elementos antitéticos, ligados pela unidade precária do ser individuado cuja ressonância interna cria uma coesão. A homeostasia do equilíbrio metaestável é o princípio de coesão que liga, por uma atividade de comunicação, esses domínios entre os quais existe uma disparação. O desenvolvimento poderia, então, aparecer como as invenções sucessivas de funções e de estruturas que resolvem, etapas por etapas, a problemática interna portada como uma mensagem pelo indivíduo. Essas sucessivas invenções ou individuações parciais, que se poderia nomear etapas de amplificação, contêm significações que fazem com que cada etapa do ser se apresente como a solução dos estados anteriores. Mas tais resoluções sucessivas e fracionadas da problemática interna não podem ser apresentadas como uma anulação das tensões do ser. A Teoria da Forma, utilizando a noção de equilíbrio, supõe que o ser visa descobrir, na boa forma, seu estado de equilíbrio mais estável; também Freud pensa que o ser tende a um apaziguamento de suas tensões internas. De fato, uma forma é uma boa forma para o ser apenas se for construtiva, isto é, se verdadeiramente incorporar os fundamentos da disparação[15] anterior numa unidade sistemática de estruturas e de funções; um cumprimen-

[14] Ela também se aplica muito bem às funções contínuas de uma colônia; mas não exprime o caráter descontínuo, nem o caráter de informação e o papel amplificador do indivíduo.

[15] Essa palavra foi tomada da teoria psicofisiológica da percepção; há disparação quando dois conjuntos gêmeos não totalmente sobreponíveis, tais como a imagem retiniana esquerda e a imagem retiniana direita, são apreendidos juntos como um sistema, podendo permitir a formação de um conjunto único de grau superior que integra todos os seus elementos graças a uma dimensão nova (por exemplo, no caso da visão, o escalonamento dos planos em profundidade).

to que fosse tão somente uma distensão não construtiva não seria a descoberta de uma boa forma, mas apenas um empobrecimento ou uma regressão do indivíduo. O que devém boa forma é aquilo que, do indivíduo, ainda não está individuado. Só a morte seria a resolução de todas as tensões; e a morte não é a solução de problema algum. A individualidade resolutiva é a que conserva as tensões no equilíbrio de metaestabilidade, em vez de anulá-las no equilíbrio de estabilidade. A individuação torna as tensões compatíveis, mas não as relaxa; ela descobre um sistema de estruturas e de funções no interior do qual as tensões são compatíveis. O equilíbrio do vivente é um equilíbrio de metaestabilidade, não um equilíbrio de estabilidade. As tensões internas permanecem constantes sob a forma da coesão do ser [205] relativamente a si próprio. A ressonância interna do ser é tensão da metaestabilidade; ela é aquilo que confronta os pares de determinações, entre os quais existe uma disparação que só pode devir significativa pela descoberta de um conjunto estrutural e funcional mais elevado.

Poder-se-ia dizer que a ontogênese é uma problemática perpetuada, ricocheteando de resolução em resolução até a estabilidade completa, que é a da forma adulta; contudo, a maturação completa não é alcançada por todas as funções e por todas as estruturas do ser no mesmo momento; várias vias da ontogênese são paralelamente prosseguidas, às vezes com uma alternância de atividade que faz com que o processo de crescimento afete um conjunto de funções, depois outro, em seguida um terceiro, e retorne enfim ao primeiro; essa capacidade de resolver problemas, numa certa medida, aparenta ser limitada e aparece como um funcionamento do ser sobre si mesmo, funcionamento que tem uma unidade sistemática e não pode afetar ao mesmo tempo todos os aspectos do ser. Segundo Gesell, a ontogênese dos indivíduos vivos manifesta um processo de crescimento fundado na coexistência de um princípio de unidade e de um princípio de dualidade. O princípio de unidade é o de *direção do desenvolvimento*, aparente sob a forma de um gradiente de crescimento. O desenvolvimento somático e funcional se efetua por uma série de ondas sucessivas, orientadas segundo o eixo céfalo-caudal, que é fundamental, e irradiando-se a partir dos diferentes níveis desse eixo, segundo o esquema

Informação e ontogênese: a individuação vital

secundário próximo-distal. Esse primeiro princípio de unidade, por polaridade do desenvolvimento, é completado pelo princípio de dominância lateral: a simetria bilateral do corpo e, em particular, dos órgãos dos sentidos e dos efetuadores neuromusculares não impede a existência de uma assimetria funcional, tanto no desenvolvimento quanto na realidade anatomofisiológica. Em contrapartida, existe um princípio de dualidade, o da simetria bilateral da maior parte dos órgãos e, particularmente, dos órgãos dos sentidos e dos efetuadores. O desenvolvimento somático e funcional ("desenvolvimento do comportamento", segundo a expressão de Gesell) se efetua segundo um processo de entrelaçamento recíproco, aliando unidade e dualidade por um tipo de tecedura que separa, mantém junto, organiza, diferencia, atrela e estrutura as diferentes funções e diferentes montagens somato-psíquicas. O desenvolvimento é um comportamento sobre comportamentos, uma tecedura progressiva de comportamentos; o ser adulto é um tecido dinâmico, uma organização de separações e reuniões de estruturas e de funções. Um duplo movimento de integração e diferenciação constitui esse tecido estrutural e funcional. Uma maturação individuante progressiva recorta os esquemas, cada vez mais destacados e precisos, no interior da unidade global de reações e atitudes. Mas esse destacamento dos esquemas de ação só é possível na medida em que tais esquemas se individuam, isto é, formam-se como unidade sinérgica a estruturar vários elementos que poderiam estar separados. Um movimento preciso e adaptado, relativamente a todo o organismo, é certamente o resultado de uma maturação individuante, mas essa maturação individuante não pode constituir uma unidade funcional por pura análise: a individuação daquilo que Gesell nomeia um *pattern* ["padrão"] (esquema estrutural e funcional) não provém só da análise de um todo global preexistente, mas também e ao mesmo tempo de uma estruturação que integra sinergicamente várias funções. Cada gesto e cada conduta implicam todo o corpo, mas não são obtidos por análise e especialização de um processo global que os conteria implicitamente; não é como reservatório *[206]* de todas as condutas possíveis que a unidade organísmica primitiva age, mas como poder de coesão, de reciprocidade, de unidade, de simetria; a maturação permite a individuação, mas a individuação não resulta da maturação. Ela tampouco é pura síntese, pura aprendizagem por condicionamento de respostas que entram num esquema reacional natural e pré-formado. O desenvolvimento se faz através das sucessivas aprendizagens, ocasião de integração de processos no curso da maturação do organismo. A relação do organismo ao mundo se faz através da flutuação autorreguladora do comportamento, esquema de diferenciação e de integração mais complexo do que apenas a aprendizagem por condicionamento de reflexos. A resolução dos problemas que o indivíduo porta se faz segundo um processo de amplificação construtiva.[16]

A descrição que Gesell dá da ontogênese humana, e os princípios mediante os quais ele a interpreta, prolongam, segundo ele, os resultados da embriologia geral; esses princípios não são apenas metafóricos e descritivos; eles traduzem, segundo o autor, um aspecto fundamental da vida. Bem particularmente, essa dualidade mantida por uma unidade que os princípios de simetria bilateral e de assimetria funcional (ou ainda de direção do desenvolvimento e de maturação individuante) manifestam, encontra-se no princípio mesmo da ontogênese, na estrutura cromossômica. Gesell cita a teoria de Wrinch segundo a qual o cromossomo é uma *estrutura* constituída de dois elementos: de longos filamentos de moléculas proteicas idênticas, dispostos paralelamente, cercados por grupos de moléculas de ácido nucleico ciclizados, o todo entrelaçado como numa trama. O símbolo da cadeia e da trama poderia, assim, ser invocado como o fundamento estrutural e funcional do desenvolvimento; a ontogênese se faria a partir da dualidade dos pares de moléculas proteicas. Um caráter hereditário seria não um elemento predeterminado, mas um problema a ser resolvido, um par de dois elementos distinguidos e reunidos, em relação de disparação. O ser individuado conteria, assim, certo número de pares de disparação geradores de problemática. O desenvol-

---

[16] O processo de amplificação construtiva e de integração não é necessariamente contínuo: quando o indivíduo funda uma colônia, quando a larva devém ninfa, quando o sorédio se fixa e dá um Líquen, o indivíduo se transforma, mas a amplificação permanece.

Informação e ontogênese: a individuação vital

vimento estrutural e funcional seria uma sequência de resoluções de problemas: uma etapa de desenvolvimento é a solução de um problema de disparação; ela aporta, através da dimensão temporal do sucessivo (que comporta integração e diferenciação), a significação única no interior da qual o par de elementos díspares constitui um sistema contínuo. O desenvolvimento, pois, não é nem pura análise nem pura síntese, nem mesmo um misto dos dois aspectos; o desenvolvimento é descoberta de significações, *realização* estrutural e funcional de significações. O ser contém, sob a forma de pares de elementos díspares, uma informação implícita que se realiza, se descobre no desenvolvimento; mas o desenvolvimento não é apenas desenrolamento, uma explicação dos caráteres contidos numa noção individual completa, que seria essência monádica. Não há essência única do ser individuado, pois o ser individuado não é substância, não é *mônada*: toda sua possibilidade de desenvolvimento lhe vem do fato dele não ser completamente unificado, não ser sistematizado; um ser sistematizado, tendo uma essência como uma série tem sua razão, não poderia se desenvolver. O ser não está inteiramente contido em seu princípio, ou melhor, em seus princípios; o ser se desenvolve [207] a partir de seus princípios, mas seus princípios não estão dados em sistema; não há essência primeira de um ser individuado: a gênese do indivíduo é uma descoberta de *patterns* sucessivos que resolvem as incompatibilidades inerentes aos pares de disparação de base; o desenvolvimento é a descoberta da dimensão de resolução, ou ainda da significação, que é a dimensão não contida nos pares de disparação e graças à qual esses pares devêm sistemas.[17] Assim, cada retina é coberta por uma imagem bidimensional; a imagem esquerda e a imagem direita são díspares; elas não podem se recobrir porque representam o mundo visto de dois pontos de vista diferentes, o que cria uma diferença de paralaxes e de recobrimentos dos planos; certos detalhes, mascarados por um primeiro plano na ima-

---

[17] A própria ontogênese, assim, pode ser apresentada como uma amplificação; a ação do indivíduo frente a si mesmo é a mesma que frente ao exterior: ele se desenvolve ao constituir uma colônia de subconjuntos, em si mesmo, por entrelaçamento recíproco.

gem esquerda, são, ao contrário, desmascarados na imagem direita, e o mesmo se dá inversamente, tanto que certos detalhes figuram apenas numa única imagem monocular. Ora, não há uma terceira imagem opticamente possível que reuniria essas duas imagens; elas são por essência díspares e não sobreponíveis na axiomática da bidimensionalidade. Para que façam aparecer uma coerência que as incorpore, é preciso que elas devenham os fundamentos de um mundo percebido no interior de uma axiomática na qual a disparação (condição de impossibilidade do sistema direto bidimensional) devém precisamente o índice de um dimensão nova: no mundo tridimensional, já não há duas imagens, mas o sistema integrado das duas imagens, sistema que existe segundo uma axiomática de nível superior à de cada uma das imagens, mas que não é contraditória relativamente a elas. A tridimensionalidade integra a bidimensionalidade; todos os detalhes de cada imagem estão presentes no sistema de integração significativa; os detalhes ocultados pelo recobrimento dos planos e que, por consequência, só existem numa única imagem são retidos no sistema de integração e percebidos completamente, como se fizessem parte das duas imagens; não seria possível pensar, aqui, num processo de abstração e de generalização que só conservaria na significação perceptiva aquilo que é comum às duas imagens retinianas separadas: bem longe de reter o que é comum, a percepção retém tudo aquilo que é particular e o incorpora ao conjunto; ademais, ela utiliza o conflito entre dois particulares para descobrir o sistema superior no qual esses dois particulares se incorporam; a descoberta perceptiva não é uma abstração redutora, mas uma integração, uma operação amplificadora.

Ora, é possível supor que a percepção não é fundamentalmente diferente do crescimento, e que o vivente opera de maneira semelhante em toda atividade. O crescimento, enquanto atividade, é amplificação por diferenciação e integração, e não simples desenrolamento ou continuidade. Em toda operação vital completa, acham-se reunidos os dois aspectos de integração e diferenciação. Assim, a percepção não poderia existir sem o uso diferencial da sensação, que por vezes é considerado como uma prova de subjetividade e como uma justificativa da crítica da validez de um sa-

Informação e ontogênese: a individuação vital

ber obtido a partir da percepção; a sensação não é aquilo que aporta ao *a priori* do sujeito percipiente um *continuum* confuso, matéria para as formas *a priori*; a sensação é o jogo diferencial dos órgãos dos sentidos, indicando relação ao meio; a sensação é poder de diferenciação, isto é, de apreensão de estruturas relacionais entre objetos ou entre [208] o corpo e objetos; mas essa operação de diferenciação sensorial só pode ser coerente consigo mesma se ela for compatibilizada por outra atividade, a atividade de integração, que é percepção. Sensação e percepção não são duas atividades que se seguem, uma delas, a sensação, fornecendo uma matéria à outra; são duas atividades gêmeas e complementares, duas vertentes dessa individuação amplificadora que o sujeito opera segundo sua relação ao mundo.[18] Outrossim, o crescimento não é um processo à parte: ele é o modelo de todos os processos vitais; o fato dele ser ontogenético indica bem seu papel central, essencial, mas não significa que não haja certo coeficiente ontogenético em cada atividade do ser. Uma operação de sensação-percepção é também uma ontogênese restrita e relativa; mas ela é uma ontogênese que se efetua utilizando modelos estruturais e funcionais já formados: é suportada pelo ser vivo já existente, orientada pelo conteúdo da memória e ativada pelos dinamismos instintivos. Todas as funções do vivente são, em alguma medida, ontogenéticas, não apenas porque asseguram uma adaptação a um mundo exterior, mas porque participam dessa individuação permanente que é a vida. O indivíduo vive na medida em que ele continua a individuar, e ele individua através da atividade de memória, assim como através da imaginação ou do pensamento inventivo abstrato. O psíquico, nesse sentido, é vital, e também é verdadeiro que o vital é psíquico, mas à condição de se entender por *psíquico* a atividade de construção de sistemas de integração no interior dos quais a disparação dos pares de elementos ganha um sentido. A adaptação, caso particular em que o par de disparação comporta um elemento do sujeito

[18] A sensação aporta, pelo uso diferencial, a pluralidade, a não-compatibilidade dos dados, a capacidade problemática portadora de informação. A integração perceptiva só pode se efetuar por construção, geralmente implicando resposta motora eficaz, amplificação do universo sensório-motor.

e um elemento representativo do mundo exterior, é um critério insuficiente para dar conta da vida. A vida comporta adaptação, mas para que haja adaptação é preciso haver ser vivo já individuado; a individuação é anterior à adaptação e não se esgota nela.[19]

2. INDIVIDUAÇÃO E ADAPTAÇÃO

A adaptação é um correlativo da individuação; ela só é possível segundo a individuação. Todo o biologismo da adaptação, sobre o qual repousa um aspecto importante da filosofia do século XIX e que se prolongou até nós sob a forma do pragmatismo, implicitamente supõe como dado o ser vivo já individuado; os processos de crescimento são colocados parcialmente de lado: é um biologismo sem ontogênese. A noção de adaptação representa, em biologia, a projeção do esquema relacional de pensamento com zona obscura entre dois termos claros, como no esquema hilemórfico; aliás, o próprio esquema hilemórfico aparece na noção de adaptação: o ser vivo encontra no mundo formas que estruturam o vivente; o vivente, além disso, dá forma ao mundo para apropriá-lo a si: a adaptação, passiva e ativa, é concebida como uma influência recíproca e complexa à base de esquema hilemórfico. Ora, a adaptação sendo dada, para a biologia, como o aspecto fundamental do vivente, é bastante natural que a psicologia [209] e as disciplinas pouco estruturadas, carentes de princípios, tenham acreditado emprestar da biologia uma expressão fiel e profunda da vida ao utilizarem noutros domínios o princípio de adaptação. Mas se era verdade que o princípio de adaptação não exprime as funções vitais em profundidade e não pode dar conta da ontogênese, seria preciso reformar todos os sistemas intelectuais fundados na noção de adaptação. Conviria, em particular, não aceitar as consequências da dinâmica social de Kurt Lewin, que representa uma síntese da teoria da Forma desenvolvida na Alemanha e do

---

[19] Assim, poder-se-ia dizer que a função essencial do indivíduo é a atividade de amplificação, ele exercendo-a no interior de si próprio, ou transformando-se em colônia.

Informação e ontogênese: a individuação vital

Pragmatismo americano. Com efeito, a personalidade é representada como centro de tendências; o meio é essencialmente constituído por um escopo, para o qual tende o ser, e por um conjunto de forças que se opõem ao movimento do indivíduo rumo ao escopo: essas forças constituem uma barreira, exercendo uma reação tanto mais forte quanto mais intensa é a ação do indivíduo; daí, então, as diferentes atitudes possíveis são condutas relativamente a essa barreira, visando alcançar o escopo apesar dela (por exemplo, o desvio é uma dessas condutas). Tal concepção apela à noção de campo de forças; as condutas e as atitudes são compreendidas como percursos possíveis no interior desse campo de forças, nesse espaço *hodológico*; os animais e as crianças projetam um espaço hodológico mais simples que o dos homens adultos; cada situação pode ser representada pela estrutura do campo de forças que a constitui. Ora, essa doutrina supõe que a atividade essencial do vivente seja a adaptação, pois o problema é definido em termos de oposição de forças, isto é, de conflito entre as forças que emanam do sujeito, orientadas a um escopo, e as forças emanantes do objeto (do objeto para o sujeito vivo), sob forma de barreira entre o objeto e o sujeito. A descoberta de uma solução é uma nova estruturação do campo, modificando a topologia desse campo. Ora, o que parece faltar à teoria topológica e hodológica é uma representação do ser como suscetível de operar *em si* individuações sucessivas;[20] para que a topologia do campo de forças possa ser modificada, é preciso que um princípio seja descoberto e que as antigas configurações sejam incorporadas a esse sistema; a descoberta de significações é necessária para que o dado se modifique. O espaço não é somente um campo de forças; ele não é somente hodológico. Para que a integração dos elementos num novo sistema seja possível, é preciso que exista uma condição de disparação na mútua relação desses elementos; se os elementos fossem tão heterogêneos quanto Kurt Lewin o supõe, opostos como uma barreira que repele e um escopo que atrai, a disparação seria demasiada-

[20] Dizendo de outro jeito, segundo essa doutrina, o par gerador de disparação é o nexo indivíduo-mundo, não uma dualidade cujo portador seria inicialmente o indivíduo.

mente grande para que uma significação comum pudesse ser descoberta. A ação, individuação que engloba certos elementos do meio e certos elementos do ser, só pode ser cumprida a partir de elementos quase semelhantes. A ação não é apenas uma modificação topológica do meio; ela modifica a trama mesma do sujeito e dos objetos, de um jeito muito mais fino e delicado; não é a repartição topológica abstrata dos objetos e das forças que é modificada: de maneira igualmente global, porém mais íntima e menos radical, as incompatibilidades de disparação é que são transmontadas e integradas graças à descoberta de uma nova dimensão; o mundo antes da ação não é apenas um mundo onde há uma barreira entre o sujeito e o escopo; é sobretudo um mundo que não coincide consigo mesmo, pois *[210]* não pode ser visto de um único ponto de vista. Só muito raramente o obstáculo é um objeto entre objetos; ele geralmente é isso, mas de maneira simbólica e para as necessidades de uma representação clara e objetivante; o obstáculo, no real vivido, é a pluralidade das maneiras de estar presente ao mundo. O espaço hodológico já é o espaço da solução, o espaço significativo que integra os diversos pontos de vista possíveis numa unidade sistemática, resultado de uma amplificação. Antes do espaço hodológico, há esse encavalamento das perspectivas que não permite apreender o obstáculo determinado, porque não há dimensões relativamente às quais o conjunto único se ordenaria. A *fluctuatio animi* ["flutuação da alma"] que precede a ação resolvida não é hesitação entre vários objetos ou até mesmo entre várias vias, mas recobrimento movente de conjuntos incompatíveis, quase semelhantes, e todavia díspares. O sujeito antes da ação é tomado entre vários mundos, entre várias ordens; a ação é uma descoberta da significação dessa disparação, daquilo pelo qual as particularidades de cada conjunto se integram num conjunto mais rico e mais vasto, possuidor de uma nova dimensão. Não é por dominância de um dos conjuntos, coagindo os outros, que a ação se manifesta como organizadora; a ação é contemporânea da individuação pela qual esse conflito de planos se organiza em espaço: a pluralidade de conjuntos devém sistema. O esquema da ação é tão somente o símbolo subjetivo dessa nova dimensão significativa que acaba de ser descoberta na individuação ativa. Assim, tal incompatibilidade pode ser resolvida como significação sistemática por um esquema de sucessão e de condicionamento. A ação segue caminhos, sim, mas tais caminhos só podem ser caminhos porque o universo se ordenou individuando-se: o caminho é a dimensão segundo a qual a vida do sujeito no *hic et nunc* integra-se ao sistema individuando-o e individuando o sujeito: o caminho é de uma só vez mundo e sujeito, ele é a significação do sistema que acaba de ser descoberto como unidade que integra diferentes pontos de vista anteriores, as singularidades aportadas. O ser percipiente é o mesmo que o ser agente: a ação começa por uma resolução dos problemas de percepção; a ação é solução dos problemas de mútua coerência dos universos perceptivos; é preciso que exista certa disparação entre esses universos para que a ação seja possível; se essa disparação for grande demais, a ação será impossível. A ação é uma individuação por sobre as percepções, não uma função sem liame com a percepção e independente dela na existência: após as individuações perceptivas, uma individuação ativa vem dar uma significação às disparações que se manifestam entre os universos resultantes das individuações perceptivas. A relação que existe entre as percepções e a ação não pode ser pensada segundo as noções de gênero e de espécie. Percepção e ação puras são os termos extremos de uma série transdutiva orientada da percepção para a ação: as percepções são descobertas parciais de significações, individuando um domínio limitado relativamente ao sujeito; a ação unifica e individua as dimensões perceptivas e o conteúdo delas ao encontrar uma nova dimensão, a da ação: a ação, com efeito, é esse percurso que é uma dimensão, uma maneira de organizar; os caminhos não preexistem à ação: eles são a individuação mesma que faz uma unidade estrutural e funcional aparecer nessa pluralidade conflitual.[21] *[211]*

A noção de adaptação é malformada na medida em que supõe a existência dos termos como precedendo a existência da relação; não é a modalidade da relação, tal como a considera a teoria da adaptação, que merece ser criticada; são as próprias condi-

---

[21] Nesse sentido, o crescimento é uma forma de ação amplificadora. Ele pode ser a única possível para certos viventes, como os vegetais.

ções dessa relação que vêm após os termos. A teoria da adaptação ativa de Lamarck apresenta, contudo, uma importante vantagem sobre a de Darwin: ela considera a atividade do ser individuado como desempenhando um papel capital na adaptação; a adaptação é uma ontogênese permanente. Entretanto, a doutrina de Lamarck não dá um espaço grande o bastante a esse condicionamento pelo aspecto problemático da existência vital. Não são apenas necessidades e tendências que condicionam o esforço do ser vivo; afora as necessidades e tendências de origem específica e individual, aparecem conjuntos nos quais o ser individuado está engajado pela percepção e que não são compatíveis entre si, segundo suas dimensões internas. Em Lamarck, assim como em Darwin, há a ideia de que o objeto é objeto para o ser vivo, objeto constituído e destacado que representa um perigo ou um alimento ou um refúgio. O mundo relativamente ao qual a percepção tem lugar, na teoria da evolução, é um mundo já estruturado segundo um sistema de referência unitário e objetivo. Ora, é precisamente essa concepção objetiva do meio que falseia a noção de adaptação. Não há somente um objeto alimento ou um objeto presa, mas um mundo segundo a busca de comida e um mundo segundo a evitação dos predadores, ou um mundo segundo a sexualidade. Esses mundos perceptivos não coincidem, mas, no entanto, são pouco diferentes uns dos outros; eles têm alguns elementos próprios a cada um (os objetos designados como presa, predador, parceiro, alimento), como as imagens monoculares possuem, cada uma em si mesma, algumas franjas.[22] A adaptação é uma resolução de grau superior que deve engajar o sujeito como portador de uma nova dimensão. Para cada universo perceptivo, as dimensões objetivas bastam: o espaço tridimensional emparelha as duas imagens bidimensionais díspares. Porém, os diferentes universos perceptivos não podem

---

[22] Ademais, a totalidade de cada um desses mundos é um pouco diferente da totalidade dos outros, em razão de diferenças qualitativas e estruturais; os pontos-chave não são organizados segundo redes exatamente sobreponíveis; outrossim, nas imagens monoculares, a imagem direita e a imagem esquerda são apreendidas de *pontos de vista* diferentes, o que cria, em particular, uma diferença de perspectivas.

Informação e ontogênese: a individuação vital

mais ser reduzidos a um sistema de uma axiomática dimensional superior, segundo um princípio de objetividade; o ser vivo, então, entra na axiomática aportando a ela uma condição nova que devém dimensão: a ação, o percurso, a sucessão das fases do nexo aos objetos, que os modifica; o universo hodológico integra os mundos perceptivos díspares numa perspectiva que torna mutuamente correlativos o meio e o ser vivo, segundo o devir do ser no meio e do meio em torno do ser. A própria noção de meio é enganosa: só há meio para um ser vivo que consegue integrar em unidade de ação os mundos perceptivos. O universo sensorial não está dado de uma só vez: só o que há são mundos sensoriais que esperam a ação para devirem significativos. A adaptação cria o meio e o ser relativamente ao meio, os caminhos do ser; antes da ação, não há caminhos, nenhum universo unificado no qual se possa indicar as direções e as intensidades das forças para encontrar uma resultante: o paradigma físico do paralelogramo das forças não é aplicável, pois ele supõe um espaço uno, isto é, dimensões válidas para esse espaço uno, eixos de referência válidos para todo objeto que se encontrará nesse campo e para todo movimento que nele poderá se desenrolar. Nesse sentido, *[212]* a Teoria da Forma e a Teoria dos Campos da dinâmica de Kurt Lewin, que a prolonga, são representações retroativas: é fácil explicar a ação quando o ser está dado num meio único estruturado; mas é precisamente a ação que é condição da coerência da axiomática mediante a qual esse meio é uno: a Teoria da Adaptação, a Teoria da Forma e a dinâmica dos campos rechaçam para antes da ação, para explicar a ação, aquilo que a ação cria e condiciona; essas três doutrinas supõem uma estrutura de ação antes da ação para explicar a ação: elas supõem o problema resolvido; ora, o problema da ação do vivente é precisamente o problema da descoberta da compatibilidade. Esse problema, num grau superior, é um problema de individuação. Não pode ser resolvido mediante noções que, como a de estado estável, supõem a prévia coerência axiomática. O que é comum às três noções de adaptação, de boa forma e de espaço hodológico, é a noção de equilíbrio estável. Ora, o equilíbrio estável, aquele que é realizado quando todos os potenciais são atualizados num sistema, é precisamente o que supõe que nenhuma incompa-

316 A individuação dos seres vivos

tibilidade existe, que o sistema está perfeitamente unificado porque todas as transformações possíveis foram realizadas. O sistema do equilíbrio estável é aquele que alcançou o maior grau de homogeneidade possível. Não pode de modo algum explicar a ação, pois ele é o sistema no qual nenhuma transformação é possível, já que todos os potenciais estão esgotados: ele é sistema morto.

Para dar conta da atividade do vivente, é preciso substituir a noção de equilíbrio estável pela de equilíbrio metaestável, e a de boa forma pela de informação; o sistema no qual o ser age é um universo de metaestabilidade; a disparação prévia entre os mundos perceptivos devém condição de estrutura e de operação em estado de equilíbrio metaestável: é o vivente que, por sua atividade, mantém esse equilíbrio metaestável, o transpõe, o prolonga, o sustenta. O universo completo só existe enquanto o vivente entra na axiomática desse universo; se o vivente se desprende ou fracassa, o universo se desfaz em mundos perceptivos de novos díspares. O vivente, entrando em meio a esses mundos perceptivos para dele fazer um universo, amplifica a singularidade que ele porta. Os mundos perceptivos e o vivente se individuam juntamente em universo do devir vital.[23]

Só esse universo do devir vital pode ser tomado como verdadeiro sistema total; mas ele não é dado de uma só vez; ele é o sentido da vida, não sua condição ou sua origem. Goldstein indicou bem o sentido dessa sistemática do todo; porém, tratando-a como unidade organísmica, em certa medida ele foi obrigado a tomá-la como princípio, e não como sentido: donde o aspecto parmenidiano de sua concepção do ser: o todo está dado na origem, de modo que o devir vital é difícil de ser apreendido como dimensão efetiva dessa sistemática. A estrutura do organismo melhor se compreenderia no nível dos mundos perceptivos, na teoria de Goldstein, do que no nível da atividade propriamente dita. A dominân-

---

[23] É um dos maiores méritos de Lamarck ter considerado a evolução como uma incorporação ao indivíduo de efeitos aleatoriamente aportados pelo meio (como a comida veiculada pelas correntes d'água, depois ingerida graças a cílios vibráteis), o que realiza uma amplificação da área do vivente.

Informação e ontogênese: a individuação vital

cia hólica[NT] está no início, tanto que a totalidade é mais totalidade do ser vivo do que totalidade do universo que compreende o vivente, este inserido pela atividade nos mundos perceptivos que ganharam um sentido para o devir dessa atividade. Os sistemas sensoriais são difíceis de ser pensados em sua distinção relativa; no entanto, a distinção estrutural e funcional dos sentidos é a base da ação, enquanto base de significações que residem nos pares de formas [213] apenas a partir das quais a informação pode existir. Não se pode, portanto, unificar sob uma função global a sensibilidade, a pluralidade das sensações, pois essa pluralidade é fundamento de significações ulteriores enquanto pluralidade de pontos de contato a partir dos quais significações serão possíveis no curso de individuações ulteriores.

3. Limites da individuação do vivente. Caráter central do ser. Natureza do coletivo

Esta teoria não supõe que todas as funções vitais se confundam e sejam idênticas; mas ela tende a designar todas essas funções pela operação de individuação que elas cumprem; assim, a individuação seria uma operação muito mais geral e muito mais difundida do que se considera. O fato de que o ser vivo é um indivíduo separado na maior parte das espécies é tão somente uma consequência da operação de individuação; a ontogênese é uma individuação, mas não é a única individuação que se cumpre no vivente ou que toma o vivente como base e o incorpora.[24] Viver consiste em ser agente, meio e elemento de individuação. As condutas perceptivas, ativas, adaptativas são aspectos da operação fundamental e perpetuada de individuação que constitui a vida. Segun-

---

[NT] [Em francês, *holique*, adjetivo derivado do grego ὅλος (*hólos*): "todo" ou "totalidade".]

[24] Inversamente, a individuação não é a única realidade vital. Em sentido estrito, a individuação é de certa maneira uma solução de urgência, provisória, dramática. Mas, além disso, por estar diretamente ligada a um processo de neotenização, a individuação é a raiz da evolução.

do tal concepção, para pensar o vivente, é preciso pensar a vida como uma sequência transdutiva de operações de individuação, ou ainda como um encadeamento de sucessivas resoluções, cada resolução anterior podendo ser retomada e reincorporada nas resoluções ulteriores. Com isso, poder-se-ia dar conta do fato de que a vida, em seu conjunto, aparece como uma construção progressiva de formas cada vez mais elaboradas, isto é, capazes de conter problemas cada vez mais elevados. A axiomática vital se complica e se enriquece através da evolução; a evolução não é, propriamente falando, um aperfeiçoamento, mas uma integração, a manutenção de uma metaestabilidade que repousa cada vez mais sobre si mesma, acumulando potenciais, juntando estruturas e funções. A individuação como geradora de indivíduos perecíveis, submetidos ao envelhecimento e à morte, é apenas um dos aspectos dessa individuação vital generalizada, neotenizante, que incorpora uma axiomática cada vez mais rica. O indivíduo, com efeito, como ser limitado, submetido ao *hic et nunc* e à precariedade de sua condição isolada, exprime o fato de que resta algo de insolúvel na problemática vital; é porque a vida é resolução de problemas que resta algo de residual, uma escória que não ganha significação, um resto após todas as operações de individuação. O que resta no ser envelhecido é o que não pôde ser integrado, é o inassimilado. Do ἄπειρον de antes da individuação ao ἄπειρον de depois da vida, do indeterminado de antes ao indeterminado de depois, da primeira poeira à poeira derradeira, cumpriu-se uma operação que não se reabsorve em poeira; a vida está em seu presente, em sua resolução, não em seu resto. E a morte existe para o vivente em dois sentidos que não coincidem: ela é a morte adversa, a da ruptura de equilíbrio metaestável que só se mantém pelo seu próprio funcionamento, pela sua capacidade de permanente resolução: essa morte traduz a precariedade mesma da individuação, [214] seu afrontamento às condições do mundo, o fato dela se engajar arriscando e não poder ter êxito sempre; a vida é como um problema posto que pode não ser resolvido, ou ser mal resolvido: a axiomática desmorona no curso mesmo da resolução do problema: um certo acaso de exterioridade existe assim em toda vida; o indivíduo não está fechado em si mesmo e ele não tem um destino

Informação e ontogênese: a individuação vital

contido em si, pois o mundo é o que ele resolve ao mesmo tempo que si mesmo: é o sistema do mundo e de si mesmo.

Mas a morte existe para o indivíduo também num outro sentido: o indivíduo não é pura interioridade: ele próprio se apesenta com o peso dos resíduos de suas operações; por si mesmo ele é passivo; a si mesmo ele é sua própria exterioridade; sua atividade o deixa pesado, encarrega-o de um indeterminado inutilizável, de um indeterminado em equilíbrio estável, que já não tem natureza, que é desprovido de potenciais e não pode mais ser a base de novas individuações; o indivíduo, pouco a pouco, ganha elementos de equilíbrio estável que o deixam carregado e o impedem de ir até novas individuações. A entropia do sistema individuado aumenta no curso das operações sucessivas de individuação, particularmente daquelas que não são construtivas. Os resultados sem potenciais do passado acumulam-se sem devirem os fermentos de novas individuações; essa poeira sem calor, essa acumulação sem energia são como a ascensão, no ser, da morte passiva, que não provém do afrontamento com o mundo, mas da convergência das transformações internas. Pode-se perguntar, no entanto, se o envelhecimento não é a contrapartida da ontogênese. Os tecidos cultivados *in vitro*, e repicados com bastante frequência para jamais darem grandes massas, vivem indefinidamente; em geral, é dito que esses tecidos devem sua longevidade sem limite ao fato de que a repicagem impede a acumulação de produtos tóxicos de eliminação no interior do conjunto de matéria viva. Mas pode-se também observar que a repicagem sempre mantém a parcela de tecido vivo num estado de crescimento indiferenciado; assim que a parcela é grande o suficiente, ela se diferencia, e os tecidos diferenciados morrem ao fim de certo tempo; ora, a diferenciação é uma estruturação e uma especialização funcional; é resolução de um problema, enquanto o crescimento indiferenciado dos tecidos frequentemente repicados coloca-se, antes de qualquer individuação, no nível da parcela: a repicagem perpétua reduz o tecido sempre ao mesmo ponto de sua evolução enquanto conjunto que pode ser o suporte de uma individuação. Talvez seja por causa dessa ausência de individuação que a longevidade é sem limite: há iteração do processo de crescimento, iteração exteriormente provocada. O fato de que um conjunto suficientemente grande se diferencia e morre parece mostrar que toda diferenciação deixa um certo resíduo que não pode ser eliminado e que onera o ser individuado com um peso que diminui as chances de individuações ulteriores. O envelhecimento é essa menor capacidade de renovação, como mostram os estudos sobre a cicatrização das feridas; o indivíduo que se estrutura e especializa seus órgãos, ou as montagens automáticas do hábito, devém cada vez menos capaz de refazer novas estruturas se as antigas forem destruídas. Tudo se passa como se o capital de potenciais primitivos fosse diminuindo, e a inércia do ser, aumentando: a viscosidade do ser aumenta pelo jogo da maturação individuante.[25] Esse aumento *[215]* da inércia, da rigidez, da viscosidade, é aparentemente compensado pela riqueza cada vez maior dos dispositivos adquiridos, isto é, da adaptação; mas a adaptação é precária no sentido de que, se o meio se modifica, os novos problemas podem não ser resolvidos, ao passo que as estruturas e as funções anteriormente elaboradas impelem a uma iteração infrutífera. Nesse sentido, parece que o fato de que o indivíduo não é eterno não deve ser considerado como acidental; a vida, em seu conjunto, pode ser considerada como uma série transdutiva; a morte, como acontecimento final, é tão somente a consumação de um processo de amortecimento, que é contemporâneo de cada operação vital enquanto operação de individuação; toda operação de individuação deposita a morte no ser individuado, que assim encarrega-se progressivamente de algo que ele não pode eliminar; esse amortecimento é diferente da degradação dos órgãos; ele é essencial à atividade de individuação. O indeterminado nativo do ser é substituído, pouco a pouco, pelo indeterminado passado, sem tensão, pura carga inerte; o ser vai da pluralidade dos potenciais

---

[25] No caso do vegetal, um fenômeno análogo se produz: uma árvore idosa pode continuar a se acrescer, mas, se um dos grandes ramos for quebrado, a árvore não consegue reencontrar o equilíbrio de sua estrutura; todavia, ela continua acrescendo regularmente sua frondescência; uma árvore jovem, quebrada, reorienta seu crescimento e reencontra a verticalidade, sendo que um dos ramos laterais, primitivamente diageotrópico, devém então ortogeotrópico.

Informação e ontogênese: a individuação vital

iniciais à unidade indistinta e homogênea da dissolução final, através das sucessivas estruturações de equilíbrios metaestáveis: as estruturas e as funções individuadas fazem comunicar os dois indeterminados entre os quais a vida se insere.

Se o indivíduo tem um sentido, sem dúvida não é somente pela tendência do ser a perseverar em seu ser; o ser individual é transdutivo, não substancial, e a tendência do ser a perseverar em seu ser busca a equivalência de uma substancialização, mesmo que o indivíduo seja feito apenas de modos. De fato, tampouco se pode encontrar o sentido do indivíduo vivo na integração incondicional à espécie; a espécie é uma realidade tão abstrata quanto seria o indivíduo tomado como substância. Entre a substancialização do ser individual e sua absorção no contínuo superior da espécie, em que ele é como a folha da árvore, segundo a expressão que Schopenhauer tomou de Homero ("Οἵη περ φύλλων γενεή, τοίη δὲ καὶ ἀνδρῶν"),[26] existe uma possibilidade de apreender o indivíduo, enquanto limitado, como uma das vertentes da individuação vital essencial; o indivíduo é realidade transdutiva; pelo alastramento de sua existência ativa na dimensão temporal, ele aumenta aquela capacidade que a vida possui de resolver problemas; o indivíduo porta uma axiomática, ou antes uma dimensão da axiomática vital; a evolução da individuação, essa ligação de uma estruturação funcional e de um amortecimento acoplados, que é cada operação perceptiva e ativa, faz do indivíduo um ser que traduz potenciais incompatíveis entre si em equilíbrios metaestáveis, podendo ser mantidos ao preço de sucessivas invenções. Como toda série transdutiva, a existência do indivíduo deve ser tomada em seu meio para ser apreendida em sua plena realidade; o indivíduo com-

---

[26] *O mundo como vontade e representação*, I, livro II, § 36.

NT [A citação de Homero encontra-se no segundo livro, capítulo 41, da grande obra de Schopenhauer. O verso de Homero é o 146 do canto VI da *Ilíada*, que a tradução de Haroldo de Campos, acrescentada dos versos seguintes, assim revela: "Símile à das folhas,/ a geração dos homens: vento faz cair/ as folhas sobre a terra. Verdecendo, a selva/ enfolha outras mais, vinda a primavera. Assim,/ a linhagem dos homens: nascem e perecem" (Homero, *Ilíada*, vol. 1, 4ª ed., São Paulo, Arx, 2003, pp. 240-1).]

pleto não é somente o ser que vai do seu nascimento à sua morte: ele é essencialmente o *ser da maturidade*, com o estatuto de existência que está entre os dois extremos e que dá seu sentido aos dois extremos; nascimento e morte, depois ontogênese e destruição, processos anabólicos e processos catabólicos, são extremos relativamente ao centro de maturidade; o indivíduo real é o indivíduo maduro, o indivíduo mediano. É como tal que o indivíduo se perpetua, não voltando a devir eternamente jovem ou transmutando--se para além da derradeira morte; é em seu centro de existência que o indivíduo corresponde mais inteiramente à sua função, por essas individuações que resolvem o mundo e resolvem o ser individuado. Jovem e velho, o ser individuado está isolado; maduro, ele se estrutura no mundo *[216]* e estrutura o mundo em si. As estruturas e funções do indivíduo maduro o atrelam ao mundo, o inserem no devir; as significações não são como os seres individuados: não estão contidas, abarcadas, num recinto individual que se degradará; só as significações realizadas, as estruturas e funções acopladas do indivíduo maduro, ultrapassam o *hic et nunc* do ser individuado; o indivíduo maduro, aquele que resolve os mundos perceptivos em ação, é também aquele que participa do coletivo e o cria; o coletivo existe enquanto individuação das cargas de natureza veiculadas pelos indivíduos. Não é somente a espécie, enquanto filo, mas a unidade coletiva de ser que recolhe essa tradução das estruturas e das funções elaboradas pelo ser individuado.[27] Poder-se-ia dizer que um segundo nascimento de que o indivíduo participa é o do coletivo, que incorpora o próprio indivíduo e constitui a amplificação do esquema que ele porta. Como significação efetuada, como problema resolvido, como informação, o indivíduo se traduz em coletivo: ele se prolonga, assim, lateral e superiormente, mas não em seu fechamento individual. Relativamente a essa significação descoberta, ele próprio está no *hic et nunc*, amortecimento progressivo, escória, e se destaca pouco a pouco do movimento da vida. O indivíduo não é completo nem

---

[27] No caso das espécies que não dão nascimento a uma colônia. Quando o indivíduo funda uma colônia, é a colônia que corresponde à sua maturidade e à sua ação acabada.

Informação e ontogênese: a individuação vital

substancial; ele só tem sentido na individuação e pela individuação, que o deposita e o põe de lado tanto quanto o assume por participação. A individuação não se faz apenas no indivíduo e por ele; ela também se faz em torno dele e acima dele. É pelo centro de sua existência que o indivíduo se traduz, se converte em significação, se perpetua em informação, implícita ou explícita, vital ou cultural, esperando os sucessivos indivíduos que constroem a maturidade deles e reassumem os signos de informação deixados diante deles pelos seus antepassados: o indivíduo encontra a vida em sua maturidade: a enteléquia não é nem apenas interior, nem apenas pessoal; ela é uma individuação segundo o coletivo. Lucrécio representa os viventes como os corredores de revezamento que passam entre si as tochas; sem dúvida, ele entende com isso a chama de vida dada no nascimento; mas também seria possível entender como aquilo que é transmitido no interior do coletivo, recriado e reassumido através do tempo pelos sucessivos indivíduos. Nas espécies em que não existem indivíduos completos e distintos, jamais se cria tão fortemente essa inatualidade do jovem ou do idoso; a colônia ou o conjunto vital faz circular uma atualidade permanente nas diferentes partes do ser. Nas espécies superiores, a ontogênese acentuada e seu correlativo, o envelhecimento, defasam o indivíduo para a frente e para trás relativamente a essa atualidade do coletivo: é apenas em sua maturidade que o ser individuado está em concordância de fase com a vida propriamente dita. E aí é que está a resolução do problema, que só a individuação dos seres separados pode cumprir: a colônia está fixada em sua permanente atualidade; ela não pode destacar-se de si mesma, defasar-se para a frente e para trás relativamente ao seu presente; ela só pode reagir e desenvolver-se segundo a continuidade. Pela invenção do indivíduo separado, a vida, encontrando ontogênese e envelhecimento, cria essa defasagem para a frente e para trás de cada ser individuado relativamente ao coletivo e ao atual.[28] O modo de ser do coletivo dos indivíduos separados difere do perpétuo presente

---

[28] O indivíduo é uma solução para os problemas de descontinuidade, e pela descontinuidade. É no coletivo que se restabelece a continuidade.

das colônias dos viventes primitivos pelo fato dele ser o encontro dos devires individuais num presente [217] que domina e incorpora, em real enteléquia, o avanço da juventude e o atraso da velhice. O coletivo acha e realiza a significação desses dois desenquadramentos temporais, que são a defasagem para a frente do crescimento e a defasagem para trás do envelhecimento. O coletivo, equivalente funcional da colônia, é a significação dos dois aspectos inversos e contraditórios, incompatíveis no indivíduo, da ontogênese e da degradação. Pela ação, o indivíduo acha a significação das disparações perceptivas. Por esse análogo superior da ação que é a presença, o coletivo acha a significação da disparação que, no indivíduo, é o par dos processos anabólicos e dos processos catabólicos, da ontogênese e da degradação, acoplamento de ascensão à existência e de queda na estabilidade definitiva do equilíbrio de morte. A única e definitiva metaestabilidade é a do coletivo, porque ela se perpetua, sem envelhecer, através das sucessivas individuações. As espécies inferiores podem não comportar a individualidade separada: a metaestabilidade pode ser imanente ao indivíduo, ou antes ela atravessa o todo imperfeitamente repartido em indivíduos. Nas espécies superiores, a permanência da vida se encontra no nível do coletivo; mas aí ela se encontra num nível superior; aí ela se reencontra como significação, como dimensão na qual se integram a ascensão e a degradação do ser individuado; o coletivo é portado pela maturidade dos indivíduos, maturidade que é a dimensão superior relativamente à qual juventude e velhice se ordenam, e não um estado transitório de equilíbrio entre juventude e velhice; o indivíduo é maduro na medida em que se integra ao coletivo, ou seja, na medida em que ele é ao mesmo tempo jovem e velho, está à frente e atrás relativamente ao presente, contendo em si potenciais e marcas do passado. A maturidade não é um estado, mas uma significação que integra as duas vertentes, anabólica e catabólica, da vida. O indivíduo acha seu sentido nessa defasagem pela qual ele propõe a bidimensionalidade do tempo, advindo e depois passando, estufando-se de potenciais ao longo do porvir, e daí se estruturando insularmente em passado, na integração do coletivo; o coletivo, com o presente, é resolução da bidimensionalidade incompatível no indivíduo, segundo a tridi-

Informação e ontogênese: a individuação vital

mensionalidade coerida no presente. É que há uma grande diferença entre o porvir e o passado tais como são para o indivíduo separado e o porvir e o passado tais como são no sistema tridimensional da presença coletiva. *Pela presença do presente*, o porvir e o passado devêm dimensões; antes da individuação do coletivo, o porvir é a significação isolada dos processos anabólicos, e o passado, a significação isolada dos processos catabólicos. Esses dois processos não coincidem: são, um relativamente ao outro, díspares e, todavia, estão acoplados, pois cada ação implica ambos. No coletivo, a ação individual ganha um sentido porque ela é presente. O presente do coletivo é comparável à terceira dimensão do espaço para a percepção; nisso, o porvir e o passado do indivíduo acham uma coincidência, e se ordenam em sistema, graças a uma axiomática de grau superior. O indivíduo aporta consigo as condições da profundidade temporal, mas não essa dimensão de profundidade; sozinho, ele seria pego entre seu porvir e seu passado, o que significa que ele não estaria inteiramente vivo. Para que toda a significação vital seja encontrada, é preciso que a dualidade temporal do indivíduo se ordene segundo a tridimensionalidade do coletivo. No coletivo, o acoplamento do porvir e do passado devêm significação, pois o ser individuado é reconhecido como integrado: ele é integrado não apenas segundo seu porvir ou segundo seu passado, mas segundo o sentido da condensação de seu porvir e de seu passado: o indivíduo se apresenta no coletivo, ele *se unifica no presente* através de sua ação. O coletivo não é uma [218] substância ou uma forma anterior aos seres individuados, que os coagiria e neles penetraria ou os condicionaria: o coletivo é a comunicação que engloba e resolve as disparações individuais sob forma de uma presença que é sinergia das ações, coincidência dos porvires e dos passados sob forma de ressonância interna do coletivo. A sinergia coletiva supõe, com efeito, uma unidade que cria um domínio de transdutividade a partir daquilo que, em cada ser individual, ainda não é individuado, e que pode ser nomeado carga de natureza associada ao ser individuado; o coletivo é aquilo em que uma ação individual tem um sentido para os outros indivíduos, como símbolo: cada ação presente nos outros é símbolo dos outros; ela faz parte de uma realidade que se individua em totalidade, podendo dar conta da pluralidade simultânea e sucessiva das ações.

O coletivo não é somente reciprocidade das ações: nele, cada ação é significação, pois cada ação resolve o problema dos indivíduos separados e se constitui como símbolo das outras ações; a sinergia das ações não é somente uma sinergia de fato, uma solidariedade que chega a um resultado; é enquanto está estruturada como simbólica das outras que cada ação possui essa capacidade de fazer coincidir o passado individual com o presente individual. Para que a dimensão de presença exista, é preciso não apenas que vários indivíduos estejam reunidos: também é preciso que essa reunião esteja inscrita na dimensionalidade própria deles, e que neles o presente e o porvir sejam correlativos das dimensões de outros seres pelo intermédio dessa unidade do presente; o presente é aquilo em que há significação, aquilo pelo qual se cria certa ressonância do passado ao porvir e do porvir ao passado: a troca de informação de um ser a outro passa pelo presente; cada ser devém recíproco relativamente a si mesmo na medida em que ele devém recíproco relativamente aos outros. A integração intraindividual é recíproca da integração transindividual. A categoria da presença é também categoria do transindividual. Uma estrutura e uma função existem, ao mesmo tempo, nos indivíduos e de um indivíduo ao outro, sem que ambas possam ser definidas unicamente como exteriores ou interiores. Essa relação entre os indivíduos e através dos indivíduos exprime o fato de que os indivíduos se amplificam em realidade mais vasta pelo intermédio de alguma coisa que, neles, é tensão problemática, informação: essa realidade pode ser nomeada carga pré-individual no indivíduo. A ação, resolução das pluralidades perceptivas em unidade dinâmica, implica a entrada em jogo dessa realidade pré-individual: o ser enquanto ser individuado puro não tem, em si, com que ir além dos mundos perceptivos em sua pluralidade. O ser individual permaneceria incompatível consigo mesmo se ele tivesse apenas a percepção, e a percepção é só o que ele teria se, para resolver esses problemas, tivesse disponível apenas aquilo que o ser é, enquanto indivíduo individuado, enquanto resultado de uma operação anterior de individuação. É preciso que o ser possa apelar, nele e fora dele, a uma

Informação e ontogênese: a individuação vital

realidade ainda não individuada: essa realidade é o que ele contém de informação relativa a um real pré-individual: é essa carga que é o princípio do transindividual; ela comunica diretamente com as outras realidades pré-individuais contidas nos outros indivíduos, como as malhas de uma rede comunicam umas com as outras, cada uma se ultrapassando na malha seguinte.[29] Participando de uma realidade ativa, na qual ele é apenas uma malha, o ser individuado [219] age no coletivo: a ação é essa troca em rede entre os indivíduos de um coletivo, troca que cria a ressonância interna do sistema assim formado. O grupo pode ser considerado como substância relativamente ao indivíduo, mas de um jeito inexato. Com efeito, o grupo é alcançado a partir da carga de realidade pré-individual de cada um dos indivíduos agrupados; não são os indivíduos que o grupo incorpora diretamente, mas suas cargas de realidade pré-individual: é por isso, e não enquanto indivíduos individuados, que os seres são compreendidos na relação transindividual. O transindividual é aquilo que, nos indivíduos não provisórios, equivale à transformação em colônia para os indivíduos provisórios que servem à transferência, ou ao desenvolvimento em planta para o grão.

4. Da informação à significação

Poder-se-ia, então, perguntar-se como representar a função de individuação quando ela se desenvolve no vivente. Seria preciso poder definir uma noção que seria válida para pensar a individuação tanto na natureza física quanto na natureza viva e, em seguida, para definir a diferenciação interna do vivente que prolonga sua individuação separando as funções vitais em fisiológicas e psíquicas. Ora, se retomarmos o paradigma da tomada de forma tecnológica, acharemos uma noção que parece poder passar de uma ordem de realidade a outra, em razão de seu caráter pura-

---

[29] É porque ele não é simples unidade, substância, que o indivíduo busca fundar uma colônia ou amplificar-se em transindividual. O indivíduo é problema porque ele não é toda a vida.

mente operatório, não ligado a esta ou àquela matéria, e definindo-se apenas relativamente a um regime energético e estrutural: a noção de informação. A forma, o paralelepípedo retângulo, por exemplo, não age diretamente sobre a matéria; ela nem mesmo age após ter sido materializada sob a forma do molde paralelepipédico; o molde só intervém como modulador da energia que a argila porta de tal ou qual maneira, neste ou naquele ponto; o molde é portador de sinais de informação; a forma deve ser traduzida em sinais de informação para poder encontrar eficazmente a matéria, quando esta, na origem, lhe é exterior. A individuação é uma modulação. Ora, é no estado separado que a noção de informação nos é oferecida pelas técnicas nomeadas técnicas de informação, a partir das quais a teoria da informação foi edificada. É difícil, porém, retirar dessas técnicas múltiplas, nas quais a noção de informação é utilizada e conduz ao emprego de quantidades, uma noção unívoca de informação. Com efeito, a noção de informação aparece de duas maneiras quase contraditórias. Num primeiro caso, a informação, como o exprime Norbert Wiener, é aquilo que se opõe à degradação da energia, ao aumento da entropia de um sistema; ela é essencialmente negentrópica. Num sistema em que todas as transformações possíveis teriam sido efetuadas, em que todos os potenciais teriam se atualizado, nenhuma transformação a mais seria possível; nada se distinguiria de nada. Assim, a informação, na transmissão de uma mensagem, é aquilo que se opõe ao nivelamento geral da energia modulada pelo sinal; é o que faz com que seja possível distinguir, na transmissão em alfabeto Morse, o momento em que a corrente passa do momento em que ela não passa. Se, na sequência da inércia elétrica do sistema de transmissão (*self-inductance*), a corrente se estabelece bem lentamente e diminui bem lentamente, fica impossível discernir se a corrente passa ou não passa, se é com um traço que se está lidando, com um ponto ou com um intervalo entre traço e ponto; o sinal de informação [220] é a decisão entre dois estados possíveis (por exemplo, corrente ou não corrente, no caso escolhido); para transmitir claramente uma mensagem em Morse, é preciso manipular bastante lentamente, na saída, para que os sinais, apesar da inércia do dispositivo, ainda estejam distintos na chegada, isto é, para que se possa distinguir nitidamente os momentos de passagem da corrente e os momentos sem corrente, sendo que os períodos indecisos de estabelecimento e de ruptura permanecem breves relativamente à duração total de um signo ou de um intervalo entre signos. O sinal de informação aporta a decisão entre possíveis, nesse primeiro sentido; ele supõe diversidade possível dos estados, não-confusão, distinção. Ele se opõe particularmente ao ruído de fundo, isto é, àquilo que advém segundo o acaso, como a agitação térmica das moléculas; quando o veículo energético do sinal é descontínuo por essência, como uma corrente elétrica formada de cargas elementares em trânsito, é preciso que cada elemento do sinal module um grande número de unidades elementares da energia portadora para que a mensagem seja corretamente transmitida; um tubo eletrônico de pequena dimensão tem um ruído de fundo mais elevado que um tubo grande, porque ele deixa passar menos elétrons por unidade de tempo; essa descontinuidade quântica, devida ao tipo de energia portadora empregada, deve permanecer, para não ser um estorvo, bastante inferior às variações significativas, tendo um sentido para a transmissão da informação. O sinal de informação, portanto, é poder de decisão, e a "quantidade de informação" que pode ser transmitida ou registrada por um sistema é proporcional ao número de decisões significativas que esse sistema pode transmitir ou registrar. Assim, uma emulsão fotográfica de grãos finos tem um poder de resolução superior ao de uma emulsão de grãos grossos; uma fita magnética de grãos finos pode, para uma mesma velocidade de bobinagem diante do cabeçote de registro e de leitura, registrar mais fielmente o som, reproduzindo os sons agudos e os harmônicos dos sons graves (o que é análogo aos detalhes finos, para a fotografia).

O sinal de informação, nesse sentido, é aquilo que não é previsível, aquilo que reparte o previsível no ponto em que a energia que veicula esse sinal, ou os suportes que o registram, deva ter estados que, na ordem de grandeza dos sinais de informação (duração ou extensão, segundo o caso), podem ser considerados previsíveis, para que a imprevisibilidade dos estados do suporte ou da energia modulada não interfira na do sinal de informação. Caso se quisesse transmitir um ruído de fundo considerado como sinal, mediante um dispositivo que já tem um ruído de fundo, seria preciso que o próprio ruído de fundo do sistema de transmissão fosse fraquíssimo relativamente ao ruído de fundo a ser transmitido como sinal. Uma extensão de areia fina, bem aplanada, uniformemente iluminada, é muito difícil de fotografar: é preciso que o grão da película fotográfica seja muito menor que a grandeza média da imagem de um grão de areia sobre a película, senão as granulações da película desenvolvida poderão indiferentemente ser devidas à imagem ou ao grão da película: a decisão, característica do sinal de informação, não existirá mais. Não se pode contratipar a imagem do grão de uma película fotográfica mediante uma película de mesmo tipo; é preciso empregar uma película de grão mais fino.

Contudo, num outro sentido, a informação é o que implica regularidade e retorno periódico, previsibilidade. O sinal é tanto mais fácil de ser transmitido quanto mais facilmente previsível ele é; assim, quando é preciso sincronizar um oscilador mediante outro oscilador, quanto mais estáveis são os osciladores, tomados cada um à parte, mais fácil é sincronizar um dos osciladores mediante o outro: mesmo que o sinal de sincronização *[221]* seja bem fraco, quase de mesmo nível que o ruído de fundo, é possível recebê-lo sem erro mediante o dispositivo de comparação de fase, supondo que o tempo, durante o qual o oscilador receptor é sensível ao sinal, seja extremamente reduzido no interior da duração total de um período. É que, nesse caso, o sinal não é apenas emitido ou transmitido por modulação de uma energia: ele é também recebido por um dispositivo que tem seu funcionamento próprio e que deve integrar o sinal de informação no interior de seu funcionamento, fazendo com que ele desempenhe um papel de informação eficaz: o sinal de informação não é apenas aquilo que está para ser transmitido, sem deterioração causada pelo ruído de fundo e por outros aspectos de acaso e de degradação da energia; ele é também *aquilo que deve ser recebido*, ou seja, que deve tomar uma significação, ter uma eficácia para um conjunto que tem um funcionamento próprio. Como, em geral, os problemas relativos à informação são problemas de transmissão, os aspectos da informação, os únicos retidos e submetidos à apreciação tecnológica, são aqueles relativos à não-degradação dos sinais em curso de transmissão;

Informação e ontogênese: a individuação vital   331

o problema da significação dos sinais não é colocado, porque os sinais não degradados têm, na chegada, a significação que eles teriam tido no ponto de saída se não tivessem sido transmitidos, mas simplesmente liberados diretamente; é o sujeito humano que é receptor na extremidade da linha de transmissão, assim como ele o seria se nenhuma distância o separasse da origem dos sinais. Em contrapartida, o problema é bem diferente quando os sinais não são apenas tecnicamente transmitidos, mas também tecnicamente recebidos, isto é, recebidos por um sistema dotado de funcionamento próprio e que deve integrá-los a esse funcionamento. Descobre-se, então, que as grandezas relativas à *transmissão* dos sinais, e as que são relativas à *significação* deles, são antagonistas. Os sinais são tanto mais bem transmitidos quanto menos eles se confundem com a uniformização do previsível; mas, para que sejam recebidos, para que se integrem ao funcionamento de um sistema, é preciso que apresentem uma analogia tão perfeita quanto possível com aqueles que poderiam ser emitidos pelo dispositivo receptor, caso este fosse utilizado como emissor; é preciso que eles sejam quase previsíveis; dois osciladores se sincronizam tanto mais facilmente quanto mais vizinhos em frequência e em forma (sinusoidais, relaxados, em dentes de serra, em trens de pulso) forem os sinais emitidos por um e pelo outro. Esse aspecto de reciprocidade possível é ilustrado pelo acoplamento dos osciladores: quando dois osciladores, deixando irradiar uma parte de sua energia, são aproximados um do outro, eles se sincronizam mutuamente de maneira tal que não se pode dizer que um pilota o outro; eles tão somente formam um único sistema oscilante. Portanto, além da quantidade de sinais de informação transmissíveis por um sistema dado, é preciso considerar a aptidão deles para serem recebidos por um dispositivo receptor; essa aptidão não pode exprimir-se diretamente em termos de quantidade. Também é difícil nomeá-la qualidade, pois a qualidade parece ser uma propriedade absoluta de um ser, enquanto se trata, aqui, de uma relação; tal energia modulada pode devir sinais de informação para um sistema definido e não para outro. Poder-se-ia nomear essa aptidão da informação, ou antes aquilo que funda essa aptidão, a ecceidade da informação: é o que faz com que isto seja informação, seja recebido como tal, enquanto aquilo não é recebido como informação;[30] o termo qualidade designa demasiadamente caráteres genéricos; o termo ecceidade particulariza demais e abarca demais, num caráter *[222]* concreto, o que é aptidão relacional. Só o que importa é indicar que essa aptidão relacional encontra-se atada ao esquema de previsibilidade dos sinais da informação; para que os sinais ganhem um sentido num sistema, é preciso que não aportem algo de inteiramente novo; um conjunto de sinais só é significativo sobre um fundo que quase coincida com ele; se os sinais recobrem exatamente a realidade local, não são mais informação, mas apenas iteração exterior de uma realidade interior; se diferem dessa realidade em demasia, não são mais apreendidos como tendo um sentido, não são mais significativos, não sendo integráveis. Os sinais devem encontrar, para serem recebidos, *formas prévias* relativamente às quais eles são *significativos*; a significação é relacional. Poder-se--ia comparar essa condição da recepção de sinais de informação àquela que cria a disparação binocular na percepção do relevo. Para que o relevo e o escalonamento em profundidade dos planos sejam efetivamente percebidos, não é preciso que a imagem que se forma sobre a retina do olho esquerdo seja a mesma daquela que se forma sobre a retina do olho direito; se as duas imagens são completamente independentes (como quando se enxerga com um olho um lado de uma folha de papel e, com o outro olho, o outro lado), imagem nenhuma aparece, pois não existe, então, nenhum ponto comum; é preciso que as duas imagens não sejam sobreponíveis, mas que a diferença delas seja fraca e que elas possam devir sobreponíveis mediante um certo número de ações fracionadas sobre um número de planos finitos, correspondendo a simples leis de transformações. O relevo intervém como significação dessa dualidade das imagens; a dualidade das imagens não é nem sentida

---

[30] Só há informação quando aquilo que emite os sinais e aquilo que os recebe forma sistema. A informação está *entre* as duas metades de um sistema em relação de disparação. Essa informação não passa necessariamente por sinais (por exemplo, na cristalização); mas ela *pode* passar por sinais, o que permite a realidades distanciadas uma da outra formarem sistema.

Informação e ontogênese: a individuação vital

nem percebida; só o relevo é percebido: ele é o sentido da diferença dos dois dados. Outrossim, para que um sinal receba uma significação, não apenas num contexto psicológico, mas numa troca de sinais entre objetos técnicos, é preciso que exista uma disparação entre uma forma já contida no receptor e um sinal de informação aportado do exterior. Se a disparação é nula, o sinal recobre exatamente a forma e, assim, a informação é nula enquanto modificação do estado do sistema. Ao contrário, quanto mais a disparação aumenta, mais a informação aumenta, porém apenas até certo ponto, pois para além de certos limites, dependendo das características do sistema receptor, a informação devém bruscamente nula, quando a operação pela qual a disparação é assumida enquanto disparação já não pode ser efetuada. Aumentando a distância das objetivas numa tomada de visão estereoscópica, aumenta-se a impressão de relevo e de escalonamento sucessivo dos planos, pois aumenta-se a disparação (esse dispositivo também é empregado para a observação direta à distância: a visada se efetua mediante dois periscópios cujas duas objetivas podem ser distanciadas o tanto que se desejar, e isso equivale a aumentar o espaçamento entre os dois olhos); mas, se a distância entre as objetivas ultrapassa certo limite (variável com a distância real entre o primeiro plano e o segundo plano), o sujeito percebe duas imagens diferentes que se embaralham, com dominâncias fugazes ora do olho esquerdo, ora do olho direito, numa instabilidade indefinida da percepção, que não mais comporta informação enquanto escalonamento dos planos e relevo dos objetos. Outrossim, um oscilador sincronizável que recebe sinais estritamente de mesma frequência que a oscilação local, e sem nenhuma diferença de fase, não recebe, propriamente falando, sinal algum, pois há coincidência absoluta do funcionamento local e do [223] funcionamento exterior traduzido por sinais. Se a diferença de frequência aumenta, a informação, graças aos sinais efetivamente integrados, cresce; mas se os sinais recebidos têm uma frequência diferente demais da frequência local, já não há sincronização alguma; os sinais não são utilizados como veículos de informação e, para o oscilador, eles só podem ser aquilo que seriam perturbações exteriores sem regularidade (parasitas ou ruído de fundo, ruído branco da agitação térmica). A condição de frequência é fundamental, mas existem outras, que se reduzem ao seguinte: a integração dos sinais a um sistema em funcionamento é tanto mais fácil quanto mais vizinha da repartição de energia, nas trocas locais, é a repartição da energia num único período do sinal; assim, um oscilador de relaxação é mais facilmente sincronizado pelos pulsos de frente rígida, provindo de um outro oscilador de relaxação, do que por um sinal sinusoidal de mesma frequência que os pulsos. Pode-se nomear *sinal* o que é transmitido, *forma* aquilo relativamente ao qual o sinal é recebido no receptor, e *informação*, propriamente dita, aquilo que é efetivamente integrado ao funcionamento do receptor após a prova de disparação incidindo sobre o sinal extrínseco e a forma intrínseca. Um registro de informação é, de fato, uma fixação de sinais, e não um verdadeiro registro de informação; a fita magnética ou a película fotográfica registram sinais sob forma de um conjunto de estados locais, mas sem prova de disparação; a fita magnética ou a película devem, então, ser utilizadas como fonte secundária de sinais diante de um verdadeiro receptor, o qual as integrará ou não as integrará segundo a existência ou inexistência, nele, de formas adequadas para a prova de disparação; a fita magnética deve ser reatualizada sob forma de sinais, e a película fotográfica deve ser iluminada; ela, então, modula a luz ponto por ponto, como os objetos fotografados a modulavam. Se a disparação entre dois sinais externos é necessária para a percepção, o registro deve liberar separadamente dois conjuntos ou séries de sinais: é preciso duas fotografias separadas para dar a percepção do relevo, e duas pistas sobre a fita magnética para o relevo sonoro. Essa necessidade de dois registros bem separados mostra que o registro veicula *sinais*, mas não *informação* diretamente integrável: a disparação não é feita, e não pode ser feita, pois ela não está no nível dos sinais e não faz nascer um *sinal*, mas uma *significação*, que só tem sentido num funcionamento; é preciso um receptor em funcionamento para que a disparação aconteça; é preciso um sistema com estruturas e potenciais. As condições de boa transmissão dos sinais não mais devem ser confundidas com as condições de existência de um sistema. O sinal não constitui a relação.

Informação e ontogênese: a individuação vital

5. Topologia e ontogênese

Até os dias de hoje, o problema dos nexos da matéria inerte e da vida foi centrado, sobretudo, em torno do problema da fabricação das matérias vivas a partir de matérias inertes: é na composição química das substâncias vivas que as propriedades da vida foram situadas; desde a síntese da ureia, numerosos corpos de síntese foram elaborados; não são mais apenas os corpos de moléculas bastante pequenas, provenientes das transformações catabólicas, que a síntese química pode produzir, mas os corpos que participam diretamente das funções anabólicas. Contudo, subsiste um hiato entre a produção das substâncias utilizadas pela vida e a produção [224] do vivente: seria preciso poder produzir a topologia do vivente, seu tipo particular de espaço, a relação entre um meio de interioridade e um meio de exterioridade, para dizer que se está aproximando-o da vida. Os corpos da química orgânica não aportam uma topologia diferente daquela das relações físicas e energéticas habituais. Todavia, talvez a condição topológica seja primordial no vivente enquanto vivente. Nada nos prova que possamos pensar adequadamente o vivente através dos nexos euclidianos. O espaço do vivente talvez não seja um espaço euclidiano; o vivente pode ser considerado no espaço euclidiano, onde ele então se define como um corpo entre corpos; a estrutura mesma do vivente pode ser descrita em termos euclidianos. Mas nada nos prova que essa descrição seja adequada. Se existisse um conjunto de configurações topológicas necessárias à vida, intraduzíveis em termos euclidianos, dever-se-ia considerar como insuficiente toda tentativa de fazer um vivente com matéria elaborada pela química orgânica: a essência do vivente talvez seja um certo arranjo topológico que não se pode conhecer a partir da física e da química, em geral utilizando o espaço euclidiano.

Só o que atualmente é possível é confinar-se a conjecturas nesse domínio. No entanto, é interessante constatar que as propriedades da matéria viva se manifestam como a manutenção, o autoentretimento de certas condições topológicas, mais do que como condições energéticas ou estruturais puras. Assim, uma das propriedades que se encontram na base de todas as funções, quer se trate da condução do influxo nervoso, da contração muscular, quer da assimilação, é o caráter polarizado, assimétrico, da permeabilidade celular. A membrana viva, anatomicamente diferenciada ou somente funcional, quando nenhuma formação particular materializa o limite, caracteriza-se como aquilo que separa uma região de interioridade de uma região de exterioridade: a membrana é polarizada, deixando passar determinado corpo no sentido centrípeto ou centrífugo, opondo-se à passagem de um outro. Sem dúvida, pode-se encontrar o mecanismo dessa permeabilidade de sentido único para um tipo definido de substância química; assim, o mecanismo do comando dos músculos, por intermédio da placa motora, foi explicado por uma liberação de acetilcolina, que destrói momentaneamente o potencial da membrana polarizada; mas isso é apenas fazer recuar o problema, pois a membrana está viva precisamente nesse sentido em que ela sempre se repolariza, como se houvesse, segundo a expressão de Gellhorn, uma "bomba de sódio e de potássio" que recria a polarização da membrana depois do funcionamento; uma membrana inerte seria muito rapidamente reduzida ao estado neutro por seu funcionamento a título de membrana seletiva; a membrana viva conserva, ao contrário, essa propriedade; ela regenera aquela assimetria característica de sua existência e de seu funcionamento. Poder-se-ia dizer que a substância viva que está no interior da membrana regenera a membrana, mas que é a membrana que faz com que o vivente esteja, a cada instante, vivo, pois essa membrana é seletiva: é ela que mantém o meio de interioridade como meio de interioridade relativamente ao meio de exterioridade. Poder-se-ia dizer que *o vivente vive no limite de si mesmo, sobre seu limite*; é relativamente a esse limite que há uma direção para dentro e uma direção para fora, num organismo simples e unicelular. Num organismo pluricelular, a existência do meio interior complica a topologia, nesse sentido em que há vários estágios de interioridade e de exterioridade; assim, uma glândula de secreção interna verte no sangue, ou em algum outro líquido orgânico, os produtos de sua atividade: relativamente a essa glândula, o meio interior do organismo geral é, *[225]* de fato, um meio de exterioridade. Outrossim, a cavidade do intesti-

Informação e ontogênese: a individuação vital   337

no é um meio exterior para as células assimiladoras que asseguram a absorção seletiva ao longo do trato intestinal. Segundo a topologia do organismo vivo, o interior do intestino é, de fato, exterior ao organismo, embora se cumpra, nesse espaço, certo número de transformações condicionadas e controladas pelas funções orgânicas; esse espaço é da exterioridade anexada; assim, se o conteúdo do estômago ou do intestino é nocivo para o organismo, os movimentos coordenados que levam à expulsão chegam a esvaziar essas cavidades e, no espaço completamente exterior (exterior independente), eles rejeitam as substâncias nocivas que estavam no espaço exterior anexado à interioridade. Outrossim, a progressão do bolo alimentar é regida pelos diferentes graus sucessivos de elaboração bioquímica desse bolo alimentar, controlada por interoceptores que são, de fato, órgãos dos sentidos que melhor seria nomear medioceptores, pois apreendem uma informação relativa ao espaço exterior anexado, e não à verdadeira interioridade. Assim, achamos diversos níveis de interioridade num organismo; o espaço das cavidades digestivas é da exterioridade relativamente ao sangue que irriga as paredes intestinais; mas o sangue, por sua vez, é um meio de exterioridade relativamente às glândulas de secreção interna, que vertem os produtos de sua atividade no sangue. Pode-se então dizer que a estrutura de um organismo complexo não é somente a integração e a diferenciação; é também essa instauração de uma mediação transdutiva de interioridades e de exterioridades, indo de uma interioridade absoluta a uma exterioridade absoluta, através de diferentes níveis mediadores de interioridade e de exterioridade relativas; poder-se-ia classificar os organismos de acordo com o número de mediações de interioridade e de exterioridade que eles colocam em operação para o cumprimento de suas funções. O organismo mais simples, que se pode nomear elementar, é aquele que não possui meio interior mediato, mas apenas um interior e um exterior absolutos. Para esse organismo, a polaridade característica da vida está no nível da membrana; é nessa região que a vida existe de maneira essencial, como um aspecto de uma topologia dinâmica que entretém, ela mesma, a metaestabilidade pela qual ela existe. A vida é autoentretimento de uma metaestabilidade, mas de uma metaesta-

338   A individuação dos seres vivos

bilidade que exige uma condição topológica: estrutura e função estão ligadas, pois a estrutura vital mais primitiva e mais profunda é topológica. É só nos organismos complexos que a estrutura de integração e de diferenciação, com aparecimento do sistema nervoso e da distinção entre órgãos dos sentidos, efetuadores e centros nervosos, aparece; essa estrutura não topológica de integração e de diferenciação aparece como meio [*moyen*] de mediação e de organização para sustentar e estender a primeira estrutura, que permanece não apenas subjacente, mas fundamental. Portanto, não se apreende a estrutura do organismo quando se parte da unidade organísmica dos conjuntos complexos de organismos evoluídos, pois corre-se o risco de atribuir um privilégio à organização da integração e da diferenciação. Tampouco se pode dar conta da verdadeira estrutura do vivente considerando as células que compõem um organismo complexo como unidades arquitetônicas desse organismo, segundo um método atomista. A visão totalitária e a visão elementar são igualmente inadequadas; é preciso partir da função de base, apoiada sobre a estrutura topológica primeira da interioridade e da exterioridade, e depois ver como essa função é mediatizada por uma cadeia de interioridades e de exterioridades intermediárias. Nas duas extremidades da cadeia, ainda há o interior absoluto e o exterior absoluto; as funções de integração e de diferenciação estão na função de assimetria metaestável *[226]* entre interioridade e exterioridade absolutas. Eis por que a individuação viva deve ser pensada segundo os esquemas topológicos. Aliás, as estruturas topológicas são aquelas mediante as quais os problemas espaciais do organismo em via de evolução podem ser resolvidos: assim, o desenvolvimento do neopálio nas espécies superiores se faz essencialmente por um dobramento do córtex: é uma solução topológica, não uma solução euclidiana. Compreende-se, então, por que o homúnculo é tão somente uma representação bastante aproximativa das áreas de projeção corticais: a projeção, de fato, converte um espaço euclidiano em espaço topológico, de modo que o córtex não pode ser representado adequadamente de maneira euclidiana. A rigor, não se precisaria falar em projeção para o córtex, embora haja, no sentido geométrico do termo, projeção para pequenas regiões; seria preciso dizer: conver-

Informação e ontogênese: a individuação vital

são do espaço euclidiano em espaço topológico. As estruturas funcionais de base são topológicas; o esquema corporal converte essas estruturas topológicas em estruturas euclidianas através de um sistema mediato de relações, que é a dimensionalidade própria do esquema corporal.

Se a individuação viva é um processo que se desenrola essencialmente segundo estruturações topológicas, compreende-se por que os casos-limite entre a matéria inerte e o vivente são, precisamente, casos de processos que se desenrolam segundo as dimensões de exterioridade e de interioridade. Tais são os casos de individuação dos cristais. A diferença entre o vivente e o cristal inerte consiste nesse fato de que o espaço interior do cristal inerte não serve para sustentar o prolongamento da individuação que se efetua nos limites do cristal em decurso de acrescimento: a interioridade e a exterioridade só existem de camada molecular a camada molecular, de camada molecular já depositada a camada que se está depositando; poder-se-ia esvaziar um cristal de uma parte importante de sua substância sem parar o acrescimento; o interior não é homeostático em seu conjunto relativamente ao exterior ou, mais exatamente, relativamente ao limite de polaridade; para que o cristal se individue, é preciso que ele continue a se acrescer; essa individuação é pelicular; o passado de nada serve em sua massa; é só um papel bruto de sustentação o que ele desempenha, ele não aporta a disponibilidade de um sinal de informação: o tempo sucessivo não está condensado. Ao contrário, no indivíduo vivo, o espaço de interioridade com seu conteúdo desempenha, em seu conjunto, um papel para a perpetuação da individuação; há ressonância e pode haver ressonância porque o que foi produzido por individuação no passado faz parte do conteúdo do espaço interior: todo o conteúdo do espaço interior está topologicamente em contato com o conteúdo do espaço exterior sobre os limites do vivente; não há, com efeito, distância em topologia; toda a massa de matéria viva que está no espaço interior está ativamente presente no mundo exterior, sobre o limite do vivente: todos os produtos da individuação passada estão presentes sem distância e sem atraso. O fato de fazer parte do meio de interioridade não significa apenas "estar dentro", no sentido euclidiano, mas estar do lado interior do limite, sem atraso de eficácia funcional, sem isolamento, sem inércia. O vivente não interioriza apenas assimilando; ele condensa e apresenta tudo aquilo que foi elaborado sucessivamente: essa função de individuação é espaçotemporal; seria preciso definir, além de uma topologia do vivente, uma cronologia do vivente associada a essa topologia, tão elementar quanto esta e tão diferente da forma física do tempo quanto a topologia é diferente da estrutura do espaço euclidiano. Assim como, em topologia, as distâncias não existem, em cronologia não há quantidade [227] de tempo. Isso de modo algum significa que o tempo da individuação vital seja contínuo, como afirma Bergson; a continuidade é um dos esquemas cronológicos possíveis, mas não é o único; esquemas de descontinuidade, de contiguidade, de envolvimento, podem ser definidos tanto em cronologia quanto em topologia. Enquanto o espaço euclidiano e o tempo físico não podem coincidir, os esquemas de cronologia e de topologia aplicam-se um sobre o outro; não são distintos e formam a dimensionalidade primeira do vivente: todo caráter topológico tem um correlativo cronológico, e o mesmo se dá inversamente; assim, o fato, para a substância viva, de estar no interior da membrana polarizada seletiva significa que essa substância foi tomada no passado condensado. O fato de que uma substância está no meio de exterioridade significa que essa substância pode advir, ser proposta à assimilação, lesar o indivíduo vivo: ela está por vir. No nível da membrana polarizada, afrontam-se o passado interior e o porvir exterior: esse afrontamento na operação de assimilação seletiva é o presente do vivente, que é feito dessa polaridade da passagem e da recusa, entre substâncias passadas e substâncias que advêm, presentes uma à outra através da operação de individuação; o presente é essa metaestabilidade do nexo entre interior e exterior, passado e porvir; é relativamente a essa atividade de presença mútua, alagmática, que o exterior é exterior e o interior, interior. Topologia e cronologia coincidem na individuação do vivente. É apenas ulteriormente, e segundo as individuações psíquica e coletiva, que a coincidência pode ser rompida. Topologia e cronologia não são formas *a priori* da sensibilidade, mas a dimensionalidade mesma do vivente individuando-se.

Informação e ontogênese: a individuação vital

Seria preciso, pois, uma palavra para designar essa dimensionalidade primeiramente única que, mais tarde, desdobra-se em dimensionalidade temporal e dimensionalidade espacial separadas. Se existisse não apenas essa palavra, mas também o conjunto de representações unificadas que permitissem dar a ela um sentido preciso, seria talvez possível pensar a morfogênese, interpretar a significação das formas e compreender essa primeira relação do vivente ao universo e aos outros viventes, relação que não pode ser compreendida nem segundo as leis do mundo físico, nem segundo as estruturas do psiquismo elaborado; antes mesmo das estruturas sensório-motoras, devem existir estruturas cronológicas e topológicas, que são o universo dos tropismos, das tendências e dos instintos; a psicologia da expressão, ainda por demais destacada e arbitrária, embora fundada em suas pesquisas, encontraria talvez uma via de axiomatização numa semelhante pesquisa topológica e cronológica.

Além disso, uma pesquisa dessa espécie poderia talvez permitir compreender por que existem processos intermediários entre os do mundo inerte e os do mundo animado, como a formação dos vírus filtrantes cristalizáveis, por exemplo, aquele do mosaico do tabaco. Na seiva da planta, esse vírus se desenvolve como um vivente: ele assimila porque, caso se inocule certa quantidade desse vírus numa planta de tabaco, a quantidade de vírus aumenta; extraindo-se a seiva da planta, depois fazendo o vírus cristalizar, obtém-se uma quantidade maior de vírus cristalizável. Em contrapartida, quando esse vírus está cristalizado, nada permite dizer que ele está vivo: ele não está mais vivo do que a hemoglobina ou a clorofila. Se fossem encontrados corpos químicos capazes de assimilar no estado de solução, sem ter necessidade de um germe cristalino numa solução supersaturada ou em superfusão, uma parte do hiato que separa os processos vivos dos processos físico-químicos seria preenchida. O caso dos vírus filtrantes parece muito bem ser intermediário entre as duas ordens [228] de processos; entretanto, é preciso notar que o mosaico do tabaco só assimila em meio vivo; podem, portanto, ser os potenciais da planta viva que são utilizados pelo vírus, vírus que, assim, não será verdadeiramente vivo, se sua atividade de assimilação for, na realidade, uma atividade emprestada, sustentada e alimentada pela atividade da planta. Até os dias de hoje, o problema não foi resolvido: pode-se apenas dizer que se precisaria, sem dúvida, considerar esse problema como implicando uma formação de axiomática segundo a cronologia e a topologia, e não apenas segundo o conhecimento físico--químico. O estudo dos funcionamentos elementares não implica um atomismo. É lamentável que a sistemática holística do biologismo, tal como apresentada por Goldstein, seja concebida como necessariamente macrofísica, tomada sobre a totalidade de um organismo complexo. A ontologia parmenidiana de Goldstein impede qualquer nexo entre o estudo do vivente e o estudo do inerte, cujos processos são microfísicos. Pode haver uma ordem intermediária de fenômenos, entre o microfísico parcelar e a unidade organísmica macrofísica; essa ordem seria aquela dos processos genéticos, cronológicos e topológicos, ou seja, dos processos de individuação, comuns a todas as ordens de realidade nas quais se opera uma ontogênese: resta descobrir uma axiomática da ontogênese, se tal axiomática for, todavia, definível. Pode ser que a ontogênese não seja axiomatizável, o que explicaria a existência do pensamento filosófico como perpetuamente marginal relativamente a todos os outros estudos, sendo o pensamento filosófico aquele que é movido pela pesquisa implícita ou explícita da ontogênese em todas as ordens de realidade.

Informação e ontogênese: a individuação vital

Segundo capítulo
A INDIVIDUAÇÃO PSÍQUICA
[229]

I. A INDIVIDUAÇÃO DAS UNIDADES PERCEPTIVAS E A SIGNIFICAÇÃO

1. SEGREGAÇÃO DAS UNIDADES PERCEPTIVAS; TEORIA GENÉTICA E TEORIA DA APREENSÃO HOLÍSTICA; O DETERMINISMO DA BOA FORMA

Inicialmente, pode-se definir um problema da individuação relativamente à percepção e ao conhecimento tomados em sua totalidade. Sem prejulgar a natureza da percepção, que pode ser considerada uma associação de elementos de sensação, ou a apreensão de uma figura sobre um fundo, é possível se perguntar como o sujeito apreende objetos separados e não um *continuum* confuso de sensações, como ele percebe objetos tendo sua individualidade já dada e consistente. O problema da segregação das unidades não é resolvido nem pelo associacionismo, nem pela psicologia da Forma, pois a primeira teoria não explica por que o objeto individualizado possui uma coerência interna, um liame substancial que lhe dá uma verdadeira interioridade e que não pode ser considerado o resultado da associação. O hábito, que é então invocado para garantir a coerência e a unidade da percepção, é de fato um dinamismo que só pode comunicar à percepção o que ele mesmo possui, a saber, essa unidade e essa continuidade temporais que se inscrevem no objeto sob forma de unidade e de continuidade estáticas do *perceptum*. Nessa teoria genética de aparência pura que é o associacionismo, o recurso ao hábito (ou, sob uma forma mais desviada, a um liame de semelhança ou de analogia,

A individuação psíquica

345

que é um dinamismo apreendido estaticamente) constitui, de fato, um empréstimo a um inatismo velado. Apenas a associação por contiguidade não poderia explicar a coerência interna do objeto individualizado na percepção. Este último permaneceria apenas um acúmulo de elementos sem coesão, sem força atrativa mútua, permanecendo uns relativamente aos outros *partes extra partes*. Ora, o objeto percebido não é somente a unidade de uma soma, de um resultado passivamente constituído por uma *vis a tergo* ["força de trás"], que seria o hábito e a série de repetições. O objeto percebido é tão pouco um resultado passivo, que ele possui um dinamismo que lhe permite transformar-se sem perder sua unidade: não é apenas uma unidade o que ele tem, mas também uma autonomia e uma relativa independência energética, que faz dele um sistema de forças.

A teoria da Forma substituiu a explicação genética da segregação das unidades perceptivas por uma explicação inatista: a unidade é apreendida de uma só vez, em virtude de um certo número de leis (como as leis de pregnância, de boa forma), e esse fenômeno psicológico não deve de maneira alguma surpreender, já que o mundo vivo, com os organismos, *[230]* e o mundo físico em geral manifestam fenômenos de totalidade.[1] A matéria, aparentemen-

---

[1] A Teoria da Forma não estabelece a distinção essencial entre um *conjunto*, cuja unidade é apenas estrutural, não energética, e um *sistema*, unidade metaestável feita de uma pluralidade de conjuntos entre os quais existe uma relação de analogia e um potencial energético. O conjunto não possui informação. Seu devir só pode ser aquele de uma degradação, de um aumento da entropia. O sistema pode, ao contrário, manter-se em seu ser de metaestabilidade graças à atividade de informação que caracteriza seu estado de sistema. A Teoria da Forma tomou totalidades, isto é, conjuntos, por uma virtude, o que de fato é uma propriedade que somente os sistemas possuem; ora, os sistemas não podem ser *totalizados*, pois o fato de considerá-los como soma de seus elementos arruína a consciência daquilo que deles faz sistemas: separação relativa dos conjuntos que eles contêm, estrutura analógica, disparação e, em geral, atividade relacional de informação. O que faz a natureza de um sistema é o tipo de informação que ele abriga; ora, a informação, atividade relacional, não pode ser quantificada abstratamente, mas somente ca-

te inerte, abriga a virtualidade das formas. A solução supersaturada ou o líquido em superfusão deixarão aparecer cristais cuja forma está predestinada no estado amorfo. Ora, a teoria da Forma deixa subsistir um problema importante, que é precisamente o da gênese das formas. Se a forma estivesse verdadeiramente dada e predeterminada, não haveria nenhuma gênese, nenhuma plasticidade, nenhuma incerteza relativa ao porvir de um sistema físico, de um organismo ou de um campo perceptivo; mas esse não é precisamente o caso. Há uma gênese das formas assim como há uma gênese da vida. O estado de enteléquia não está inteiramente predeterminado no feixe de virtualidades que o precedem e o pré-formam. O que falta ao associacionismo, assim como à teoria da Forma, é um estudo rigoroso da individuação, isto é, desse momento crítico no qual a unidade e a coerência aparecem. Um verdadeiro sentido da totalidade obriga a afirmar que a teoria da Forma não considera o *conjunto absoluto*. No mundo físico, o conjunto absoluto não é apenas o solvente e o corpo dissolvido; é o solvente, o corpo dissolvido e o conjunto das forças e energias potenciais que são traduzidas pela palavra metaestabilidade, palavra esta aplicada ao estado da solução supersaturada no momento em que se opera o início de cristalização. Nesse momento de metaestabilidade, nenhum determinismo da "boa forma" é suficiente para prever o que se produz: fenômenos como a epitaxia mostram que existe, no instante crítico (no momento em que a energia potencial é máxima), um tipo de relativa indeterminação do resultado; a presença do menor germe cristalino exterior, mesmo de outra espécie química, pode então encetar a cristalização e orientá-la. Antes do aparecimento do primeiro cristal, existe um estado de tensão que põe à disposição do mais delicado acidente local uma energia considerável. Esse estado de metaestabilidade é comparável a um estado de conflito no qual o instante de maior incerteza é precisamente o instante mais decisivo, fonte dos determinismos e das

racterizada por referência às estruturas e aos esquemas do sistema em que ela existe; não se deve confundir a informação com os sinais de informação, que podem ser quantificados, mas que não poderiam existir sem uma situação de informação, isto é, sem um sistema.

A individuação psíquica

sequências genéticas que têm nele sua origem absoluta. No mundo da vida, opera-se também uma gênese das formas que supõe um questionamento das formas anteriores e de sua adaptação ao meio vital. Não se pode considerar como gênese de forma toda transformação, pois uma transformação pode ser uma degradação. Quando cristais são formados, a erosão, a abrasão, o esfarelamento, a calcinação modificam a forma do cristal, mas em geral não são gêneses de forma; podem subsistir algumas consequências da forma engendrada durante a cristalização, como as direções privilegiadas de clivagem, devidas à estrutura reticular do cristal composto por um grande número de cristais elementares; mas assiste-se então a uma degradação da forma, não a uma gênese das formas. Outrossim, *[231]* nem todas as transformações de uma espécie viva podem ser interpretadas como gênese de formas. Há gênese de formas quando a relação de um conjunto vivo ao seu meio e a si mesmo passa por uma fase crítica, rica em tensões e em virtualidade, e se finda pelo desaparecimento da espécie ou pelo aparecimento de uma nova forma de vida. O todo da situação é constituído não somente pela espécie e seu meio, mas também pela tensão do conjunto formado pela relação da espécie ao seu meio e no qual as relações de incompatibilidade devêm cada vez mais fortes. Aliás, não é somente a espécie que é modificada, mas é todo o conjunto do complexo vital, formado pela espécie e por seu meio, que descobre uma nova estrutura. Enfim, no domínio da psicologia, o conjunto no qual se opera a percepção, e que se pode chamar, com Kurt Lewin, de campo psicológico, não é constituído somente pelo sujeito e pelo mundo, mas também pela relação entre o sujeito e o mundo. Lewin diz bem que essa relação, com suas tensões, seus conflitos, suas incompatibilidades, integra-se ao campo psicológico. Mas é precisamente aqui, segundo a teoria que sustentamos, que a teoria da Forma reduz a dois termos aquilo que é um conjunto de três termos independentes ou, pelo menos, distintos: é só depois da percepção que as tensões são efetivamente incorporadas ao campo psicológico e fazem parte de sua estrutura. Antes da percepção, antes da gênese da forma, que é precisamente percepção, a relação de incompatibilidade entre o sujeito e o meio existe somente como um potencial, do mesmo jeito que as forças que existem na fase de metaestabilidade da solução supersaturada ou sólida, em estado de superfusão, ou ainda na fase de metaestabilidade da relação entre uma espécie e seu meio. A percepção não é a apreensão de uma forma, mas a solução de um conflito, a descoberta de uma compatibilidade, a *invenção* de uma forma. Essa forma que é a percepção modifica não somente a relação do objeto e do sujeito, mas ainda a estrutura do objeto e a do sujeito. Ela é suscetível de degradar-se, como todas as formas físicas e vitais, e essa degradação é também uma degradação de todo o sujeito, pois cada forma faz parte da estrutura do sujeito.

2. Tensão psíquica e grau de metaestabilidade. Boa forma e forma geométrica; os diferentes tipos de equilíbrio

A percepção seria, então, um ato de individuação comparável aos que a física e a biologia manifestam. Mas para assim poder considerá-la, é necessário introduzir um termo que se pode nomear "tensão psíquica", ou melhor, grau de metaestabilidade, pois a primeira expressão já foi empregada para designar uma realidade bastante diferente, já que ela não parte da noção de crise. A partir disso, as leis da boa forma são insuficientes para explicar a segregação das unidades no campo perceptivo; elas não levam em conta, com efeito, o caráter de solução aportado a um problema apresentado pela percepção. Elas se aplicam mais à transformação e à degradação das formas do que à sua gênese. Em particular, muitas das experiências de laboratório que tomam um sujeito pouco tenso, perfeitamente seguro, não realizam as condições nas quais se opera a gênese das formas. Devemos notar o caráter ambivalente da noção de "boa forma". Uma forma como o círculo ou o quadrado se desprende facilmente de um entrelaçamento de linhas incoerentes, sobre o qual ela existe em sobreimpressão. Mas um círculo ou um quadrado, não obstante sua simplicidade, são formas superiores à que o artista inventa? Se assim fosse, a coluna mais *[232]* perfeita seria um cilindro; ela é, ao contrário, uma figura de revolução não somente adelgaçada, degradada nas duas extremi-

A individuação psíquica

349

dades, mas ainda não-simétrica relativamente ao seu centro, com o diâmetro maior estando localizado abaixo do meio da altura, segundo as *Regras* de Vignola. O autor dessa obra considera as proporções que ele dá como resultantes de uma verdadeira invenção que os Antigos não puderam fazer. Quanto aos Antigos, também eles experimentavam o sentimento de terem sido inventores, e Vitrúvio mostra como as três ordens clássicas foram sucessivamente inventadas em condições nas quais as formas anteriores não convinham. É necessário estabelecer uma distinção entre *forma* e *informação*; uma forma como o quadrado pode ser muito estável, muito pregnante, e abrigar uma fraca quantidade de informação, no sentido de que ela só raramente pode incorporar em si diferentes elementos de uma situação metaestável; é difícil descobrir o quadrado como solução de um problema perceptivo. O quadrado, o círculo e as formas simples e pregnantes em geral são mais esquemas estruturais do que formas. Pode ser que esses esquemas estruturais sejam inatos; mas não bastam para explicar a segregação das unidades na percepção; a figura humana com sua expressão amigável ou hostil, a forma de um animal com seus caráteres exteriores típicos são tão pregnantes quanto o círculo ou o quadrado. Portmann observa, em sua obra intitulada *Animal Forms and Patterns* [*Formas e padrões animais*], que a percepção de um leão ou de um tigre não se apaga, mesmo que tenha ocorrido uma só vez e numa jovem criança. Isso faz supor que os elementos geométricos simples não entram em linha de conta: seria muito difícil definir a forma do leão ou do tigre, e os motivos de suas pelagens, por caráteres geométricos. Na realidade, entre uma criança muito nova e um animal, existe uma relação que parece não emprestar, das "boas formas", esquemas perceptivos: a criança mostra uma surpreendente aptidão para reconhecer, para perceber, nos animais que vê pela primeira vez, as diferentes partes do corpo, mesmo quando uma similitude bem fraca entre a forma humana e a desses animais obriga a excluir a hipótese de uma analogia exterior entre a forma humana e a forma desses animais. É de fato o esquema corporal da criança que, numa situação fortemente valorizada pelo temor, pela simpatia, pelo medo, está engajado nessa percepção. É a tensão, o grau de metaestabilidade do sistema formado pela criança e pelo animal numa situação determinada que se estrutura em percepção do esquema corporal do animal. A percepção apreende aqui não somente a forma do objeto, mas sua orientação no conjunto, sua polaridade que faz com que ele esteja deitado ou em pé sobre suas patas, que ele encare ou fuja ante uma atitude hostil ou confiante. Se não houvesse uma tensão prévia, um potencial, a percepção não poderia chegar a uma segregação das unidades que é ao mesmo tempo a descoberta da polaridade dessas unidades. A unidade é percebida quando uma reorientação do campo perceptivo pode se fazer em função da polaridade própria do objeto. Perceber um animal é descobrir o eixo céfalo-caudal e sua orientação. Perceber uma árvore é ver nela o eixo que vai das raízes à extremidade dos galhos. Todas as vezes que a tensão do sistema não pode se resolver em estrutura, em organização da polaridade do sujeito e da polaridade do objeto, subsiste um incômodo que o hábito tem dificuldade em destruir, mesmo que todo perigo esteja distanciado.[2] *[233]*

---

[2] O manuscrito de 1958 comportava aqui as seguintes precisões: "A aranha nos incomoda porque ela não tem polaridade aparente: não se sabe onde é a cabeça; o mesmo ocorre com a serpente, animal que se enrola sobre si mesmo e se reorienta a todo instante. Uma forma simples como a da cruz nos incomoda porque ela propõe várias polaridades simultaneamente; ela é a imagem mesma dessa variedade de polaridades. Em certas condições, o círculo pode produzir o mesmo efeito, se ele for grande o bastante relativamente ao sujeito para não ser percebido como um pequeno objeto localizado, mas como uma pluralidade indefinida de direções: é o caso, por exemplo, de um túnel cilíndrico. Um quadrado deveria ser uma forma melhor que um retângulo; de fato, dando-se, para que sujeitos escolham, quadrados e retângulos de diferentes comprimentos para uma largura invariável, uma preferência pelos retângulos é manifesta: é que o retângulo é orientado: ele tem um comprimento e uma largura". (N. do E.)

A individuação psíquica

3. Relação entre a segregação das unidades perceptivas e os outros tipos de individuação. Metaestabilidade e teoria da informação em tecnologia e em psicologia

O problema psicológico da segregação das unidades perceptivas indica um fato que tinha sido perfeitamente trazido à tona pelos fundadores da teoria da Forma: a individuação não é um processo reservado a um domínio único da realidade, por exemplo, o da realidade psicológica ou o da realidade física. Por essa razão, toda doutrina que se restringe a privilegiar um domínio de realidade, para fazer dele o princípio de individuação, é insuficiente, quer se trate do domínio da realidade psicológica, quer se trate do domínio da realidade material. Talvez seja até mesmo possível dizer que só existe realidade individualizada num misto. Nesse sentido, tentaremos definir o indivíduo como realidade transdutiva. Queremos dizer, com essa expressão, que o indivíduo não é nem um ser substancial, como um elemento, nem um puro nexo, mas a realidade de uma relação metaestável. Só há verdadeiro indivíduo num sistema em que se produz um estado metaestável. Se o aparecimento do indivíduo faz desaparecer esse estado metaestável, diminuindo as tensões do sistema no qual ele aparece, o indivíduo devém inteiramente estrutura espacial imóvel e não evolutiva: é o indivíduo físico. Em contrapartida, se esse aparecimento do indivíduo não destrói o potencial de metaestabilidade do sistema, então o indivíduo está vivo e seu equilíbrio é aquele que conserva a metaestabilidade: nesse caso, ele é um equilíbrio dinâmico que supõe, em geral, uma série de novas estruturações sucessivas, sem as quais o equilíbrio de metaestabilidade não poderia ser mantido. Um cristal é como a estrutura fixa deixada por um indivíduo que teria vivido um só instante, o de sua formação, ou melhor, da formação do germe cristalino em torno do qual sucessivas camadas da rede cristalina macroscópica vieram se agregar. A forma que encontramos é apenas o vestígio da individuação que outrora se cumpriu num estado metaestável. O vivente é como um cristal que manteria em torno de si, e na sua relação ao meio, uma permanente metaestabilidade. Esse vivente pode estar dotado de uma vida indefinida, como em certas formas de vida muito elementares, ou, ao contrário, limitado em sua existência, porque sua própria estruturação se opõe à manutenção de uma permanente metaestabilidade do conjunto formado pelo indivíduo e pelo meio. O indivíduo perde pouco a pouco sua plasticidade, sua condição de tornar as situações metaestáveis, de fazer delas problemas com soluções múltiplas. Poder-se-ia dizer que o indivíduo vivo se estrutura cada vez mais em si mesmo, e tende assim a repetir suas condutas anteriores, enquanto se distancia de seu nascimento. Nesse sentido, a limitação da duração de vida não está absolutamente ligada à individuação; ela é somente a consequência de formas muito complexas de individuação, nas quais as consequências do passado não são eliminadas do indivíduo, servindo-lhe, ao mesmo tempo, de instrumento para resolver as dificuldades por vir e de obstáculo para acessar novos tipos de problemas e de situações. O caráter sucessivo da aprendizagem, a utilização da sucessividade no cumprimento das diferentes funções, dão ao indivíduo possibilidades superiores [234] de adaptação, mas exigem uma estruturação interna do indivíduo que é irreversível e que faz com que ele conserve em si, ao mesmo tempo que os esquemas descobertos nas situações passadas, o determinismo dessas mesmas situações. Só um indivíduo cujas transformações seriam reversíveis poderia ser considerado imortal. Assim que aparecem as funções de sucessão das condutas e de sequências temporais dos atos, uma irreversibilidade que especializa o indivíduo é a consequência desse aparecimento das leis temporais: para cada *tipo* de organização, existe um limiar de irreversibilidade, para além do qual todo progresso feito pelo indivíduo, toda estruturação adquirida, é uma chance de morte. Somente os seres com uma inervação muito sumária, e uma estrutura pouco diferenciada, não têm nenhum limite em suas durações de vida. Em geral, são também aqueles para os quais é mais difícil fixar os limites do indivíduo, em particular quando vários seres vivem agregados ou em simbiose. O grau de individualidade estrutural, correspondente à noção de limite, de fronteira de um ser relativamente a outros seres, ou de organização interior, tem de ser, então, colocado no mesmo plano que o caráter de estruturação temporal acarretador da irreversibilidade, não sendo toda-

A individuação psíquica

via causa direta dessa irreversibilidade; a origem comum desses dois aspectos da realidade do indivíduo parece ser, de fato, o processo segundo o qual a metaestabilidade é conservada, ou aumentada, na relação do indivíduo ao meio. O problema essencial do indivíduo biológico seria então relativo a esse caráter de metaestabilidade do conjunto formado pelo indivíduo e pelo meio.

O problema físico da individualidade não é somente um problema de topologia, pois o que falta à topologia é a consideração dos potenciais; os potenciais, precisamente por serem potenciais e não estruturas, não podem ser representados como elementos gráficos da situação. A situação na qual nasce a individuação física é espaçotemporal, pois ela é um estado metaestável. Nessas condições, a individuação física, e de maneira mais geral o estudo das formas físicas, compete a uma teoria da metaestabilidade que considera os processos de troca entre as configurações espaciais e as sequências temporais. Pode-se nomear essa teoria de alagmática. Ela deve estar em nexo com a teoria da informação, que considera a tradução de sequências temporais em organizações espaciais, ou a transformação inversa; mas a teoria da informação, procedendo sobre esse ponto como a teoria da Forma, ao invés disso considera sequências ou configurações já dadas, não podendo definir tão bem as condições da gênese de tais sequências. Ao contrário, é a gênese absoluta, assim como as trocas mútuas das formas, das estruturas e das sequências temporais, que se deve considerar. Tal teoria poderia devir, então, o fundamento comum da teoria da Informação e da teoria da Forma em Física. De fato, essas duas teorias são inutilizáveis para o estudo do indivíduo, porque empregam dois critérios mutuamente incompatíveis. A teoria da Forma privilegia, com efeito, a simplicidade e a pregnância das formas; ao contrário, a quantidade de informação que define a teoria da informação é tanto mais elevada quanto maior é o número de decisões a serem aportadas; quanto mais previsível é a forma, correspondendo a uma lei matemática elementar, mais fácil é transmiti-la com uma quantidade fraca de sinais. É, ao contrário, o que escapa a toda monotonia, a toda estereotipia, que é difícil de transmitir e exige uma quantidade elevada de informação. A simplificação das formas, a eliminação dos detalhes, o aumento dos contrastes correspondem a uma perda da quantidade de informação. Ora, a individuação dos seres físicos não é assimilável nem à boa forma geométrica simples, nem à alta quantidade de informação, entendida como grande [235] número de sinais transmitidos: ela comporta os dois aspectos, forma e informação, reunidos numa unidade; nenhum objeto físico é somente uma boa forma, mas, além disso, a coesão e a estabilidade do objeto físico não são proporcionais à sua quantidade de informação ou, mais exatamente, à quantidade de sinais de informação que é necessário utilizar para transmitir corretamente um conhecimento a seu sujeito. Donde a necessidade de uma mediação; a individuação do objeto físico não é nem do descontínuo puro, como o retângulo ou o quadrado, nem do contínuo, como as estruturas que exigem, para serem transmitidas, um número de sinais de informação que tende ao infinito.

4. Introdução da noção de variação quântica na representação da individuação psíquica

Parece que uma via de pesquisa pode ser descoberta na noção de *quantum*. Subjetivamente, é possível aumentar muito paradoxalmente a quantidade de sinais úteis introduzindo uma condição quântica que, de fato, diminui a quantidade de informação do sistema verdadeiro, no interior do qual há informação. Assim, aumentando o contraste de uma fotografia ou de uma imagem de televisão, melhora-se a percepção dos objetos, ainda que se perca informação, no sentido da teoria da informação.[3] O que o homem percebe nos objetos, quando os apreende como individuais, não é, então, uma fonte indefinida de sinais, uma realidade inesgotável, como a matéria que se deixa analisar indefinidamente; é a realida-

[3] Com efeito, o número de decisões diminui quando o contraste se acentua: se há apenas brancos e pretos numa imagem, existem apenas dois estados possíveis para cada unidade física de superfície; se há diferentes nuanças de cinza, há um maior número de estados possíveis e, portanto, de decisões.

A individuação psíquica

de de certos limiares de intensidade e de qualidade mantidos pelos objetos. Pura forma ou pura matéria, o objeto físico nada seria; aliança de forma e de matéria, ele seria apenas contradição; o objeto físico é organização de limiares e de níveis que se mantêm e se transpõem através das diversas situações; o objeto físico é um feixe de relações diferenciais, e sua percepção como indivíduo é a apreensão da coerência desse feixe de relações. Um cristal é indivíduo não porque possui uma forma geométrica ou um conjunto de partículas elementares, mas porque todas as propriedades ópticas, térmicas, elásticas, elétricas, piezoelétricas sofrem uma variação brusca quando se passa de uma face a outra; sem essa coerência de uma multidão de propriedades com valores bruscamente variáveis, o cristal seria apenas uma forma geométrica associada a uma espécie química, e não um verdadeiro indivíduo. Aqui, o hilemorfismo é radicalmente insuficiente, pois ele não pode definir esse caráter de pluralidade unificada e de unidade pluralizada feito de um feixe de relações quânticas. É por essa razão que a noção de polaridade, mesmo no nível do indivíduo físico, é preponderante; sem ela não se poderia compreender a unidade dessas relações quânticas. Aliás, pode ser que essa condição quântica permita compreender por que o objeto físico pode ser percebido diretamente em sua individualidade: uma análise da realidade física não pode se separar de uma reflexão sobre as condições mesmas do conhecimento. *[236]*

5. A PROBLEMÁTICA PERCEPTIVA; QUANTIDADE DE INFORMAÇÃO, QUALIDADE DE INFORMAÇÃO, INTENSIDADE DE INFORMAÇÃO

É necessário definir com mais precisão o que se pode entender por quantidade de informação e por forma. Dois sentidos muito diferentes são apresentados pela teoria da Forma e pela teoria da Informação. A teoria da Forma define as boas formas pela pregnância e pela simplicidade: a boa forma, aquela que tem o poder de se impor, é superior às formas que têm menor coerência, limpeza, pregnância. Assim, o círculo e o quadrado são boas formas.

Em contrapartida, a teoria da Informação responde a um conjunto de problemas técnicos que são contemporâneos ao uso das correntes fracas na transmissão dos sinais e no uso dos diferentes modos de registro dos sinais sonoros e luminosos. Quando se registra uma cena pela fotografia, por filme, pelo magnetofone ou pelo magnetoscópio, deve-se decompor a situação global num conjunto de elementos que são registrados por uma modificação imposta a um enorme número de indivíduos físicos, ordenados segundo uma organização espacial, temporal ou mista, isto é, espaçotemporal. Como exemplo de organização espacial, pode-se tomar a fotografia: uma superfície fotográfica, em sua parte ativa, suporte dos sinais, é constituída por uma emulsão contendo uma multidão de grãos de prata, primitivamente sob forma de combinação química. Sendo a imagem óptica projetada sobre essa emulsão, supondo-se perfeito o sistema óptico, obtém-se uma transformação química, mais ou menos acentuada, da combinação química que constitui a emulsão; mas a capacidade que essa emulsão tem para registrar pequenos detalhes depende da delicadeza das partículas: a tradução em realidade química, no seio da emulsão, de uma linha óptica contínua é constituída por um rastro descontínuo de grãos sensíveis; quanto maiores e mais raros são esses grãos, mais difícil é fixar um pequeno detalhe com fidelidade suficiente. Examinada ao microscópio, uma emulsão que, se tivesse estrutura contínua, deveria revelar novos detalhes, mostra apenas um borrão informe de grãos descontínuos. Então, o que se chama de grau de definição ou poder de resolução de uma emulsão pode ser medido pelo número de detalhes distintos suscetíveis de serem registrados sobre uma superfície determinada; por exemplo, sobre uma emulsão de tipo usual, um milímetro quadrado pode conter cinco mil detalhes distintos.

Se, ao contrário, considerarmos um registro sonoro sobre fita revestida de uma camada de óxido de ferro magnético, sobre fio de aço ou sobre disco, veremos que a ordem devém aqui uma ordem de sucessão: os indivíduos físicos distintos cujas modificações traduzem e transportam os sinais são grãos de óxido, moléculas de aço ou aglomerados de matéria plástica ordenados em linha e que desfilam ante o entreferro de um eletroímã polarizado ou sob

A individuação psíquica

a safira ou o diamante de um equipamento de leitura. A quantidade de detalhes que pode ser registrada por unidade de tempo depende do número de indivíduos físicos distintos que desfilam, durante essa unidade de tempo, ante o local onde se efetua o registro: não se pode gravar sobre um disco detalhes menores que a ordem de grandeza das cadeias moleculares da matéria plástica que o constitui; tampouco se pode registrar, sobre uma fita magnética, frequências que corresponderiam a um número de detalhes (partículas imantadas em graus variáveis) superior ao número de partículas; enfim, não se pode registrar sobre um fio de aço variações de um campo magnético [237] que corresponderiam a seções pequenas demais para que cada uma pudesse receber uma imantação particular. Caso se quisesse ir além desses limites, o som se confundiria com o ruído de fundo constituído pela descontinuidade das partículas elementares. Se, ao contrário, adota-se uma velocidade de desfilamento suficientemente grande, esse ruído de fundo encontra-se relançado para as frequências superiores; ele corresponde exatamente ao borrão indistinto de grãos de prata que aparece quando se olha uma fotografia ao microscópio;[4] o som é registrado sob a forma de uma série de aglomerados de partículas mais ou menos imantadas ou dispostas numa ranhura, assim como a fotografia consiste numa justaposição e distribuição de aglomerados de grãos de prata mais ou menos concentrados. O limite à quantidade de sinais é certamente o caráter descontínuo do suporte da informação, o número finito de elementos representativos distintos ordenados segundo o espaço ou o tempo e nos quais a informação encontra seu suporte.

Enfim, quando um movimento está para ser registrado, os dois tipos de sinais, temporais e espaciais, de alguma maneira se combatem, tanto que só se pode obter uns sacrificando parcialmente os outros, e o resultado é um compromisso: para decompor um movimento em imagens fixas ou para transmiti-lo, pode-se recorrer à cinematografia ou à televisão; nos dois casos, recortam-

---

[4] A leitura em grande velocidade de uma fita magnética é o equivalente da percepção de uma fotografia a grande distância.

-se as sequências temporais numa série de instantâneos que são sucessivamente fixados ou transmitidos; em televisão, cada visão separada é transmitida ponto por ponto, graças ao movimento de exploração de um *spot* analisador que percorre toda a imagem, geralmente segundo sucessivos segmentos de reta, como o olho que lê. Quanto mais rápido é o movimento a ser transmitido, mais elevado é o número de imagens a serem transmitidas para produzi-lo corretamente; para um movimento lento, como o de um homem que caminha, cinco a oito imagens por segundo são suficientes; para um movimento rápido, como o de um veículo automotor, o ritmo de 25 imagens completas por segundo é insuficiente. Nessas condições, a quantidade de sinais a ser transmitida é representada pelo número de detalhes a ser transmitido por unidade de tempo, semelhante à medida de uma frequência. Assim, para utilizar completamente todas as vantagens de sua definição, a televisão de 819 linhas devia poder transmitir em torno de quinze milhões de detalhes por segundo.

Portanto, essa noção técnica de quantidade de informação concebida como número de sinais é muito diferente daquela elaborada pelas teorias da Forma: a boa forma se distingue por sua qualidade estrutural, não por um número; em contrapartida, é o grau de complicação de um dado que exige uma alta quantidade de sinais para uma transmissão correta. A esse respeito, a quantidade de sinais exigida para a transmissão de um objeto determinado não leva absolutamente em consideração o caráter de "boa forma" que ele pode ter: a transmissão da imagem de um punhado de areia, ou de uma superfície irregular de rocha granítica, demanda a mesma quantidade de sinais que a transmissão da imagem de um regimento bem alinhado ou das colunas do Partenon. A medida da quantidade de sinais que é preciso empregar não permite nem definir, nem comparar os diferentes conteúdos dos dados objetivos: há um hiato considerável entre os sinais de informação e a forma. Poder-se-ia mesmo dizer que a quantidade de sinais parece aumentar, enquanto as qualidades da forma se perdem; é tecnicamente mais fácil transmitir a imagem de um quadrado ou de um círculo que a de um punhado de areia; nenhuma diferença aparece, na [238] quantidade de sinais, entre a transmissão de uma

A individuação psíquica

imagem de texto tendo um sentido e a de uma imagem de texto feito de letras distribuídas ao acaso.[5]

Então, parece que nem o conceito de "boa forma", nem o de quantidade de informação pura convêm perfeitamente para definir a realidade informação. Acima da informação como quantidade, e da informação como qualidade, existe o que se poderia chamar de informação como intensidade. Não é necessariamente a imagem mais simples e a mais geométrica que é a mais expressiva; tampouco a imagem mais rebuscada, mais meticulosamente analisada em seus detalhes, é necessariamente aquela que tem mais sentido para o sujeito que percebe. Deve-se considerar o sujeito inteiro numa situação concreta, com as tendências, os instintos, as paixões, e não o sujeito em laboratório, numa situação que tem, em geral, uma fraca valorização emotiva. Parece, então, que a intensidade de informação pode ser acrescida graças à diminuição voluntária da quantidade de sinais ou da qualidade das formas: uma fotografia muito contrastada, com um claro-escuro violento, ou uma fotografia levemente esfumada, pode ter mais valor e intensidade que a mesma fotografia com gradação perfeita, respeitando o valor de cada detalhe, ou que a fotografia geometricamente centrada e sem deformação. Para o sujeito, o rigor geométrico de um contorno tem frequentemente menos intensidade e sentido do que certa irregularidade. Um rosto perfeitamente redondo ou perfeitamente oval, encarnando uma boa forma geométrica, estaria sem vida; ficaria frio para o sujeito que o percebesse.

A intensidade de informação supõe um sujeito orientado por um dinamismo vital: a informação, portanto, é o que permite ao sujeito situar-se no mundo. Nesse sentido, todo sinal recebido pos-

---

[5] Poder-se-ia levar em conta apenas o grau de probabilidade de aparecimento dessa forma; as boas formas são em número finito, enquanto os ajuntamentos quaisquer podem ser indefinidamente variados. Mas é apenas por aí, pelo intermédio de uma codificação possível e que implica um número menos elevado de decisões, que a boa forma é mais fácil de ser transmitida. Uma codificação muito simples, no caso das linhas, consiste em reduzir o número de estados possíveis a dois: branco e preto. É nesse sentido que o desenho de traço é mais fácil de transmitir que uma imagem em diferentes tons de cinza.

sui um coeficiente de intensidade possível, graças ao qual corrigimos, a todo instante, nossa situação relativamente ao mundo em que estamos. As formas geométricas pregnantes não nos permitem nos orientarmos; elas são esquemas inatos de nossa percepção, mas esses esquemas não introduzem um sentido preferencial. É no nível dos diferentes gradientes, luminosos, colorido, sombreado, olfativo, térmico, que a informação ganha um sentido intensivo, predominante. A quantidade de sinais dá apenas um terreno sem polaridade; as estruturas das boas formas só fornecem quadros. Não basta perceber os detalhes ou os conjuntos organizados na unidade de uma boa forma: ainda é preciso que esses detalhes, como esses conjuntos, tenham um sentido relativamente a nós, que eles sejam apreendidos como intermediários entre o sujeito e o mundo, como sinais que permitam o acoplamento do sujeito e do mundo. O objeto é uma realidade excepcional; de maneira corrente, não é o objeto que é percebido, mas o mundo, polarizado de maneira tal que a situação tenha um sentido. O objeto propriamente dito só aparece numa situação artificial e, de certo modo, excepcional. Ora, as bem rigorosas e absolutas consequências da teoria da Forma relativas ao caráter espontâneo dos processos perceptivos merecem ser examinadas com maior precisão. Sem dúvida, é verdade que a apreensão das formas é operada de uma só vez, sem aprendizagem, sem recurso a uma formação que se cumpriria graças ao hábito. Mas pode não ser verdade que a apreensão do sentido de uma [239] situação seja tão primitiva e que nenhuma aprendizagem intervenha. A afetividade pode nuançar-se, transpor-se, modificar-se. Ela também pode inverter-se, em certos casos: um dos aspectos da conduta de fracasso é o negativismo geral da conduta subsequente; tudo que outrora atraía o sujeito, antes do fracasso, é repelido; todos os movimentos espontâneos são recusados, transformados em seus contrários. As situações são tomadas pelo avesso, lidas ao inverso. As neuroses de fracasso manifestam essa inversão de polaridade, mas o adestramento de um animal que apresenta tropismos ou taxias definidas já mostra essa possibilidade da inversão de polaridade.

Essa existência de uma polaridade perceptiva desempenha um papel preponderante na segregação das unidades perceptivas; nem a boa forma, nem a quantidade de sinais podem dar conta dessa segregação. O sujeito percebe de maneira a se orientar relativamente ao mundo. O sujeito percebe de maneira a acrescer não a quantidade de sinais de informação ou a qualidade de informação, mas a intensidade de informação, o potencial de informação de uma situação.[6] Perceber, como diz Norbert Wiener, é lutar contra a entropia de um sistema, é organizar, manter ou inventar uma organização. Não basta dizer que a percepção consiste em apreender todos organizados; de fato, ela é o ato que organiza todos; ela introduz a organização, ligando analogicamente as formas contidas no sujeito aos sinais recebidos: perceber é reter a maior quantidade possível de sinais nas formas mais profundamente ancoradas no sujeito; não é somente apreender as formas ou registrar os dados múltiplos justapostos ou sucessivos; nem a qualidade, nem a quantidade, nem o contínuo, nem o descontínuo podem explicar essa atividade perceptiva; a atividade perceptiva é mediação entre a qualidade e a quantidade; ela é intensidade, apreensão e organização das intensidades na relação do mundo ao sujeito.

Algumas experiências sobre a percepção das formas pela visão mostraram que a qualidade não basta à percepção; é muito difícil perceber formas representadas por cores que tenham a mesma intensidade luminosa; ao contrário, essas mesmas formas são muito facilmente percebidas se uma leve diferença de intensidade marca-as, mesmo quando as cores são idênticas ou estão ausentes (graus de cinza). Os limiares diferenciais de intensidade são notavelmente baixos para a visão (6/1.000), mas os limiares de frequência são ainda mais baixos na percepção diferencial; então, não se pode atribuir o fato que acaba de ser citado a condições orgânicas periféricas. É o processo perceptivo central de apreensão de formas que está em jogo. Outrossim, dificilmente uma modulação de frequência fraca de um som é discernível de uma modulação de

---

[6] Já nos reflexos de acomodação perceptiva, encontram-se ao mesmo tempo funcionamentos que aumentam a quantidade de sinais (bombeamento do cristalino) e outros que orientam o vivente e privilegiam seletivamente os sinais interessantes: fixação, movimento ocular que persegue um objeto em movimento.

intensidade, ou ainda de interrupções muito curtas na emissão do som, que se poderia chamar de modulação de fase: os diferentes tipos de modulação convergem para a modulação de intensidade, como se os dinamismos implicados na percepção retivessem essencialmente esse tipo de modulação.

Se perceber consiste em elevar a informação do sistema formado pelo sujeito e o campo no qual ele se orienta, as condições da percepção são análogas às de toda estruturação estável: é necessário que um estado metaestável preceda a percepção. Kant quis explicar a percepção pela síntese do diverso da sensibilidade; mas, de fato, existem duas espécies de diversos: o diverso qualitativo e o quantitativo, o diverso *[240]* heterogêneo e o diverso homogêneo; a teoria da Forma mostrou que não se pode explicar a percepção pela síntese do diverso homogêneo: uma poeira de elementos não pode formar uma unidade por simples adição. Mas também existe uma diversidade intensiva, que torna o sistema sujeito-mundo comparável a uma solução supersaturada; a percepção é a resolução que transforma em estrutura organizada as tensões que afetam esse sistema supersaturado; poder-se-ia dizer que toda verdadeira percepção é resolução de um problema de compatibilidade.[7] A percepção reduz o número das tensões qualitativas e as compatibiliza, transformando-as em potencial de informação, misto de qualidade e de quantidade. Uma figura sobre um fundo ainda não é um objeto; o objeto é a estabilização provisória de uma série de dinamismos que vão das tensões aos aspectos da determinação, caracterizando uma situação. É orientando-se nessa situação que o sujeito pode reduzir à unidade os aspectos de heterogeneidade qualitativa e intensiva, operar a síntese do diverso homogêneo; esse ato de orientação reage, com efeito, sobre o meio que se simplifica; o mundo múltiplo, problema posto ao sujeito da percepção, e o mundo heterogêneo são apenas aspectos do tempo que precede esse ato de orientação. É no sistema formado pelo mundo e pelo sujeito que o sujeito, por seu gesto perceptivo, constitui a

---

[7] A simples heterogeneidade sem potenciais não pode promover um devir. O granito é feito de elementos heterogêneos, quartzo, feldspato, mica, e, no entanto, ele não é metaestável.

A individuação psíquica

unidade da percepção. Acreditar que o sujeito apreende de uma vez formas totalmente constituídas é acreditar que a percepção é um puro conhecimento e que as formas estão inteiramente contidas no real; de fato, uma relação recorrente se institui entre o sujeito e o mundo no qual ele deve perceber. Perceber é justamente pegar através; sem esse gesto ativo, que supõe que o sujeito faça parte do sistema no qual está posto o problema perceptivo, a percepção não poderia se cumprir. Utilizando a linguagem da axiomática, poder-se-ia dizer que o sistema mundo-sujeito é um campo sobredeterminado ou supersaturado. A subjetividade não é deformante, pois é ela que opera a segregação dos objetos segundo as formas que ela aporta; ela poderia ser apenas alucinatória, caso se destacasse dos sinais recebidos do objeto. O ato perceptivo institui uma saturação provisória da axiomática do sistema, que é o sujeito mais o mundo. Sem esse acoplamento[8] do sujeito ao mundo, o problema permaneceria absurdo ou indeterminado: ao estabelecer a relação entre a supersaturação e a indeterminação, o sujeito da percepção faz aparecer um número finito de soluções necessárias; em alguns casos, o problema pode comportar várias soluções (como nas figuras de perspectiva reversível), mas geralmente ele comporta apenas uma, e essa unicidade faz a estabilidade da percepção.

No entanto, é preciso distinguir a estabilidade da percepção de sua pregnância. A percepção de um círculo ou de um quadrado não é pregnante, e entretanto ela pode ser muito estável; é que a pregnância da percepção provém de seu grau de intensidade, não de sua qualidade nem do número de sinais; tal percepção pode ser pregnante para um sujeito, e tal outra percepção para um outro sujeito: a percepção é tanto mais pregnante quanto mais forte for o dinamismo do estado de incompatibilidade anterior; o temor, o desejo intenso, ambos dão à percepção grande intensidade, mesmo se a nitidez dessa percepção é fraca; a percepção de um odor é frequentemente confusa e não encontra elementos solidamente

---

[8] Essa palavra é tomada aqui no sentido que a Física lhe dá, em particular na teoria das trocas de energia entre oscilador e ressoador.

estruturados; no entanto, uma percepção que incorpora *[241]* um dado olfativo pode ter grande intensidade. Certas tonalidades, certas cores, certos timbres podem entrar numa percepção intensa, mesmo sem constituir uma boa forma. Parece que falta, então, distinguir nitidez e pregnância de uma percepção; a pregnância está verdadeiramente ligada ao caráter dinâmico do campo perceptivo; ela não é somente uma consequência da forma, mas também, e sobretudo, do alcance da solução que ela constitui para a problemática vital.

O que foi dito da segregação das unidades perceptivas pode ser aplicado à gênese dos conceitos. O conceito não resulta da síntese de certo número de percepções sob um esquema relacional que lhe confere uma unidade. Para que a formação do conceito seja possível, é preciso uma tensão interperceptiva, pondo em jogo o sentido da relação do sujeito ao mundo e a si mesmo. Um ajuntamento de dados perceptivos não pode se fazer apenas com percepções; ele também não pode ser feito, de um lado, pelo encontro de percepções e, de outro lado, pelo encontro de uma forma *a priori*, mesmo que esta seja mediatizada por um esquematismo. A mediação entre o *a priori* e o *a posteriori* não pode ser descoberta nem a partir do *a priori* nem a partir do *a posteriori*; a mediação não é da mesma natureza que os termos: ela é tensão, potencial, metaestabilidade do sistema formado pelos termos. Além do mais, as formas *a priori* não são rigorosamente preexistentes às percepções: na maneira pela qual as percepções têm uma forma, cada uma para si mesma, já existe algo desse poder de sincristalizar que se manifesta, num nível mais alto, no nascimento dos conceitos: nesse sentido, pode-se dizer que a conceitualização está para a percepção como a sincristalização está para a cristalização de uma espécie química única. Ademais, como a percepção, o conceito necessita de uma permanente reativação para se manter em sua integridade; ele é mantido pela existência de limiares quânticos que sustentam a distinção dos conceitos; essa distinção não é uma prioridade intrínseca de cada conceito, mas uma função do conjunto dos conceitos presentes no campo lógico. A entrada de novos conceitos nesse campo lógico pode conduzir à reestruturação do conjunto dos conceitos, como o faz toda nova doutrina metafísica; ela modifica, antes dessa reestruturação, o limiar de distinção de todos os conceitos.

II. INDIVIDUAÇÃO E AFETIVIDADE

1. Consciência e individuação; caráter quântico da consciência

Tal pesquisa obriga, então, a colocar o problema do nexo entre a consciência e o indivíduo. Esse problema parece ter sido mascarado sobretudo pelo fato de que a teoria da Forma privilegiou a relação perceptiva no que tange à relação ativa e à relação afetiva. Caso se restabeleça o equilíbrio, reintroduzindo a consideração de todos os aspectos da relação, aparecerá que o sujeito opera a segregação das unidades no mundo objeto de percepção, suporte da ação ou fiador das qualidades sensíveis, na medida em que esse sujeito opera em si mesmo uma individualização progressiva por saltos sucessivos. Esse papel da consciência na individuação foi mal definido, pois [242] o psiquismo consciente foi considerado como pluralidade indefinida (na doutrina atomista) ou como pura unidade indissolúvel e contínua (nas doutrinas opostas ao atomismo psicológico, quer se trate do bergsonismo ou da teoria da Forma em seu início). De fato, caso se suponha que a individualidade dos estados de consciência, dos atos de consciência e das qualidades de consciência é de tipo quântico, será possível descobrir uma mediação entre a unidade absoluta e a infinita pluralidade; então, aparecerá um regime de causalidade intermediária entre o determinismo obscuro, que faz do psiquismo uma resultante desnudada de interioridade e de consistência, e a finalidade rígida e límpida, que não admite nem exterioridade, nem acidente. O psiquismo não é nem pura interioridade, nem pura exterioridade, mas permanente diferenciação e integração, segundo um regime de causalidade e de finalidade associadas que chamaremos de transdução e que nos parece ser um processo primeiro relativamente à causalidade e à finalidade, exprimindo os casos-limite de um processo fundamental. O indivíduo se individua na medida em que percebe seres, constitui uma individuação pela ação ou pela construção fabricadora e faz parte do sistema que compreende sua realidade individual e os objetos que ele percebe ou constitui. A consciência deviria, então, um regime misto de causalidade e de eficiência, ligando, segundo esse regime, o indivíduo a si mesmo e ao mundo. A afetividade e a emotividade seriam, então, a forma transdutiva por excelência do psiquismo, intermediária entre a consciência clara e a subconsciência, ligação permanente do indivíduo a si mesmo e ao mundo, ou melhor, ligação entre a relação do indivíduo a si mesmo e a relação do indivíduo ao mundo. No nível da afetividade e da emotividade, a relação de causalidade e a relação de finalidade não se opõem: todo movimento afetivo--emotivo é, de uma só vez, julgamento e ação pré-formada; ele é realmente bipolar em sua unidade; sua realidade é a de uma relação que possui, relativamente aos seus termos, um valor de autoposição. A polarização afetivo-emotiva se nutre dela mesma na medida em que é uma resultante ou comporta uma intencionalidade; ela é, de uma só vez, autoposição e heteroposição.

Assim, o indivíduo não seria nem pura relação de exterioridade, nem substancialidade absoluta; ele não poderia ser identificado ao resíduo da análise que fracassa diante do indivisível ou ao princípio primeiro que contém tudo em sua unidade de onde tudo decorre.

2. Significação da subconsciência afetiva

A intimidade do indivíduo não deveria, então, ser buscada no nível da consciência pura ou da inconsciência orgânica, mas sim na subconsciência afetivo-emotiva. Nesse sentido, a tese que apresentamos se separaria da doutrina que globalmente se nomeia Psicanálise. A psicanálise observou bem que existe no indivíduo um inconsciente. Mas ela considerou esse inconsciente como um psiquismo completo, calcado de alguma maneira sobre o consciente que se pode apreender. Suporemos, ao contrário, que exista uma camada fundamental do inconsciente, que é a capacidade de ação do sujeito: as montagens da ação quase não são apreendidas pela consciência clara; é sobre o que ele quer ou não quer que o sujeito se engana mais completamente; o encadeamento dos atos de vontade se desenrola de tal maneira que as balizas do processo, aparecendo à consciência, são muito raras e perfeitamente insuficientes para constituir um fundamento válido. A representação, ao contrário, é muito mais clara; os elementos representativos inconscientes são não raros, porém [243] sumários, esboçados com dificuldade e, em geral, incapazes de invenção e progresso verdadeiros: continuam sendo estereótipos muito grosseiros e pobres em realidade representativa. Em contrapartida, no limite entre consciência e inconsciente se encontra a camada da subconsciência, que é essencialmente afetividade e emotividade. Essa camada relacional constitui o centro da individualidade. São suas modificações que são as modificações do indivíduo. A afetividade e a emotividade são suscetíveis de reorganizações quânticas; elas procedem por saltos bruscos segundo graus e obedecem a uma lei de limiares. Elas são relação entre o contínuo e o descontínuo puro, entre a consciência e a ação. Sem a afetividade e a emotividade, a consciência parece um epifenômeno, e a ação, uma sequência descontínua de consequências sem premissas.

Uma análise do que se pode chamar de individualidade psíquica deveria, então, ser centrada em torno da afetividade e da emotividade. Também aqui, a psicanálise agiu com justeza, sem empregar sempre uma teoria adequada à sua justeza operatória; pois, de fato, é sobre o regime afetivo-emotivo que a psicanálise age quando se dirige ao indivíduo. São temas afetivo-emotivos que Jung descobre em sua análise do inconsciente (ou do subconsciente) que está na base dos mitos. Se é possível falar, em certo sentido, da individualidade de um grupo ou daquela de um povo, não é em virtude de uma comunidade de ação, descontínua demais para ser uma base sólida, nem de uma identidade de representações conscientes, amplas demais e contínuas demais para permitir a segregação dos grupos; é no nível dos temas afetivo-emotivos, mistos de representação e ação, que se constituem os agrupamentos coletivos. A participação interindividual é possível quando as expressões afetivo-emotivas são as mesmas. Os veículos dessa comunidade afetiva são, então, os elementos não somente simbólicos, mas eficazes da vida dos grupos: regime das sanções e das recompensas, símbolos, artes, objetos coletivamente valorizados e desvalorizados.

Enfim, é possível observar que essa doutrina, que coloca o regime quântico da afetividade e da emotividade no centro do indivíduo, está em acordo com o ensinamento das pesquisas sobre a estrutura e a gênese das espécies e dos organismos: nenhum ser vivo parece desprovido de afetivo-emotividade, a qual permanece quântica nos seres muito complexos como o homem, bem como naqueles muito sumariamente organizados. As camadas mais antigas do sistema nervoso é que são os centros dessa regulação, e particularmente o mesencéfalo. A patologia também mostra que a dissolução da individualidade pode se produzir de maneira muito profunda quando as bases orgânicas dessa regulação são atingidas, em particular nos casos de tumores do mesencéfalo. Parece, então, que são as bases mesmas da personalidade que vacilam quando um enfraquecimento das funções da consciência representativa ou das capacidades de ação alteram a personalidade sem destruí-la, e frequentemente de maneira reversível, enquanto as alterações da afetividade e da emotividade são muito raramente reversíveis.

3. A AFETIVIDADE NA COMUNICAÇÃO E NA EXPRESSÃO

Enfim, essa teoria do papel individuante representado pelas funções afetivo-emotivas poderia servir de base a uma doutrina da comunicação e da expressão. São as instâncias afetivo-emotivas que fazem a base da comunicação intersubjetiva; a *[244]* realidade que se nomeia comunicação das consciências poderia, com maior justeza, ser nomeada comunicação das subconsciências. Tal comunicação se estabelece por intermédio da participação; nem a comunidade de ação, nem a identidade dos conteúdos de consciência bastam para estabelecer a comunicação intersubjetiva. Isso explica por que uma comunicação como essa pode estabelecer-

A individuação psíquica

369

-se entre indivíduos muito dessemelhantes, como um homem e um animal, e que simpatias ou antipatias muito vivas podem nascer entre seres muito diferentes; ora, aqui os seres existem enquanto indivíduos, e não apenas enquanto realidades específicas: tal animal pode estar em relação de simpatia com tal outro, e não com todos aqueles que são da mesma espécie. Indicou-se frequentemente a profunda ligação que existe entre dois bois de carga, forte o suficiente para que a morte acidental de um dos animais acarrete a morte de seu companheiro. Para exprimir essa relação tão sólida, e no entanto silenciosa, da simpatia vivida, os gregos empregavam, mesmo para o par humano, a palavra συζυγία [*syzygia*], comunidade de canga.

Sem dúvida, um apanhado como esse não permite definir inteiramente qual conteúdo pode ser transmitido na comunicação interindividual. Tampouco ele prejulga inteiramente a realidade escatológica. No entanto, certas consequências metafísicas são inevitáveis: a conservação da identidade pessoal na morte não parece possível sob a forma simples de uma continuação da existência. Certamente, o *"sentimus experimurque nos æternos esse"* ["sentimos e experimentamos que somos eternos"] de Espinosa corresponde, sim, a um sentimento real. Mas o teor dessa experiência é afetivo-emotivo, e não se deve transpô-lo em definição representativa, tampouco em decisão voluntária; não se pode nem demonstrar a eternidade (ou mesmo, propriamente falando, concebê-la), nem apostar pela eternidade; esses são dois andamentos insuficientes, inadequados ao seu verdadeiro objeto. Deve-se deixar a experiência de eternidade no nível daquilo que ela verdadeiramente é, a saber, o embasamento de um regime afetivo-emotivo. Se alguma realidade é eterna, é o indivíduo enquanto ser transdutivo, não enquanto substância sujeito ou substância corpo, consciência ou matéria ativa. Já durante sua existência objetiva, o indivíduo enquanto aquele que experiencia é um ser ligado. Pode ser que alguma coisa do indivíduo seja eterna e se reincorpore, de alguma maneira, ao mundo relativamente ao qual ele era indivíduo. Quando o indivíduo desaparece, ele só se aniquila relativamente à sua interioridade; mas para que ele se aniquilasse objetivamente, seria necessário supor que o meio se aniquila também. Como ausência relativamente ao meio, o indivíduo continua a existir e mesmo a ser ativo.[1] Morrendo, o indivíduo devém um anti-indivíduo, ele muda de signo, mas se perpetua no ser sob forma de ausência ainda individual; o mundo é feito dos indivíduos atualmente vivos, que são reais, e também dos "buracos de individualidades", verdadeiros indivíduos negativos, compostos de um núcleo de afetividade e de emotividade, e que existem como símbolos. No momento em que um indivíduo morre, sua atividade está inacabada, e pode-se dizer que ela permanecerá inacabada enquanto subsistirem seres individuais capazes de reatualizar essa ausência ativa, semente de consciência e de ação. Sobre os indivíduos vivos repousa a carga de manter no ser os indivíduos *[245]* mortos numa perpétua νέκυια *[nekyia]*.[2] A subconsciência dos vivos é toda tecida dessa carga de manter no ser os indivíduos mortos que existem como ausência, como símbolos dos quais os vivos são recíprocos. Muitos dogmas religiosos são erigidos em torno desse sentimento fundamental. A religião é o domínio do transindividual; o sagrado não tem toda sua origem na sociedade; o sagrado se alimenta do sentimento de perpetuidade do ser, perpetuidade vacilante e precária, a cargo dos viventes. É vão buscar a origem dos ritos sagrados no medo dos mortos; esse medo se funda sobre o sentimento interior de uma falta que surge quando o vivente sente que abandona em si essa realidade da ausência, esse símbolo real. Parece que o morto devém hostil quando é abandonado, não enquanto morto, mas enquanto vivente do passado, cuja perpetuação é confiada à posteridade. Os romanos tinham esse sentimento muito fortemente arraigado em si mesmos, e desejavam um herdeiro.[3] A crença viva na

---

[1] Pois ele fazia parte de um sistema, ele era um dos símbolos reais existindo relativamente a um outro símbolo: uma informação existia *no sistema entre indivíduo vivo e meio*, o que não é verdadeiro para o indivíduo físico.

[2] Rito de evocação dos mortos.

NT [Presente no canto X da *Odisseia* de Homero, onde Circe ensina o rito de evocação dos mortos (*nekyia* ou *nekuia*) a Ulisses, para que o mesmo possa se consultar com Tirésias, já morto.]

[3] O herdeiro, com efeito, é ele também um duplo do atual, um símbolo cujo atual é recíproco. O herdeiro, símbolo no porvir, preenche a ausência

identidade substancial que está firmada na teologia cristã não destruiu esse sentimento fundamental. Na vontade do indivíduo de servir a alguma coisa, de fazer alguma coisa de real, certamente há de alguma forma a ideia de que o indivíduo não pode consistir somente em si mesmo. Uma asseidade absoluta, um fechamento absoluto que poderia proporcionar uma eternidade perfeita não seria uma condição vivível pelo indivíduo: subsistir não seria existir eternamente, pois não seria existir. O estudo que Franz Cumont fez das crenças sobre o além em *Lux perpetua* não é somente a análise da mitologia escatológica, mas também uma verdadeira pesquisa sobre o subconsciente coletivo ou individual; o mito ganha aqui um sentido profundo, pois ele não é só uma representação útil à ação ou um modo fácil de ação; não se pode dar conta do mito nem pela representação, nem pela ação, pois ele não é somente uma representação incerta ou um procedimento para agir; a fonte do mito é a afetivo-emotividade, e o mito é feixe de sentimentos relativos ao devir do ser; esses sentimentos arrastam consigo elementos representativos e movimentos ativos, mas tais realidades são acessórias e não essenciais ao mito. Platão tinha visto esse valor do mito e o empregava todas as vezes que o devir do ser estava em questão, como um modo adequado de descoberta do devir.

4. O TRANSINDIVIDUAL

Pode-se perguntar em que medida tal concepção da individuação pode dar conta do conhecimento, da afetividade e, de maneira mais geral, da vida espiritual. É por uma espécie de abstração que se fala de vida espiritual. No entanto, esse adjetivo tem sim um sentido; ele indica um valor e manifesta que certo modo de existência é classificado acima dos outros modos; talvez não fosse preciso dizer que existe uma vida biológica, ou puramente corporal, e outra vida, que seria a vida espiritual, por oposição à

de ser que o símbolo do passado contém. Em certos grupos primitivos, o último nascido recebia o nome do último defunto.

primeira. O dualismo substancialista deve ser posto fora de uma teoria da individuação. Mas é verdade que a espiritualidade existe e que ela é independente das estruturas metafísicas e teológicas. *[246]* Quando Tucídides fala de uma obra do espírito, dizendo: "κτῆμα ἐς ἀεί" [*ktéma es aei*], quando Horácio diz "*monumentum exegi ære perennius*",[NT] esses homens experimentam, como autores, uma impressão de eternidade: a ideia de imortalidade da obra é apenas o símbolo sensível dessa convicção interna, dessa fé que atravessa o ser individual e pela qual ele sente que ultrapassa seus próprios limites. Ainda, quando Espinosa escreve "*sentimus experimurque nos æternos esse*", ele revela uma impressão muito profunda que o ser individual experimenta. E, no entanto, sentimos também que não somos eternos, que somos frágeis e transitórios, que não mais seremos enquanto o sol ainda brilhará sobre os rochedos na primavera vindoura. Em face da vida natural, nós nos sentimos perecíveis como a folhagem das árvores; em nós, o envelhecimento do ser que passa faz sentir a precariedade que corresponde a essa ascensão, a essa eclosão de vida irradiando nos outros seres; os caminhos são diversos nas vias da vida, e cruzamos com outros seres, de todas as idades, que estão em todas as épocas da vida. E mesmo as obras de espírito envelhecem. O κτῆμα ἐς ἀεί se esfarela como as muralhas das cidades mortas; o monumento mais durável que o bronze segue a coroa de louros no dessecamento universal. Mais lenta ou mais rapidamente, prematuramente, como Marcellus e os lírios cortados,[NT] ou na plenitude da ida-

---

[NT] [As palavras de Tucídides estão na *Guerra do Peloponeso*, livro I, capítulo 22, em que os acontecimentos narrados "constituem uma aquisição perene [κτῆμα ἐς ἀεί], em vez de uma peça para um auditório ocasional". As de Horácio são um verso de sua terceira ode: "erigi um monumento mais perene que o bronze".]

[NT] [Alusão a Claudius Marcellus (42-23 a.C.), filho de Octávia, a irmã do imperador Augustus, adotado por este em 25 a.C. Sua morte precoce, aos 19 anos, frustrou as expectativas de sucessão que nele eram depositadas. Os lírios cortados junto à memória de Marcellus, na cena em que o personagem Anquises deseja enterrar o neto, aparecem ao fim do livro VI da *Eneida* de Virgílio.]

A individuação psíquica

de cumprida e da carreira percorrida, os seres sobem o declive e voltam a descê-lo, sem ficar muito tempo sobre o platô do presente. É apenas por ilusão, ou melhor, por uma meia-visão, que a vida espiritual dá a única prova da eternidade do ser. A *massa cândida*,[NT] único resto tangível dos mártires queimados de cal viva, é ela também testemunho de espiritualidade, através de seu simbolismo de lastimosa fragilidade; ela o é como um monumento mais durável que o bronze, como a lei gravada sobre as tábuas, como os mausoléus de tempos passados. A espiritualidade não é somente aquilo que permanece, mas também aquilo que brilha no instante entre duas espessuras indefinidas de obscuridade e se oculta para sempre; o gesto desesperado, desconhecido, do escravo revoltado é espiritualidade como o livro de Horácio. A cultura dá muito peso à espiritualidade escrita, falada, exprimida, registrada. Essa espiritualidade que tende à eternidade por suas próprias forças objetivas, no entanto, não é a única; ela é apenas uma das duas dimensões da espiritualidade vivida; a outra, aquela da espiritualidade do instante, que não busca a eternidade e brilha como a luz de um olhar para se apagar em seguida, também existe realmente. Se aí não houvesse essa adesão luminosa ao presente, essa manifestação que dá ao instante um valor absoluto, que o consome em si mesmo, sensação, percepção e ação, não haveria significação da espiritualidade. A espiritualidade não é uma outra vida, e também não é a mesma vida; ela é outra e a mesma, ela é a significação da coerência do outro e do mesmo numa vida superior. A espiritualidade é a significação do ser como separado e atrelado, como só e como membro do coletivo; o ser individuado está ao mesmo tempo só e não-só; é preciso que ele possua as duas dimensões; para que o coletivo possa existir, é preciso que a individuação separada a preceda e ainda contenha algo de pré-individual, pelo qual o coletivo se individuará atrelando o ser separado.

[NT] [Expressão latina que se refere à morte de trezentos mártires cristãos que se recusaram a oferecer incenso aos deuses romanos, aproximadamente entre os anos 253 e 260 d.C. Foram condenados à morte num fosso de limo em chamas e reduzidos a uma massa de pó branco.]

A espiritualidade é a significação da relação do ser individuado ao coletivo e, então, por consequência, também do fundamento dessa relação, quer dizer, do fato de que o ser individuado não é inteiramente individuado, mas ainda contém certa carga de realidade não-individuada, pré-individual, e que ele a preserva, a respeita, vive com a consciência de sua existência, em vez de se fechar numa individualidade substancial, falsa asseidade. É o respeito dessa relação do individuado e do pré-individual *[247]* que é a espiritualidade. Ela é essencialmente afetividade e emotividade; prazer e dor, tristeza e alegria são as distâncias extremas em torno dessa relação entre o individual e o pré-individual no ser sujeito; mais do que estados afetivos, deve-se dizer trocas afetivas, trocas entre o pré-individual e o individuado no ser sujeito. A afetivo-emotividade é um movimento entre o indeterminado natural e o *hic et nunc* da existência atual; ela é aquilo pelo qual se opera, no sujeito, essa ascensão do indeterminado rumo ao presente que vai incorporá-lo no coletivo. Em geral, interpreta-se o prazer e a dor como significando que um acontecimento favorável ou desfavorável para a vida surge e afeta o ser: de fato, não é no nível do ser individuado puro que essa significação existe; talvez exista um prazer e uma dor puramente somáticos; mas os modos afetivo-emotivos têm também um sentido no cumprimento da relação entre o pré--individual e o individual: os estados afetivos positivos indicam a sinergia da individualidade constituída e do movimento de individuação atual do pré-individual; os estados afetivos negativos são estados de conflito entre esses dois domínios do sujeito. A afetivo--emotividade não é apenas a repercussão dos resultados da ação no interior do ser individual; ela é uma transformação, desempenha um papel ativo: ela exprime o nexo entre os dois domínios do ser sujeito e modifica a ação em função desse nexo, harmonizando-a com esse nexo e esforçando-se para harmonizar o coletivo. A expressão da afetividade no coletivo tem um valor regulador; a ação pura não teria esse valor regulador da maneira pela qual o pré-individual se individua nos diferentes sujeitos para fundar o coletivo; a emoção é essa individuação efetuando-se na presença transindividual, mas a própria afetividade precede e segue a emoção; ela é, no ser sujeito, o que traduz e perpetua a possibilidade

A individuação psíquica

de individuação em coletivo: é a afetividade que conduz a carga de natureza pré-individual a devir suporte da individuação coletiva; ela é mediação entre o pré-individual e o individual; é o anúncio e a repercussão, no sujeito, do encontro e da emoção de presença, da ação. Sem a presença e a ação, a afetivo-emotividade não pode se cumprir e se exprimir. A ação não resolve apenas o problema perceptivo, pelo encontro dos mundos perceptivos; enquanto emoção, a ação resolve o problema afetivo, que é o da bidimensionalidade incompatível do prazer e da alegria; a emoção, vertente individualizada da ação, resolve o problema afetivo, paralelo ao problema perceptivo que a ação resolve. A ação é para a percepção o que a emoção é para a afetividade: a descoberta de uma ordem superior de compatibilidade, de uma sinergia, de uma resolução por passagem a um nível mais elevado de equilíbrio metaestável. A emoção implica presença do sujeito a outros sujeitos ou a um mundo que o questiona como sujeito; portanto, ela é paralela à ação, está ligada à ação; mas ela assume a afetividade, ela é o ponto de inserção da pluralidade afetiva em unidade de significação; a emoção é a significação da afetividade como a ação o é da percepção. A afetividade pode então ser considerada como fundamento da emotividade, assim como a percepção pode ser considerada como fundamento da ação; a emoção é o que, da ação, está voltado para o indivíduo participante do coletivo, enquanto a ação é o que, no mesmo coletivo, exprime o ser individual na atualidade da mediação realizada: ação e emoção são correlativas, mas a ação é a individuação coletiva apreendida do lado do coletivo, em seu aspecto relacional, enquanto a emoção é a mesma individuação do coletivo, apreendida no ser individual enquanto ele participa dessa individuação. Percepção e afetividade no ser individual *[248]*, ou melhor, no sujeito, estão mais separadas do que a ação e a emoção no coletivo; mas o coletivo só se estabelece na presença dessa reciprocidade da ação e da emoção; a afetividade, no sujeito, tem um conteúdo de espiritualidade maior que o da percepção, ao menos em aparência, pois a percepção reassegura o sujeito e apela essencialmente a estruturas e funções já constituídas no interior do ser individuado; a afetividade, ao contrário, indica e comporta essa relação entre o ser individualizado e a realidade pré-

-individual: assim, em certa medida ela é heterogênea relativamente à realidade individualizada, e parece lhe aportar alguma coisa do exterior, indicando-lhe que ele não é um conjunto completo e fechado de realidade. O problema do indivíduo é o dos mundos perceptivos, mas o do sujeito é o da heterogeneidade entre os mundos perceptivos e o mundo afetivo, entre o indivíduo e o pré-individual; esse problema é o do sujeito enquanto sujeito: o sujeito é indivíduo e outro afora indivíduo; ele é incompatível consigo mesmo. A ação só pode resolver os problemas da percepção, e a emoção os da afetividade, se ação e emoção forem complementares, simbólicas uma relativamente à outra na unidade do coletivo; para que haja ressonância da ação e da emoção, é preciso que haja uma individuação superior que as englobe: essa individuação é a do coletivo. O sujeito só pode coincidir consigo mesmo na individuação do coletivo, pois o ser individuado e o ser pré-individual que estão nele não podem coincidir diretamente: há disparação entre as percepções e a afetividade; mesmo que as percepções pudessem encontrar sua unidade numa ação que as sistematizasse, essa sistematização permaneceria estranha à afetividade e não contentaria a busca de espiritualidade; a espiritualidade não está nem na pura afetividade, nem na pura resolução dos problemas perceptivos; mesmo que a emoção pudesse resolver os problemas afetivos, mesmo que a ação pudesse resolver os problemas perceptivos, permaneceria no ser um hiato impossível de cobrir, entre a afetividade e a percepção, devindas unidade de emoção e unidade de ação. Mas a possibilidade mesma dessas sínteses é problemática; mais seriam, em seu isolamento respectivo, percepções comuns e resultantes afetivas, sentimentos comuns, do que verdadeiras ações ou verdadeiras emoções tendo sua unidade interna. É a reciprocidade entre percepções e afecções, no seio do coletivo nascente, que cria a condição de unidade da verdadeira ação e da verdadeira emoção. Ação e emoção nascem quando o coletivo se individua; para o sujeito, o coletivo é a reciprocidade da afetividade e da percepção, reciprocidade que unifica esses dois domínios, cada qual em si mesmo, dando-lhes uma dimensão a mais. No percurso ativo do mundo universalizado da ação, há uma imanência da emoção possível; a emoção é a polaridade desse mundo ao mesmo tem-

A individuação psíquica

po segundo o sujeito e segundo os objetos; esse mundo tem um sentido porque ele é orientado, e é orientado porque o sujeito se orienta nele segundo sua emoção; a emoção não é apenas mudança interna, amálgama do ser individuado e modificação de estruturas; ela é também um certo elã através de um universo que tem um sentido; ela é o sentido da ação. Inversamente, na emoção, mesmo interior ao sujeito, há uma ação implícita; a emoção estrutura topologicamente o ser; a emoção se prolonga no mundo sob forma de ação, assim como a ação se prolonga no sujeito sob forma de emoção: uma série transdutiva vai da ação pura à emoção pura; não são espécies psíquicas, operações ou estados isolados; é a mesma realidade que apreendemos abstratamente em seus dois termos extremos, acreditando que eles bastam a si mesmos e podem ser estudados. De fato, *[249]* seria preciso poder apreender a emoção-ação em seu centro, no limite entre o sujeito e o mundo, no limite entre o ser individual e o coletivo. Então, compreender-se-ia que a espiritualidade é a reunião dessas duas vertentes opostas que sobem para a mesma cumeeira, a vertente da ação e a da emoção. A da ação exprime a espiritualidade enquanto esta sai do sujeito e se institui em eternidade objetiva, em monumento mais durável que o bronze, em linguagem, instituição, arte, obra. A da emoção exprime a espiritualidade enquanto esta penetra o sujeito, reflui nele e o preenche no instante, tornando-o simbólico relativamente a si mesmo, recíproco relativamente a si mesmo, ele próprio se compreendendo em referência ao que lhe invadiu. Opor o humanismo da ação construtora à interioridade de um recolhimento na emoção é dividir o sujeito, não apreender a realidade condicional do coletivo em que há essa reciprocidade da emoção e da ação. Após essa divisão, só resta a imagem empobrecida da ação, sua estrutura depositada em monumento de eternidade indiferente, a ciência; frente à ciência, a emoção interiorizada, separada de seu suporte e de sua condição de advento, que é o coletivo se individuando, devém a fé, emoção privada de ação, entretendo-se mediante a renovação voluntária do coletivo, este submetido à função de entretimento da emoção, sob forma de rito ou de prática espiritual. A ruptura entre a ação e a emoção cria a ciência e a fé, que são duas existências separadas, irreconciliáveis porque mais nenhuma individuação pode reuni-las, e nenhuma série transdutiva pode religá-las; somente os nexos exteriores podem existir entre essas duas maneiras de ser que negam a transindividualidade sob sua forma real. Ciência e fé são os destroços de uma espiritualidade que fracassou e que partilha o sujeito, opondo-o a si mesmo em vez de conduzi-lo a descobrir uma significação segundo o coletivo. A unidade espiritual está nesse nexo transdutivo entre a ação e a emoção; poder-se-ia chamar esse nexo de sabedoria, sob condição de não entender com isso uma sabedoria humanista. Nem reivindicação de imanência, nem reivindicação de transcendência, nem naturalismo, nem teologia podem dar conta dessa relação transdutiva; é em seu meio que o ser deve ser escolhido; não é o homem individual que produz suas obras a partir de sua essência de homem, do homem como espécie segundo uma classificação por gênero comum e por diferenças específicas. Tampouco é um poder inteiramente exterior ao homem e que se exprimiria através do homem, retirando dele consistência e interioridade. Essa oposição é infrutífera; ela traduz o caráter problemático do vivente humano completo, mas não vai até o fim; ela substancializa em termos uma bipolaridade primeira em vez de buscar a significação dessa bipolaridade; no exame do ser humano existem os fundamentos possíveis de um humanismo ou de uma teoria da transcendência, mas são duas paradas no exame que fornecem essas duas vias divergentes. Uma explora o homem como sujeito da ciência; a outra, como teatro da fé.

5. A ANGÚSTIA

Pode-se perguntar qual é a significação de certos sentimentos que parecem ser ao mesmo tempo emoções, como a angústia. A angústia não pode ser identificada nem a um sentimento nem a uma emoção apenas; como sentimento, a angústia indica a possibilidade de um destacamento entre a natureza associada ao ser individuado e este ser individuado; na angústia, o sujeito se sente sendo sujeito na medida em que é *[250]* negado; ele porta em si mesmo sua existência, ele está pesado de sua existência, como se

A individuação psíquica   379

devesse portar a si próprio; fardo da terra,* como diz Homero,[NT] mas também fardo para si mesmo antes de tudo, porque o ser individuado, em vez de poder encontrar a solução do problema das percepções e do problema da afetividade, sente refluir em si todos os problemas; na angústia, o sujeito se sente existindo como problema posto a si mesmo, e sente sua divisão em natureza pré-individual e em ser individuado; o ser individuado está *aqui e agora*, e esse *aqui* e esse *agora* impedem que uma infinidade de outros aqui e agora venham à tona: o sujeito toma consciência de si como natureza, como indeterminado (ἄπειρον) que ele jamais poderá atualizar em *hic et nunc*, que ele jamais poderá viver; a angústia está no termo oposto ao do movimento pelo qual se fica refugiado em sua individualidade; na angústia, o sujeito gostaria de se resolver consigo mesmo sem passar pelo coletivo; ele gostaria de chegar ao nível de sua unidade por uma resolução de seu ser pré-individual em ser individual, resolução direta, sem mediação, sem espera; a angústia é uma emoção sem ação, um sentimento sem percepção; ela é pura repercussão do ser em si mesmo. Sem dúvida, a espera, o escoamento do tempo, ambos podem aparecer na angústia; mas não se pode dizer que a produzam; pois mesmo quando a angústia não está presente, ela se prepara, a carga de angústia está se agravando antes de se espalhar por todo o ser; o ser angustiado exige a si mesmo, a essa ação surda e oculta que só pode ser emoção porque ela não tem a individuação do coletivo, que o resolva como problema; o sujeito toma consciência de si mesmo

---

* ἄχθος ἀρούρης [*ákhthos arûrés*].

[NT] [Alusão às palavras de Aquiles logo depois de saber da morte de Pátroclo, no canto XVIII da *Ilíada*. Traduzimos aqui a partir da antiga versão francesa de Dugas Montbel: "'Que eu morra neste instante', grita o impetuoso Aquiles, 'porque não pude socorrer meu companheiro imolado. Ele morreu longe de seu país, e sem dúvida desejou que eu lhe fosse prestimoso neste combate. Não, agora já não retornarei aos amados campos da pátria, pois não pude salvar Pátroclo e os numerosos guerreiros tombados sob os golpes de Heitor. Inútil fardo da terra, fiquei junto aos meus navios, embora nenhum dos valorosos gregos me iguale em combate'" (*L'Iliade d'Homère*, tomo I, Paris, Typographie de Firmin Didot, 1828, pp. 152-3).]

como sujeito no decurso de angustiar-se, de questionar-se, sem no entanto conseguir realmente unificar-se. A angústia sempre retoma a si mesma e não avança, nem constrói, mas solicita profundamente o ser e o faz devir recíproco relativamente a si próprio. Na angústia, o ser é como seu próprio objeto, mas um objeto tão importante quanto ele mesmo; poder-se-ia dizer que o sujeito devém objeto e assiste a seu próprio alastramento segundo dimensões que ele não pode assumir. O sujeito devém mundo e preenche todo aquele espaço e todo aquele tempo nos quais surgem os problemas: não há mais mundo ou problema que não sejam problema do sujeito; esse contra-sujeito universal que se desenvolve é como uma noite que constitui o ser mesmo do sujeito em todos os seus pontos; o sujeito adere a tudo como adere a si mesmo; ele já não está localizado, ele é universalizado segundo uma adesão passiva e que o faz sofrer. O sujeito se dilata dolorosamente perdendo sua interioridade; ele está aqui e alhures, destacado daqui por um alhures universal; ele assume todo o espaço e todo o tempo, devém coextensivo ao ser, se espacializa, se temporaliza, devém mundo incoordenado.

Esse imenso estufamento do ser, essa dilatação sem limites que retira todo refúgio e toda interioridade, traduzem a fusão, no interior do ser, entre a carga de natureza associada ao ser individual e sua individualidade; as estruturas e as funções do ser individuado se misturam umas às outras e se dilatam, pois recebem da carga de natureza esse poder de ser sem limites: o individuado é invadido pelo pré-individual; todas as estruturas são atacadas, as funções são animadas por uma força nova que as torna incoerentes. Se a experiência de angústia pudesse ser suficientemente suportada e vivida, ela conduziria a uma nova individuação no interior mesmo do ser, a uma verdadeira metamorfose; a angústia já comporta o pressentimento desse novo nascimento do ser individuado a partir do caos que se estende; o ser angustiado sente que talvez poderá reconcentrar-se em si mesmo num além ontológico, [251] supondo uma mudança de todas as dimensões; mas, para que esse novo nascimento seja possível, é necessário que a dissolução das antigas estruturas e a redução em potencial das antigas funções esteja completa, o que é uma aceitação do aniquilamento

A individuação psíquica

do ser individuado. Esse aniquilamento como ser individuado implica um percurso contraditório das dimensões segundo as quais o ser individuado põe seus problemas perceptivos e afetivos; um tipo de inversão das significações é o início da angústia; as coisas próximas parecem longínquas, sem liame com o atual, enquanto os seres longínquos estão bruscamente presentes e são todo-poderosos. O presente se escava perdendo sua atualidade; o mergulho no passado e no porvir dissipa a trama do presente e retira dele sua densidade de coisa vivida. O ser individual foge de si, se deserta. E, no entanto, nessa deserção há subjacência de um tipo de instinto de ir recompor-se alhures e de outro jeito, reincorporando o mundo, a fim de que tudo possa ser vivido. O ser angustiado se funde em universo para encontrar uma subjetividade outra; ele se permuta com o universo, mergulha nas dimensões do universo. Mas esse contato com o universo não passa pelo intermédio da ação e da emoção correlativa da ação, e não recorre à relação transindividual, tal como aparece na individuação do coletivo. A angústia traduz a condição do ser sujeito sozinho; ela vai tão longe quanto pode ir esse ser sozinho; ela é um tipo de tentativa para substituir, por uma troca com o ser não-sujeito, a individuação transindividual que a ausência de outros sujeitos torna impossível. A angústia realiza aquilo que o ser sozinho pode cumprir de mais elevado enquanto sujeito; mas parece que essa realização permanece sendo apenas um estado, não chegando a uma nova individuação, pois está privada do coletivo. Entretanto, não se pode ter nenhuma certeza absoluta sobre esse ponto: talvez essa transformação do ser sujeito, para a qual tende a angústia, seja possível em alguns casos muito raros. O sujeito, na angústia, sente que não age como deveria, que se distancia mais e mais do centro e da direção da ação; a emoção se amplifica e se interioriza; o sujeito continua a ser e a operar uma modificação permanente em si, contudo sem agir, sem se inserir, sem participar de uma individuação. O sujeito se distancia da individuação, ainda sentida como possível; ele percorre as vias inversas do ser; a angústia é como o percurso inverso da ontogênese; ela desfia o que havia sido tecido, em todos os sentidos vai a contrapelo. A angústia é renúncia ao ser individuado submergido pelo ser pré-individual, e que aceita atravessar a destruição da individualidade indo para uma outra individuação desconhecida. Ela é partida do ser.

6. A PROBLEMÁTICA AFETIVA: AFECÇÃO E EMOÇÃO

A afetividade é de natureza problemática, pois ela não consiste apenas em prazer e dor; prazer e dor talvez sejam as dimensões segundo as quais a polaridade primeira da afetividade opera sobre o mundo e sobre o sujeito, mas tanto não se pode reconduzir a afetividade ao prazer e à dor como não se pode reconduzir a sensação a linhas e ângulos; há sensações num mundo que se orienta e se polariza segundo linhas e ângulos, assim como há afetividade, que consiste em qualidades afetivas que se orientam segundo prazer e dor; mas nada se pode tirar das diferentes qualidades afetivas do prazer e da dor, tampouco se pode fazer surgir sensações das dimensões segundo as quais elas se ordenam; as dimensões das sensações são *[252]* o campo do movimento que entra em acordo com elas, como prazer e dor são o campo de inserção das qualidades afetivas no ser vivo; prazer e dor são o enraizamento do experimentado atual na existência do vivente, nas estruturas e potenciais que o constituem ou que ele possui. Prazer e dor não são apenas a repercussão do experimentado no ser; não são apenas efeitos, são também mediações ativas e que têm um sentido funcional; mesmo considerando a afetividade como uma reação, pode-se afirmar que o sentido dessa repercussão é a dimensão segundo a qual o estado afetivo polariza o vivente; prazer e dor, para cada experiência afetiva, são o sentido da afetividade; as afecções têm um sentido como as sensações têm um sentido; a sensação se ordena segundo a bipolaridade da luz e da obscuridade, do alto e do baixo, do interior e do exterior, da direita e da esquerda, do quente e do frio; a afecção se ordena segundo a bipolaridade do alegre e do triste, do feliz e do infeliz, do exultante e do deprimente, da amargura ou da felicidade, do aviltante ou do enobrecedor. Prazer e dor já são aspectos elaborados da afecção; são dimensões segundo todo o ser, enquanto as qualidades afetivas primárias podem não ser estritamente compatíveis entre si sem a co-

A individuação psíquica

mum integração segundo o prazer e a dor; o prazer e a dor são mais "formas *a priori*" da afetividade do que o dado afetivo, caso se exprima essa relação em vocabulário crítico. Cada afecção é simplesmente polarizada, segundo uma diretividade interior a uma díade qualitativa. As múltiplas díades qualitativas são primitivamente incoordenadas; elas constituem outras tantas relações entre o sujeito e o experimentado primitivo; uma coordenação entre os diferentes experimentados permite ao sujeito uma integração que se faz segundo quadros, ou melhor, segundo dimensões que constituem um verdadeiro universo afetivo. Contudo, enquanto a ação, ou o análogo da ação em seu aspecto de interioridade, não intervém, os universos afetivos, ou melhor, os universos afetivos nascentes só resultam em subconjuntos distintos e não coordenados entre si. A coordenação das dimensões afetivas primeiras não pode se cumprir completamente no sujeito sem a intervenção do coletivo, pois o coletivo é necessário para que a emoção se atualize; há na afetividade uma pré-emotividade permanente, mas a emoção não pode sair das afecções por via de simplificação ou de abstração; a abstração exercida sobre a afetividade só poderia chegar a uma síntese inferior, empobrecedora e redutora; as afecções não têm suas chaves em si mesmas, tampouco as sensações; é preciso um mais-ser, uma nova individuação, para que as sensações se coordenem em percepções; também é preciso um mais-ser do sujeito para que as afecções devenham mundo afetivo; não são apenas as sensações, mas também alguma coisa do sujeito, do ser do sujeito, que faz a percepção nascer; também não são apenas as afecções, mas alguma coisa do sujeito, que é condição de nascimento da integração segundo o prazer e a dor, ou segundo as diferentes categorias afetivas; sensação e afecção correspondem a dois tipos de questionamento do ser pelo mundo; a sensação corresponde ao questionamento do ser pelo mundo enquanto ser individuado e que possui órgãos dos sentidos, portanto, que pode se orientar num mundo segundo diversas polaridades, o que corresponde ao terceiro unidimensional e bidirecional; a sensação é essa presença no mundo dos gradientes, tendo por correlativo a resposta do tropismo, não o reflexo. Isso porque o tropismo é total e corresponde a um questionamento do indivíduo individuado in-

384   A individuação dos seres vivos

teiro; mas ele não corresponde a um questionamento pelo mundo único; há vários mundos dos tropismos, mundos contraditórios ou divergentes, *[253]* que incitam tropismos sem ponto de fuga comum. A percepção busca o sentido dos tropismos, quer dizer, o sentido das respostas coordenadas às sensações; a sensação é a base do tropismo; ela é um questionamento do vivente pelo mundo segundo um esquema unidimensional pressuposto; a estrutura unidimensional da resposta já está prefigurada na natureza do questionamento, na estrutura da sensação; a problemática que existe no nível da sensação é uma problemática da orientação segundo um eixo que já está dado. É a díade indefinida do quente e do frio, do pesado e do leve, do escuro e do claro que é a estrutura do mundo sensorial e, consequentemente, também do tropismo que lhe corresponde; a sensação é espera do tropismo, sinal de informação para o tropismo; ela é o que orienta o vivente através do mundo; ela não comporta o objeto, pois não localiza, não atribui a um ser definido o poder de ser fonte dos efeitos experimentados na sensação; há uma maneira para o ser de ser colocado em questão pelo mundo que é anterior a toda consistência do objeto; a objetividade não é primeira, tampouco a subjetividade, tampouco o sincretismo; é a orientação que é primeira, e é a totalidade da orientação que comporta o par sensação-tropismo; a sensação é a apreensão de uma direção, não de um objeto; ela é diferencial, implicando o reconhecimento do sentido segundo o qual uma díade se perfila; as qualidades térmicas, as qualidades tonais ou cromáticas são qualidades diferenciais, centradas em torno de um centro que corresponde a um estado médio, relativo a um máximo de sensibilidade diferencial. Para cada tipo de realidade, há um centro relativamente ao qual a relação se espraia. Não há apenas o mais agudo e o mais grave, o mais quente e o mais frio; há o mais agudo e o mais grave que a voz humana, o mais quente e o mais frio que a pele, o mais luminoso ou o mais escuro que o *optimum* de claridade exigido pelo olho humano, o mais amarelo ou o mais verde que o verde-amarelo do máximo de sensibilidade da sensação cromática humana. Cada espécie tem seu *medium* real em cada díade, e é relativamente a esse *medium* que a polaridade do mundo do tropismo é apreendida. O erro constante que falseou a

A individuação psíquica

teoria relacional da sensação consistiu em pensar que a relação era a apreensão de dois termos: de fato, a polaridade do tropismo implica a apreensão simultânea de três termos: o *medium* do ser vivo entre o mais quente e o mais frio, o mais luminoso e o mais escuro. O ser vivo busca no gradiente a zona *optima*; ele aprecia, relativamente ao centro no qual reside, os dois sentidos da díade cujo centro ele ocupa. O primeiro uso da sensação é mais *transdutivo* do que relacional: a sensação permite apreender como o *medium* se prolonga em mais quente de um lado e em mais frio do outro; é o *medium* de temperatura que se estende e se desdobra direcionalmente em mais quente e mais frio; a díade é apreendida a partir de seu centro; ela não é síntese, mas transdução; relativamente ao centro, o mais quente e o mais frio se espraiam simetricamente; ainda simetricamente, o verde e o amarelo saem relativamente ao *medium* de cor; e nos dois sentidos procedem as qualidades da díade para os termos extremos, além dos quais há apenas dor ou ausência de sensação. A sensação se reporta ao estado do vivente instalado numa região *optima* de cada díade qualitativa, coincidindo com um gradiente do mundo; ela é a apreensão do meio de uma bipolaridade. *Medium* e bipolaridade fazem parte da mesma unidade de ser, que é a da sensação e do tropismo, da sensação para orientar o tropismo; a sensação já é tropismo, pois ela apreende a estrutura segundo a qual o tropismo se atualiza; para que haja tropismo, não é necessário que uma desadaptação faça surgir a necessidade de um *[254]* movimento; o tropismo existe tanto na imobilidade quanto no reajustamento. A sensação é tropística em si mesma, ela faz o vivente coincidir com o *medium* de um gradiente e lhe indica o sentido desse gradiente. Na sensação não há uma intenção de apreender um objeto nele mesmo para conhecê-lo, nem o nexo entre *um objeto* e o ser vivo; a sensação é aquilo pelo qual o vivente regula sua inserção num domínio transdutivo, num domínio que comporta uma realidade transdutiva, polaridade de um gradiente; a sensação faz parte de um conjunto que, em certos casos, desdobra-se em sensação pura e reação pura, mas que, normalmente, comporta a unidade tropística, isto é, a sensação que é tropismo atualizado. Uma psicologia das condutas leva a ignorar o papel da sensação, pois essa psicologia só apreende a reação separada sob forma de reflexo; o reflexo é um elemento abstrato de reação pego numa unidade tropística, da mesma maneira que a sensação, elemento relacional abstrato pego na mesma unidade tropística da qual se retirou a vertente ativa.

A afetividade contém estruturas comparáveis às da verdadeira sensação, pegas na unidade tropística. A afecção é para uma realidade transdutiva subjetiva (pertencente ao sujeito) o que a sensação é para uma realidade transdutiva objetiva. Há modos do ser vivo que não são modos do mundo e que se desenvolvem por si mesmos, segundo suas próprias dimensões, sem implicar uma referência causal a esse mundo, sem se organizar diretamente segundo as dimensões de um gradiente, isto é, sem fazer parte da sensação. Trata-se muito frequentemente como sensação interoceptiva um tipo de realidade que não é feita de sensações e que, na realidade, é da afetividade. As afecções constituem uma orientação de uma parte do ser vivo relativamente a si mesmo; elas realizam uma polarização de um determinado momento da vida relativamente a outros momentos; elas fazem o ser coincidir consigo mesmo através do tempo, mas não com a totalidade de si mesmo e de seus estados; um estado afetivo é o que possui uma unidade de integração à vida; é uma unidade temporal que faz parte de um todo, segundo o que se poderia chamar de um gradiente de devir. A dor da fome não é somente o que está sendo experimentado e repercutido no ser; é também, e sobretudo, a maneira pela qual a fome, como estado psicológico dotado do poder de se modificar, insere-se no devir do sujeito; a afetividade é integração autoconstitutiva a estruturas temporais. O desejo, a fadiga crescente, a invasão pelo frio são aspectos da afetividade; a afetividade está bem longe de ser apenas prazer e dor; ela é uma maneira para o ser instantâneo situar-se segundo um devir mais vasto; a afecção é o índice de devir, assim como a sensação é o índice de gradiente; cada modo, cada instante, cada gesto e cada estado do vivente estão entre o mundo e o ser vivo; esse ser é polarizado parte segundo o mundo e parte segundo o devir. E, assim como as diferentes dimensões segundo as quais a orientação no mundo se efetua não coincidem necessariamente entre si, assim também os diferentes aspectos afetivos realizam inserções em subconjuntos do devir do vivente, e não num

A individuação psíquica

devir único. Persiste um problema afetivo, assim como persiste um problema perceptivo; a pluralidade das orientações tropísticas chama pela unificação perceptiva e pelo conhecimento do objeto, assim como a pluralidade dos subconjuntos afetivos compele o nascimento da emoção. A emoção nasce quando a integração do estado atual de uma única dimensão afetiva é impossível, assim como a percepção nasce quando as sensações chamam por tropismos incompatíveis. A emoção é contradição afetiva transmontada, assim como a percepção é contradição sensorial. Aliás, não é *[255]* contradição *afetiva* e contradição *sensorial* que se deve dizer, pois não são as sensações e as afecções em si mesmas que são contraditórias relativamente a outras sensações ou afecções: são os subconjuntos tropísticos e os subconjuntos de devir que compreendem essas sensações e essas afecções que são contraditórios relativamente a outros subconjuntos sensoriais e tropísticos. Não existe contradição no nível das sensações propriamente ditas e das afecções propriamente ditas; elas não podem ser percebidas se esse encontro dos subconjuntos não se efetua; sensações e afecções são realidades incompletas, pegas fora dos subconjuntos dos quais fazem parte e nos quais operam. A não-coincidência das afecções impele à emoção, assim como a não-coincidência das sensações impele à percepção. A emoção é uma descoberta da unidade do vivente, assim como a percepção é a descoberta da unidade do mundo; são duas individuações psíquicas prolongando a individuação do vivente, completando-a, perpetuando-a. O universo interior é emotivo assim como o universo exterior é perceptivo. Não se deve dizer que a afecção decorre da emoção experimentada na presença do objeto, pois a emoção é integrativa e mais rica que a afecção; a afecção é como que emoção lentificada, emoção ainda não constituída em sua unidade e na potência do seu devir mestre de seu próprio curso; a emoção se caracteriza pelo fato dela ser como que uma unidade temporal insular, tendo sua estrutura: ela conduz o vivente, dá um sentido a ele, polariza-o, assume sua afetividade e o unifica; a emoção se desenrola, enquanto a afetividade é somente experimentada como pertença do estado atual a uma das modalidades do devir do vivente; a emoção corresponde a um questionamento do ser mais completo e mais radical do que a afecção; ela tende a tomar o tempo para si, ela se apresenta como uma totalidade e possui certa ressonância interna que lhe permite perpetuar-se, nutrir-se de si mesma e se prolongar; ela se impõe como um estado autoentretido, enquanto a afecção não tem tanta consistência ativa e se deixa penetrar e ser rechaçada por outra afecção;[4] há certo fechamento da emoção, enquanto não há fechamento da afecção; a afecção retorna, se representa, mas não resiste; a emoção é totalitária como a percepção que, tendo descoberto formas, as perpetua e as impõem sob forma de um sistema que se apoia sobre si mesmo; existe uma tendência do ser em perseverar em seu ser no nível da percepção e no nível da emoção, não no nível da sensação ou no nível da afecção; sensação e afecção são realidades que advêm ao ser vivo individuado sem assumir uma nova individuação; não são estados autoentretidos; eles não se fixam em si mesmos por um autocondicionamento; ao contrário, a percepção e a emoção são de ordem metaestável: uma percepção se agarra ao presente, resiste a outras percepções possíveis e é exclusiva; uma emoção se agarra igualmente ao presente, resiste a outras emoções possíveis; é por ruptura desse equilíbrio metaestável que uma percepção substitui outra; uma emoção só sucede outra emoção na sequência de um tipo de fratura interna. Há relaxação de uma emoção a outra. O que desorganiza o vivente, na emoção, não é a própria emoção, pois a emoção é organização de afecções, mas a passagem de uma emoção a outra. Todavia, poder-se-ia dizer que a percepção também opera uma desorganização: [256] mas essa desorganização é menos sensível, já que ela é somente uma ruptura entre duas organizações perceptivas sucessivas, incidindo sobre o mundo; como a desorganização que existe entre duas emoções incide sobre o ser vivo, ela é mais sensível que a que separa duas percepções. No entanto, percepção e emoção ainda são atividades que correspondem a um modo transitório de atividade; por sua pluralidade, percepção e emoção chamam por uma integração mais elevada, integração que o ser não pode fazer advir com sua pura individualidade constituída; na contra-

---

[4] A emoção modula a vida psíquica, enquanto a afecção intervém apenas como conteúdo.

dição perceptiva e nas rupturas emocionais, o ser experimenta seu caráter limitado, ante o mundo pela percepção, ante o devir pela emoção; a percepção o encerra num ponto de vista, assim como a emoção o encerra numa atitude. Pontos de vista e atitudes excluem-se mutuamente. Para que uma rede de pontos-chave, integrando todos os pontos de vista possíveis, e uma estrutura geral da maneira de ser, integrando todas as emoções possíveis, possam se formar, é necessário que a nova individuação — incluindo o nexo ao mundo e o nexo do vivente aos outros viventes — possa advir: é preciso que as emoções sigam para os pontos de vista perceptivos, e os pontos de vista perceptivos para as emoções; uma mediação entre percepções e emoções é condicionada pelo domínio do coletivo, ou transindividual; para um ser individuado, o coletivo é o foco misto e estável no qual as emoções são pontos de vista perceptivos e os pontos de vista são emoções possíveis. A unidade da modificação do vivente e da modificação do mundo acha-se no coletivo, que realiza uma conversão da orientação relativamente ao mundo em integração ao tempo vital. O coletivo é o espaçotemporal estável; ele é meio de troca, princípio de conversão entre estas duas vertentes da atividade do ser que são a percepção e a emoção; sozinho, o vivente não poderia ir além da percepção e da emoção, isto é, da pluralidade perceptiva e da pluralidade emotiva.

III. PROBLEMÁTICA DA ONTOGÊNESE E INDIVIDUAÇÃO PSÍQUICA

1. A SIGNIFICAÇÃO COMO CRITÉRIO DE INDIVIDUAÇÃO

A diferença entre o sinal e a significação é importante, já que ela constitui um critério fiel e essencial para distinguir uma verdadeira individuação ou individualização do funcionamento de um subconjunto não individuado. Os critérios estáticos, como os dos limites materiais e mesmo do corpo de cada indivíduo, não são suficientes. Casos como a associação, o parasitismo, a gestação, não podem ser estudados mediante os critérios espaciais ou puramente somáticos, no sentido habitual do termo, quer dizer, anatomofisiológico. Segundo a distinção entre sinais e significação, diremos que há indivíduo quando houver processo de individuação real, ou seja, quando significações aparecem; *o indivíduo é aquilo pelo qual e no qual significações aparecem*, enquanto entre os indivíduos só existem sinais. O indivíduo é o ser que aparece quando há significação; reciprocamente, só há significação quando um ser individuado aparece ou se prolonga no ser, individualizando-se; a gênese do indivíduo corresponde à resolução de um problema que não podia ser resolvido em função dos dados anteriores, pois estes não tinham axiomática comum: *o indivíduo é autoconstituição de uma topologia [257] do ser, que resolve uma incompatibilidade anterior pelo aparecimento de uma nova sistemática*; o que era tensão e incompatibilidade devém estrutura funcionante; a tensão fixa e infecunda devém organização de funcionamento; a instabilidade se comuta em metaestabilidade organizada, perpetuada, estabilizada em seu poder de mudança; assim, o indivíduo é uma axiomática espaçotemporal do ser, que compatibiliza dados, antes antagônicos, num sistema de dimensão temporal e espacial; o indivíduo é um ser que, no tempo, devém em função de sua estrutura e é estruturado em função de seu devir; a tensão devém tendência; o que era apenas segundo o instante, antes da individuação, devém ordem no contínuo sucessivo; o indivíduo é aquilo que aporta um sistema segundo o tempo e o espaço, com uma convertibilidade mútua da ordem segundo o espaço (a estrutura) e da ordem segundo o tempo (o devir, a tendência, o desenvolvimento e o envelhecimento; numa palavra, a função). Os sinais são espaciais ou temporais; uma significação é espaçotemporal; ela tem dois sentidos, um relativamente à estrutura e outro relativamente a um devir funcional; as significações constituem o ser individual, embora demandem uma existência prévia do ser parcialmente individuado; um ser jamais está completamente individualizado; para existir, ele precisa poder continuar a se individualizar, resolvendo os problemas do meio que o cerca e que é seu meio; o vivente é um ser que se perpetua exercendo uma ação resolutiva sobre o meio;

A individuação psíquica

ele aporta consigo encetantes de resolução porque está vivo; mas quando efetua essas resoluções, ele as efetua no limite de seu ser e, com isso, continua a individuação: essa individuação, após a individuação inicial, é individualizante para o indivíduo na medida em que é resolutiva para o meio. Segundo essa maneira de ver a individuação, uma operação psíquica definida seria uma descoberta de significações num conjunto de sinais, significação prolongando a individuação inicial do ser e, nesse sentido, tendo nexo tanto ao conjunto de objetos exteriores quanto ao próprio ser. Uma significação, enquanto ela aporta uma solução a uma pluralidade de sinais, tem um alcance para o exterior; mas esse exterior não é estranho ao ser como resultante de uma individuação; pois antes da individuação esse ser não era distinto do conjunto do ser que se separou em meio e em indivíduo. Da mesma maneira, a descoberta de solução significativa tem um alcance para o interior do ser e acresce, para ele, a inteligibilidade de sua relação ao mundo; o mundo é apenas aquilo que é complementar do indivíduo relativamente a uma indivisão primeira; a individualização continua a individuação. Cada pensamento, cada descoberta conceitual, cada surgimento afetivo é uma retomada da individuação primeira; ela se desenvolve como uma retomada daquele esquema da individuação primeira, da qual ela é um renascimento distante, parcial, mas fiel. Se o conhecimento reencontra as linhas que permitem interpretar o mundo segundo as leis estáveis, não é porque existe no sujeito formas *a priori* da sensibilidade, cuja coerência com os dados brutos, vindos do mundo pela sensação, seria inexplicável; é porque o ser como sujeito e o ser como objeto provêm da mesma realidade primitiva, e porque o pensamento que agora parece instituir uma inexplicável relação entre o objeto e o sujeito, de fato, apenas prolonga essa individuação inicial; as *condições de possibilidade* do conhecimento são, de fato, as *causas de existência* do ser individuado. A individualização diferencia os seres uns relativamente aos outros, mas ela também tece relações entre eles; ela os atrela uns aos outros porque os esquemas segundo os quais a individuação prossegue são comuns [258] a certo número de circunstâncias que podem se reproduzir para vários sujeitos. A universalidade de direito do conhecimento, com efeito, é certamente universalidade de direito, mas essa universalidade passa pela mediação das condições de individualização, idênticas para todos os seres colocados nas mesmas circunstâncias e tendo recebido, na base, os mesmos fundamentos de individuação; é porque a individuação é universal como fundamento da relação entre o objeto e o sujeito que o conhecimento se dá de maneira válida como universal. A oposição entre o sujeito empírico e o sujeito transcendental recobre aquela entre o sujeito que chegou *hic et nunc* a tal resultado de sua individualização pessoal e do mesmo sujeito enquanto ele exprime um ato único, operado de uma vez por todas, de individuação. O sujeito como resultado de uma individuação que ele incorpora é meio dos *a priori*; o sujeito como meio e agente das progressivas descobertas de significação nos sinais que vêm do mundo é o princípio do *a posteriori*. O ser individuado é o sujeito transcendental, e o ser individualizado, o sujeito empírico. Ora, não é absolutamente legítimo atribuir ao sujeito transcendental uma responsabilidade na escolha do caráter do sujeito empírico; o sujeito transcendental não opera uma escolha; ele mesmo é escolha, concretização de uma escolha fundadora de ser; esse ser existe na medida em que é solução, mas não é o ser enquanto indivíduo que existia anteriormente à escolha e que é o princípio da escolha; é o conjunto, o sistema do qual ele saiu e no qual ele não preexistia a título de individuado. A noção de escolha transcendental faz remontar longe demais a individualidade. Não há caráter transcendental, e é precisamente por essa razão que o conhecimento é universalizável; os problemas são problemas para o eu transcendental, e o único caráter, o caráter empírico, é conjunto das soluções desses problemas. Os esquemas segundo os quais os problemas podem se resolver são verdadeiros para todo ser individuado, segundo o mesmo modo de individuação, enquanto os aspectos particulares de cada solução contribuem para edificar o caráter empírico. O único caráter que se constitui é o caráter empírico; o sujeito transcendental é aquele relativamente ao qual há problema; mas para que haja problema é preciso haver experiência, e o sujeito transcendental não pode operar uma escolha antes de qualquer experiência. Não pode haver escolha dos princípios de escolha antes do ato de escolha. Poder-se-ia nomear personali-

A individuação psíquica   393

dade tudo o que atrela o indivíduo, enquanto ser individuado, ao indivíduo enquanto ser individualizado. O ser individualizado tende para a singularidade e incorpora o acidental sob forma de singularidade; o próprio indivíduo enquanto ser individuado existe relativamente ao sistema de ser do qual é oriundo, sobre o qual está formado, mas ele não se opõe aos outros indivíduos formados segundo as mesmas operações de individuação. O ser enquanto individualizado diverge dos outros seres que se individualizam; em contrapartida, esse misto de individuação e individualização que é a personalidade é o princípio da relação diferenciada e assimétrica com outrem. Uma relação no nível da individuação é do tipo da sexualidade; uma relação no nível da individualização é do tipo daquela que os acontecimentos contingentes da vida cotidiana aportam; enfim, uma relação no nível da personalidade é como a que integra, numa situação única, sexualidade e história individual acontecimental. O concreto humano não é nem individuação pura nem individualização pura, mas misto dos dois. O caráter, que seria a individualização pura, nunca é resultado destacado; ele somente o deviria se essa atividade relacional que é a permanência da personalidade cessasse de poder reunir individuação e individualização. Nesse sentido, o caracterial não é aquele que tem distúrbios do caráter, mas aquele em quem o caráter *[259]* tende a se destacar, porque a personalidade não pode mais assumir seu papel dinâmico; é a personalidade que está doente no caracterial, não o caráter. Assim, a personalidade é uma atividade relacional entre princípio e resultado; é ela que faz a unidade do ser, entre seus fundamentos de universalidade e as particularidades da individualização. A relação interindividual não é sempre interpessoal. É bastante insuficiente apelar a uma comunicação das consciências para definir a relação interpessoal. Uma relação interpessoal é uma mediação comum entre a individuação e a individualização de um ser e a individuação e a individualização de outro ser. Para que essa única mediação, válida para duas individuações e duas individualizações, seja possível, é preciso que haja comunidade separada das individuações e das individualizações; não é no nível das personalidades constituídas que a relação interpessoal existe, mas no nível dos dois polos de cada uma dessas personalidades: a comunidade não pode intervir depois que as personalidades estão constituídas; é preciso que uma comunidade prévia das condições da personalidade permita a formação de uma única mediação, de uma única personalidade para duas individuações e duas individualizações. Eis por que é raro que o domínio do interpessoal seja, de fato, verdadeiramente coextensivo a toda a realidade de cada uma das personalidades; a relação interpessoal pega apenas certa zona de cada uma das personalidades; mas a coerência particular de cada uma das personalidades faz crer que a comunidade existe para todo o conjunto das duas personalidades; as duas personalidades têm uma parte comum a título verdadeiro, mas também uma parte não-comum: as duas partes não-comuns são atreladas pela parte comum; trata-se de identidade parcial e de atrelamento por essa identidade mais do que de comunicação. As consciências não bastariam para assegurar uma comunicação; é preciso uma comunicação das condições das consciências para que a comunicação das consciências exista.

2. A RELAÇÃO AO MEIO

A relação interpessoal tem alguma semelhança com a relação ao meio; porém, a relação ao meio se faz seja no nível da individuação, seja no nível da individualização. No nível da individuação, ela se cumpre através da emoção, a qual indica que os princípios de existência do ser individual estão colocados em questão. O medo, a admiração cósmica, ambos afetam o ser em sua individuação e o situam novamente em si mesmo relativamente ao mundo; esses estados comportam forças que colocam o indivíduo à prova de sua existência como ser individuado. Essa relação se situa no nível da individualização quando ela toca o ser em sua particularidade, através da propriedade das coisas familiares, dos acontecimentos costumeiros e regulares, integrados ao ritmo de vida, não surpreendentes, integráveis nos quadros anteriores. Impressão de participação profunda ou percepção corrente são aspectos desses dois nexos. Esses dois tipos de relação não se combinam tanto, mas se sucedem na vida. Ao contrário, a personalidade comporta presença dos dois aspectos, e a prova que corresponde à personalidade é relativa às duas condições: ela parcialmente comporta questionamento da individuação e, também parcialmente, modificação da individualização, integração nos quadros adquiridos. A relação a outrem nos coloca em questão como ser individuado; ela nos situa e nos afronta quanto aos outros [260] como ser jovem ou velho, doente ou são, forte ou fraco, homem ou mulher: ora, não se é jovem ou velho absolutamente nessa relação, e sim mais jovem ou mais velho que um outro; e também se é mais forte ou mais fraco; ser homem ou mulher é ser homem relativamente a uma mulher ou mulher relativamente a um homem. Aqui não basta falar de simples percepção. Perceber uma mulher como mulher não é fazer uma percepção entrar nos quadros conceituais já estabelecidos, mas situar a si mesmo, de uma só vez, quanto à individuação e à individualização relativamente a ela. Essa relação interpessoal comporta uma relação possível de nossa existência como ser individuado relativamente à dela. O percebido e o experimentado só se desdobram na doença da personalidade. Minkowski cita o caso de um jovem esquizofrênico que se pergunta por que o fato de ver uma mulher na rua lhe causa uma emoção determinada: ele não vê relação alguma entre a percepção da mulher e a emoção experimentada. Ora, os caráteres específicos não podem ser suficientes para explicar a unidade do experimentado e do percebido, tampouco o hábito ou qualquer outro princípio de unidade exterior. A individualidade do ser pode ser efetivamente percebida: uma mulher pode ser percebida como tendo esta ou aquela particularidade que a distingue de qualquer outra pessoa; mas não é enquanto mulher que ela se distingue: é enquanto ser humano, ou ser vivo. O conhecimento concreto, correspondendo a uma completa ecceidade (esta mulher aqui, tal mulher), é aquilo no qual individuação e individualização coincidem; é uma certa expressão, uma certa significação que faz com que esta mulher seja esta mulher; todos os aspectos da individualidade e da individuação estão incorporados nessa expressão fundamental que o ser só pode ter se ele estiver realmente unificado. A psicologia da Forma, desenvolvida em psicologia da expressão, considera a significação como realidade primitiva; de fato, a significação é dada pela coerência de duas ordens de realidade, a da individuação e a da individualização. A expressão de um ser é, sim, uma verdadeira realidade, mas uma realidade apreensível de outro jeito, e não como expressão, ou seja, como personalidade; não há elementos da expressão, mas há bases da expressão, pois a expressão é uma unidade relacional mantida no ser por uma incessante atividade; é a própria vida do indivíduo manifestada em sua unidade. No nível da expressão, o ser é na medida em que se manifesta, o que não é verdadeiro para a individuação ou para a individualização.

3. INDIVIDUAÇÃO, INDIVIDUALIZAÇÃO E PERSONALIZAÇÃO. O BISSUBSTANCIALISMO

Pode-se perguntar se existem outros indivíduos que não os físicos ou os vivos, e se é possível falar de individuação psíquica. De fato, parece sim que a individuação psíquica seja mais uma individualização do que uma individuação, caso se aceite designar por individualização um processo de tipo mais restrito que a individuação e que precisa do suporte do ser vivo já individuado para se desenvolver; o funcionamento psíquico não é um funcionamento separado do vital, porém, após a individuação inicial (que fornece a um ser vivo sua origem), pode haver na unidade desse ser individual duas funções diferentes, que não estão superpostas, mas que são, uma relativamente à outra (funcionalmente), como que o indivíduo relativamente ao meio associado; o pensamento e a vida são duas funções complementares, raramente paralelas; tudo se passa como se o indivíduo vivo pudesse novamente ser o [261] teatro de sucessivas individuações que o repartiriam em domínios distintos. É exato afirmar que o pensamento é uma função vital relativamente a um vivente, o qual não seria individualizado separando-se em ser fisiológico e em ser psíquico; o fisiológico e o psíquico são como que o indivíduo e o complemento do indivíduo no momento em que um sistema se individua. A individualização, que é a individuação de um ser individuado, resultante de uma individuação, cria uma nova estruturação no seio do indivíduo; pensa-

A individuação psíquica

397

mento e funções orgânicas são o vital desdobrado segundo uma clivagem assimétrica, comparável à primeira individuação de um sistema; o pensamento é como que o indivíduo do indivíduo, ao passo que o corpo é o meio associado complementar do pensamento, relativamente ao σύνολον já individuado que é o ser vivo. É quando o sistema vivo individuado está em estado de ressonância interna que ele se individualiza, desdobrando-se em pensamento e corpo. Antes da individualização, a unidade psicossomática é unidade homogênea; após a individualização, ela devém unidade funcional e relacional. Em casos normais, a individualização é apenas um desdobramento parcial, pois a relação psicofisiológica mantém a unidade do ser individuado; ademais, certas funções nunca devêm unicamente psíquicas ou unicamente somáticas, e dessa maneira elas mantêm no vivente o estatuto de ser individuado, porém não individualizado: tal é a sexualidade; tais são também, de maneira geral, as funções interindividuais concretas, como as relações sociais, que incidem sobre o ser individuado. Segundo essa via de pesquisa, poder-se-ia considerar o conjunto dos conteúdos psíquicos como o resultado de uma série de problemas postos ao vivente, e que ele pôde resolver individualizando-se; as estruturas psíquicas são a expressão dessa individualização fracionada que separou o ser individuado em domínio somático e domínio psíquico. Não se pode achar uma identidade de estruturas entre o somático e o psíquico; mas pode-se achar pares de realidades complementares, que constituem subconjuntos vivos, no nível do ser individuado; o ser individuado se exprime em sucessivos pares somato-psíquicos, parcialmente coordenados entre si. O ser individuado não tem *uma* alma e *um* corpo de início; ele se constrói como tal ao se individualizar, desdobrando-se etapa por etapa. Não há, propriamente falando, uma individuação psíquica, mas uma individualização do vivente que faz o somático e o psíquico nascerem; essa individualização do vivente se traduz, no domínio somático, pela especialização e, no domínio psíquico, pela esquematização que corresponde àquela especialização somática; cada esquema psíquico corresponde a uma especialização somática; pode-se nomear corpo o conjunto das especializações do vivente, às quais correspondem as esquematizações psíquicas. O psíquico é o resultado de um conjunto de subindividuações do vivente, bem como o somático; cada individuação repercute no vivente ao lhe desdobrar parcialmente, de maneira a produzir um par formado por um esquema psíquico e uma especialização somática; o esquema psíquico não é a forma da especialização somática, mas o indivíduo correspondendo a essa realidade complementar relativamente à totalidade viva anterior. Se o vivente se individualizasse inteiramente, sua alma seria uma sociedade de esquemas, e seu corpo, uma sociedade de órgãos especializados, cada qual cumprindo uma função determinada. A unidade dessas duas sociedades é mantida por aquilo que, do vivente, não se individualiza e, consequentemente, resiste ao desdobramento. A individualização é tanto mais acentuada quanto mais o vivente se acha submetido a situações críticas às quais ele chega a triunfar desdobrando-se no interior de si mesmo. A individualização do vivente é sua historicidade real. *[262]*

A personalidade aparece como mais que relação: ela é o que mantém a coerência da individuação e do processo permanente de individualização; a individuação ocorre apenas uma vez; a individualização é tão permanente quanto a percepção e as condutas correntes; a personalidade, em contrapartida, é do domínio do quântico, do crítico: estruturas de personalidade que duram certo tempo edificam-se, resistem às dificuldades que elas devem assumir, e depois, quando não podem mais manter individuação e individualização, rompem-se e são substituídas por outras; a personalidade se constrói por sucessivas estruturações que se substituem, as novas integrando subconjuntos das mais antigas e, também, deixando um certo número de lado, como destroços inutilizáveis. É por crises sucessivas que a personalidade se constrói; sua unidade é tanto mais forte quanto mais essa construção se assemelha a uma maturação, na qual nada do que foi edificado é definitivamente rejeitado, mas acha-se, às vezes após um tempo de sono, reintroduzido no novo edifício. A individuação é única, a individualização contínua, a personalização descontínua. Mas a descontinuidade da gênese recobre a unidade do processo de construção organizadora; na expressão atual da personalidade harmoniosa, leem-se as etapas anteriores que ela reassume ao integrá-las à sua unidade funcional. A expressão *etiam peccata* ["até mesmo os pecados"], de Santo Agostinho, só é verdadeira no nível da construção da personalidade. Com efeito, pode-se dizer que a personalidade integra *etiam peccata* sem supor que exista o caráter ocasional feliz da *felix culpa* ["culpa feliz"], inexplicável sem recurso a uma transcendência.[NT]

No nexo sucessivo dessas fases da personalidade jaz o fundamento do problema da transcendência; todos os esquemas que visam explicar a inerência de um princípio transcendente no homem, ou que querem, ao contrário, mostrar que tudo parte geneticamente da experiência, ignoram a realidade inicial da operação de individuação. É verdade que o ser, na medida em que é individuado, não tem e não terá jamais em si o curso completo de sua explicação; o ser individuado não pode dar conta de si mesmo nem de tudo o que está em si mesmo, tampouco de sua emoção diante do céu estrelado, e nem da lei moral em si ou do princípio do juízo verdadeiro. É que o ser individuado não reteve em si, nos seus limites ontogenéticos, todo o real do qual é oriundo; ele é um real incompleto. Mas ele tampouco pode procurar fora de si um outro ser que estaria completo sem ele. Quer seja segundo a criação ou a processão, o ser que deixou formar o indivíduo se desdobrou, deveio indivíduo e complemento do indivíduo. A realidade primeira, anterior à individuação, não pode ser reencontrada completa fora do indivíduo existente. A gênese do indivíduo não é uma criação, ou seja, um advento absoluto de ser, mas uma individuação no seio do ser. O conceito de transcendência toma a anterioridade pela exterioridade. Após a individuação, o ser completo, origem do indivíduo, está tanto no indivíduo quanto fora dele; este ser jamais esteve fora do indivíduo, pois o indivíduo não existia antes que o ser se individuasse; nem mesmo se pode dizer que o ser se individuou: houve individuação no ser e individuação do ser; o ser perdeu sua unidade e sua totalidade ao individuar-se. Eis por que a busca de transcendência encontra fora do indivíduo e antes dele um outro indivíduo que tem, ao mesmo tempo, as aparências

[NT] [Encontra-se tal expressão no Livro III do *Tratado sobre o livre-arbítrio*.]

do indivíduo e as da natureza atual, esse complemento do indivíduo. Mas a imagem do ser supremo não pode devir coerente, pois é impossível fazer coincidirem, ou mesmo tornar compatíveis, aspectos como o caráter pessoal do ser supremo e seu caráter de ubiquidade e de eternidade positivas, que lhe dariam uma cosmicidade. A busca de imanência *[263]* está consagrada ao mesmo fracasso final, pois ela quereria refazer um mundo a partir do que se encontra no ser individuado; então, o aspecto de personalidade é predominante, mas a cosmicidade se furta; assim, relativamente ao conjunto do mundo, o ser individuado se acha numa dupla relação, como ser que compreende a natureza enquanto naturante e como ser que é um modo da natureza naturada. A relação da natureza naturante e da natureza naturada é tão dificilmente apreensível na busca de imanência no interior do ser individuado quanto a relação de Deus como ser pessoal que age e de Deus como onipresente e eterno, ou seja, dotado de cosmicidade. A reivindicação de transcendência, bem como a reivindicação de imanência, buscam refazer o ser inteiro com um desses dois símbolos de ser inacabado que a individuação separa. Antes de colocar a questão crítica anteriormente a toda ontologia, o pensamento filosófico deve colocar o problema da realidade completa, anterior à individuação de onde sai o sujeito do pensamento crítico e da ontologia. A verdadeira filosofia primeira não é a do sujeito, nem a do objeto, nem a de um Deus ou de uma Natureza buscados segundo um princípio de transcendência ou de imanência, mas a de um real anterior à individuação, de um real que não pode ser buscado no objeto objetivado nem no sujeito subjetivado, mas no limite entre o indivíduo e o que resta fora dele, segundo uma mediação suspensa entre transcendência e imanência. A razão que torna vã a busca segundo a transcendência ou a imanência torna vã também a busca da essência do ser individuado na alma ou no corpo. Essa busca conduziu a que se materializasse o corpo e se espiritualizasse a consciência, ou seja, a que se substancializassem os dois termos após tê-los separado. O termo corpo, após essa separação, conserva elementos e funções de individuação (como a sexualidade); ele também conserva aspectos de individualização, como as feridas, as doenças, as enfermidades. Todavia, parece que a indi-

A individuação psíquica

viduação domina no corpo enquanto ele é um corpo separado, que tem sua vida e sua morte à parte dos outros corpos, e que pode ser ferido ou enfraquecido sem que um outro corpo seja ferido ou enfraquecido. A consciência tomada como espírito contém, ao contrário, a base da identidade pessoal, sob a forma primeira de uma independência da consciência relativamente aos elementos materiais conhecidos ou objetos de ação; então, de certa maneira, corpo e consciência devêm dois indivíduos separados entre os quais se institui um diálogo, e o ser total é concebido como uma reunião de dois indivíduos. A materialização do corpo consiste em ver nele somente um dado puro, resultante do poder da espécie e das influências do meio; o corpo, então, é como que um elemento do meio; ele é o mais próximo meio para a alma, que devém o ser mesmo, como se o corpo cercasse a alma ("*carneam vestem*" ["roupa carnal"], diz Santo Agostinho). A consciência é espiritualizada no sentido em que nela a expressão devém pensamento claro e consentido, refletido, desejado segundo um princípio espiritual; a expressão é inteiramente retirada do corpo; o olhar, em particular, que talvez seja o que porta a mais refinada e mais profunda expressão do ser humano, devém "os olhos de carne"; ora, os olhos enquanto sede da expressão do olhar não podem ser ditos de carne; eles são suporte e meio da expressão, mas não são de carne como a pedra é de quartzo e de mica; eles não são apenas órgãos de um corpo, mas transparência intencional de um vivente a outros viventes. O corpo só pode ser dito de carne como possível cadáver, e não como vivente real. Todo dualismo somato-psíquico considera o corpo como morto, o que permite reduzi-lo a uma matéria: σῶμα σῆμα [*sóma séma*, "corpo tumba" ou "o corpo é tumba"], dizia Platão (*Crátilo*, 400b). A espiritualização da consciência opera em direção inversa à materialização do corpo. O corpo *[264]* é materializado na medida em que está identificado à sua realidade física instantânea e, consequentemente, inexpressiva; a consciência é espiritualizada na medida em que está identificada a uma realidade intemporal; enquanto o corpo é puxado para o instante, reduzido ao instante, a consciência é dilatada em eternidade; ela devém substância espiritual que tende para o estado de não--devir; a morte, dissociando a alma do corpo, larga o corpo à essencial instantaneidade, enquanto a alma é liberada em absoluta eternidade. Considerar que a morte é a separação da alma e do corpo, conhecer o ser através da previsão de sua morte, prefaciar o conhecimento que se toma do ser pela descrição da bissubstancialidade do ser após a morte é, de certa maneira, considerar o ser como já morto durante sua existência mesma. Pois o bissubstancialismo só seria verdadeiro na hipótese de uma morte que conservaria a consciência intacta. Esse retorno redutor do tempo que permite ver o vivente através do que ele poderá ser após a morte implica uma petição de princípio, pois apesar de tudo é do vivente que se parte, deste edifício de vida que é a expressão de uma personalidade na unidade somatopsíquica. É a experiência do que há de mais elevado e de mais raro no devir vital que é utilizada para operar essa dissociação do corpo e da alma. Primeiro, a redução bissubstancialista utiliza largamente o experimentado vital; depois, vira as costas a essa experiência primeira e volta-se contra ela, através do esquema abstrato do ser morto. A noção de corpo e a noção de alma são duas noções redutoras, pois substituem o ser individual, que não é uma substância, por um par de substâncias; em se adicionando, umas às outras, substâncias tão numerosas quanto se queira, com os mais sutis esquemas de interação que se possa imaginar, não se poderá refazer a unidade primitiva rompida. A distinção somato-psíquica não pode ir mais longe que a do par de símbolos.[5] Há, no indivíduo vivo, estruturas e funções quase puramente somáticas, no sentido que poderia entendê-los o materialismo; há também funções quase puramente psíquicas; mas há sobretudo funções psicossomáticas; o modelo do vivente é o psicossomático; o psíquico e o somático são apenas casos-limite, jamais oferecidos no estado puro. O que se acha eliminado do vivente pela redução bissubstancialista é precisamente o conjunto das funções e estruturas medianas, bem como as funções unitárias de expressão e de integração. Assim, o bissubstancialismo de

[5] Tomamos essa palavra no sentido platônico dos σύμβολα (os dois pedaços de uma pedra partida) que reconstituem o objeto original inteiro quando se os reaproxima para autentificar uma relação de hospitalidade.

A individuação psíquica

Bergson levou a cortar em dois uma função como a da memória, distinguindo a memória pura e a memória-hábito. Mas o próprio estudo da memória mostra que a memória pura é apenas um caso-limite, bem como a memória-hábito. Memória pura e memória-hábito são subtendidas por uma rede de significações válidas para o vivente e para outros viventes. A oposição entre a sensação e a percepção ainda traduz a preocupação bissubstancialista: a sensação seria sensorial, ou seja, somática, enquanto a percepção aportaria uma atividade psíquica a recobrir e interpretar os dados dos sentidos. Também haveria essa mesma oposição entre a afecção e o sentimento. Ora, essa oposição não é causada pelo pertencimento a duas substâncias separadas, mas por dois tipos de funcionamento. Caso se compare, ao contrário, a ciência com a percepção, é a percepção que devém somática, enquanto [265] a ciência é psíquica. De fato, a ciência, bem como a percepção, são psicossomáticas; ambas supõem um afrontamento inicial do ser sujeito e do mundo numa situação que põe o ser em questão; a única diferença reside em que a percepção corresponde à resolução de um afrontamento sem prévia elaboração técnica, enquanto a ciência vem de um afrontamento através da operação técnica: a ciência é a percepção técnica, que prolonga a percepção vital, numa circunstância que supõe uma elaboração prévia, mas corresponde muito bem a um engajamento novo; enquanto a água está subindo o corpo da bomba, a técnica basta; mas quando a água não sobe mais, a ciência é necessária. A desmesura técnica é favorável ao desenvolvimento das ciências assim como o elã das tendências é necessário ao desenvolvimento da percepção, pois essa desmesura, como aquele elã, colocam o homem diante da necessidade de estabilizar novamente o nexo entre sujeito e mundo pela significação perceptiva ou pela descoberta científica. Enfim, a oposição entre o animal e o homem, erigida em princípio dualista, acha suas origens na mesma oposição somato-psíquica. Relativamente ao homem que percebe, o animal parece perpetuamente sentir sem poder elevar-se ao nível da representação do objeto separada do contato com o objeto. No entanto, no animal também existe uma relativa oposição entre as condutas instintivas (que tiram sua direção, sua orientação, de montagens já dadas) e as condutas de reação organizadas, mostrando a operação de uma definida presença no mundo, com possibilidade de conflito. As condutas instintivas são as que se desenrolam não sem adaptação — pois não há conduta que não suponha adaptação —, mas sem conflito prévio; poder-se-ia dizer que a conduta instintiva é aquela na qual os elementos da solução estão contidos na estrutura do conjunto constituído pelo meio e pelo indivíduo; ao contrário, uma conduta de reação organizada é aquela que implica a invenção de uma estrutura por parte do ser vivo. Ora, as reações organizadas supõem os instintos, mas acrescentam algo à situação, no nível da resolução; são sempre os instintos, com as tendências que deles derivam se os objetos estão presentes, que desempenham o papel de motores. A diferença com as condutas ditas humanas reside em que a motivação pelos instintos geralmente permanece visível sob as condutas quando se trata de um animal e quando o observador é um homem, enquanto as motivações que dinamizam a conduta humana podem não ser facilmente detectáveis por um outro homem tomado como observador. A diferença é mais de nível do que de natureza. Ao confundirmos no animal as condutas instintivas simples com as reações conflituais que as transmontam, estaremos unificando abusivamente os aspectos de individuação e os aspectos de individualização. Ora, é exato que as condutas que competem à individuação são mais numerosas e mais facilmente observáveis que as condutas da individualização, mas não é exato que as primeiras sejam as únicas; toda individualização supõe uma individuação, mas aquela acrescenta algo a esta. O erro vem ao procurarmos condutas que não seriam instintivas; ora, quando uma ausência absoluta de instintos deixa o ser em estado de anorexia, mais nenhuma conduta é possível; é a indistinção absoluta, a prostração, a ausência de orientação que substitui a finalidade das condutas. Essa oposição entre o animal e o homem, que não é fundada, acrescenta um novo substancialismo, implícito ao substancialismo de base, mediante o qual damos a individualidade ao corpo e à alma no homem.

Além disso, existe uma forma de monismo que é apenas um bissubstancialismo do qual *[266]* um dos termos foi esmagado. Dizer que só o corpo é determinante, ou que só o espírito é real, é supor implicitamente que exista outro termo no indivíduo, termo reduzido e privado de toda sua consistência, mas não obstante real enquanto dublê inútil ou negado. A perda do papel não é a perda do ser, e esse ser existe suficientemente para subtrair do termo dominante certo número de funções e lançá-las para fora da representação do verdadeiro indivíduo; o monismo materialista ou o monismo espiritualista são, de fato, dualismos assimétricos: eles impõem uma mutilação do ser individual completo. O único monismo verdadeiro é aquele no qual a unidade será apreendida no momento em que a possibilidade de uma diversidade de funcionamento e de estruturas for pressentida. O único monismo verdadeiro é aquele que, em vez de seguir um dualismo implícito que ele parece recusar, contém em si a dimensão de um dualismo possível, mas sobre um fundo de ser que não pode se eclipsar. Esse monismo é genético, pois só a gênese assume a unidade que contém pluralidade; o devir é apreendido como dimensão do indivíduo, a partir do tempo em que o indivíduo não existia como indivíduo. O dualismo só pode ser evitado se partimos de uma fase do ser anterior à individuação, para relativizar a individuação situando-a em meio às fases do ser. A única compatibilidade da dualidade e da unidade está na gênese do ser, na ontogênese. Portanto, em certo sentido, pode-se dizer que as diferentes noções de monismo e de pluralismo provêm de um postulado comum, segundo o qual o ser é primeiramente substância, ou seja, existe como individuado antes de qualquer operação e qualquer gênese. O monismo, o dualismo, ambos situam-se, então, na impossibilidade de reencontrar uma gênese efetiva, pois eles querem fazer uma gênese sair do ser já individuado enquanto resultado da individuação; ora, o indivíduo sai da individuação, mas ele não a contém e nem a exprime inteiramente. Isso não significa que o indivíduo deva ser desvalorizado relativamente a uma realidade primeira mais rica que ele; mas o indivíduo não é o único aspecto do ser; ele só é todo o ser com o complemento que é o meio, engendrado ao mesmo tempo que o indivíduo. Ademais, a irreversibilidade do processo ontogenético interdita que se remonte do sistema posterior à individuação ao sistema anterior à individuação. Há dois erros no substancialismo: tomar a parte pela origem do todo, buscando no in-

406   A individuação dos seres vivos

divíduo a origem da individuação, e querer reverter o curso da ontogênese, fazendo a existência individuante sair da substância individuada.

4. Insuficiência da noção de adaptação para explicar a individuação psíquica

Um dos traços mais característicos da psicologia e da psicopatologia modernas é que elas abrangem uma *sociologia implícita*, inerente em particular à normatividade de seus juízos. Certamente, essas disciplinas se defendem de serem normativas e querem ser unicamente objetivas; sem dúvida o são, mas, assim que a necessidade da distinção entre o normal e o patológico aparece, assim que se torna necessário tão somente determinar uma hierarquia classificando as condutas ou estados segundo uma escala de níveis, a normatividade manifesta-se novamente. Se definimos essa normatividade implícita, não é para combatê-la nesta parte de nosso estudo, mas porque ela mascara todo um aspecto da representação do indivíduo. Se a dinâmica for incluída na normatividade implícita, poder-se-á edificar uma teoria psicológica do indivíduo na qual parecerá que nenhuma dinâmica está pressuposta; *[267]* de fato, essa dinâmica está presente na normatividade implícita, mas ela não se manifesta como dinâmica inerente ao objeto estudado. Caso se analisasse o conteúdo completo das noções dinâmicas empregadas pela psicologia moderna, como o normal e o patológico, os estados de alto nível e os de baixo nível, os estados de alta tensão psíquica e os de baixa tensão psíquica, encontrar-se-ia que essa normatividade implícita abriga uma sociologia, e até uma sociotécnica, que não faz parte dos fundamentos explícitos da psicologia. Talvez esse apontamento seja válido até mesmo para as doutrinas psicológicas dos séculos passados, as quais parecem isentas de qualquer teoria da sociedade, pois a sociologia não estava constituída a título de disciplina autônoma; em Malebranche, por exemplo, poderíamos descobrir certa concepção da liberdade humana e da responsabilidade individual repousando sobre o fato de que cada ser tem "o movimento para ir sempre mais longe";[NT] em Maine de Biran, a hierarquia das três vias supõe certa representação da relação interindividual. Enfim, no próprio Rousseau — que geralmente é pego como exemplo dos autores que buscaram edificar uma doutrina do indivíduo apreendido em sua solidão — a virtude e a consciência contêm uma presença implícita da relação.

Mas essa incapacidade do pensamento psicológico diante da análise de suas pressuposições é particularmente notável nos mais recentes desenvolvimentos dessa disciplina. Se tomarmos, a título de exemplo, a comunicação do doutor Kubie no Congresso de Cibernética de 1949, reproduzida no volume editado pela fundação Josiah Macy Jr., intitulada *Cybernetics*, encontraremos que o autor legitima sua distinção do normal e do patológico, na conduta individual, pelo único critério da adaptação. Seu estudo tem por título *Neurotic Potential and Human Adaptation* [*Potencial neurótico e adaptação humana*]; ele tende a mostrar que uma conduta governada por forças neuropáticas, e que apresenta certas analogias com uma conduta normal, é finalmente desmascarada graças ao fato de que o sujeito não pode se satisfazer com nenhum de seus sucessos. Os potenciais neuropáticos se distinguem das forças normais pela permanente desadaptação do sujeito que eles animam; esse sujeito não está nem feliz, nem satisfeito, mesmo que, visto do exterior, sua conduta pareça estar colocada sob o signo do êxito. É que existe, declara o autor, um imenso hiato entre o escopo perseguido pelos potenciais neuropáticos e o escopo consciente que o sujeito busca e pode efetivamente alcançar. Quando o escopo supremo e conscientemente buscado é finalmente atingido, o sujeito compreende que foi vítima de uma ilusão e que ainda não é este seu verdadeiro escopo; ele não está satisfeito, e vê que não o estará jamais. Esse pode ser, então, o momento do desespero, incompreensível para aquele que vê do exterior esse drama da busca neuropática. No ápice de sua carreira, tal industrial, tal escritor se suicida sem causa aparente; o êxito deles não era

[NT] [Cf. *Traité de la nature et de la grâce* (*Tratado da natureza e da graça*) (1680), terceiro discurso, primeira parte, VII.]

uma verdadeira adaptação.[6] Com frequência, os neuropatas parecem, ao menos por um tempo, ultrapassar os sujeitos normais; é que eles trabalham e agem sob o império dos potenciais neuropáticos. No entanto, cedo ou tarde a neurose se manifesta. O doutor Kubie cita alguns casos para ilustrar sua tese, em particular o de um homem que, no curso da última Guerra Mundial, tinha merecido várias medalhas militares por sua conduta heroica e por sua *[268]* notável agressividade; ele havia conseguido abandonar uma ocupação de escritório que lhe haviam confiado para tomar parte no combate de maneira extremamente corajosa. Ora, após o fim da guerra, a grave neurose desse homem se manifestou e o conduziu ao psiquiatra. Igualmente, segundo o autor, encontra-se frequentemente nas universidades os *campus heroes* (expressão cujo sentido literal é "os heróis do território da universidade", mas que tem um valor parecido ao de locuções como "os heróis do quadro de honra" ou "os heróis da corte de honra"). Esses heróis são neuróticos que mascaram sua inadaptação com uma excelência no domínio intelectual ou esportivo, e encontram nos louros que ganham um meio *[moyen]* provisório para assegurar sua inserção na sociedade onde vivem. Mais tarde, a neurose se manifesta.

Ora, esse critério da adaptação ou da adaptabilidade tomado pelo doutor Kubie como princípio da distinção entre o normal e o patológico apresenta uma gravíssima possibilidade de confusão. É na relação do indivíduo ao grupo ou na relação do indivíduo a si mesmo que se deve apreender a adaptação? No início de sua comunicação, o doutor Kubie estabelece o caráter de necessidade lógica e física desse critério, assimilando-o à lei da gravidade; seria absurdo se perguntar se uma norma qualquer exige que a matéria atraia a matéria; pois sem essa lei natural o mundo não existiria. Outrossim, é absurdo se perguntar se há ou não uma norma que exija que o homem se adapte à sociedade: o fato mesmo

[6] Imaginar, por exemplo, o suicídio incompreensível de George Eastman, industrial americano de produtos fotográficos, tendo ele inventado, em 1886, os rolos de películas de celuloide e lançado, em 1888, a máquina Kodak. Ver Pierre Rousseau, *Histoire des techniques et des inventions* [1956], p. 421.

A individuação psíquica

de que o mundo humano existe prova a existência dessa norma da adaptação; ela é uma norma porque é uma lei que traduz a existência de um mundo humano, do qual ela é condição de possibilidade. Ora, essa analogia é muitíssimo sumária para poder ser considerada como um princípio. Com efeito, o mundo físico não é constituído só de matéria neutra, cada partícula atraindo todas as outras e sendo atraída por elas, segundo a lei de Newton; há também cargas elétricas que polarizam a matéria e tornam as partículas capazes de uma repulsão mútua mais forte que a atração newtoniana, como se vê corriqueiramente em certos plasmas estáveis ou instáveis; existe uma diferença considerável entre um campo do tipo campo de gravitação e um campo como o campo elétrico ou o campo magnético: estes últimos, com efeito, comportam uma polaridade que o campo de gravidade não comporta. Enfim, afora as cargas elétricas associadas ou não à matéria e se apresentando como elétron ou íon, potencial ou buraco de potencial, existe a irradiação eletromagnética, apreensível em todos os graus do vasto domínio de transdutividade que ela constitui. Se o universo físico fosse constituído apenas por partículas neutras, sem polaridade e sem irradiação, suas propriedades seriam totalmente diferentes do que são. Sem dúvida, o problema da individualidade física não seria colocado com tanta acuidade: então, não se teria que explicar por que um corpúsculo como um elétron, que empurra os outros elétrons com uma força tanto maior quanto menor for a distância entre os corpúsculos, não se acha deslocado pelas forças que deveriam, em virtude da lei precedente, tender a dissociar suas partes umas das outras. Se, apesar dessa lei, a unidade individual do elétron permanece, é porque uma realidade distinta da atração à distância e da repulsão à distância entram em jogo no nível da partícula.[7] Não se pode tratar o indivíduo físico mediante leis extraídas do estudo das relações interindividuais, pois, se o indivíduo [269] existe, é porque leis cuja ação não é observável ao nível interindividual devêm preponderantes ao nível individual. Se existisse um só tipo de relação, o indivíduo não estaria

[7] Pode-se pensar, em particular, nos recentes desenvolvimentos da teoria dos *quarks*.

isolado do todo no qual ele se integra. Outrossim, não se pode, em psicologia, definir a normalidade do indivíduo por uma lei que exprime a coerência do mundo humano, pois, se essa lei fosse a única a valer, não haveria realidade individual, e nenhum problema de normalidade poderia intervir.

Aliás, em sua descrição das neuroses citadas, o doutor Kubie mostra bem que a adaptação da qual se trata, e que define a normalidade, é uma adaptação do indivíduo não apenas ao mundo humano, mas também a si mesmo, já que, formalmente, o sucesso, o êxito, uma situação invejável e invejada, um papel honorável, a riqueza não constituem a satisfação, sem a qual não há adaptação. Ora, não é uma lei comparável à da gravitação no mundo físico que permite determinar, no mundo humano, se tal papel convém ou não convém a tal personalidade. O neurótico é aquele para o qual nenhum papel convém, e que então sofre de uma constante desadaptação, não entre seu papel e a sociedade, mas entre ele mesmo e seu papel na sociedade. Pode-se estar desadaptado sem ser neurótico, e neurótico sem estar desadaptado, porque a compatibilidade ou a incompatibilidade na relação do indivíduo a si mesmo não é regida pela lei da relação interindividual. Uma sociologia implícita não é uma garantia de objetividade em psicologia; ela apenas conduz a não se colocar o problema da relação do indivíduo a si mesmo. Ora, essa questão se coloca no nível do próprio pensamento físico; ela se coloca com ainda mais razão em psicologia, por causa da mais alta organização e da maior complexidade do indivíduo nesse domínio.

5. Problemática da reflexividade na individuação

A dificuldade experimentada pela psicossociologia para situar a realidade individual e para definir o que é a adaptação vem, ao que parece, da mesma origem que aquela que incomoda o pensamento científico quando ele busca definir a individualidade física: querendo apreender a estrutura do ser sem a operação e a operação sem a estrutura, ele desemboca seja num substancialismo absoluto, seja num dinamismo absoluto, que não deixa lugar para a relação no interior do ser individual; a relação devém inessencial. O próprio Bergson, que fez um notável esforço para pensar o indivíduo sem se deixar apanhar pela armadilha de um hábito mental importado em psicologia por um espírito acostumado a tratar de outros problemas, ficou muito perto do pragmatismo; tal como este, ele privilegiou o dinamismo intraindividual, às expensas das realidades estruturais igualmente intraindividuais e também importantes. Seria difícil dar conta de uma doença propriamente *mental* na filosofia de Bergson.

Segundo a doutrina que estamos expondo, o indivíduo psicológico é, como o indivíduo físico, um ser constituído pela coerência de um domínio de transdutividade. No estudo do indivíduo, é impossível, em particular, e como consequência direta dessa natureza, constituir duas espécies de forças ou de condutas, a saber, as condutas normais e as condutas patológicas; certamente não porque as condutas seriam idênticas umas às outras, mas precisamente porque elas são muitíssimo diferentes umas das outras para que se possa constituir somente duas espécies; segundo o ponto de vista no qual se coloca, pode-se constituir seja uma infinidade de espécies, *[270]* seja uma só, mas em nenhum caso apenas duas. A constituição de duas espécies só faz exprimir a bipolaridade da normatividade essencial numa classificação psicológica que esconde uma sociologia e uma sociotécnica implícitas. Na realidade, como em qualquer domínio de transdutividade, há no indivíduo psicológico o alastramento de uma realidade contínua e múltipla de uma só vez. Bergson apreendeu esse caráter numa de suas dimensões, a saber, a dimensão temporal; mas, em vez de estudar mais profundamente os caráteres da relação segundo a ordem da simultaneidade, ele manteve-se prevenido contra a espacialidade (sem dúvida, por causa dos abusos do atomismo psicológico) e contentou-se em opor os caráteres do "eu superficial" aos do "eu profundo". Ora, a transdutividade ao nível psicológico se exprime pela relação entre a ordem transdutiva do simultâneo e a ordem transdutiva do sucessivo. Sem essa relação, a realidade psicológica não seria distinta da realidade física. A relação que tem valor de ser no domínio psicológico é a do simultâneo e do sucessivo; são as diferentes modalidades dessa relação que constituem o domínio de transdutividade propriamente psicológico; mas elas não podem ser repartidas em espécies; podem apenas ser hierarquizadas segundo tal ou qual tipo de função.

Assim, em suma, o centro mesmo da individualidade aparece como a consciência *reflexiva* de si mesmo, essa expressão sendo tomada em seu sentido pleno; uma consciência não reflexiva, incapaz de introduzir na própria conduta uma normatividade tirada da conduta, não realizaria esse domínio de transdutividade que constitui o indivíduo psicológico; com efeito, a polaridade característica da conduta teleológica já existe ao nível biológico; mas então está faltando, entre a ordem do simultâneo e a ordem do sucessivo, aquela reciprocidade que constitui a realidade psicológica. Com isso, aliás, não queremos afirmar que exista uma distinção radical entre a ordem biológica e a ordem psicológica; somente por hipótese dizemos que a realidade biológica pura seria constituída pela não-reciprocidade da relação entre o domínio do simultâneo e o do sucessivo, enquanto a realidade psicológica é precisamente a instauração dessa reciprocidade à qual se pode dar o nome de reflexão. O vivente puro integra bem sua experiência passada à sua conduta presente, mas não pode operar a integração inversa, porque não pode colocar em jogo a reflexão graças à qual a conduta presente, já imaginada em seus resultados e analisada em sua estrutura, é colocada no mesmo nível ontológico que a conduta passada. Para o vivente puro, há heterogeneidade entre a experiência e a conduta; para o indivíduo psicológico, há uma relativa e progressiva homogeneidade dessas duas realidades; a conduta passada, em vez de se perder no passado, devindo pura experiência, conserva os caráteres de interioridade que fazem dela uma conduta; ela conserva certo coeficiente de presença; inversamente, a conduta presente, conscientemente representada como aquilo que terá consequências tão efetivas quanto as que constituem, agora, a experiência real do passado, já é de antemão uma experiência. A possibilidade de prever e a de se recordar convergem, pois são da mesma natureza e têm uma função única: realizar a reciprocidade da ordem do simultâneo e da ordem do sucessivo.

Assim, o domínio da individualidade psicológica aparece como que afetado por certa precariedade, pois ele não se define so-

A individuação psíquica 413

mente pela composição de certo número de elementos, constituindo uma idiossincrasia parcialmente instável, mas também por um dinamismo autoconstitutivo, que só existe na medida em que ele mesmo se alimenta e se mantém no ser; sobre um embasamento biológico que aporta uma [271] idiossincrasia mais ou menos rica, concordante ou discordante, desenvolve-se uma atividade que se constrói e condiciona a si mesma. Esse caráter autoconstitutivo se desenvolve como uma problemática sem solução no nível das idiossincrasias pessoais; o caráter ainda não é o indivíduo, pois ele é aquele que põe os problemas, mas não aquele que pode resolvê-los; se a solução dos problemas estivesse dada na experiência, o indivíduo não existiria; o indivíduo existe a partir do momento em que uma tomada de consciência reflexiva dos problemas postos permitiu ao ser particular fazer intervir sua idiossincrasia e sua atividade (inclusive a de seu pensamento) na solução; o caráter próprio da solução no nível do indivíduo reside em que o indivíduo desempenha aí um duplo papel, por um lado como elemento dos dados e, por outro, como elemento da solução; o indivíduo intervém duas vezes em sua problemática, e é por esse duplo papel que ele coloca a si mesmo em questão; se, como diz Wladimir Jankélévitch, todo problema é essencialmente tanatológico, é porque a axiomática de todo problema humano só pode aparecer na medida em que o indivíduo existe, isto é, põe através de si uma finitude que confere a circularidade recorrente ao problema do qual ele toma consciência; se o indivíduo se colocasse como eterno, nenhum dos problemas que lhe aparecem poderia receber solução, pois o problema jamais poderia ser resgatado da subjetividade que o indivíduo lhe confere, figurando por entre os dados e os elementos da solução; é preciso que o problema possa ser desembaraçado de sua inerência à individualidade, e para isso é preciso que o indivíduo só intervenha a título provisório na questão que coloca; um problema é problema na medida em que abrange o indivíduo, porque ele o comporta duplamente em sua estrutura, embora pareça que o indivíduo é que se apropria do problema; indivíduo e problema se ultrapassam um ao outro e se cruzam, de certa maneira, segundo um esquema de mútua inerência; o indivíduo existe na medida em que ele põe e resolve um problema, mas o pro-

414   A individuação dos seres vivos

blema só existe na medida em que obriga o indivíduo a reconhecer seu caráter limitado temporal e espacialmente. O indivíduo é o ser que liga em si e fora de si um aspecto do simultâneo e um aspecto do sucessivo; mas nesse ato, pelo qual ele aporta uma solução a um aspecto de um problema, ele se determina para fazer advir uma compatibilidade entre essas duas ordens, e ele se localiza e se temporaliza universalizando-se. Todo ato individual é essencialmente ambíguo, pois ele está no ponto onde existe o quiasma da interioridade e da exterioridade; ele está no limite entre a interioridade e a exterioridade; a interioridade é biológica, a exterioridade é física; o domínio da individualidade psicológica está no limite da realidade física e da realidade biológica, entre o natural e a natureza, como relação ambivalente que tem valor de ser.

Assim, o domínio da individualidade psicológica não tem um espaço próprio; ele existe como uma sobreimpressão relativamente aos domínios físico e biológico; a rigor, ele não se insere entre tais domínios, mas os reúne e os compreende parcialmente, estando situado neles. A natureza da individualidade psicológica é, então, essencialmente dialética, já que ela só existe na medida em que instaura uma compatibilidade que passa por si mesma, entre a natureza e o natural, entre a interioridade e a exterioridade; a realidade biológica é anterior à realidade psicológica, mas a realidade psicológica reassume o dinamismo biológico após ser descentrada relativamente a ele. O desvio psicológico não é um abandono da vida, mas um ato pelo qual a realidade psicológica se descentra relativamente à realidade biológica, [272] a fim de poder apreender em sua problemática o nexo do mundo e do eu, do físico e do vital; a realidade psicológica se espraia como relação transdutiva do mundo e do eu. A comunicação direta do mundo e do eu ainda não é psicológica; para que a realidade psicológica apareça, é preciso que a ligação implícita do mundo e do eu seja rompida e, então, reconstruída somente através do ato complexo de duas mediações que supõem uma à outra e se colocam mutuamente em questão na consciência reflexiva de si.

Daí resulta, para o psiquismo, a necessidade dele se espraiar através das mediações dotadas de reciprocidade; porque seu domínio é de relação, e não de possessão, ele só pode ser constituído

A individuação psíquica

por aquilo que ele constitui. Essa reciprocidade do sujeito e do objeto aparece na problemática individual, pois o que o objeto do problema é para a consciência que o coloca, o sujeito dessa consciência é para o mundo que contém esse objeto. É essa dupla situação que é inerente à oposição do realismo e do nominalismo. Ora, a relação dialética do indivíduo ao mundo é transdutiva, porque ela espraia um mundo homogêneo e heterogêneo, consistente e contínuo, porém diversificado, que não pertence nem à natureza física, nem à vida, mas a este universo em via de constituição que se pode nomear espírito. Ora, esse universo constrói a transdutividade da vida e do mundo físico, pelo conhecimento e pela ação; é a reciprocidade do conhecimento e da ação que permite a esse mundo constituir-se não somente como um misto, mas como uma verdadeira relação transdutiva; tudo o que é construído pelo indivíduo, tudo o que é apreensível por ele, é homogêneo, qualquer que seja o grau de diversidade espacial e temporal que esteja afetando os elementos desse universo construído; todas as realidades individuais podem se ordenar em séries contínuas, sem heterogeneidade radical. Toda realidade pode ser compreendida seja como física, seja como gesto vital, seja como atividade individual; esta terceira ordem de realidade realiza uma transdutividade que liga as duas ordens precedentes uma à outra, incompleta e parcialmente, na medida da existência dos indivíduos psicológicos. A inclusão dos elementos das duas primeiras ordens na terceira é a obra do indivíduo e exprime o indivíduo. Essa inclusão, no entanto, jamais está completa, pois necessita da existência dos embasamentos biológico e físico; da mesma maneira que não pode haver um mundo inteiramente biológico, não pode haver um mundo inteiramente psicológico.

O indivíduo psicológico também poderia aparecer como fazendo parte de um mundo psicológico. Mas aqui devemos nos precaver de uma ilusão que vem de uma analogia demasiado fácil: não existe, propriamente falando, um mundo psicológico no qual os indivíduos se recortariam e se definiriam mais tarde. O mundo psicológico é constituído pela relação dos indivíduos psicológicos; nesse caso, os indivíduos é que são anteriores ao mundo e que são constituídos a partir de mundos não psicológicos. A relação dos mundos físico e biológico ao mundo psicológico passa pelo indivíduo; o mundo psicológico deve ser nomeado universo transindividual mais que mundo psicológico, pois não há existência independente; por exemplo, a cultura não é uma realidade que subsiste de si mesma; ela só existe na medida em que os monumentos e os testemunhos culturais são reatualizados por indivíduos e compreendidos por eles como portadores de significações. Só o que pode ser transmitido é a universalidade de uma problemática, que é de fato a universalidade de uma situação individual recriada através do tempo e do espaço.

Entretanto, o mundo psicológico existe na medida em que cada indivíduo *[273]* encontra, diante de si, uma série de esquemas mentais e de condutas já incorporadas a uma cultura, e que o incitam a colocar seus problemas particulares segundo uma normatividade já elaborada por outros indivíduos. O indivíduo psicológico tem uma escolha de operar entre valores e condutas cujos exemplos ele recebe: mas nem tudo está dado na cultura; e é preciso distinguir entre a cultura e a realidade transindividual; a cultura é, de certa maneira, neutra; ela demanda ser polarizada pelo sujeito que coloca a si mesmo em questão; ao contrário, na relação transindividual, há uma exigência de questionamento do sujeito por si mesmo, pois esse questionamento já foi começado por outrem; o descentramento do sujeito relativamente a si mesmo é efetuado, em parte, por outrem na relação interindividual. Contudo, deve-se notar que a relação interindividual pode mascarar a relação transindividual, na medida em que uma mediação puramente funcional é oferecida como uma facilidade que evita a verdadeira colocação do problema do indivíduo pelo próprio indivíduo. A relação interindividual pode permanecer um simples nexo e evitar a reflexividade. De maneira bem viva, Pascal sentiu e notou o antagonismo entre o divertimento e a consciência reflexiva do problema do indivíduo; na medida em que a relação interindividual oferece uma pré-valorização do eu apreendido como personagem através da representação funcional que outrem faz dele, essa relação evita a acuidade do questionamento de si por si. Ao contrário, a verdadeira relação transindividual só começa para além da solidão; ela é constituída pelo indivíduo que se põe em questão,

A individuação psíquica

417

e não pela soma convergente de nexos interindividuais. Pascal descobre a transindividualidade na relação recíproca com Cristo: "Eu derramei esta gota de sangue por ti", diz Cristo; e o homem que soube permanecer só, compreende que Cristo está em agonia até o fim dos tempos; "não se deve dormir enquanto Cristo agoniza", diz Pascal. O verdadeiro indivíduo é aquele que atravessou a solidão; o que ele descobre além da solidão é a presença de uma relação transindividual. O indivíduo acha a universalidade da relação ao término da prova que impôs a si, e que é uma prova de isolamento. Acreditamos que essa realidade seja independente de todo contexto religioso, ou melhor, que ela é anterior a todo contexto religioso, e é ela que é a base comum de todas as forças religiosas, quando ela se traduz em religião. A fonte de todas as religiões não é a sociedade, como certos pensamentos sociológicos quiseram mostrar, mas o transindividual. Só depois essa força é socializada, institucionalizada; mas ela não é social em sua essência. Nietzsche nos mostra Zaratustra alcançando sua caverna, no topo da montanha, para nela encontrar a solidão que lhe permite pressentir o enigma do universo e falar ao Sol; ele isolou-se dos outros homens a ponto de poder dizer: "Ó, grande astro, qual não seria tua tristeza se tu conhecesses aqueles que tu iluminas!". A relação transindividual é a de Zaratustra com seus discípulos, ou a de Zaratustra com o equilibrista que caiu no chão à sua frente e foi abandonado pela multidão; a multidão só considerava o funâmbulo por sua função; ela o abandona quando, morto, ele deixa de exercer sua função; ao contrário, Zaratustra se sente irmão desse homem, e carrega seu cadáver para dar-lhe uma sepultura; é com a solidão, nessa presença de Zaratustra com um amigo morto, abandonado pela multidão, que começa a prova da transindividualidade. O que Nietzsche descreve como o fato de querer "subir sobre seus próprios ombros" é o ato de todo homem que faz a prova da solidão para descobrir a transindividualidade. Ora, em sua solidão, Zaratustra não descobre um Deus criador, mas a presença [274] panteísta de um mundo submetido ao eterno retorno: "Zaratustra moribundo tinha a terra entre os braços". Então, a prova é bem anterior à descoberta do transindividual, ou ao menos à descoberta de todo o transindividual; o exemplo do Zaratustra de Nietzsche

A individuação dos seres vivos

é precioso, pois nos mostra que a própria prova é frequentemente comandada e encetada pelo clarão de um acontecimento excepcional que dá ao homem consciência de seu destino e o leva a sentir a necessidade da prova; se Zaratustra não tivesse sentido aquela fraternidade absoluta e profunda com o equilibrista, ele não teria deixado a cidade para se refugiar na caverna no topo da montanha. É preciso um primeiro encontro entre o indivíduo e a realidade transindividual, e esse encontro só pode ser uma situação excepcional que apresenta exteriormente os aspectos de uma revelação. Mas, de fato, o transindividual é autoconstitutivo, e a frase "tu não me procurarias se não me tivesses encontrado", mesmo dando conta do papel da atividade do indivíduo na descoberta do transindividual, parece pressupor a existência transcendente de um ser no qual reside a origem de toda transindividualidade. De fato, nem a ideia de imanência, nem a ideia de transcendência podem dar conta completamente dos caráteres do transindividual relativamente ao indivíduo psicológico; a transcendência ou a imanência são, com efeito, definidas e fixadas antes do momento em que o indivíduo devém um dos termos da relação na qual ele se integra, mas da qual o outro termo já estava dado. Ora, caso se admita que o transindividual é autoconstitutivo, ver-se-á que o esquema de transcendência ou o esquema de imanência só dão conta dessa autoconstituição por sua posição simultânea e recíproca; com efeito, é a cada instante da autoconstituição que o nexo entre o indivíduo e o transindividual se define como aquilo que *ultrapassa o indivíduo prolongando-o*: o transindividual não é exterior ao indivíduo e, no entanto, se destaca do indivíduo em certa medida; além disso, essa transcendência que se enraíza na interioridade, ou melhor, no limite entre exterioridade e interioridade, não aporta uma dimensão de exterioridade, mas de ultrapassamento relativamente ao indivíduo. O fato de que a prova de transindividualidade tenha podido ser interpretada ora como um recurso a uma força superior e exterior, ora como um aprofundamento da interioridade, segundo as fórmulas *"In te redi; in interiori homini habitat voluntas"* ["Volta-te a ti mesmo; a vontade mora no interior do homem"], ou ainda *"Deus interior intimo meo, Deus superior superrimo meo"* ["Deus é meu íntimo interior, Deus é meu

A individuação psíquica

supremo superior"], mostra que, no ponto de partida, existe esta ambiguidade fundamental: o transindividual não é nem exterior, nem superior; ele caracteriza a verdadeira relação entre qualquer exterioridade e qualquer interioridade relativamente ao indivíduo; talvez a fórmula dialética segundo a qual o homem deve ir do exterior ao interior e do interior ao superior pudesse igualmente enunciar a passagem da interioridade à exterioridade antes do acesso às coisas superiores. Pois é na relação entre a exterioridade e a interioridade que se constitui o ponto de partida da transindividualidade.

Assim, a individualidade psicológica aparece como sendo o que se elabora ao se elaborar a transindividualidade; essa elaboração repousa sobre duas dialéticas conexas, uma que interioriza o exterior, outra que exterioriza o interior. Portanto, a individualidade psicológica é um domínio de transdutividade; ela não é uma substância, e a noção de alma deve ser revisada, pois parece implicar, por alguns de seus aspectos, a ideia de uma substancialidade do indivíduo psicológico. Ora, para além da noção de substancialidade da alma, e igualmente para além da noção de inexistência de toda realidade espiritual, há possibilidade de definir uma realidade transindividual. A sobrevivência da alma, então, já não mais se apresenta com os caráteres que a querela entre materialismo [275] e espiritualismo lhe deu; sem dúvida, a questão mais delicada é a do caráter "pessoal" da sobrevivência da individualidade psicológica. Nenhuma das razões alegadas para provar esse caráter pessoal é definitiva; todas essas razões, toda essa busca, mostram simplesmente a existência do desejo de eternidade, que é sim uma realidade enquanto desejo; e evidentemente um desejo não é uma simples noção; ele é também a emergência de um dinamismo do ser, um dinamismo que faz existir a transindividualidade valorizando-a. Entretanto, parece possível afirmar que a via de pesquisa, aqui, é sim o exame desta realidade transindividual que é a realidade psicológica; em certo sentido, todo ato humano cumprido no nível da transindividualidade está dotado de um poder de propagação indefinido que lhe confere uma imortalidade virtual; mas o indivíduo, ele mesmo, é imortal? Não é a interioridade do indivíduo que pode ser imortal, pois ela tem demasiadas raízes biológicas para poder ser imortal; também não é a pura exterioridade que lhe está atrelada, como seus bens ou suas obras enquanto materializam sua ação; bens e obras sobrevivem a ele, mas não são eternos; o que pode ser eterno é esta relação excepcional entre a interioridade e a exterioridade, que se costuma designar como sobrenatural e que deve ser mantida acima de todo desvio interiorista ou comunitário. Como a excelência do sagrado é coisa desejável para cimentar grandezas de estabelecimento ou para legitimar a promoção desta ou daquela interioridade ao posto de espiritualidade, existe uma forte tendência ao desvio interiorista ou comunitário da espiritualidade transindividual. Nenhuma solução nesse domínio pode ser absolutamente clara: a noção de alma e a de matéria oferecem somente a falsa simplicidade daquilo que o hábito apresenta e manipula sem elucidar os sentidos implícitos; a noção da sobrevivência através da transindividualidade é mais inabitual que a da sobrevivência totalmente pessoal da alma ou da sobrevivência cósmica numa unidade panteística, mas ela não é mais confusa; como estas, ela só pode ser apreendida por intuições formadas num recolhimento ativo e criador.

Sabedoria, heroísmo, santidade são três vias de pesquisa dessa transindividualidade, segundo a predominância da representação, da ação ou da afetividade; nenhuma delas pode chegar a uma completa definição da transindividualidade, mas cada uma designa de alguma maneira um dos aspectos da transindividualidade e aporta uma dimensão de eternidade à vida individual. O herói se imortaliza por seu sacrifício, como o mártir em seu testemunho e o sábio em seu pensamento irradiante. Aliás, a excelência da ação, a excelência do pensamento e a excelência da afetividade não são exclusivas uma relativamente às outras; Sócrates é um sábio, mas sua morte é um testemunho heroico de pureza afetiva. Os mártires são santos que devieram heróis. Toda via de transindividualidade inicia às outras vias. Aliás, existe nelas algo de comum, que marca precisamente a categoria do transindividual e a manifesta, sem no entanto bastar para defini-la: certo sentido da inibição, que é como uma revelação negativa que coloca o indivíduo em comunicação com uma ordem de realidade superior à da vida corrente. Segundo a base cultural de cada um, essas inibições que orientam

A individuação psíquica

a ação são apresentadas como emanando de tal ser transcendente ou de um "gênio", como o "δαίμων" de Sócrates; mas antes de tudo o que importa é a existência dessa inibição; na santidade, ela se manifesta pela recusa de tudo o que é julgado impuro; no heroísmo, são as ações baixas, ignóbeis, que são recusadas; enfim, na sabedoria, a recusa do útil, a afirmação da necessidade do desapego tem esse mesmo valor de inibição; é a *[276]* falta dessa inibição que Platão encontrava nos Sofistas e que lhe permitia opor Sócrates aos Sofistas. Há um aspecto negativo e inibidor da ascese que prepara para a sabedoria. É precisamente na medida em que essa inibição se exerce que o ser se ultrapassa, seja segundo uma reivindicação de transcendência, seja "imortalizando-se no sensível". É de se notar que essa inibição pode tomar diferentes formas, mas que ela só se transforma para melhor subsistir. Assim, em Nietzsche, os aspectos antigos e clássicos dessa inibição são recusados e vivamente criticados: a violência toma o lugar da santidade, e o delírio inspirado de Dionísio compensa a fria lucidez apolínea para criar a gaia ciência; mas resta o desprezo, que devém a atitude do herói de Nietzsche e que, sob os feitios de um sentimento de superioridade do sobre-homem [*Übermensch*], abrange de fato uma fortíssima inibição; só a multidão, medíocre, contente e satisfeita, não conhece nenhuma inibição; o sobre-homem recusa a felicidade e qualquer facilidade.

A individualidade psicológica faz intervir normas que não existem no nível biológico; enquanto a finalidade biológica é homeostática e visa obter uma satisfação do ser num estado de maior equilíbrio, a individualidade psicológica existe na medida em que esse equilíbrio biológico, essa satisfação são julgados insuficientes. A inquietude na segurança vital marca o advento da individualidade psicológica ou, ao menos, sua possibilidade de existência. A individualidade psicológica não pode ser criada por uma desvitalização do ritmo vital, ou por uma inibição direta das tendências, pois isso só conduziria a uma interioridade, e não a uma espiritualidade. A individualidade psicológica se sobrepõe à individualidade biológica sem destruí-la, pois a realidade espiritual não pode ser criada por uma simples negação do vital. Devemos notar que a distinção entre a ordem vital e a ordem psicológica se manifesta particularmente pelo fato de que suas respectivas normatividades constituem um quiasma: é no tempo em que reina a calma biológica que a inquietude se manifesta, e é no tempo em que a dor existe que a espiritualidade se comuta em reflexos defensivos; o medo transforma a espiritualidade em superstição.

Em suma, a reivindicação de transcendência que vê na realidade espiritual um ser distinto do indivíduo vivo ainda está próxima demais da imanência; ainda existe demasiada realidade biológica numa concepção panteísta ou criacionista da espiritualidade.

Com efeito, as concepções panteístas ou criacionistas colocam o indivíduo numa atitude que dificilmente é de participação inicial; a participação exige uma espécie de renúncia de si e de saída de si, tanto pela negação da realidade individual (como no pensamento de Espinosa) quanto pelo destacamento entre o indivíduo e o meio biológico (como em certos aspectos do misticismo criacionista). É que resta demasiada individualidade na concepção do transindividual; e daí a relação entre o indivíduo biológico e o transindividual só poder, então, intervir por uma desindividualização do indivíduo; propriamente falando, o erro aqui não é de antropomorfismo, mas de individualização do transindividual; só a teologia negativa, talvez, tenha feito um esforço para não pensar o transindividual à maneira de uma individualidade superior, mais vasta, porém tão individual quanto a do ser humano; o antropomorfismo mais difícil de evitar é o da individualidade; ora, o panteísmo não evita esse antropomorfismo, pois ele só pode dilatar o indivíduo único às dimensões do cosmos; mas a analogia entre microcosmo e macrocosmo, que continua presente através dessa expansão infinita da substância única, mantém a individualidade do macrocosmo. É sem dúvida por causa dessa individualidade inexpugnável [277] que todo panteísmo chega a essa difícil concepção da liberdade no interior da necessidade, cuja forma espinosista, infinitamente sutil, lembra no entanto a imagem estoica do cachorro atado à charrete, escravo enquanto não estiver unido voluntariamente ao ritmo do veículo, e livre quando puder realizar o sincronismo dos movimentos de sua vontade e das paradas e partidas sucessivas da charrete. O que há de opressivo em todo esse panteísmo é a valorização da lei cósmica como regra do pen-

A individuação psíquica

samento e da vontade individual; ora, essa valorização do determinismo universal intervém porque existe uma pressuposição implícita: o universo é um indivíduo. A teodiceia vale contra o panteísmo tanto quanto contra o criacionismo e a doutrina de um Deus pessoal, pois, nos dois casos, o fato devém norma, porque o fundamento comum do fato e da norma é uma lei, a da organização interna do indivíduo supremo. A transcendência ou a imanência desse indivíduo relativamente ao mundo não muda o esquema fundamental de sua constituição, que tem como consequência conferir o valor a cada determinação.

Além disso, poder-se-ia perguntar em qual medida aquilo que os psicólogos nomeiam "desdobramento de personalidade" intervém na busca da transindividualidade. Com efeito, o desdobramento da personalidade é um aspecto muito claramente patológico da consciência de si e da conduta. Ora, existe entretanto um aspecto da busca da espiritualidade que não pode não nos deixar matutando sobre o desdobramento: é a separação em si entre o bem e o mal, entre o anjo e a besta, separação acompanhada da consciência da dupla natureza do homem, e que se projeta para fora, na mitologia, sob forma de um maniqueísmo que define um princípio do bem e um princípio do mal no mundo; a ideia mesma do demônio, com a descrição dos meios [moyens] que ele emprega para tentar uma alma, é apenas a transposição dessa dualidade, acompanhada de uma técnica implícita de exorcismo do mal que se tem em si; pois o Demônio não é somente o princípio do mal; ele é também o bode expiatório que paga por todas as culpas e todas as fraquezas que não se quer atribuir a si mesmo e pelas quais lhe é imputada a responsabilidade; assim, a má consciência se transmuta em ódio contra o Maligno. A tentação é o desdobramento de personalidade pronto para ser produzido, no momento em que o ser sente que vai deixar seu esforço e sua tensão relaxarem para cair num nível mais baixo de pensamento e de ação; essa queda de si mesmo sobre si mesmo dá a impressão de uma alienação; ela é recolocada numa perspectiva de exterioridade. Sem dúvida, o desdobramento não existiria se o homem vivesse e pensasse sempre no mesmo nível; mas como explicar que a queda de um nível superior para um nível mais baixo dá a impressão de uma alienação? Sem dúvida porque falta, então, a presença do transindividual, e porque o sujeito compreende que sua existência volta a se centrar em torno de novos valores que não são, propriamente falando, mais medíocres que os antigos, ou absolutamente antagonistas, mas estranhos aos antigos; esses novos valores não contradizem os antigos, pois contradizer é ainda reconhecer, mas eles não falam a mesma linguagem daqueles. A queda a um nível inferior não poderia, sozinha, causar o desdobramento, se não houvesse ao mesmo tempo um excentramento do sistema de referências. Se os valores baixos estivessem num nexo analógico relativamente aos valores altos, se houvesse apenas um salto vertical de um nível ao outro, a profunda *desorientação* que surge na tentação não se manifestaria. É por um recurso à facilidade da expressão que se fez da *desorientação* uma invasão do mal, e do mal o simétrico do bem relativamente a *[278]* uma neutralidade dos valores. Se o mal fosse o simétrico do bem, o eu jamais seria estranho a si mesmo; existe aqui uma relação essencialmente *assimétrica*, e a ideia substancialista das duas naturezas ainda está demasiadamente próxima de um esquema de simetria para poder dar conta dessa relação.

6. Necessidade da ontogênese psíquica

Segundo essa perspectiva, a ontogênese deviria o ponto de partida do pensamento filosófico; ela seria realmente a filosofia primeira, anterior à teoria do conhecimento e a uma ontologia que seguiria a teoria do conhecimento. A ontogênese seria a teoria das fases do ser, anterior ao conhecimento objetivo, que é uma relação do ser individuado ao meio, pós-individuação. A existência do ser individuado como sujeito é anterior ao conhecimento; um primeiro estudo do ser individuado deve preceder a teoria do conhecimento. Anteriormente a qualquer crítica do conhecimento, apresenta-se o saber da ontogênese. A ontogênese precede crítica e ontologia.

Infelizmente, é impossível para o sujeito humano assistir à sua própria gênese, pois é preciso que o sujeito exista para que pos-

A individuação psíquica

sa pensar. As gêneses das condições de validez do pensamento no sujeito não podem ser tomadas pela gênese do sujeito individuado; o Cogito, com a dúvida metódica que o precede e o desenvolvimento que o sucede ("mas que sou eu, eu que sou?"), não constitui uma verdadeira gênese do sujeito individuado: o sujeito da dúvida deve ser anterior à dúvida. Do Cogito, pode-se apenas dizer que ele se aproxima das condições da individuação ao atribuir, como condição para a detenção da dúvida, o retorno do sujeito sobre si mesmo: o sujeito se apreende, de uma só vez, como ser duvidante e objeto de sua dúvida. Duvidante e dúvida são uma só realidade apreendida sob dois aspectos: é uma operação que retorna sobre si mesma e se apreende sob duas faces. É uma operação privilegiada que objetiva o sujeito diante de si mesmo, pois ela objetiva, na operação de duvidar, o sujeito duvidante; a dúvida é dúvida sujeito, dúvida *operação* na primeira pessoa, e também dúvida que se destaca da operação atual de duvidar como dúvida duvidada, operação cumprida já objetivada, já sendo matéria de outra operação de duvidar, que a sucede imediatamente. Entre a dúvida duvidante e a dúvida duvidada se constitui certa relação de distanciamento, através da qual, todavia, mantém-se a continuidade da operação. O sujeito se reconhece como sujeito da dúvida que ele acaba de emitir e, no entanto, essa dúvida, enquanto realidade cumprida, já se objetiva e se destaca, devindo objeto de uma nova dúvida. Para que a reação possa existir, é preciso que haja memória: memória, ou seja (ao mesmo tempo e de uma comum realidade ou operação), tomada de distância e atrelamento; é preciso que a operação de duvidar que adere ao sujeito nesse instante tome distância relativamente ao centro de atividade e de consciência, forme-se como unidade de ser independente e autônoma, mas permanecendo, através dessa distância, coisa do sujeito, coisa que exprime o sujeito. A memória é tomada de distância, ganho de objetividade sem alienação. É uma extensão dos limites do sistema subjetivo, que ganha uma dualidade interna sem corte nem separação: é alteridade e identidade avançando juntas, formando-se, distinguindo-se no mesmo movimento. O conteúdo de memória devém símbolo do eu presente; ele é a outra parte; o progresso de memória é um desdobramento assimétrico do ser sujeito, uma individualização do ser sujeito. A matéria *[279]* mental devinda memória, ou melhor, conteúdo de memória, é o meio associado ao eu presente. A memória é a unidade do ser como totalidade, isto é, como sistema que incorpora esse desdobramento e resiste a ele, tanto que esse desdobramento pode ser retomado, reassumido pelo ser. Lembrar-se é reencontrar-se. Mas o que reencontra não é homogêneo ao que é reencontrado; o que reencontra é como o indivíduo, e o que é reencontrado é como o meio. A unidade do ser que se lembra é a unidade do encontro dos símbolos. O ser que se lembra é mais que o eu, é mais que o indivíduo; ele é o indivíduo e mais alguma outra coisa. Aliás, o mesmo se dá para a imaginação; a diferença entre memória e imaginação reside no fato de que, para esta última, o princípio de encontro entre o eu e o símbolo do eu se alinha sobre uma tendência dinâmica do eu, enquanto na memória o princípio de encontro está no símbolo do eu; nos dois casos há simbolização, mas na operação de memória a simbolização toma o símbolo complementar do eu por indivíduo, e o eu por meio; na imaginação, é o eu que é indivíduo e o símbolo do eu que é meio. Enfim, no diálogo consigo mesmo, os dois papéis se alternam, tanto que uma quase-reciprocidade se institui entre o eu e o símbolo do eu. No entanto, essa reciprocidade é ilusória: ela só pode equivaler a uma verdadeira reciprocidade nos casos de desdobramento, isto é, quando se efetua certa coalescência parcial entre os dois símbolos do eu, o símbolo relativamente ao qual o eu é um indivíduo e aquele relativamente ao qual ele é um meio; assim, uma contrapersonalidade se constitui às expensas da primeira, que perde, pouco a pouco, seu poder de atualidade e, consequentemente, de liberdade; com efeito, a liberdade é essencialmente constituída por essa dupla adequação do eu aos seus dois símbolos, o da memória e o da imaginação. O que a psicanálise considera como um inconsciente deveria, de fato, ser considerado como um contra-eu, um duplo que não é um verdadeiro eu, pois jamais está dotado de atualidade; ele só pode se exprimir através do sono ou dos atos automáticos, não no estado de atividade integrada. A ideia do desdobramento de personalidade de Janet talvez esteja mais próxima da realidade que a ideia de inconsciente admitida por Freud. Entretanto, valeria mais falar de uma *duplicação* de personalidade, de uma personalidade-fantasma, que de um *desdobramento* de personalidade. Não é a personalidade atual que se desdobra, mas uma outra personalidade, um equivalente de personalidade que se constitui fora do campo do eu, como uma imagem virtual se constitui para além de um espelho, para o observador, sem lá estar realmente. Se houvesse um verdadeiro desdobramento de personalidade, não se poderia falar de estado primeiro e de estado segundo; mesmo que o estado segundo ocupe um tempo maior que o estado primeiro, ele não tem a mesma estrutura e pode ser reconhecido como estado segundo.

Ora, Descartes escolheu a memória nascente como caso privilegiado no qual se lê a existência do sujeito: a reciprocidade da dúvida que *acaba de ser*, relativamente à dúvida que *está* atualmente se constituindo como dúvida, estabelece numa circularidade condicional e causal a unidade substancial do sujeito. Contudo, essa circularidade é um caso-limite; a distância já existe, e é preciso que ela exista para que a circularidade possa existir; mas a circularidade recobre e dissimula a distância; eis por que Descartes pode substancializar o que não é, propriamente falando, uma substância, a saber, uma operação; a alma é definida como *res* e como *cogitans*, suporte de operação e operação se cumprindo. Ora, a unidade e a homogeneidade desse ser feito de um suporte e de uma operação só pode ser afirmada à medida que o conjunto ser-operação *[280]* continua a se perpetuar segundo o mesmo modo. Se a atividade cessa, ou parece cessar, a permanência e a identidade da substância assim definida está ameaçada: donde o problema do sono e da perda de consciência em Descartes relativamente à concepção da natureza da alma.

Descartes considerou legitimamente o retorno sobre si da dúvida como indicando a consistência e a unidade do ser individuado; faz-se bem em apontar a circularidade como indicando a consistência do ser individuado; mas talvez haja um abuso no fato de considerar que o retorno da dúvida, atualizada sob forma de objeto da dúvida atual, seja uma verdadeira circularidade; Descartes, na prova do Cogito, assimilando esse retorno a uma circularidade, não se dá conta da distância nascente entre a dúvida atualizada, que deveio objeto de memória, e a dúvida atualizante, relati-

428   A individuação dos seres vivos

vamente à qual a dúvida anterior é objeto na medida em que já não é mais atual: a individuação não está acabada, ela está se fazendo, mas já existe mais que o eu sujeito atual, na medida em que há distância suficiente entre *dúvida* e *eu* para que a dúvida possa ser objeto do eu: a dúvida devindo objeto é dúvida passante, e não dúvida se atualizando. Por essa primeira assimilação, por esse primeiro encavalamento não reconhecido como encavalamento, o símbolo próximo do eu encontra-se atrelado e assimilado ao eu: assim procedendo, de próximo em próximo, Descartes atrela todo o conteúdo simbólico ao eu atual; o atrelamento da dúvida atualizada ao sujeito da dúvida atual autoriza o atrelamento do querer, do sentir, do amar, do odiar, do imaginar à substância pensante; o fato de sofrer é homogêneo relativamente ao ato de pensar. Os aspectos mais distanciados do pensamento reflexivo são, então, atrelados a esse pensamento reflexivo que serviu para definir a essência da *res cogitans*. Essa afirmação da homogeneidade radical só pode ser efetuada recuando-se o limite entre *res cogitans* e *res extensa*: por conseguinte, é tão brusca a ruptura entre os aspectos do pensamento, os mais atrelados ao corpo, e o corpo ele próprio, que o fosso entre as substâncias é intransponível. Descartes não separou apenas a alma do corpo; ele também criou, no interior mesmo da alma, uma homogeneidade e uma unidade que interditam a concepção de um gradiente contínuo de distanciamento relativamente ao eu atual, reunindo a realidade somática em suas zonas mais excentradas, no limite da memória e da imaginação.

Psiquicamente, o indivíduo continua sua individuação mediante a memória e a imaginação, função do passado e função do porvir, segundo as definições correntes. De fato, só mais tarde é que se pode falar de passado e de porvir para a memória e para a imaginação: é a memória que cria o passado para o ser, assim como a imaginação cria o porvir; o produto dessa individuação psíquica só é psíquico, de fato, no centro; o psíquico puro é o atual; o passado que deveio passado longínquo e o porvir longínquo são realidades que tendem para o somático; o passado se incorpora, assim como, sob forma de espera, o porvir. O passado, distanciando-se do presente, devém estado contra o eu, disponível para o eu, mas não diretamente parente do eu, não aderente ao eu. O porvir

A individuação psíquica

projetado é tanto mais distanciado da atualização quanto mais amplamente recalcado ele é no porvir; mas o devir progressivo o suscita e o torna iminente, pouco a pouco lhe dá um estatuto mais próximo daquele do presente, mais diretamente simbólico relativamente ao presente atual.

Segundo essa maneira de enxergar a realidade do ser individuado, seria possível dizer que o corpo desempenha, relativamente à consciência, um duplo papel; relativamente à consciência imaginante, o corpo é meio, e não realidade individuada; ele é algo de virtual real, isto é, uma fonte de realidade podendo devir simbólica relativamente ao *[281]* presente: essa realidade se desdobra em presente e porvir assim como em indivíduo e meio. Ao contrário, o corpo resulta do desdobramento que cria a memória como ser individuado relativamente a uma consciência meio da individuação: assim, a consciência da memória sempre está como que por debaixo daquilo de que ela se lembra, ao passo que a consciência imaginante está por cima daquilo que ela imagina; é o passado, portanto o corpo, que dirige e escolhe o presente na consciência da memória, enquanto o presente escolhe o porvir na consciência imaginante. Na memória, é o corpo que dispõe; na imaginação, é a consciência.

A consciência se atrela ao corpo pela memória e pela imaginação, ao menos tanto quanto pelas funções geralmente consideradas como psicossomáticas; a oposição complementar da memória e da imaginação indica a relação psicofisiológica. Mas essa relação não pode ser assimilada à relação bissubstancial; o aspecto de alma e o aspecto de corpo são apenas casos extremos; a alma pura é o presente; o corpo puro é a alma infinitamente passada ou infinitamente distanciada no porvir. Eis por que a alma é univalente enquanto o corpo é bivalente; o corpo é passado e porvir puros; a alma faz coincidir passado próximo e porvir próximo; ela é presente; a alma é o presente do ser; o corpo é seu futuro e seu passado; a alma está no corpo como o presente está entre o porvir e o passado que irradiam a partir dele. O corpo é passado e porvir, mas não a alma; nesse sentido, ela é intemporal como alma pura; contudo, esse intemporal está alocado entre duas realidades temporais; esse intemporal se temporaliza devindo corpo, em direção ao passado, e ele se eleva de uma realidade corporal que se aproxima do estado de presente. A realidade do ser vem do porvir em direção ao presente devindo alma, e se reincorpora passando. A alma surge e se edifica entre as duas corporeidades; ela é extremidade da animação e origem da incorporação.

Assim, a consciência é mediação entre dois devires corporais, movimento ascendente para o presente, movimento descendente a partir do presente. Poder-se-ia dizer que esse movimento de devir, procedendo etapa por etapa, é transdutivo. O verdadeiro esquema de transdução real é o tempo, passagem de estado a estado que se faz pela própria natureza dos estados, por seus conteúdos, e não pelo esquema exterior de suas sucessões: o tempo assim concebido é movimento do ser, modificação real, realidade que se modifica e é modificada, sendo ao mesmo tempo o que ela deixa e o que ela toma, real enquanto relacional no meio de dois estados; ser da passagem, realidade passante, realidade enquanto passa, tal é a realidade transdutiva. O ser individuado é aquele pelo qual existe essa subida e essa descida do devir relativamente ao presente central. Só há ser individuado, vivo e psíquico, na medida em que ele assume o tempo. Viver como ser individuado é exercer memória e antecipação. No limite, o presente é psicossomático, mas ele é essencialmente psíquico. Relativamente a este presente que é psíquico, o porvir é como um imenso campo possível, um meio de virtualidades associadas ao presente por uma relação simbólica; ao contrário, relativamente a este mesmo presente, o passado é um conjunto de pontos individualizados, localizados, definidos. O presente é transdução entre o campo de porvir e os pontos em rede do passado. O campo de porvir se reticula através e pelo presente; ele perde suas tensões, seus potenciais, sua energia implícita espalhada por toda sua extensão, coextensiva a ele; ele se cristaliza em pontos individuados, num vazio neutro; enquanto a tendência do porvir é espalhada em todo o meio, como a energia de um campo não localizável em pontos, e constitui um tipo de energia de conjunto, o passado [282] se refugia numa rede de pontos que absorvem toda sua substância; ele perde o meio, a extensão própria, a imanência onipresente da tensão à realidade tensionada; não há no universo da memória mais que ações e reações entre pontos de

A individuação psíquica   431

realidade, estruturados em redes; entre esses pontos há o vazio, e é por essa razão que o passado é condensável, pois não há nada nos intervalos entre esses pontos de realidade; o passado está isolado relativamente a si mesmo, e só parcialmente pode devir sistema através do presente que o reatualiza, o reassume, lhe dá tendência e corporeidade viva; a essa estrutura de isolamento molecular o passado deve sua disponibilidade; ele é artificializável porque não se firma em si mesmo; ele se deixa empregar porque está em pedaços. O porvir não se deixa nem condensar, nem detalhar e nem mesmo pensar; ele só pode ser antecipado por um ato real, pois sua realidade não está condensada num certo número de pontos; é entre os pontos possíveis que toda sua energia existe; há uma ambiência própria do porvir, potência relacional e atividade implícita anterior a toda realização; *o ser se preexiste através de seu presente*. O presente do ser, portanto, é indivíduo e meio de uma vez só; ele é indivíduo relativamente ao porvir e meio relativamente ao passado; a alma, essência ativa do presente, é indivíduo e meio de uma vez só. Entretanto, ela não pode ser indivíduo e meio sem aquela existência do ser total, o ser psicossomático, que é também somático e social, atrelado à exterioridade. A relação do presente ao passado e ao porvir é analógica relativamente à relação somatopsíquica e àquela outra relação mais vasta do ser individuado completo ao mundo e aos outros seres individuados. Por essa razão, é preciso renunciar a substancializar a alma, pois ela não possui em si mesma toda sua realidade; o presente necessita do porvir e do passado para ser presente e, por estes dois distanciamentos, do porvir e do passado, a alma toca o corpo. O corpo é o não-presente; ele não é a matéria de uma alma-forma. O presente surge do corpo e retorna ao corpo; a alma cristaliza o corpo. O presente é operação de individuação. O presente não é uma forma permanente; ele se acha como forma na operação, ele acha forma na individuação. Esse duplo nexo de simbolização do presente relativamente ao porvir e ao passado permite dizer que o presente, ou melhor, a presença, é significação relativamente ao passado e ao porvir, mútua significação do passado e do porvir através da operação transdutiva. Para o ser, a presença consiste em existir como indivíduo e como meio de uma maneira unitária; ora, isso só é possível pela permanente operação de individuação, análoga em si mesma à individuação primeira, pela qual o ser somatopsíquico se constitui no seio de um conjunto sistemático tensionado e polarizado. O indivíduo concentra em si a dinâmica que o fez nascer, e ele perpetua a operação primeira sob forma de individuação continuada; *viver é perpetuar um permanente nascimento relativo.* Não basta definir o vivente como organismo. O vivente é organismo segundo a individuação primeira; mas ele só pode viver sendo um organismo que organiza e se organiza através do tempo; a organização do organismo é resultado de uma primeira individuação, que se pode dizer absoluta; mas ela é mais condição de vida do que vida; ela é condição do nascimento perpetuado que é a vida. Viver é ter uma presença, estar presente relativamente a si e ao que está fora de si. Nesse sentido, é bem verdade que a alma é distinta do corpo, que ela não é do organismo; ela é a presença do organismo; fazer, como Goldstein, da consciência um aspecto do organismo, é englobá-la na unidade organísmica. Ora, o monismo parmenidiano que inspira Goldstein, não dando à temporalidade um papel constituinte no ser, só pode introduzir diversificação *[283]* no ser pela noção de uma "dobragem do ser", segundo a expressão imagética do autor; a alma, então, só poderia ser um ser imperfeitamente destacado no interior de uma totalidade que, assim, perderia sua unidade recíproca de plenitude circular. Se, em contrapartida, a alma é concebida como aquilo que perpetua a operação primeira de individuação que o ser exprime e integra porque dela resulta, todavia abrangendo-a e prolongando-a, tanto que a gênese que a fez ser é verdadeiramente sua gênese, então a alma intervém como prolongamento dessa unidade; ela faz referência ao que não foi incorporado no indivíduo pela individuação; ela é presença para esse símbolo do indivíduo; ela está no centro mesmo do indivíduo, mas também é aquilo pelo qual ele permanece atado ao que não é indivíduo.

A individuação psíquica

Terceiro capítulo
OS FUNDAMENTOS DO TRANSINDIVIDUAL E A INDIVIDUAÇÃO COLETIVA
[285]

I. O INDIVIDUAL E O SOCIAL, A INDIVIDUAÇÃO DE GRUPO

1. Tempo social e tempo individual

Tal visão da realidade individual que visa esclarecer os problemas que a psicologia se coloca como tarefa a resolver não permitiria, no entanto, chegar a uma representação clara do nexo do indivíduo com a sociedade. A sociedade encontra o ser individual e é encontrada por ele no presente. Mas esse presente não é o mesmo daquele que, no limite, poder-se-ia nomear presente individual, ou presente somatopsíquico. Do ponto de vista de cada indivíduo, o nexo social está sim no presente. Mas a sociedade encontrada nesse nexo possui, ela própria, seu equivalente de substancialidade, sua presença, sob forma de uma correlação entre porvir e passado; a sociedade devém; uma afirmação de permanência ainda é um modo de devir, pois a permanência é a estabilidade de um devir que tem dimensão temporal. O indivíduo encontra na sociedade uma exigência definida de porvir e uma conservação do passado; o porvir do indivíduo na sociedade é um porvir reticulado, condicionado segundo pontos de contato, e que tem uma estrutura bem análoga à do passado individual. Para o indivíduo, o engajamento na sociedade o dirige para o fato de ser este ou aquele; o devir não se efetua mais do porvir para o presente, como no hipotético indivíduo não-social: ele se efetua em sentido inverso, *a partir do presente*; o indivíduo se vê propondo escopos, papéis a serem escolhidos; ele deve tender a esses papéis, a tipos, a imagens, ser guiado por estruturas que ele se esforça para realizar, entrando em acordo com elas e cumprindo-as; diante do ser individual, a sociedade apresenta uma rede de estados e de papéis através dos quais a conduta individual deve passar.

Para a sociedade, o que importa é sobretudo o passado individual, pois o acordo do individual com o social se faz pela coincidência de duas reticulações. O indivíduo é obrigado a projetar seu porvir através desta rede social que já está ali; para se sociabilizar, o indivíduo deve passar; integrar-se é coincidir segundo uma reticulação, e não segundo aquela força imanente ao porvir do ser somato-psíquico. Do passado social, o indivíduo retira tendência e impulso para tal ação, mais do que verdadeira recordação; ele retira aquilo que nele se associaria ao dinamismo de seu porvir, e não a reticulação de seu passado individual; o nexo ao social exige que, entre a alma individual e o contato social, intervenha um tipo de reversão, de comutação. A sociabilidade exige presença, mas presença reversa. A alma social e a alma individual operam [286] em sentido inverso, individuam a contrapelo uma da outra. É por isso que o indivíduo pode aparecer a si mesmo como que fugindo para o social e afirmando-se na oposição ao social. E assim o social, relativamente ao indivíduo, aparece como uma realidade muito diferente do meio; apenas por uma extensão de sentido, e de maneira muito imprecisa, é que se pode falar de meio social. O social poderia ser um meio se o ser individuado fosse um simples resultado de individuação cumprida de uma vez por todas, isto é, se ele não continuasse a viver transformando-se. O meio social só existe enquanto tal na medida em que não é apreendido como social recíproco; tal situação só corresponde à da criança ou à do doente; não é a do adulto integrado. O adulto integrado é, relativamente ao social, um ser igualmente social, na medida em que possui uma consciência ativa atual, isto é, na medida em que prolonga e perpetua o movimento de individuação que o fez nascer, ao invés de resultar apenas dessa individuação. Na realidade, a sociedade não procede da presença mútua de inúmeros indivíduos, mas ela tampouco é uma realidade substancial que deveria ser superposta aos seres individuais e concebida como independente deles: ela é a operação e a condição de operação pela qual se cria um mundo de presença mais complexa que a presença do ser individuado sozinho.

2. GRUPOS DE INTERIORIDADE E GRUPOS DE EXTERIORIDADE

A relação de um ser individuado a outros seres individuados pode ser feita ora de maneira analógica, o passado e o porvir da cada um coincidindo com o passado e o porvir dos outros, ora de maneira não analógica, o porvir de cada ser individuado encontrando no conjunto dos outros seres não os sujeitos, mas uma estrutura reticular através da qual ele deve passar. O primeiro caso é aquele que os pesquisadores americanos nomeiam *in-group*; o segundo, aquele que se nomeia *out-group*; ora, não há *in-group* que não suponha um *out-group*. O social é feito da mediação entre o ser individual e o *out-group*, por intermédio do *in-group*. É vão proceder, à maneira de Bergson, opondo grupo aberto e grupo fechado;* o social, a curta distância, está aberto; a grande distância, fechado; a operação social está mais situada no limite entre o *in-group* e o *out-group* do que no limite entre o indivíduo e o grupo; o corpo próprio do indivíduo se estende até os limites do *in-group*; assim como existe um esquema corporal, existe um esquema social que estende os limites do eu [*moi*] até a fronteira entre *in-group* e *out-group*. Em certo sentido, pode-se considerar o grupo aberto (*in-group*) como o corpo social do sujeito; a personalidade social se estende até os limites desse grupo; a crença, como modo de pertencimento a um grupo, define a expansão da personalidade até os limites do *in-group*; tal grupo, com efeito, pode ser caracterizado pela comunidade das crenças implícitas e explícitas em todos os membros do grupo.

Certamente, pode ocorrer que em certos casos o grupo aberto se reduza a tal ponto em torno de um sujeito atípico que a ex-

---

* Cf. *Les Deux sources de la morale et de la religion* [*As duas fontes da moral e da religião*, 1932].

pansão social da personalidade será nula e que, consequentemente, todo o grupo será *out-group*; é o que se produz nos casos de delinquência, de alienação mental, ou nos "desviantes", no interior de um grupo determinado; também pode ocorrer que, por um imenso esforço de dilatação da personalidade *[287]*, qualquer grupo, mesmo aqueles que normalmente parecem *out-groups*, seja aceito pelo sujeito como *in-group*. A caridade é a força de expansão da personalidade que não quer reconhecer nenhum limite ao *in-group* e o considera como coextensivo à humanidade inteira, ou mesmo a toda a criação; para são Francisco de Assis, não apenas os homens, mas os próprios animais faziam parte do *in-group*, do grupo de interioridade. Outrossim, Jesus Cristo não reconhecia inimigos, tendo uma atitude de interioridade mesmo para com aqueles que o golpeavam.

Entre esses dois extremos que reduzem absolutamente ou dilatam infinitamente as fronteiras do grupo de interioridade, encontra-se o estatuto da vida corriqueira, isto é, da vida social habitual, que situa a certa distância do indivíduo o limite entre o grupo de interioridade e o grupo de exterioridade. Esse limite é definido por uma segunda zona de presença que se atrela à presença do indivíduo. A integração do indivíduo ao social se faz pela criação de uma analogia de funcionamento entre a operação que define a presença individual e a operação que define a presença social; o indivíduo deve achar uma individuação social que recubra sua individuação pessoal; seu nexo ao *in-group* e seu nexo ao *out-group* são, ambos, como porvir e passado; o *in-group* é fonte de virtualidades, de tensões, como o porvir individual; ele é reservatório de presença porque precede o indivíduo no encontro com o grupo de exterioridade; ele recalca o grupo de exterioridade. Sob forma de crença, o pertencimento ao grupo de interioridade se define como tendência não estruturada, comparável ao porvir para o indivíduo: ele se confunde com o porvir individual, mas também assume o passado do indivíduo, pois o indivíduo se atribui uma origem nesse grupo de interioridade, real ou mítica: ele é desse grupo e para esse grupo; porvir e passado são simplificados, levados a um estado de pureza elementar.

3. A REALIDADE SOCIAL COMO SISTEMA DE RELAÇÕES

Assim, é difícil considerar o social e o individual como que se afrontando diretamente numa relação do indivíduo à sociedade. Esse afrontamento só corresponde a um caso teórico extremo, do qual se aproximam certas situações patológicas vividas; o social se substancializa em sociedade para o delinquente ou o alienado, talvez para a criança; mas o verdadeiro social não é algo de substancial, pois o social não é um termo de relação: ele é sistema de relações, sistema que comporta uma relação e a alimenta. O indivíduo só entra em nexo com o social através do social; o grupo de interioridade mediatiza a relação entre o indivíduo e o social. A interioridade de grupo é uma certa dimensão da personalidade individual, não uma relação a um termo distinto do indivíduo; é uma zona de participação em torno do indivíduo. A vida social é relação entre o meio de participação e o meio de não-participação.

O psicologismo é insuficiente para representar a vida social, pois supõe que as relações intergrupos possam ser consideradas como uma extensão das relações do indivíduo ao grupo de interioridade; ao exteriorizar parcialmente as relações do indivíduo ao grupo de interioridade, e depois interiorizar parcialmente as relações dos grupos de exterioridade ao grupo de interioridade, pode-se chegar, de maneira ilusória, a identificar os dois tipos de relação; mas essa identificação desconhece a natureza própria da relação social, pois desconhece a fronteira de atividade relacional [288] entre grupo de interioridade e grupo de exterioridade. Do mesmo jeito, o sociologismo também desconhece a relação característica da vida social, ao substancializar o social a partir da exterioridade, em vez de reconhecer o caráter relacional da atividade social. Ora, não existe o psicológico e o sociológico, mas o humano que, em seu limite extremo, e em raras situações, pode desdobrar-se em psicológico e em sociológico. A psicologia, bem como a sociologia, são dois olhares que fabricam seus objetos próprios a partir da interioridade ou da exterioridade; a abordagem psicológica do social se faz por intermédio dos pequenos grupos: ora, essa maneira de abordar o social a partir do psicológico obriga a carregar o psicológico com algo de social: tal é a *estabilidade afetiva* dos psicossociólogos americanos, caráter do ser individual que já é social ou pré-social. Igualmente, a adaptabilidade e a capacidade de aculturação são aspectos pré-sociais do ser. O ser individual é visto segundo instâncias que excedem sua existência individual.

Outrossim, a atitude sociológica abarca no social conteúdos que são do pré-individual e que permitirão reencontrar a realidade individual ao reconstituí-la. Nessa medida, compreende-se por que problemas como os do estudo do trabalho são viciados pela oposição entre o psicologismo e o sociologismo; as relações humanas que caracterizam o trabalho, ou que ao menos são colocadas em jogo pelo trabalho, não podem ser reduzidas nem ao jogo do substancialismo sociológico, nem a um esquema interpsicológico; elas se situam na fronteira do grupo de interioridade e do grupo de exterioridade. Ora, consideradas como relações interpsicológicas, as relações humanas de trabalho são assimiladas à satisfação de certo número de necessidades, cuja lista poderia ser levantada a partir de uma inspeção do ser individual tomado antes de qualquer integração social, como se houvesse um indivíduo puro e completo antes de qualquer integração possível. Então, o trabalho é tido como satisfação de uma necessidade individual, como que relativo a uma essência do homem, coletiva, porém definindo-o enquanto indivíduo, enquanto ser feito de alma e de corpo (o que se reencontra na noção de trabalho manual e de trabalho intelectual, com uma distinção hierárquica entre esses dois níveis de trabalho). A partir do sociologismo, ao contrário, o trabalho é considerado como um aspecto da *exploração da natureza pelos homens em sociedade*, e é apreendido através da relação econômico--política. Então, o trabalho se substancializa como valor de troca num sistema social de onde desaparece o indivíduo. A noção de classe é fundada sobre o fato de que o grupo é sempre considerado como grupo de exterioridade; a interioridade da própria classe não é mais a de um corpo social coextensivo aos limites da personalidade, pois a classe não é mais excêntrica relativamente ao indivíduo; a classe própria é pensada como classe própria a partir do choque contra a classe adversa; é pelo retorno da tomada de consciência que a classe própria é apreendida como própria; a tomada de consciência é secundária relativamente a essa primeira oposição; não há mais estrutura de círculos sucessivos, mas estrutura de conflito, com uma linha de frente.

4. Insuficiência da noção de essência do homem e da antropologia

Ora, pode-se perguntar se uma antropologia não seria capaz de dar uma visão unitária do homem, suscetível de servir de princípio a esse estudo da relação social. Mas uma antropologia não comporta essa dualidade relacional contida [289] em unidade que caracteriza o nexo; não é a partir de uma essência que se pode indicar o que é o homem, pois toda antropologia será obrigada a substancializar seja o individual, seja o social para dar uma essência do homem. Por si mesma, a noção de antropologia já comporta a afirmação implícita da especificidade do Homem, separada do vital. Ora, é certo que não se pode fazer surgir o homem do vital, se suprimimos do vital o Homem; mas o vital é o vital comportando o homem, não o vital sem o Homem; é o vital até o Homem, e compreendendo o Homem; há o vital inteiro, que compreende o Homem.

Assim, o olhar antropológico suporia uma abstração prévia, do mesmo tipo daquela que se encontra nas subdivisões em individual e social, e princípio dessas abstrações ulteriores. A antropologia não pode ser princípio do estudo do Homem; ao contrário, são as atividades relacionais humanas, como a que constitui o trabalho, que podem ser tomadas como princípio de uma antropologia a ser edificada. É o ser como relação que é primeiro e que deve ser tomado como princípio; o humano é social, psicossocial, psíquico, somático, sem que nenhum desses aspectos possa ser tido como fundamental, enquanto os outros seriam julgados como acessórios. O trabalho, em particular, não pode ser definido somente como um certo nexo do homem à natureza. Existe um tra-

Os fundamentos do transindividual e a individuação coletiva   441

balho que não se refere à Natureza, por exemplo, o trabalho cumprido sobre o Homem mesmo; um cirurgião trabalha; a exploração da Natureza pelos Homens associados é um caso particular da atividade relacional que constitui o trabalho; o trabalho só pode ser apreendido em sua essência, segundo um caso particular, se essa essência recorta sua particularidade sobre todo o espectro das atividades possíveis de trabalho; um caso particular não pode ser tomado como fundamento, mesmo se ele é encontrado muito frequentemente. O trabalho é um certo nexo entre o grupo de interioridade e o grupo de exterioridade, como a guerra, a propaganda, o comércio. Cada grupo, em certa medida, pode ser considerado como um indivíduo relativamente aos outros; mas o erro das concepções psicossociológicas tradicionais consiste em tomar o grupo por um aglomerado de indivíduos à maneira pela qual existem aglomerados de indivíduos nas ciências — domínio das ciências biológicas; de fato, o grupo de interioridade (e todo grupo existe, relativamente a si mesmo, na medida em que é um grupo de interioridade) é feito da superposição das personalidades individuais, e não de sua aglomeração; a aglomeração, organizada ou inorgânica, suporia uma visão tomada no nível das realidades somáticas, não dos conjuntos somato-psíquicos.

Um grupo de interioridade não tem uma estrutura mais complexa que a de uma única pessoa; cada personalidade individual é coextensiva ao que se pode nomear de personalidade de grupo, isto é, ao lugar-comum às personalidades individuais que constituem o grupo. Ora, essa maneira de enxergar o grupo não é um psicologismo, por duas razões: a primeira é que a palavra personalidade não está sendo tomada num sentido psíquico puro, mas real e unitariamente psicossomático, incluindo tendências, instintos, crenças, atitudes somáticas, significações, expressão. A segunda, mais importante, e que constitui o fundamento da primeira, é que esse recobrimento das personalidades individuais no grupo de interioridade desempenha um papel de estrutura e de função autoconstitutiva. Esse recobrimento é uma individuação, a resolução de um conflito, a assunção de tensões conflitantes em estabilidade orgânica, estrutural e funcional. Não são estruturas de personalidades anteriormente definidas, constituídas e já prontas [290] que vêm encontrar-se e recobrir-se antes do momento em que o grupo de interioridade se constitua; a personalidade psicossocial é contemporânea à gênese do grupo, que é uma individuação. Não é o grupo que aporta ao ser individual uma personalidade já pronta, como uma capa confeccionada de antemão. Não é o indivíduo que, com uma personalidade já constituída, se aproxima de outros indivíduos com a mesma personalidade que a dele para constituir com eles um grupo. É preciso partir da operação de individuação do grupo, na qual os seres individuais são, ao mesmo tempo, meio e agentes de uma sincristalização; o grupo é uma sincristalização de vários seres individuais, e é o resultado dessa sincristalização que é a personalidade de grupo; ela não é introduzida nos indivíduos pelo grupo, pois é necessário que o indivíduo esteja presente para que essa operação se produza; além do mais, não basta que só o grupo esteja presente; também é preciso que ele esteja tensionado e parcialmente indeterminado, como o ser pré-individual antes da individuação; um indivíduo absolutamente completo e perfeito não poderia entrar num grupo; é preciso que o indivíduo ainda seja portador de tensões, de tendências, de potenciais, de realidade estruturável, mas ainda não estruturada, para que o grupo de interioridade seja possível; o grupo de interioridade nasce quando as forças do porvir, abrigadas por inúmeros indivíduos vivos, chegam a uma estruturação coletiva; a participação, o recobrimento, ambos realizam-se nesse instante de individuação do grupo e de individuação dos indivíduos agrupados. A individuação que faz o grupo nascer é também uma individuação dos indivíduos agrupados; sem emoção, sem potencial, sem tensão prévia, não pode haver individuação do grupo; uma sociedade de mônadas não pode existir; o contrato não funda um grupo, tampouco a realidade estatutária de um grupo já existente; mesmo no caso-limite em que um grupo já constituído recebe um novo indivíduo e o incorpora, a incorporação do novo é, para este último, um novo nascimento (individuação), e também um renascimento para o grupo; um grupo que não se recria, incorporando novos membros, dissolve-se enquanto grupo de interioridade.

O membro de um grupo alimenta em si a personalidade coletiva, recrutando e introduzindo novos seres no grupo. A distinção entre psicogrupos e sociogrupos só vale como maneira de definir uma certa polaridade no interior dos grupos: todo grupo real é ao mesmo tempo um psicogrupo e um sociogrupo. O sociogrupo puro não teria nenhuma interioridade, e seria apenas substância social; um grupo é um psicogrupo no instante em que se forma; mas o elã do psicogrupo só pode se perpetuar incorporando-se a estruturas sociogrupais, fazendo-as nascer. É apenas por abstração que se pode distinguir psicogrupos puros e sociogrupos puros.

5. Noção de indivíduo de grupo

Portanto, não é acurado falar da influência do grupo sobre o indivíduo; de fato, o grupo não é feito de indivíduos reunidos em grupo por certos liames, mas de indivíduos agrupados, de *indivíduos de grupo*. Os indivíduos são indivíduos de grupo bem como o grupo é grupo de indivíduos. Não se pode dizer que o grupo exerça influência sobre os indivíduos, pois essa ação é contemporânea à vida dos indivíduos, e não independente dela; o grupo também não é realidade interindividual, mas complemento de individuação em vasta escala, reunindo uma pluralidade de indivíduos. *[291]*

Esse tipo de realidade só pode ser pensado caso se aceite que haja uma convertibilidade mútua das estruturas em operações e das operações em estruturas, e caso se considere a operação relacional como tendo um valor de ser. O substancialismo obriga a pensar o grupo como anterior ao indivíduo ou o indivíduo como anterior ao grupo, o que engendra o psicologismo e o sociologismo, dois substancialismos em níveis diferentes, moleculares ou molares. A escolha de uma dimensão intermediária, microssociológica ou macropsíquica, não pode resolver o problema, pois ela não está fundada na escolha de uma dimensão adequada a um fenômeno particular, intermediário entre o social e o psíquico. Não há um domínio psicossociológico, que seria aquele dos grupos restritos; esse aspecto privilegiado de certos grupos restritos provém apenas do fato de que as sucessivas crises de individuação, as acometidas de estruturações funcionais pelas quais eles passam, são mais visíveis e podem ser mais facilmente estudadas. No entanto, esses fenômenos são os mesmos que nos grupos mais vastos, e põem em jogo os mesmos nexos dinâmicos e estruturais; apenas os tipos de mediação entre indivíduos são mais complexos, utilizando modos de transmissão e de ação que implicam um atraso e dispensam a presença real; mas esse desenvolvimento das redes de comunicação e de autoridade não concede uma essência à parte dos fenômenos macrossociais enquanto sociais, no nexo deles ao que se convencionou nomear de ser individual. O nexo do indivíduo com o grupo é sempre o mesmo em seu fundamento: ele repousa sobre a individuação simultânea dos seres individuais e do grupo; ele é presença.

6. Papel da crença no indivíduo de grupo

No indivíduo, a crença é o conjunto latente de referências relativamente às quais significações podem ser descobertas. A crença não é a imanência do grupo ao indivíduo que ignoraria tal imanência e se acreditaria falsamente como um indivíduo autônomo, enquanto só faria exprimir o próprio grupo; a crença é essa individuação coletiva existindo; ela é presença aos outros indivíduos do grupo, recobrimento das personalidades; é sob forma de crença que as personalidades se recobrem: mais exatamente, o que se nomeia crença coletiva é o equivalente, na personalidade, do que seria uma crença no indivíduo; mas essa crença não existe a título de crença; só há crença quando alguma força ou obstáculo obriga o indivíduo a definir e a estruturar seu pertencimento ao grupo, sob uma forma exprimível em termos inteligíveis para indivíduos que não são membros do grupo. A crença supõe um fundamento da crença, que é a personalidade feita na individuação do grupo; a crença se desenvolve no indivíduo sob forma de verdadeira crença quando o pertencimento ao grupo é colocado em questão; a crença é verdadeiramente interindividual; ela supõe um fundamento que não seja somente interindividual, mas verdadeiramente grupal.

Eis por que o estudo das crenças é um meio [*moyen*] bastante ruim de conhecer o homem enquanto membro de um grupo. O homem que crê se defender, ou que quer mudar de grupo, está em desacordo com os outros indivíduos ou consigo mesmo. Atribui-se à crença um privilégio causal no pertencimento ao grupo porque a crença é o que há de mais fácil a ser manifestado, projetado e, consequentemente, apreendido numa pesquisa mediante os procedimentos habituais de conhecimento da realidade [*292*] psicossocial. Mas a crença é um fenômeno de dissociação ou de alteração dos grupos, não uma base de sua existência; ela tem mais um valor de compensação, de consolidação, de reparação provisória, do que uma significação fundamental relativamente à gênese do grupo e ao modo de existência dos indivíduos no grupo. Nesse sentido, talvez se pudesse distinguir o mito, crença coletiva, da opinião, que seria a crença individual. Entretanto, mitos e opiniões se correspondem em pares simbólicos; quando o grupo elabora mitos, os indivíduos do grupo exprimem opiniões correspondentes; os mitos são lugares geométricos de opiniões. Entre o mito e a opinião, só há diferença relativamente ao modo de inerência: a opinião é o que pode se exprimir relativamente a um caso exterior preciso; é a norma de um juízo definido e localizado, que incide sobre uma matéria precisa; o mito é uma reserva indefinida de juízos possíveis; ele tem valor de paradigma, e está voltado para a interioridade grupal mais do que para os seres exteriores a serem julgados relativamente às normas grupais; o mito representa o grupo e a personalidade em sua consistência interna, enquanto as opiniões já estão diversificadas em situações definidas, objetivadas, separadas umas das outras.

Mitos e opiniões são o prolongamento dinâmico e estrutural das operações de individuação do grupo em situações em que essa individuação já não é mais atual, nem possível, nem reativável; a opinião é trazida pelo indivíduo e se manifesta nas situações em que ele não está mais no grupo, ainda que seja do grupo e tenda a agir como tal; a opinião permite ao indivíduo afrontar os outros indivíduos pertencentes ao grupo de exterioridade mesmo mantendo sua relação ao grupo de interioridade, sob a forma de um afrontamento com o grupo de exterioridade. O mito, ao contrário, seria o lugar-comum das opiniões que obedecem a uma sistemática de interioridade do grupo, e por essa razão o mito só pode avançar perfeitamente, sob sua forma pura, no grupo de interioridade; ele supõe uma lógica de participação e certo número de evidências de base que fazem parte da individuação de grupo.

7. INDIVIDUAÇÃO DE GRUPO E INDIVIDUAÇÃO VITAL

Pode-se perguntar qual a significação da realidade social relativamente ao indivíduo vivo. Será que se pode falar de indivíduos vivendo em sociedade, isto é, supor que os indivíduos seriam indivíduos mesmo que não vivessem em sociedade? O exemplo das espécies animais nos mostra que existem casos em que a vida do indivíduo solitário é possível; noutros casos, períodos de vida solitária se alternam com períodos de vida coletiva. Enfim, em numerosos casos, a vida é quase sempre social, salvo em alguns momentos muito raros (acasalamento, copulação).

Deve-se dizer, então, que a sociabilidade reside na espécie e faz parte dos caráteres específicos? Caso se admita essa proposição, dever-se-á considerar um indivíduo não integrado a um grupo social, numa espécie habitualmente social, como um indivíduo inacabado, incompleto, não participante desse sistema de individuação que é o grupo; se, ao contrário, o grupo é feito de seres que por si mesmos poderiam ser indivíduos completos, o indivíduo isolado não é necessariamente incompleto.

Ora, a resposta a essa questão parece estar contida na morfologia e na fisiologia das espécies. Logo que uma especialização morfológica e funcional intervém [293] e modela os indivíduos a ponto de torná-los impróprios para viverem isolados, deve-se definir a sociabilidade como um dos caráteres da espécie; a Abelha ou a Formiga é necessariamente social, pois ela só existe enquanto indivíduo muito especializado, não podendo viver só. Ao contrário, nas espécies em que não existe uma diferenciação extremamente nítida entre os indivíduos, tornando-os incompletos por si mesmos, a necessidade da vida social pertence menos diretamente aos caráteres específicos: segundo a ecologia ou outras condições, a vida isolada temporária nasce ou se detém; o grupo pode ser intermitente; então, o grupo é mais um modo de conduta da espécie relativamente ao meio ou a outras espécies do que a expressão do caráter imperfeito e inacabado do ser individual. É o tipo de existência geral das sociedades de mamíferos.

Para o homem, o problema é mais complexo; a independência somática e funcional do indivíduo existe, como nos outros mamíferos; também existe a possibilidade de uma vida ora agrupada e ora solitária, como consequência desse acabamento somático e funcional do indivíduo. Nessas condições, pode haver agrupamentos que correspondam a um modo de conduta relativamente ao meio; Marx interpreta a associação característica do trabalho nesse sentido. Entretanto, parece que, para além dessa individuação somatopsíquica que autoriza a independência ou a associação no nível das condutas específicas, o ser humano ainda permanece inacabado, incompleto, evolutivo indivíduo a indivíduo; nenhuma conduta específica é suficiente para responder a esse devir tão forte que o homem, mesmo tendo um acabamento somatopsíquico pelo menos tão perfeito quanto o dos animais, assemelha-se a um ser bastante incompleto. Tudo se passa como se, por cima de uma primeira individuação específica, o homem procurasse uma outra, e precisasse de duas individuações seguidas. Recebido como vivente no mundo, ele pode se associar para explorar o mundo; mas ainda falta alguma coisa, resta um furo, um inacabamento. Explorar a Natureza não satisfaz até o fim; a espécie frente ao mundo não é grupo de interioridade; ainda é preciso uma outra relação que faça cada homem existir como pessoa social, e para tanto é preciso essa segunda gênese que é a individuação de grupo.

Após ter sido constituído como ser acabado, o homem entra novamente num curso de inacabamento onde busca uma segunda individuação; a Natureza e o homem frente a ela não bastam. Ainda restam forças e tensões que vão mais longe que o grupo frente à natureza; é por isso que o homem se pensa como ser espiritual, e com razão, embora a noção de espírito talvez seja mítica enquanto conduz à substancialização do espírito e a um dualismo somato-psíquico. Além dos grupos funcionais, que são como os grupos de animais, ou além do teor funcional dos grupos, há algo de hiperfuncional neles, precisamente sua interioridade; essa interioridade cria o indivíduo humano uma segunda vez, recria-o através de sua existência de ser já individuado biologicamente; essa segunda individuação é a individuação de grupo; mas ela não é de jeito algum redutível ao grupo específico, exploração da Natureza pelos homens associados; esse grupo, que se pode nomear grupo de ação, é distinto do grupo de interioridade.

Nada prova, aliás, que os grupos humanos sejam os únicos a possuir os caráteres que definimos aqui: é possível que os grupos animais comportem certo coeficiente que corresponda àquilo que buscamos como base de espiritualidade nos grupos humanos, mas de maneira mais fugidia, menos estável, menos permanente. *[294]* Nessa oposição entre os grupos humanos e os grupos animais, não tomamos os animais como sendo verdadeiramente o que são, mas como se correspondessem, talvez ficticiamente, àquilo que é para o homem a noção de animalidade, isto é, a noção de um ser que tem com a Natureza relações regidas pelos caráteres da espécie. É possível, então, nomear grupo social humano um grupo que teria por base e função uma resposta adaptativa específica à Natureza; esse seria o caso de um grupo de trabalho que só seria grupo de trabalho, se isso pudesse ser realizado de maneira pura e estável. A realidade social assim definida permaneceria ao nível vital; ela não criaria a relação de interioridade de grupo, a menos que se aceitasse o esquema marxista de condicionamento das superestruturas pela infraestrutura econômico-social.

Mas precisamente importa saber se podemos tratar os outros tipos de grupos e os outros conteúdos de vida de grupo como superestruturas relativamente a essa única infraestrutura. Talvez haja outras infraestruturas que não a exploração da natureza pelos homens em sociedade, outros modos de relação ao meio que não aqueles que passam pela relação da elaboração, pelo trabalho. A própria noção de infraestrutura pode ser criticada: seria o trabalho uma estrutura, ou mesmo uma tensão, um potencial, um certo jeito de se atrelar ao mundo através de uma atividade que chama por uma estruturação sem ser ela mesma uma estrutura? Caso se admita que os condicionamentos socionaturais são múltiplos ao nível específico, é difícil extrair deles apenas um e afirmar que ele tem valor de estrutura; talvez Marx tenha generalizado um fato histórico real, a saber, a dominância desse modo de relação à Natureza que é o trabalho nas relações humanas do século XIX; mas é difícil encontrar o critério que permita integrar essa relação a uma antropologia. O homem que trabalha já está individuado biologicamente. O trabalho está no nível biológico como exploração da Natureza; ele é reação da humanidade como espécie, reação específica. Por isso é que o trabalho se compenetra tão bem nas relações interindividuais: ele não tem sua resistência própria, ele não produz uma segunda individuação propriamente humana; ele está sem defesa; o indivíduo, em si, permanece indivíduo biológico, indivíduo simples, indivíduo determinado e já dado. Mas, acima dessas relações biológicas, biológico-sociais e interindividuais, existe um outro nível, que se poderia nomear de transindividual: é o que corresponde aos grupos de interioridade, a uma verdadeira individuação de grupo.

A relação interindividual vai de indivíduo a indivíduo; ela não penetra os indivíduos; a ação transindividual é o que faz com que os indivíduos existam juntos, como os elementos de um sistema que comporta potenciais e metaestabilidade, espera e tensão, depois a descoberta de uma estrutura e de uma organização funcional que integram e resolvem a problemática da imanência incorporada. O transindividual passa no indivíduo como de indivíduo a indivíduo; as personalidades individuais se constituem juntas por recobrimento, e não por aglomeração ou por organização especializante, como no agrupamento biológico de solidariedade e de divisão do trabalho: a divisão do trabalho abarca as unidades biológicas que são os indivíduos em suas funções práticas. O transindividual não localiza os indivíduos: ele os faz coincidir; ele faz os indivíduos se comunicarem pelas significações: são as relações de informação que são primordiais, não as relações de solidariedade, de diferenciação funcional. Essa coincidência das personalidades não é redutora, pois não está fundada sobre a amputação das diferenças individuais, nem sobre sua utilização para fins de diferenciação funcional (o que encerraria o indivíduo [295] em suas particularidades), mas sobre uma segunda estruturação a partir da quilo que a estruturação biológica, produzindo os indivíduos vivos, ainda deixa como não-resolvido.

Poder-se-ia dizer que a individuação biológica não esgota as tensões que lhe serviram para constituir-se: essas tensões passam no indivíduo; passa no indivíduo algo de pré-individual, que é de uma só vez meio e indivíduo: é a partir disso, desse não-resolvido, dessa carga de realidade ainda não-individuada, que o homem busca seu semelhante para fazer um grupo no qual encontrará a presença por uma segunda individuação. A individuação biológica no homem, e possivelmente também no animal, não resolve inteiramente as tensões: ela deixa a problemática ainda subsistente, latente; dizer que é a vida que porta o espírito não é exprimir-se corretamente; pois a vida é uma primeira individuação; mas essa primeira individuação não pôde esgotar e absorver todas as forças; ela não resolveu tudo; temos movimento para ir sempre mais longe, diz Malebranche; de fato, temos tensão, potenciais para devir outros, para recomeçar uma individuação que não é destruidora da primeira.

Essa força não é vital; ela é pré-vital; a vida é uma especificação, uma primeira solução, completa em si mesma, mas deixando um resíduo fora de seu sistema. Não é como ser vivo que o homem carrega consigo aquilo com o que individuar-se espiritualmente, mas como ser que contém pré-individual e pré-vital em si. Essa realidade pode ser nomeada transindividual. Ela não é nem de origem social, nem de origem individual; ela é depositada no indivíduo, carregada por ele, mas não lhe pertence e não faz parte de seu sistema de ser como indivíduo. Não se deve falar das tendências do indivíduo que o levam ao grupo; pois essas tendências não são, propriamente falando, do indivíduo enquanto indivíduo; elas são a não-resolução dos potenciais que precederam a gênese do indivíduo. O ser que precede o indivíduo não foi individuado sem restos; ele não foi totalmente resolvido em indivíduo e meio; o indivíduo conservou pré-individual consigo, e todos os indivíduos juntos têm, assim, um tipo de fundo não estruturado a partir do qual uma nova individuação pode se produzir.

O psico-social é algo de transindividual: é aquela realidade que o ser individuado transporta consigo, aquela carga de ser para individuações futuras. Não se deve nomeá-la elã vital, pois ela não está exatamente em continuidade com a individuação vital, mesmo que prolongue a vida, esta que é uma primeira individuação. Portador de realidade pré-individual, o homem encontra em outrem uma outra carga dessa realidade; o surgimento de estruturas e funções, que pode se produzir nesse momento, não é interindividual, pois ele aporta uma nova individuação que se superpõe à antiga e a transborda, atrelando inúmeros indivíduos num grupo que está nascendo. Nesse sentido, poder-se-ia dizer que a espiritualidade é mais marginal que central relativamente ao indivíduo, e que ela não institui uma comunicação das consciências, mas uma sinergia e comum estruturação dos seres. O indivíduo não é somente indivíduo, mas também *reserva de ser* ainda impolarizada, disponível, à espera. O transindividual está com o indivíduo, mas ele não é o indivíduo individuado. Ele está com o indivíduo segundo uma relação mais primitiva que o pertencimento, a inerência ou a relação de exterioridade; por isso, ele é contato possível para além dos limites do indivíduo; falar de alma é individualizar demais e particularizar demais o transindividual. A impressão de ultrapassamento dos limites individuais e a impressão oposta de exterioridade que caracterizam o espiritual têm um sentido e encontram o fundamento de sua unidade de divergência nessa realidade pré-individual. A divergência da transcendência e [296] da imanência da espiritualidade não é uma divergência no próprio transindividual, mas apenas relativamente ao indivíduo individuado.

8. Realidade pré-individual e realidade espiritual: as fases do ser

A noção mesma de unidade psicossomática não é completamente satisfatória, e a insuficiência da teoria organísmica é sentida sem que se possa dizer em que ela reside. Ora, bem parece que ela reside nesse transbordamento de realidade pré-individual relativamente à realidade do indivíduo. O indivíduo é tão somente ele mesmo, mas *existe* como que superior a si mesmo, pois veicula consigo uma realidade mais completa, que a individuação não esgotou, que ainda é nova e potencial, animada por potenciais. O indivíduo tem consciência deste fato de estar ligado a uma realidade que está acima de si mesmo enquanto ser individuado; por uma redução mitológica, pode-se fazer dessa realidade um δαίμων, um gênio, uma alma; então, vê-se nela um segundo indivíduo que duplica o primeiro, vigia-o e pode coagi-lo, sobreviver a ele como indivíduo. Pode-se também encontrar nessa mesma realidade, acentuando o aspecto de transcendência, o testemunho da existência de um indivíduo espiritual exterior ao indivíduo.

São diferentes maneiras de traduzir à consciência e à conduta este fato de que o indivíduo não se sente sozinho em si mesmo, não se sente limitado como indivíduo a uma realidade que seria apenas ele mesmo; o indivíduo começa a participar por associação dentro de si mesmo antes de qualquer presença manifesta de alguma outra realidade individuada. A partir desse sentimento primeiro de presença possível, desenvolve-se a busca desse segundo cumprimento do ser que lhe manifesta o transindividual ao estruturar essa realidade portada com o indivíduo ao mesmo tempo que outras realidades semelhantes e mediante elas. Não se pode falar nem de imanência, nem de transcendência da espiritualidade relativamente ao indivíduo, pois a verdadeira relação é a do individual ao transindividual: o transindividual é o que está no exterior do indivíduo bem como dentro dele; de fato, o transindividual, não sendo estruturado, atravessa o indivíduo; não está em relação topológica com ele; *imanência ou transcendência* só podem ser ditas relativamente à realidade individuada; há uma anterioridade do transindividual relativamente ao individual, anterioridade que impede que se defina um nexo de transcendência ou de imanência; o transindividual e o individuado não são da mesma fase de ser: há coexistência de duas fases de ser, como a água amorfa num cristal. Por isso, o grupo pode aparecer como um meio: a personalidade de grupo se constitui sobre um fundo de realidade pré-individual que comporta, pós-estruturação, um aspecto individual e outro complementar a esse indivíduo. O grupo possui um análogo da alma e um análogo do corpo do ser individual; mas essa alma e esse corpo do grupo são feitos da realidade aportada antes de qualquer desdobramento pelos seres individuados.

A consciência coletiva não é feita da reunião das consciências individuais, tampouco o corpo social provém dos corpos individuais. Os indivíduos portam consigo alguma coisa que pode devir coletivo, mas que ainda não está individuada no indivíduo. A reunião dos indivíduos carregados de realidade não-individuada, portadores dessa realidade, é necessária para que a individuação do grupo se cumpra; essa realidade não-individuada não pode ser dita puramente espiritual; ela se desdobra em consciência coletiva e em corporeidade coletiva, sob forma de estruturas *[297]* e de limites que fixam os indivíduos. Os indivíduos são, de uma só vez, animados e fixados pelo grupo. Não se pode criar grupos puramente espirituais, sem corpos, sem limites, sem apegos; o coletivo, como o individual, é psicossomático. Se as individuações sucessivas se fazem raras e se espaçam, o corpo coletivo e a alma coletiva se separam cada vez mais, apesar da produção dos mitos e das opiniões que os mantêm relativamente acoplados: daí o envelhecimento e a decadência dos grupos, que consiste num destacamento da alma do grupo relativamente ao corpo do grupo: o presente social não é mais um presente integrado, mas errático; insular, destacado, como a consciência do presente que, num idoso, não está mais diretamente atrelada ao corpo, não se insere mais, porém se alimenta dela mesma numa iteração indefinida. Pode-se afirmar que existe uma relação entre o coletivo e o espiritual, mas essa relação não está nem no nível do interindividual, nem no nível do social natural, caso se entenda por social natural uma reação coletiva da espécie humana às condições naturais de vida, por exemplo, através do trabalho.

Aquilo que se utiliza da realidade já individuada, somática ou psíquica, não pode definir uma espiritualidade. É no nível do transindividual que as significações espirituais são descobertas, não no nível do interindividual ou do social. O ser individuado porta consigo um possível porvir de significações relacionais a serem descobertas: é o pré-individual que funda o espiritual no coletivo. Poder-se-ia nomear *natureza* esta realidade pré-individual que o indivíduo porta consigo, procurando reencontrar na palavra natureza a significação que os filósofos pré-socráticos lhe conferiam: os Fisiólogos jônicos encontravam nela a origem de todas as espécies de ser, anterior à individuação; a natureza é *realidade do possível*, sob as espécies desse ἄπειρον do qual Anaximandro faz sair toda forma individuada: a Natureza não é o contrário do Homem, mas a primeira fase do ser, a segunda sendo a oposição do indivíduo e do meio, complemento do indivíduo relativamente ao todo. Segundo a hipótese aqui apresentada, o ἄπειρον permaneceria no indivíduo, como um cristal que retém algo de sua água-mãe, e essa carga de ἄπειρον permitiria seguir para uma segunda individuação. Só que essa hipótese — à diferença de todos os sistemas que apreendem o coletivo como uma reunião de indivíduos, e pensam o grupo como uma forma cujos indivíduos são a matéria — não faria dos indivíduos a matéria do grupo; os indivíduos, portadores de ἄπειρον, descobrem no coletivo uma significação que se traduz, por exemplo, sob a forma da noção de destino: a carga de ἄπειρον é princípio de disparação relativamente a outras cargas de mesma natureza contidas noutros seres.

O coletivo é uma individuação que reúne as naturezas que são portadas por vários indivíduos, mas não contidas nas individualidades já constituídas desses indivíduos; isso porque a descoberta de significação do coletivo é, de uma vez só, transcendente e imanente relativamente ao indivíduo anterior; ela é contemporânea à nova personalidade de grupo, da qual o indivíduo participa através das significações que descobre, isto é, através de sua natureza; mas essa natureza não é verdadeiramente natureza de sua individualidade; ela é natureza associada ao seu ser individuado; ela é remanescência da fase primitiva e original do ser na segunda fase, e essa remanescência implica tendência para uma terceira fase, que é a do coletivo; o coletivo é uma individuação das naturezas jungidas aos seres individuados. Por esse ἄπειρον que ele porta consigo, o ser não é somente ser individuado; ele é par de ser individuado e de natureza; é por essa natureza remanescente que ele se comunica [298] com o mundo e com os outros seres individuados, descobrindo significações as quais ele não sabe se são *a priori* ou *a posteriori*. A descoberta dessas significações é *a posteriori*, pois é preciso uma operação de individuação para que elas apareçam, e o ser individuado não pode cumprir sozinho essa operação de individuação; é preciso que se crie uma presença com algum outro ser que não ele para que a individuação, princípio e meio da significação, possa aparecer. Mas esse aparecimento de significação supõe também um *a priori* real, a ligação ao sujeito dessa carga de Natureza, remanescência do ser em sua fase original, pré-individual. O ser individuado é portador de origem absoluta. A significação é a correspondência dos *a priori* na individuação que vem depois da primeira, isto é, na individuação *a posteriori*.

II. O COLETIVO COMO CONDIÇÃO DE SIGNIFICAÇÃO

1. SUBJETIVIDADE E SIGNIFICAÇÃO; CARÁTER TRANSINDIVIDUAL DA SIGNIFICAÇÃO

A existência do coletivo é necessária para que uma informação seja significativa. Tanto que a carga de natureza original portada pelos seres individuais não pode se estruturar e se organizar, não existe forma no ser para acolher a forma aportada por sinais. Receber uma informação é, de fato, para o sujeito, operar em si mesmo uma individuação que cria o nexo coletivo com o ser do qual provém o sinal. Descobrir a significação da mensagem proveniente de um ou vários seres é formar o coletivo com eles, é individuar-se na individuação de grupo com eles. Não há diferença entre descobrir uma significação e existir coletivamente com o ser relativamente ao qual a significação é descoberta, pois a significação não é do ser, mas está entre os seres, ou melhor, através dos seres: ela é transindividual. O sujeito é o conjunto formado pelo indivíduo individuado e pelo ἄπειρον que ele porta consigo; o sujeito é mais que indivíduo; ele é indivíduo e natureza, de uma só vez as duas fases do ser; ele tende a descobrir a significação dessas duas fases do ser resolvendo-as na significação transindividual do coletivo; o transindividual não é a síntese das duas primeiras fases do ser, pois essa síntese só poderia ser feita no sujeito, caso ela devesse ser rigorosamente síntese. Mas ele, no entanto, é sua significação, pois a disparação que existe entre as duas fases do ser contidas no sujeito é envolvida de significação pela constituição do transindividual.

Por essa razão, é absolutamente insuficiente dizer que é a linguagem que permite ao homem aceder às significações; se não houvesse significações para sustentar a linguagem, não haveria linguagem; não é a linguagem que cria a significação; ela é somente aquilo que veicula entre os sujeitos uma informação que, para devir significativa, precisa reencontrar o ἄπειρον associado à individualidade definida no sujeito; a linguagem é instrumento de expressão, veículo de informação, mas não criadora de significações. A significação é um nexo de seres, não uma pura expressão; a significação é relacional, coletiva, transindividual, e não pode ser fornecida pelo encontro da expressão com o sujeito. Pode-se dizer o que é a informação a partir da significação, mas não a significação a partir da informação. *[299]*

Existem estruturas e dinamismos psicossomáticos inatos que constituem uma mediação entre o natural (fase pré-individual) e o individuado. Tal é a sexualidade; em certo sentido, poder-se-ia dizer que, para o indivíduo, o fato de ser sexuado faz parte da individuação; e, de fato, a sexualidade não poderia existir se a distinção psicossomática dos indivíduos não existisse; no entanto, a sexualidade não pertence ao indivíduo, não é sua propriedade, e necessita do par para ter uma significação. Ela ainda é algo de pré--individual atrelado ao indivíduo, especificado e dicotomizado, para poder ser veiculado de maneira implícita, somato-psíquica, pelo indivíduo. A dicotomia do pré-individual permite uma maior integração dessa carga pré-individual ao indivíduo; a sexualidade é mais imanente ao indivíduo que o pré-individual, que permanece verdadeiramente um ἄπειρον; a sexualidade modela o corpo e a alma do ser individuado, cria uma assimetria entre os seres individuados enquanto indivíduos. A sexualidade está a uma igual distância entre o ἄπειρον da natureza pré-individual e a individualidade limitada, determinada; ela realiza a inerência à individualidade limitada, individuada, de uma relação ao ilimitado; por isso, ela pode ser percorrida nos dois sentidos, rumo à individualidade e rumo à natureza; ela faz individualidade e natureza se comunicarem. Não é verdade que ela seja somente uma função do indivíduo; pois ela é uma função que faz o indivíduo sair de si mesmo. Ela tampouco é uma função específica colocada no indivíduo pela espécie como um princípio estranho: o indivíduo é sexuado, e não apenas afetado por um índice sexual; a individuação é, assim, bimodal enquanto individuação; e, precisamente, ela não é uma individuação completamente acabada como individuação, já que permanece concretamente bimodal: há uma parada na via de individuação que permite conservar nessa bimodalidade a inerência de uma carga de ἄπειρον; essa tradução do ilimitado no limite preserva o ser da asseidade e, correlativamente, priva-o da individuação completa. Assim, pode-se compreender por que a bimodalidade individual pôde ser considerada como princípio de ascensão dialética; entretanto, o mito do andrógino ainda permanece um mito, pois o andrógino é mais bissexual do que indivíduo completo: pode-se perguntar se o indivíduo rigorosamente unimodal pode existir enquanto separado; nas espécies em que a sexualidade não existe, ou é apenas episódica para o indivíduo, frequentemente existem formas gregárias de existência que marcam uma parada na individuação. Nas espécies superiores, a aderência da sexualidade ao ser individual cria a inerência de um limite de individuação no interior do indivíduo. A sexualidade pode ser considerada como uma imanência psicossomática da natureza pré-individual ao ser individuado. A sexualidade é um misto de natureza e de individuação; ela é uma individuação em suspenso, parada na determinação assimétrica do coletivo elementar, da dualidade unificada do par.

Por essa razão, a sexualidade pode ser introdução ao coletivo, ou retirada a partir do coletivo, inspiração e incitação para com o coletivo, mas ela não é o coletivo, e tampouco ela é espiritualidade, mas incitação à espiritualidade; colocando o ser em movimento, ela faz o sujeito compreender que ele não é indivíduo fechado, que ele não possui asseidade; ela é, e todavia permanece μεταξύ [*metaxý*, "no meio", "entrementes"] e não pode destacar-se do ser individuado, já que ela está depositada em sua modalidade de individuação. Não se pode, como faz Freud, identificar à sexualidade o princípio mesmo das tendências no ser individuado; tampouco se pode dividir o ser entre dois princípios, o do prazer e o dos instintos de morte, como Freud tenta fazer quando retoma sua doutrina e a modifica após a guerra de 1914-1918. Freud sentiu que havia, de uma vez só, *[300]* unidade do ser individuado e dualidade nele. Mas o ser não pode ser interpretado nem segundo a unidade, nem segundo a pluralidade pura. A dificuldade de toda a doutrina de Freud vem do fato de que o sujeito é identificado ao indivíduo e de que a sexualidade é colocada no indivíduo como alguma coisa que este contém e abrange; ora, a sexualidade é uma modalidade da individuação primeira mais do que um conteúdo do indivíduo atual; ela se organiza, ou não se organiza, em seu desenvolvimento ontogenético com aquilo que nomeamos Natureza no sujeito, de modo a individualizar-se ou, ao contrário, atrelar-se ao mundo e ao grupo. A patogênese deveria estar atrelada a um conflito entre a modalidade da individuação, sob forma de sexualidade, e a carga de realidade pré-individual, que está no sujeito sem estar contida no indivíduo. Mas é bastante certo que o cumprimento dos desejos, a satisfação das tendências, o relaxamento de todas as tensões do ser sexuado não põem o indivíduo em acordo consigo mesmo, e não fazem cessar o conflito patogênico, no interior do sujeito, entre a modalidade de individuação e a natureza. Nem o estudo tão só do indivíduo, nem o estudo tão só da integração social podem dar conta da patogênese. Não é apenas o indivíduo, é o sujeito que está doente, pois nele há conflito entre indivíduo e natureza.

A única via de resolução é a descoberta pelo sujeito das significações graças às quais o coletivo e o individual podem estar de acordo e se desenvolver de maneira sinérgica. Goldstein nota, com razão, que o estado normal das tendências não é a resolução, a calma trivial, mas uma certa tensão média que as aplica ao mundo e as prende ao seu objeto; não é nem no indivíduo puro frente a si mesmo e à sua realidade dada, nem na inserção ao social empírico que o sujeito pode encontrar sua completude e seu equilíbrio. Freud e Karen Horney generalizaram dois casos-limite. A patologia mental está no nível do transindividual; ela aparece quando a descoberta do transindividual falhou, isto é, quando a carga de natureza que está no sujeito com o indivíduo não pode encontrar outras cargas de natureza noutros sujeitos com os quais poderia formar um mundo transindividual de significações; a relação patológica a outrem é aquela em que faltam significações, que se dissolve na neutralidade das coisas e deixa a vida sem polaridade; o indivíduo, então, sente-se devindo uma realidade insular; abusivamente esmagado, ou falsamente triunfante e dominador, o sujeito busca atrelar o ser individual a um mundo que perde sua significação; a relação transindividual de significação é substituída pela impotente relação do sujeito a objetos neutros, alguns dos quais são seus semelhantes. Szondi, com a *Schicksalsanalyse* ["Análise do Destino"], certamente encontrou esse aspecto de natureza que há no sujeito; mas esse aspecto também deve ser encontrado nos casos em que não aparecem forças patogênicas definidas; ainda é alguma realidade pré-individual que guiou o sujeito em suas escolhas positivas: com efeito, a escolha não é apenas o fato daquilo que, no sujeito, está inteiramente individuado; a escolha supõe individuação de uma parte da natureza não-individuada, pois a escolha é descoberta de uma relação de ser pela qual o sujeito se constitui numa unidade coletiva; a escolha não é disposição de um objeto neutro por um sujeito dominante, mas individuação que intervém num conjunto tensionado, pré-individual, formado por dois ou vários sujeitos; a escolha é descoberta e instituição do coletivo; ela tem valor autoconstitutivo; é preciso várias massas de natureza pré-individual para que a escolha se cumpra; a escolha não é ato do sujeito, somente; ela é estruturação no sujeito com outros sujeitos; o sujeito é meio da escolha ao mesmo tempo que agente dessa escolha. Ontologicamente, toda verdadeira escolha é recíproca e supõe *[301]* uma operação de individuação mais profunda que uma comunicação das consciências ou uma relação intersubjetiva. A escolha é operação coletiva, fundação de grupo, atividade transindividual.

Então, é o sujeito, mais que o indivíduo, que está implicado na escolha; a escolha se faz no nível dos sujeitos, e arrasta os indivíduos constituídos ao coletivo. Assim, a escolha é advento de ser. Ela não é simples relação. Conviria buscar, então, se não existem

460   A individuação dos seres vivos

modos do pré-individual, aspectos diferentes da natureza que os sujeitos comportam. Talvez o ἄπειρον seja indeterminado apenas relativamente ao ser individuado: talvez haja diversas modalidades do indeterminado, o que explicaria o fato do coletivo não poder nascer em qualquer caso e de qualquer tensão com as mesmas chances de estabilidade em todos os casos. Talvez assim se pudesse definir classes de *a priori* nas significações possíveis, categorias de potenciais, bases pré-relacionais estáveis. Faltam conceitos para efetuar tal estudo.

2. Sujeito e indivíduo

Parece resultar deste estudo, parcial e hipotético, que o nome indivíduo é dado abusivamente a uma realidade mais complexa, a do sujeito completo, que comporta em si, além da realidade individuada, um aspecto inindividuado, pré-individual ou ainda natural. Essa carga de realidade inindividuada abriga um poder de individuação que, unicamente no sujeito, não pode se concluir, por pobreza de ser, por isolamento, por falta de sistemática de conjunto. Ajuntado com outros, o sujeito pode ser correlativamente teatro e agente de uma segunda individuação que faz o coletivo transindividual nascer e atrela o sujeito a outros sujeitos. O coletivo não é natureza, mas supõe a existência prévia de uma natureza atada aos sujeitos entre os quais a coletividade se institui recobrindo-os. Não é verdadeiramente enquanto indivíduos que os seres estão atrelados uns aos outros no coletivo, mas enquanto sujeitos, quer dizer, enquanto seres que contêm algo de pré-individual.

Essa doutrina visaria considerar a individuação como uma fase do ser. Além disso, essa fase pode não esgotar as possibilidades do ser pré-individual, tanto que uma primeira individuação faz nascerem seres que ainda trazem consigo virtualidades, potenciais; fracos demais em cada ser, esses potenciais, reunidos, podem operar uma segunda individuação, que é o coletivo, atrelando os seres individuados uns aos outros pelo pré-individual que eles conservam e comportam. Assim, o ser particular é mais que indivíduo; numa primeira vez, ele é para si tão somente indivíduo, como resultado de uma primeira individuação; numa segunda vez, ele é membro do coletivo, o que o faz participar de uma segunda individuação. O coletivo não é um meio para o indivíduo, mas um conjunto de participações no qual ele entra por essa segunda individuação que é a escolha, e que se exprime sob forma de realidade transindividual. O ser sujeito pode ser concebido como sistema de coerência mais ou menos perfeita das três fases sucessivas do ser: pré-individual, individuada, transindividual, correspondendo parcialmente, mas não completamente, ao que designam os conceitos de natureza, indivíduo, espiritualidade. O sujeito não é uma fase do ser oposta à do objeto, mas a unidade condensada e sistematizada das três fases do ser. *[302]*

3. O EMPÍRICO E O TRANSCENDENTAL.
ONTOLOGIA PRÉ-CRÍTICA E ONTOGÊNESE.
O COLETIVO COMO SIGNIFICAÇÃO
QUE TRANSMONTA UMA DISPARAÇÃO

Essa maneira de considerar o sujeito permite evitar a difícil distinção entre o transcendental e o empírico. Ela também permite à antropologia não se fechar sobre si mesma como ponto de partida absoluto do conhecimento do homem a partir de uma essência. O indivíduo não é tudo no homem, pois o indivíduo é o resultado de uma individuação prévia; um conhecimento pré-individual do ser é necessário. Não se deve considerar o ser enquanto individuado como absolutamente dado. É preciso integrar a ontogênese ao domínio do exame filosófico, em vez de considerar o ser individuado como absolutamente primeiro. Essa integração permitiria ultrapassar certos postulados ontológicos da crítica, postulados que são essencialmente relativos à individuação; ela também permitiria recusar uma classificação dos seres em gêneros que não correspondem à sua gênese, mas a um conhecimento tomado após a gênese, e do qual afirmamos que era o fundamento de toda escolástica. Trata-se, então, de assistir à gênese dos seres individuados a partir de uma realidade pré-individual, contendo potenciais que se resolvem e se fixam em sistemas de individuação.

Para tentar chegar a essa instituição de uma ontologia pré-crítica que é uma ontogênese quisemos criar a noção de fases do ser. Essa noção nos pareceu poder ser estabelecida a partir da noção de informação, destinada a substituir a noção de forma tal como está implicada no insuficiente esquema hilemórfico; a informação não é um sistema de forma e de matéria, mas um sistema de forma e de forma, supondo paridade e homogeneidade dos dois termos, com uma certa decalagem, ademais, fundando significação e realidade coletiva (como a disparação visual). O coletivo é a significação obtida por superposição num sistema único de seres que, um a um, são díspares: é um encontro de formas dinâmicas edificado em sistema, uma significação realizada, consumada, que exige passagem a um nível superior, advento do coletivo como sistema unificado de seres recíprocos; a personalidade coletiva do indivíduo é o que pode ganhar significação relativamente a outras personalidades coletivas suscitadas no mesmo momento por um jogo de causalidade recíproca. A reciprocidade, a ressonância interna é a condição de advento do coletivo. O coletivo é o que resulta de uma individuação secundária relativamente à individuação vital, retomando o que a primeira individuação havia deixado de natureza bruta não empregada no vivente. Essa segunda individuação não recobre totalmente a primeira; apesar do coletivo, o indivíduo morre enquanto indivíduo, e a participação no coletivo não pode salvá-lo dessa morte, consequência da primeira individuação. A segunda individuação, a do coletivo e do espiritual, faz nascerem significações transindividuais que não morrem com os indivíduos através dos quais elas são constituídas; o que há de natureza pré-individual no ser sujeito pode sobreviver, sob forma de significações, ao indivíduo que estava vivo; "*non omnis moriar*"[NT] é verdadeiro em certo sentido, mas seria preciso poder afetar esse juízo com um indício, privando-o da personalidade em primeira pessoa; pois já não é o indivíduo, e dificilmente é

[NT] [*Non omnis moriar multaque pars mei/ vitabit Libitinam* ("Não morrerei completamente, e uma grande parte de mim/ sobreviverá à Libitina [deusa da morte]"), é um trecho da Ode XXX do poeta latino Horácio.]

Os fundamentos do transindividual e a individuação coletiva

o sujeito, que sobrevive a si mesmo; é a carga de natureza associada ao sujeito que, devinda significação integrada no coletivo, sobrevive ao *hic et nunc* do indivíduo contido no ser sujeito. A única chance para o indivíduo, ou melhor, para o sujeito de sobreviver a si de algum jeito é devir significação, fazer com que alguma *[303]* coisa de si devenha significação. Tem-se ainda aí uma perspectiva bem pouco satisfatória para o sujeito, pois a tarefa de descoberta das significações e do coletivo está submetida ao acaso. No entanto, é apenas como informação que o ser sujeito pode sobreviver a si, no coletivo generalizado; participando da individuação coletiva, o sujeito infunde alguma coisa de si mesmo (que não é a individualidade) numa realidade mais estável que ele. É pela natureza associada que existe o contato com o ser. Esse contato é informação.

4. A ZONA OPERACIONAL CENTRAL DO TRANSINDIVIDUAL; TEORIA DA EMOÇÃO

O sentido deste estudo é o seguinte: é preciso abandonar o sistema hilemórfico para pensar a individuação; a verdadeira individuação não se reduz a uma tomada de forma. A operação de individuação é um fenômeno muito mais geral e muito mais vasto que a simples tomada de forma. Pode-se pensar a tomada de forma a partir da individuação, mas não a individuação a partir do paradigma da tomada de forma. O esquema hilemórfico comporta e aceita uma zona obscura, que é precisamente a zona operacional central. Ele é o exemplo e o modelo de todos os processos lógicos pelos quais se atribui um papel fundamental aos casos-limite, aos termos extremos de uma realidade organizada em série, como se a série pudesse ser engendrada a partir de suas confinanças. Segundo o método proposto para substituir o esquema hilemórfico, o ser deve ser apreendido em seu conjunto, e o meio de um real ordenado é tão substancial quanto seus termos extremos. A zona obscura transportada com o esquema hilemórfico projeta sua sombra sobre toda realidade conhecida através desse esquema. O esquema hilemórfico substitui abusivamente o conhecimento da gênese de um real; ele impede o conhecimento da *ontogênese*.

Em psicologia, é a zona mediana do ser que é rechaçada ao irracional e ao incognoscível que só podemos experimentar, e não conhecer: a relação psicossomática põe problemas insolúveis. Ora, talvez fosse preciso se perguntar se a noção de relação psicofisiológica não seria ilusória, apenas traduzindo o fato de que se quis considerar o ser como o resultado de uma tomada de forma, e apreendê-lo através do esquema hilemórfico após ele ter sido constituído. A impossibilidade de se chegar a uma relação clara entre a alma e o corpo apenas traduz a resistência do ser à imposição do esquema hilemórfico; os termos substancializados de alma e de corpo podem ser apenas os artefatos provindos desse esforço para conhecer o ser através desse esquema, o que de início necessita de uma redução prévia de todo o espectro de realidade que constitui o ser aos seus termos extremos, considerados como matéria e forma. De um mesmo jeito, o estudo dos grupos manifesta a existência de uma zona obscura; o corpo dos grupos é conhecido pela morfologia social; as representações grupais são o objeto da interpsicologia e da microssociologia. Mas entre esses dois termos extremos estende-se a zona relacional obscura, a do coletivo real, cuja ontogênese parece rechaçada ao incognoscível. Tomar a realidade dos grupos como um fato, segundo a atitude de objetividade sociológica, é chegar após a individuação que funda o coletivo. Partir dos postulados interpsicológicos é colocar-se antes da individuação de grupo e querer fazer com que esse grupo provenha de dinamismos psíquicos interiores aos indivíduos, tendências ou necessidades sociais do indivíduo. Ora, o verdadeiro coletivo, contemporâneo da operação de individuação, não pode ser conhecido como *[304]* relação entre os termos extremos do social puro e do psíquico puro. Ele é o ser mesmo que se espraia em espectro, indo da exterioridade social à interioridade psíquica. O social e o psíquico são apenas casos-limite; eles não são os fundamentos da realidade, os termos verdadeiros da relação. Só existem termos extremos para o olhar do conhecimento, pois o conhecimento precisa aplicar um esquema hilemórfico, par de noções claras encerrando uma relação obscura.

Os fundamentos do transindividual e a individuação coletiva   465

Contra o esquema hilemórfico, pode-se erigir a representação da individuação, apreendendo o ser em seu centro de atividade. Porém, para que a noção de individuação possa ser inteiramente resgatada do esquema hilemórfico, é preciso operar um procedimento de pensamento que não apela à classificação e que prescinde das definições de essência por inclusão ou exclusão de caráteres. Pois a classificação, permitindo um conhecimento dos seres por gênero comum e diferenças específicas, supõe a utilização do esquema hilemórfico; é a forma que dá ao gênero sua significação relativamente às espécies, que são matéria. O pensamento que podemos nomear *transdutivo* não considera que a unidade de um ser seja conferida pela forma que enforma uma matéria, mas por um regime definido da operação de individuação que funda o ser de maneira absoluta. É a coesão do ser que faz a unidade do ser, e não a relação de uma forma a uma matéria; a unidade do ser é um regime de atividade que atravessa o ser, indo de parte a parte, convertendo estrutura em função e função em estrutura. O ser é relação pois a relação é a ressonância interna do ser relativamente a si mesmo, o jeito como ele se condiciona reciprocamente no interior de si mesmo, desdobrando-se e reconvertendo-se em unidade. Só se pode compreender a unidade do ser a partir da individuação, ontogênese absoluta. O ser é uno porque é símbolo de si mesmo, ajustando-se a si e reverberando em si. A relação jamais pode ser concebida como relação entre termos preexistentes, mas como regime recíproco de troca de informação e de causalidade num sistema que se individua. A relação existe fisicamente, biologicamente, psicologicamente, coletivamente como ressonância interna do ser individuado; a relação exprime a individuação, e está no centro do ser.

Para que a relação de ser a ser seja possível, é preciso uma individuação envolvendo os seres entre os quais a relação existe: isso supõe que exista nos seres individuados certa carga de indeterminado, isto é, de realidade pré-individual que tenha passado através da operação de individuação sem ser efetivamente individuada. Pode-se nomear natureza essa carga de indeterminado; não se deve concebê-la como pura virtualidade (o que seria uma noção abstrata que compete, em certa medida, ao esquema hilemórfico), mas como verdadeira realidade carregada de potenciais atualmente existentes como potenciais, isto é, como energia de um sistema metaestável. A noção de virtualidade deve ser substituída pela de *metaestabilidade* de um sistema. O coletivo pode nascer a partir da carga de realidade pré-individual contida nos seres individuados, e não por encontro de forma e de matéria previamente existentes. É a individuação do coletivo que é a relação entre os seres individuados; não é a relação, partindo dos seres individuados e apoiando-se sobre sua própria individualidade, tomada como termo, que funda a relação e constitui o coletivo; sem individuação não há ser e sem ser não há relação. Os liames que podem existir entre os seres já individuados e que se estabeleceriam entre suas individualidades tomadas a partir de uma individuação do coletivo seriam apenas uma relação interindividual, como a relação interpsicológica. O coletivo possui sua *[305]* própria ontogênese, sua operação própria de individuação, utilizando os potenciais portados pela realidade pré-individual contida nos seres já individuados. O coletivo se manifesta pela ressonância interna no interior do coletivo; ele é real enquanto operação relacional estável; ele existe φυσικῶς [*fysikôs*, "naturalmente"], e não λογιχῶς [*logikôs*, "logicamente"]. O nascimento de uma relação intersubjetiva é condicionado pela existência dessa carga de natureza nos sujeitos, remanescência de uma pré-individualidade nos seres individuados.

Manifestações como a emoção no ser individual parecem ser impossíveis de explicar apenas a partir do conteúdo e da estrutura do ser individuado. Sim, é possível apelar a um certo condicionamento filogenético que repercute sobre a ontogênese e mostrar na emoção caráteres de adaptação a situações críticas. De fato, esses aspectos de adaptação, salientados por Darwin, certamente existem, mas não esgotam toda a realidade da emoção. Pela emoção, o ser se desadapta enquanto se adapta, caso se reduza a adaptação às condutas que garantem a segurança do indivíduo enquanto indivíduo. Se de fato a emoção coloca para a psicologia problemas tão difíceis de resolver, é porque ela não pode ser explicada em função do ser considerado como totalmente individuado. Ela manifesta no ser individuado a remanescência do pré-individual;

ela é aquele potencial real que, no seio do indeterminado natural, suscita no sujeito a relação ao seio do coletivo que se institui; há coletivo na medida em que uma emoção se estrutura; a emoção, na situação de solidão, é como um ser incompleto que só poderá sistematizar-se segundo um coletivo que vai se individuar; a emoção é algo de pré-individual manifestado no seio do sujeito e podendo ser interpretado como interioridade ou exterioridade; a emoção remete à exterioridade e à interioridade, pois ela não é algo de individuado; ela é a troca, no seio do sujeito, entre a carga de natureza e as estruturas estáveis do ser individuado; troca entre o pré-individual e o individuado, ela prefigura a descoberta do coletivo. Ela é um questionamento do ser enquanto individual, pois ela é poder de suscitar uma individuação do coletivo que recobrirá e prenderá o ser individuado.

A emoção é incompreensível segundo o indivíduo porque ela não pode encontrar sua raiz nas estruturas ou funções do indivíduo enquanto indivíduo: sua adaptação a certos atos ou a certas condutas é apenas lateral; parece que a emoção cria uma desadaptação para poder reparar essa desadaptação mediante certo número de manifestações anexas. De fato, o critério de adaptação-desadaptação é insuficiente para dar conta da emoção, pois ele a toma posteriormente, em suas consequências, ou de maneira marginal, nas reações de adaptação do indivíduo à emoção; o indivíduo comunica-se com a emoção e adapta-se relativamente a ela, não para lutar contra ela, como geralmente se diz, mas a fim de existir com a emoção; há correlação do indivíduo e da carga de natureza pré-individual na emoção; mas só o que se pode apreender são condutas que em si mesmas não têm sua própria explicação, caso se faça da emoção um estudo que almeje contê-la nas estruturas do ser individuado; daí, então, é preciso recorrer a um conjunto complexo de suposições redutoras, como a da má-fé em Sartre, para restringir a emoção a um fenômeno do indivíduo. Tampouco se pode interpretar a emoção do jeito correto tentando considerá-la como social, se o social é concebido como substancial e anterior ao nascimento da emoção, capaz de provocar a emoção no indivíduo por uma ação invasiva que vem do exterior. A emoção não é ação do social sobre o individual; ela tampouco é o elã do indivíduo constituído que constituiria a relação a partir de um só termo; a emoção é *[306]* potencial que se descobre como significação estruturando-se na individuação do coletivo; ela estará incompleta e inacabada enquanto não estiver cumprida na individuação do coletivo; ela não existe verdadeiramente como emoção fora do coletivo, mas é como um conflito entre a realidade pré--individual e a realidade individuada no sujeito, que é a latência da emoção e é, por vezes, confundida com a própria emoção; na realidade, a emoção não é desorganização do sujeito, mas encetante de uma nova estruturação que só poderá se estabilizar na descoberta do coletivo. O instante essencial da emoção é a individuação do coletivo; após esse instante ou antes dele, não se pode descobrir a emoção verdadeira e completa. A latência emotiva, inadequação do sujeito consigo mesmo, incompatibilidade entre sua carga de natureza e sua realidade individuada, indica ao sujeito que ele é mais que ser individuado e que ele abriga em si a energia para uma individuação ulterior; mas essa individuação ulterior não pode se fazer no ser do sujeito; ela só pode se fazer através desse ser do sujeito e através de outros seres, como coletivo transindividual. A emoção não é, portanto, sociabilidade implícita ou individualidade desregrada; ela é aquilo que, no ser individuado, abriga a participação possível em individuações ulteriores a incorporarem o que resta de realidade pré-individual no sujeito.

Não surpreende que a emoção se situe na zona obscura da relação psicossomática; ela não pode absolutamente ser pensada mediante o esquema hilemórfico. Nascendo do pré-individual, a emoção parece poder ser apreendida antes da individuação sob forma de um distúrbio invasivo no indivíduo e, após a individuação, sob forma de uma significação definida funcionalmente no nível do coletivo; mas nem o individual, nem o social puro podem explicar a emoção, que é individuação das realidades pré-individuais no nível do coletivo instituído por essa individuação. A emoção não pode ser apreendida pelos termos extremos de seu desenvolvimento, que ela reúne por sua coesão própria, a saber, o individual puro e o social puro, pois estes só são termos extremos da individuação emotiva porque a emoção os localiza e os define como termos extremos de uma atividade relacional que ela institui. É relativamente à realidade transindividual que o social puro e o individual puro existem, como termos extremos de toda a extensão do transindividual; não é um relativamente ao outro que o individual e o social existem a título de termos antitéticos. O transindividual só foi esquecido na reflexão filosófica porque corresponde à zona obscura do esquema hilemórfico.

CONCLUSÃO
[307]

Conceber a individuação como *operação*, e como operação de comunicação, portanto como operação primeira, é aceitar um certo número de postulados ontológicos; é também descobrir o fundamento de uma normatividade, pois o indivíduo não é a única realidade, o único modelo do ser, mas somente uma fase. Entretanto, ele é mais que uma parte de um todo, uma vez que ele é o germe de uma totalidade.

A entrada no coletivo deve ser concebida como uma individuação suplementar, apelando a uma carga de natureza pré-individual que é portada pelos seres vivos. Com efeito, nada permite afirmar que toda a realidade dos seres vivos está incorporada à sua individualidade constituída; pode-se considerar o ser como um conjunto formado de realidade individuada e de realidade pré-individual:[1] é a realidade pré-individual que pode ser considerada como realidade fundante da transindividualidade. Tal realidade não é absolutamente uma forma na qual o indivíduo seria como uma matéria, mas uma realidade prolongando o indivíduo de parte a parte, como um mundo no qual ele está inicialmente inserido, estando no mesmo nível que todos os outros seres que compõem esse mundo. A entrada no coletivo é uma amplificação do indivíduo sob forma de coletivo do ser que comportava uma realidade pré-individual ao mesmo tempo que uma realidade individual. Isso supõe que a individuação dos seres não esgota completamente os potenciais de organização, e que não há um único estado possível de acabamento dos seres. Tal concepção repousa,

---

[1] Nessa medida — para o vivente — a realidade pré-individual *também* é realidade pós-individual; a fase individualizada é uma transferência entre duas fases do tipo da colônia.

portanto, sobre um postulado de descontinuidade; a individuação não se efetua segundo o contínuo, o que teria por resultado fazer com que uma individuação só pudesse ser total ou nula, já que esse modo de aparecimento do ser enquanto unidade não pode operar por frações de unidade (enquanto a uma pluralidade agrega-se uma pluralidade). Habitualmente, o descontínuo é concebido como um descontínuo espacial ou energético, aparecendo somente nas trocas ou nos movimentos, para as partículas elementares da física e da química. Aqui, a ideia de descontínuo devém a de uma descontinuidade de fases, jungida à hipótese da compatibilidade de fases sucessivas do ser: um ser, considerado como individuado, de fato pode existir segundo várias fases presentes juntas, e ele pode mudar de fase de ser em si mesmo; há uma pluralidade no ser que não é a pluralidade das partes (a pluralidade das partes estaria abaixo do nível da unidade do ser), mas uma pluralidade que está mesmo acima dessa unidade, porque é a pluralidade do ser como fase, na relação de uma fase de ser a uma outra fase de ser. O ser enquanto ser está dado inteiro em cada uma de suas fases, mas com uma reserva de devir; poder-se-ia dizer que o ser tem várias [308] formas e, consequentemente, várias enteléquias, e não apenas uma, como supõe a doutrina tirada de uma abstração biológica.[2] A relação do ser às suas próprias partes, ou a consideração do devir do ser enquanto esse devir o altera, não pode fornecer a chave do nexo entre a unidade e a pluralidade do ser, tampouco entre o ser individuado e os outros seres. O ser, individuado ou não, tem uma dimensionalidade espaçotemporal, pois, num instante e num lugar, ele abriga várias fases do ser; o ser não é somente o que ele é enquanto manifestado, pois essa manifestação só é a enteléquia de uma única fase; enquanto essa fase se atualiza, outras fases existem, latentes e reais, e até mesmo atuais enquanto potencial energeticamente presente, e o ser consiste nelas tanto quanto em sua fase pela qual ele atinge a enteléquia. O erro do esquema hilemórfico consiste principalmente em autorizar ape-

---

[2] Poder-se-ia mesmo dizer que existe complementaridade da fase indivíduo e da fase colônia. Com as formas complexas de organização vital, e graças à neotenização, as fases se aproximam no coletivo.

nas uma enteléquia para o ser individuado, enquanto o ser deve ser concebido como tendo várias fases; o ser pode ter várias enteléquias sucessivas que não são enteléquias das mesmas fases e, consequentemente, não são iterações. A relação do ser individuado aos outros seres é inconcebível numa doutrina que substancializa o ser individuado porque ela considera a individuação como um aparecimento absoluto do ser, uma criação ou ainda uma formação contínua a partir de elementos que não contêm em si algo que anuncie o ser individuado e o prepare energeticamente. O monismo ontológico deve ser substituído por um pluralismo das fases, o ser incorporando, ao invés de uma única forma dada de antemão, informações sucessivas que são outras tantas estruturas e funções recíprocas. *A noção de forma deve ser resgatada do esquema hilemórfico para poder ser aplicada ao ser polifasado.* Por isso mesmo, o ser não pode ser considerado no interior do esquema geral dos gêneros comuns e das diferenças específicas, o qual supõe a validez do esquema hilemórfico. Resgatada do esquema hilemórfico, a noção de forma pode devir adequada ao caráter polifasado do ser estruturando-se de maneira relacional, segundo o direcionamento de pesquisa dos teóricos da Forma: essa significação relacional da forma é mais plenamente alcançada no interior da noção de informação, desde que se entenda a informação como significação relacional de uma disparação, isto é, ainda como problema que só pode ser resolvido por amplificação. Tal doutrina supõe que só há comunicação no interior de uma realidade individuada, e que a informação é um dos aspectos da reciprocidade do ser individuado relativamente a si mesmo. A relação do ser relativamente a si mesmo é infinitamente mais rica que a identidade; a identidade, relação pobre, é a única relação do ser a si mesmo que se pode conceber segundo uma doutrina que considera o ser como possuindo uma única fase; na teoria do ser polifasado, a identidade é substituída pela ressonância interna que devém, em certos casos, significação, e autoriza uma atividade amplificante. Tal doutrina supõe que a ordem das realidades seja apreendida como *transdutiva*, e não como *classificatória*. As grandes divisões do real, consignadas pelos gêneros na teoria hilemórfica, devêm fases, que jamais são totalmente simultâneas na atualização, mas no entan-

Conclusão   473

to existem, seja sob forma de *atualidade estrutural* e funcional, seja sob forma de *potenciais*; o potencial devém uma fase do real atualmente existente, em *[309]* vez de ser pura virtualidade. Em contrapartida, o que na teoria hilemórfica do ser individuado era considerado como pura indeterminação da matéria, devém série ordenada, transdutiva, ou incompatibilidade de várias séries transdutivas. A ordem transdutiva é aquela segundo a qual um *escalonamento qualitativo* ou *intensivo* se alastra de uma parte à outra a partir de um centro onde culmina o ser qualitativo ou intensivo: tal é a série das cores, que não deve tentar ser circunscrita por seus limites extremos, imprecisos e tensionados, do vermelho extremo e do violeta extremo, e sim tomada *em seu centro*, no verde-amarelo *onde culmina a sensibilidade orgânica*; o verde-amarelo, para a espécie humana, é o centro a partir do qual a qualidade cromática se desdobra para o vermelho e para o violeta; existem duas tendências na série das cores, tendências a partir do *centro* para os *extremos*, tendências já contidas no centro enquanto centro de série. A série das cores deve ser primeiramente apreendida em seu *meio real*, variável para cada espécie;[3] ocorre o mesmo para as qualidades tonais e as qualidades térmicas; para o ser individuado, não há matéria que seja pura indeterminação, nem diversidade infinita do sensível, mas a bipolaridade primeira das séries transdutivas ordenadas segundo um eixo. Ao invés de uma relação entre dois termos, a série transdutiva se constitui como termo central único se desdobrando em dois sentidos opostos a partir de si mesmo, distanciando-se de si mesmo em qualidades complementares. Tal representação do ser exige uma reforma conceitual que só pode ser obtida a partir de uma revisão dos esquemas de base; o uso de certo número de paradigmas é necessário para substituir o esquema hilemórfico, imposto diretamente pela cultura. Entretanto, a escolha do domínio, capaz de fornecer os primeiros paradigmas nocionais, não pode ser arbitrária: para que um esquema

---

[3] É somente a partir desse meio — que também é um *optimum* — que se pode estabelecer medidas, por exemplo, a dos coeficientes de luminosidade espectral, relativamente ao mínimo do equivalente mecânico da luz, medida para a melhor eficácia luminosa específica.

possa ser efetivamente empregado como paradigma, é preciso que uma analogia operatória e funcional entre o domínio de origem e o domínio de aplicação do paradigma seja possível. O esquema hilemórfico é um paradigma retirado da operação técnica de tomada de forma, depois empregado para pensar o indivíduo vivo apreendido através de sua ontogênese. Nós tentamos, ao contrário, retirar um paradigma das ciências físicas, pensando que ele pode ser transposto para o domínio do indivíduo vivo: o estudo desse domínio físico está destinado não somente a formar noções, mas ainda a servir de base como sendo o estudo de um primeiro domínio no qual uma operação de individuação pode existir; como supomos que existem diversos graus de individuação, utilizamos o paradigma físico sem operar uma redução do vital ao físico, pois a transposição do esquema é acompanhada por uma composição deste último. Não queremos absolutamente dizer que é a individuação física que produz a individuação vital: estamos apenas querendo dizer que a realidade não explicitou e desenvolveu todas as etapas possíveis da operação no sistema físico de individuação, e que ainda resta no real fisicamente individuado uma disponibilidade para uma individuação vital;[4] o ser físico individuado pode ser investido numa individuação vital ulterior sem que sua individuação *[310]* física seja dissolvida; talvez a individuação física seja a condição da individuação vital, sem jamais ser sua causa, já que o vital intervém como uma lentificação amplificadora da individuação física; a individuação física é a *resolução de um primeiro problema* em curso, e a individuação vital se insere nela, seguindo o surgimento de uma nova problemática; existe uma problemática pré-física e uma pré-vital; a individuação *física* e a individuação *vital* são modos de resoluções; elas não são pontos de partida absolutos. Segundo essa doutrina, a individuação é *o advento de um momento do ser*, advento que não é primeiro. Esse momento não apenas não é primeiro, como leva consigo certa *re-*

---

[4] A individuação física é aqui considerada como uma individuação que queima etapas, que não permanece suficientemente em suspenso na sua origem; a individuação vital seria como uma dilatação do estado incoativo, permitindo uma organização, um aprofundamento do início extremo.

Conclusão

475

manescência da fase pré-individual; só a fase pré-individual pode realmente ser dita monofasada; no nível do ser individuado, o ser já é necessariamente *polifasado*, pois o passado pré-individual sobrevive paralelamente à existência do ser individuado e permanece um germe de novas operações amplificantes; a individuação intervém no ser como o *nascimento correlativo das fases distintas* a partir daquilo que não as comportava, sendo puro potencial onipresente. O indivíduo, *resultado*, mas também *meio*, da *individuação*, não deve ser considerado como uno: ele só é uno relativamente aos outros indivíduos, segundo um *hic et nunc* muito superficial. De fato, o indivíduo é múltiplo enquanto polifasado, múltiplo não como se abrigasse em si uma pluralidade de indivíduos secundários mais localizados e mais momentâneos, mas porque ele é uma solução provisória, uma fase do devir que conduzirá a novas operações. A unidade do indivíduo é a *fase central e média do ser*, a partir da qual as outras fases nascem e se distanciam numa *bipolaridade* unidimensional. Após a individuação, o ser não é apenas ser individuado; é o ser que comporta individuação, resultado da individuação e movimento para outras operações a partir de uma remanescência do estado primitivo pré-individual. Após a individuação, o ser *tem um passado* e o pré-individual devém uma fase; o pré-individual é anterior a qualquer fase; ele só devém a primeira fase a partir da individuação que desdobra o ser, defasa-o relativamente a si mesmo. É a individuação que cria as fases, pois as fases são apenas o desenvolvimento do ser de parte a parte de si mesmo, esse duplo desenquadramento a partir de uma consistência primeira atravessada por *tensões* e *potenciais* que a tornavam incompatível consigo mesma. O ser pré-individual é *o ser sem fases*, enquanto *o ser após a individuação é o ser fasado*. Tal concepção identifica, ou ao menos atrela, *individuação e devir do ser*; o indivíduo não é considerado como idêntico ao ser; o ser é mais rico, mais durável, mais largo que o indivíduo: o indivíduo é *indivíduo do ser, indivíduo tomado sobre o ser, e não constituinte primeiro e elementar do ser*; ele é uma maneira de ser ou, antes, um momento de ser.

Propor uma concepção da individuação como gênese de um ser individuado que *não é o elemento primeiro do ser* é se obrigar a indicar o sentido das consequências que tal concepção deve ter para o conjunto do pensamento filosófico. Com efeito, parece que uma certa concepção da individuação já está contida, ao menos implicitamente, na noção de termo. Quando a reflexão, intervindo antes de toda ontologia, quer definir as condições do juízo válido, ela recorre a certa concepção do juízo e, correlativamente, do conteúdo do conhecimento, do objeto e do sujeito como termos. Ora, anteriormente a todo exercício do pensamento crítico que incide sobre as condições do juízo e as condições do conhecimento, é preciso poder responder a esta questão: o que é a relação? *[311]* É uma certa concepção da relação e, em particular, da individualidade dos termos como anteriores à relação que está implicada em tal teoria do conhecimento. Ora, nada prova que o conhecimento seja uma relação e, em particular, uma relação na qual os termos preexistam como realidades individuadas. Se o conhecimento fosse condicionado pela comunidade de uma individuação englobando o sujeito e o objeto numa unidade estrutural e funcional, aquilo que é dito das condições de juízo se encontraria incidindo sobre uma *tradução posterior* do conhecimento sob forma de esquema relacional entre termos individuados separadamente, e não sobre a realidade do conhecimento. Uma teoria da individuação deve se desenvolver em teoria da sensação, da percepção, da afecção, da emoção. Ela deve fazer *psicologia* e *lógica* coincidirem — a mútua separação indica uma dupla inadequação ao objeto estudado mais do que uma separação dos pontos de vista. É a *teoria da individuação que deve ser primeira relativamente aos outros estudos críticos e ontológicos dedutivos*. É ela, com efeito, que indica como é legítimo recortar o ser para fazê-lo entrar na relação proposicional. Antes de qualquer categoria particular, existe aquela do *ser*, que é uma resposta ao problema da individuação: para saber *como o ser pode ser pensado*, é preciso saber como ele se individua, pois é essa individuação que é o suporte da validez de qualquer operação lógica que deva ser conforme a ela. O pensamento é um certo *modo de individuação secundária*, intervindo após *a individuação fundamental que constitui o sujeito*; o pensamento *não é necessariamente capaz de pensar o ser em sua totalidade*; ele é segundo relativamente à condição de existência do sujeito; mas essa

Conclusão

condição de existência do sujeito não é isolada e única, pois o sujeito não é um termo isolado que pôde constituir-se de si próprio; a substancialização do sujeito como termo é uma facilidade que o pensamento se concede para poder assistir à gênese e à justificação de si mesmo; o pensamento procura identificar-se ao sujeito, ou seja, identificar-se à sua condição de existência para não estar atrasado quanto a ela. Ora, se o indivíduo é ele mesmo relativo, como fase do ser, e mais rico que a unidade, como depositário de uma situação pré-individual que ele transmite numa atividade amplificante, ele não pode ser apreendido como puro termo de relação. O sujeito é *substancializado pelo pensamento* para que o pensamento *possa coincidir com o sujeito*. Ora, a substancialização do sujeito, supondo que o sujeito possa ser tomado como termo de relação, lhe dá o estatuto de um termo absoluto; a substância é como que o *termo relacional devindo absoluto*, tendo absorvido em si tudo o que era o ser da relação. Uma tal *redução lógica* é sensível em todos os casos em que o indivíduo é pensado; pois, em certa medida, o indivíduo sempre é *pensado* como sendo um *sujeito*; o homem se põe no lugar do que ele pensa como indivíduo; o indivíduo é o que poderia ter uma interioridade, uma conduta, volições, uma responsabilidade, ou ao menos certa identidade coerente que é da mesma ordem que a responsabilidade. Há uma subjetividade implícita de toda concepção do indivíduo, física ou biológica, nas doutrinas correntes; ora, além disso, e anteriormente a essa projeção do estatuto da individualidade subjetiva no mundo, efetua-se no interior do sujeito uma redução que o restringe a ser uma substância, isto é, um termo que absorveu a relação em si; a substância é um caso extremo da relação, aquele da inconsistência da relação. Nessas condições, parece difícil considerar a noção de indivíduo como devendo ser primeira relativamente a qualquer juízo ou crítica; o ser individual, princípio da noção de substância, deve ser considerado através da individuação, operação que o funda e [312] o leva a ser; o estudo da ontogênese deve ser anterior à lógica e à ontologia. A teoria da individuação deve então ser considerada como uma teoria das *fases do ser*, de seu *devir* enquanto ele é essencial. Segundo a noção de substância, com efeito, o devir se ajusta mal à essência do ser; a noção de acidente é pouco satisfatória e obriga a delicados edifícios sistemáticos, como o de Leibniz, que não dão muita conta do devir enquanto devir, uma vez que — estando todos os acidentes compreendidos na essência, esta concebida como noção individual completa — já não há para a substância monádica um verdadeiro devir, comportando poder de porvir; o edifício espinosista não é muito mais satisfatório relativamente ao devir, que é mais excluído que integrado, assim como o indivíduo é negado enquanto ser separado. Numa teoria das fases do ser, o devir é outra coisa que não uma alteração ou uma sucessão de estados comparável a um desenvolvimento serial. O devir é, com efeito, resolução perpetuada e renovada, resolução incorporante, amplificante, procedendo por crises, e tal que *seu sentido está em cada uma de suas fases*, não em sua *origem* ou em seu *fim* somente. Explicar o devir como série em vez de colocá-lo como transdução é querer fazê-lo sair de seus termos extremos, que são os mais pobres e os menos estáveis; uma vida individual não é nem o desenrolamento determinado do que ela foi em sua origem, nem uma viagem para um último termo que se trataria de preparar; ela também não é tensão entre um nascimento e uma morte, entre um *Alfa* e um *Ômega* que seriam verdadeiros termos; também temporalmente o ser deve ser apreendido em seu centro, em seu presente no momento em que ele é, e não reconstituído a partir da abstração de suas duas partes; a substancialização das extremidades da série temporal quebra a consistência central do ser; o devir é o ser como *presente* enquanto ele se defasa atualmente em passado e porvir, encontrando seu sentido nessa defasagem bipolar. Ele não é passagem de um momento a outro como se passaria do amarelo ao verde; o devir é transdução a partir do presente: há tão somente uma fonte do tempo, a fonte central que é o presente, assim como há uma fonte única das *qualidades cromáticas em sua bipolaridade*, uma fonte única de todas as séries intensivas e qualitativas. O presente do ser é *sua problemática em via de resolução*, sendo como tal *bipolar segundo o tempo, porque problemática*. O ser individuado não é a substância, mas *o ser posto em questão*, o ser através de uma problemática, dividido, reunido, levado nessa problemática que se põe através dele e o faz devir, assim como ele faz o devir. *O devir não é devir do ser individuado, mas devir de individuação do ser*: o que advém chega sob forma de um questionamento do ser, isto é, sob forma de *elemento de uma problemática aberta* que é aquela que a individuação do ser resolve: o indivíduo é *contemporâneo de seu devir*, pois esse devir é o de sua *individuação*; o tempo mesmo é essência, de jeito algum como desenrolamento a partir de uma origem, ou tendência para um fim, mas como *constituição resolutiva do ser*. Tal concepção só é possível caso se admita a noção de fases do ser. Essa noção é diferente daquelas que a dialética contém e utiliza: a dialética, com efeito, certamente implica a existência de um devir significativo e tendo uma capacidade de constituir a *essência*; mas o devir dialético muda o ser, o opõe, o retoma: há uma relativa exterioridade das *modificações* relativamente ao *modificado*; as fases, ao contrário, são fases do ser; não é o ser que passa através das fases modificando-se; é *o ser que devém ser das fases*, que procede de si mesmo defasando-se relativamente ao seu centro de realidade. A dimensionalidade das fases é o devir do ser; o ser é segundo as fases que são suas *[313]* fases, fases relativamente ao centro que ele é; o ser não se descentra defasando-se em dois sentidos relativamente a si mesmo; o tempo do devir é a direção da bipolaridade segundo a qual o ser se defasa; o ser *se individua* como ele *devém*; individuar-se e devir é um único modo de existir. As fases do ser são dadas juntas, elas fazem parte de uma maneira de ser; o devir é uma maneira de ser, ele é devir do ser, não devir ao qual o ser está submetido por alguma violência feita à sua essência e do qual o ser poderia prescindir, continuando a ser o que é. Na concepção da dialética, o ser precisa do devir, mas o devir, no entanto, é concebido parcialmente como quando ele era considerado independente do ser, estrangeiro ao ser, *hostil à sua essência*; o devir da dialética não está *suficientemente integrado ao ser que devém*; o tempo da dialética permaneceu como o tempo do ser intemporal *em essência*, mas lançado no devir por *sua existência*.[5] A sucessividade das etapas dialéticas pode ser contraída

---

[5] Isso quer dizer que nenhuma definição do devir como amplificação é possível caso não se suponha uma pluralidade inicial das ordens de grandeza da realidade.

em paralelismo das fases do ser caso o devir seja verdadeiramente devir do ser, de maneira tal que não se possa dizer que o ser está no devir, mas que o ser devém; o devir é ontogênese, φύσις [*fýsis*, "natureza"]. A dialética separa demasiadamente o devir da existência pela qual o ser devém. Não é o devir que modifica o ser, mas o ser que devém; as modificações do ser não são consequências do devir, mas aspectos das fases do ser. A existência das fases do ser não deve ser concebida como um simples poder de sucessão: a sucessão só existe sobre um fundo de paralelismo das fases, como dimensão das fases; permanência e sucessão são conceitos que não podem dar conta do devir, pois supõem o ser reduzido a uma fase única, isto é, isento de fases.

Existe um perigo no emprego do paradigma físico para caracterizar a vida: o da redução. Mas esse perigo pode ser evitado; com efeito, pode-se empregar esse paradigma tomando o domínio físico como suporte de estruturas e funções a repousarem sobre os caráteres não vivos, dilatando-os em sua fase inicial, amplificando-os, mas não se restringindo a eles. Há sim um domínio do conhecimento do físico e um domínio do conhecimento do vivente; mas não há desse mesmo jeito um domínio real do físico e um domínio real do vivente, separados por uma certa fronteira igualmente real; é segundo as estruturas e as funções que o físico e o vital são distintos, sem estarem separados segundo o real substancial. Há um certo modo de existência do físico que não deve ser confundido com o físico após a emergência do vital; após a emergência do vital, o físico é um real empobrecido, distenso, um resíduo do processo completo do qual a vida surgiu ao se separar. Mas há também um físico que se pode nomear o natural e que é pré-vital tanto quanto pré-físico; vida e matéria não viva podem, em certo sentido, ser tratadas como duas velocidades de evolução do real. Talvez, ainda aqui, não se deva tentar recompor a totalidade a partir dos termos extremos, considerando tais termos extremos como as bases substanciais suscetíveis de explicar, por suas combinações, toda a realidade relacional que deixam entre si. Essa realidade intermediária, que posteriormente se considera como um misto engendrado por relação, talvez seja aquilo que porta os extremos, engendra-os, impulsiona-os para fora dela como confinanças ex-

Conclusão

481

tremas de sua existência. A aparência relacional supõe, talvez, um ser *[314]* pré-relacional. A oposição entre o inerte e o vivente seria o produto da aplicação do esquema dualizante de fonte hilemórfica, com sua característica zona de sombra central, levando a crer na existência de uma relação lá onde, de fato, há o centro consistente do ser.[6] Vida e matéria inerte talvez sejam o resultado, visto através do sistema hilemórfico, de duas velocidades de individuação de uma mesma realidade pré-vital e pré-física. O estudo da individuação pela qual essa diferenciação se opera não pode, então, ser apenas um paradigmatismo; logicamente, ela é uma fonte de paradigmas; mas ela só pode ser logicamente uma fonte de paradigmas caso seja fundamentalmente, pelo menos a título hipotético, uma apreensão do devir real a partir do qual se constituem os domínios de aplicação dos esquemas que ela resgata; o paradigma, aqui, não é um paradigma analógico como o de Platão, mas uma linha conceitual e intuitiva que acompanha uma gênese absoluta dos domínios com a estrutura deles e as operações que os caracterizam; ele é uma descoberta da axiomática intelectual contemporânea do estudo do ser, não uma iniciação ao domínio do dificilmente cognoscível a partir de um domínio mais conhecido e mais fácil de explorar (o que suporia uma relação analógica entre os dois domínios).

Nesse sentido, seria preciso não dizer que o vivente aparece *depois* da realidade física e acima dela, integrando-a; ao contrário, o aparecimento do vivente teria por efeito diferir, retardar a realidade física ao dilatar a fase inicial de sua constituição; ele necessitaria das condições mais precisas e mais complexas de tensão e de metaestabilidade iniciais, capazes de "neotenizar" a individuação física. Antes mesmo da gênese do ser individual em si mesmo, um estudo do devir e das trocas que ele comporta permitiria apreender essa gênese possível do ser individual físico ou vivo, vegetal ou animal, sobre um fundo de transformações do ser. Quer

---

[6] Esse centro consistente do ser é o da comunicação entre ordens de grandeza — molar e molecular, interelementar e intraelementar; a partir desse centro, uma individuação rápida e iterativa dá uma realidade física; uma individuação lentificada, progressivamente organizada, dá o vivente.

se trate do ser antes de qualquer individuação ou do ser desdobrado após a individuação, o método consistiria sempre em tentar apreender o ser em seu centro, para compreender a partir desse centro os aspectos extremos e a dimensão segundo a qual esses aspectos opostos se constituem: assim, o ser seria apreendido como unidade tensionada ou como sistema estruturado e funcional, mas jamais como conjunto de termos em relação entre si; o devir, assim como as aparências de relações que ele comporta, seria então conhecido como dimensões do ser, e de forma alguma como um quadro no qual alguma coisa advém ao ser segundo uma certa ordem. O devir é o ser defasando-se relativamente a si mesmo, passando do estado de ser sem fase ao estado de ser segundo as fases que são *suas* fases.

Tal concepção do ser supõe que não se utilize o princípio do terceiro excluído, ou ao menos que ele seja relativizado; com efeito, inicialmente o ser seria apresentado como aquilo que existe no estado de unidade tensionada e que abriga uma incompatibilidade que o impulsiona para uma estruturação e uma funcionalização constituindo o devir, podendo o próprio devir ser concebido como a dimensão segundo a qual essa resolução do estado primeiro do ser é possível por uma defasagem. O primeiro motor não seria, então, o ser simples e uno, mas o ser enquanto anterior a qualquer aparecimento de fases, abrigando-as *energeticamente*, não enquanto *formas* ou *estruturas* que podem advir — como a posição do problema abriga, em certo sentido, as soluções *[315]* possíveis, sob forma de tensão para uma significação que incorpora os dados do problema —, mas sem pré-formação das linhas efetivas da solução, que só aparecem pelo devir real da invenção resolutiva e *são esse devir*; assim, no ser anterior a qualquer devir, é a potência do devir resolutivo que está contida, pela incompatibilidade que ele poderá compatibilizar, mas não a linha de existência desse devir, que não está dada de antemão e não pode estar pré-formada, pois a problemática é sem fases.[7] A descoberta resolutiva

---

[7] Ela supõe, aliás, ausência de comunicação entre várias ordens de grandeza; a individuação intervém como mediação amplificante através de um devir.

em seu devir, por um lado, faz aparecer estruturas e funções, matéria empobrecida de suas tensões, e, por outro, indivíduo e meio, informação e matéria. A resolução faz aparecerem os dois aspectos complementares que são os termos extremos e a realidade instituinte da mediação; indivíduo e meio são duas fases do ser, termos extremos de um desdobramento que intervém como invenção resolutiva, supondo uma tensão e uma incompatibilidade prévias que eles transformam em estruturação assimétrica; pode-se dizer que o ser se defasa em indivíduo e meio, permitindo um grande número de modalidades pelo fato dessa defasagem ser total ou parcial, suscetível de graus ou não, admitir um progresso contínuo ou proceder por saltos.

Tal teoria não visa somente explicar a gênese dos seres individuados e propor uma visão da individuação; ela tende a fazer da individuação o fundamento de um devir amplificante, e coloca assim a individuação *entre* um estado primitivo do ser não resolvido e a entrada na via resolutiva do devir; a individuação não é o resultado do devir, nem algo que se produz no devir, mas o devir em si mesmo, enquanto o devir é devir do ser. A individuação não pode ser convenientemente conhecida se for reportada ao seu resultado, a saber, o indivíduo constituído, e caso se tenda a dar da individuação uma definição visando dar conta somente dos caráteres do indivíduo em si mesmo; o indivíduo não permite remontar à individuação, pois o indivíduo é apenas um dos aspectos da individuação; há um correlativo do indivíduo, constituído ao mesmo tempo que ele pela individuação: o meio, que é o ser, privado daquilo que deveio o indivíduo.[8] Só o par indivíduo-meio poderia permitir remontar à individuação; a individuação é o que faz aparecer a defasagem do ser em indivíduo e meio, a partir de um ser prévio capaz de devir indivíduo e meio. Indivíduo e meio só devem ser tomados como os termos extremos, conceitualizáveis, porém não substancializáveis, do ser no qual se opera a individuação. O centro da individuação não é o indivíduo constituído; o indivíduo é lateral relativamente à individuação. O ser tomado em

---

[8] E uma origem do indivíduo, uma situação pré-individual.

seu centro, no nível da individuação, deve ser apreendido como ser desdobrando-se em indivíduo e meio, o que é o ser resolvendo-se. Ulteriormente, o ser individuado pode novamente ser o teatro de uma individuação, pois a individuação não esgota de uma só vez os recursos potenciais do ser numa primeira operação de individuação: o primeiro estado pré-individual do ser pode continuar existindo, associado ao resultado de uma primeira individuação; pode-se supor, com efeito, que a individuação se opera de maneira quântica, por saltos bruscos, cada patamar de individuação podendo ser novamente, relativamente ao seguinte, como que um estado pré-individual do ser; produz-se, então, um nexo dos estados sucessivos de individuação. *[316]* É dessa maneira, em particular, que se pode explicar a relação entre os seres individuados: essa relação é apenas aparentemente entre os seres; ela é a individuação coletiva de uma carga de realidade pré-individual contida nos seres que tenham recebido um primeiro estatuto de individuação. O que se define como nexo interindividual é, na realidade, a coerência de uma sistemática de individuação que incorpora numa unidade mais vasta os indivíduos já constituídos. É a individuação que funda a relação, graças a um nexo entre estados sucessivos de individuação, que permanecem atrelados pela unidade energética e sistemática do ser.

Um monismo substancialista como o de Espinosa choca-se contra uma grande dificuldade quando se trata de dar conta do ser individual. Essa dificuldade não vem tanto da unidade da substância quanto de sua eternidade; essa dificuldade, aliás, é comum a todas as doutrinas substancialistas, mesmo quando elas fragmentam a substância a ponto de identificar substância e indivíduo, e de compor tudo com os indivíduos, como o faz Leibniz, que admite uma infinidade de substâncias. Essa dificuldade é apenas mais aparente em Espinosa porque ele aceita até o fim as consequências do substancialismo e recusa-se a colocar uma gênese da substância sob forma de constituição das noções individuais completas, isto é, das essências substanciais, no início do devir. O ser substancial dificilmente pode devir porque o ser substancial está resolvido de antemão; ele é sempre o ser absolutamente monofasado, pois ele consiste em si mesmo; o fato de ser em si e por si é também o

Conclusão

fato de ser coerente consigo mesmo, de não poder opor-se a si mesmo. A substância é *una* porque é *estável*; ela é atual, e não está tensionada por potenciais. O que falta à substância, apesar da terminologia de Espinosa, é ser natureza, ou ainda não ser ao mesmo tempo e indissoluvelmente naturada e naturante. Segundo a doutrina que nós apresentamos, o ser jamais é uno: quando ele é monofasado, pré-individual, ele é mais *que um*: ele é uno porque ele é indecomposto, mas ele tem em si algo para ser mais do que ele é em sua estrutura atual; o princípio do terceiro excluído só se aplicaria a um ser residual incapaz de devir; o ser não é vários, no sentido da pluralidade realizada: ele é *mais rico que a coerência consigo*.[9] O ser uno é um ser que se limita a si mesmo, um ser coerente. Ora, gostaríamos de dizer que o estado original do ser é um estado que ultrapassa a coerência consigo mesmo, que excede seus próprios limites: o ser original não é estável, é metaestável; ele não é uno, é capaz de expansão a partir de si mesmo; o ser não subsiste relativamente a si mesmo; está contido, tenso, superposto a si mesmo, e não uno. O ser não se reduz ao que ele é; ele está acumulado em si mesmo, potencializado. Ele existe como ser e também como energia; o ser é ao mesmo tempo estrutura e energia; a estrutura por si só não é apenas estrutura, pois várias ordens de dimensão se superpõem; a cada estrutura corresponde um certo estado energético que pode aparecer nas transformações ulteriores e que faz parte da metaestabilidade do ser. Parece que todas as teorias da substância, do repouso e do movimento, do devir e da eternidade, da essência e do acidente, repousam sobre uma concepção das trocas e das modificações que só conhece a alteração e o equilíbrio estável, não a metaestabilidade. O ser, estável, que possui uma estrutura, é concebido *[317]* como simples. Mas o equilíbrio estável talvez seja apenas um caso-limite. O caso geral dos estados talvez seja o dos estados metaestáveis: o equilíbrio de uma estrutura realizada só é estável no interior de certos limites e nu-

---

[9] Também se poderia dizer que ele transfere um problema, que ele transporta a possibilidade de uma atividade amplificante. Ele tende para uma enteléquia que não se limita à sua realidade pessoal, pois ele é um modo condensado do real e tende para uma fase de amplificação.

ma única ordem de grandeza, sem interação com outras; ele mascara potenciais que, liberados, podem produzir uma brusca alteração, conduzindo a uma nova estruturação igualmente metaestável. Assim, ser e devir não são mais noções opostas, caso se considere que os estados são maneiras de ser metaestáveis, patamares de estabilidade saltando de estrutura em estrutura; *o devir não é mais continuidade de uma alteração, mas encadeamento de estados metaestáveis através das liberações de energia potencial cujo jogo e cuja existência fazem parte do regime de causalidade constituinte desses estados*; a energia contida no sistema metaestável é a mesma daquela que se atualiza sob forma de *passagem* de um estado a outro. É esse conjunto estrutura-energia que se pode nomear *ser*. Nesse sentido, não se pode dizer que o ser é *uno*: ele é simultâneo, acoplado a si mesmo num sistema que ultrapassa a unidade, que é *mais que um*. A unidade, e particularmente a do indivíduo, pode aparecer no seio do ser por uma simplificação separadora que dá o indivíduo e um meio correlativo, sem unidade, porém homogêneo.

Tal concepção poderia ser considerada como gratuita e tratada como habitualmente se trata a hipótese criacionista: serve para que lançar num incognoscível estado do ser pré-individual as forças destinadas a dar conta da ontogênese, se apenas se conhece tal estado pelo que lhe sucede? Se assim fosse, poder-se-ia, com efeito, dizer que apenas se está recuando com o problema, como se faz ao supor a existência prévia de um ser criador: só se supõe como criador esse ser na medida em que a noção de criação serve para dar conta do criado, de sorte que a essência do ser invocado como criador é, de fato, inteiramente conhecida a partir do resultado sobre o qual se deve recair, isto é, o ser como criado. No entanto, parece que a hipótese segundo a qual existiria um estado pré-individual do ser desempenha um papel diferente daquele da hipótese criacionista habitual. Com efeito, esta última concentra todo o devir em suas origens, tanto que todo criacionismo porta consigo o problema da teodiceia, aspecto ético de um problema mais geral: o devir não é mais um verdadeiro devir: é como se ele já estivesse inteiramente advindo no ato da criação, o que obriga a aportar posteriormente numerosos corretivos locais à teoria cria-

Conclusão 487

cionista para voltar a dar um sentido ao devir. Esses corretivos, no entanto, em geral só são aportados sobre os pontos que chocam mais o sentimento que o homem tem de devir, por exemplo, sobre o problema da responsabilidade moral. Mas o criacionismo deveria ser corrigido em todos os pontos, pois não é mais satisfatório aniquilar a realidade do devir físico do que diminuir a do devir do ser humano como sujeito ético: essa diferença de tratamento só pode se justificar por um dualismo, ele mesmo contestável. Haveria uma verdadeira teodiceia física a ser acrescentada à teodiceia ética. Ao contrário, a hipótese de um estado pré-individual do ser não é totalmente gratuita: há nela mais do que está destinada a explicar, e ela não é formada unicamente a partir da investigação da existência dos indivíduos; ela é derivada de certo número de esquemas de pensamento emprestados dos domínios da física, da biologia, da tecnologia. A física não mostra a existência de uma realidade pré-individual, mas mostra que existem gêneses de realidades individualizadas a partir de condições de estado; em certo sentido, um fóton é um indivíduo físico; no entanto, ele também é quantidade de energia podendo manifestar-se por uma transformação. Um indivíduo como um elétron está em interação com campos. Uma *[318]* mudança de estrutura de um edifício molecular, atômico ou nuclear, faz com que energia apareça e engendre indivíduos físicos. A física convida a pensar o indivíduo como sendo cambiável com a modificação estrutural de um sistema, ou seja, com certo estado definido de um sistema. No fundamento da ontogênese dos indivíduos físicos, há uma teoria geral das trocas e das modificações dos estados, que se poderia nomear *alagmática*. Esse conjunto conceitual supõe que o indivíduo não é um começo absoluto e que se pode estudar sua gênese a partir de um certo número de condições energéticas e estruturais: a ontogênese inscreve-se no devir dos sistemas; o aparecimento de um indivíduo corresponde a certo estado de um sistema, apresenta um sentido relativamente a esse sistema. Aliás, o indivíduo físico é relativo, ele não é substancial; ele é relativo porque está em relação, mais particularmente em relação energética com campos, e essa relação faz parte de seu ser. Um elétron, em mecânica ondulatória, tem um comprimento de onda associado: na montagem de Germer e Davisson, pode-se fazer elétrons interferirem; no entanto, os elétrons são considerados como grãos de eletricidade, cargas indivisíveis. Tal existência do fenômeno de interferência e, em geral, de todos os fenômenos dos quais se dá conta ao definir o comprimento de onda associado mostra que há um tipo de coletivo físico no qual o papel do indivíduo não é mais apenas um papel parcelar, do qual se poderia querer dar conta mediante a noção de substância; o indivíduo microfísico é uma realidade energética bem como um ser substancial; ele adere à sua gênese, permanece presente ao seu devir, pois está em perpétua relação com os campos. O indivíduo não é o todo do ser; ele é somente um aspecto do ser; o que importa é o estudo das condições nas quais o ser se manifesta como indivíduo, como se lá se tratasse não do ser, mas de uma maneira de ser ou de um momento de ser. Em física, há um ser pré-individual e um ser pós-individual; um fóton desaparece e devém mudança de estrutura de um edifício atômico, ou ainda ele muda de comprimento de onda, como se estivesse devindo outro. De certa maneira, a individualidade devém funcional; ela não é o único aspecto da realidade, mas certa função da realidade.

Generalizando essa relativização do indivíduo e transpondo-a para o domínio reflexivo, pode-se fazer do estudo da individuação uma teoria do ser. A individuação é, então, situada relativamente ao ser. Ela aparece como uma modificação do ser a partir da qual sua problemática se enriquece: ela é aparecimento da informação no interior do sistema do ser. Em vez de tratar a informação como uma grandeza absoluta, estimável e quantificável num número limitado de circunstâncias técnicas, é preciso atrelá-la à individuação: só há informação como troca entre as partes de um sistema que comporta individuação, pois, para que a informação exista, é preciso que ela tenha um sentido, que ela seja recebida, isto é, que ela possa servir para efetuar uma certa operação; a informação se define pela maneira como um sistema individuado se afeta, ele mesmo, condicionando-se: ela é aquilo pelo qual existe certo modo de condicionamento do ser por ele mesmo, modo que se pode nomear *ressonância interna*: a informação é individuante e exige certo grau de individuação para poder ser recebida; ela é aquilo pelo qual caminha a operação de individuação,

Conclusão 489

pelo qual a própria operação se condiciona. A tomada de forma pela qual se representa em geral a individuação supõe informação e serve de base à informação; só há informação trocada entre os seres já individuados e no interior de um sistema do ser que é uma nova [319] individuação: poder-se-ia dizer que a informação é sempre interna; não se deve confundir a informação com os sinais e suportes de sinais, que constituem seu mediador. A informação deve ser compreendida nas verdadeiras condições de sua gênese, que são as condições mesmas da individuação, nas quais ela desempenha um papel: a informação é um certo aspecto da individuação; ela exige que antes dela, para que seja compreendida como tendo um sentido (aquele sem o qual ela não é informação, mas somente energia fraca), exista certo potencial; o fato de que uma informação é verdadeiramente informação é idêntico ao fato de que algo se individua; e a informação é a troca, a modalidade de ressonância interna segundo a qual a individuação se efetua. Toda informação é, ao mesmo tempo, informante e informada; ela deve ser apreendida nessa transição ativa do ser que se individua.[10] Ela é aquilo pelo qual o ser se defasa e devém. Nos seus aspectos separados, registrados, mediatamente transmitidos, a informação ainda exprime uma individuação cumprida e a ressurgência desse cumprimento, que pode se prolongar noutras etapas de amplificação: a informação jamais está somente após a individuação, pois se ela exprime uma individuação cumprida, é relativamente a uma outra capaz de se cumprir: expressão de uma informação cumprida, ela é o germe em torno do qual uma nova individuação poderá se cumprir: ela estabelece a transdutividade das individuações sucessivas, dispondo-as em série porque lhes atravessa portando de uma a outra o que pode ser retomado. A informação é o que transborda de uma individuação sobre a outra, e do pré-individual sobre o individuado, porque o esquema segundo o qual uma individuação se cumpre é capaz de encetar outras individuações: a in-

---

[10] Na mesma medida, o indivíduo, oriundo de uma comunicação entre ordens de grandezas primitivamente isoladas, traz a mensagem da dualidade delas, depois reproduz o conjunto por amplificação. A informação conserva o pré-individual no indivíduo.

formação tem um poder exterior porque ela é uma solução interior; ela é o que passa de um problema a outro, o que pode irradiar de um domínio de individuação a um outro domínio de individuação; a informação é informação significativa porque ela é primeiramente o esquema segundo o qual um sistema conseguiu se individuar; é graças a isso que ela pode devir significativa para um outro. Isso supõe que exista uma analogia entre os dois sistemas, o primeiro e o segundo. Ora, numa doutrina que evita apelar a um postulado criacionista, para que haja analogia entre dois sistemas é preciso que eles façam parte de um sistema mais vasto; isso significa que, quando a informação aparece num subconjunto como esquema de resolução desse subconjunto, ela já é resolução, não apenas desse subconjunto, mas também daquilo que, nele, exprime seu pertencimento ao conjunto: ela é, de saída, suscetível de ser transferida aos outros subconjuntos; ela é, de saída, interior ao subconjunto de origem e já interior ao conjunto como aquilo que exprime o que em cada subconjunto é sua marca de pertencimento ao conjunto, isto é, o jeito pelo qual ele é modificado pelos outros subconjuntos que constituem, com ele, o conjunto. Poder-se-ia dizer que a informação é ao mesmo tempo interior e exterior; ela exprime os limites de um subconjunto; ela é mediação entre cada subconjunto e o conjunto. Ela é *ressonância interna do conjunto enquanto ele comporta os subconjuntos*; ela realiza a individuação do conjunto como encaminhamento de soluções entre os subconjuntos que o constituem: ela é ressonância interna das estruturas dos subconjuntos no interior do conjunto: essa troca é *[320]* interior relativamente ao conjunto e exterior relativamente a cada um dos subconjuntos. A informação exprime a imanência do conjunto em cada um dos subconjuntos e a existência do conjunto como grupo de subconjuntos, realmente incorporando a qüididade de cada um, o que é a recíproca da imanência do conjunto em cada um dos subconjuntos. Se há, com efeito, uma dependência de cada subconjunto relativamente ao conjunto, há também uma dependência do conjunto relativamente aos subconjuntos.[11] Essa re-

---

[11] É a condição de comunicação, que se encontra uma primeira vez no

ciprocidade entre dois níveis designa aquilo que se pode nomear ressonância interna do conjunto, e define o conjunto como realidade em curso de individuação.

Por intermédio da noção de informação, pode uma teoria da individuação fornecer uma ética? Ela pode ao menos servir para lançar as bases de uma ética, mesmo que não possa acabá-la por não poder circustanciá-la. Nos sistemas filosóficos, em geral, reparte-se a ética em duas vias que divergem e nunca se reúnem: a da ética pura e a da ética aplicada. Essa dualidade provém do fato de que a substância é separada do devir e de que o ser, sendo definido como uno e completamente dado na substância individuada, está acabado: daí, no nível das essências e por fora do devir, uma ética pura que serve apenas para preservar a substancialidade teórica do ser individuado, e que de fato o cerca com uma ilusão de substancialidade. Essa primeira via da ética, que se poderia nomear ética substancializante, ética do sábio, ou ainda ética contemplativa, só vale para um estado de exceção, que não seria ele mesmo estável sem sua oposição ao estado de paixão, de servidão, de vício, de existência no *hic et nunc*; sua substancialidade é apenas uma contraexistência, um antidevir, e ele precisa que a vida devenha em torno dele para recolher por contraste a impressão da substancialidade; a virtude contemplativa necessita eminentemente dos mercadores e dos loucos, assim como o homem sóbrio precisa do ébrio para ter consciência de estar sóbrio e o adulto precisa da criança para se saber adulto. É apenas por um efeito de relatividade perceptiva e afetiva que essa ética pode aparecer como uma ética da sabedoria visando à imutabilidade do ser. Ocorre o mesmo para o outro ramo da ética, que se toma por prático; ele só é prático por oposição ao primeiro, e utiliza os valores definidos pelo primeiro para poder se constituir de maneira estável; de fato, é mais o par das duas éticas que possui uma significação, não cada ética por si. No entanto, elas definem normas que dão direções incompatíveis, elas criam a divergência; mesmo o par é insuficiente no sentido em que ele só possui uma axiomática lógica co-

momento da individuação e uma segunda vez quando o indivíduo amplifica-se em coletivo.

mum, e não direções normativas mutuamente coerentes. A ética do devir e da ação no presente precisa da ética da sabedoria segundo a eternidade para estar consciente de si mesma como ética da ação; ela entra em acordo consigo mesma mais naquilo que recusa que naquilo que constrói, bem como a ética da sabedoria; a coerência interna de cada uma dessas éticas se faz pelo negativo, como recusa das vias da outra ética.

A noção de comunicação como idêntica à ressonância interna de um sistema em via de individuação pode, ao contrário, esforçar-se por apreender o ser em seu devir sem conceder um privilégio à essência imóvel do ser ou ao devir enquanto devir; só pode haver ética una e completa na medida em que *[321]* o devir do ser é apreendido como do ser mesmo, isto é, na medida em que o devir é conhecido como devir do ser. As duas éticas opostas, ética teórica pura e ética prática, separam interioridade e exterioridade relativamente ao ser individuado, pois consideram a individuação, no caso da ética da contemplação, como anterior ao momento em que a tomada de consciência se cumpre, e, no caso da ética prática, sempre posterior a esse mesmo momento; a ética teórica é uma perpétua nostalgia do ser individuado em sua pureza, assim como a ética prática é uma preparação sempre recomeçada para uma ontogênese sempre diferida; nenhuma das duas apreende e acompanha o ser em sua individuação. Ora, caso se considere a individuação como condicionada pela ressonância interna de um sistema e podendo efetuar-se de maneira fracionada, por constituições sucessivas de equilíbrios metaestáveis, não se poderá admitir nem *uma ética da eternidade do ser* que vise consagrar uma estrutura descoberta de uma só vez como definitiva e eterna, por consequência, respeitável acima de tudo, termo de referência primeiro e último, estrutura que se traduz em normas, absolutas como ela, nem *uma perpétua evolução do ser sempre em movimento* que devém e se modifica de maneira contínua através de todas as circunstâncias moventes que condicionam a ação e modificam incessantemente as normas segundo as quais ela deve desenvolver-se para acompanhar essa permanente evolução. É preciso substituir essa estabilidade do absoluto incondicional e essa perpétua evolução de um relativo fluente pela noção de uma série sucessiva de equi-

Conclusão 493

líbrios metaestáveis.[12] As normas são as linhas de coerência interna de cada um desses equilíbrios, e os valores, as linhas segundo as quais as estruturas de um sistema se traduzem em estruturas do sistema que o substitui; os valores são aquilo pelo qual as normas de um sistema podem devir normas de outro sistema, através de uma mudança de estruturas; os valores estabelecem e permitem a transdutividade das normas, não sob forma de uma norma permanente mais nobre que as outras, pois seria bem difícil descobrir tal norma dada de maneira real, mas como um sentido da axiomática do devir, a qual se conserva de um estado metaestável ao outro. Os valores são a capacidade de transferência amplificadora contida no sistema das normas, são as normas conduzidas ao estado de informação: eles são o que se conserva de um estado a outro; tudo é relativo, salvo a fórmula mesma dessa relatividade, fórmula segundo a qual um sistema de normas pode ser convertido num outro sistema de normas.[13] É a própria normatividade que, ultrapassando o sistema sob sua forma dada, pode ser considerada como valor, isto é, como o que passa de um estado a um outro. As normas de um sistema, tomadas uma a uma, são funcionais e parecem esgotar seu sentido nessa funcionalidade; mas seu sistema é mais que funcional, e é nisso que ele é valor. Poder-se-ia dizer que o valor é a relatividade do sistema das normas, conhecido e definido no sistema mesmo das normas. Para que a normatividade de um sistema de normas seja completa, é preciso que no interior mesmo desse sistema estejam prefiguradas sua própria destruição enquanto sistema e sua possibilidade de tradução num outro sistema, segundo uma ordem transdutiva. Que o sistema conheça no interior de si *[322]* sua própria relatividade, que ele seja feito segundo essa relatividade, que nas suas condições de equilíbrio este-

---

[12] O indivíduo enquanto indivíduo, distinto da colônia e do coletivo, é oriundo de uma singularidade e tem um sentido de descontinuidade; mas essa descontinuidade é amplificante e *tende* para o contínuo, por mudança de ordem de grandeza.

[13] Um sistema de normas é problemático, como duas imagens em estado de disparação; ele tende a se resolver no coletivo por amplificação construtiva.

ja incorporada sua própria metaestabilidade, tal é a via segundo a qual as duas éticas devem coincidir. A tendência à eternidade devém, então, a consciência do relativo, que já não é uma vontade de deter o devir ou de tornar absoluta uma origem e conceder um privilégio normativo a uma estrutura, mas o saber da metaestabilidade das normas, a consciência do sentido de transferência que tem o indivíduo enquanto indivíduo. A vontade de encontrar normas absolutas e imutáveis corresponde àquele sentimento verídico segundo o qual existe alguma coisa que não deve se perder e que, ultrapassando a adaptação ao devir, deve possuir o poder de dirigir o devir. Mas essa força diretriz que não se perde não pode ser uma norma; tal busca por uma norma absoluta só pode conduzir a uma moral da sabedoria como separação, retirada e inação, o que é um jeito de arremedar a eternidade e a intemporalidade no interior do devir de uma vida: durante esse tempo, o devir vital e social continua, e o sábio devém uma figura de sábio, ele desempenha um papel de sábio em seu século como homem que vê passar a vida e escoarem-se as paixões; se ele mesmo não está no século, ao menos seu papel de homem que não está no século está sim no devir. A sabedoria não é universalizável, porque não assume o todo do devir e porque ela forma uma representação mítica dele; a santidade ou os outros estilos de vida individual são, como a sabedoria, termos extremos que ilustram polos da vida moral, mas não são os elementos da vida moral; a partir da sabedoria, da santidade, ou de qualquer atitude moral dessa espécie, não se pode refazer a vida moral por combinação, pois não há preocupação de universalidade nesses estilos de vida que se tomam por absolutos e, contudo, não são universalizáveis; todos precisam da vida corrente diante deles para serem o que são: eles necessitam de uma base de vida corrente que possam negar. Uma verdadeira ética seria aquela que daria conta da vida corrente sem adormecer no corrente dessa vida, que saberia definir, através das normas, um sentido que as ultrapasse. Geralmente, aliás, as morais tentam preencher o intervalo que existe entre aquilo pelo que uma moral vale e a tendência a recair, a partir de princípios de valor, sobre as normas descobertas na vida corrente; mas o ajuste entre os fundamentos e as normas é frequentemente arbitrário e malfeito; é a ética em seu centro que está desfalecente; também nesse domínio existe a zona de sombra central entre forma e matéria, princípio e consequências. Seria preciso que os valores não estivessem acima das normas, mas através delas, como a ressonância interna da rede que elas formam e seu poder amplificador; as normas poderiam ser concebidas como exprimindo uma individuação definida e tendo, consequentemente, um sentido estrutural e funcional, no nível dos seres individuados. Ao contrário, os valores podem ser concebidos como atrelados ao próprio nascimento das normas,[14] exprimindo o fato de que as normas surgem com uma individuação e só duram enquanto essa individuação existe como estado atual. A pluralidade dos sistemas de normas pode então ser considerada de outro jeito que não *como uma contradição*. Só há contradição proveniente da *multiplicidade das normas* caso se faça do indivíduo um absoluto, e não a *expressão de uma individuação [323]* que cria um estado apenas metaestável e provisório, como uma fase descontínua de transferência.

Considerado como abrigando em si uma realidade não individuada, o ser devém sujeito moral enquanto ele é realidade individuada e realidade não individuada associadas; querer conceder o primado ao ser enquanto individuado ou ao ser enquanto não individuado é opor as normas, relativas ao ser individuado num sistema, aos valores, relativos à realidade não individuada associada ao ser individuado. A moral não está nem nas normas, nem nos valores, mas na sua comunicação, apreendida *em seu centro real*. Normas e valores são termos extremos da dinâmica do ser, termos que não consistem em si mesmos e não se sustentam no ser por si mesmos. Não existe um problema da relação dos valores às normas, da oposição da moral aberta e da moral fechada, mas um problema da defasagem da ética. É uma ilusão retroativa que faz crer que o progresso histórico abre progressivamente a ética e subs-

---

[14] Os valores são o pré-individual das normas; eles exprimem o atrelamento a diferentes ordens de grandeza; oriundas do pré-individual, eles tendem para o pós-individual, seja sob a forma da fase colônia, seja sob a do transindividual, para as espécies superiores. Eles vêm do contínuo e reencontram o contínuo através do indivíduo, transferência descontínua.

titui as morais fechadas por morais abertas: cada novo estado de uma civilização porta abertura e fechamento a partir de um centro único; abertura e fechamento são a dimensão de uma díade indefinida, unidimensional e bipolar. Qualquer ato, qualquer estruturação funcional tende a se alastrar em normas e em valores segundo um par correlativo. Normas e valores não existem anteriormente ao sistema de ser no qual aparecem; elas são o devir, em vez de aparecerem no devir sem fazerem parte do devir; há tanto uma historicidade da emergência dos valores como uma historicidade da constituição das normas. Não se pode refazer a ética a partir das normas ou a partir dos valores, bem como não se pode refazer o ser a partir das formas e das matérias às quais a análise abstrativa restringe as condições da ontogênese. A ética é a exigência segundo a qual há correlação significativa das normas e dos valores. Apreender a ética em sua unidade exige que se acompanhe a ontogênese: a ética é o sentido da individuação, o sentido da sinergia de sucessivas individuações. É o sentido da transdutividade do devir, sentido segundo o qual em cada ato reside ao mesmo tempo o movimento para ir mais longe e o esquema que se integrará a outros esquemas; é o sentido segundo o qual a interioridade de um ato tem um sentido na exterioridade. Postular que o sentido interior é também um sentido exterior, que não existem ilhotas perdidas no devir, nem regiões eternamente fechadas sobre si mesmas, nem autarquia absoluta do instante, é afirmar que cada gesto tem um sentido de informação e é simbólico relativamente à vida inteira e ao conjunto das vidas. Há ética na medida em que há informação, isto é, significação transmontando uma disparação de elementos de seres, e assim fazendo com que aquilo que é interior seja também exterior. O valor de um ato não é seu caráter universalizável segundo a norma que ele implica, mas a efetiva realidade de sua integração numa rede de atos que é o devir.[15] Trata-se mesmo de uma rede, e não de uma cadeia de atos; a cadeia de atos

[15] Isto é, a amplificação pela qual ele encontra a dimensão do contínuo ao inserir-se no devir da colônia ou na realidade do coletivo; ainda que ele seja — segundo as normas — ato do indivíduo, ele é, segundo os valores, ato para o coletivo.

Conclusão
497

é uma simplificação abstrata da rede; a realidade ética é sim estruturada em rede, ou seja, há uma ressonância dos atos uns relativamente aos outros, não através de suas normas implícitas ou explícitas, mas diretamente no sistema que eles formam e que é o devir do ser; a redução a normas é idêntica à redução a formas: ela só leva [324] um dos termos extremos do real. O ato não é nem matéria, nem forma, ele é devir no decurso de devir, ele é o ser na medida em que o ser é, devindo. A relação entre os atos não passa pelo nível abstrato das normas, mas ela vai de um ato aos outros como se vai do amarelo-verde ao verde e ao amarelo, por aumento da largura da banda de frequências. O ato moral é aquele que pode se alastrar, se defasar em atos laterais, se ajustar a outros atos alastrando-se a partir de seu centro ativo único. Bem distante de ser o encontro de uma matéria e de uma forma, de uma impulsão e de uma norma, de um desejo e de uma regra, de uma realidade empírica e de uma realidade transcendental, ele é aquela realidade que é mais que a unidade e se alastra de parte a parte dela mesma ajustando-se às outras realidades de mesma espécie; retomando a fórmula de Malebranche relativa à liberdade, e segundo a qual é dito que o homem tem movimento para ir sempre mais longe, poder-se-ia afirmar que o ato livre, ou ato moral, é aquele que tem realidade suficiente para ir além de si mesmo e encontrar os outros atos.[16] Só há um *centro* do ato, não há *limites* do ato. Cada ato é centrado, porém infinito; o valor de um ato é sua largura, sua capacidade de alastramento transdutivo. O ato não é uma unidade em curso para um fim que implicaria uma concatenação. Um ato que é apenas ele mesmo não é um ato moral. O ato que é uma unidade, que consiste em si mesmo, que não irradia, que não tem bandas laterais, é efetivamente uno, mas se insere no devir sem fazer parte do devir, sem cumprir a defasagem de ser que é o devir. O ato que é mais que unidade, que não pode residir e consistir somente em si mesmo, mas que também reside e se cumpre numa infinidade de outros atos, é aquele cuja relação aos outros atos é significação, possui valor de informação. Descartes, tomando a

---

[16] Isto é, que contém em si mesmo um poder de amplificação.

generosidade como fundamento da moral, certamente revelou esse poder do ato de prolongar-se para além de si mesmo. Porém, querendo fundar uma moral provisória, isto é, uma moral que olha apenas adiante, não indicou a força retroativa do ato, tão importante quanto sua força proativa. Cada ato retoma o passado e o encontra novamente; cada ato moral resiste ao devir e não se deixa sepultar como passado; sua força proativa é aquilo pelo qual ele fará, para sempre, parte do sistema do presente, podendo ser reevocado em sua realidade, prolongado, retomado por um ato, ulterior segundo a data, mas contemporâneo do primeiro segundo a realidade dinâmica do devir do ser. Os atos constroem uma simultaneidade recíproca, uma rede que não se deixa reduzir pela unidimensionalidade do sucessivo. Um ato é moral na medida em que tem, em virtude de sua realidade central, o poder de devir ulteriormente simultâneo relativamente a um outro ato. O ato não moral é o ato perdido em si mesmo, que se sepulta e sepulta uma parte do devir do sujeito: ele é aquilo que cumpre uma perda de ser segundo o devir. Ele introduz no ser uma falha que o impedirá de ser simultâneo relativamente a si próprio. O ato imoral, se existe, é aquele que destrói as significações dos atos que existiram ou que poderão ser chamados a existirem, e que, em vez de localizar-se em si mesmo, como o ato não moral, introduz um esquema de confusão impedindo os outros atos de se estruturarem em rede. Nesse sentido, ele não é um ato, propriamente falando, mas é como o inverso de um ato, um devir que absorve e destrói as significações relacionais dos outros atos, que os arrasta sobre falsas pistas de transdutividade, que desencaminha o sujeito relativamente a si mesmo: é um ato parasita, um falso ato que tira sua aparência de significação de um encontro aleatório. Tal é o esteticismo como contramoral, unificação dos atos segundo certo estilo comum e não segundo seu poder [325] de transdutividade.[17] O esteticismo é um parasita do devir moral; ele é criação de formas abstratas na existência do sujeito e ilusão de unificação segundo tais

---

[17] O esteticismo causa a mesma perda de informação que o conhecimento abstrativo, apenas retendo, para formar a compreensão da espécie, aquilo que os indivíduos têm em comum entre si.

Conclusão

formas abstratas. O esteticismo, que quer atos sempre novos, em certo sentido mente para si mesmo e devém uma iteração da novidade segundo a norma extrínseca de novidade; outrossim, o conformismo ou a oposição permanente às normas sociais são uma demissão frente ao caráter de atualidade dos atos e um refúgio num estilo de iteração segundo uma forma positiva de coincidência ou negativa de oposição relativamente a um dado. A iteração traduz a tendência de um ato para reinar sobre todo o devir em vez de se articular com os outros atos; o ato não moral ou imoral é aquele que, não comportando em si uma relativa inadequação consigo mesmo, tendendo a devir perfeito no interior de seus próprios limites, só pode ser recomeçado, e não continuado; esse ato é em si mesmo egoísta relativamente aos outros atos; ele tem uma tendência a perseverar em seu ser que o faz se cortar dos outros atos, não sendo penetrado por eles e não podendo penetrá-los, mas apenas dominá-los; todo ato moral comporta certa organização interna que o situa e o limita enquanto ato: ele se desenvolve segundo certa regulação parcialmente inibidora que insere sua existência como ato numa rede de atos. O ato no qual não há mais esse índice da totalidade e da possibilidade dos outros atos, o ato que se concede uma asseidade apesar do caráter genético de sua emergência como fase do devir, o ato que não recebe esta medida ao mesmo tempo ativadora e inibidora vinda da rede dos outros atos, é o ato louco, em certo sentido idêntico ao ato perfeito. Tal ato é aquele no qual não há mais presença daquela realidade pré--individual que está associada ao ser individuado; o ato louco é aquele que tende a uma individuação total e só admite como real o que está totalmente individuado. Os atos estão em rede na medida em que são tomados sobre um fundo de natureza, fonte de devir pela individuação continuada. Esse ato louco tem apenas uma normatividade interna; ele consiste em si mesmo e se entretém na vertigem de sua existência iterativa. Ele absorve e concentra em si mesmo toda emoção e toda ação, ele faz convergir para si as diferentes representações do sujeito e devém ponto de vista único: qualquer solicitação do sujeito chama a iteração desse ato; o sujeito se restringe ao indivíduo enquanto resultado de uma única individuação, e o indivíduo se reduz à singularidade de um *hic et nunc* perpetuamente recomeçante, transportando a si mesmo por toda parte como um ser destacado do mundo e dos outros sujeitos ao abandonar seu papel de transferência.

A ética é aquilo pelo qual o sujeito permanece sujeito, recusando devir indivíduo absoluto, domínio fechado de realidade, singularidade destacada; ela é aquilo pelo qual o sujeito permanece numa problemática interna e externa sempre tensionada, isto é, num presente real, vivendo sobre a zona central do ser, não querendo devir nem forma, nem matéria. A ética exprime o sentido da individuação perpetuada, a estabilidade do devir que é aquele do ser como pré-individuado, individuando-se e tendendo para o contínuo que reconstrói sob uma forma de comunicação organizada uma realidade tão vasta quanto o sistema pré-individual. Através do indivíduo, transferência amplificadora oriunda da Natureza, as sociedades devêm um Mundo.

REPERTÓRIO BIBLIOGRÁFICO*
[327-328]

Este repertório comporta apenas os títulos de obras técnicas ou científicas, e não os dos textos filosóficos antigos ou recentes que já entraram na história do pensamento.

Livros:

BROGLIE, Louis de. "Communication faite à la Société Française de Philosophie", sessão de 25 de abril de 1953, *Bulletin de la Société Française de Philosophie*, outubro de 1953.

_____. *Ondes, corpuscules, mécanique ondulatoire*. Paris: Albin Michel, 1945.

_____. *Physique et microphysique*. Paris: Albin Michel, 1947.

BROGLIE, Louis de (org.). *La Cybernétique, théorie du signal et de l'information* (Loeb, Fortet, Indjoudjian, Blanc-Lapierre, Aigrain, Oswald, Gabor, Ville, Chavasse, Colombo Delbord, Icole, Marcou, Picault). Paris: Éditions de la Revue d'Optique Théorique et Instrumentale, 1951.

Conference on Cybernetics, Heinz von Foerster, Josiah Macy, Jr. Foundation. "Transactions of the Sixth Conference, 1949", Nova York, 1950.

_____. "Transactions of the Seventh Conference, 1950", Nova York, 1951.

_____. "Transactions of the Eighth Conference, 1951", Nova York, 1952.

Colloque International du Centre National de la Recherche Scientifique sur la Polarisation de la Matière, Paris, 4 a 9 de abril de 1949. Resenha editada pelo CNRS, Paris, 1949.

---

* Este repertório, que fez parte da versão da defesa de tese, não foi retomado na primeira edição (1964).

Repertório bibliográfico

DALCQ, Albert M. "Nouvelles données structurales et cytochimiques sur l'œuf des Mammifères", *Revue Générale des Sciences*, tomo LXI, n° 1-2. Paris: Société d'Édition d'Enseignement Supérieur, 1954.

DOUCET, Y. "Les Aspects modernes de la cryométrie", *Mémorial des Sciences Physiques*, fasc. LIX. Paris: Gauthier-Villars, 1954.

GESELL, Arnold. "L'Ontogenèse du comportement de l'enfant", in CARMICHAEL, L. *Manuel de psychologie de l'enfant*, tomo VI. Paris: PUF, 1952. (O título original dessa obra, publicada na língua inglesa, é *Manual of Child Psychology*.)

GOLDSTEIN, Kurt. *La Structure de l'organisme*, tradução de Burckhardt e Kuntz. Paris: Gallimard, 1951.

HAAS, Arthur. *La Mécanique ondulatoire et les nouvelles théories quantiques*, trad. A. Bogros e F. Esclangon. Paris: Gauthier-Villars, 1937.

HEISENBERG, Werner. *La Physique du noyau atomique*, trad. Charles Peyrou. Paris: Albin Michel, 1954. (Essa obra é a tradução de *Die Physik der Atomkerne*. Brunswick: Vieweg, 1943).

KAHAN, T.; KWAL, B. *La Mécanique ondulatoire*. Paris: Colin, 1953.

KUBIE, Lawrence S. "The Neurotic Potential and Human Adaptation", in *Conference on Cybernetics: Transactions of the Sixth Conference, March 24-25, 1949, New York, NY*. Nova York: Josiah Macy, Jr. Foundation, Heinz von Foerster, 1950.

LEWIN, K. "Le Comportement et le développement comme fonction de la situation totale", in CARMICHAËL, L. *Manuel de psychologie de l'enfant*. Paris: PUF, 1952.

PORTMANN, A. *Animal Forms and Patterns*, trad. Hella Czech. Londres: Faber & Faber, 1952. (O título original dessa obra, publicada em alemão, é *Die Tiergestalt*.)

RABAUD, E. "Sociétés humaines et sociétés animales", *Anné Psychologique*, vol. 50, n° 263, 1951.

_____. *Zoologie biologique*. Parte 4. Paris: Gauthier-Villars, 1932-1934.

WIENER, N. *Cybernetics or Control and Communication in the Animal and the Machine*. Paris/Cambridge (MA)/Nova York: Hermann/The Technology Press/John Wiley and Sons, 1948.

_____. *Cybernétique et société*. Paris: Deux Rives, 1952. (O título original dessa obra, publicada em inglês, é *Cybernetics and Society*).

COMPLEMENTO

[329]

NOTA COMPLEMENTAR
SOBRE AS CONSEQUÊNCIAS
DA NOÇÃO DE INDIVIDUAÇÃO*
[331]

PRIMEIRO CAPÍTULO —
VALORES E BUSCA DE OBJETIVIDADE

1. VALORES RELATIVOS E VALORES ABSOLUTOS

O valor representa o símbolo da integração mais perfeita possível, isto é, da complementaridade ilimitada entre o ser individual e os outros seres individuais. Ele supõe que exista um meio [moyen] de tornar complementares todas as realidades, e o meio [moyen] mais simples é evidentemente supor que tudo o que é integra-se numa vontade universal; a finalidade divina, universalização do princípio de razão suficiente, supõe e detém essa reivindicação de valor; ela busca compensar a inadequação entre todos os seres existentes por uma dissimetria aceita de uma vez por todas entre o ser criador e os seres criados. Deus é invocado como condição de complementaridade. Essa complementaridade pode ser encontrada seja pela ligação direta de uma comunidade ao plano de finalidade divina (é então o sentido do Antigo Testamento, com

---

* Esta "Nota complementar sobre as consequências da noção de individuação" estava, num primeiro estado da tese, integrada em sequência à conclusão, sob o título "Nota complementar: Os fundamentos objetivos do transindividual". A passagem toda foi retirada logo antes da defesa. O próprio Gilbert Simondon almejou reintegrá-la na edição da Aubier, de 1989. Numa primeira redação, este texto era aberto pela questão "O que se pode entender por valor?" e não comportava nenhum recorte de parágrafos.

a noção de povo eleito), seja pela constituição de uma comunidade virtual final dos eleitos, que só serão determinados após a prova da existência terrestre (é o sentido do cristianismo comunitário), seja ainda como uma possibilidade indefinida de progresso ou de recuo na via da descoberta de Deus; São Paulo e Simone Weil representam essa vontade de transparência direta. Pode-se também conceber uma perfeição absoluta e não comunitária, como a de Péguy, que representa um esforço de integração ultrapassando todos os pensamentos abstratos precedentes.

Entretanto, devemos notar que os Pré-socráticos tinham concebido a complementaridade de uma maneira diferente, como par dos contrários, nascimento e morte, ascensão e descida, caminho para cima e caminho para baixo. Para eles, a morte de um ser é condição do nascimento de outro; é a complementaridade da soma do devir que tem por expressão o eterno retorno, o que Nietzsche reencontrou como um mito essencial nos Pré-socráticos e que ele integrou ao seu panteísmo.

Em todos os casos, o valor é a ação graças à qual pode haver complementaridade. Esse princípio tem como consequência que três tipos de valores são possíveis: dois valores relativos e um valor absoluto. Podemos nomear valores relativos aqueles [332] que exprimem a chegada de uma condição complementar; esse valor está ligado à coisa mesma que constitui essa condição, mas ele, no entanto, não reside nessa coisa; pode-se considerar que ele esteja atado a essa coisa sem, no entanto, lhe ser inerente; é o valor do remédio que cura, ou do alimento que permite viver. Aqui pode ser que haja o valor como condição orgânica ou o valor como condição técnica, conforme a condição já realizada seja técnica ou orgânica. O terceiro tipo de valor é o valor que permite a relação: início ou encetamento da reação que permite essa atividade e que se entretém consigo mesma uma vez começada. Entre esses valores, pode-se colocar a cultura, que é como um conjunto de inícios de ação, providos de um rico esquematismo, e que esperam ser atualizados numa ação; a cultura permite resolver problemas, mas ela não permite construir ou viver organicamente; ela supõe que a possibilidade de vida orgânica e de vida técnica já esteja dada, mas que as possibilidades complementares não estão em vista e, por es-

508 Complemento

sa razão, permanecem estéreis; ela cria, então, o sistema de símbolos que lhes permite entrar em reação mútua.

Isso supõe que a cultura, de alguma maneira, seja capaz de *manipular* os símbolos que representam tal gesto técnico ou tal pulsão biológica; pois a inércia e a compacidade das condições orgânicas ou das condições técnicas é o que impede colocá-las em relação no estado bruto; compreendemos por que a cultura está ligada à capacidade de simbolizar as condições orgânicas e técnicas em vez de transportá-las em bloco, no estado bruto: assim como, para encetar uma reação difícil, não se busca agir sobre toda a massa dos corpos a ser combinada, mas, ao contrário, sobre massas reduzidas que propagarão analogicamente a reação no todo; a cultura só pode ser eficaz se ela, no ponto de partida, possuir essa capacidade de agir sobre símbolos e não sobre as realidades brutas; a condição de validez dessa ação sobre os símbolos reside na autenticidade dos símbolos, ou seja, no fato deles serem verdadeiramente o prolongamento das realidades que representam, e não um simples signo arbitrário, que está artificialmente ligado às coisas que ele deve representar. Platão mostrou que a retidão das denominações é necessária ao pensamento adequado e que o filósofo deve se preocupar em descobrir o verdadeiro símbolo de cada ser, aquele que tem um sentido até mesmo para os Deuses, segundo os termos do *Crátilo*. É por essa razão que todos os exercícios de expressão desempenham um papel maior na cultura, sem que em nenhum momento se deva, entretanto, confundir a cultura com esses exercícios. As Belas Artes, enquanto meios [*moyens*] de expressão, oferecem à cultura sua força de simbolização adequada, mas não constituem a cultura, a qual, se permanece esteticismo, não possui eficácia alguma.

É preciso mais que a cultura, a qual, ao invés de ser pura consumidora de meios [*moyens*] de expressão constituídos em gêneros fechados, serve efetivamente para resolver os problemas humanos, isto é, coloca em nexo as condições orgânicas e as condições técnicas. Um puro organicismo ou um puro tecnicismo eludem o problema da eficácia da cultura. O marxismo e o freudismo reduzem a cultura ao papel de meio [*moyen*] de expressão; mas, na realidade, a cultura ou é reflexiva, ou não é: ela continua sendo uma mitologia ou uma superestrutura. Consideremos, ao contrário, uma cultura de tipo reflexivo, que quer resolver problemas: nela encontramos uma utilização do poder de simbolizar que não se esgota numa promoção do orgânico nem numa expressão do técnico; a cultura reflexiva é sensível ao aspecto problemático da existência; ela busca o que é humano, ou seja, aquilo que, ao invés de cumprir-se por si mesmo e automaticamente, necessita de um questionamento do [333] homem por si mesmo no retorno de causalidade da reflexão e da consciência de si; é no encontro do obstáculo que a necessidade da cultura se manifesta; Vladimir Jankélévitch escreveu que todo problema é essencialmente tanatológico; é que, nas condições simples da existência, o homem é organismo ou técnico, mas nunca os dois simultaneamente; ora, o problema aparece quando surge, no lugar dessa alternância entre a vida orgânica e a vida técnica, a necessidade de um modo de *compatibilidade* entre as duas vidas, no seio de uma vida que as integre simultaneamente e que é a existência humana. Todas as culturas dão uma resposta a esse problema de compatibilidade posto em termos particulares. Platão acha a resposta na analogia de estrutura, de operações e de virtudes que existe entre o indivíduo e a cidade na qual sua atividade técnica se explicita; é a "cidade sem atrito" da *República* e das *Leis*. O cristianismo, não buscando mais eternizar o homem no devir, introduz a noção do mérito das obras e ajusta o esforço técnico à vida orgânica pela esperança numa vida eterna que integra os dois aspectos: o esforço não orgânico converte-se em vida espiritual. O sacrifício é um modo de conversão que supõe a possibilidade dessa integração. A relação entre os dois termos é possível pela comum relação a Deus.

2. A ZONA OBSCURA ENTRE O SUBSTANCIALISMO DO INDIVÍDUO E A INTEGRAÇÃO AO GRUPO

Devemos notar o caráter particularmente agudo que o problema toma quando a atividade técnica não se reduz à guerra ou à gestão da cidade, como para os cidadãos das cidades onde a escravidão liberava estes últimos do trabalho; o cristianismo corresponde à necessidade de integrar ao problema o trabalho, que não estava entre as técnicas do cidadão. Seria totalmente falso considerar que a cultura cristã é desvalorizada porque ela corresponde ao problema humano do escravo, enquanto a cultura greco-latina seria valorizada porque corresponde a uma posição do problema que não contém a função do trabalho; se uma dessas duas culturas é incompleta, a outra também é; elas são incompletas de maneira simultânea e complementar. São culturas inacabadas, no sentido em que cada uma supõe, de uma só vez, a exclusão espiritual e a existência material da outra cultura. Paganismo e cristianismo são culturas recíprocas, que constituem como que um par existencial. Aprofundando o estudo da própria cultura greco-romana, encontrar-se-ia que, antes do aparecimento histórico do Cristianismo, tradições culturais preenchiam a função que ele assumiu mais tarde com uma amplitude que estava à altura do novo mundo intelectual: à escala da cidade, os cultos iniciáticos como o Orfismo e o Pitagorismo, ou ainda os mistérios de Cibele, constituíam um elemento não propriamente pagão do pensamento: a obra de Platão manifesta a importância dos valores que eles representavam. Tácito, para expor o que é o Cristianismo, aproxima-o do culto de Dioniso, com o qual ele o amalgama mais ou menos completamente. O Cristianismo, considerado como cultura, vem substituir a pluralidade de cultos iniciáticos do sacrifício e da ressurreição; mas ele é dotado de um poder de universalidade que faz dele o antagonista da religião oficial do Império Romano; a compatibilidade entre o paganismo puro e os cultos iniciáticos, que já tinha manifestado sua precariedade, cessa quando o Cristianismo faz convergir para si as aspirações que, até então, estavam distribuídas em mistérios particulares. *[334]*

Esse antagonismo de aspectos culturais, todavia complementares, jamais cessou; ainda hoje subsiste uma relativa oposição entre uma cultura cívica e uma cultura religiosa. Ora, não há unidade possível entre essas duas vertentes da cultura no nível de seu conteúdo particular; apenas um pensamento reflexivo pode descobrir um sentido unitário dos valores nesse antagonismo; toda vontade de síntese no nível desses dois conteúdos culturais só poderia chegar a um encravamento em determinações estereotipadas; é o que mostra o exame dessas duas sínteses, bem insuficientes, que a cultura cívica, devinda religião, ou a cultura religiosa, devinda suporte de uma sociedade fechada, constituem; o pensamento maçônico fecha-se sobre si mesmo na meditação de virtudes cívicas abstratas, e a fé religiosa devém sentimento de pertencimento fariseu ao pequeno grupo de fiéis que afirma, graças ao simbolismo e ao rito, sua distinção com o outro grupo social. Um civismo que deveio religião opõe-se a uma religião que deveio civismo. Ora, apenas um pensamento capaz de instituir uma verdadeira relação *alagmática* entre esses dois aspectos da cultura é válido; ele não é, então, dogmático, mas reflexivo; o sentido dos valores desaparece nessa incompatibilidade das duas culturas; só o pensamento filosófico pode descobrir uma compatibilidade dinâmica entre essas duas forças cegas que sacrificam o homem pela cidade ou a vida coletiva pela busca individual da salvação. Sem o pensamento reflexivo, a cultura se degrada em esforços incompatíveis e não construtivos, que consomem a preocupação cívica e a busca de um destino individual num afrontamento estéril. O sentido dos valores é a recusa de uma incompatibilidade no domínio da cultura, a recusa de um absurdo fundamental no homem.

3. Problemática e busca de compatibilidade

Esse antagonismo dá lugar a uma compatibilidade possível se o *indivíduo*, ao invés de ser concebido como uma substância ou um ser precário que aspira à substancialidade, for apreendido como o *ponto singular de uma infinidade aberta de relações*. Se a relação tem valor de ser, já não há oposição entre o desejo de eternidade e a necessidade da vida coletiva. O civismo coator — sob a forma que for — é o simétrico e às vezes o antídoto de uma concepção do destino individual isolado; ele corresponde a um substancialismo do indivíduo, e opõe-se a ele aceitando-o. O trágico da escolha já não é fundamental se a escolha não é mais aquilo que faz uma cidade e um indivíduo, independentes enquanto substâncias, se comunicarem. O valor não se opõe às determinações; ele as compatibiliza. O sentido do valor é inerente à relação pela qual o homem quer resolver o conflito instituindo uma compatibilidade entre os aspectos normativos de sua existência. Sem uma normatividade elementar, de alguma maneira sofrida pelo indivíduo, e já abrigando uma incompatibilidade, não haveria *problema*; mas importa notar que a existência de uma problemática não faz sair da incompatibilidade que ela enuncia ou designa; esse problema, com efeito, não pode ser inteiramente definido nesses termos, pois não há simetria entre os termos do problema moral; o indivíduo pode viver o problema, mas só pode elucidá-lo resolvendo-o; é o *suplemento de ser* descoberto e criado sob forma de ação que posteriormente permite à consciência definir os termos nos quais o problema se colocava; a sistemática que permite pensar simultaneamente os termos do problema, quando se trata de um problema moral, só é realmente possível a partir do momento em que a solução é descoberta. *[335]*

O sujeito, ante o problema, está num nível de ser fraco demais para poder assumir a posição simultânea dos termos entre os quais uma relação se estabelecerá na ação; nessas condições, nenhum andamento intelectual puro, nenhuma atitude vital pode resolver o problema. O sentido do valor reside no sentimento que nos impede de buscar uma solução já dada no mundo ou no eu, como esquema intelectual ou atitude vital; o valor é o sentido do optativo; em nenhum caso pode-se reduzir a ação à escolha, pois a escolha é um recurso a esquemas de ações já pré-formadas e que, no instante em que eliminamos todas menos uma, são como o real já existente no porvir e que é preciso condenarmos a não ser. O sentido do valor é o que deve evitar que nos encontremos ante problemas de escolha; o problema da escolha aparece quando só resta a forma vazia da ação, quando as forças técnicas e as forças orgânicas estão desqualificadas em nós e nos aparecem como indiferentes. Se não há perda inicial das qualidades biológicas e técnicas, o problema da escolha não pode ser colocado como problema moral, pois não existem ações predeterminadas, comparáveis àqueles corpos que as almas platônicas deviam escolher para encarnar. Não há nem escolha transcendente, nem escolha imanente, pois o sentido do valor é o da autoconstituição do sujeito por sua própria ação. O problema moral que o sujeito pode colocar para si está, portanto, no nível dessa permanente mediação construtiva, graças à qual o sujeito progressivamente toma consciência do fato de que resolveu problemas, quando esses problemas foram resolvidos na ação.

4. Consciência moral e individuação ética

Poder-se-ia fazer notar que, numa semelhante concepção, a consciência moral parece não ter mais papel para desempenhar. De fato, é impossível dissociar a verdadeira consciência moral da ação; a consciência é a reatividade do sujeito relativamente a si mesmo, que lhe permite existir como indivíduo, sendo para si mesmo a norma de sua ação; o sujeito age se controlando, isto é, pondo-se na mais perfeita comunicação possível consigo mesmo; a consciência é esse retorno de causalidade do sujeito sobre si mesmo, quando uma ação optativa está a ponto de resolver um problema. A consciência moral difere da consciência psicológica na medida em que a consciência psicológica exprime a repercussão no sujeito de seus atos ou acontecimentos em função do estado presente do sujeito. Ela é o julgamento segundo uma determinação atual; ao contrário, a consciência moral reporta os atos ou os inícios de atos àquilo que o sujeito tende a ser no término desse ato; ela só pode fazer isso de modo extremamente precário, de alguma maneira "extrapolando" para dar conta da atual transformação do sujeito; ela é tanto mais fina quanto melhor consegue julgar em função do que o sujeito será; é por essa razão que há uma relativa indeterminação no domínio da consciência moral, pois a consciência moral instaura de início um primeiro tipo de reatividade, como a consciência simplesmente psicológica, e, em seguida, um segundo tipo de reatividade, que vem do fato das modalidades desse retorno de causalidade dependerem do regime de ação que elas controlam: nessa recorrência da informação, o sujeito não é um ser dotado somente de uma teleologia interna simples, mas de uma teleologia ela própria submetida a uma autorregulação: a consciência psicológica já é reguladora; a consciência moral é uma consciência reguladora submetida a uma autorregulação interna; essa consciência duplamente [336] reguladora pode ser nomeada consciência normativa. Ela é livre porque ela mesma elabora seu regime próprio de regulação. Essa liberdade não poderia ser encontrada em nenhum ser ou sistema que só dependesse de um único conjunto de condições; ela chegaria a uma indeterminação ou a uma atividade iterativa, oscilatória ou por relaxação; essa liberdade só pode ser encontrada na autocriação de um regime de compatibilidade entre condições assimétricas, como aquelas que encontramos na base da ação. Um mecanismo teleológico pode imitar o funcionamento da consciência psicológica, que pode ser instantânea; mas o mecanismo teleológico não pode imitar a consciência moral, pois ele jamais tem um condicionamento duplo e simultâneo; é preciso que o organismo e a técnica já estejam presentes, prontos para serem relacionados, para que a consciência moral possa existir. A consciência valorizadora define, portanto, um nível de atividade teleológica que não pode ser reconduzida a nenhum automatismo. A solução para o problema moral não pode ser buscada por computador.

5. Ética e processos de individuação

Certamente, as condutas automáticas e estereotipadas surgem assim que a consciência moral demissiona; então, o pensamento por espécies e gênero substitui o sentido dos valores; a classificação moral caracteriza a simples teleologia social ou orgânica, e é de ordem automática. É o que se pode descobrir ao utilizar os estereótipos nacionais como meio [*moyen*] para pensar moralmente: ao cabo de pouco tempo, chega-se a um bloqueio da consciência, mesmo psicológica, e se permanece no nível dos instintos sociais positivos ou negativos, como a xenofobia, a assimilação dos estrangeiros a seres sujos. A mesma experiência pode ser tentada com sentimentos de grupo como os das classes sociais. O que pode iludir aqui é a fácil convergência que possuem os instintos ou os sentimentos de grupo, e que parece dar-lhes o poder de resolver problemas por um consentimento coletivo facilmente obtido. Mas, de fato, os sentimentos puramente reguladores são muito menos estáveis que os valores elaborados pelos indivíduos; basta uma mudança nas circunstâncias sociais para que os estereótipos se revertam e deem lugar a uma convergência diferente; poder-se-ia comparar os sentimentos sociais àquela imantação que é fácil de produzir num metal magnético abaixo do ponto de Curie; basta um campo pouco intenso para mudar a imantação remanescente; ao contrário, se as moléculas foram imantadas acima do ponto de Curie e puderam orientar-se no campo, sendo depois resfriadas conservando essa imantação, é preciso um campo desmagnetizante bem mais intenso para desimantar o metal; é que não se trata apenas de um fenômeno de grupo, mas de uma imantação e orientação de cada molécula tomada individualmente.[1] Homens unidos pelo sentido de um mesmo valor não podem ser desunidos por uma simples circunstância orgânica ou técnica; a amizade contém um sentido dos valores que funda uma sociedade sobre outra coisa que não as necessidades vitais de uma comunidade. A amizade necessita de um exercício da consciência moral, e de um sentido da comunidade de uma ação. A comunidade é biológica, enquanto a sociedade é ética. *[337]*

Por isso mesmo, podemos compreender que as sociedades não podem existir sem comunidades, mas que a recíproca dessa afirmação não é verdadeira, e que podem existir comunidades sem sociedades; a distinção que Bergson faz entre sociedade fechada e sociedade aberta sem dúvida é válida, mas a sociedade aberta corresponde a uma dominação dos indivíduos sobre suas relações mútuas, enquanto a comunidade, forma estatutária de relação, não necessita da consciência moral para existir; toda sociedade é aberta na medida em que o único critério válido é constituído pela ação, sem que haja um σύμβολον [símbolo] de natureza biológica ou técnica para recrutar ou excluir os membros dessa sociedade. Uma sociedade cujo sentido se perde porque sua ação é impossível devém comunidade e, consequentemente, se fecha, elabora estereótipos; uma sociedade é uma comunidade em expansão, enquanto uma comunidade é uma sociedade que deveio estática; as

---

[1] Aproximação oferecida a título de comparação, não de analogia.

comunidades utilizam um pensamento que procede por inclusões e exclusões, gêneros e espécies; uma sociedade utiliza um pensamento analógico, no verdadeiro sentido do termo, e não conhece apenas dois valores, mas uma infinidade contínua de graus de valor, desde o nada até o perfeito, sem que haja oposição das categorias do bem e do mal e dos seres bons e ruins; para uma sociedade, existem somente os valores morais positivos; o mal é um puro nada, uma ausência, e não a marca de uma atividade voluntária. O raciocínio de Sócrates, οὐδεὶς ἑχὼν ἁμαρτάνει, segundo o qual ninguém faz voluntariamente o mal, é notavelmente revelador do que é a verdadeira consciência moral do indivíduo e de uma sociedade de indivíduos; com efeito, como a consciência moral é autonormativa e autoconstitutiva, ela é essencialmente posta na alternativa ou de não existir, ou então de não fazer voluntariamente o mal; a consciência moral supõe que a relação a outrem é uma relação de indivíduo a indivíduo numa sociedade.

Ao contrário, numa comunidade, as comunidades exteriores são, pelo fato de serem exteriores, pensadas como más; as categorias de inclusão e de exclusão estão contidas em seu tipo implícito, que é a interioridade ou a exterioridade relativamente à comunidade; sobre essas categorias primitivas de inclusão e de exclusão, que correspondem às ações de assimilação ou de desassimilação, desenvolvem-se categorias anexas de pureza e de impureza, de bondade e de nocividade, raízes sociais das noções de bem e de mal. Há noções simétricas aqui, como aquelas que o indivíduo vivo manifesta na oposição bipolar do assimilável e do perigoso. A bipolaridade dos valores manifesta uma comunidade; a unipolaridade dos valores manifesta uma sociedade. Aqui devemos notar que a atividade técnica não introduz uma bipolaridade dos valores a mesmo título que a atividade biológica; com efeito, para o ser que constrói, não há o bom e o mau, mas o indiferente e o construtivo, o neutro e o positivo; a positividade do valor se destaca sobre um fundo de neutralidade, e de neutralidade toda provisória, toda relativa, pois o que ainda não é útil pode devir útil segundo o gesto do indivíduo construtor que saberá utilizá-lo; ao contrário, o que recebeu um papel funcional no trabalho não pode perdê-lo e, assim, encontra-se por isso mesmo para sempre investido de um caráter de valor; o valor é irreversível e inteiramente positivo; não há simetria entre o valor e a ausência de valor. *[328]*

SEGUNDO CAPÍTULO —
INDIVIDUAÇÃO E INVENÇÃO
[339]

1. O técnico como indivíduo puro

Consequentemente, a atividade técnica pode ser considerada como uma introdutora à verdadeira razão social e como uma iniciadora no sentido da liberdade do indivíduo; com efeito, a comunidade identifica o indivíduo com sua função, que é orgânica ou técnica; porém, embora ela possa identificá-lo totalmente com sua função orgânica e seu estado orgânico (homem jovem, idoso, guerreiro), ela não pode fazê-lo aderir totalmente à sua função técnica: nos poemas homéricos, o médico é, sozinho, considerado como equivalente a vários guerreiros (πολλῶν ἀντάξιός ἐστι), e particularmente reverenciado. É que o médico é o técnico da cura; ele tem um poder mágico; sua força não é puramente social, como a do chefe ou a do guerreiro; é sua função social que resulta de seu poder individual, e não seu poder individual que resulta de sua atividade social; o médico é mais que o homem definido por sua integração ao grupo; ele é por si mesmo; ele tem um dom que é só dele, que ele não toma da sociedade e que define a consistência de sua individualidade diretamente apreendida. Ele não é apenas um membro de uma sociedade, mas um indivíduo puro; numa comunidade, ele é como que de uma outra espécie; ele é um ponto singular e não está submetido às mesmas obrigações e às mesmas interdições que os outros homens. O feiticeiro e o sacerdote são igualmente detentores de uma técnica de ordem superior, graças à qual as forças naturais são captadas ou as potências divinas são tornadas favoráveis; um único homem pode fazer face ao chefe da armada, apenas um pode impor-lhe respeito: o adivinho Tirésias é

Complemento

mais poderoso que qualquer outro ser definido por sua função, pois ele é o técnico da previsão do porvir. Mesmo um rei está atrelado à sua função, mesmo que ele seja *legibus solutus* [legislador absoluto]. O técnico, numa comunidade, aporta um elemento novo e insubstituível, o do diálogo direto com o objeto enquanto oculto ou inacessível ao homem da comunidade; pelo exterior do corpo, o médico conhece as misteriosas funções que se cumprem no interior dos órgãos. O adivinho lê nas entranhas das vítimas a sorte oculta da comunidade; o sacerdote está em comunicação com a vontade dos Deuses e pode modificar suas decisões, ou ao menos conhecer suas sanções e revelá-las.

O engenheiro, nas cidades gregas da Jônia no século VI antes de Jesus Cristo, devém o técnico por excelência; ele aporta o poder de expansão a essas cidades e é o homem εὐμήχανος ἐς τέχνας [engenhoso nas técnicas]. Tales, Anaximandro, Anaxímenes, são técnicos antes de tudo. Não se deve esquecer que a primeira aparição de um *[340]* pensamento individual livre e de uma reflexão desinteressada é, de fato, a dos técnicos, isto é, de homens que souberam se desprender da comunidade por um diálogo direto com o mundo. Tannery mostrou em sua obra intitulada *Pour une histoire de la science hellène* o papel preponderante do pensamento técnico naquilo que se nomeou "milagre grego"; o milagre é o advento, no interior da comunidade, do indivíduo puro, que reúne em si as duas condições do pensamento reflexivo: a vida orgânica e a vida técnica. Esses primeiros técnicos mostraram sua força predizendo, como fez Tales, um eclipse do sol. Não se pode confundir técnica e trabalho; com efeito, o trabalho, perdendo seu caráter de operação sobre um objeto oculto, não é mais uma técnica, propriamente falando; o verdadeiro técnico é aquele que é um mediador entre a comunidade e o objeto oculto ou inacessível. Hoje nomeamos técnicos os homens que na realidade são trabalhadores especializados, mas que não põem a comunidade em relação com um domínio oculto; uma técnica absolutamente elucidada e divulgada não é mais uma técnica, mas sim um tipo de trabalho; os "especialistas" não são verdadeiros técnicos, mas sim trabalhadores; hoje a verdadeira atividade técnica está no domínio da pesquisa científica que, por ser pesquisa, está orientada pa-

Nota complementar sobre as consequências da noção de individuação   519

ra objetos ou propriedades de objetos ainda desconhecidos. Os indivíduos livres são aqueles que efetuam a pesquisa e instituem, com isso, uma relação com o objeto não social.

2. A OPERAÇÃO TÉCNICA COMO CONDIÇÃO DE INDIVIDUAÇÃO. INVENÇÃO E AUTONOMIA; COMUNIDADE E RELAÇÃO TRANSINDIVIDUAL TÉCNICA

O nexo do Homem ao mundo pode, com efeito, efetuar-se seja através da comunidade, pelo trabalho, seja do indivíduo ao objeto, num diálogo direto que é o esforço técnico: o objeto técnico assim elaborado define uma certa cristalização do gesto humano criador e o perpetua no ser; o esforço técnico não está submetido ao mesmo regime temporal que o trabalho; o trabalho se esgota em seu próprio cumprimento, e o ser que trabalha aliena-se em sua obra, ele toma mais e mais distância relativamente a si mesmo; ao contrário, o ser técnico realiza a convocação de uma disponibilidade que permanece sempre presente; o esforço alastrado no tempo, ao invés de se dissipar, constrói discursivamente um ser coerente que exprime a ação ou a sequência de ações que o constituiu, e as conserva sempre presentes: o ser técnico medeia o esforço humano e lhe confere uma autonomia que a comunidade não confere ao trabalho. O ser técnico é participável; como sua natureza não reside apenas em sua atualidade, mas também na informação que ele fixa e que o constitui, ele pode ser reproduzido sem perder essa informação; então, ele é de uma fecundidade inesgotável enquanto ser de informação; está aberto a todo gesto humano para utilizá-lo ou recriá-lo, e se insere num elã de comunicação universal. Os Sofistas compreenderam e exprimiram esse valor do esforço técnico que libera o homem da comunidade e faz dele um verdadeiro indivíduo. O homem não é somente ζῷονπολιτικόν [animal político], ele também é ζῷον τεχνικόν [animal técnico], e a comunicação do pensamento técnico é impressão do caráter de universalidade mesmo em suas formas mais frustas ou mais elementares. Auguste Comte marcou a inerência dos "germes necessários de positividade" à operação técnica. *[341]*

A operação técnica realiza, com efeito, o que o trabalho ou as outras funções comunitárias não podem realizar: a reatividade do ato; a atividade construtiva dá ao homem a imagem real de seu ato, pois o que atualmente é objeto da construção devém meio [*moyen*] de uma construção ulterior, graças a uma mediação permanente; é esse regime contínuo e aberto do tempo do esforço técnico que permite ao indivíduo ter a consciência reativa de sua própria ação, e dele mesmo ser sua própria norma. Com efeito, as normas técnicas são inteiramente acessíveis ao indivíduo sem que ele deva recorrer a uma normatividade social. O objeto técnico é válido ou não válido segundo seus caráteres internos que traduzem o esquematismo inerente ao esforço pelo qual ele foi constituído. Uma normatividade intrínseca dos atos do sujeito, que exige sua coerência interna, define-se a partir da operação técnica inventiva. Essas normas jamais bastam para produzir a invenção, mas sua imanência ao sujeito condiciona a validez de seu esforço. A única maneira do técnico agir é livremente, pois a normatividade técnica é intrínseca relativamente ao gesto que a constitui; ela não é exterior à ação ou anterior a ela; mas tampouco a ação é anômica, pois ela só é fecunda se for coerente, e essa coerência é sua normatividade. Ela é válida enquanto existe verdadeiramente em si mesma, e não na comunidade. A adoção ou a recusa de um objeto técnico por uma sociedade nada significa a favor ou contra a validez desse objeto; a normatividade técnica é intrínseca e absoluta; pode-se até notar que é pela técnica que a penetração de uma nova normatividade, numa comunidade fechada, é possibilitada. A normatividade técnica modifica o código dos valores de uma sociedade fechada, porque existe uma sistemática dos valores, e toda sociedade fechada que, admitindo uma nova técnica, introduz os valores inerentes a essa técnica está, por isso mesmo, operando uma nova estruturação de seu código dos valores. Como não há comunidade que não utilize técnica alguma ou que jamais introduza técnicas novas, não existe comunidade totalmente fechada e inevolutiva.

Todo grupo social é um misto de comunidade e de sociedade, definindo enquanto comunidade um código de obrigações extrínsecas relativamente aos indivíduos e, enquanto sociedade, uma interioridade relativamente aos indivíduos. O esforço comunitário

Nota complementar sobre as consequências da noção de individuação e o esforço técnico são antagonistas numa sociedade determinada; as forças comunitárias tendem a incorporar as técnicas num sistema de obrigações sociais, assimilando o esforço técnico a um trabalho; mas o esforço técnico obriga a comunidade a sempre retificar sua estrutura para incorporar criações sempre novas, e ele submete a julgamento, segundo seus próprios valores, a estrutura da comunidade, analisando seus caráteres dinâmicos que essa estrutura predetermina. O tecnicismo positivista é um exemplo muito nítido da maneira pela qual semelhante pensamento introduz valores novos na comunidade. Uma sociologia que, acreditando apreender a realidade humana em sua especificidade, elimina a consideração do indivíduo puro e, consequentemente, das técnicas em sua gênese, define o social pela obrigação, mas deixa de lado uma parte importante da realidade social, parte que pode devir preponderante em certos casos. A realidade coletiva é indissociavelmente comunitária e social, mas esses dois caráteres são antagonistas, e a sociologia monista não pode dar conta desse antagonismo.

Seria falso considerar que a comunidade só reage contra a influência dissolvente do indivíduo que busca satisfazer desejos egoístas; um inventor ou um homem da ciência não é mais egoísta que um pintor ou um poeta; no entanto, a comunidade [342] aceita o pintor e o poeta, mas recusa a invenção, porque há na invenção algo que está para além da comunidade e institui uma relação transindividual, indo de indivíduo a indivíduo sem passar pela integração comunitária garantida por uma mitologia coletiva. A relação imediata entre os indivíduos define uma existência social no sentido próprio do termo, enquanto a relação comunitária não faz os indivíduos se comunicarem diretamente uns com os outros, mas constitui uma totalidade pelo intermédio da qual eles se comunicam indiretamente e sem consciência precisa de sua individualidade. Uma teoria da comunidade deixa escapar o dinamismo da sociedade dos indivíduos; a sociologia, para ser completa, deve integrar um estudo das técnicas. O humanismo deve igualmente, como o humanismo dos Sofistas, integrar um estudo das técnicas.

Poder-se-ia objetar que a criação técnica é coisa rara e que, em certas condições, a conduta individual só pode ser muito excepcional; entretanto, há uma irradiação dos valores em torno de uma conduta, e uma conduta não está isolada na soma das ações do indivíduo, tampouco um indivíduo está isolado no meio social em que existe; é da natureza mesma do indivíduo comunicar, fazer irradiar em torno de si a informação que propaga o que ele cria; é isso que é possibilitado pela invenção técnica, que é ilimitada no espaço e no tempo; ela se propaga sem enfraquecer-se, mesmo quando se associa a um outro elemento, ou se integra a um todo mais complexo; a obra do indivíduo, com efeito, pode se propagar de duas maneiras para além do próprio indivíduo: como obra técnica propriamente dita ou como consequência dessa obra sob a forma de uma modificação das condições coletivas de existência, que implicam exigências e valores. Assim, a invenção de um meio [*moyen*] rápido de comunicação não é aniquilada pela descoberta de um meio [*moyen*] mais rápido; mesmo que os procedimentos técnicos sejam totalmente transformados, subsiste uma continuidade dinâmica que consiste em que a introdução na comunidade do primeiro modo de transporte desenvolveu uma exigência de rapidez que serve para promover com força o segundo modo: o primeiro criou a função e a inseriu no conjunto dos dinamismos da comunidade. Em certa medida, todo dispositivo técnico modifica a comunidade e institui uma função que torna possível o advento de outros dispositivos técnicos; ele se insere, portanto, numa continuidade que não exclui a mudança, mas a estimula, porque as exigências estão sempre à frente das realizações. Por isso, o ser técnico se converte em civilização; além do mais, um ser técnico, mesmo pouco integrado na comunidade, vale como objeto a ser compreendido; ele exige um tipo de percepção e de conceitualização que visa a compreender o ser técnico recriando-o; o ser técnico existe, portanto, como um germe de pensamento, abrigando uma normatividade que se estende bem além de si mesmo. O ser técnico constitui então, nessa segunda maneira, uma via que transmite de indivíduo a indivíduo uma certa capacidade de criação, como se existisse um dinamismo comum a todas as buscas e uma sociedade dos indivíduos criadores de seres técnicos.

Essa segunda direção é igualmente própria para fazer do ser técnico um elemento de civilização. A civilização é, então, o conjunto dos dinamismos da comunidade e dos dinamismos das diferentes sociedades que encontram no mundo dos seres técnicos uma condição de compatibilidade. Mesmo que a noção de progresso não possa ser aceita diretamente e deva ser elaborada por um trabalho reflexivo, certamente é essa compatibilidade da comunidade e das sociedades que encontra um sentido na noção de desenvolvimento [343] progressivo. O progresso é o caráter do desenvolvimento que integra num todo o sentido das sucessivas descobertas descontínuas e da unidade estável de uma comunidade. É pelo intermédio do progresso técnico que comunidade e sociedade podem ser sinérgicas. Enfim, a consistência própria do ser técnico se constitui como uma realidade em expansão na continuidade temporal do universo técnico, onde uma dupla solidariedade, simultânea e sucessiva, liga os seres técnicos uns aos outros por um condicionamento mútuo; poder-se-ia falar de uma ressonância interna do universo técnico, na qual cada ser técnico intervém efetivamente como condição de existência real dos outros seres técnicos; assim, cada ser técnico é como um microcosmo que abriga, em suas condições de existência monádica, um número enorme de outros seres técnicos válidos; uma causalidade circular cria uma reciprocidade das condições de existência que dá ao universo técnico sua consistência e sua unidade; essa unidade atual prolonga-se por uma unidade sucessiva que torna a humanidade comparável a este homem de que fala Pascal, que sempre aprenderia sem jamais esquecer. O valor do diálogo do indivíduo com o objeto técnico é, então, o de conservar o esforço humano e de criar um domínio do transindividual distinto da comunidade, no qual a noção de liberdade ganha um sentido, e que transforma a noção de destino individual, mas não a aniquila. O caráter fundamental do ser técnico é integrar o tempo a uma existência concreta e consistente; nisso ele é o correlativo da autocriação do indivíduo.

Sem dúvida, esse aspecto do objeto técnico não era totalmente desconhecido; uma forma particular do objeto técnico como germe de civilização foi reconhecida e reverenciada há muito tempo: o objeto estético artificial, ou ainda objeto de arte. As origens religiosas e mágicas do objeto de arte teriam bastado para indicar seu valor; mas deve-se notar que o objeto de arte desprendeu-se de suas origens e deveio instrumento puro de comunicação, meio [*moyen*] livre de expressão, mesmo no tempo em que o poeta ainda era *vates* [profeta]. No entanto, o estatuto de existência do objeto estético é precário; ele se reinsere na vida da comunidade de maneira oblíqua, e só é aceito se corresponde a um dos dinamismos vitais já existentes. Todo artista permanece o Tirteu de uma comunidade;[NT] o último recurso consiste em formar uma comunidade de gente de gosto, um cenáculo de autores e de críticos experimentados que cultivam a arte pura; mas aí a arte pura devém o σύμβολον dos membros dessa comunidade, e por isso mesmo ela perde seu caráter de pureza; ela se fecha sobre si mesma. O surrealismo foi a última tentativa para salvar a arte pura; esse esforço tem um nobilíssimo sentido; não nos compete dizer se o surrealismo foi paralisado por seu próprio esforço e, apesar dele, terminou num esteticismo; mas gostaríamos de notar que as vias liberadoras do surrealismo conduzem à construção de um objeto estável, auto-organizado como um autômato, independente de seu criador e indiferente àquele que o encontra. O surrealismo está na maneira, hiperfuncional por assim dizer, de construir o objeto; esse objeto não é útil nem agradável; ele é consistente e voltado a si mesmo, absurdo por não ser submetido à obrigação de significar numa outra realidade que não a sua.

Ele é dotado de ressonância interna, sensível até na forma poética ou na pintura. O objeto surrealista é uma máquina absoluta. Nenhuma função, nem mesmo a da γοητεία [encanto], lhe é essencial. Para que o acaso o produza, é preciso um encontro que quebre a finalidade natural de um conjunto e faça aparecer um ser destacado de sua função e, consequentemente, absoluto, "insólito". O objeto surrealista tende para um *[344]* surreal positivo, e uma

---

[NT] [A lenda diz que os espartanos, por determinação do oráculo de Delfos, solicitaram um conselheiro ateniense para comandá-los na Guerra do Peloponeso. Os atenienses, não querendo ajudar os espartanos, mas respeitando a indicação do oráculo, enviaram o poeta e professor de letras Tirteu (século VII a.C.), considerado fraco intelectualmente, ignorante nas artes da guerra e coxo. Apesar disso, as elegias épicas de Tirteu são testemunho da vitória final de Esparta.]

das vias desse surreal é a do ser técnico, insólito pelo fato de que ele é novo e está para além do útil. O ser técnico reproduzido e divulgado pela indústria perde seu valor surreal na medida em que a anestesia do uso cotidiano retira a percepção dos caráteres singulares do objeto. Visto como utensílio, o ser técnico não tem mais sentido para o indivíduo. A comunidade se apropria dele, normaliza-o e lhe dá um valor de uso que é estranho à sua essência dinâmica própria. Mas todo objeto técnico pode ser reencontrado pelo indivíduo cujo "gosto técnico" e cuja "cultura técnica" são suficientemente desenvolvidos. Assim, o objeto técnico é um surreal, mas ele só pode ser sentido como tal caso seja apreendido pelo indivíduo puro, por um homem capaz de ser criador, e não por um utilizador que trata o objeto técnico enquanto mercenário ou escravo.

3. A INDIVIDUAÇÃO DOS PRODUTOS DO ESFORÇO HUMANO

Até aqui, só tentamos analisar o objeto técnico pela via indireta de seu nexo ao homem que o produz ou o utiliza, sem tentar definir sua estrutura e seu dinamismo internos. Ora, se o nexo do objeto ao homem apresenta, nesse caso, os caráteres de uma relação, deve-se encontrar no objeto técnico uma estrutura e um dinamismo humano analógicos. Esses dois caráteres internos do objeto técnico não podem ser compreendidos caso se confunda o objeto técnico com a ferramenta, o que o faz perder sua individualidade e, por isso mesmo, seu valor próprio; a ferramenta, como Piaget notavelmente mostrou a partir de considerações arqueológicas e etnográficas, é destituída de individualidade própria porque ela é enxertada sobre um membro de um outro organismo individualizado que ela tem por função prolongar, reforçar, proteger, mas não substituir. Uma luneta de aproximação não é um ser técnico dotado de individualidade própria, porque ela supõe o olho e só tem sentido dinâmico em frente a um olho:* seu dinamismo está

---

* Ou em frente a um aparelho fotográfico que prepara a visão que o olho observará.

inacabado; ela é feita para ser manipulada e regulada pelo indivíduo que vê ou pelo fotógrafo, que são homens. Uma pinça é o prolongamento delicado e duro das unhas humanas ou das mãos humanas. Um martelo é um punho insensível e endurecido. A evolução das formas do martelo de porta[NT] mostra que no início ele era concebido como uma mão segurando uma bola de bronze, o pulso sendo substituído por um pivô fixado à porta. Em sua origem, a chave grega era um braço adelgaçado, terminado por um gancho, que se introduzia numa fenda estreita da porta, pela qual se podia pegar o fecho interior. Teócrito descreve a sacerdotisa levando sobre seu ombro a chave de um templo, insígnia de sua função e de sua majestade. A chave moderna ainda é, de alguma maneira, um gancho para abrir uma porta. Inversamente, os motores, ao invés de serem prolongamentos do indivíduo humano, são seres que aportam do exterior uma energia disponível segundo a necessidade do indivíduo; eles são dotados de exterioridade relativamente à estrutura e à dinâmica do indivíduo. Por isso aparecem desde a origem como que dotados de individualidade; o escravo é o primeiro modelo de qualquer motor; ele é um ser que abriga em si mesmo sua completa organização, sua autonomia orgânica, mesmo quando sua ação é submetida a uma dominação acidental; o animal domesticado também é um organismo. Mesmo através da degradação do estado de domesticação ou de escravidão, *[345]* o motor orgânico e vivo conserva de sua espontaneidade natural uma inalienável individualidade. O escravo cego fugindo ao longo da estrada de Lárissa é um indivíduo, assim como o animal furioso, que voltou a devir selvagem ao perigo de sua vida. A revolta dos animais e dos escravos, apesar dos golpes e da forca patibular, mostra que os motores orgânicos têm uma autonomia, uma natureza que ao menos pode manifestar sua autonomia pelo furor destrutivo, para além de toda estimativa dos perigos ou das chances. Apesar da célebre definição, um escravo jamais é completamente uma ferramenta que fala: a ferramenta não tem individualidade.

[NT] [Tradução literal de *marteau de porte*, em português também chamado de "aldraba".]

Nota complementar sobre as consequências da noção de individuação

Ora, o ser técnico é mais que ferramenta e menos que escravo; ele possui uma autonomia, mas uma autonomia relativa, limitada, sem verdadeira exterioridade relativamente ao homem que o constrói. O ser técnico não tem natureza; ele pode ser um análogo funcional do indivíduo, mas jamais um verdadeiro indivíduo orgânico. Suponhamos que uma máquina seja dotada, por seus construtores, dos mais perfeitos mecanismos teleológicos, e que ela seja capaz de efetuar os mais perfeitos trabalhos, os mais rápidos; essa máquina, funcionalmente equivalente a milhares de homens, não será, no entanto, um verdadeiro indivíduo; a melhor máquina de calcular não tem o mesmo grau de realidade que um escravo ignorante, porque o escravo pode revoltar-se, e a máquina não; a máquina, relativamente ao homem, não pode ter verdadeira exterioridade, pois não tem, em si mesma, verdadeira interioridade. A máquina pode desregrar-se e então apresentar as características de funcionamento análogas à conduta louca num ser vivo. Mas ela não pode se revoltar. A revolta implica, com efeito, uma profunda transformação das *condutas finalizadas*, e *não um desregramento da conduta*. A máquina é suscetível de condutas autoadaptativas; porém, entre uma conduta autoadaptativa e uma *conversão*, subsiste uma diferença que nenhuma semelhança exterior pode mascarar: o homem é capaz de conversão, no sentido em que ele pode mudar de *fins* no curso de sua existência; a individualidade está para além do mecanismo teleológico, já que ela pode modificar a orientação dessa finalidade. Ao contrário, a máquina é tanto mais perfeita quanto mais o seu automatismo lhe permite, segundo sua finalidade predeterminada, regular-se a si mesma. Mas a máquina não é autocriadora. Mesmo supondo-se que, em curso de funcionamento, a máquina regula seus próprios mecanismos teleológicos, apenas obtém-se uma máquina que, por meio dessa teleologia agindo sobre uma teleologia, é capaz de integrar, a título de dados, os resultados das etapas precedentes do funcionamento; é uma máquina que *reduz* mais e mais a margem de indeterminação de seu funcionamento segundo os dados do meio, e conforme um determinismo convergente. Essa máquina, consequentemente, se adapta. Mas a adaptação é possível segundo dois processos opostos: aquele que acabamos de evocar é o adestramento, que chega a uma conduta cada vez mais estereotipada e a uma ligação cada vez mais estreita com um meio determinado. A segunda forma de adaptação é a aprendizagem, que, ao contrário, aumenta a disponibilidade do ser relativamente aos diferentes meios nos quais ele se encontra, desenvolvendo a riqueza do sistema de símbolos e de dinamismos que integram a experiência passada segundo um determinismo divergente. Neste segundo caso, aumenta a quantidade de informação que caracteriza a estrutura e a reserva de esquemas contidos no ser; os sucessivos saltos bruscos, que podem ser nomeados de *conversões*, marcam os momentos em que, tendo a quantidade de informações não integradas devindo muito grande, o ser unifica-se mudando de estrutura interna para adotar uma nova estrutura que integra a informação acumulada. *[346]*

Esse caráter de descontinuidade, essa *existência de limiares*, não se manifesta no autômato, porque o autômato não muda de estrutura; ele não incorpora à sua estrutura a informação que adquire; jamais há incompatibilidade entre a estrutura que ele possui e a informação que ele adquire, porque sua estrutura determina de antemão qual tipo de informação ele pode adquirir; então, jamais há para o autômato um verdadeiro problema de integração, mas somente uma questão de colocar em reserva uma informação por definição integrável, já que ela é homogênea relativamente à estrutura da máquina que a adquiriu. O indivíduo, ao contrário, possui uma faculdade aberta de adquirir informação, mesmo que essa informação não seja homogênea relativamente à sua estrutura atual; no indivíduo, portanto, subsiste certa margem entre a estrutura atual e as informações adquiridas que, sendo heterogêneas relativamente à estrutura, necessitam de refundições sucessivas do ser, e o poder de questionar a si mesmo. Essa capacidade de ser si mesmo um dos termos do problema que se tem de resolver não existe para a máquina. A máquina tem questões a resolver, não problemas, pois os termos da dificuldade que a máquina tem de resolver são homogêneos; ao contrário, o indivíduo tem de resolver uma dificuldade que não está expressa em termos de informação homogênea, mas que compreende um termo objeto e um termo sujeito. É por essa razão que o mecanismo teleológico dos seres técnicos é universalmente constituído por uma causalidade circular: o sinal da diferença entre o escopo perseguido e o resultado efetivamente atingido é reportado aos órgãos de comando da máquina de maneira a comandar um funcionamento que diminui a distância que causou o sinal. Essa causalidade reativa adapta a máquina; mas, no caso do indivíduo, o sinal não é aquele de uma distância entre um resultado efetivo e um resultado visado: é aquele de uma dissimetria entre duas finalidades, uma realizada sob forma de estrutura, outra imanente a um conjunto de informações ainda enigmáticas e, no entanto, valorizadas.

A clareza e a compatibilidade só aparecem no sistema virtual se o problema for resolvido graças a uma mudança de estrutura do sujeito individual, segundo uma ação que cria uma verdadeira relação entre o indivíduo anteriormente estruturado e sua nova carga de informação. A noção de adaptação permanece insuficiente para dar conta da realidade do indivíduo; trata-se, de fato, de uma autocriação por saltos bruscos que reformam a estrutura do indivíduo. O indivíduo não encontra em seu meio apenas elementos de exterioridade aos quais deve adaptar-se como uma máquina automática; ele encontra também uma informação valorizada que questiona a orientação de seus próprios mecanismos teleológicos; ele a integra por transmutação de si mesmo, o que o define como ser dinamicamente ilimitado. A problemática individual está para além do nexo entre o ser e seu meio; essa problemática, com efeito, exige soluções por ultrapassamento, e não por redução de uma distância entre um resultado e um escopo. A problemática individual só pode se resolver por construções, aumento de informação segundo um determinismo divergente, e não por um cálculo. Todas as máquinas são como máquinas de calcular. Sua axiomática é fixa durante toda a duração de uma operação, e o cumprimento da operação não reage sobre a axiomática. Ao contrário, o indivíduo é um ser no qual o cumprimento da operação reage sobre a axiomática, por crises intensas que são uma refundição do ser. A continuidade do funcionamento da máquina opõe-se à continuidade entrecortada de descontinuidades que caracteriza a vida do indivíduo. [347]

Por essa razão, a reflexão deve recusar a identificação entre o autômato e o indivíduo. O autômato pode ser o equivalente funcional da *vida*, pois a vida comporta funções de automatismo, de autorregulação, de homeostasia, mas o autômato não é jamais o equivalente funcional do *indivíduo*. O autômato é comunitário, e não individualizado como um ser vivo capaz de questionar a si mesmo. Uma comunidade pura se conduziria como um autômato; ela elabora um código de valores destinados a impedir as mudanças de estrutura e a evitar a colocação de problemas. As sociedades, ao contrário, que são agrupamentos sinérgicos de indivíduos, têm por sentido procurar resolver problemas. Elas questionam sua própria existência, enquanto as comunidades procuram perseverar em seu ser. Norbert Wiener analisou a maneira pela qual os poderes de rigidez de uma comunidade asseguram sua homeostasia. A comunidade tende a automatizar os indivíduos que a compõem, dando-lhes uma significação funcional pura. Aí, então, a capacidade que possui o indivíduo de se questionar é perigosa para a estabilidade da comunidade; nada garante, com efeito, o sincronismo das transformações individuais, e a relação interindividual pode ser rompida por uma iniciativa individual pura. Outrossim, como um coeficiente formal superior que condiciona o valor funcional de um indivíduo na comunidade, a *estabilidade afetiva* devém o critério fundamental que permite a permanente integração do indivíduo ao grupo; essa garantia de continuidade é também uma garantia de automatismo social. Essa estabilidade é o correlativo da capacidade de adaptação a uma comunidade. Ora, essas qualidades de adaptação direta por assimilação e de estabilidade emocional definem o autômato perfeito. Toda civilização tem necessidade de uma certa taxa de automatismo para garantir sua estabilidade e sua coesão. Ela também necessita do dinamismo das sociedades, as únicas capazes de uma adaptação construtiva e criativa, para não se fechar sobre si mesma numa adaptação estereotipada, hipertélica e inevolutiva. Ora, o ser humano é um autômato assaz perigoso, que sempre corre o risco de inventar e de se dar novas estruturas. A máquina é um autômato superior ao indivíduo humano enquanto autômato, porque ela é mais precisa em seus mecanismos teleológicos, e mais estável em suas características.

4. A ATITUDE INDIVIDUANTE NA RELAÇÃO DO HOMEM AO SER TÉCNICO INVENTADO

Pode-se então perguntar quais valores estão engajados na relação do indivíduo ao ser técnico. Gostaríamos de mostrar que toda tentativa para constituir uma relação simétrica entre o homem e o ser técnico é destrutiva tanto para os valores do indivíduo quanto para os do ser técnico. Pode-se tentar, com efeito, identificar a máquina ao indivíduo, ou o indivíduo à máquina, de maneira igualmente destrutiva. No primeiro caso, a máquina devém uma propriedade do homem, que se vangloria de sua criatura e só a produz para submetê-la a necessidades ou a usos de cada indivíduo, satisfeito com seus servidores mecânicos até mesmo em suas fantasias mais singulares: o gosto pelo maquinismo na vida cotidiana às vezes corresponde a um desejo desregrado de comandar dominando. O homem se conduz por entre as máquinas como um mestre por entre os escravos, por vezes desejando saborear em sua desmesura o espetáculo de sua destruição dramática e violenta. Esse singular despotismo de civilizado manifesta uma identificação possível do homem com seres mecânicos [348]. Os jogos de circo reencontram-se nas competições de máquinas, e os combates de gladiadores, nos enfrentamentos de *stockcars*. O cinema gosta de mostrar terríveis destruições de seres mecânicos. A visão das máquinas pode ganhar um feitio épico; o homem reencontra nisso uma certa primitividade. No entanto, precisamente essa atitude de superioridade do homem para com a máquina corresponde sobretudo aos lazeres, à folga do homem que a comunidade não mais constrange, e que encontra uma compensação no despotismo fácil sobre os objetos mecânicos submetidos.

A atitude inversa e complementar é a do homem em sua função comunitária: aí ele serve a máquina, e ele se integra a esta máquina mais vasta que é a comunidade, servindo sua máquina particular segundo os valores fundamentais do código do automatismo (por exemplo, a rapidez das respostas aos sinais). Por vezes, a própria máquina porta, ela mesma, os registradores que permitirão à comunidade julgar a conduta do homem no trabalho (caixa-preta). A relação do ser individual à comunidade, numa civilização fortemente industrializada, passa pela máquina. Aqui a máquina assimila o homem a si, definindo as normas comunitárias. Ademais, uma normatividade suplementar é oriunda da máquina quando esta última é utilizada para a classificação dos indivíduos conforme suas performances ou suas aptidões; sem dúvida, jamais é a máquina que julga, pois ela é puro autômato e só é utilizada para calcular. Entretanto, para poder utilizar a máquina, é preciso que os homens, em seu nexo à máquina, exprimam-se segundo sistemas de informação que são facilmente traduzíveis, com a codificação da máquina, num conjunto de sinais que têm um sentido para a máquina (isto é, que correspondem a um funcionamento determinado). Essa necessidade para a ação humana de ser traduzível em linguagem de automatismo chega a uma valorização da estereotipia das condutas. Enfim, a própria quantidade de informação, numa relação de indivíduo a indivíduo, devém um obstáculo à transmissão dessa informação por uma via que utiliza o automatismo. Por exemplo, uma civilização que adapta seus meios [*moyens*] de comunicação a uma transmissão automática das mensagens é conduzida a substituir a expressão direta e particular dos sentimentos nas circunstâncias comunitárias já submetidas a usos por fórmulas mais perfeitamente estereotipadas, inscritas em pequeno número sobre um borderô no gabinete de partida e impressas sobre fórmulas já prontas no gabinete de chegada; basta então transmitir o endereço do destinatário, o número da fórmula e o nome do remetente. Aqui, o indivíduo atípico é paralisado em sua escolha, pois nenhuma fórmula prevista responde exatamente ao que ele teria querido exprimir. O atípico que causa um grande dispêndio de informação à comunidade é um ser deficitário a partir do momento em que a informação é transmitida indiretamente de indivíduo a indivíduo pelo intermédio de um dispositivo que utiliza o automatismo; uma voz muito grave, muito aguda ou rica em harmônicos, é mais deformada pela transmissão telefônica ou pelo registro que uma voz cujas frequências médias se situam nas bandas telefônicas e que não põem na aparelhagem nenhum problema difícil relativo à transmodulação. A normalidade devém uma norma, e o caráter médio, uma superioridade, numa comunidade onde os valores têm um sentido estatístico.

Ora, essas duas atitudes inversas de estereotipia e de fantasia, de despotismo privado e de subserviência comunitária relativamente ao objeto técnico vêm do fato de que a relação entre o homem e a máquina não é realmente dissimétrica. Ela é uma dupla assimilação, não uma relação analógica construtiva. Consideremos, ao contrário, a relação nobre entre o homem e a máquina: ela visa a não degradar nem um *[349]* nem outro dos dois termos. Sua essência reside no fato de que essa relação tem valor de ser: ela tem uma função duplamente genética, para com o homem e para com a máquina, enquanto, nos dois casos precedentes, a máquina e o homem já estavam inteiramente constituídos e definidos no momento em que se encontravam. Na verdadeira relação complementar, é preciso que o homem seja um ser inacabado que a máquina completa, e a máquina um ser que encontra no homem sua unidade, sua finalidade e sua ligação ao conjunto do mundo técnico; homem e máquina são mutuamente mediadores, porque a máquina possui em seus caráteres a integração à espacialidade e a capacidade de salvaguardar informação através do tempo, enquanto o homem, por suas faculdades de conhecimento e seu poder de ação, sabe integrar a máquina a um universo de símbolos que não é espaçotemporal, e no qual a máquina jamais poderia ser integrada por si mesma. Entre esses dois seres assimétricos se estabelece uma relação graças à qual uma dupla participação é realizada; há um quiasma entre dois universos que permaneceriam separados; poder-se-ia notar que a máquina é oriunda do esforço humano e que ela consequentemente faz parte do mundo humano; mas, de fato, ela incorpora uma natureza, é feita de matéria e se encontra diretamente inserida no determinismo espaçotemporal; mesmo oriunda do trabalho humano, ela conserva, quanto ao seu construtor, uma relativa independência; ela pode passar a outras mãos, pode devir a cadeia de uma série que seu inventor ou seu construtor não haviam previsto. Além do mais, uma máquina só ganha seu sentido num conjunto de seres técnicos coordenados, e essa coordenação só pode ser pensada e construída pelo homem, pois não está dada na natureza.

O homem confere à máquina a integração ao mundo construído, no qual ela encontra sua definição funcional por sua relação às outras máquinas; mas é a máquina, e cada máquina em particular, que confere sua estabilidade e sua realidade a esse mundo construído; ela traz do mundo natural a condição de materialidade, de espaçotemporalidade, sem a qual o mundo não teria qualquer espessura ou consistência. Para que essa relação possa existir entre o homem e a máquina, é preciso uma dupla condição no homem e na máquina. No homem, é preciso uma cultura técnica, feita do conhecimento intuitivo e discursivo, indutivo e dedutivo, dos dispositivos que constituem a máquina, implicando a consciência dos esquemas e das qualidades técnicas que estão materializadas na máquina. O homem deve conhecer a máquina segundo um conhecimento adequado, em seus princípios, seus detalhes e sua história; então, ela não mais será para ele um simples instrumento ou um criado que jamais protesta. Toda máquina cristaliza certo número de esforços, intenções, esquemas, e investe tal ou qual aspecto da natureza dos elementos químicos. Seus caráteres são mistos de esquemas técnicos e de propriedades dos elementos constituintes da matéria, e das leis de transformação da energia. A verdadeira cultura técnica exige um saber científico; ela conduz a não menosprezar nenhum ser técnico, mesmo antigo; sob caráteres exteriores fora de moda ou vetustos, ela reencontra o sentido de uma lei científica e a propriedade de um elemento material; o ser técnico apreende em sua realidade definida uma certa mediação entre o homem e o mundo natural; é essa mediação que a cultura técnica permite apreender em sua autêntica realidade.

Pode-se desenvolver um gosto técnico, comparável ao gosto estético e à delicadeza moral. Muitos homens, por falta de cultura, conduzem-se de maneira primitiva e grosseira em sua relação às máquinas. A estabilidade de uma civilização que comporta um número cada vez maior de seres técnicos não poderá ser atingida *[350]* enquanto a relação entre o homem e a máquina não for equilibrada e marcada de sabedoria, segundo uma *medida* interior que somente uma tecnologia cultural poderá dar. O frenesi de possessão e a desmesura de utilização das máquinas são comparáveis a um verdadeiro desregramento dos costumes. As máquinas são tratadas como bens de consumo por uma humanidade ignorante e grosseira, que se lança com avidez sobre tudo que apresenta um caráter de novidade exterior e artificial, para repudiá-lo tão logo o uso tenha esgotado as qualidades de novidade. O homem cultivado deve ter um certo respeito pelo ser técnico, precisamente porque ele conhece sua verdadeira estrutura e seu funcionamento real.

À delicadeza cultural do homem devem corresponder a *verdade* e a *autenticidade* da máquina. Ora, enquanto o gosto humano está corrompido, a civilização industrial não pode produzir máquinas verdadeiramente autênticas, porque essa produção está submetida às condições comerciais da venda; ela deve curvar-se, então, às condições da opinião e do gosto coletivo. Ora, se considerarmos as máquinas que nossa civilização libera ao uso do indivíduo, veremos que seus caráteres técnicos estão obliterados e dissimulados por uma retórica impenetrável, recobertos por uma mitologia e uma magia coletivas que custosamente se chega a elucidar ou a desmistificar. As máquinas modernas utilizadas na vida cotidiana são em grande parte instrumentos de adulação. Existe uma sofisticada apresentação que busca dar um feitio mágico ao ser técnico, para adormecer as potências ativas do indivíduo e levá-lo a um estado hipnótico, no qual ele degusta o prazer de comandar uma turba de escravos mecânicos, frequentemente pouco diligentes e fiéis, mas sempre aduladores. Uma análise do caráter "luxuoso" dos objetos técnicos mostraria quanta enganação eles abrigam: sobre um grande número de aparelhos, o fetichismo do quadro de comando dissimula a pobreza dos dispositivos técnicos, e sob uma impressionante carenagem ocultam-se singulares negligências da fabricação. Sacrificada a um gosto depravado, a construção técnica é uma arte de fachada e de prestidigitação. O estado de hipnose estende-se desde a compra até a utilização; na própria propaganda comercial, o ser técnico já está revestido de uma certa significação comunitária: comprar um objeto é adquirir um título para fazer parte desta ou daquela comunidade; é aspirar a um gênero de existência que se caracteriza pela possessão desse objeto; o objeto é cobiçado como um signo de reconhecimento comunitário, um σύμβολον (símbolo), no sentido grego do termo. Depois, o estado de hipnose se prolonga na utilização e o objeto jamais é conhecido em sua realidade, mas apenas por aquilo que ele representa.

A comunidade oferece, assim, ao lado das duras coações que ela impõe ao indivíduo, uma compensação que o impede de se revoltar e de ter uma consciência aguda de seus problemas: o estado de inquietude, sempre latente, é sempre diferido pela hipnose técnica, e a vida do indivíduo se escoa num balanço entre as coações da rigidez social e os estados gratificantes que a comunidade fornece pela encantação técnica. Esse estado é estável, porque a comercialização da indústria encontra uma via mais fácil na ação sobre a opinião coletiva do que na verdadeira pesquisa e nos aperfeiçoamentos técnicos reais, que não teriam valor comercial algum enquanto permanecessem incompreendidos pela maioria, que só é informada pelas vias comerciais. Para romper esse círculo vicioso, não basta dizer que o homem deve comandar a máquina ao invés de se deixar submeter por ela; é preciso compreender que, se a máquina submete o homem, é na medida em que *[351]* que o homem degrada a máquina fazendo dela uma escrava. Se, ao invés de buscar numa máquina estados de hipnose, ou uma fonte fácil de maravilhas para o ignorante, o homem associar a máquina aos estados nos quais ele é verdadeiramente ativo e criador, como é o caso na pesquisa científica, o aspecto comunitário da máquina poderá desaparecer. Se considerarmos as máquinas que são utilizadas na pesquisa científica, veremos que, mesmo quando elas utilizam um automatismo muito complexo, não submetem o homem e tampouco são submetidas por ele; elas não são objeto de consumo e tampouco são seres destinados a produzir um trabalho predeterminado em seus resultados, esperado e exigido pela comunidade que faz pesar sua obrigação sobre o indivíduo. Nessas condições, a máquina está integrada à cadeia causal do esforço humano; o fim desse esforço ultrapassa a máquina que se aciona. A máquina, então, realiza a mediação relativamente ao objeto da pesquisa, e não relativamente à comunidade. Ela se apaga do campo de percepção do indivíduo; ele não aciona a máquina; ele age sobre o objeto e observa o objeto através da máquina. Graças à máquina, institui--se um ciclo que vai do objeto ao sujeito e do sujeito ao objeto: a máquina prolonga e adapta um ao outro, sujeito e objeto, através de um encadeamento complexo de causalidades. Ela é ferramenta, enquanto permite ao sujeito agir sobre o objeto, e instrumento, enquanto aporta ao sujeito sinais vindos do objeto; ela veicula, amplifica, transforma, traduz e conduz num sentido uma ação e, em sentido inverso, uma informação; ela é de uma só vez ferramenta e motor. O caráter recíproco dessa dupla relação faz com que o homem não se aliene na presença dessa máquina; ele permanece homem e ela permanece máquina. Relativamente ao objeto, a posição do homem e a posição da máquina não são simétricas; a máquina tem uma ligação imediata com o objeto, e o homem, uma relação mediata. O objeto e o homem é que são simétricos relativamente à máquina. O homem cria a máquina para que ela institua e desenvolva a relação. É por essa razão que a relação à máquina só é válida se ela atravessa a máquina para ir, não ao homem sob forma comunitária, mas a um objeto. A relação do homem à máquina é assimétrica porque essa máquina institui uma relação simétrica entre o homem e o mundo.

5. Caráter alagmático do objeto técnico individuado

Uma atitude que consistiria em considerar que a máquina pode ser verdadeiramente conhecida e apreendida como gesto humano cristalizado deixaria escapar o caráter próprio da máquina; ela a confundiria com a obra de arte.

A identificação da máquina ao homem ou do homem à máquina só pode se produzir se a relação se esgota na ligação do homem com a máquina. Mas se a relação é realmente de três termos, o termo mediador permanece distinto dos termos extremos. É a ausência do termo objeto que cria a possibilidade de dominação do homem sobre a máquina ou da máquina sobre o homem.

Se a verdadeira essência da máquina é instituir essa comunicação, é em termos de informação que é preciso definir uma máquina a fim de poder analisá-la, e não segundo sua utilização prática; com efeito, tipos de máquinas idênticas podem ser empregados em indústrias e para fins práticos extremamente diferentes; qualquer tecnologia que partisse de um princípio de classificação oriundo de ofícios ou [352] de indústrias chegaria certamente a um fracasso na tentativa que visa constituir uma verdadeira cultura tecnológica. A máquina não se deixa conhecer por sua incorporação a uma comunidade profissional. O ser técnico só pode ser definido em termos de informação e de transformação das diferentes espécies de energia ou de informação, isto é, por um lado como veículo de uma ação que vai do homem ao universo e, por outro, como veículo de uma informação que vai do universo ao homem. A tecnologia cultural devém um misto de energética e de teoria da informação. A Cibernética, teoria inspirada em grande medida por considerações tiradas do funcionamento das máquinas, seria uma das bases da tecnologia se ela não tivesse privilegiado desde o início um misto de ação e de informação que é o *feedback*, ou ação em retorno (causalidade recorrente); uma máquina, com efeito, pode existir sem comportar nenhuma relação entre a cadeia de causalidade que veicula a ação e a cadeia de causalidade que veicula a informação; quando comporta tal ligação, ela contém um automatismo; mas existem máquinas que não são autômatos, ou que pelo menos só comportam automatismos para funções secundárias ou temporárias e ocasionais (por exemplo, aquelas que garantem a segurança, o servocomando, ou o telecomando).

A noção de reação, que já é uma noção sintética, é extremamente útil, mas não é uma noção primeira; ela só ganha todo seu sentido numa teoria mais geral das transformações, que se pode nomear alagmática geral. A máquina é um ser alagmático. Ora, uma teoria pragmatista, preocupada com a ação, só vê na máquina o papel de motor comandado pelo homem e agindo sobre o mundo; a recorrência de informação pela qual a máquina leva mensagens do mundo ao indivíduo é considerada como natural e funcionalmente subordinada ao papel motor. Ora, o *feedback* não dá conta do papel informador de toda máquina, no sentido em que a informação pode ser anterior à ação do indivíduo. Não há uma necessária anterioridade dessa ação sobre a informação; a cibernética, considerando a informação como o sinal da distância entre o resultado da ação e o escopo da ação, no *feedback*, corre o risco de levar a que se subestime o papel da informação direta, que não está inserida na recorrência do *feedback* e que não necessita de uma iniciativa ativa do indivíduo para se formar. Essa informação direta, inversamente à informação recorrente, não comporta uma referência à ação do sujeito e, consequentemente, não é valorizada enquanto marca de um sucesso ou de um fracasso. Quando a informação do *feedback* chega, ela se insere como uma forma nesse fundo de informação não recorrente, tanto que o indivíduo se encontra em presença de duas informações: uma informação ampla e permanente, que o insere no mundo como meio; e uma informação estreita e temporária, até mesmo instantânea, que está eminentemente ligada à ação, variável como ela, e sempre renovada como a ação. Essa informação, que é de tipo recorrente, não comporta tamanha riqueza quanto a precedente, mas, ao contrário, define-se por alguns sinais concretos, porém muito simples (cor, forma, atitude), que, em razão de sua fraca riqueza em informação, podem ser facilmente substituídos, ou rapidamente modificados, sem necessitar de um grande dispêndio de energia nervosa no operador, ou de uma transmissão muito complexa na máquina.

A diferença entre esses dois tipos de informação devém extremamente sensível assim que se é obrigado a traduzi-las ambas numa forma única que permita compará-las; a diferença entre os dois papéis se manifesta, então, como uma diferença [353] considerável entre as quantidades de informação. Assim, as indicações que um piloto de avião recebe do altímetro só valem como *feedback*, permitindo ao piloto regrar sua ação de descida ou subida segundo as indicações da agulha sobre o mostrador; elas se inserem como forma num fundo que é a visão global e sintética da região percorrida, e até mesmo do estado da atmosfera ou do teto de nuvens; esse *feedback* deve ser tanto mais preciso quanto mais importantes forem as consequências práticas do gesto motor do piloto; por exemplo, o altímetro simples das altas altitudes não pode servir para apreciar a distância do avião relativamente à pista no momento da aterrissagem; emprega-se, então, um dispositivo que emite ondas eletromagnéticas que se refletem no solo e retornam com certo retardo, apreciado graças a uma variação da frequência de emissão com a qual a frequência de onda refletida pode bater: o sinal é constituído por esse batimento. Nesse primeiro caso, seja qual for o sistema técnico empregado, o princípio é sempre o mesmo: apreender uma grandeza variável segundo os resultados da ação do indivíduo e reconduzir ao sujeito o sinal que indica o resultado dessa ação relativamente a um termo de referência fixo e que faz parte do escopo. O sinal, então, pode ser apresentado ao sujeito segundo uma escala intensiva ou extensiva simples, correspondendo a um eixo orientado sobre o qual um ponto ou uma linha figura o escopo, e um outro ponto ou uma outra linha figura o resultado da ação. Essa informação pode ser representada pelo deslocamento de um índice frente a uma graduação.

Muito pelo contrário, caso se trate de transmitir a informação relativa ao fundo e não à forma, nenhum procedimento de informação suscetível de inscrever-se sobre uma escala linear bipolar pode ter êxito: a simultaneidade de uma multiplicidade é necessária, e o indivíduo é o centro que integra essa multiplicidade. Todos os procedimentos se chocam com a necessidade de decompor a totalidade em elementos simples transmitidos isoladamente, de que esse isolamento da singularidade seja realizado por uma multidão de transmissões simultâneas e independentes (como nos primeiros dispositivos de televisão) ou pela distribuição num ciclo que assegure um sincronismo na saída e na chegada (cada elemento tendo tido seu instante no ciclo), supondo-se a informação invariável durante um ciclo. Como nesse caso não é a máquina que desempenha o papel de integrador, mas sim o sujeito, a necessidade de levar fundos, e não formas, ao sujeito se traduz por uma enorme quantidade de informação a ser transportada. É essa enorme quantidade de informação a ser coletada e transmitida, sem integrá-la, que limita a sutileza da detecção eletromagnética pelo radar, o que confere graves problemas à transmissão de imagens moventes em televisão, obrigando-a a adotar videofrequências muito elevadas e tanto maiores quanto mais elevada é a definição da imagem. A quantidade de informação necessária à transmissão só pode ser diminuída graças a uma codificação do mundo a ser percebido, codificação conhecida do sujeito, o que corresponde a um recurso a uma percepção de formas sobre um fundo que já é conhecido e que não necessita mais ser transmitido. Assim, é possível substituir a observação do terreno e das regiões percorridas de avião por um mapa sobre o qual o piloto faz o ponto mediante relações de fase entre os sinais vindos de três estações de emissão eletromagnética dispostas em triângulo, como no sistema de navegação Decca, Shoran ou, atualmente, pelas rádio-balizas.[NT] Aqui, o piloto traz um análogo da região sobrevoada (o mapa), e graças a uma formalização do mundo, conhecido e adotado por convenção (a construção dos três emissores e do dispositivo de sincronização que os liga), o piloto realiza sobre o mapa uma integração muito mais facilitada, porque [354] ele opera sobre elementos já abstratos; há aqui duas integrações concêntricas: uma primeira integração fundamental do mapa do mundo, graças à qual o mapa pode ter uma significação, e uma segunda integração dos sinais recebidos no mapa trazido, que é mais fácil porque a informação já está selecionada pela passagem do mundo concreto ao mapa e dos sinais visuais múltiplos às três ondas hertzianas em nexo de fase. O trabalho se faz aqui sobre uma imagem (o mapa) e sobre símbolos (os sinais provenientes dos emissores sincronizados). Isso é válido graças a uma dupla localização, uma pela qual o mapa é reconhecido como imagem de tal região, pelo piloto, e outra pela qual os pilares dos três emissores sincronizados foram, de fato, construídos em tal local do território geográfico, e não noutro. As fontes dos símbolos estão localizadas na imagem, o que estabelece uma coerência sem a qual a pilotagem não seria possível.

A presença do mundo, então, jamais é eliminada pela utilização da máquina; mas a relação ao mundo pode ser fracionada e passar pelo intermédio de vários estágios de simbolização, relação à qual corresponde uma construção técnica que distribui ao longo do mundo demarcações válidas segundo uma percepção pelo intermédio da máquina; essa percepção não é muito mais automática que a percepção direta pelos órgãos sensoriais; mas ela corresponde a uma integração por patamares e é especializada, em certa medida, segundo cada tipo de atividade. Mas o concreto, mesmo fracionado, permanece sendo o concreto; o nexo do fundo e da forma é inalienável. A pura artificialidade conduziria à confusão do fundo e da forma, tanto que o indivíduo se encontraria an-

[NT] [Também conhecidas como radiofarol.]

te um mundo simplificado onde não mais haveria universo nem objeto. A percepção do indivíduo totalmente integrado na comunidade é, em alguma medida, uma percepção abstrata como essa; ao invés de resgatar o objeto do mundo, ela recorta o mundo segundo categorias que correspondem às classificações da comunidade e estabelece liames de participação afetiva entre os seres segundo essas categorias comunitárias. Somente uma profunda educação tecnológica no nível do indivíduo pode resgatar do confusionismo da percepção comunitária estereotipada. Uma imagem não é um estereótipo.

Os valores implicados na relação do indivíduo à máquina deram lugar a muitas confusões, porque o recente desenvolvimento das máquinas e sua utilização pelas comunidades modificou o nexo do indivíduo à comunidade: essa relação, que outrora era direta, agora passa pela máquina, e o maquinismo está ligado em certa medida ao comunitarismo; a noção de trabalho não é mais diretamente um valor comunitário, porque a passagem do esforço humano através de uma organização mecânica afeta o trabalho num coeficiente relativo a esse trabalho: o *rendimento*; uma moral do rendimento está se constituindo, que será uma moral comunitária de uma nova espécie. O esforço individual não é intrinsecamente válido: também é preciso que uma certa graça extrínseca, que se concretiza na fórmula do rendimento, o torne eficaz. Essa noção tem um certo poder invasivo e se desdobra, largamente, para além das operações comerciais ou mesmo industriais; ela afeta todo sistema educativo, todo esforço e todo trabalho. Certa ressurgência comunitária do pragmatismo confere à ética um novo tipo de heteronomia dissimulada sob a figura de um desejo de racionalidade ou de preocupações concretas. Quando uma ideia ou um ato são rechaçados porque julgados ineficazes e de pouco rendimento, na realidade é porque representam uma iniciativa individual criadora e porque a comunidade se insurge com um permanente instinto [355] misoneísta contra tudo que é singular. O misoneísmo visa ao novo, mas sobretudo naquilo que ele apresenta de singular, logo, de individual. O novo, coletivo, tem direito de cidadania sob a forma da moda; ele até mesmo se encontra eminentemente valorizado pela comunidade. É o novo individual que é perseguido e expulso como privado de rendimento. O critério de rendimento é impressão da subjetividade coletiva e manifesta a graça que a comunidade concede ou recusa à criação individual. Não é porque uma civilização ama o dinheiro que ela se ata ao rendimento, mas é por ser primeiramente civilização do rendimento que ela devém civilização do dinheiro quando certas circunstâncias fazem desse modo de troca o critério concreto do rendimento.

Ora, apesar das aparências, uma civilização do rendimento, a despeito das aparentes liberdades cívicas que ela deixa para os indivíduos, é extremamente coercitiva para eles e impede seu desenvolvimento, pois submete simultaneamente o homem e a máquina; através da máquina, ela realiza uma integração comunitária coercitiva. Não é contra a máquina que o homem, sob a dominação de uma preocupação humanista, deve se revoltar; o homem só está submetido à máquina quando a própria máquina já está submetida pela comunidade. E como existe uma coesão interna do mundo dos objetos técnicos, o humanismo deve visar a liberar esse mundo dos objetos técnicos que são chamados para devirem mediadores da relação do homem ao mundo. Até hoje, o humanismo não pôde incorporar muito a relação da humanidade ao mundo; essa vontade que o define, de reduzir ao ser humano tudo o que as diversas vias de alienação lhe arrancaram, descentrando-o, permanecerá impotente enquanto não compreender que a relação do homem ao mundo e do indivíduo à comunidade passa pela máquina. O antigo humanismo permaneceu abstrato porque só definia a posse de si pelo cidadão, e não pelo escravo; o humanismo moderno permanece sendo uma doutrina abstrata quando ela crê salvar o homem de toda alienação lutando contra a máquina "que desumaniza". Ela luta contra a comunidade acreditando lutar contra a máquina, mas ela não pode chegar a nenhum resultado válido porque acusa a máquina daquilo pelo que esta não é responsável. Desdobrando-se em plena mitologia, essa doutrina se priva do mais forte e mais estável auxiliar, que daria uma dimensão ao humanismo, uma significação e uma abertura que nenhuma crítica negativa jamais lhe oferecerá. Segundo a via de pesquisa que é aqui apresentada, devém possível buscar um sentido dos valores de outro jeito que não na interioridade limitada do ser individual redobrado sobre si mesmo e negando os desejos, tendências ou instintos que o convidam a exprimir-se ou a agir fora dos seus limites, sem por isso se condenar a aniquilar o indivíduo frente à comunidade, como faz a disciplina sociológica. Entre a comunidade e o indivíduo isolado sobre si mesmo, existe a máquina, e essa máquina está aberta sobre o mundo. Ela vai além da realidade comunitária para instituir a relação com a Natureza. *[356]*

SUPLEMENTOS

[521]

ANÁLISE DOS CRITÉRIOS DA INDIVIDUALIDADE*
[523]

NOTA PRELIMINAR

O objeto deste estudo é inseparável de seu método. Uma relação de condicionamento recíproco liga, com efeito, a realidade de seu objeto à validez do andamento empregado. Fazemos uso de um único postulado, que tem uma significação ontológica e um valor lógico (ou epistemológico); supomos, com efeito, que a verdadeira relação é parte integrante do ser.

Esse postulado não deve ser considerado como um recurso a um método ou a uma doutrina que supõe a identidade do racional e do real. Tentaremos, com efeito, mostrar que os sistemas dialéticos não comportam uma crítica suficientemente profunda da noção de substância, e que um substancialismo latente não lhes permitiu pensar de maneira adequada a realidade do indivíduo. Aliás, antes de começar o estudo do indivíduo, desejamos essencialmente indicar que este trabalho tentará se espraiar na hipótese de que nem o realismo, nem o nominalismo são rigorosamente válidos. Este trabalho gostaria de chegar a uma crítica dos universais, e particularmente a um questionamento do pensamento que supõe a classificação por gêneros comuns e diferenças específicas. Segundo a doutrina que será apresentada, os caráteres genéricos ou específicos são parte integrante do indivíduo da mesma manei-

---

* Texto correspondente a uma das primeiras versões da reflexão, que abria a tese, e abandonada pelo próprio desenvolvimento deste pensamento, que fundamentalmente reporta à individuação o que concerne ao indivíduo ou à individualidade. Ele estaria no lugar do atual primeiro capítulo da primeira parte.

ra que os mais singulares elementos que distinguem um indivíduo dos outros indivíduos. *Só pode haver ciência do indivíduo*, tal seria a consequência epistemológica desta pesquisa. Uma nova normatividade poderia ser descoberta a partir dessa consequência.

Queremos ultrapassar a antítese entre o nominalismo e o realismo, mostrando que essas doutrinas não são válidas para a *relação*, que pode ser conhecida *analogicamente*. Na medida em que o indivíduo comporta uma relação constitutiva, é de um tal modo de conhecimento que ele depende.

A oposição entre o monismo e o dualismo não pode subsistir numa apreensão do indivíduo; o dualismo ainda é monístico demais para poder ser conservado; ele supõe um substancialismo. *[524]*

Objeto do estudo concernente ao indivíduo

Qualquer noção carregada de sentido pela reflexão pode ser tomada como objeto de estudo sem necessidade de rigorosa justificação; contudo, o interesse da escolha pode provir essencialmente de duas fontes: a noção pode ser um ponto de fuga para o qual convergem outros problemas que ela governa; então, a noção escolhida é apreendida como símbolo de uma dificuldade privilegiada em torno da qual as outras pesquisas se organizam; na sequência do exame, uma nova sistemática do pensamento reflexivo se institui, e uma nova topologia do universo filosófico é proposta; assim, o problema tem o mérito de concentrar em torno de sua formulação uma pluralidade de interrogações em que se manifesta a intenção filosófica; seu papel é lógico e normativo. Ele visa operar uma reunião das *instâncias constitutivas* cujo poder foi definido por Bacon na pesquisa indutiva das essências. Essa via é a que seguem Aristóteles e Kant quando examinam a natureza do conhecimento. Mas a esse andamento de lógica normativa e indutiva opõe-se um uso da problemática na qual a consideração de uma dificuldade tem mais valor de princípio que de critério, e na qual a noção central possui o poder de concretizar-se numa pluralidade de termos reais, envolvidos ou não numa problemática anterior.

É esse método que Descartes emprega quando, partindo do problema do conhecimento, encontra no desenvolvimento desse problema os princípios da construção progressiva do mundo do saber. Aí, então, a consideração da gênese do problema é apenas secundária; ela pode ser relativa e arbitrária sem que esse caráter afete a atividade ulterior. Como a decisão na moral provisória, a escolha nocional primitiva é investida de um valor autojustificativo; ela se define mais pela operação que a constitui do que pela realidade que ela visa objetivamente, como a hipótese cosmogônica dos turbilhões, que não precisa ser verdadeira para ser válida.

Essa é a ordem que gostaríamos de seguir; apesar das aparências imediatas, talvez ela seja parente mais próxima do método das ciências que a ordem diretamente indutiva. Toda ciência desenvolvida, como a física, manifesta uma capacidade de transformar progressivamente uma teoria em hipóteses, depois em realidades quase diretamente tangíveis. A prestigiosa obra de formalização do saber não deve fazer com que se esqueça da capacidade, não menos essencial das ciências, de concretizar o abstrato realizando-o. As teorias corpusculares, ainda puramente abstratas em Leucipo, Demócrito, Epicuro e Lucrécio, passam durante o século XIX no nível mais concreto das teorias especializadas, como a teoria cinética dos gases, a teoria da eletrólise, a teoria atômica em química e a explicação do movimento browniano; hoje em dia, é quase possível falar de uma realidade corpuscular ou, mais exatamente, de uma multidão de realidades corpusculares sobre as quais técnicos e pesquisadores agem para impor-lhes acelerações, concentrações, desvios mensuráveis e previsíveis. Ora, não se pode dizer que o progresso dos conhecimentos se restringiu a reconhecer como fundada uma teoria antiga apenas verificando as hipóteses que ela permite formular: a atividade científica verdadeiramente constituiu o concreto a partir do abstrato, pois o concreto que verifica as hipóteses é um concreto de uma espécie particular: não é o de um *fato*, mas o de um *efeito* que não existiria fora do universo de pensamento e de ação criado por esse mesmo desenvolvimento da ciência. É nesse sentido que o andamento científico é autojustificável, não [525] logicamente, porém realmente, ao constituir seu objeto com o real. Nosso desejo seria seguir esse segundo método para

Análise dos critérios da individualidade

tratar o problema do indivíduo. O pensamento filosófico não está limitado a uma investigação indutiva; para que ele mesmo possa controlar a validez de seus andamentos, ele deve ser construtivo na ordem de realidade e de ação que o define. Como retorno da consciência do sujeito sobre si mesma, ele deve operar sua conversão particular do abstrato para o concreto, produzindo um sistema de *efeitos axiológicos* que constituem a autojustificação particular de uma obra reflexiva. Essa necessidade de fechar, pela ética, o ciclo que vai do concreto ao abstrato, para voltar à integração no concreto construído, Platão traduziu pela imagem do "longo desvio"; ao cabo da μακρὰν ὁδόν ["a longa via", "o longo caminho"], a consciência filosófica reencarna-se no sensível.

MÉTODO DO ESTUDO CONCERNENTE AO INDIVÍDUO

A precedente distinção entre um método indutivo e um método construtivo exclui a possibilidade de um processo intelectual que partiria de uma pluralidade de casos nos quais se manifesta um problema do indivíduo para ir em direção a uma unidade da essência do indivíduo, unidade cuja descoberta poderia apresentar-se como solução do problema. Ao contrário, partiremos do simples para ir ao complexo, e do abstrato para ir ao concreto. Esse método exige uma lógica, ou antes uma definição de critérios que permitam delimitar o objeto de pesquisas de maneira não ambígua; mas, por conta do caráter autojustificativo e autoconstrutivo desse pensamento, nenhuma norma exterior ao campo de realidade escolhido poderá ser empregada. Por isso, resolvemos partir de um domínio já constituído, no qual as normas de um pensamento válido já foram determinadas pelo progresso de uma experiência construtiva: a *física*, antes da *biologia*, da *sociologia* e da *psicologia*, oferece o exemplo de um pensamento ao mesmo tempo bastante rico e formalizado para que se lhe possa demandar que ele mesmo forneça seus critérios de validez. Tendo tentado, então, apreender por um lado o papel epistemológico da noção de indivíduo nesse domínio, e por outro o ou os conteúdos fenomenológicos aos quais ela remete, buscaremos transferir os resultados dessa primeira prova para os domínios lógica e ontologicamente ulteriores. Se essa transferência for parcial ou totalmente impossível, o conhecimento das razões dessa impossibilidade deverá ser integrado à posição do problema. O método *analógico* ou *paradigmático* que essas sucessivas transferências supõem não se funda sobre um postulado ontológico que seria, por exemplo, a racionalidade do real, ou uma lei universal de exemplaridade, de tipo platônico, menos ainda um monismo panteísta implícito; ao contrário, ele se funda sobre a busca de uma estrutura e de uma operação características da realidade que se deve nomear indivíduo; se essa realidade existe, ela pode ser suscetível de formas e níveis diferentes, mas deve autorizar a transferência intelectual de um domínio a um outro, mediante as conversões necessárias; as noções que será preciso ajuntar para passar de um domínio ao domínio seguinte serão, então, características da ordem de realidade que faz o conteúdo desses domínios. A ontologia do indivíduo será desvelada pelo devir de sua epistemologia, e os princípios de uma axiologia possível nascerão desse exame, na medida em que ele fornecerá um fundamento para uma postulação de valor capaz de integrar, num único ato de autoconstituição, uma consciência da realidade ontológica e da significação epistemológica. *[526]*

Princípio do estudo concernente ao indivíduo

A realidade do indivíduo, em qualquer nível que seja apreendida, é primeiramente regida por um princípio exterior e negativo que se pode nomear *princípio do determinismo energético*, ou ainda princípio de conservação energética. Se consideramos um sistema físico de um ponto de vista macroscópico, o princípio de conservação da energia (generalizado, caso se deseje um rigor absoluto, pela introdução de um parâmetro que exprima em unidades de energia as variações de massa que o sistema poderia sofrer no curso das transformações energéticas) é absolutamente válido, ou seja, não considera o devir interior ao sistema segundo o qual os indivíduos aparecem ou desaparecem no curso das diversas transformações sucessivas. Sem dúvida, seria ilusório buscar a essência

Análise dos critérios da individualidade

profunda do indivíduo numa torção do princípio do determinismo energético, mesmo afirmando que essa torção é extraordinariamente leve, como Bergson procura fazer para salvaguardar a noção de uma liberdade psíquica. Descartes, num tempo em que a noção de energia cinética não estava nem claramente definida, nem precisamente medida, e ainda era confundida com a quantidade de movimento, havia acreditado poder recolocar a possibilidade de uma iniciativa absoluta da *res cogitans* ["coisa pensante"] sobre a capacidade de impor uma variação de direção *sem aumento ou diminuição de trabalho* às partes menos densas do corpo, isto é, aos *espíritos animais*, que são rigorosamente *res extensa* ["coisa extensa"] e não participam de jeito algum da *res cogitans*. Sem dúvida nenhuma, o princípio da inércia não permite seguir Descartes nessa teoria da relação entre as duas substâncias, mas o exemplo do pensamento cartesiano, com todos os esforços destinados a resolver as dificuldades do bissubstancialismo, é uma ilustração exemplar de um trabalho destinado a fundar uma teoria da distinção e das relações entre a essencial interioridade de um ser indivisível e todo o resto do mundo. Devemos observar particularmente que Descartes não procura fundar, por um lado, a distinção e, por outro, a relação sobre dois princípios diferentes, o que voltaria a conceder uma facilidade; é contra tal facilidade que Descartes luta quando recusa o recurso às *espécies impressas* que comodamente lhe ofereciam uma referência às doutrinas da Escola. Por ter recusado a aparente simplificação que fôra um recurso ao misto como termo mediato da relação entre as substâncias Pensamento e Extensão, Descartes teve de deixar uma falha subsistir em seu sistema; todavia, ao preço dessa imperfeição, encontra-se salvaguardada uma unidade de método infinitamente mais rica em significação e fecunda em desenvolvimentos: o *princípio de conservação* é afirmado tanto da substância Pensamento quanto da substância Extensão. Particularmente, Descartes desenvolveu as consequências do princípio de conservação no domínio das grandezas que medem as modificações da *res extensa* (teoria das máquinas simples), enquanto Malebranche aplicou esse mesmo princípio de conservação às modificações da *res cogitans*, em particular no estudo da atenção; em Descartes, por haver conservação do que hoje nomeamos trabalho, o deslocamento do ponto de aplicação de uma força cuja direção é paralela a esse deslocamento é inversamente proporcional à intensidade da força; outrossim, em Malebranche, a extensão do objeto conhecido e a clareza inteligível do pensamento que o conhece variam em proporção inversa, como a intensidade de iluminação produzida por um feixe luminoso varia em proporção *[527]* inversa à extensão sobre a qual ele é distribuído; o pensamento se conserva, mas pode se concentrar focalizando ou se alastrar devindo difuso. Aliás, Descartes já havia implementado o princípio da conservação da mesma quantidade de pensamento ao estabelecer as regras do raciocínio; o raciocínio justo e construtivo tira sua fecundidade do fato de não ser uma tautologia; porém, por essa mesma razão, ele não pode controlar sua validez mediante o princípio de identidade: de fato, Descartes recorreu a um princípio análogo ao princípio de conservação nas máquinas simples; assim como a máquina cartesiana é aquela que opera uma *transformação* no curso da qual o trabalho se conserva porque a máquina está em estado de permanente equilíbrio ao longo de toda a transformação, também o raciocínio é rigoroso quando opera um "transporte de evidência" de uma proposição à proposição seguinte; o raciocínio cartesiano não repousa sobre a *identidade*, mas sobre a *equivalência*; ele opera uma *transferência sem perda* do sentido de uma proposição ao sentido da proposição seguinte. É por essa razão que uma doutrina como a dos animais-máquinas parecia natural a Descartes: uma representação mecanicista das operações vitais não podia lhe parecer uma redução a um nível inferior de realidade, pois o próprio pensamento desenrola suas operações as mais autênticas segundo um princípio de conservação análogo àquele que opera nas máquinas, simples e, consequentemente, perfeitas.

No entanto, o pensamento cartesiano parece não ter podido levar o princípio de conservação até suas últimas consequências; ele anunciou dois princípios de conservação particulares, um para a *res extensa*, outro para a *res cogitans*, e apenas esboçou uma generalização do princípio de conservação para os casos das trocas entre as duas substâncias: é o sentido da tendência, sensível a Descartes no fim de sua vida, admitindo a existência de uma ideia

Análise dos critérios da individualidade

da união da alma e do corpo; mas essa doutrina não foi inteiramente explicitada, e é sobretudo nas doutrinas do paralelismo psicofisiológico, em Espinosa, ou da noção individual concreta em Leibniz, que o prolongamento dessa linha de pesquisas poderia ser seguido. Apenas a ética de Descartes poderia aportar algumas luzes a esse assunto, notadamente aquela que se extrai das *Paixões da alma* ou da correspondência com Elisabeth. Só o fato de Descartes não querer, em absoluto, distinguir o fundamento do juízo de perfeição do fundamento do juízo de realidade mostra a possibilidade de uma transferência que legitima uma extensão do princípio de conservação. Aliás, é sobre tal princípio que repousam as duas demonstrações da existência de Deus, pois a da "Quinta meditação" cairia sob o golpe da crítica de Kant caso não repousasse sobre a da "Terceira meditação". A transferência ontológica é válida porque uma primeira transferência foi definida e operada: aquela que conduz da infinitude e da perfeição apreendidas não como conceitos separados de seu objeto, mas como verdadeiras realidades, ao todo da divindade da qual elas já eram partes integrantes; a transferência é possível porque há passagem não do conceito à coisa, mas de uma realidade parcial a uma realidade total; em nenhum momento o juízo muda de modalidade; é no realismo epistemológico que o andamento começa e acaba, pois esse andamento não é uma dedução, mas uma transferência; o argumento ontológico só é válido na medida em que utiliza a reversibilidade de uma transferência já cumprida, como numa máquina simples um trabalho motor pode ser convertido em trabalho de resistência por uma mudança ínfima do sentido do deslocamento, o que é o enunciado da própria condição de reversibilidade. Assim, temos no *[528]* cartesianismo o exemplo de um pensamento que utilizou um princípio de *conservação* graças ao qual relações outras que não a identidade ou a alteridade, a saber, a equivalência ou a transferência das propriedades da parte ao todo, podem ser logicamente pensadas. Isso se deu apenas quando o nexo entre uma operação e uma estrutura foi considerado por Descartes e retomado por Espinosa na teoria do franqueamento das vias, destinada a explicar a memória corporal e os hábitos, com a sempre presente preocupação da reversibilidade, graças à qual um ato dá lugar à determinação de um traço, e um traço, à determinação ulterior de um ato.

Tal é a via, amplamente aberta por Descartes, que gostaríamos de seguir ao abordar uma teoria do indivíduo. Mas o *princípio de conservação* sozinho não pode ser suficiente para fundar uma pesquisa, pois ele é essencialmente negativo: ele impede que se suponha a intervenção de um termo estranho na relação do indivíduo ao meio, na relação do indivíduo a si mesmo ou na relação do indivíduo a outro indivíduo; mas ele não permite descrever o que é o indivíduo considerado em sua estrutura e suas operações; ele dificilmente permite constituir uma rigorosa hierarquia dos diferentes níveis da individualidade, e se comporta mais como uma precaução epistemológica do que como um princípio constitutivo.

Eis por que o segundo princípio, essencialmente positivo, não poderá ser descoberto na simples inspeção formal das condições do conhecimento do indivíduo, mas deverá ser buscado na análise direta das mais simples formas da individualidade, apreendidas pelas condições de sua gênese. Nesse sentido, tentaremos estabelecer que, no próprio nível da individualidade física, há um certo feixe de condições que não podem ser confundidas com a essência do indivíduo, mas que são mais que uma simples ocasião de produção do indivíduo, porque prolongam sua existência após o aparecimento do indivíduo sob a forma de caráteres inerentes ao indivíduo: o indivíduo incorpora e concretiza as condições nas quais ele nasceu, tanto que se pode considerar a gênese de um indivíduo como um tipo de transferência de realidade, uma outra repartição de matéria e de energia, com uma relativa reversibilidade das condições e do condicionado. Nesse sentido, a gênese do indivíduo não pode ser identificada a uma descrição empírica e exterior das condições: a gênese do indivíduo deve ser considerada como uma mudança de estado, na qual o estado inicial não é a *causa* do estado final, mas antes seu *equivalente anterior*. Caso esse ponto de vista seja aceitável, ele não apenas leva a considerar todo indivíduo como complementar de um meio, mas permite comparar o conjunto assimétrico formado pelo indivíduo e seu meio complementar com um outro conjunto, a saber, o sistema inicial a partir do qual se constituiu a passagem para o segundo estado do siste-

Análise dos critérios da individualidade

ma, no qual o indivíduo é distinto de seu meio. Trataremos, então, da gênese do indivíduo pela teoria da equivalência nas trocas que comportam a transformação de um sistema. Pode-se nomear essa teoria de *alagmática*.

ALAGMÁTICA*
[529]

A *alagmática* é a teoria das operações. Na ordem das ciências, ela é simétrica à teoria das estruturas, constituída por um conjunto sistematizado de conhecimentos particulares: astronomia, física, química, biologia.

Não se pode designar cada ramo da *alagmática* por um domínio objetivo, como estudo da matéria, estudo da vida... Em compensação, um jeito primitivo, mas útil, de distinguir suas especificações consiste em se servir das ciências já constituídas para denominar intervalos. Um intervalo significa, com efeito, a possibilidade de um nexo, e um nexo implica operação. Obteríamos assim a alagmática físico-química, a alagmática psicofisiológica, a alagmática mecânico-termodinâmica. Porém, o problema dessa nomenclatura concreta é que podemos ignorar certas operações que poderiam ser teorizadas caso um outro princípio de classificação permitisse descobri-las.

Talvez fosse mais conveniente definir as grandes categorias de operações, os diferentes tipos de dinamismos transformadores que o estudo objetivo revela, e tentar classificá-los conforme suas características intrínsecas.

Talvez, enfim, o escopo teórico fosse atingido se pudesse ser definido um só tipo fundamental de operação, cujas operações particulares fossem todas extraídas como casos mais simples: os graus de simplicidade definiriam, então, uma hierarquia que seria um princípio rigoroso de classificação.

---

* Texto conservado nos manuscritos preparatórios de Simondon.

Alagmática

É tão difícil definir uma operação quanto definir uma estrutura de outro jeito que não por um exemplo. Todavia, sendo uma estrutura dada como o resultado de uma construção, pode-se dizer que a operação é aquilo que faz uma estrutura aparecer ou que modifica uma estrutura. A operação é o complemento ontológico da estrutura e a estrutura é o complemento ontológico da operação. O *ato* contém a operação e a estrutura de uma só vez; e também, segundo a vertente do ato sobre a qual incide a atenção, ele retém o elemento operação ou o elemento estrutura, deixando seu complemento de lado. Assim, quando o geômetra traça uma paralela a uma reta por um ponto tomado fora dessa reta, o geômetra presta atenção, na totalidade de seu ato, ao elemento estrutural, o único que interessa ao pensamento geométrico, a saber, o fato de que é uma reta que é traçada, e com tal relação a uma outra reta. A estrutura do ato é aqui o paralelismo de uma reta relativamente a uma outra reta. Mas o geômetra também poderia prestar atenção ao aspecto de operação do seu ato, isto é, ao gesto pelo qual ele traça, sem se preocupar com aquilo que ele está traçando. O gesto de traçar possui seu esquematismo próprio. O sistema do qual ele faz parte é um sistema operatório, não um sistema estrutural; aquele gesto procede, com efeito, de uma volição que é ela mesma um certo [530] gesto mental; ele supõe a disponibilidade de certa energia que se encontra liberada e comandada pelo gesto mental através de todos os elos de uma cadeia de causalidades condicionais complexas. A execução daquele gesto põe em jogo uma regulação interna e externa do movimento num esquema operatório de finalidade. Assim, a geometria e a alagmática tomam vias divergentes desde o início mesmo da atividade de ambas.

Entretanto, talvez pudéssemos apreender os encontros em que o próprio ato é apreendido como operação e como estrutura de uma só vez. Esses casos, privilegiados e excepcionais, ganham um sentido ao mesmo tempo metafísico e normativo. Eles são axiontológicos: tal é o *cogito* de Descartes ou o *volo* de Maine de Biran; no *cogito*, o ato do pensamento se apreende objetivamente como uma estrutura e subjetivamente como uma operação. Quanto mais o pensamento duvida de sua própria existência estrutural, mais essa operação da dúvida, apreendida como estrutura, isto é, como realidade-objeto frente ao pensamento reflexivo, apresenta-se ela mesma ao pensamento como uma existência da qual não se pode duvidar. A oscilação da dúvida, a alternância reflexiva, permite que o ato de pensamento se apreenda ao mesmo tempo, e identicamente, como objeto e como sujeito. A evidência do pensamento é uma evidência da existência do pensamento. A hipótese cartesiana do gênio maligno só está ali como um meio [*moyen*] de acrescer essa necessária oscilação, tornando consciente para o sujeito a dupla situação do seu pensamento relativamente a si mesmo, apreendido ora como objeto, ora como sujeito, ora como estrutura de uma operação, ora como operação sobre uma estrutura. Esse segundo sujeito que nega, que é o gênio maligno, tem por papel tornar necessária a instabilidade oscilante da consciência de si, criando uma consciência reflexiva dessa instabilidade: o sujeito, obrigado a se pensar não apenas relativamente a si mesmo, mas em seu nexo ao gênio maligno, apreende-se como se ele deviesse exterior e superior à dupla situação que ocupa relativamente a si mesmo: ele devém sujeito reflexivo ao tomar, para resistir ao gênio maligno, o ponto de vista não apenas do ser sujeito ou do ser objeto, mas do ser do *ato de pensamento* que a atenção da consciência decompõe em operação e estrutura. A negação demoníaca dá ao sujeito a consciência de seu ato e de seu ser. Maine de Biran extraiu na prova do *volo* a mesma verdade fundamental. Aqui, a negação é fornecida por uma exterioridade que não é mais a de um *outro* sujeito hostil, mas de um *mundo* inerte que resiste, manifestando assim sua irredutível alteridade. As duas provas são as mesmas: são a prova de um *ato*, e é na medida em que o *ato* é identificado ao *ser* que eles ganham uma significação de princípio e de ponto de partida; elas fornecem uma *ontologia* e uma *axiologia*, pois dão ao sujeito o conhecimento de uma primeira realidade e, como essa realidade é absolutamente conhecida, o sucesso desse ato de conhecimento fornece o modelo do conhecimento eminentemente válido: o conhecimento de uma realidade primeira fornece o critério de uma verdade.

No entanto, mesmo após semelhante ponto de partida, que parece não querer privilegiar nem o aspecto operatório, nem o aspecto estrutural do ser, tanto o pensamento de Descartes como

Alagmática

561

o de Biran tratam, por um lado, da estrutura e, por outro, da operação. A moral permanece, em alguma medida, definitivamente provisória para Descartes, porque ela não pode ser inteiramente adequada a uma ciência estrutural que permanece inacabada. E Maine de Biran, por um salto no mundo da operação pura, define a hierarquia das três vias ao abandonar o ponto de vista da unidade psicofisiológica no qual a prova do esforço estava situada. [531]

O que faltou, tanto para Descartes como para Maine de Biran, foi um estado de acabamento suficiente das ciências estruturais. A ciência das operações só pode ser atingida se a ciência das estruturas sente, do interior, os limites de seu próprio domínio. A alagmática é a vertente operatória da teoria científica. A ciência está, até os dias de hoje, cumprida apenas pela metade; agora, ela deve fazer a teoria da operação. Ora, como uma operação é uma conversão de uma estrutura numa outra estrutura, seria preciso inicialmente uma sistemática das estruturas para que o trabalho pudesse ser cumprido. A Cibernética marca o início de uma *alagmática geral*.

O programa da *alagmática* — que visa ser uma Cibernética universal — consiste em fazer uma teoria da operação. Porém, não é possível definir uma operação à parte de uma estrutura; a partir disso, o sistema estrutural estará presente na definição da operação sob sua forma mais abstrata e universal; e definir a operação consistirá em definir uma certa conversibilidade da operação em estrutura e da estrutura em operação, já que a operação realiza a transformação de uma estrutura numa outra estrutura, e é portanto investida da estrutura antecedente que vai se reconverter, no final da operação, na estrutura seguinte; a operação é um μεταξύ[NT] entre duas estruturas e é, no entanto, de uma outra natureza que qualquer estrutura. Portanto, podemos prever que a *alagmática* deverá definir o nexo de uma operação a uma operação e o nexo de uma operação a uma estrutura. Esses nexos podem ser nomeados, os primeiros, *transoperatórios*, e os segundos, conversões.

[NT] [Em grego antigo, μεταξύ é um advérbio de tempo e lugar traduzível por "entre", "entrementes".]

Postulado de equivalência: uma operação e uma operação, ou uma operação e uma estrutura, são equivalentes quando cada uma delas conserva um nexo transoperatório ou de conversão com uma outra terceira.

Definição: a analogia é uma equivalência transoperatória.

Definição: a modulação e a demodulação são os equivalentes de operação e de estrutura: a modulação é a transformação de uma energia em estrutura, e a demodulação, a transformação de uma estrutura em energia. Neste caso, a estrutura é um sinal.

Não podemos determinar de antemão se a relação entre duas operações passa pelo intermédio de uma estrutura, ou se essa relação é direta, mas supõe uma estrutura de relacionamento. Todavia, conforme o postulado que estabelecemos, a analogia e o ato analógico seriam diferentes da modulação, que põe o nexo entre uma operação e uma estrutura. Vamos supor que a relação de modulação defina a aplicação de uma estrutura a uma operação, por intermédio de um estado que é o μεταξύ da operação e da estrutura, a saber, a energia. Na modulação, é preciso distinguir a verdadeira *estrutura*, que é a estrutura do sinal, ou *forma*, da estrutura que põe em relação a *forma* e a *energia*. A operação é esse relacionamento ou, antes, uma condição desse relacionamento. Pois o relacionamento de uma operação e de uma estrutura é um ato, que supõe operação sob forma de energia e estrutura pela forma, também nomeada sinal.

O ato analógico é o relacionamento de duas operações, diretamente ou através das estruturas, enquanto o ato de modulação é o relacionamento da operação e da estrutura, através de um conjunto ativo nomeado modulador.

Todas as operações são aspectos do ato de modulação ou do ato analógico, ou combinações do ato de modulação e do ato analógico. *[532]*

Teoria do ato analógico

O ato analógico é o relacionamento de duas operações. Ele foi empregado por Platão como método lógico de descoberta indutiva: o *paradigmatismo* consiste em transportar uma operação de pensamento apreendida e experimentada sobre uma estrutura particular conhecida (por exemplo, a que serve para definir o pescador de linha no *Sofista*) a uma outra estrutura particular desconhecida e que é objeto de pesquisa (a estrutura do sofista no *Sofista*). Esse ato de pensamento, transferência de operações, não supõe a existência de um terreno ontológico comum ao pescador e ao sofista, à aspaliêutica e à sofística. De maneira alguma ele procura provar que o pescador e o sofista resultam da imitação, pelo Demiurgo, de um mesmo modelo comum: o *paradigmatismo* lógico se libera do *exemplarismo* metafísico. A transferência de operação é validada por uma identidade de nexos operatórios reais no exercício da aspaliêutica e no exercício da sofística. Caso se inscrevam as operações do pescador e do sofista, e se apaguem os termos entre os quais se desenrolam essas operações, pode-se fazer a abstração da especificação do sistema de termos que designam as condições das operações do pescador ou as condições das operações do sofista. A série dos termos que constituem a sofística é substituível, termo a termo, pela série de termos que constituem a aspaliêutica: "pescador de linha" substitui "sofista", "peixes" substitui "jovens ricos", enquanto as operações entre esses termos subsistem integralmente; a operação de sedução e, depois, a operação frutífera de captura são as mesmas nas duas séries: todas as características intrínsecas dos próprios termos são desconsideradas no ato analógico. E é essa abstração, essa independência das operações relativamente aos termos que dá ao método analógico sua universalidade. Já que a consideração dos termos não muda em nada a natureza das operações, pode-se passar do grande ao pequeno ou do pequeno ao grande: tal é o método empregado para definir o homem a partir da cidade, porque o modelo lógico, maior, é mais fácil de apreender. Esse método é semelhante àquele que os matemáticos empregam sob o nome de cálculo da quarta proporcional: a primeira operação (quociente do primeiro par de termos, a/b) é transferida para o segundo par de temos (b/c) e permite, estando dado b, calcular c; mas no método analógico platônico, não é apenas a operação de medida que é transferida, mas quaisquer outros tipos de operações.

Com isso, Platão descobriu um meio [*moyen*] de racionalizar o devir, que, após ter sido objeto de teorias fisiológicas jônicas, fora abandonado ao domínio do conhecimento enganoso pelos Eleatas, teóricos do imutável e do ser intemporal. O método analógico supõe que se possa conhecer *definindo estruturas pelas operações que as dinamizam,* ao invés de conhecer *definindo as operações pelas estruturas entre as quais elas se exercem.* A condição lógica de exercício da analogia supõe uma condição ontológica do nexo entre a estrutura e a operação. Pois a transferência da *operação lógica* pela qual se pensa um ser, de um ser a um ser *análogo,* só pode ser válida se a *operação lógica* for modulada pelo conjunto sistemático das *operações essenciais* que constituem o ser. A analogia, se fosse uma simples transferência, a um outro ser, das modalidades do pensamento pelo qual se considera um ser, seria apenas uma associação de ideias. A analogia só devém lógica se a transferência de uma operação lógica é a transferência *[533]* de uma operação que reproduz o esquema operatório do ser conhecido. A analogia entre dois seres, mediante o pensamento, só se legitima se o pensamento sustenta um *nexo analógico* com o esquema operatório de cada um dos seres representados. Antes que o conhecimento do nexo analógico entre dois seres seja estabelecido, é preciso que o conhecimento de um ser já seja um nexo analógico entre as operações essenciais desse ser e as operações do pensamento que o conhece. É o conhecimento de um esquematismo operatório que o pensamento transfere, e esse conhecimento de um esquematismo é ele próprio um esquematismo que consiste em operações do pensamento. O pensamento analógico estabelece uma relação entre dois termos, pois o pensamento é *uma mediação entre dois termos com os quais ele tem, separadamente, um nexo imediato.* Essa mediação é feita de duas imediações isoladas: o pensamento devém o μεταξύ operatório de seres sem nexo ontológico porque estes não fazem parte do mesmo sistema natural de existência.

Deve-se então notar que o pensamento analógico é aquele que salienta identidades de nexos, e não nexos de identidade, mas é necessário precisar que essas identidades de nexos são identidades de nexos operatórios, e não identidades de nexos estruturais. Com isso, descobre-se a oposição entre a semelhança e a analogia: a se-

Alagmática   565

melhança é feita de nexos estruturais. O pensamento pseudocientífico faz amplo uso da semelhança, às vezes até mesmo da semelhança de vocabulário, mas não faz uso da analogia. Assim, o pensamento pseudocientífico faz um verdadeiro deboche de imagens e de palavras-chave: onda, irradiação... Essas palavras só recobrem imagens confusas, dificilmente capazes de assegurar uma semelhança afetiva entre a propagação de uma oscilação mecânica num fluido e a de um campo eletromagnético sem suporte físico. Bem recentemente, pôde-se notar a confusão entre duas consonâncias vizinhas: a do "servomecanismo" e a do "cérebro", no sentido em que se pode nomear cérebro um centro de pilotagem automático ou de autorregulação: o sentido de "escravo" e o de "órgão de comando" estão misturados na semelhança afetiva de tudo o que é "de ordem cibernética" e que emprega os relés e os tubos a vácuo ou os tiratrons. Ao contrário, o uso da analogia começa com a ciência. Assim, Fresnel verdadeiramente empregou o método analógico quando definiu as leis da propagação da luz; enquanto se quis conservar a *semelhança* entre a propagação da luz e a propagação do som, ficou-se paralisado pela *semelhança* entre a onda luminosa e a onda sonora. Caso se suponha uma identidade *estrutural* entre a onda luminosa e a onda sonora, fica-se obrigado a dispor identicamente da amplitude e da oscilação sonora e da onda luminosa; ao contrário, a genialidade de Fresnel consistiu em abandonar a semelhança em favor da analogia; supondo uma *estrutura* diferente da onda luminosa e da onda sonora, ele representa a onda luminosa como tendo uma amplitude perpendicular ao sentido da propagação, e deixa para onda sonora sua amplitude longitudinal, paralela ao sentido do deslocamento. Daí, então, a *analogia* aparece. Entre esses diferentes termos estruturais, as *operações* são as mesmas: a combinação de ondas, sejam elas luminosas ou sonoras, se faz da mesma maneira tanto no caso das ondas sonoras quanto das ondas luminosas. Mas *certos* resultados estruturais são diferentes, a saber, aqueles em que intervém o caráter estrutural da amplitude relativamente ao sentido do deslocamento; os resultados estruturais são os mesmos quando essa diferença estrutural não intervém. O fenômeno de difração é diferente, mas o das ondas estacionárias é idêntico. *[534]*

Tal é a legitimidade do método analógico. Mas toda teoria do conhecimento supõe uma teoria do ser; o método analógico é válido se ele incide sobre um mundo onde os seres são definidos por suas operações e não por suas estruturas, por aquilo que fazem e não pelo que são: se um ser é o que ele faz, se ele não é independente do que ele *faz*, o método analógico pode ser aplicado sem reservas. Se, ao contrário, um ser se define tanto por sua estrutura quanto por suas operações, o pensamento analógico não pode atingir toda a realidade do ser. Se, enfim, é a estrutura, e não a operação, que é primordial, o método analógico é desprovido de sentido profundo e só pode ter um papel pedagógico ou heurístico. A questão primeira da teoria do conhecimento é, portanto, metafísica: qual é a relação da operação e da estrutura no *ser*? Caso se responda que é a estrutura, desemboca-se no *objetivismo fenomênico* de Kant e de Auguste Comte; o conhecimento permanece necessariamente relativo e devém indefinidamente extensível pelo progresso científico. Se, ao contrário, responde-se que é a operação, desemboca-se no *intuicionismo dinâmico* de Bergson; o conhecimento é absoluto e imediato, mas não atinge necessariamente todos os objetos: o termo inerte como a matéria só pode ser conhecido como degradação do dinamismo vital, e o conhecimento do estático é uma intuição que se desfaz, que recai; além do mais, se o termo dinâmico pode ser objeto de intuição, as próprias rupturas ou limites desse dinamismo são difíceis de conhecer pela intuição; a ciência devém — paradoxalmente — puro pragmatismo do saber, receita para agir. Esse próprio método se nega parcialmente pois, partindo do primado da operação, não reconhece mais o valor operatório do conhecimento científico ou, antes, serve-se de sua destinação operatória para conspurcá-la com o qualificativo de "utilitário". Ora, a utilidade caracteriza uma congruência operatória. Bergson, partindo do pragmatismo, sublimou essa inspiração operatória da teoria do conhecimento por privilegiar uma "operação pura" que é a intuição contemplativa desinteressada, a intuição metafísica. Tendo introduzido o dualismo no próprio mundo da operação ao distinguir a operação utilitária da operação desinteressada, essa espiritualidade encontrada na operação desinteressada volta-se contra a materialidade da operação inte-

Alagmática

ressada para julgá-la, condená-la e reduzi-la à escravidão de uma espécie inferior. Ora, essa dialética de separação de duas formas de intuição no conhecimento bergsoniano — como o nascimento, no interior do racionalismo positivista, de princípios irredutíveis às leis fenomênicas, tais como a termodinâmica os define ou tais como a biologia os utiliza, conduz a conceber a existência de dois tipos de estrutura com nível desigual (segundo princípio da termodinâmica, ou princípio da ideia organizadora em Claude Bernard), a estrutura hierarquizante e a estrutura termo da relação-lei — manifesta *a impossibilidade de privilegiar de maneira absoluta a estrutura ou a operação*. Um *monismo epistemológico* da estrutura ou da operação não permanece fiel a si mesmo e recria, no curso de seu desenvolvimento, o termo que ele havia primitivamente excluído. O positivismo estrutural reintroduz a noção de hierarquia, vital ou energética, o que na realidade é uma operação de organização ou de transformação irreversível, logo um dinamismo puro e independente de qualquer estrutura, já que produtor de estrutura. O intuicionismo bergsoniano distingue a operação pura, que é intuição filosófica, do pensamento interessado e utilitário, materializante, espacializante, isto é, o pensamento que se ata às estruturas, artificiais ou naturais: o conhecimento vulgar é uma busca do idêntico através da fluidez sem fim do devir, uma recusa do movimento em prol [535] do estático. Agir, isto é, operar, devém sinônimo de espacializar, imobilizar, estruturar. A percepção utilitária abstrai e conceitualiza. O dinamismo operatório da vida produz uma sistemática da imobilidade: pelo canal do dinamismo, a estrutura é reintroduzida no conhecimento sob a forma de uma intuição desclassificada, desonrada, destituída. O aristocratismo da intuição pura nada pode contra essa formação de uma classe inferior. Ele só pode desprezá-la, não aniquilá-la nem mesmo substituí-la; ele não pode resolver esse problema social do conhecimento, e nem mesmo pode colocá-lo. Na mesma medida, ele não pode, portanto, descobrir o critério de uso válido do método analógico: este permanece sendo o emprego da metáfora, que se apresenta como expressão, mas não como definição.

O dever da epistemologia *alagmática* é determinar a verdadeira relação entre a estrutura e a operação no *ser* e, portanto, organizar o nexo rigoroso e válido entre o conhecimento estrutural e o conhecimento operatório de um ser, entre a *ciência analítica* e a *ciência analógica*.

A *ciência analítica*, estrutural, supõe que um todo é redutível à soma de suas partes ou à combinação de seus elementos. A *ciência analógica* supõe, ao contrário, que o todo é primordial e se exprime por sua operação, que é um funcionamento holístico. Ela estabelece equivalências entre as operações, isto é, funcionamentos holísticos. Perguntar-se *o que é o ser* é perguntar-se *como se articulam o funcionamento, isto é, o esquematismo holístico de um ser, e a estrutura, isto é, a sistemática analítica do mesmo ser*: o esquematismo *cronológico* e a sistemática *espacial* são organizados juntos no *ser*. Sua união faz a individualidade, o *indivíduo* sendo um domínio de conversibilidade recíproca de operação em estrutura e de estrutura em operação: o *indivíduo* é a unidade do ser apreendido antes de qualquer distinção ou oposição de operação e de estrutura. Ele é aquilo em que uma operação pode reconverter-se em estrutura e uma estrutura em operação; ele é o ser anterior a qualquer conhecimento ou a qualquer ação: ele é o meio do ato *alagmático*.

A teoria alagmática é o estudo do ser indivíduo. Ela organiza e define a relação da teoria das operações (cibernética aplicada) e a teoria das estruturas (ciência determinista e analítica). A *teoria alagmática* introduz tanto à teoria do saber como à teoria dos valores. Ela é *axiontológica*, pois apreende a reciprocidade do dinamismo axiológico e das estruturas ontológicas. Ela apreende o ser não de fora do espaço e do tempo, mas antes da divisão em sistemática espacial e esquematismo temporal.

O conhecimento da relação entre a *operação* e a *estrutura* se estabelece graças a uma mediação entre o esquematismo temporal e a sistemática espacial no *indivíduo*. Essa mediação, essa condição comum, essa realidade ainda não desdobrada em esquematismo e sistemática, em operação e em estrutura, podemos nomeá-la tensão interna, ou ainda supersaturação, ou ainda incompatibilidade. *O indivíduo é tensão, supersaturação, incompatibilidade*. Essa tensão, supersaturação e incompatibilidade desenvolve-se em operação e em estrutura, em operação de uma estrutura, tanto que

Alagmática

569

sempre devemos considerar o *par* operação-estrutura equivalente *alagmaticamente* à tensão, à supersaturação e à incompatibilidade de um indivíduo. Existem dois estados do indivíduo: o estado unificado, sincrético, isto é, o estado de tensão, e o estado analítico, isto é, o estado de distinção da operação e da estrutura. O *ato* é a mudança de *estado* do indivíduo. *[536]*

Existem duas partes na *alagmática*:

1ª) a teoria da passagem do estado sincrético ao estado analítico.

2ª) a teoria da passagem do estado analítico ao estado sincrético.

Qualquer ato da primeira espécie equivale a um ato da segunda espécie. Pode-se nomear *cristalização* a primeira espécie de ato e *modulação* a segunda espécie. Tomaremos como postulado que qualquer *cristalização* equivale a uma *modulação* invertida, e reciprocamente. A cristalização é o ato que, partindo de uma individualidade sincrética, transforma-a numa individualidade analítica, composta de uma estrutura espacial (topologia de interioridade e exterioridade, nascimento de um limite, forma organizada e homogênea num meio que deveio amorfo, heterogeneidade estável assegurada pelo limite topológico) e de uma função operatória que se exprime sob forma de atividade organizada por um esquematismo temporal energético: a *cristalização* substitui o estado sincrético do *indivíduo individuante* pelo estado analítico do *indivíduo individuado*, caracterizado em particular pela alteridade mútua da forma *estrutural* e do *meio material* no qual ela existe. Ao contrário, a *modulação* faz a síntese de uma *estrutura* e de uma *operação* ao ordenar uma *operação* temporal segundo uma estrutura morfológica: nela, a força de uma operação é informada por uma *forma-sinal* que governa essa *força*. A *demodulação* é a análise desse complexo sincrético de forma e de força. Qualquer *demodulação*, ou *detecção*, ao separar a *forma* da *força* que ela informa, é uma *cristalização*. Ela só pode produzir-se caso a condição de *tensão*, *supersaturação* e *incompatibilidade* seja preenchida. Senão, a *força modulada* subsiste como indivíduo individuante, sem jamais se analisar em *estrutura* e *operação*.

Como há certo número de intuições na base de qualquer teoria, retornemos aqui aos dois domínios de onde provêm as duas intuições de base, cuja simetria nós postulamos: o primeiro é a *química física*, com o estudo das condições de gênese dos cristais, das soluções *supersaturadas* ou *superfundidas*, assim como o estudo da *epitaxia*; o segundo é a teoria da informação e, em particular, a relação entre *sinal, energia de alimentação e estrutura do modulador* nos diferentes tipos de moduladores que a técnica das transmissões estuda teoricamente. Este último estudo comporta sua recíproca, a saber, a teoria da demodulação, também nomeada detecção, desde que se compreenda por esse termo não apenas um dispositivo de correção aplicado a uma energia de alternância modulada, mas também o conjunto de filtragens seletivas graças às quais a ou as formas moduladoras são separadas da energia modulada e reencontradas no estado de sinal puro. Esse último estudo, após ter considerado o modulador simples, deverá descrever o modulador complexo, ou intermodulador, no qual a energia de alimentação já recebeu uma modulação prévia e recebe uma segunda modulação; ele deverá descrever igualmente o demodulador complexo, no qual várias detecções sucessivas são realizadas, o resíduo energético de uma demodulação precedente tomando valor de energia modulada para a demodulação seguinte.

Ao termo desse duplo estudo, a noção filosófica de *causalidade* se encontrará enriquecida, e a noção de indivíduo, definida.

Restará precisar a maneira pela qual se ligam o ato de cristalização e o ato de modulação no devir dos sistemas físicos, biológicos, psicológicos, sociais. Esse será o papel da *hipótese alagmática sobre a natureza do devir*.

FORMA, INFORMAÇÃO E POTENCIAIS*
[537]

Argumento

A ausência de uma teoria geral das ciências humanas e da psicologia incita o pensamento reflexivo a buscar as condições de uma *axiomatização* possível. Em vista desse trabalho que comporta necessariamente certo aporte de invenção e não pode ser o resultado de uma pura síntese, convém trazer à tona os principais sistemas conceituais que foram empregados, sem dar privilégio aos mais recentes: as descobertas de teoria química no início do século XIX retomaram os esquemas atomísticos definidos há mais de vinte séculos e os enriqueceram com o aporte da análise ponderal.

Assim, de maneira análoga, poder-se-ia reevocar os princípios de Díade indefinida, de Arquétipo, de Forma e de Matéria, e reaproximá-los dos recentes modelos explicativos da Psicologia da Forma, depois daqueles da Cibernética e da Teoria da Informação, seguindo até apelar a noções tiradas das ciências físicas, como a

---

* Conferência feita à Sociedade Francesa de Filosofia em 27 de fevereiro de 1960. Este texto reúne o argumento e a conferência propriamente dita, que tinha sido introduzida por Gaston Berger. Quando da edição parcial em 1989 pela editora Aubier (*A individuação psíquica e coletiva*), este texto foi inserido à página 31 sob o título "Conceitos diretores para uma procura de solução: forma, informação, potenciais e metaestabilidade".

NT [A discussão que sucede esta conferência de Simondon (com Gaston Berger, Georges Bouligand, Daniel Dugué, Jean Hyppolite, Gabriel Marcel, Paul Ricœur, Pierre-Maxime Schuhl, Jean Wahl e S. Weinberg) não foi incluída, mas pode ser encontrada em *Société Française de Philosophie — Bulletin*, vol. 54, n° 4, 1960.]

de potencial. Gostaríamos de mostrar que um esboço de axiomática das ciências humanas, ou ao menos da psicologia, é possível se tentamos apreender juntas as três noções de forma, informação e potencial, com a condição de acrescentar, para ligá-las e organizá-las interiormente, a definição de um tipo particular de operação, que aparece quando há forma, informação e potencial: a Operação Transdutiva.

1) A Noção de Forma, em todas as doutrinas em que aparece, desempenha um papel funcional constante: o de um *germe estrutural* possuindo certo poder diretor e organizador; ela supõe uma dualidade de base entre dois tipos de realidade, a realidade que recebe a forma e a que é a forma ou abriga a forma; esse privilégio da forma reside em sua unidade, sua totalidade, sua coerência essencial consigo mesma. Mesmo na *Gestaltpsychologie* [Psicologia da Gestalt], a Forma, que já não é anterior a nenhuma matéria, conserva, no entanto, sua superioridade de *Ganzheit* [totalidade], e há hierarquia das formas (boa forma, melhor forma). Imanente ou transcendente, anterior à tomada de forma ou contemporânea dessa operação, ela conserva seu privilégio de superioridade relativamente à matéria ou aos elementos; o que é o fundamento de toda teoria da forma, arquetípica, hilemórfica ou gestaltista, é a assimetria qualitativa, funcional e hierárquica da Forma e daquilo que toma forma. *[538]*

2) A Noção de Informação é, ao contrário, a pedra angular de toda doutrina da reciprocidade, da equivalência, e mesmo da reversibilidade do termo ativo e do termo passivo na troca. O emissor e o receptor são as duas extremidades homogêneas de uma linha na qual a informação é transmitida com o máximo de segurança quando a operação é reversível; não é somente o fato do controle, mas a própria condição da inteligibilidade que supõe reversibilidade e univocidade. Codificação e decodificação operam segundo convenções comuns ao emissor e ao receptor: só um conteúdo, e não um código, pode ser transmitido. Pode-se associar à Teoria da Informação todo tipo de explicação que suponha a simetria, a homogeneidade dos elementos que se associam e tomam forma por um processo aditivo ou de justaposição; mais geralmente, os fenômenos quantitativos de massa, de população,

que competem à teoria do acaso e que supõem a simetria dos elementos (e seu caráter qualquer) podem ser pensados pela teoria da informação.

3) A Operação Transdutiva seria a propagação de uma estrutura ganhando um campo de próximo em próximo a partir de um germe estrutural, como uma solução supersaturada cristaliza a partir de um germe cristalino; isso supõe que o campo esteja em equilíbrio metaestável, quer dizer, abrigue uma energia potencial que só pode ser liberada pelo surgimento de uma nova estrutura, que é como uma resolução do problema; consequentemente, a informação não é reversível: ela é a direção organizadora emanando a curta distância do germe estrutural e ganhando o campo: o germe é emissor, o campo é receptor, e o limite entre emissor e receptor se desloca de maneira contínua quando a operação de tomada de forma se produz ao progredir; poder-se-ia dizer que o limite entre o germe estrutural e o campo estruturável, metaestável, é um Modulador; é a energia de metaestabilidade do campo, logo, da matéria, que permite à estrutura, logo, à forma, avançar: os potenciais residem na matéria, e o limite entre forma e matéria é um relé amplificador.

Os fenômenos de massa não são negligenciáveis de jeito nenhum, mas deve-se considerá-los como condições da acumulação de energia potencial num campo e, propriamente falando, como condições da criação do campo enquanto domínio possível de transdutividade, o que supõe uma relativa homogeneidade e uma repartição, parte por parte, dos potenciais energéticos; então, a relação forma-matéria se transpõe em relação transdutiva e em progresso do par estruturante-estruturado, através de um limite ativo que é passagem de informação.

Conferência

Senhor Diretor, Senhoras, Senhores, como acaba de indicar o Sr. Diretor Berger, existe certa relação entre um estudo do objeto técnico e o problema aqui apresentado, a saber: *Forma, Informação e Potenciais*. No entanto, o *objeto técnico* está destinado a servir apenas de *modelo, de exemplo, talvez de paradigma*, para interpretar — de um jeito que não se busca apresentar como novo, mas que se quereria explicativo — o problema dos nexos entre a noção de *forma*, sob suas diferentes espécies, a noção de *informação* e, por fim, a de *potencial* ou de energia potencial. O que nos determinou a buscar uma correlação entre forma, informação e potenciais foi a vontade de encontrar o ponto de partida de uma axiomática das ciências humanas. Nos nossos dias, fala-se de ciências humanas, e *[539]* certamente existem técnicas do manejo humano, mas o termo "ciências humanas" sempre está no plural. Esse plural provavelmente significa que não se chegou a definir uma axiomática unitária. Por que existem *umas* ciências humanas, ao passo que existe *uma* física? Por que sempre somos obrigados a falar de psicologia, de sociologia, de psicossociologia; por que somos obrigados a distinguir diferentes campos de estudo no interior da psicologia, da sociologia, da psicologia social? E não falamos das outras ciências humanas possíveis. Para tomar apenas essas três, a saber, a que se propõe a estudar os grupos, a que se propõe a estudar o ser individual e a que explica a correlação entre o ser individual e os grupos, encontramos uma multiplicidade de campos e um fracionamento quase indefinido do estudo; isso revela que, mesmo a propósito de uma só dessas ciências humanas, a busca da unidade é muito problemática e que é preciso fundar uma teoria, frequentemente redutora, para chegar à unidade no interior de cada uma dessas ciências. Observa-se uma unidade de tendências mais que uma unidade de princípios explicativos. Se compararmos a situação atual das ciências humanas à das ciências da natureza, tal como esta se apresentava na Antiguidade, no século XVI, ou no início do século XIX, descobriremos que, no início do século XIX, havia *uma* química e *uma* física, talvez até mesmo várias físicas e várias químicas. Ao contrário, pouco a pouco, no século XIX e no início do século XX, vimos nascer grandes teorias que aportaram possibilidades de axiomatização. Assim, no domínio da eletricidade e do magnetismo, vimos aparecer, em torno de 1864, a teoria eletromagnética da luz de Maxwell, que é, e provavelmente continuará sendo, o exemplo de uma síntese criadora; *síntese*, porque reuniu os elementos antigos de diferentes pesquisas sobre as ações recíprocas das correntes e dos campos, sobre os fenômenos de indução, e *criadora*, porque traz uma noção nova, graças à qual a síntese é possível e sem a qual a axiomatização não existiria: as correntes de deslocamento; essas correntes de deslocamento vieram a ser a propagação do campo eletromagnético, tal como Hertz tornou manifesto, experimentalmente, vinte anos mais tarde.

Não se poderia cumprir a mesma obra nas ciências humanas? Não se poderia fundar a Ciência humana, respeitando, é claro, as possibilidades de aplicações múltiplas, mas tendo, ao menos, uma axiomática comum aplicável aos diferentes domínios?

O que nos incita a agir dessa maneira é a visão da evolução das ciências da natureza. Existia uma física e uma química separadas: agora existe uma físico-química, e nós vemos as correlações entre física e química ficando cada vez mais fortes. Não haveria entre os dois extremos, isto é, entre a teoria dos grupos, que é a sociologia, e a teoria do indivíduo, que é a psicologia, que se buscar um termo médio que seria precisamente o centro ativo e comum de uma axiomatização possível? Com efeito, vemos em vários casos que, mesmo se pegarmos a mais diretamente monográfica e interiorista psicologia individual, mesmo se pegarmos a sociologia dos maiores conjuntos, somos sempre levados a uma busca de correlação, tornada necessária pelo fato de que não existe, em sociologia, o grupo de todos os grupos, nem, em psicologia, no interior do indivíduo, um elemento, um átomo de pensamento que se possa isolar para fazer dele o análogo do corpo químico simples, permitindo recompor tudo por combinações com outros elementos simples. O isolamento de uma mônada, átomo *[540]* psicológico, ou de um grupo humano que seria uma totalidade, isto é, uma espécie de universo social, torna-se impossível. Não há, em sociologia, uma "humanidade", e não há, em psicologia, um elemento último; estamos sempre no nível das correlações, quer sigamos para a busca dos elementos interiores ao indivíduo, quer sigamos para os mais vastos grupos sociais.

Nessas condições, a lição tirada da evolução das ciências da natureza nos incita a reevocar os princípios mais antigos de explicação que foram propostos no interior das ciências humanas, na

Forma, informação e potenciais

medida em que esses princípios são princípios de correlação. Eis por que acreditamos poder escolher noções tais como forma, informação e potenciais, começando pela noção de forma. Essa noção é, provavelmente, uma das mais antigas a ser definida pelos filósofos interessados no estudo dos problemas humanos.

Certamente, ela evoluiu muito, mas nós a encontramos no Arquétipo platônico; depois, na relação Forma-Matéria em Aristóteles e no esquema hilemórfico; é ela que reencontramos após um longo caminhar, ora platônica, ora aristotélica, na Idade Média e no século XVI; é ela que ainda reencontramos bem no final do século XIX e no século XX, na retomada das noções antigas, sob uma nova influência, que é a *Gestaltpsychologie*. A *Gestaltpsychologie* renova a noção de forma e faz, em certa medida, a síntese da forma arquetípica platônica e da forma hilemórfica aristotélica, graças a uma noção explicativa e exemplar, tirada das ciências da natureza: o campo. Tentaremos mostrar que a noção de forma é necessária, mas sozinha não permite fundar uma axiomática das ciências humanas, caso ela não seja apresentada no interior de um sistema que compreenda as noções de informação e de potenciais, no sentido em que se fala de energia potencial. Portanto, tentarei traçar uma evolução histórica da noção de forma, inicialmente arquetípica, em seguida hilemórfica e, enfim, gestaltista; depois tentarei mostrar em que ela é insuficiente para nosso propósito axiomatizante; acrescentarei, então, certo número de considerações relativas à Informação e, por fim, tentarei apresentar o que permitiria reunir a noção de Informação à de Forma: é o que chamei de *operação transdutiva* ou ainda *modulação*, só podendo existir num domínio de realidade em estado metaestável, contendo a energia potencial.

Deve-se acrescentar uma palavra explicativa a respeito do termo modulação. Não o tomamos no sentido técnico amplo que ele tem quando se fala da modulação do estágio final de um emissor, mas no sentido mais restrito, que designa a operação cumprindo-se num relé amplificador com número infinito de estados, como, por exemplo, um tubo de cátodo quente — triodo, tetrodo, pentodo — ou um transistor. É a operação pela qual um sinal de fraca energia, como aquele que se envia sobre a grade de comando de um triodo, atualiza com um certo número de graus possíveis a energia potencial — representada pelo circuito anódico e pelo efetuador — que é a carga exterior desse circuito anódico. O termo não é perfeito, pois é ligeiramente ambíguo, caso se entenda também por modulação essa influência mútua de duas energias, uma que é suporte futuro de informação, como, por exemplo, uma oscilação de alta frequência, e outra que é da energia já informada por um sinal, como, por exemplo, a corrente de baixa frequência que modula a oscilação de alta frequência, no procedimento de modulação anódica dos emissores. Há, então, desde o início, a necessidade de se aportar uma precisão semântica para definir esse tipo de operação de interação física. *[541]*

Se a psicologia pura e a sociologia pura são impossíveis, já que não há elemento extremo em psicologia e nem conjunto de todos os conjuntos em sociologia, é necessário ver como os psicólogos ou os sociólogos da Antiguidade trataram os processos de interação e de influência. Tomemos inicialmente a oposição significativa e complementar que existe entre a forma arquétipo em Platão e a forma hilemórfica em Aristóteles. A forma arquétipo em Platão é o modelo de tudo o que é superior, eterno e único, segundo um modo vertical de interação. O Arquétipo — ἀρχή, a origem, e τύπος, a impressão — é o modo primeiro. Essa palavra designa o cunho mediante o qual se pode marcar moedas, a matriz, como se dirá mais tarde. O τύπος é a impressão, e é também o golpe: com um pedaço de aço gravado, pode-se imprimir caráteres sobre uma plaqueta de metal precioso, e esse arquétipo permite dar a mesma figura, a mesma configuração à matéria deformável que é a plaqueta de metal. Se o arquétipo é de bom aço, todas as peças cunhadas com a mesma matriz se assemelham entre si e são reconhecíveis, porque, de maneira causal, elas provêm da mesma operação de *modulação*, a partir do Arquétipo. Por certo, o Arquétipo pode degradar-se, mas deve-se notar sua superioridade ontológica: caso se perca uma peça, só se perde o metal, enquanto se o Arquétipo é perdido, é necessário gravar um outro a partir da peça, e essa peça pode conter uma perfeição menor do que aquela do arquétipo; o segundo arquétipo não será absolutamente semelhante ao primeiro. Dito de outro jeito, de uma peça à outra,

Forma, informação e potenciais

cunhada com o mesmo Arquétipo, há um certo número de flutuações aleatórias — tal grão de poeira, tal desigualdade do metal — recobertas por uma tendência central; essa tendência central, normativa e superior, é representada pela forma primeira que é a da matriz, do arquétipo.

Aqui se encontra um modelo de *processo de interação* que, a custo, merece o nome de interação, mas que é um termo extremo quanto a todos os outros tipos possíveis de interação: *é a interação não recíproca, irreversível, sem retorno*, entre a peça e o arquétipo, abrigando uma assimetria que é fundamental: o Arquétipo é superior à peça; não há nexo complementar, pois o arquétipo não precisa das peças para existir: ele é anterior, bem como superior; ele existe antes de qualquer peça. Este é o modelo da teoria das Ideias em Platão: τὰ εἰδή, as Formas, que são como os Arquétipos, permitindo explicar a existência dos sensíveis; esses sensíveis são comparáveis às peças que teriam sido cunhadas com matrizes, as Ideias; as matrizes são imutáveis, elas existem para além da esfera das fixas[NT] e não se degradam. O ser engendrado que está na γένεσις [geração] e na φθορά [corrupção], o sensível, pode se degradar, mas a Forma, ela, τὸεῖδος, não se degrada. Ela também não é suscetível de progresso, o que conduz a uma teoria do conhecimento em que o homem, na ocasião do encontro do sensível e das dificuldades que surgem quando o sujeito cognoscente aborda o sensível, só pode recordar a forma. Ele só pode recordar a visão das formas, e interpretar o sensível a partir dessa visão, sem um verdadeiro andamento indutivo do pensamento. Por quê? Porque toda a perfeição da forma, toda a perfeição do conteúdo estrutural, está dada na origem. Platão construiu um universo metafísico e um sistema epistemológico nos quais *a perfeição está dada na origem*. A perfeição, a maior riqueza de estrutura, reside naquele mundo que está para além da esfera das fixas, isto é, que é ele próprio eterno e transcendente, e que não está submetido nem à degradação, nem ao progresso. A *degradação* caracteriza somente o que é engendrado; o que é engendrado a partir da *[542]* rela-

[NT] [Termo da astronomia helenística que significa a esfera onde estão encravadas as estrelas, sendo o centro da Terra o centro da circunferência.]

ção de exemplaridade pode se degradar, ou ainda, somente na medida em que a alma é irmã das Ideias, ela pode governar uma ascensão para a perfeição original; é esse o primeiro Platonismo, no qual a intenção da filosofia é de ascender a partir dessa prisão* dos Deuses onde estamos — a expressão é atribuída a Sócrates — para o mundo onde reencontraremos os arquétipos.

Se quiséssemos figurar num traço essa maneira de considerar a forma, sendo esta perfeita desde a origem, diríamos que o Platonismo constitui um sistema de conservação e de respeito à Ideia dada de uma vez por todas, ou ainda de retorno à Ideia; a ciência é um recordar, uma ἀνάμνησις; ela é também uma contemplação, uma vez que se redescobriu o que a alma recorda, porque ela é ἀδελφὴτῶνεἰδῶν, irmã das Ideias. A moral individual é uma conservação; ela é a conservação da estrutura do indivíduo pela qual ele realiza a ideia do homem; ela é a conservação do nexo que deve justamente existir entre νοῦς [mente], θυμός [alma] e ἐπιθυμία [desejo], conforme um princípio de justiça (mas, de fato, seria preciso dizer "justeza") que salvaguarda o sistema estrutural caracterizante do indivíduo.

Ora, a Forma, tal como é apresentada no Platonismo, superior e imutável, convém perfeitamente para representar a estrutura do grupo e funda uma sociologia implícita, uma teoria política do grupo ideal. Esse grupo é mais estável que os indivíduos e é dotado de tal inércia que parece permanente; aliás, a permanência relativa é considerada por Platão como sendo, ou devendo ser, uma verdadeira fixidez: sabemos que a cidade ideal é aquilo que não deve variar. O filósofo-magistrado, que conhece o número da cidade e a medida que caracteriza os nexos entre as diferentes classes sociais, assim como conhece o nexo entre as virtudes do indivíduo (do νοῦς, do θυμός e da ἐπιθυμία), — o filósofo-magistrado tem por tarefa ser o guardião da constituição; a lei é o que permite à cidade nada modificar, da mesma maneira que as leis físicas nos lembram os *invariantes*. É justamente uma descoberta do *invariante* que Platão fez; ora, segundo o exemplo das ciências, sa-

---

* φρουρά [*phrourá*].
NT [A expressão encontra-se no *Fédon* (62b).]

Forma, informação e potenciais

bemos que se poderia considerar uma invariante como característica de *uma* teoria física: conservação da energia, conservação da matéria, conservação da totalidade constituída pela matéria e pela energia. Para Platão, o invariante é a Ideia, mas essa Ideia é a estrutura do grupo, fundando uma sociologia metafísica, uma sociologia que deveio metafísica. Tal concepção da forma conduz a um idealismo realista e a um repúdio de toda possibilidade de um empirismo lógico ou de combinatória física comparável àquela de Leucipo e Demócrito, constituindo o ser a partir dos elementos e de um encontro fortuito devido ao acaso. Talvez Platão não estivesse totalmente satisfeito com sua doutrina, pois vemos, graças ao que nos deixou Aristóteles em seus livros M e N da *Metafísica*, que, ao fim de sua vida e no ensinamento iniciático, Platão queria encontrar uma fórmula capaz de explicar o devir: ao invés de procurar fugir deste mundo, ele queria imortalizar-se no sensível. A doutrina das ideias-números talvez manifeste um desejo de descobrir uma significação mais precisa, mais essencial, no devir. E ainda, igualmente, a noção de Díade indefinida (do grande e do pequeno, do quente e do frio), que permite explicar com mais precisão o μέτριον [medida], aplica-se melhor que o εἶδος [forma] aos sensíveis e ao seu devir genético. No entanto, o essencial da inspiração platônica (ao menos sob a forma que passou à posteridade e deveio o [543] platonismo), é *a forma arquetípica, isto é, a explicação e a apresentação de um processo de influência que coloca a estrutura completa antes e acima de todos os seres engendrados.*

Ao contrário, a forma do esquema hilemórfico, tal qual ela se acha apresentada em Aristóteles, é uma forma que está no interior do ser individual, no σύνολον, no "todo-conjunto" que é o ser individual; ela não é mais nem anterior, nem superior à γένεσις e à φθορά, à geração e à corrupção; ela intervém no interior do jogo de interação entre estrutura e matéria, no interior do ser sensível. Por outro lado, ela não é estritamente eterna ou, em todo caso, imutável, pois passa da virtualidade à atualidade no interior do indivíduo. *Não lhe falta nexo com a matéria: a matéria almeja a forma como a fêmea almeja o macho*; existem tendências no vivente, que é um campo de interações recíprocas e complementares. Uma relação "horizontal" entre o ser individual e a forma, e não mais vertical como em Platão, impede pensá-lo sob as espécies do grupo, como um microcosmo que é um análogo da cidade. Temos nessa doutrina uma significação dada ao ser individual, a partir de uma biologia implícita ou explícita. Se Platão representa uma Sociologia pura que deveio metafísica, segundo a qual as estruturas do grupo, e do grupo de todos os grupos, o Universo, devieram forma arquetípica, Aristóteles, ao contrário, representaria a tendência inversa, a escolha primeira do ser individual, para encontrar a explicação do devir no processo de interação que ele abrange. O *devir* aparece, então, como constitutivo do ser: sempre há em Aristóteles uma *ontogênese* subjacente, enquanto em Platão não ocorre o mesmo. Por outro lado, o par hilemórfico, a relação forma-matéria, em Aristóteles, explica o devir que impele o ser para o seu estado de enteléquia, de plena realização, enquanto Platão, com a forma eterna, é obrigado a apelar, para explicar o devir e mesmo a criação dos sensíveis, a um motor, a um poder que não é εἶδος, que não é estrutura: esse poder é o Bem, τὸἀγαθόν, que é ἐπέκεινατῆςοὐσίας [para além da essência], iluminando o mundo das ideias e projetando, se assim podemos dizer, a sombra das ideias sob forma de sensíveis, como o sol que projeta as sombras dos objetos, ou ainda como o πῦρμέγακαιόμενον, "o grande fogo que arde" dos taumaturgos, que projeta a imagem de quadros recortados e de ἀνδριάντας [silhuetas humanas] sobre o muro-tela admirado pelos espectadores. A relação de exemplaridade, com degradação progressiva a partir da ideia, mostra bem a existência de um *motor* que não é οεἶδος, nem a relação entre a ideia e o sensível, entre a forma e a matéria tendo recebido forma. Esse poder, eventualmente completado pelo do demiurgo, jamais é inerente à ideia nem ao nexo da ideia e do domínio que recebe a estrutura. Ao contrário, em Aristóteles, existe um poder de devir *no* par hilemórfico; a relação forma-matéria no interior do vivente é uma relação que impele para o porvir; o ser tende a passar ao seu estado de enteléquia; a criança cresce porque tende para o adulto; a glande que contém a essência virtual do carvalho, a forma do carvalho em estado implícito, tende a devir uma árvore adulta inteiramente desenvolvida. Aqui, há certamente uma inte-

Forma, informação e potenciais   583

ração, *horizontal* de alguma maneira, entre forma e matéria, com certo grau de reciprocidade. No domínio do conhecimento, isso conduz Aristóteles a um *empirismo*, pois é o indivíduo que é primeiro e que, sendo σúνoλον, abriga o poder do devir; o homem pode confiar no encontro sensível do ser individual para fundar o conhecimento, e a forma já não contém, sozinha, todo o conhecimento. Sem dúvida alguma, o andamento do conhecimento consiste em ir *[544]* de abstração em abstração: dos diferentes sentidos, passa-se ao senso comum, depois às noções mais abstratas; mas quando se vai da apreensão dos sensíveis para as noções de espécies, e depois das noções de espécies para as de gêneros, perde-se informação, perfeição do conhecimento; e, em Aristóteles, a noção mais eminente, a de ser, é também a mais vazia; há correlação inversa da compreensão e da extensão; um termo que se aplica a tudo, como o de ser, é quase vazio de conteúdo, enquanto em Platão, porque a forma arquetípica é primeira, o conhecimento do Uno, ou o conhecimento do Bem, são os mais elevados e ricos. Lidamos, portanto, com dois andamentos que se opõem. Aliás, poder-se-ia dizer que a história do pensamento, desde Platão e Aristóteles, contentou-se em opor os dois sentidos da noção de forma nesses dois pensadores, fazendo delas os polos extremos do papel que se pode atribuir à forma, à estrutura, quando se quer explicar os processos de interação. A forma de Aristóteles convém perfeitamente ao devir e ao indivíduo em devir, pois ela comporta a virtualidade, a tendência, o instinto; é uma noção eminentemente *operatória*. Consequentemente, é bastante apropriada para interpretar os processos ontogenéticos, mas é bem menos apropriada para compreender os grupos. A noção de cidade em Aristóteles apela necessariamente à noção de convenção interindividual, enquanto em Platão a realidade primeira é o grupo, a cidade, tanto que o indivíduo é conhecido como um análogo da cidade, uma reprodução de sua estrutura, um microcosmo por oposição a este macrocosmo que é a cidade, uma micro-organização que reproduz a macro-organização; isso acarreta uma tipologia individual fundada sobre uma tipologia social e política: a estrutura democrática ou tirânica, a organização mental e moral do magistrado ou do artesão são modos de ser individuais; a cidade e a casta são realidades primeiras que se refletem no regime interior do indivíduo e lhe dão uma estrutura.

O longo caminhar da Idade Média e do Renascimento não encontrou perfeitamente, parece, uma correlação, um verdadeiro μεταξύ que reuniria em si, de maneira completa, a forma arquetípica e a forma hilemórfica. Sem dúvida alguma, existem doutrinas de extremo interesse, como, por exemplo, a de Giordano Bruno, que identifica os diferentes tipos de causas, e que talvez, por meio de um vocabulário mais aristotélico, permitisse esboçar uma síntese das formas arquetípica e aristotélica. No entanto, faltava uma chave, na análise dos processos de interação, uma noção que se pudesse tomar como paradigma, e essa noção só apareceu no final do século XIX, na Psicologia da Forma: é a noção de *campo*; ela é um presente feito às ciências humanas pelas ciências da natureza. *Ela estabeleceu uma reciprocidade de estatutos ontológicos e de modalidades operatórias entre o todo e o elemento.* Com efeito, num campo, qualquer que seja, elétrico, eletromagnético, de gravidade ou de qualquer outra espécie, o elemento possui dois estatutos e preenche duas funções: 1º) como receptor da influência do campo, ele está submetido às forças do campo; ele está num certo ponto do gradiente pelo qual se pode representar a repartição do campo; 2º) ele intervém no campo como criador e ativo, modificando as linhas de força do campo e a repartição do gradiente; não se pode definir o gradiente de um campo sem definir o que há em tal ponto. Tomemos o exemplo de um campo magnético: dispomos um ímã aqui, um outro no fundo da sala e outro neste canto; eles são orientados de um jeito definido, e possuem massas magnéticas mensuráveis. Imediatamente, existe um certo campo magnético *[545]* como resultado da interação dos campos desses três ímãs. Trazemos agora, do exterior, um ferro doce — previamente aquecido a uma temperatura superior ao ponto de Curie, logo, não imantado; esse pedaço de ferro não possui o modo *seletivo* de existência que se caracteriza pela existência de *polos*. Ora, assim que o colocamos no campo, ele passa a existir relativamente a esse campo, ele se imanta. Imanta-se em função do campo criado pelos três ímãs previamente presentes, mas assim que ele se imanta, e pelo fato mesmo de que se imanta, ele reage sobre a estrutura desse campo e devém cidadão da república do conjunto, *como se* ele mesmo fosse um ímã *criador* desse campo: tal é a *reciprocidade entre a função de totalidade e a função de elemento no interior do campo*. A definição do modo de interação característica do campo constitui uma verdadeira descoberta conceitual. Antes dessa descoberta, Descartes encontrou as complicações mecânicas que fizeram jus ao seu gênio criador, mas que não chegam a uma elucidação definitiva dos fenômenos, para representar, pelos processos de ação por contato, as influências à distância. Para explicar como um ímã atrai uma outra massa magnética, ele foi obrigado a imaginar furadores de matéria sutil; oriundos dos polos do ímã, eles se aparafusariam uns nos outros, repelindo-se ou afastando-se, o que aliás — mesmo ao nível hipotético e formal — é difícil de imaginar: se um dos sentidos de rotação aproxima os polos, a inversão de um dos ímãs deveria somente fazer cessar a ação à distância, e não criar a ação repulsiva que a experiência indica. Descartes não pôde encontrar um esquema satisfatório de processo de interação porque não tinha a noção de campo. Ele carregou a matéria sutil de todos os caráteres que, hoje, são atribuídos aos campos. Ora, essa noção de campo conheceu um extraordinário desenvolvimento no século XIX. Ao final do século XVIII e início do XIX, os campos magnético e elétrico foram descobertos e analisados; em seguida, veio a interação entre as correntes e os campos (Arago, Ampère), depois, em torno de 1864, apareceu a teoria eletromagnética da luz. Ela define um novo tipo de campo, o campo eletromagnético, que não é somente um campo que se poderia chamar de estático como os precedentes, mas que comporta a propagação de uma energia e oferece, entre o elemento e o todo, uma reciprocidade muito mais notável, e mais ricamente exemplar, ao definir um *acoplamento dinâmico* entre os elementos. Se colocarmos aqui um oscilador eletromagnético provido de uma antena para que ele faça irradiar um campo em torno de si, e se colocarmos outro oscilador do mesmo tipo e com a mesma frequência, no fundo da sala ou, bem mais distante, a alguns quilômetros, o segundo entrará em ressonância com o primeiro, ao passo que, se não estiverem regulados com a mesma frequência, não entrarão em ressonância: teremos ora ressonância incerta, ora aguda, e a quantidade de energia trocada entre os osciladores estará em função do acordo de suas frequências, e não somente da distância entre eles e da importância dos órgãos de acoplamento. Vemos aqui *processos muito mais refinados de interação entre as partes por intermédio do todo, onde intervêm as trocas seletivas.* Eis aí, talvez, por que a noção de campo, no final do século XIX, possuía uma pregnância toda particular e entrou, quase por efração, no mundo das ciências humanas. Ela foi introduzida por filósofos que haviam meditado sobre as antigas noções de interação, sobre os processos de relação entre a forma e a matéria. Não se deve esquecer que foi Brentano o precursor da teoria da forma, quem inspirou os trabalhos de von Ehrenfels, *[546]* o qual publicou *Ueber Gestalt Qualitäten* (*Sobre as qualidades de forma*). Mais tarde, Köhler, Koffka e todos os outros teóricos da forma utilizaram cada vez mais a noção de campo, e poder-se-ia dizer que ela é a noção fundamental no nível do último desenvolvimento que recebeu essa doutrina, com Kurt Lewin, fundando uma teoria das trocas psicossociais e sociais com sua interpretação dinâmica de um universo hodológico e topológico.

Ora, a teoria gestaltista, que surgiu da aplicação da noção de campo, recusa de uma só vez a visão *empirista* e a visão *idealista* da forma, que eram aquelas de Aristóteles e de Platão; ela as substitui por um *genetismo instantâneo*;[1] a percepção é a apreensão de uma configuração do campo perceptivo. Há um campo, o campo perceptivo; os diversos elementos que *nele se encontram* e *o constituem* (é a dupla situação característica do campo) estão em interação, como os ímãs num campo magnético. Não é somente a percepção, mas também a ação que é a apreensão e a realização de uma configuração; basta estender a noção de campo; se existe um campo exterior, um campo fenomênico no processo da percepção, por que não considerar o sujeito como estando *no* campo, logo, como *realidade de campo*? Existiria um campo total que se subdividiria em dois subconjuntos, o campo sujeito, o campo objeto; a ação seria a descoberta de uma estrutura, de uma configu-

---

[1] No mínimo espontâneo e quase instantâneo, no presente do sistema: os Gestaltistas admitem que possa existir pré-formas (*Vorgestalten*).

Forma, informação e potenciais

ração comum ao campo exterior e ao campo interior. Mas precisamente aqui aparece a *insuficiência axiomática* da teoria da forma: a estrutura é considerada como o resultado de um estado de *equilíbrio*. Sem essa insuficiência, poder-se-ia pensar que a forma arquetípica e a forma hilemórfica estão reunidas na teoria da forma: a forma *arquetípica* é o todo, *Ganzheit*; a forma *hilemórfica* seria o conjunto das estruturas elementares em correlação umas com as outras, pois haveria aí uma organização atravessando a própria matéria do campo; dar-se-ia conta ao mesmo tempo do aspecto elementar, da organização dos subconjuntos e da organização global do todo. Porém, para dar conta dessa estrutura, que é uma configuração, os teóricos da forma recorreram à noção de equilíbrio. Por que existe uma estrutura que é estrutura do todo? Por que cada uma das partes realmente participa da estrutura do todo? Porque ela é a boa forma, a melhor forma. A melhor forma é aquela que possui dois aspectos: 1) Ela é a que envolve o máximo possível de elementos e que melhor continua o que se poderia chamar de tendência de cada um dos subconjuntos a progredir. 2) Ela é a mais pregnante, ou seja, segundo os teóricos da forma, a mais estável, a que não se deixa dissociar, a que se impõe. E os teóricos da forma apelam a uma analogia entre o mundo físico e o psíquico, o que os conduz ao postulado do isomorfismo, fundamento de uma teoria do conhecimento; eles mostram que há gêneses de formas e que existe uma morfologia experimental possível, estudando a morfogênese no mundo físico; essas formas são, por exemplo, as da repartição de um campo elétrico em torno de um corpo condutor: suponhamos que um corpo condutor (como, por exemplo, este microfone, se ele não estivesse ligado a nada) seja colocado sobre calços isolantes; se carregamos de eletricidade uma vareta de âmbar ou de vidro, e se aportamos ao corpo condutor a carga elétrica da vareta, ela se reparte na superfície do condutor, seguindo *[547]* leis conhecidas: assim, o campo será mais forte em torno das pontas.[2] Se aportarmos uma nova quantidade de eletricidade, ela ainda se reparte do mesmo jeito, a quantidade au-

---

[2] Mais exatamente, o gradiente do campo terá uma maior inclinação em torno das pontas.

menta, mas a forma permanece a mesma; haveria, então, certa constância das formas que só depende da relação entre todos os elementos e permanece independente de qualquer condição quantitativa. Von Ehrenfels mostrava que, no interior de uma melodia, muda-se muito mais seu aspecto total modificando uma só nota do que elevando ou abaixando todas elas numa oitava. Mas existe — em nossa opinião — uma contradição entre a noção de *equilíbrio estável*, que seria o fundamento da pregnância das formas, e a outra noção, a de *boa forma*. Parece-nos muito difícil dizer que uma forma é uma boa forma porque ela é a mais provável, e aqui já se desenha uma teoria da informação. "Uma forma é uma boa forma porque ela é a mais provável", o que dizer? Suponhamos que pegássemos esta sala, que a submetêssemos a um tratamento físico, sacudindo-a violentamente em todos os sentidos, ao acaso, e depois a abandonássemos como um sistema fechado e a deixássemos ao seu próprio e único devir. Ao cabo de um século, certamente teríamos obtido um estado de equilíbrio definitivo e muito estável neste sistema isolado, o que quer dizer que tudo o que estava pendurado no teto teria caído ao chão; todas as diferenças de potencial, elétricas, químicas, de gravidade, teriam dado lugar às transformações possíveis: todas as energias, podendo se atualizar, seriam efetivamente atualizadas; teria havido aumento da temperatura, aumento do grau de homogeneidade, e ter-se-ia perdido aquilo que faz com que existam boas formas aqui, isto é, seres vivos e pensantes que têm motivações e representações variadas e coerentes — fontes de ação — e, de maneira geral, todas as reservas energéticas aqui presentes em todos os domínios: uma pilha, um acumulador carregados estariam descarregados; os condensadores carregados do medidor magnético estariam descarregados, e todas as ações químicas que podem se exercer seriam exercidas entre o eletrólito e as armaduras. Dito de outro modo, tudo o que pode advir teria advindo; não haveria mais evolução possível para esta sala; ela estaria inteiramente degradada, degradada como se degrada a energia potencial contida num relógio[3] cujos pesos

---

[3] No sistema relógio-gravidade, relógio-Terra.

Forma, informação e potenciais

estão no alto da caixa; quando os pesos estão na parte mais baixa do seu curso, um processo irreversível se cumpriu, e, sem intervenção exterior, o relógio não pode mais funcionar: esse estado de não-funcionamento é estável, e é o mais provável. Em todos os domínios, *o estado mais estável é um estado de morte; é um estado degradado a partir do qual nenhuma transformação ainda é possível sem a intervenção de uma energia exterior ao sistema degradado.* Poder-se-ia dizer que é um estado pulverulento e desordenado; ele não contém nenhum germe de devir e não é uma boa forma, não é significativo. Se tratássemos esta sala como um sistema fechado, obteríamos um resultado muito análogo àquele que obteríamos se tratássemos do mesmo modo qualquer outra sala, ou qualquer outro conjunto de objetos de mesmo volume. Todo tratamento dessa espécie, desorganizador, aplicado a um conjunto altamente coerente e altamente valorizado, rico em potenciais, chegará a resultados semelhantes, ao termo da perda de forma; *não é o curso para a estabilidade homogênea que enceta a gênese das formas pregnantes.* Portanto, parece que há confusão entre a estabilidade de uma forma *para o espírito* (seu poder de se impor à atenção e de permanecer na memória), que se poderia chamar de qualidade de uma forma, e, por outro lado, a estabilidade *[548]* dos *estados físicos.* Aqui, uma insuficiência característica manifesta-se na teoria da forma, pois *uma evolução convergente não pode explicar uma estabilidade de forma*; ela só pode explicar uma estabilidade de *estado*, e não a superioridade de uma forma, que é feita de *atividade* e de *irradiação*, de *capacidade de iluminar novos domínios.* Aqui, é necessário pensar a forma arquetípica de Platão para evitar esse erro, pois a superioridade da boa forma é o que lhe dá sua pregnância; ela é antes *a permanência de uma metaestabilidade.*

Dito de outro modo, a Psicologia da Forma tem um valor exemplar, porque buscou reunir a forma aristotélica e a forma platônica para interpretar os processos de interação. Mas ela tem uma falha fundamental, pois apresenta os processos de degradação como processos de gênese de boa forma. Seria possível, a partir disso, apelar a uma teoria da informação para enriquecer e corrigir a noção de forma tal como ela nos é apresentada pela teoria da forma? Seria possível apelar à teoria de Shannon, de Fisher, de Hartley, de Norbert Wiener? O que há de comum em todos os autores que fundaram a teoria da informação é que a informação, para eles, corresponde ao inverso de uma probabilidade; a informação trocada entre dois sistemas, entre um emissor e um receptor, é nula quando o estado do objeto sobre o qual se deve estar informado é totalmente previsível, absolutamente determinado de antemão. Há informação nula, e não é necessário fazer passar uma mensagem quando se está certo do estado do objeto: vale o mesmo que não mandar mensagem alguma. Caso se envie uma mensagem, caso se busque uma mensagem, é porque o estado do objeto não é conhecido.

A teoria da Informação é o ponto de partida de um conjunto de pesquisas que fundaram a noção de *entropia negativa* (ou negentropia), mostrando que a informação corresponde ao inverso dos processos de degradação e que, no interior do esquema inteiro, a informação não é definível a partir de *um* só termo, tal como a fonte, ou como o receptor, mas a partir da relação entre fonte e receptor. A questão posta, à qual responde funcionalmente uma informação, é a seguinte: qual é o estado da fonte? Poder-se-ia dizer que o receptor se pergunta: "Qual é o estado da fonte?", e a informação é o que aporta ao receptor a resposta. Por isso, é possível apresentar a quantidade de informação como — log P, sendo P a probabilidade do estado da fonte. Por razões secundárias, mas importantes, pegou-se os logaritmos de base 2 para definir a informação em Hartleys ou em bits.

Apesar disso, não sabemos se a teoria da Informação poderia ser aplicada diretamente ao nosso propósito, isto é, se poderia nos permitir apreender em que uma forma é uma boa forma ou uma forma melhor que outra. Com efeito, na teoria da Informação, considera-se de fato — com grande legitimidade no domínio tecnológico, onde essa teoria tem um papel funcional a desempenhar — como fundamental a relação entre um emissor e um receptor que têm necessidade de uma correlação, tanto que a informação é aquilo pelo qual um certo sistema, o receptor, pode se guiar sobre um outro sistema, o emissor; poder-se-ia dizer que o escopo da passagem de informação é estreitar a correlação entre o emis-

Forma, informação e potenciais

sor e o receptor, aproximar o funcionamento do receptor daquele do emissor; tal é o caso, por exemplo, da sincronização; sinais de sincronização são emitidos para permitir ao receptor sincronizar- -se sobre o emissor. Tal esquema convém a uma teoria da aprendizagem, como a que foi desenvolvida por Ombredane e Faverge na obra consagrada ao estudo do trabalho. A teoria da Informação é feita para isso, para permitir [549] a *correlação* entre emissor e receptor nos casos em que é preciso que essa correlação exista; mas, caso se quisesse transpô-la diretamente para o domínio psicológico e sociológico, ela conteria um paradoxo: *quanto mais estreita é a correlação entre emissor e receptor, menor é a quantidade de informação.* Assim, por exemplo, numa *aprendizagem* totalmente realizada, o operador só precisa de uma fraquíssima quantidade de informação vinda do emissor, ou seja, do objeto sobre o qual ele trabalha, da máquina que ele conduz. A melhor forma seria, então, aquela que exige a menor quantidade de informação. Há nisso algo que não parece possível. Não se pode aceitar sem modificação a teoria da informação no domínio psicossocial, pois, nesse domínio, é preciso encontrar algo que permita qualificar a melhor forma como a que possui o mais alto grau de informação, e isso não pode ser feito a partir do esquema negentrópico, da busca probabilística. Dito de outro modo, seria preciso trazer *um termo não probabilístico* à teoria da informação. Talvez seja possível — e este é o ponto de partida da tese pessoal que gostaríamos de apresentar agora — falar de uma *qualidade* de informação ou de uma *tensão* de informação. Numa energia como a elétrica, leva-se em conta um fator de *quantidade* (Intensidade multiplicada por Tempo) e um fator *qualitativo* que se reporta à diferença de potencial entre as extremidades da fonte. Do mesmo modo, a fim de explicar os processos de interação, talvez seja possível caracterizar a forma não apenas por sua quantidade, mas por sua tensão, e a boa forma seria aquela que corresponde a uma tensão elevada. "Tensão" parece, evidentemente, um termo bastante singular; no entanto, se é permitido continuar a empregar essa *analogia* entre as ciências da natureza e o que quereria ser o encetante, o germe estrutural, de uma ciência humana, não seria possível apelar a uma noção dessa espécie? A quantidade de energia que se pode armazenar num condensador é tão mais elevada, para certa superfície das armaduras, que estas estão mais aproximadas, mesmo permanecendo isoladas, senão se chegaria à descarga disruptiva através do dielétrico. Não existiria algo de análogo na boa forma? Ela não seria a que contém certo campo em si, isto é, ao mesmo tempo um isolamento entre dois termos, antitéticos, contraditórios, e entretanto uma correlação? A boa forma não seria aquela que contém um *campo de forma* elevado, ou seja, uma boa distinção, um bom isolamento entre os dois termos ou a pluralidade de termos que a constituem, e entre eles, no entanto, um campo intenso,[4] isto é, um poder de produzir efeitos energéticos caso se introduza alguma coisa nele? O fato de haver um campo eletrostático importante entre duas armaduras de condensador traduz-se pelo fato de que, caso seja introduzido um corpo nesse campo, ele se carregará intensamente. Não haveria algo semelhante na boa forma? Ela poderia ser, como pressentiu Platão, uma *díade*, ou melhor, uma *pluralidade de díades coordenadas conjuntamente*, isto é, já uma *rede*, um esquema, algo de uno e de múltiplo ao mesmo tempo, que contém uma correlação entre os termos diferentes, uma rica correlação entre os termos diferentes e distintos. Uno e múltiplo, ligação significativa do uno e do múltiplo, essa seria a estrutura da forma. Sendo assim, poder-se-ia dizer que a boa forma é a que está *próxima do paradoxo, próxima da contradição*, apesar de não ser contraditória em termos lógicos; e assim se definiria a tensão de forma: *o fato de se aproximar do paradoxo sem [550] devir um paradoxo, da contradição sem devir uma contradição*. Isso não pode ser nada além de uma hipótese, que supõe uma analogia entre as ciências da natureza e as ciências do homem. Assim, falar-se-ia de uma tensão de forma e, na mesma medida, de uma qualidade de informação, que seria concentração até o limite disruptivo, uma reunião de contrários em unidade, a existência de um campo interior a esse esquema de informação, certa dimensão que reúne aspectos ou dinamismos habitualmente não compatíveis entre si. Essa boa forma, ou forma rica em potenciais, seria um com-

[4] Com elevado gradiente.

Forma, informação e potenciais

plexo tensionado, uma *pluralidade sistematizada, concentrada*; na linguagem, ela deviria um *organismo semântico*. Haveria nela *compatibilidade e reverberação interna de um esquema*. E talvez também fosse possível mensurar o potencial de forma, a tensão de forma, como se mede uma tensão elétrica, ou seja, pela quantidade de obstáculos que ela chega a vencer, a resistência exterior através da qual ela chega a produzir um efeito. Pode-se dizer que um gerador possui nas extremidades uma tensão mais elevada que a de um outro gerador se ele pode chegar a fazer passar uma mesma corrente através de uma cadeia maior de resistências, através das resistências cuja soma é mais elevada. Seria essa a propriedade que caracterizaria a *pregnância* da forma. A pregnância da forma não seria a sua estabilidade, no sentido termodinâmico dos estados estáveis e das séries convergentes de transformações, mas sua *capacidade de atravessar, de animar e de estruturar um domínio variado, domínios cada vez mais variados e heterogêneos*. A diferença entre essa hipótese e a da teoria da informação provém do fato de que *uma teoria da tensão de informação supõe como aberta a série possível de receptores: a tensão de informação é proporcional à capacidade que um esquema tem de ser recebido como informação por receptores não definidos de antemão*. Assim, enquanto uma teoria probabilística pode ser aplicada à medida da quantidade de informação na previsão de uma troca entre emissor e receptor, uma medida da tensão de informação só poderia ser feita pela experiência, pelo menos no momento atual. Por exemplo, pode-se dizer que o esquema hilemórfico, ou a noção de arquétipo, possui uma alta tensão de informação, pois suscitou estruturas de significação através de 24 séculos de culturas muito variadas. A tensão de informação seria a propriedade que um esquema possui de estruturar um domínio, de se *propagar* através dele, de *ordená-lo*. Mas a tensão de informação não pode agir sozinha: ela não traz consigo toda a energia capaz de assegurar a transformação; ela traz somente a tensão de informação, isto é, certo *arranjo* capaz de modular energias muito mais consideráveis, dispostas no domínio que vai receber a forma, que vai ganhar uma estrutura. Só pode haver tomada de forma caso duas condições encontrem-se reunidas: uma tensão de informação, aportada por um germe estrutural, e uma energia abrigada pelo meio que toma forma: o meio — correspondendo à antiga matéria — deve estar em estado metaestável tensionado, como uma solução supersaturada ou em superfusão, que aguarda o germe cristalino para poder passar ao estado estável, liberando a energia que abriga.[5]

Esse tipo particular de nexo que existe entre a *tensão de informação do germe estrutural e o domínio informável, metaestável*, abrigando uma energia potencial, faz *[551]* da operação de tomada de forma uma *modulação*: a forma é comparável ao sinal que comanda um relé sem acrescentar energia ao trabalho do efetuador. Entretanto, estruturas comparáveis aos moduladores técnicos são muito mais raras que os domínios onde se salientam processos de tomada de forma. Para que a hipótese que fizemos possa ser aplicada a todos os casos, convém, portanto, indicar segundo qual processo pode-se desenrolar uma tomada de forma por modulação num domínio que não está contido num modulador. Supomos que a operação de modulação pode desenrolar-se *numa microestrutura que avança progressivamente através do domínio que toma forma*, constituindo o limite movente entre a *parte informada* (portanto estável) e a parte ainda não informada (portanto ainda metaestável) do domínio. Na maioria dos casos de tomada de forma, essa operação seria *transdutiva*, isto é, avançando de próximo em próximo, a partir da região que já recebeu a forma, e indo para aquela que permanece *metaestável*; reencontraremos, assim, a assimetria motora do par hilemórfico, com a matéria capaz de tendência, e o poder arquetípico da forma que preexiste à tomada de forma.

Se essa hipótese merece ser guardada, ela deve ser aplicada aos diferentes tipos de tomada de forma, desde a ontogênese e a filogênese até os fenômenos de grupo, e deve permitir ressaltar neles processos de interação conforme o esquema da modulação, de maneira geral segundo um modo transdutivo.

---

[5] Nesse sentido, a definição de um modulador como resistência negativa, corrente nos ensinamentos da eletrônica, é um absurdo epistemológico, que restringe a estrutura triodo a uma resistência passiva, portanto simétrica. A assimetria já se manifesta no diodo sob todas as suas formas.

No domínio da *ontogênese somática*, estudos como os de Arnold Gesell, sobre o crescimento e a embriologia do comportamento, parecem poder ser axiomatizados mediante noções tais como as que acabamos de propor como hipótese. Com efeito, para Arnold Gesell, a ontogênese do comportamento, desde a concepção até a morte, é uma evolução que marca a sucessão de certo número de etapas, ora de adaptação aos mundos exteriores, ora de desdiferenciação, ao menos aparente, dos ajustamentos adaptativos e de busca de novos ajustamentos. As crises pelas quais esses novos ajustamentos adaptativos são buscados caracterizam-se pelo que Gesell chama de flutuações autorreguladoras. Os estudos que fez sobre o regime de autoalimentação das crianças mostraram-lhe que uma criança é capaz de encontrar por si mesma as estruturas de adaptação para o *feeding behaviour* (comportamento alimentar) e para o regime de repouso e vigília, tanto mais quando se deixa que ela aja por conta própria do que quando lhe são impostos quadros definidos. Caso se deixe que ela aja por si mesma durante certo tempo, ela irá se pôr no regime, por exemplo, de sete refeições ao dia e dormirá durante certo tempo. Depois, uma vez que a maturação engendrou novas *tendências* e novas demandas, intervém um período de desdiferenciação e de desadaptação. A criança acorda a qualquer momento e demanda, por seus gritos, o alimento; de repente, ela *reestrutura* sua atividade, mas sobre a base de seis refeições ao dia. Ao cabo de certo tempo, tem-se novamente uma fase de desdiferenciação, depois uma ordem com cinco refeições, e assim por diante. O esquema é claro: alternância de adaptações e desadaptações ao mundo exterior; as desadaptações marcam um momento de busca de uma nova estrutura, quando o regime de adaptação já constituído não corresponde mais às tendências internas e no nível de maturação do organismo (maturação do sistema nervoso, do sistema digestivo, do sistema motor). Nos autores americanos Gesell e Carmichael, encontra-se uma generalização dessa ideia na noção de *ontogênese do comportamento*, que consiste numa sucessão de andamentos de adaptação seguidos de desadaptação e de desdiferenciação. Os *patterns*, ou seja, os esquemas de uma [552] primeira adaptação, parecem perdidos no momento em que se chega à desdiferenciação, mas, de fato, eles se acham reincorporados na nova adaptação. Assim, no estudo do que ele chama de *prone progression in human infant*, isto é, o fato de avançar em posição de pronação, falando do lactente humano entre zero e um ano, Gesell descobre quatro ciclos sucessivos: a reptação, depois a marcha de quatro patas com joelhos, depois a marcha de quatro patas em extensão e, por fim, a marcha em pé. Ora, os *patterns*, que são adquiridos na reptação, chegam a uma espécie de perfeição no fim desse primeiro período; depois, bruscamente, quando a maturação é suficiente, produz-se uma desadaptação e a criança rasteja mal; ela rasteja mal e se ergue sobre os braços, põe-se de joelhos; ela não avança mais, está desadaptada. Ela busca então um novo tipo de adaptação e, no interior desse novo tipo de adaptação, são reutilizadas as relações ipsilaterais, contralaterais, de inibição, de facilitação, que existiam na reptação; a reptação está perdida, mas seu conteúdo não está totalmente perdido, está reincorporado. Existe, portanto, uma espécie de dialética nessa aprendizagem, aprendizagem e maturação indo de par, tanto que o que era uma ligação ipsilateral ou contralateral na reptação devém, na postura ereta, movimentos alternados dos braços e pernas, permitindo o equilíbrio harmonioso. É possível interpretar a ontogênese do comportamento como feita da sucessão de momentos altamente formalizados e bem individualizados de plena adaptação ao mundo exterior — e de momentos que, ao contrário, se caracterizam pela presença de uma tensão (podendo parecer ao observador puramente behaviorista uma desadaptação e, consequentemente, uma regressão), mas que, na realidade, mostram que o organismo está constituindo em si o que se poderia chamar de *sistemas de potenciais*, a partir dos quais esse domínio de esquemas elementares, liquefeitos de algum modo, constituindo um campo metaestável como uma solução em superfusão, poderá estruturar-se muito rapidamente por sua própria energia em torno de um tema de organização que apresenta uma maior tensão de forma.

Os autores que acabamos de citar põem essas pulsações da ontogênese do comportamento em paralelo com descobertas de geneticistas que representam as estruturas dos genes como agenciamentos cruzados entre cadeias de moléculas; eles querem en-

Forma, informação e potenciais

contrar uma base bem mais geral a essa noção de correlação entre cadeias; para eles, aliás, a maturação do organismo se efetuaria segundo certo gradiente, segundo os eixos céfalo-caudal e próximo-distal, e poder-se-ia considerar a maturação do organismo como se operando a partir de um polo, o cefálico, e passando através do organismo por ondas sucessivas (como se houvesse germes estruturais contidos no eixo cefálico), propagando-se transdutivamente através de todo o corpo. Consequentemente, a própria maturação orgânica — que é a condição dessa alternância entre adaptação e evolução — cumprir-se-ia segundo um processo transdutivo no qual haveria propagação de uma tomada de forma, extensão de uma organização a partir de um reservatório de formas ou de um lugar de nascimento das formas no organismo. A partir daí, seríamos obrigados a dizer que, em semelhante doutrina, a forma permanece arquetípica em certo sentido, por sua anterioridade e sua não-imanência inicial ao campo estruturável que é sua *matéria*; todavia, essa forma só pode estruturar o campo por ele estar em estado metaestável e por poder passar ao estado estável quando recebe a forma: na operação transdutiva de modulação, que é verdadeiramente a operação hilemórfica, não é qualquer forma que pode provocar a atualização da energia potencial de qualquer campo metaestável *[553]*: a tensão de forma de um esquema depende do campo ao qual ele se aplica. Um líquido supersaturado ou superfundido não pode cristalizar a partir de qualquer germe: é preciso que o germe cristalino seja do mesmo sistema cristalino que o corpo cristalizável:[6] portanto, há nos *acoplamentos* possíveis de forma e de matéria uma certa liberdade, mas uma *liberdade limitada*. Assim, no curso de uma ontogênese, os aportes de germes estruturais devidos às circunstâncias exteriores podem orientar em certa medida a estruturação que sobrevém após uma desdiferenciação. Mas um germe estrutural que se distancia muito das características do campo estruturável não possui mais nenhuma tensão de informação relativamente a esse campo. A tensão só pode definir-se num campo capaz de formar um circuito.

[6] Condições de sincristalização.

Ela é uma propriedade não da fonte isolada, mas do sistema fonte + receptor.

Portanto, em semelhante teoria, encontra-se a ideia segundo a qual não se pode explicar a gênese de um ser vivo sem apelar a dois princípios muito distintos: uma origem das formas — aqui, o eixo céfalo-caudal — e um campo, um domínio que recebe essas formas e através do qual, a partir do polo de origem das formas, produz-se a extensão progressiva. Seria necessário aproximar isso da teoria dos organizadores biológicos?[7] Talvez; em todo caso, deve-se guardar a ideia segundo a qual uma desdiferenciação do campo (campo de comportamento ou campo corporal) é necessária para que uma nova estruturação possa se transmitir nele. Pelo estudo do indivíduo, chegaríamos, portanto, a um princípio novo que daria conta dos dois aspectos da forma evocados há pouco: o aspecto arquetípico, o aspecto hilemórfico. É preciso um campo que se desdiferencie exteriormente porque, interiormente e essencialmente, ele se potencializa; esse campo talvez fosse o correspondente da matéria aristotélica, podendo receber uma forma. *O campo que pode receber uma forma é o sistema no qual as energias potenciais que se acumulam constituem uma metaestabilidade favorável às transformações.* Uma conduta que se desadapta, depois se desdiferencia, é um domínio no qual há *incompatibilidade e tensão*: é um domínio cujo estado devém metaestável. Uma adaptação que não responde mais ao mundo exterior, e cuja inadequação relativamente ao meio se reverbera no organismo, constitui uma metaestabilidade que corresponde a um problema por resolver: há impossibilidade para o ser de continuar vivendo sem mudar de estado, de regime estrutural e funcional. Essa metaestabilidade vital é análoga à *supersaturação* e à *superfusão* das substâncias físicas. Esse estado supertenso e, por conseguinte, metaestável, é propício a uma tomada de forma transdutiva a partir de um germe estrutural; assim que esse germe é apresentado, ele modula a região mais próxima do campo; a tomada de forma se propaga e percorre todo o campo. Nessa concepção, a totalidade que era

---

[7] Dalcq, *L'Œuf et son dynamisme organisateur* [Paris, Albin Michel, 1941].

Forma, informação e potenciais

simultânea e global, coerente consigo mesma e ligada a si mesma desde a origem, na teoria da forma, que faz do todo uma estrutura orgânica de totalidade (Goldstein evoca o *Sphairos* parmenidiano[NT]), devém o domínio metaestável que é capaz de cristalizar assim que lhe é aportado um germe formal.[8] O arquétipo seria esse germe formal que só *[554]* pode encetar a tomada de forma em certo momento de *supersaturação* e, consequentemente, de *maturação* de um organismo. Eis como, talvez, seja possível aplicar à ontogênese do comportamento e à maturação dos sistemas orgânicos a noção de forma arquetípica e de relação hilemórfica graças *a uma teoria energética da forma aplicada aos campos de metaestabilidade.*

Falta espaço para dizer como essa doutrina poderia ser aplicada também à gênese do pensamento. No entanto, será dito o seguinte: poder-se-ia considerar a aquisição da ἐμπειρία [experiência], a reduplicação das experiências, como a atividade que faz o domínio do conteúdo mental passar de um estado não saturado a

[NT] [Ver nota NT da página 135 desta edição.]

[8] Esse campo é global e simultâneo relativamente a si mesmo apenas como campo, *antes* da tomada de forma; a ausência interior de fronteiras traduz a ascensão das energias potenciais e a homogeneidade por desdiferenciação que permitirão à tomada de forma avançar transdutivamente: a matéria é campo metaestável *antes* da tomada de forma. Mas a tomada de forma é precisamente uma passagem da metaestabilidade à estabilidade: a matéria informada se diferencia e não é mais um campo; ela perde sua *ressonância interna.* A teoria da forma atribui à totalidade, *ao mesmo tempo,* os caráteres de um campo e os de um organismo; ora, *o campo existe antes da tomada de forma, e o organismo depois.* A tomada de forma, considerada como uma operação de modulação transdutivamente propagada, faz o real passar do estado metaestável ao estado estável e substitui uma configuração *de campo* por uma configuração *de organismo.* Como corolário, a teoria energética que apresentamos, da operação de tomada de forma, não emprega a noção de virtualidade que é suposta pelo conceito de boa forma; o potencial, concebido como energia potencial, é *real*, pois exprime a realidade de um estado metaestável e sua situação energética. A potencialidade não é uma simples possibilidade; ela não se reduz a uma virtualidade, que é menos que o ser e a existência.

um estado supersaturado. A experiência relativa a um mesmo objeto acrescenta e superpõe aspectos parcialmente contraditórios, produzindo um estado metaestável do saber relativo ao objeto. Caso nesse momento apareça um germe estrutural sob a forma de uma nova dimensão, teremos uma estruturação que se estende sobre o campo metaestável que é *a experiência*; *há* operação de tomada de forma. Por exemplo, na visão, o meio-campo esquerdo e o meio-campo direito conduziriam à diplopia se o conteúdo direto das mensagens aportadas por cada retina subsistisse na visão do sujeito. Incompatibilidade e supersaturação são evitadas se descobrimos a *dimensão* de destacamento dos planos em profundidade. Essa descoberta de estrutura não se restringe a conservar tudo o que é aportado pelo olho esquerdo e tudo o que é aportado pelo olho direito:[9] há, além disso, utilização do que se chama disparação binocular, isto é, do *grau de não-coincidência* das mensagens esquerda e direita para perceber o escalonamento dos planos; uma teoria da percepção (teoria da relação entre as diferentes mensagens sensoriais) seria possível a partir dessa noção de estruturação dos campos supersaturados. Essa seria, então, a indicação de uma nova via de pesquisas para a psicologia individual.[10] O prin-

[9] Ao invés de operar um empobrecimento (que permitiria supor uma teoria indutiva hilemórfica) que consiste em suprimir todas as mensagens não comuns aos dois olhos, a teoria que propomos, que é uma doutrina da integração, permite evitar o empobrecimento indutivo do "senso comum" e, depois, da formação das noções comuns, e o nominalismo que daí decorre.

[10] Essa teoria se distinguiria do *inatismo realista* (ligado à teoria arquetípica) e do *empirismo nominalista* (ligado a uma teoria hilemórfica): o progresso do conhecimento seria mais uma formalização, e não um empobrecimento ou um distanciamento progressivo abandonando o concreto sensorial; a formalização seria uma tomada de forma, consecutiva a uma resolução de problema: ela marcaria a passagem de um estado metaestável a um estado estável do conteúdo da representação. A descoberta de uma *dimensão* organizadora do saber utiliza como indício positivo de organização estrutural aquilo que, no conteúdo em estado metaestável, era precisamente o fundamento da incompatibilidade: no caso da percepção binocular, é a disparação das imagens monoculares que as torna incompatíveis. Ora, é precisamente o grau de disparação que é tomado como indício positivo da distância relativa dos

Forma, informação e potenciais

cípio analógico que está na origem dessa teoria energética *[555]* da tomada de forma foi tirado do estudo físico da cristalização, que opera a partir de um germe cristalino num domínio onde haja ora superfusão, ora supersaturação, condições quase equivalentes e que tornam possível a formação de um cristal artificial a partir de um germe cristalino. Uma concepção energética da tomada de forma pode reunir os esquemas de pensamento comuns à teoria da informação e à cibernética. Com efeito, a ação do germe estrutural sobre o campo estruturável, em estado metaestável, que contém uma energia potencial, é uma *modulação*. O germe arquetípico pode ser muito pequeno e não (ou quase não) acrescentar energia; é suficiente que ele possua um campo modulador muito fraco. Mas esse campo é comparável à corrente fraca que é aportada na grade de um triodo, e essa energia muito fraca, com o mínimo campo que ela cria entre o cátodo e a grade de comando, é capaz de contrabalançar o forte campo que existe entre ânodo e cátodo. Esse campo mínimo — alguns volts — consegue contrabalançar o campo muito maior — de 100 a 300 volts — de sentido contrário que existe entre cátodo e ânodo; e é graças ao fato desse campo criado pela grade ser mais ou menos o antagonista do outro que ele é capaz de modular a energia potencial da fonte de tensão ânodo-cátodo e, consequentemente, de condicionar os

planos, na percepção tridimensional. Logo, o saber avança *positivando as incompatibilidades*, fazendo delas as bases e os critérios de um sistema mais elevado do saber. A teoria dedutiva do saber é tão insuficiente quanto a indutiva; a teoria indutiva descreve as condições de campo metaestável que precedem a tomada de forma; mas ela esquece o germe estrutural, e quer dar conta da formalização pela abstração — que empobrece o conteúdo do campo sem positivar as incompatibilidades, já que as elimina: portanto, ela se distancia do real. A teoria dedutiva descreve o jogo do germe estrutural, mas não pode mostrar sua fecundidade, porque ela o considera como um arquétipo, e não como um germe. A teoria da tomada de forma por positivação das incompatibilidades da experiência deveria permitir retomar o problema do esquematismo sobre novas bases, e talvez dar um novo sentido ao relativismo, ao mesmo tempo que forneceria uma base para a interpretação de todos os processos psíquicos de gênese e de invenção. O modulador é um sistema de interações.

efeitos consideráveis no efetuador exterior. Não se cumpriria semelhante exercício de causalidade condicionante quando um germe estrutural, chegando num meio metaestável, isto é, rico em energia potencial, consegue propagar sua estrutura no interior desse campo? Ao invés de conceber uma forma arquetípica que domina a totalidade, e irradia acima de si, como o arquétipo platônico, não se poderia colocar a possibilidade de uma propagação transdutiva da tomada de forma, avançando etapa por etapa, no interior do campo? Para isso, bastaria supor que o germe arquetípico, após ter modulado uma zona imediatamente em contato consigo, utiliza essa zona imediatamente próxima como um novo germe arquetípico para ir mais longe. Haveria mudança local progressiva de estatuto ontológico do meio: o germe arquetípico primitivo produziria em torno de si uma primeira zona de cristalização; ele criaria assim um modulador um pouco maior, depois esse modulador um pouco maior modularia em torno de si e aumentaria mais e mais, o *limite* permanecendo modulador. É assim que um cristal avança quando um cristal artificial é alimentado; a partir de um germe cristalino microscópico, pode-se produzir um monocristal de vários decímetros cúbicos. A atividade do pensamento não abrigaria um processo comparável, *mutatis mutandis*? Poder-se-ia buscar, em particular, o fundamento do poder de descoberta da analogia: o fato de ter resolvido, mediante um certo esquema mental, os problemas de um campo limitado de nosso conteúdo de pensamento permite-nos passar transdutivamente a um outro elemento,[11] e "reformar nosso entendimento". Eis aqui, ao menos, um esquema proposto para interpretar um dos cursos do pensamento, esquema que não se deixa restringir nem à indução pura, nem à dedução pura. Se deixamos de lado o ser individual, podemos nos perguntar se a *realidade social* também não contém potenciais. Os fenômenos sociais e psicossociais geralmente são explicados por processos de interação. Mas, como *[556]* nota Norbert Wiener, é muito difícil fazer as teorias probabilísticas intervirem no domínio social. Ele empregou uma comparação que eu não

[11] Passar a um campo mais extenso, ao mesmo tempo mais potente e mais complexo.

Forma, informação e potenciais

posso desenvolver em sua totalidade e que se resume assim: fazer com que uma amostragem mais vasta intervenha num estudo probabilístico não é melhor do que ficar aumentando a abertura de uma lente quando a precisão[12] dessa lente não é superior ao comprimento de onda da luz. Não se obtém um poder resolutivo superior aumentando-se a abertura de uma lente se a lente não for suficientemente perfeita. Norbert Wiener quer dizer que as variações aleatórias, nas amostragens do domínio social humano, não permitem uma verdadeira predizibilidade nem uma verdadeira explicação, pois, quanto mais se estende as amostragens, mais elas são heterogêneas. O autor chega à ideia de que as teorias probabilísticas são fracas no domínio sociológico e psicossocial. Com uma teoria energética da tomada de forma, teríamos um método não probabilístico, *não concedendo nenhum privilégio às configurações estáveis*. Consideraríamos que o que há de mais importante a ser explicado no domínio psicossocial é aquilo que se produz quando se está lidando com *estados metaestáveis: é a tomada de forma cumprida em campo metaestável que cria as configurações.* Ora, esses estados metaestáveis existem; sei bem que, em geral, não são estados de laboratório, mas estados quentes, como diria Moreno, e sobre os quais não se pode experimentar demoradamente. Não se pode, nesse caso, organizar psicodramas ou sociodramas, e muito menos traçar os sociogramas que lhes correspondem. Mas *um estado pré-revolucionário*, eis o que parece ser o tipo mesmo do estado psicossocial a ser estudado com a hipótese que apresentamos aqui; um estado pré-revolucionário, um estado de supersaturação, é aquele no qual um acontecimento está totalmente pronto para se produzir, no qual uma estrutura está totalmente pronta para surgir; basta que o germe estrutural apareça e, às vezes, o acaso pode produzir o equivalente do germe estrutural.[13] Num notabilíssimo estudo do Sr. P. Auger, é dito que o germe cristalino po-

[12] Que se nomeia "poder de resolução".

[13] A criminologia descobre uma nova dimensão no estudo das situações perigosas: tais situações constituem um tipo particular de estado psicossocial metaestável, que não pode ser adequadamente pensado nem segundo uma teoria determinista, nem segundo uma teoria da escolha livre das ações.

de ser substituído em certos casos por encontros ao acaso, por uma correlação ao acaso entre moléculas; talvez, do mesmo modo, em certos estados pré-revolucionários, a resolução possa advir quer pelo fato de que uma ideia chegue de fora — e imediatamente advenha uma estrutura que passe por tudo —, quer, talvez, por um encontro fortuito, ainda que seja muito difícil admitir que o acaso tenha valor de criação de boa forma.[14]

Em todo caso, chegaríamos à ideia segundo a qual uma ciência humana deve ser *fundada sobre uma energética humana*, e não somente sobre uma *morfologia*; uma *morfologia* é muito importante, mas uma *energética* é necessária; seria preciso se perguntar por que as sociedades se transformam, por que os grupos se modificam em função das condições de metaestabilidade. Ora, vemos muito bem que o que há de mais importante na vida dos grupos sociais não é somente o fato de eles serem estáveis, é que *em certos momentos eles não podem conservar sua estrutura: eles devêm incompatíveis relativamente a si mesmos, eles se desdiferenciam e se supersaturam*; esses grupos, exatamente como a criança que não pode mais ficar num estado de adaptação, *[557]* se desadaptam. Na colonização, por exemplo, durante um certo tempo, há coabitação possível entre colonos e colonizados, e depois, de repente, isso não é mais possível, porque nasceram potenciais e é preciso que uma nova estrutura irrompa. E é necessária uma verdadeira estrutura, isto é, saindo verdadeiramente de uma invenção, um surgimento de forma para que se cristalize esse estado; senão, permanece-se num estado de desadaptação, de desdiferenciação, comparável ao desajustamento de Gesell e Carmichael. Por conseguinte, vemos aqui uma perspectiva para criar uma ciência humana. Esta seria, em certo sentido, uma energética, mas seria uma energética

[14] Uma teoria energética da tomada de forma num campo metaestável nos parece convir à explicação de fenômenos ao mesmo tempo complexos, rápidos e homogêneos, embora progressivos, como o Grande Medo.

[NT] ["Grande Medo" refere-se ao período de julho a agosto de 1789, no qual porções do campesinato francês tomaram conhecimento da Revolução Francesa e, por temor de um complô da aristocracia, desencadearam uma série de ataques a castelos e saques a aldeias.]

Forma, informação e potenciais

que daria conta dos processos de tomada de forma e que tentaria reunir num só princípio o aspecto *arquetípico*, com a noção de germe estrutural, e o aspecto de relação entre *matéria e forma*.[15]

Concluindo, na unidade da operação transdutiva de tomada de forma do campo metaestável, proporíamos que se distinga, em ciência humana, o campo do domínio. Reservaríamos a noção de *campo* ao que existe no interior de um arquétipo, isto é, àquelas estruturas quase paradoxais que serviram de germe para o indivíduo, como acabamos de dizer; a tensão de forma é que seria um campo, assim como existe um campo entre as duas armaduras de um condensador carregado. No entanto, chamaríamos de *domínio* o conjunto da realidade que pode receber uma estruturação, que pode tomar forma por operação transdutiva ou por uma outra operação (pois a operação transdutiva talvez não seja a única que exista; também há processos *disruptivos*, que não são estruturantes, mas somente *destrutivos*). O domínio de metaestabilidade seria modulado pelo campo de forma. A segunda distinção, que se prolonga como princípio axiológico, consiste em opor *desadaptação e degradação*: a desadaptação *no interior* de um domínio, a incompatibilidade das configurações no interior do domínio, a desdiferenciação interior não devem ser assimiladas a uma degradação; elas são a condição necessária de uma tomada de forma; elas marcam, efetivamente, a gênese de uma energia potencial que permitirá a transdução, ou seja, o fato de que a forma avançará no interior desse domínio. Se essa desadaptação jamais se produz, se não há essa supersaturação, isto é, uma reverberação interior que torna os subconjuntos homogêneos, uns relativamente aos outros — como a agitação térmica que faz com que todas as moléculas se encontrem cada vez mais frequentemente num espaço —, a transdução não é possível. Dito de outra maneira, consideraríamos o processo de desdiferenciação no interior de um corpo social, ou no interior de um indivíduo entrando em período de crise, como os alquimistas de tempos passados consideravam a *Liquefactio* ou

---

[15] Em seu estudo da relação entre culturas, Léopold Sédar Senghor adota uma hipótese que confirmaria o sentido desse princípio de heterogeneidade organizada.

a *Nigrefactio*, isto é, o primeiro momento do *Opus Magnum*, ao qual eles submetiam as matérias colocadas no destilador: o *Opus Magnum* começava por dissolver-se totalmente no mercúrio ou reduzir-se totalmente ao estado de carbono — onde mais nada se distingue, as substâncias perdendo seu limite e sua individualidade, seu isolamento; após essa crise e esse sacrifício, vem uma nova diferenciação: é o *Albefactio*, depois *Cauda pavonis*, que faz os objetos saírem da noite confusa, como a aurora que os distingue por sua cor. Jung descobre, na aspiração dos Alquimistas, a tradução da *operação de individuação*, e de todas as formas de sacrifício que supõem retorno a um estado comparável *[558]* ao do nascimento, isto é, retorno a um estado ricamente potencializado, ainda não determinado, domínio para a nova propagação da Vida.

Se for possível generalizar esse esquema e torná-lo mais preciso pela noção de informação, pelo estudo da metaestabilidade das condições, então se poderá almejar fundar a axiomática de uma ciência humana sobre uma nova teoria da forma.

ÍNDICE DAS MATÉRIAS
[559-563]

Introdução [23]

Primeira parte
A INDIVIDUAÇÃO FÍSICA [37]

Primeiro capítulo — Forma e matéria [39]
I. Fundamentos do esquema hilemórfico. Tecnologia da tomada de forma [39]
   1. As condições da individuação [39]
   2. Validez do esquema hilemórfico; a zona obscura do esquema hilemórfico; generalização da noção de tomada de forma; modelagem, moldagem, modulação [45]
   3. Limites do esquema hilemórfico [48]
II. Significação física da tomada de forma técnica [52]
   1. Condições físicas da tomada de forma técnica [52]
   2. Formas físicas implícitas e qualidades [55]
   3. A ambivalência hilemórfica [57]
III. Os dois aspectos da individuação [60]
   1. Realidade e relatividade do fundamento da individuação [60]
   2. O fundamento energético da individuação: indivíduo e meio [63]

Segundo capítulo — Forma e energia [67]
I. Energia potencial e estruturas [67]
   1. Energia potencial e realidade do sistema; equivalência das energias potenciais; dissimetria e trocas energéticas [67]
   2. Diferentes ordens de energia potencial; noções de mudanças de fase, de equilíbrio estável e de equilíbrio metaestável de um estado; teoria de Tammann [71]
II. Individuação e estados de sistema [77]

Índice das matérias

1. Individuação e formas alotrópicas cristalinas; ser e relação *[77]*
2. A individuação como gênese das formas cristalinas a partir de um estado amorfo *[85]*
3. Consequências epistemológicas: realidade da relação e noção de substância *[92]*

Terceiro capítulo — Forma e substância *[99]*
   I. Contínuo e descontínuo *[99]*
     1. Papel funcional da descontinuidade *[99]*
     2. A antinomia do contínuo e do descontínuo *[101]*
     3. O método analógico *[103]*
   II. Partícula e energia *[110]*
     1. Substancialismo e energetismo *[110]*
     2. O processo dedutivo *[112]*
     3. O processo indutivo *[119]*
   III. O indivíduo não substancial. Informação e compatibilidade *[123]*
     1. Concepção relativista e noção de individuação física *[123]*
     2. A teoria quântica; noção de operação física elementar, integrando os aspectos complementares de contínuo e de descontínuo *[130]*
     3. A teoria da dupla solução em mecânica ondulatória *[141]*
     4. Topologia, cronologia e ordem de grandeza da individuação física *[148]*

Segunda parte
A INDIVIDUAÇÃO DOS SERES VIVOS *[155]*

Primeiro capítulo — Informação e ontogênese: a individuação vital *[157]*
   I. Princípios para um estudo da individuação do vivente *[157]*
     1. Individuação vital e informação; os níveis de organização; atividade vital e atividade psíquica *[157]*
     2. Os níveis sucessivos de individuação: vital, psíquico, transindividual *[165]*
   II. Forma específica e substância viva *[167]*
     1. Insuficiência da noção de forma específica: noção de indivíduo puro; caráter não unívoco da noção de indivíduo *[167]*
     2. O indivíduo como polaridade; funções de gênese interna e de gênese externa *[171]*
     3. Individuação e reprodução *[174]*
     4. Indiferenciação e desdiferenciação como condições da individuação reprodutiva *[182]*

III. Informação e individuação vital *[190]*
1. Individuação e regimes de informação *[190]*
2. Regimes de informação e nexos entre indivíduos *[195]*
3. Individuação, informação e estrutura do indivíduo *[200]*
IV. Informação e ontogênese *[204]*
1. Noção de uma problemática ontogenética *[204]*
2. Individuação e adaptação *[208]*
3. Limites da individuação do vivente. Caráter central do ser.
Natureza do coletivo *[213]*
4. Da informação à significação *[219]*
5. Topologia e ontogênese *[223]*

Segundo capítulo — A individuação psíquica *[229]*
I. A individuação das unidades perceptivas e a significação *[229]*
1. Segregação das unidades perceptivas; teoria genética e teoria
da apreensão holística; o determinismo da boa forma *[229]*
2. Tensão psíquica e grau de metastabilidade. Boa forma e forma
geométrica; os diferentes tipos de equilíbrio *[231]*
3. Relação entre a segregação das unidades perceptivas e os outros
tipos de individuação. Metastabilidade e teoria da
informação em tecnologia e em psicologia *[233]*
4. Introdução da noção de variação quântica na representação da
individuação psíquica *[235]*
5. A problemática perceptiva; quantidade de informação,
qualidade de informação, intensidade de informação *[236]*
II. Individuação e afetividade *[241]*
1. Consciência e individuação; caráter quântico da consciência *[241]*
2. Significação da subconsciência afetiva *[242]*
3. A afetividade na comunicação e na expressão *[243]*
4. O transindividual *[245]*
5. A angústia *[249]*
6. A problemática afetiva: afecção e emoção *[251]*
III. Problemática da ontogênese e individuação psíquica *[256]*
1. A significação como critério de individuação *[256]*
2. A relação ao meio *[259]*
3. Individuação, individualização e personalização.
O bissubstancialismo *[260]*
4. Insuficiência da noção de adaptação para explicar a
individuação psíquica *[266]*
5. Problemática da reflexividade na individuação *[269]*
6. Necessidade da ontogênese psíquica *[278]*

Índice das matérias

Terceiro capítulo — Os fundamentos do transindividual e a individuação coletiva *[285]*
    I. O individual e o social, a individuação de grupo *[285]*
        1. Tempo social e tempo individual *[285]*
        2. Grupos de interioridade e grupos de exterioridade *[286]*
        3. A realidade social como sistema de relações *[287]*
        4. Insuficiência da noção de essência do homem e da antropologia *[288]*
        5. Noção de indivíduo de grupo *[290]*
        6. Papel da crença no indivíduo de grupo *[291]*
        7. Individuação de grupo e individuação vital *[292]*
        8. Realidade pré-individual e realidade espiritual: as fases do ser *[296]*
    II. O coletivo como condição de significação *[298]*
        1. Subjetividade e significação; caráter transindividual da significação *[298]*
        2. Sujeito e indivíduo *[301]*
        3. O empírico e o transcendental. Ontologia pré-crítica e ontogênese. O coletivo como significação que transmonta uma disparação *[302]*
        4. A zona operacional central do transindividual; teoria da emoção *[303]*

Conclusão *[307]*

Repertório bibliográfico *[327]*

Complemento *[329]*
    Nota complementar sobre as consequências da noção de individuação *[331]*

Suplementos *[521]*
    Análise dos critérios da individualidade *[523]*
    Alagmática *[529]*
    Forma, informação e potenciais *[537]*

Índice das matérias *[559]*

ÍNDICE ONOMÁSTICO*

Abelardo (1079-1142), 84
Agostinho de Hipona (354-430), 262, 263
Ampère, André-Marie (1775-1836), 115, 545
Anaxágoras (c. 500-428 a.C.), 92
Anaximandro (c. 610-546 a.C.), 297, 339
Anaxímenes (585-524 a.C.), 339
Antigos, 26, 99, 101, 232
Appleton, Edward (1892-1965), 116
Arago, François (1786-1853), 114, 545
Aristófanes (446-386 a.C.), 125
Aristóteles (384-322 a.C.), 39, 91, 92, 170, 171, 524, 540, 541, 542, 543, 544, 546
Arquimedes (287-212 a.C.), 58
Aston, Francis William (1877-1945), 122
Atomistas, 99, 100, 126, 127
Auger, Pierre Victor (1899-1993), 556
Avogadro, Amedeo (1776-1856), 120
Bachelard, Gaston (1884-1962), 144
Bacon de Verulâmio (1561-1626), 524
Baeyer, Otto von (1877-1946), 107
Baitsel, George Alfred (1885-1971), 177
Bartholin, Rasmus (1625-1698), 112
Bergson, Henri (1859-1941), 227, 242, 264, 269, 270, 286, 337, 526, 534

* Foram listados os nomes de filósofos, cientistas etc. que aparecem ao longo da obra, por ordem alfabética a partir do sobrenome, junto às datas de nascimento e morte (quando puderam ser encontradas) e a página em que se localizam. Acrescentamos, também, os nomes de movimentos teóricos, como estoicos, atomistas etc. Os números das páginas referem-se à paginação da edição francesa, em colchetes no corpo do texto.

Bernard, Claude (1813-1878), 127, 534
Billet, Félix (1808-1882), 146
Bogros, Armand, 114
Bohm, David (1917-1992), 134, 140
Bohr, Niels (1885-1962), 110, 111, 134, 135, 137, 141, 142
Bolk, Lodewijk/Louis (1866-1930), 173
Boltzmann, Ludwig (1844-1906), 132
Born, Max (1882-1970), 134
Bose, Sir Jagadish Chandra (1858-1937), 192
Bose, Satyendra Nath (1894-1974), 107
Bravais, Auguste (1811-1863), 73
Brentano, Franz (1838-1917), 545
Broglie, Louis de (1892-1987), 106, 109, 110, 124, 131, 133, 134, 136, 137, 138, 139, 140, 141, 142, 144, 145, 146, 327
Broglie, Maurice de (1875-1960), 135
Brown, Robert (1773-1858), 96, 524
Bruno, Giordano (1548-1600), 544
Carmichael, Leonard (1898-1973), 551, 557
Carnot, Nicolas (1796-1832), 72
Chatton, Édouard (1883-1947), 177
Chatton, Sra., 177
Clausius, Rudolf (1822-1888), 72
Compton, Arthur Holly (1892-1962), 135, 136
Comte, Auguste (1798-1857), 340, 534
Coolidge, William David (1973-1975), 135
Cristianismo, 101, 331, 333
Crookes, William (1832-1919), 121, 135
Cumont, Franz (1868-1947), 245
Curie, Jacques (1856-1941), 89
Curie, Pierre (1859-1906), 88, 89, 90, 336, 545
Dalcq, Albert (1893-1973), 201, 553
Darwin, Charles (1809-1882), 211, 305
Davisson, Clinton Joseph (1881-1958), 318
Demócrito (460-370 a.C.), 99, 524, 542
Descartes, René (1596-1650), 50, 55, 83, 93, 95, 96, 112, 113, 144, 279, 280, 324, 524, 526-528, 530, 531, 545
Destouches, Jean-Louis (1909-1980), 141
Dirac, Paul (1902-1984), 134
Duane, William (1872-1935), 135
Eastman, George (1854-1932), 267n
Ehrenfels, Christian von (1859-1932), 545, 547

Índice onomástico 615

Einstein, Albert (1879-1955), 134, 135, 138, 139, 140, 144
Ellis, Charles Drummond (1895-1980), 135
Empédocles de Agrigento (490-430 a.C.), 163
Epicuristas, 100
Epicuro (341-270 a.C.), 99, 524
Epiteto (55-135), 100
Esclangon, Félix (1905-1956), 114
Espeusipo (407-339 a.C.), 91
Espinosa, Benedicto de (1632-1677), 65, 83, 93, 171, 244, 246, 276, 316, 527, 528
Estoicos, 100
Euclides de Alexandria (?-285 a.C.), 224, 226, 227
Faraday, Michael (1791-1867), 115, 120, 122
Faverge, Jean-Marie (1912-1988), 548
Fisher, Ronald (1890-1962), 548
Fisiólogos jônicos, 297
Fourier, Jean-Baptiste Joseph (1768-1830), 131, 142
Fresnel, Augustin-Jean (1788-1827), 109, 112, 113, 114, 122, 146, 533
Freud, Sigmund (1856-1939), 170, 171n, 204, 279, 299, 300, 332
Friedel, Georges (1865-1933), 85
Galileu Galilei (1564-1642), 113
Gauss, Carl Friedrich (1777-1855), 115
Geiger, Hans (1882-1945), 202
Gellhorn, Ernst (1893-1973), 224
Germer, Lester Halbert (1896-1971), 318
Gesell, Arnold (1880-1961), 205, 206, 551, 552, 557
Glagoleva-Arkadieva, Aleksandra Andrêievna (1884-1945), 107
Goldstein, Kurt (1878-1965), 212, 228, 282, 300, 553
Gregos, 116, 244
Grommer, Iákov Pinkhusóvich (1879-1933), 140
Haas, Arthur Erich (1884-1941), 114
Hartley, Herman Otto (1912-1980), 548
Haüy, René Just (1743-1822), 94, 101, 113
Heaviside, Oliver (1850-1925), 108, 116, 117
Heisenberg, Werner (1901-1976), 134, 141, 142
Helmholtz, Hermann von (1821-1894), 120
Heráclito de Éfeso (535-475 a.C.), 163
Hertz, Heinrich (1857-1894), 107, 112, 539
Hilbert, David (1862-1943), 142
Hoffmann, Banesh (1906-1986), 140
Holweck, Fernand (1890-1941), 69, 71, 77

Homero (século VIII a.C.), 215, 250, 339
Horácio (65-8 a.C.), 246
Horney, Karen (1885-1952), 300
Hunt, Franklin Livingston (1883-?), 135
Huygens, Christiaan (1629-1695), 112, 113, 114
Infeld, Leopold (1898-1968), 140
Janet, Pierre-Marie-Félix (1859-1947), 279
Jankélévitch, Wladimir (1903-1985), 271, 333
Jeans, James Hopwood (1877-1946), 132
Jennings, Herbert Spencer (1868-1947), 177
Jung, Carl Gustav (1875-1961), 243, 557
Kahan, Théodore (1904-1984), 146
Kamerlingh Onnes, Heike (1853-1926), 129
Kant, Immanuel (1724-1804), 83, 239, 524, 527, 534
Kennelly, Arthur Edwin (1861-1939), 108, 116, 117
Kirchhoff, Gustav (1824-1887), 131
Koffka, Kurt (1886-1941), 546
Köhler, Wolfgang (1887-1967), 546
Komori, Seiichi, 179
Kubie, Lawrence Schlesinger (1896-1973), 267-269
Kwal, Bernard (19??-1952?), 146
Lamarck, Jean-Baptiste de (1744-1829), 211, 212n
Lapicque, Louis (1866-1952), 203
Laplace, Pierre Simon (1749-1827), 124
Laue, Max von (1879-1960), 94
Lavoisier, Antoine (1743-1794), 125
Lêbedev, Piotr Nikoláievitch (1866-1912), 107
Le Châtelier, Henry Louis (1850-1936), 125, 126
Lehmann, Otto (1855-1922), 85
Leibniz, Gottfried Wilhelm (1646-1716), 65, 83, 113, 128, 312, 316, 527
Lejay, Pierre (1898-1958), 69, 71, 77
Lenard, Philipp Eduard Anton von (1862-1947), 124
Leucipo (?-370 a.C.), 99, 524, 542
Lewin, Kurt (1890-1947), 209, 212, 231, 546
Lorentz, Hendrik (1853-1928), 126, 129
Lucrécio (99-55 a.C.), 64, 99, 101, 127, 216, 524
Lupasco, Stéphane (1900-1988), 131
Lyman, Theodore (1874-1954), 109
Maine de Biran, François-Pierre-Gonthier (1766-1824), 267, 530, 531
Malebranche, Nicolas (1638-1715), 267, 295, 324, 526
Malus, Étienne-Louis (1775-1812), 114

Marx, Karl (1818-1883), 293, 294, 332
Mauguin, Charles-Victor (1878-1958), 85
Maupas, Émile (1842-1916), 177
Maxwell, James Clerk (1831-1879), 68, 107, 112, 114, 115, 122, 131, 539
Mendelêiev, Dmítri Ivânovich (1834-1907), 122
Metálnikov, Serguêi Ivánovitch (1870-1946), 177
Meyerson, Émile (1859-1933), 140
Michelson, Albert Abraham (1852-1931), 109
Millikan, Robert Andrews (1868-1953), 109, 123, 135
Minkowski, Eugène (1885-1972), 260
Moreno, Jacob Levy (1889-1974), 556
Morley, Edward Williams (1838-1923), 109
Morse, Samuel (1791-1872), 219, 220
Müller, Walther (1905-1979), 202
Newton, Isaac (1642-1727), 113, 125, 268
Nichols, Ernest Fox (1869-1924), 107
Nietzsche, Friedrich (1844-1900), 273, 274, 276, 331
Novalis (1772-1801), 89
Okada, Seiichi, 179
Ombredane, André (1898-1958), 548
Orfismo, 333
Paganismo, 333
Parmênides (530-460 a.C.), 91, 99, 212, 228, 282, 553
Pascal, Blaise (1623-1662), 273, 343
Pauli, Wolfgang Ernst (1900-1958), 131, 134, 146
Paulo (São) de Tarso (5-67), 331
Péguy, Charles (1873-1914), 331
Perrin, Jean Baptiste (1870-1942), 124
Piaget, Jean (1896-1980), 344
Pitagorismo, 333
Planck, Max (1858-1947), 131, 132, 133, 134, 135, 137, 140
Platão (428-348 a.C.), 58, 64, 88, 91, 92, 99, 163, 245, 263, 264n, 276, 314,
    332, 333, 335, 525, 532, 540, 541, 542, 543, 546, 548, 549, 555
Poincaré, Henri (1854-1912), 128, 132
Portmann, Adolf (1897-1982), 232
Pré-socráticos, 163, 297, 331
Rabaud, Étienne (1868-1956), 174, 175, 176, 177, 178, 179, 180, 181, 182,
    183, 188, 190, 191, 196, 198, 202
Raman, Chandrasekhara Venkata (1888-1970), 136
Rayleigh (Lord), John William Strutt (1842-1919), 132, 133
Righi, Augusto (1850-1920), 107

Rocard, Yves (1903-1992), 130
Romanos, 245
Romédel'Isle, Jean-Baptiste (1736-1790), 86
Rousseau, Jean-Jacques (1712-1778), 267
Rousseau, Pierre-Jean-Baptiste (1905-1983), 267n
Rowland, Henry Augustus (1848-1901), 125
Rubens, Heinrich (1865-1922), 107
Ruhmkorff, Heinrich Daniel (1803-1877), 126
Rutherford, Ernest (1871-1937), 135
Sartre, Jean-Paul (1905-1980), 305
Schopenhauer, Arthur (1788-1860), 215
Schrödinger, Erwin (1887-1961), 137, 139
Schumann, Victor (1841-1913), 109
Schwendener, Simon (1829-1919), 199
Seignette, Pierre (1660-1719), 89
Selys-Longchamps (Barão de), Marc-Aurèle-Gracchus (1875-1963), 181
Senghor, Léopold Sédar (1906-2001), 557n
Shannon, Claude Elwood (1916-2001), 548
Simon, Alfred W., 136
Sócrates (469-399 a.C.), 92, 125, 275, 276, 337, 542
Sofistas, 276, 340, 342
Solages, Bruno de (1895-1983), 108
Stefan, Jožef (1835-1893), 131, 133
Stern, Otto (1888-1969), 144
Stoney, George Johnstone (1826-1911), 120
Szondi, Lipót (1893-1986), 300
Tácito (58-117), 333
Tales (623-548 a.C.), 339, 340
Tammann, Gustav Heinrich (1861-1938), 71, 73, 74, 76
Tannery, Paul (1843-1904), 340
Teócrito (?-260 a.C.), 344
Thibaud, Jean (1901-1960), 135
Tirteu (século VII a.C.), 343
Tucídides (460-395 a.C.), 246
Vigier, Jean-Pierre (1920-2004), 134, 140
Vignola, Jacopo da (1507-1573), 232
Villard, Paul (1860-1934), 124
Vitrúvio (c. 75-15 a.C.), 232
Weil, Simone (1909-1943), 331
Weismann, August (1834-1914), 180, 181
Wien, Wilhelm (1864-1928), 131, 132, 133

Índice onomástico

Wiener, Norbert (1894-1964), 68, 219, 239, 347, 548, 556
Wilson, Charles Thomson Rees (1869-1959), 124, 136
Wolff, Christian (1679-1754), 83
Woodruff, Lorande Loss (1879-1947), 177
Wrinch, Dorothy Maud (1894-1976), 206
Wyart, Jean (1902-1992), 95
Xenócrates (396-314 a.C.), 91
Young, Thomas (1773-1829), 139, 146

SOBRE O AUTOR

Gilbert Simondon nasceu em 2 de outubro de 1924, na cidade de Saint-Étienne, na França, filho de um funcionário dos correios, Hyppolite Simondon, e de Nathalie Giraud, oriunda de uma família de agricultores. Ingressa no curso de filosofia na École Normale Supérieure no final de 1944, onde tem como professores Martial Gueroult, Maurice Merleau-Ponty, Jean Hyppolite, Jean-Touissaint Desanti, Georges Gusdorf, Jean Laporte e Jean Wahl, entre outros. Seu trabalho de conclusão de curso, orientado por Martial Gueroult, versa sobre a unidade e o tempo nos pré-socráticos. Nesse período conhece sua futura esposa, a helenista Michelle Berger, então estudante do curso de letras clássicas da École Normale localizada em Sèvres, com quem terá sete filhos. Durante a faculdade aprofunda, por um lado, seu conhecimento científico — obtendo certificados em Mineralogia, pela Faculdade de Ciências de Paris, e em Psicofisiologia, com orientação do neurofisiologista Alfred Fessard — e, por outro, sua cultura artística, literária e musical, com vivo interesse pelo surrealismo. Terminado o curso de filosofia, é nomeado professor do liceu Descartes em Tours, onde leciona essa disciplina (mas também latim, grego, física, literatura, além de oferecer aos alunos um ateliê de tecnologia) de 1948 a 1955. Sua graduação em psicologia data de 1950. Desse ano até 1963 oferece cursos complementares de psicologia no Instituto de Touraine, ligado à Faculdade de Poitiers, onde será professor de 1955 a 1963 na Faculdade de Letras e Ciências Humanas. Coordena a obtenção de certificados em psicologia social, psicologia geral, psicologia comparada e, a partir de 1957, psicofisiologia comparada; nesse período leciona também na Faculdade de Direito (psicologia social), na Faculdade de Ciências (psicofisiologia comparada) e na Universidade de Lyon. Em 1963 é nomeado mestre de conferências da Sorbonne e, em 1965, Professor de Psicologia nessa instituição. Na Universidade Paris V ensina psicologia geral e funda o Laboratório de Psicologia Geral e Tecnologia (1963-1983), seguido em 1979 pelo Laboratório de Etologia de Palaiseau.

Seus estudos sobre a questão da individuação, buscando compreender a formação da dupla indivíduo-meio a partir da individuação, e não o contrário, iniciam-se na primavera de 1952. Dessa pesquisa de grande fôlego, na qual irá buscar as bases para a concepção de individuação na física, na biologia, na psicologia e na sociologia, surge sua tese "L'Individuation à la lumière des notions de forme et d'information", defendida em 1958 sob a orientação de Jean Hyppolite, e que constitui o texto central deste volume. Essa tese, na qual confronta as grandes correntes do pensamento filosófico ocidental, notadamente o hilemorfismo aristotélico, foi acompanhada por uma tese complementar, "Du mode d'existence des objets techniques", orientada por Georges Canguilhem, na qual Simondon se detém sobre outro grande campo de seu interesse, o das técnicas e tecnologias. Sua carreira profissional foi interrompida prematuramente em 1983 em consequência de problemas de saúde físicos e psicológicos. Simondon faleceu em 1989, tendo visto apenas uma pequena parcela de seus escritos publicada; de lá para cá, porém, a repercussão de sua obra, que influenciou autores em distintos campos do conhecimento, tem feito jus à genialidade de seu pensamento.

SOBRE OS TRADUTORES

Luís Eduardo Ponciano Aragon nasceu em Santos, São Paulo, em 1965 e formou-se em medicina pela Faculdade de Ciências Médicas de Volta Redonda, no Rio de Janeiro. Fez residência médica em cardiologia na Escola Paulista de Medicina (UNIFESP), de 1989 a 1992, e defendeu o mestrado nessa mesma instituição em 1996 com o trabalho "Valor da ecocardiografia no diagnóstico de cardiopatias fetais". Realizou formação em psicanálise de 1994 a 1998, e doutorou-se em Psicologia Clínica no Núcleo de Subjetividades Contemporâneas da PUC-SP em 2005, com uma tese que resultou no livro *O impensável na clínica: virtualidades nos encontros clínicos* (Porto Alegre, Sulina/Editora da UFRGS, 2007). Combina o trabalho de consultório, enquanto psicoterapeuta, com sua atuação de cardiologista no Hospital Ana Costa, de Santos, e na UNIFESP, no "Ambulatório de Palpitações", no qual se percorre a intersecção entre o universo físico e psicológico tendo o coração como elo.

Guilherme Figueiredo dos Santos Ivo nasceu em Poços de Caldas, Minas Gerais, em 1989 e formou-se em filosofia na Universidade Estadual de Campinas em 2013. Concluiu sua dissertação de mestrado em filosofia na mesma universidade, sob a orientação de seu amigo e mentor Luiz B. L. Orlandi, diplomando-se com a tese "Entrelaçamentos de filosofia deleuziana & literatura anglo-americana", reunindo assim dois de seus grandes interesses. Inquieto, talentoso e multidisciplinar, traduziu, entre outros autores, Henry Miller, Henry James, François Zourabichvili, Georges Didi-Huberman e Gilles Deleuze, do qual verteu os livros *Dois regimes de loucos: textos e entrevistas (1975-1995)*, organizado por David Lapoujade e publicado pela Editora 34 em 2016, e, como membro do GT Deleuze — 12, *Espinosa e o problema da expressão* (Editora 34, 2017). Guilherme Ivo faleceu prematuramente em acidente automobilístico em outubro de 2018.

Este livro foi composto em Sabon pela Bracher & Malta com CTP e impressão da Bartira Gráfica e Editora em papel Pólen Natural 70 g/m^2 da Cia. Suzano de Papel e Celulose para a Editora 34, em setembro de 2022.